東洋古典譯註叢書 76

譯註 大學衍義 2

저자 眞德秀 책임번역 辛承云
공동번역 李霜芽 張喜成 趙埈晫

전통문화연구회

東洋古典譯註叢書를 발간하면서

우리의 古典國譯事業은 민족문화 진흥의 기초사업으로 1960년대부터 政府 支援으로 古文獻 現代化 작업을 추진하여 많은 成果를 거두었다. 당시 이 사업 추진의 先行課題로 東洋古典이라 일컬어지는 중국의 基本古典을 먼저 飜譯하여야 한다는 學界의 주장이 있었음에도 불구하고 우리 고전이 아니라는 일부의 偏狹한 視角과 財政 事情 등으로 인하여 배제되어 왔다.

전통적으로 중국의 기본고전은 우리 歷史와 함께 숨쉬며 각종 교육기관의 教科書로 활용됨은 물론이고 지식인들의 必讀書가 되어 왔으며, 우리 文化의 基底에 자리잡고 거의 모든 방면의 體系와 根幹을 형성하여 왔다. 그래서 학문연구의 기본서 역할을 해 왔을 뿐만 아니라 오늘날에도 우리의 國學徒 및 東洋學 研究者들에게 같은 역할을 하고 있음은 주지의 사실이다. 그럼에도 불구하고 中國古典은 우리 것이 아니라 하여 專門機關의 飜譯對象에 포함하지 않음으로써, 대부분 原典에서의 직접 번역이 아닌 重譯이나 拔萃譯의 방식이 주를 이루면서 教養水準으로 出版되어 왔다.

오늘날 東洋 三國 중에서 우리의 東洋學 연구가 가장 부진한 이유는, 東洋基本古典에 대한 폭넓은 이해의 부족과 漢文古典 讀解力의 저하에 기인함을 우리는 솔직히 인정하여야 한다. 따라서 이들 중국고전에 대한 신뢰할 만한 國譯이 이루어지는 것이 한국학 연구를 촉진시키는 시급한 先行課題라 할 수 있다.

이에 韓國學 및 東洋學의 연구와 古典現代化의 基盤構築을 위해서는, 전문기관으로 하여금 동양고전을 단기간에 각 분야의 專門 研究者와 漢學者가 상호 협동하여 연구번역하여 飜譯의 傳統性과 效率性, 研究의 專門性을 높일 수 있도록 政策的 配慮가 있어야 한다.

이에 本會에서는 元老 및 中堅 漢學者와 斯界의 專攻者로 하여금 協同研究飜譯하여 공부하는 사람들이 믿고 引用하거나 깊이 있는 註釋 등을 활용할 수 있게 하고, 知識人들의 教養을 증진시켜 줄 수 있는 東洋古典의 國譯書 간행을 지속적으로 추진해 왔다. 근래에 다행히 이 사업에 대하여 각계 지도층의 폭넓은 이해와 지원에 힘입어 2001년도부터 國庫補助를 받아 東洋古典譯註叢書를 간행하게 되었다. 이를 계기로 우리 先學의 註釋과 見解

를 반영하는 등 국역사업의 內實을 기하게 되었음을 이 자리를 빌려 衷心으로 감사드리며, 아울러 國譯에 參與하신 관계자 여러분의 勞苦에 깊은 謝意를 표한다.

끝으로 우리의 이러한 작업은 오랜 역사 위에 축적된 先賢들의 業績과 現代學問을 이어주는 튼튼한 架橋와 礎石이 되어 진정한 韓國學과 東洋學 발전에 기여할 것을 굳게 믿으며, 21세기를 우리 文化의 世紀로 열어 가는 밑거름이 되도록 우리의 力量을 本 事業에 경주하고자 한다. 江湖諸賢의 부단한 관심과 지원을 기대해 마지않는다.

社團法人 傳統文化硏究會 會長 李啓晃

凡 例

1. 본서는 南宋 眞德秀(1178~1235)의 《大學衍義》를 번역한 《譯註 大學衍義》 제2책이다.
2. 본서는 서울대학교 규장각 소장본인 戊申字本(청구기호 奎中 507, 이하 '저본'으로 약칭)을 저본으로 하고, 서울대학교 규장각 소장본인 청구기호 奎中 509(이하 '509본'으로 약칭), 奎中 510(이하 '510본'으로 약칭), 奎中 512(이하 '512본'으로 약칭), 《孔子文化大全》(孔子文化大全編輯部 編輯, 山東友誼出版社, 1991.)에 수록된 《大學衍義》(中國國家圖書館 所藏 元刻本. 이하 '대전본'으로 약칭), 文淵閣四庫全書에 수록된 《大學衍義》(이하 '사고본'으로 약칭)를 對校本으로 하였으며, 朱人求가 校點한 《大學衍義》(華東師範大學出版社, 2010. 이하 '표점본'으로 약칭)를 참고하였다.
3. 원문의 大文과 按說은 저본에 근거하여 懸吐하고, 原註는 9개의 부호를 사용하여 標點하였다.
4. 원문이 길 경우 적절하게 分節하였다. 또한 卷次와 大文의 순서 및 按說과의 연계성을 고려하여 대문과 안설 위에 連番을 표시하였다. 이때 대문은 '가'로, 진덕수의 안설 및 諸家의 설은 '나'로 표시하였다.

   예 1-1-가 : 《대학연의》 권1의 첫 번째 나오는 大文
   1-5-나(按) : 《대학연의》 권1의 다섯 번째 나오는 대문에 대한 眞德秀의 按說
   2-1-나1(朱) : 《대학연의》 권2의 첫 번째 대문에 대한 朱熹의 설
5. 본서의 懸吐는 현대국어를 따르되, 중세국어 및 근세국어의 특성을 고려하여 다음과 같이 표기하였다.
   1) 주격조사로 '-이'와 '-가'를 병용하였다.
   2) 아래 아(ㆍ)는 사용하지 않고, 'ㅏ'나 'ㅡ' 등 적절한 모음으로 대체하였다.

      예 丷也(ᄒᆞ야) → 하여 / 丆弋(호ᄃᆡ) → 호대 / 丶亽ㅌ乙(ㅣ어ᄂᆞᆯ) → 이어늘
   3) 가급적 단모음화를 지향하였다.

      예 丷士(ᄒᆞ샤) → 하사 / 印底(ᆝ져) → 인저
   4) '使'가 이끄는 구절에 '으로'로 현토되어 있을 경우, 假定을 뜻할 때에는 토는 그대로

두고 번역만 가정의 의미를 따랐다.

예 〔원문〕 使吾君之心으로 → 〔번역〕 만일 우리 임금의 마음이 白日과 같이 밝아

6. 독자의 편의를 위하여 저본에 없는 소제목을 삽입하였다. 예를 들어, '商高宗周成王之學(商 高宗과 周 成王의 학문)'과 같이 원문이 있는 소제목은 사고본에 있는 원문을 인용한 것이며, '商 高宗의 학문', '周 成王의 학문' 등과 같이 원문이 제시되지 않은 소제목은 사고본을 참고하여 역자가 재량으로 보충한 것이다.
7. 僻字나 讀音이 특수한 글자는 한글로 音을 달아주었다.
8. 번역문은 한글과 한자를 혼용하였으며, 맞춤법과 띄어쓰기는 한글 맞춤법과 표준어 규정을 따랐다.
9. 校勘은 원문의 誤字, 脫字, 避諱, 異文, 衍文, 倒文 등을 대상으로 하였다. 다만 다음과 같은 경우에는 저본대로 따르고 出校하지 않았다.
   1) 갖은자로 된 숫자 壹, 貳, 參, 拾 등
   2) 于/於, 姦/奸, 無/无, 耶/邪, 懽/歡, 叙/敍 자 등
10. 원문의 글자는 저본대로 따르고 번역문과 주석문에서는 正字를 따랐다.

    예 〔원문〕 覇 / 〔번역문, 주석문〕 霸

11. 저본에서 避諱한 글자는 본래의 글자로 바꾸었으며, 대교본의 避諱字는 각주로 出校하였다.
    1) 저본에서 피휘하여 쓴 '士春', '朝', '斤' 등은 조선의 피휘자인 '子春'(桓祖 李子春), '旦'(太祖 李旦(李成桂)), '鈞'(宣祖 李昖(李鈞)) 등으로 바꾸었다.
    2) 대전본에서 피휘하여 쓴 '元', '洪', '康', '正', '威', '亘', '謹', '端' 등은 宋의 避諱字인 '玄'(趙氏의 시조 趙玄朗), '弘'(太祖의 부친 趙弘殷), '匡'(太祖 趙匡胤), '禎'(貞)(仁宗 趙禎), '讓'(神宗(趙頊)의 부친 趙允讓), '桓'(欽宗 趙桓), '眘'(孝宗 趙眘), '惇'(光宗 趙惇) 등으로 바꾸었다.
    3) 사고본에서 피휘하여 쓴 '元', '弘' 등은 淸의 避諱字인 '玄'(聖祖 康熙帝 愛新覺羅玄燁), '弘'(高宗 乾隆帝 愛新覺羅弘曆) 등으로 바꾸었다.
12. 본서에 사용한 주요 부호는 다음과 같다.

    “　” : 1차 인용

    ‘　’ : 2차 인용

    「　」 : 3차 인용

    (　) : 원문의 讀音 및 번역문의 間註

〔　　〕: 번역문과 뜻은 같으나 音이 다른 경우

《　　》: 書名, 典據

〈　　〉: 篇章名, 作品名

【臣按】: 眞德秀의 按說

13. 본서의 原註에 사용한 標點은 다음과 같다.

. : 문장의 종결

, : 한 문장 안에서 句나 節의 구분이 필요한 곳

· : 대등한 명사나 구절의 병렬

“　” : 1차 인용

‘　’ : 2차 인용

: : ‘曰’, ‘云’ 등 발언이나 인용 뒤에 사용

; : 두 구 이상의 節이 긴밀하게 연결되는 병렬문에 사용

! : 감탄문 끝에 사용

? : 의문문 끝에 사용

14. 四書의 篇名과 章次는 朱熹의 《四書集註》를 따랐으며, 《詩經》은 주희의 《詩集傳》을, 《書經》은 蔡沈의 《書集傳》을, 《周易》은 程頤의 《伊川易傳》과 주희의 《周易本義》를 따랐다. 이외에 十三經에 속하는 경전의 편명과 장차는 《十三經注疏》를, 기타 문헌은 통행본을 따랐다.

參考書目

◇ 底本 관련자료

- 《大學衍義》, 眞德秀(宋) 撰, 규장각 소장본.(청구기호:奎中507)
- 《大學衍義》, 眞德秀(宋) 撰, 규장각 소장본.(청구기호:奎中509)
- 《大學衍義》, 眞德秀(宋) 撰, 규장각 소장본.(청구기호:奎中510)
- 《大學衍義》, 眞德秀(宋) 撰, 규장각 소장본.(청구기호:奎中512)
- 《大學衍義》, 眞德秀(宋) 撰, 文淵閣四庫全書, 影印本, 臺灣商務印書館, 1983~1986.
- 《大學衍義》, 孔子文化大全編輯部 編, 孔子文化大全, 山東友誼出版社, 1991.
- 《大學衍義》, 朱人求 校點, 華東師範大學出版社, 2010.

◇ 經 部

- 《論語集註大全》, 朱熹(宋) 集註, 胡廣(明) 等 編, 朝鮮 內閣本, 影印本, 學民文化社.
- 《大學章句大全》, 朱熹(宋) 集註, 胡廣(明) 等 編, 朝鮮 內閣本, 影印本, 學民文化社.
- 《孟子集註大全》, 朱熹(宋) 集註, 胡廣(明) 等 編, 朝鮮 內閣本, 影印本, 學民文化社.
- 《中庸章句大全》, 朱熹(宋) 集註, 胡廣(明) 等 編, 朝鮮 內閣本, 影印本, 學民文化社.
- 《書傳大全》, 蔡沈(宋) 集傳, 胡廣(明) 等 編, 朝鮮 內閣本, 影印本, 學民文化社.
- 《詩傳大全》, 朱熹(宋) 集傳, 胡廣(明) 等 編, 朝鮮 內閣本, 影印本, 學民文化社.
- 《禮記集說大全》, 陳澔(元) 集說, 胡廣(明) 等 編, 朝鮮 內閣本, 影印本, 學民文化社.
- 《周易傳義大全》, 程頤(宋) 傳, 朱熹(宋) 本義, 胡廣(明) 等 編, 朝鮮 內閣本, 影印本, 學民文化社.
- 《春秋經傳集解》, 左丘明(周) 傳, 杜預(晉) 註, 林堯叟(宋)・朱申(宋・元) 附註, 朝鮮 金屬活字本(戊申字), 影印本, 保景文化社.
- 《十三經注疏 整理本》, 十三經注疏整理委員會 整理, 北京大學出版社, 2000.
- 《春秋左傳注(修訂本)》, 楊伯峻, 中華書局, 1990.

◇ 史 部

- 《史記》, 司馬遷(漢) 撰, 標點校勘本, 中華書局, 2006.
- 《歷代刑法考》, 沈家本(淸) 撰, 鄧經元 外 點校, 標點校勘本, 中華書局, 2013.
- 《資治通鑑》, 司馬光(宋) 撰, 胡三省(元) 音註, 標點校勘本, 中華書局, 1997.

◇ 子 部

- 《西山讀書記》, 眞德秀(宋) 撰, 文淵閣四庫全書, 影印本, 臺灣商務印書館, 1983~1986.
- 《老子道德經河上公章句》, 王卡 點校, 標點校勘本, 中華書局, 1997.
- 《佛祖通紀校注》, 釋道法 校注, 標點校勘本, 上海古籍出版社, 2012.

◇ 集 部

- 《朱子全書》, 朱熹(宋) 撰, 標點校勘本, 上海古籍出版社, 2000.

◇ 사전 및 공구서

- 곽철환, 《시공불교사전》, 시공사, 2003.
- 吉常宏, 《漢語稱謂大詞典》, 河北教育出版社, 2001.
- 史爲樂 주편, 《中國歷史地名大辭典》, 中國社會科學出版社, 2005.
- 徐連達 주편, 《中國歷代官制詞典》, 安徽教育出版社, 1991.
- ――――――, 《中國歷代官制大詞典》, 廣東教育出版社, 2009.
- 施丁 외 주편, 《資治通鑑大辭典》, 吉林人民出版社, 1994.
- 袁英光 주편, 《南朝五史辭典》, 山東教育出版社, 2005.
- 兪鹿年, 《中國官制大辭典》, 黑龍江人民出版社, 1998.
- 張撝之 외 주편, 《中國歷代人名大辭典》, 上海古籍出版社, 1999.
- 趙文潤 외 주편, 《兩唐書辭典》, 山東教育出版社, 2004.
- 中國歷史大辭典編纂委員會, 《中國歷史大辭典》, 上海辭書出版社, 2000.
- 倉修良 주편, 《漢書辭典》, 山東教育出版社, 1996.
- 賀旭志 외, 《中國歷代職官辭典》, 中國社會出版社, 2003.

◇ 硏究論著 및 飜譯書

- 고영길, 《梁 武帝의 政敎結合思想硏究》, 동국대학교 석사학위논문, 2007.
- 국립문화재연구소 유적조사연구실, 《중국 고대도성 조사보고서》, 국립문화재연구소, 2005.
- 潘桂明, 《中國的佛敎》, 北京:中國國際廣播出版社, 2011.
- 向鴻全, 《眞德秀及其大學衍義之硏究》, 國立中央大學博士學位論文, 2005.
- 蘇鉉淑, 〈양 무제의 불교정책〉, 《한국고대사탐구》2, 2009.
- ———, 〈梁 武帝와 同泰寺〉, 《佛敎學報》54, 2010.
- 宋杰, 〈漢代的檻車押解制度〉, 《首都師範大學學報(社會科學版)》, 2012(第2期).
- 楊天宇, 《周禮譯注》, 上海古籍出版社, 2007.
- 楊向奎, 《宗周社會與禮樂文明》, 人民出版社, 1992.
- 王彦坤 주편, 《歷代避諱字彙典》, 中州古籍出版社, 1997.
- 정재훈, 《위구르 유목제국사》, 문학과지성사, 2005.
- 周淑萍, 《兩宋孟學硏究》, 人民出版社, 2007.
- 陳垣, 《史諱擧例》, 北京:中華書局, 2004.
- 許嘉璐 주편, 《二十四史全譯》, 漢語大詞典出版社, 2004.

◇ 데이터베이스(DB) 자료

- 佛光大辭典(第3版, http://etext.fgs.org.tw/etext6/search-1.htm)
- 조선왕조실록(http://sillok.history.go.kr)
- 電子版 文淵閣四庫全書, 迪志文化出版有限公司.
- 中國基本古籍庫, 北京愛如生數字化技術硏究中心.
- 寒泉 古典文獻全文檢索資料庫(http://skqs.lib.ntnu.edu.tw/dragon)

目 次

大學衍義 卷10

大學衍義 卷11

大學衍義 卷12

大學衍義 卷13

大學衍義 卷7

格物致知之要(一) 사물의 원리를 깊이 연구하여 知性의 힘을 극대화하는 핵심적인 방법들 (1)

明道術 道를 분명히 밝힘

天理人倫之正【帝王事親之孝】 天理와 人倫에 임하는 올바른 처신 【역대 聖王이 부모를 섬기는 효】

7-1-가[1)]

堯典에 **曰 有鰥**이 **在下**[2)]하니 **曰虞舜**①이니 **父頑**②하며 **母嚚**(은)③하며 **象傲**④어늘 **克諧以孝**⑤하여 **烝烝乂**하여 **不格姦**⑥하니라

① 有鰥在下曰虞舜：鰥, 無妻之名. 在下, 謂卑賤也. 虞, 氏, 舜, 名.[3)]

---

1) 《書經》〈虞書 堯典〉에 보인다. 이 글은 〈堯典〉의 맨 뒤에 있는데, 요임금이 帝位를 선양받을 사람을 천거하도록 하자 四岳 등이 舜을 천거한 말이다. 본래 '有鰥'부터 '曰虞舜'까지는 여러 신하들이 함께 말한 내용이고 그 이하는 四岳이 舜에 대해 설명한 말이나, 저본에서는 話者를 구분하지 않고 인용하고 있다.

2) 在下 : '在下'는 舜임금이 일반 백성의 지위에 있음을 말한 것이다. 《尙書注疏》〈堯典〉의 孔安國 傳에는 "백성 가운데에 있다.〔在下民之中〕"라고 하였고, 《史記》 권1 〈五帝本紀〉에도 해당 내용을 "민간에 있다.〔在民間〕"라고 기재하였다. 孔穎達의 疏에는 '有鰥在下'에 대해 "미천한 지위에 이런 현인이 있음을 말한 것이다.〔言側陋之處有此賢人〕"라고 설명하였고, 《사기》 권1 〈오제본기〉에는 순임금을 顓頊(전욱)의 7세손으로 설명하고 전욱의 아들인 "窮蟬으로부터 순임금에 이르기까지는 모두 한미해져서 庶人이 되었다.〔自從窮蟬以至帝舜 皆微爲庶人〕"라고 하여, 당시에 순임금이 미천한 신분이었음을 알 수 있다.

3) 虞氏舜名 : '虞'와 '舜'에 대한 해석은 몇몇 이설이 있다. 우선 '虞'의 해석에 대해 논하면, 첫째 순임금의 氏로 보는 설로, 孔安國의 傳과 蔡沈의 《書集傳》이 해당된다. 둘째 地名으로 보는 설로, 王肅과 皇甫謐(밀)이 해당된다. 셋째는 國名으로 보는 설로, 孔穎達의 疏와 司馬貞의 《史記索隱》 등이 해당되는데, 공영달은 '虞'를 본래 순임금이 거주하던 곳이자 요임금이

'鰥'은 아내가 없는 자의 명칭이다. '在下'는 비천함을 말한다. '虞'는 氏이고 '舜'은 이름이다.

② 父頑 : 父, 瞽瞍. 心不則德義之經爲頑.

'父'는 瞽瞍이다. 마음으로 德義의 常道를 본받지 않는 것이 '頑'이다.

③ 母嚚 : 母, 瞽瞍後妻, 舜繼母也. 口不道忠信之言爲嚚.

'母'는 瞽瞍의 후처로, 舜의 계모이다. 입으로 진실되고 미더운 말을 하지 않는 것이 '嚚'이다.

④ 象傲 : 象, 舜後母弟名. 傲, 慢不友也.

'象'은 舜의 계모가 낳은 아우의 이름이다. '傲'는 오만하여 우애하지 않는 것이다.

⑤ 克諧以孝 : 諧, 和也.

'諧'는 '화합하게 하다'라는 뜻이다.

⑥ 烝烝乂不格姦 : 烝, 進也. 乂, 治也. 姦, 惡也.[4] 史記 : "舜父瞽瞍盲而舜母死. 瞽瞍[5]更娶妻而生象, 象傲. 瞽瞍[6]愛後妻子, 常欲殺舜. 舜避逃, 及有小過則受罪. 順事父及後母與弟, 日以篤謹."[7]

'烝'은 '나아가다'라는 뜻이다. '乂'는 '다스리다'라는 뜻이다. '姦'은 '간악함'이라는 뜻이다. 《사기》에 "순의 아버지 고수는 장님이었고 순의 어머니는 죽었다. 고수가 다시 장가를 들어 象을 낳았는데, 상은 오만하였다. 고수가 후처 소생의 자식을 편애하여 항상 순을 죽이고자 하였다. 순은 피하여 도망다녔으나, 조금이라도 잘못이 있으면 벌을 받았다. 아버지와 계모를 순히 섬기고 동생과도 잘 지내어서 날마다 독실하고 성실하였다."

《書經》〈堯典〉에 다음과 같은 내용이 있다.

"홀아비가 백성 중에 있으니 虞舜이라 합니다. 아버지는 頑惡하고 어머니는 쓸데없는 말이 많으며 象은 오만한데, 능히 효도로써 잘 화합하게 하여 점점 다스

봉해준 땅으로 순임금이 천자가 되면서 有虞가 국명이 되었다고 보았다.

'舜'에 대한 해석은 크게 두 가지로 정리할 수 있다. 첫째 이름으로 보는 설로, 공안국의 傳과 채침의 《서집전》이 해당된다. 둘째 시호로 보는 설로, 馬融과 사마정의 《사기색은》이 해당된다. 이와 관련하여 《사기》 권1 〈오제본기〉에는 "虞舜은 이름이 重華이다.〔虞舜者 名曰重華〕"라고 하여 舜이 이름이 아닌 것으로 서술하고 있다.

4) 姦惡也 : 대전본에는 없다.

5) 瞍 : 대전본에는 '叟'로 되어 있다.

6) 瞍 : 대전본에는 '叟'로 되어 있다.

7) 舜父……篤謹 : 《史記》 卷1 〈五帝本紀〉에 보인다.

려서 간악한 데 이르지 않게 하였습니다."

7-1-나(按)

臣은 按 舜이 以一身으로 處頑父嚚母傲弟之間而能諧和以孝하여 俾其善日進・惡日泯하니 非至誠之積이 薰蒸浸灌이면 何以有此리오 先儒曾鞏이 引詩烝之浮浮하여 爲譬[8)]하니 其意에 以謂[9)]飯之炊也는 火然於下하여 其氣相續이라 故能通徹於上하니 舜之積誠感父도 亦猶是也라하니 其說이 得之矣니이다

【臣按】 舜이 한 몸으로 완악한 아버지와 쓸데없는 말이 많은 모친과 오만한 동생의 사이에 처하여 능히 효도로써 화합하게 해서 그 선은 날로 더해지고 악은 날로 사라지게 하였으니, 지극한 정성이 쌓인 것이 점점 익게 하고 차츰 젖어들게 한 것이 아니라면 어떻게 이럴 수 있겠습니까.

先儒 曾鞏은 《詩經》〈大雅 生民〉의 "쪄서 김이 모락모락 오른다.〔烝之浮浮〕"는 말을 인용하여 이를 비유하였습니다. 그의 뜻은 '시루의 음식이 쪄지는 것은 아래에서 불이 타올라 그 화기가 계속 이어지기 때문에 위에까지 열기가 올라갈 수 있어서이니, 순이 정성을 쌓아 부모를 감동시킨 것이 또한 이와 같다.'라고 생각한 것이니, 이 말이 옳습니다.

7-2-가[10)]

帝가 初于歷山①에 往于田하사 日號泣于旻天②과 于父母하사 負罪引慝③하사 祗載見(현)瞽瞍④하사대 夔夔(기기)齊慄⑤하신대 瞽亦允若⑥하니라

8) 先儒……爲譬 : 인용된 曾鞏의 설은 출처가 명확하지 않다. 다만 이와 관련하여 《尙書埤傳》〈虞書 堯典〉에도 증공의 말이 인용되어 있는데 다음과 같다. "'烝'은 '烝之浮浮'의 '烝'과 같으니 성대한 덕의 기운이 위로 도달하여 변화되고 무르익어 가는 것을 자신도 알지 못하도록 하는 것이다.〔烝如烝之浮浮之烝 盛德上達 化而熟之 使不自知也〕"

9) 謂 : 사고본에는 '爲'로 되어 있다.

10) 《書經》〈虞書 大禹謨〉에 보인다. 이글은 〈대우모〉의 맨 뒤에 있는데, 舜임금이 禹에게 有苗를 정벌하도록 했을 때 益이 禹에게 지극한 정성으로 덕을 펴면 有苗를 복종시킬 수 있음을 말하면서 인용한 말이다.

① 歷山 : 山名, 舜微時所耕之地.
'歷山'은 산 이름이니, 순이 미천할 때 농사를 짓던 곳이다.
② 旻天 : 旻, 閔也.
'旻'은 '하늘'이라는 뜻이다.
③ 負罪引慝 : 慝, 惡也.
'慝'은 '악'이라는 뜻이다.
④ 祗載見瞽瞍 : 祗, 敬也. 載, 事也.[11)]
'祗'는 '공경히'라는 뜻이다. '載'는 '일하다'라는 뜻이다.
⑤ 夔夔齊慄 : 齊, 莊敬也. 慄, 戰栗也. 夔夔, 莊敬戰栗之貌.
'齊'는 '엄숙히 공경하다'라는 뜻이다. '慄'은 '두려워하다'라는 뜻이다. '夔夔'는 엄숙히 공경하고 두려워하는 모양이다.
⑥ 瞽亦允若 : 允, 信也. 若, 順也.
'允'은 '믿다'라는 뜻이다. '若'은 '따르다'라는 뜻이다.

舜임금은 당초 歷山에 있을 때 밭에 가서 날마다 하늘과 부모를 부르짖고 울며 죄를 떠맡고 악을 자신에게 돌리셨습니다. 공경히 일하여 瞽瞍를 뵙되 엄숙히 공경하고 두려워하니 고수 또한 믿고 따랐습니다.

7-2-나(按)

臣은 按 舜이 以不獲於父母之故로 號泣于天하사 自負其罪하사 不敢以爲父母之罪하시며 自引其慝하사 不敢以爲父母之慝하시니 其誠於孝 如此라 宜其卒能感動也시니이다

【臣按】 舜임금은 어버이의 사랑을 얻지 못하였기 때문에 하늘을 부르짖고 울며 스스로 그 죄를 떠맡아서 감히 부모의 죄라고 여기지 않으셨으며, 스스로 그 악을 자신에게 돌려서 감히 부모의 악이라고 여기지 않으셨습니다. 부모를 잘 모시려는 정성이 이와 같았기 때문에 끝내 감동시킬 수 있었던 것이 당연합니다.

7-3-가[12)]

孟子가 曰 天下가 大悅而將歸己어든 視天下悅而歸己호대 猶草芥也는 惟

---

11) 載事也 : 저본에는 없으나, 대전본·사고본에 근거하여 보충하였다.

舜이 爲然하시니 不得乎親이란 不可以爲人이며 不順乎親이란 不可以爲子니 舜이 盡事親之道而瞽瞍가 厎豫①하니 瞽瞍가 厎豫而天下가 化하며 瞽瞍가 厎豫而天下之爲父[13]子者가 定하니 此之謂大孝니라

① 厎豫 : 厎, 致也. 豫, 順也[14].
'厎'는 '이르다'라는 뜻이다. '豫'는 '순히 하다'라는 뜻이다.

맹자가 말하였다.

"천하 사람들이 크게 기뻐하여 자신을 따르려 하는데, 천하 사람들이 기뻐하여 자신에게 돌아오는 것 보기를 草芥와 같이 본 것은 오직 순임금만이 그러하셨다. 어버이에게 기뻐함을 얻지 못하면 제대로 사람 노릇을 할 수 없고 어버이에게 순하지 못하면 제대로 자식 노릇을 할 수 없다고 여기셨다. 순임금이 어버이를 섬기는 도리를 다하여 고수가 기뻐함에 이르렀으니, 고수가 기뻐함에 이르자 천하가 교화되었으며, 고수가 기뻐함에 이르자 천하의 부모와 자식 된 자들이 안정되었다. 이것을 일러 大孝라고 한다."

7-3-나(按)

臣은 按 舜之所値者가 至難事之親也라 然積誠感動하여 猶能使之厎豫어든 況其不如瞽瞍者乎아 故瞽瞍가 厎豫而天下之爲人子者가 皆知無不可事之親而各勉於爲孝하니 此所謂天下가 化也라 昔에 豫章羅從彦[15]이 論此曰 只爲天下에 無不是底父母라하여늘 諫議陳瓘[16]이 聞而善之曰 惟如此而後에야 天下之爲父子者가 定이니 彼臣弑君하며

---

12) 《孟子》〈離婁 上〉 제28장에 보인다.

13) 父 : 대전본에는 '人'으로 되어 있다.

14) 豫順也 : 본서의 '豫'에 대한 풀이는 일반적인 해석과 다르다. 《孟子集註》에는 '豫'를 '기뻐함〔悅樂〕'이라는 뜻으로 풀이하였는데, 《西山讀書記》 권11에서도 해당 구문에 대해 주자의 집주를 그대로 수록하고 있다. 여기에서는 집주를 따라 번역하기로 한다.

15) 羅從彦 : 1072~1135. 南宋의 유학자로 閩學 四賢 가운데 한 사람이다. 자는 仲素, 호는 豫章先生, 劍州 劍浦 사람이다. 吳儀·楊時 등을 사사하였으며, 관직은 博羅 主簿를 지냈다. 제자로는 朱松(朱熹의 부친), 李侗 등이 있다. 저술로는 《豫章文集》·《遵堯錄》·《春秋毛詩語解》 등이 있다. 시호는 文質이다.

16) 陳瓘 : 1057~1124. 자는 瑩中이고, 호는 了齋이다. 沙縣城 勸忠坊 출신이다. 神宗 元豊

子弑父者는 常始於見其有不是處爾라하니 嗚呼[17]라 罪己而不非其親者는 仁人孝子之心也요 怨親而不反諸己者는 亂臣賊子之志也라 後之事難事之親者가 其必以舜爲法이니이다

【臣按】 순임금이 만난 것은 지극히 섬기기 어려운 어버이였습니다. 그러나 정성을 쌓아 감동시켜서 오히려 고수로 하여금 기뻐함에 이르도록 하였으니, 하물며 완악함이 고수와 같지 않은 자에 있어서이겠습니까. 그러므로 고수가 기뻐함에 이르자 천하의 자식 된 자들이 모두 섬길 수 없는 어버이가 없다는 것을 알게 되어 각자 효도를 하는 것에 힘썼으니, 이것이 이른바 '천하가 교화되었다.'라는 것입니다.

옛날에 豫章先生 羅從彦이 이를 두고 "다만 천하에 옳지 않은 부모가 없다고 생각하기 때문이다."라고 논하였는데, 諫議 陳瓘이 이를 듣고 좋게 여겨 "오직 이와 같이 생각한 뒤에야 천하의 어버이와 자식 된 자들이 안정될 것이니, 저 신하로서 임금을 시해하고 자식으로서 아비를 시해하는 것은 항상 임금과 아비가 옳지 않은 점이 있음을 보는 것에서 비롯될 뿐이다."라고 하였습니다.

아! 자신에게 죄를 돌리고 어버이를 비난하지 않는 것은 仁者와 효자의 마음이고, 어버이를 원망하고 자신을 돌아보지 않는 것은 亂臣과 賊子의 뜻입니다. 후대에 섬기기 어려운 어버이를 섬기는 자는 반드시 순임금을 귀감으로 삼아야 할 것입니다.

7-4-가[18]

萬章이 問曰 舜이 往于田하사 號泣于旻天하시니 何爲其號泣也잇고 孟子가 曰 怨慕也시니라 萬章이 曰 父母가 愛之어시든 喜而不忘하고 父母가 惡(오)之어시든 勞而不怨이니 然則舜은 怨乎잇가 曰 長息이 問於公明高①曰 舜이 往于田則吾既得聞命矣어니와 號泣于旻天과 于父母則吾不知也[19]로이다 公明高가 曰 是는

2년(1079)에 과거에 급제하였다. 관직은 左司諫 등을 역임하였다. 《易經》에 통달하였다.

17) 嗚呼 : 대전본에는 '烏乎'로 되어 있다.

18) 《孟子》〈萬章 上〉 제1장에 보인다.

19) 也 : 대전본에는 '矣'로 되어 있다.

非爾所知也라하니 夫公明高는 以孝子之心이 爲不若是恝②라 我는 竭力耕田하여 共爲子職而已矣니 父母之不我愛는 於我何哉오하니라 帝가 使其子九男二女로 百官牛羊倉廩을 備하여 以事舜於畎畝之中[20]하시니 天下之士가 多就之者어늘 帝가 將胥天下而遷之焉이러시니 爲不順於父母라 如窮人無所歸러시다 天下之士가 悅之는 人之所欲也어늘 而不足以解憂하시며 好色은 人之所欲이어늘 妻帝之二女하사대 而不足以解憂하시며 富는 人之所欲이어늘 富有天下하사대 而不足以解憂하시며 貴는 人之所欲이어늘 貴爲天子하사대 而不足以解憂하시니 人悅之와 好色과 富貴에 無足以解憂者요 惟順於父母라야 可以解憂러시다 人少則慕父母하다가 知好色則慕少艾③하고 有妻子則慕妻子하고 仕則慕君하고 不得於君則熱中④이니 大孝는 終身慕父母하나니 五十而慕者를 予於大舜에 見之矣로라

① 長息問於公明高 : 長息, 公明高弟子. 公明高, 曾子弟子.
'長息'은 公明高의 제자이다. '公明高'는 曾子의 제자이다.

② 恝 : 恝, 無愁之貌.
'恝'는 근심이 없는 모양이다.

③ 艾 : 艾, 美好也.
'艾'는 아름답고 예쁜 것이다.

④ 熱中 : 熱中, 躁急心熱也.
'熱中'은 조급하여 마음에 열이 나는 것이다.

萬章이 물었다.
"舜임금이 밭에 가서 하늘을 부르짖으며 우셨으니, 어찌하여 부르짖으며 우신

20) 帝使……之中 : 堯임금이 9남 2녀를 보내 舜임금을 섬기게 하고 소·말·양·창고를 갖추어 준 일은, 《書經》〈虞書 堯典〉에 요임금이 "두 딸을 치장하여 규수의 북쪽에 下嫁시켜 虞舜의 아내가 되게 하셨다.〔釐降二女于嬀汭 嬪于虞〕"라고 한 것과, 《史記》卷1 〈五帝本紀〉에 "요임금이 마침내 두 딸을 순에게 시집보내 안을 살피고, 아홉 아들을 순에게 보내 함께 거처하게 하여 밖을 살폈다.〔堯乃以二女妻舜以觀其內 使九男與處以觀其外〕"라고 한 것과, "요임금이 마침내 순에게 갈옷과 琴을 하사하고 창고를 지어주고 소와 양을 주었다.〔堯乃賜舜絺衣與琴 爲築倉廩 予牛羊〕"라고 한 것 등에서 확인할 수 있다.

것입니까?"

맹자가 말하였다.

"원망하고 사모한 것이다."

만장이 말하였다.

"부모님이 사랑해주시거든 기뻐하고 은혜를 잊지 말며, 부모님이 미워하시거든 노력하고 원망하지 말아야 합니다. 그렇다면 순임금은 원망하였습니까?"

맹자가 말하였다.

"長息이 公明高에게 묻기를 '순임금이 밭에 간 이유에 대해서는 제가 이미 가르침을 들었거니와, 하늘과 부모를 부르짖으며 울었던 이유는 제가 알지 못하겠습니다.'라고 하자, 公明高가 말하기를 '이것은 네가 알 바가 아니다.'라고 하였으니, 저 공명고는 '효자의 마음은 이처럼 근심하지 않을 수 없다. 「나는 온 힘을 다하여 밭을 경작하여 공손히 자식의 직분을 다할 뿐이니, 부모님이 나를 사랑해주지 않는 것이 나에게 무슨 상관이 있겠는가.」'라고 여긴 것이다.

요임금께서 자신의 자식인 9남 2녀로 하여금 백관과 소·말·양·창고를 갖추어 민간의 전야에서 섬기게 하시니, 천하의 士가 순임금에게 나아간 자가 많았다. 요임금이 장차 천하의 민심을 살펴 제위를 옮겨주려 하였는데, 순임금이 부모에게 순하지 못하였기 때문에 곤궁한 사람이 돌아갈 곳이 없는 것처럼 여겼다.

천하의 士가 자신을 좋아하는 것은 사람들이 원하는 것인데도 족히 근심을 풀지 못하였으며, 美人은 사람들이 원하는 것인데 요임금의 두 딸을 아내로 삼고도 족히 근심을 풀지 못하였으며, 부유함은 사람들이 원하는 것인데 부유함이 천하를 소유하였는데도 족히 근심을 풀지 못하였으며, 존귀함은 사람들이 원하는 것인데 존귀함이 천자가 되었는데도 족히 근심을 풀지 못하였으니, 사람들이 자신을 좋아하는 것과 미색과 부유함과 존귀함에 족히 근심을 풀 만한 것이 없었고 오직 부모에게 순하여야만 근심을 풀 수 있었다.

사람들이 어릴 때에는 부모를 사모하다가 미색을 좋아할 줄 알면 젊고 아름다운 이를 사모하고, 처자를 두면 처자를 사모하고, 벼슬을 하면 임금을 사모하고, 임금에게 신임을 얻지 못하면 조급하여 마음에 열이 난다. 大孝는 죽을 때까지 부모를 사모하니, 50세까지도 부모를 사모한 자를 나는 大舜에게서 보았노라."

7-4-나(按)

臣은 按 孟子는 可謂知大舜之心矣로소이다 蓋窮天下之可欲이라도 皆外物也라 聖人이 視之如浮雲然하사 得喪去來를 不以介意하시고 惟不順於父母則以爲己之大罪而不敢自恕하시니 人知舜怨之爲怨이어늘 獨孟子가 知其怨이 乃所以爲慕하시니 慕之爲言은 愛之深・思之切也라 五十에 始衰하니 禮所謂不致毁之時也[21]라 大舜이 於此에 猶慕焉하시니 聖人純孝之心이 不以老而衰也라 揚雄이 亦曰 事父母호대 自知不足者는 其舜乎[22]신저하니 蓋舜이 雖已順其親而其心이 常若不足하시니 此其所以爲終身之慕니이다

【臣按】 맹자는 大舜의 마음을 알았다고 할 만합니다. 천하 사람들이 원할 만한 것을 다 누리더라도 모두 外物이기 때문에 성인은 이를 뜬구름같이 여겨서 얻고 잃고 가고 오는 것을 마음에 두지 않고 오직 부모에게 순하지 못한 것에 대해서만 자신의 큰 죄로 여겨서 감히 스스로 용서하지 않았습니다.

사람들은 순임금이 원망하는 것을 원망이라고 여겼지만, 맹자만은 그 원망이 바로 부모를 사모하였기 때문이라는 것을 알았습니다. '慕'라는 말은 깊이 사랑하고 절실히 그리워한다는 뜻입니다. 50세가 되면 쇠하기 시작하니, 《예기》에 이른바 '몸을 손상시키는 데에는 이르지 않게 하는' 때입니다. 대순이 이때에도 여전히 부모를 사모하였으니, 성인의 지극한 효심은 늙는다고 하여 쇠하지는 않습니다.

揚雄 또한 "부모를 섬기면서 스스로 부족하다는 것을 안 사람은 아마도 순임금일 것이다."라고 하였습니다. 이는 순임금이 비록 그 어버이에게 이미 순하였지만 그 마음은 항상 부족한 것처럼 여긴 것이니, 이것이 순임금이 죽을 때까지 사모한

---

21) 禮所……時也 : 《禮記》 〈曲禮 上〉에 보인다. 원문에는 "쉰 살이 된 사람은 지나치게 애통해하여 몸을 손상시키는 데에는 이르지 않게 하며, 예순 살이 된 사람은 지나치게 애통해하지 않으며, 일흔 살이 된 사람은 오직 衰(최)服과 麻絰(질)만을 몸에 걸친다.〔五十不致毁 六十不毁 七十唯衰麻在身〕"라고 하였다.

22) 事父……舜乎 : 《法言》 卷10 〈孝至〉에 보인다.

까닭입니다.

7-5-가[23)]

禮記에 子가 曰 舜은 其大孝也與신저 德爲聖人이시고 尊爲天子시고 富有四海之內하사 宗廟饗之하시며 子孫保之①하시니라 故大德은 必得其位하며 必得其祿하며 必得其名하며 必得其壽니라 故天之生物이 必因其材而篤焉②하나니 故栽者를 培之③하고 傾者를 覆之니라 詩曰 嘉樂君子의 憲憲令德이 宜民宜人이라 受祿于天이어늘 保佑[24)]命之하시고 自天申之④라하니라 故大德者는 必受命이니라

① 子孫保之 : 子孫, 謂虞思[25)]・陳胡公[26)]之屬, 歷三代爲諸侯.
'子孫'은 虞思와 陳 胡公 등을 이르니, 夏・商・周 三代에 걸쳐 제후가 되었다.
② 必因其材而篤焉 : 材, 質也. 篤, 厚也.
'材'는 '재질'이라는 뜻이다. '篤'은 '돈독히 하다'라는 뜻이다.
③ 栽者培之 : 栽, 植也. 培, 養也.
'栽'는 '심다'라는 뜻이다. '培'는 '길러주다'라는 뜻이다.
④ 詩曰……申之 : 詩・大雅・假樂之篇. 憲, 詩作顯. 申, 重也.
'詩'는 《詩經》〈大雅 假樂〉이다. '憲'은 《시경》에 '顯'으로 되어 있다. '申'은 '거듭하다'라는 뜻이다.

《禮記》〈中庸〉에 다음과 같은 내용이 있다.
"공자가 말하였다.
'舜임금은 大孝이실 것이다. 덕으로는 聖人이 되시고, 존귀하기로는 천자가

23) 《禮記》〈中庸〉에 보인다. 朱熹의 《中庸章句》 제17장에 해당한다.
24) 佑 : 대전본・사고본에는 '祐'로 되어 있다.
25) 虞思 : 성은 嬀, 씨는 有虞이다. 舜임금의 아들인 商均의 아들이다. 상균은 夏나라 禹王 때 虞地에 봉해졌는데, 상균의 뒤를 이어 有虞氏의 수장이 되어 商에 봉해졌다.
26) 陳胡公 : 성은 嬀, 씨는 有虞, 이름은 滿, 자는 少湯이다. 舜임금의 33세손이며 虞思의 31세손이다. 商나라 말에 周나라에 귀순하여 陶正을 지낸 虞閼父의 아들이다. 周 武王이 상나라를 멸망시킨 뒤에 이전의 세 왕조인 虞・夏・商의 후손을 제후로 봉하여 '三恪'으로 존중하고 선조의 제사를 받들도록 하였는데, 이때 陳나라는 侯爵으로 봉해지고, 陳 胡公은 武王의 장녀인 太姬를 아내로 맞이하였다. 《春秋左氏傳 襄公 25年》《史記 卷36 陳杞世家》

되시고, 부유하기로는 사해 안을 소유하시어, 종묘의 제사를 흠향하시며 자손을 보전하셨다. 그러므로 큰 덕을 지닌 사람은 반드시 합당한 지위를 얻으며, 반드시 합당한 녹을 얻으며, 반드시 합당한 명성을 얻으며, 반드시 합당한 壽를 얻는다. 그러므로 하늘이 만물을 낳는 것은 반드시 그 재질에 따라 돈독히 해주는 법이다. 그러므로 심은 것은 배양해주고, 기운 것은 엎어버리는 것이다. 《詩經》에 이르기를, 「훌륭한 군자의 드러나고 드러난 아름다운 덕이, 백성들에게 마땅하며 사람들에게 마땅하다. 하늘에서 녹을 받았는데 보우하며 명해주시고 하늘로부터 거듭한다.」라고 하였다. 그러므로 큰 덕을 지닌 사람은 반드시 천명을 받는다.'"

7-5-나(按)

臣은 按 舜이 以聖人之德으로 居天子之位하사 其福祿이 上及於宗廟而下延於子孫하시니 此가 所以爲大孝也라 然舜所知者는 孝而已라 若祿位名壽則天實命之니 非舜이 有心於得之也라 孔子가 以天之眷舜이 如此라 因言天之生物이 必因其材質而加厚焉하니 其本이 固者를 雨露가 得以滋培之하고 其本이 傾者를 風霜[27]이 得以顚覆之하나니 其培之也가 非恩之也요 其覆之也가 非害之也라 咸其自取焉爾라하시고 又引詩以明之하여 以見大德者之必受命하시니 知舜이 德爲聖人・尊爲天子・宗廟饗之・子孫保之然後에 爲大孝則夏商後王이 不敬厥德而至於覆宗絶祀者는 其爲不孝를 可知니이다

【臣按】 舜임금이 聖人의 덕을 지니고 천자의 지위에 있어 그 福祿이 위로는 종묘에 미치고 아래로는 자손에 미쳤으니, 이것이 大孝가 되는 이유입니다. 그러나 순임금이 안 것은 효일 뿐이었습니다. 복록과 지위와 명성과 壽와 같은 것은 하늘이 실로 명한 것이니, 순임금이 이를 얻는 데 마음을 두었던 것은 아닙니다.

孔子는 하늘이 순임금을 돌보아주는 것이 이와 같다고 생각하였습니다. 인하여 말하기를, "하늘이 만물을 낳는 것은 반드시 그 재질에 따라 돈독히 해주니, 그 뿌리가 견고한 것을 비와 이슬로 배양시키고 그 뿌리가 기울어진 것을 바람과 서리로 전복시켜 버리는 법이다. 하늘이 배양해준 것은 은혜를 베푼 것이 아니며,

27) 霜 : 사고본에는 '雷'로 되어 있다.

하늘이 전복시킨 것은 해를 끼친 것이 아니다. 모두 그 스스로 초래한 것일 뿐이다."라고 하였습니다. 또 《시경》을 인용해서 증명하여 大德을 지닌 자는 반드시 천명을 받는다는 것을 보였습니다.

순임금이 덕으로는 성인이 되고 존귀하기로는 천자가 되어 종묘의 제사를 흠향하며 자손을 보전한 뒤에야 大孝가 되었음을 안다면, 자신의 덕을 공경하지 않아서 종묘사직을 전복시키고 제사를 끊어지게 하는 지경에 이르게 한 夏나라와 商나라 후대의 왕들은 불효가 된다는 것을 알 수 있습니다.

7-6-가[28]

子가 曰 武王이 纘大(태)[29]王 · 王季 · 文王之緒①하사 壹戎衣而有天下②하사 尊爲天子시고 富有四海之內하사 宗廟饗之하시며 子孫保之하시니라 武王이 末受命③이어시늘 周公이 成文 · 武之德[30]하사 追王大王 · 王季하시고 上祀先公以天子之禮④[31]하시니라

① 武王……之緒 : 纘, 繼也. 大王, 王季之父. 王季, 文王之父.
'纘'은 '잇다'라는 뜻이다. '大王'은 王季의 부친이다. '王季'는 文王의 부친이다.

② 壹戎衣而有天下 : 戎衣, 甲冑之屬. 言一着[32]戎衣以伐紂, 即有天下也.

---

28) 《中庸》 제18장과 제19장에 보인다. '子曰武王纘大王'부터 '上祀先公以天子之禮'까지는 제18장, '子曰武王周公' 이하는 제19장에 해당한다.

29) 大 : 사고본에는 '太'로 되어 있다. 이하 같다.

30) 德 : 대전본에는 '禮'로 되어 있다.

31) 周公……之禮 : 周나라 古公亶父를 大王에, 季歷을 王季로 추존한 일은 《中庸》에는 周公의 업적으로 나오지만, 《史記》 卷4 〈周本紀〉에는 周 文王의 업적으로, 《禮記》 〈大傳〉에는 武王의 업적으로 나온다. 왕으로 추존한 일이 문왕의 업적이라는 데 대해서 張守節은 《史記正義》에서 '稱王'은 天子가 되어 功業을 이룬 뒤의 일이므로 "어찌 殷 紂王이 그대로 있는데도 주나라가 왕을 일컬었겠는가.〔豈殷紂尙存而周稱王哉〕"라고 반론을 제기하였다. 《禮記注疏》 〈中庸〉의 鄭玄 注에는 '追王'을 "다시 장사를 지낸 것이다.〔改葬之〕"라고 하였는데, 이에 대해 孔穎達은 武王이 牧野의 전투에서 승리하고 商나라를 타도한 뒤에 고공단보와 계력을 왕으로 추존하였고, 뒤에 주공이 천자의 예에 따라 태왕과 왕계를 改葬한 것이라고 설명하고 있다.

32) 着 : 사고본에는 '著'으로 되어 있다.

'戎衣'는 갑옷과 투구의 등속이다. 한번 융의를 입고서 紂王을 정벌하자 곧 천하를 소유하게 되었음을 말한다.

③ 武王末受命：末, 謂老. 武王有天下時已老矣.
'末'은 '노년'을 말한다. 무왕이 천하를 소유했을 때는 이미 노년이었다.

④ 上祀……之禮：先公, 后稷・公劉之屬.
'先公'은 后稷과 公劉 등이다.

孔子가 말하였다.

"武王이 大王과 王季와 文王의 유업을 계승하여 한번 戎衣를 입으매 천하를 소유하게 되었다. 그리하여 존귀하기로는 천자가 되시고 부유하기로는 사해의 안을 소유하셔서, 종묘의 제사를 흠향하시며 자손을 보전하셨다. 무왕이 말년에 천명을 받으시자, 주공이 문왕과 무왕의 덕을 이루셔서 태왕과 왕계를 왕으로 추존하시고, 위로 先公을 천자의 예로써 제사 지냈다."

子가 曰 武王・周公은 其達孝矣乎①신저 夫孝者는 善繼人之志하며 善述人之事者也니라 春秋에 修其祖廟②하며 陳其宗器③하며 設其裳衣④하며 薦其時食⑤하나니라 踐其位하여 行其禮하며 奏其樂하며 敬其所尊하며 愛其所親하며 事死如事生하며 事亡如事存이 孝之至也니라

① 子曰……矣乎：達, 通也. 天下之人通言其孝也.
'達'은 '공통'이라는 뜻이다. 천하 사람들이 공통적으로 그의 효를 말하는 것이다.

② 修其祖廟：祖宗之廟.
'祖廟'는 祖宗의 廟이다.

③ 陳其宗器：先世所藏之重器, 若周赤刀[33]・天球[34]之屬.
'宗器'는 선대로부터 소장해온 귀중한 기물이니, 이를테면 周나라의 赤刀와 天球 등속이다.

---

33) 刀：대전본에는 '刃'으로 되어 있다.

34) 赤刀天球：赤刀는 周 武王이 殷 紂王을 정벌할 때에 쓰던 붉은 칠을 한 寶刀이며, 天球는 鳴球(石磬)로, 雍州에서 진상하는 하늘색 옥의 일종이다. 《書經》〈顧命〉에 "옥을 오중으로 하며 보물을 진열하니, 赤刀와 大訓과 弘璧과 琬琰은 西序에 있고, 大玉과 夷玉과 天球와 河圖는 東序에 있다.〔越玉五重陳寶 赤刀大訓弘璧琬琰在西序 大玉夷玉天球河圖在東序〕"라는 내용이 보인다.

④ 設其裳衣 : 先祖之遺衣服, 祭則設之, 以授尸也.
'裳衣'는 선조가 남기신 의복이니, 제사를 지낼 때에는 진설하여 시동에게 준다.

⑤ 薦其時食 : 四時之食, 各有其物.
사철의 제사에는 각기 그 철에 나는 음식이 있다.

孔子가 말하였다.

"武王과 周公은 達孝이실 것이다. 효라는 것은 부모의 유지를 잘 계승하며, 부모의 사업을 잘 계속해 나가는 것이다. 봄과 가을에 그 祖廟를 정비하며, 그 종묘의 귀중한 기물을 진열하며, 그 선조의 의상을 진설하며, 그 철에 나는 음식을 薦新한다. 선왕의 지위에 올라서 선왕의 예를 행하며, 선왕의 음악을 연주하며, 선왕이 존경하시던 이를 존경하고, 선왕이 친애하시던 이를 친애하며, 돌아가신 분 섬기는 것을 살아계신 분 섬기는 것과 같이 하며, 돌아가신 분 섬기는 것을 살아계셨을 때 섬기는 것과 같이 하는 것이 효의 지극함이다."

7-6-나(按)

臣은 按 此章稱武王・周公이 亦猶前章之稱舜也라 大抵爲人君이 以光祖宗・遺後嗣爲孝니 周가 自大王實始翦商하고 至文王三分天下有其二어시늘 而武王이 遂成之하사 躬衣戎服하여 誅獨夫受[35]而有天下하시니 此는 武王之繼志述事也요 周公이 追王大[36]王・王季하시고 祀先公以天子之禮하시고 又制禮作樂하여 使世世子孫으로 奉承宗廟之祀하여 事死如生하며 事亡如存하시니 此는 周公之繼志述事也라

【臣按】 이 장에서 武王과 周公을 거론한 뜻도 앞장에서 舜임금을 거론한 것과 같습니다. 대체로 임금이 된 이는 조종을 빛내고 후사를 남기는 것을 효로 삼습니다. 周나라는 大王 때부터 실로 商나라의 천명을 잠식하기 시작했고, 文王 때에

35) 獨夫受 : 受는 殷 紂王이다. 《書經》〈泰誓 下〉에 "獨夫 受가 크게 위엄을 부리고 있으니, 바로 너희들 대대의 원수이다.〔獨夫受 洪惟作威 乃汝世讎〕"라고 하였는데, '獨夫'에 대해 蔡沈의 《書集傳》에서 "천명이 이미 끊어지고 인심이 이미 떠났으니, 단지 한 獨夫일 뿐이다.〔天命已絶 人心已去 但一獨夫耳〕"라고 하였다. 《孟子》〈梁惠王 下〉에서는 '一夫 紂'로 지칭하고, "仁과 義를 해치는 사람을 一夫라고 이른다. 一夫인 紂를 주살했다는 말은 들었다.〔殘賊之人 謂之一夫 聞誅一夫紂矣〕"라고 하였다.

36) 大 : 사고본에는 '太'로 되어 있다.

이르러 천하의 3분의 2를 소유하자 무왕이 마침내 왕업을 이루어서 몸소 융복을 입고 獨夫 受를 주살하고 천하를 소유하였습니다. 이것은 무왕이 선왕의 유지를 계승하고 사업을 계속해나간 것입니다.

주공은 태왕과 王季를 왕으로 추존하고 선공을 천자의 예로 제사 지내며, 또 예악을 제정하여 자손 대대로 종묘의 제사를 받들어서 돌아가신 분 섬기는 것을 살아 있는 분 섬기는 것과 같이 하며 돌아가시고 없는 분 섬기는 것을 살아계신 분 섬기는 것과 같이 하도록 하였으니, 이것은 주공이 선왕의 유지를 계승하고 사업을 계속해나간 것입니다.

舜之孝는 如天之不可名이라 故曰大요 武王·周公之孝는 天下稱之無異辭라 故曰達이니 後世人主有志於孝治[37]者가 當合大舜·文·武·周公之事而考之니라 蓋大舜은 以瞽瞍爲父하시니 處人倫之變者也요 文王은 以王季爲父하시니 處人倫之常者也라 舜·文이 所遇不同而其心則一이니 使舜遇文王之時하면 必能盡處常之道요 使文王遇舜之時하면 亦必能盡處變之方이니 所謂易地則皆然[38]也라 至於繼志述事則當持守而持守가 固繼述也요 當變通而變通이 是亦繼述也니 凡此가 皆人主所當知라 臣이 故推衍其說하여 以廣中庸言外之指하노이다

舜임금의 효는 형용할 수 없는 하늘과 같기 때문에 '大'라고 하였고, 武王과 周公의 효는 천하 사람들이 효라고 칭하는 데 다른 말이 없었기 때문에 '達'이라고 한 것입니다. 후세에 효로써 천하를 다스리는 데 뜻을 두는 임금은 大舜·文王·무왕·주공의 일에 합쳐서 상고해야 할 것입니다.

大舜은 瞽瞍를 아비로 두었으니 인륜의 비정상적인 상황에 처한 경우이고, 문왕은 王季를 아비로 두었으니 인륜의 정상적인 상황에 처한 경우입니다. 순임금과 문왕이 만난 상황은 다르지만 그 마음은 같았으니, 순임금이 문왕의 시대를 만

37) 孝治 : 《孝經》 〈孝治〉에 "옛날에 성명한 군왕은 효로써 천하를 다스렸다.〔昔者 明王之以孝治天下也〕"라는 내용이 보인다.

38) 易地則皆然 : 《孟子》 〈離婁 下〉 제29장에 보인다. 맹자는, 禹王과 后稷은 치세를 만나 천하에 도를 펼쳐 백성을 구제하는 데 매진하였고, 顔回는 난세를 만나 누추한 골목에 살면서 안빈낙도하였지만, 도에 있어서는 매한가지였으므로 각자 처한 상황이 바뀌었다면 모두 그렇게 했을 것이라고 하면서 이를 인용하였다.

났다면 반드시 인륜의 정상적인 상황에 처했을 때의 도리를 다했을 것이고, 문왕도 순임금의 시대를 만났다면 반드시 비정상적인 상황에 처했을 때의 도리를 다했을 것입니다. 이것이 이른바 '처한 상황이 바뀌었다면 모두 그렇게 했을 것이다.'라는 것입니다.

유지를 계승하고 사업을 계속해나가는 것으로 말하면, 지켜야 할 것을 지키는 것이 진실로 계승하고 계속해나가는 것이며, 변통해야 할 것을 변통하는 것이 또한 계승하고 계속해나가는 것이니, 이것은 모두 임금이 알아야만 하는 것입니다. 신이 이 때문에 그 내용을 확대하고 부연해서 《中庸》의 숨은 뜻을 보충한 것입니다.

7-7-가[39)]

文王之爲世子에 **朝於王季**호대 **日三**이러시니 **雞初鳴而衣服**하사 **至於寢門外**하사 **問內豎之御者曰 今日安否**가 **何如**①오 **內豎曰 安**이라하여든 **文王**이 **乃喜**하시고 **及日中**하여 **又至**하사 **亦如之**하시며 **及莫**(모)하여 **又至**하사 **亦如之**러시다

① 問內……何如：內豎, 小臣之屬, 掌外內之通命者. 御, 如今小吏[40)]·直日.
'內豎'는 小臣의 등속이다. 外廷과 內廷을 다니면서 명을 전달하는 것을 맡은 자이다. '御'는 지금의 小吏나 直日과 같다.

文王이 세자로 있을 때, 王季에게 문안드리기를 하루에 세 번 하셨는데, 닭이 처음 울면 옷을 입고 침문 밖에 이르러 당직인 內豎에게 묻기를 "오늘 안부가 어떠하신가?"라고 하여, 내수가 "편안하십니다."라고 대답하면, 문왕이 곧 기뻐하셨다. 한낮이 되었을 때 또 침문 밖에 이르러 역시 이와 같이 하셨으며, 날이 어두워졌을 때 또 침문 밖에 이르러 역시 이와 같이 하셨다.

---

39) 《禮記》〈文王世子〉에 보인다. 〈문왕세자〉의 편명은 처음에 "文王之爲世子"라는 구절로 시작하는 것에서 연유한 것이다. 해당 구문은 〈문왕세자〉의 서두에 나오는 내용으로, 문왕이 王季의 세자로 있을 때의 행실 등을 서술하고 있다. 王季는 大王 古公亶父의 셋째 아들인 季歷으로, 文王 姬昌의 부친이다. 《竹書紀年》에 따르면, 계력은 재위하는 동안 餘無·始呼·翳徒 등 戎族을 격퇴하고 西伯이 되었으나 周나라의 강성을 견제한 殷王 文丁에 의해 죽었다. 그의 사후 西伯의 지위는 아들 昌이 계승하였다. 《史記 卷4 周本紀》

40) 吏：대전본에는 '史'로 되어 있다.

其有不安節則內豎가 **以告文王**하여든 **文王**이 **色憂**하사 **行不能正履**라가 **王季**가 **復膳然後**에 **亦復初**하더시다 **食上**에 **必在視寒煖之節**①[41]하시며 **食下**에 **問所膳**②하시고 **命膳宰曰 末有原**③이라하여시든 **應曰 諾然後**에 **退**하더시다

① 必在視寒煖之節 : 在, 察也.
'在'는 '살피다'라는 뜻이다.
② 問所膳 : 問所食者.
드신 것을 묻는 것이다.
③ 命膳宰曰末有原 : 末, 猶勿也. 原, 再也, 已進者, 勿有所再進.
'末'은 '勿(~하지 말라)'과 같다. '原'은 '거듭'이라는 뜻이니, '末有原'은 올렸던 음식을 재차 올리는 일을 못하게 한 것이다.

음식과 체후가 편치 않을 경우에는 내수가 이를 문왕에게 고하면 문왕은 얼굴에 근심스런 기색을 띠면서 똑바로 걷지 못하다가 왕계가 평상시와 같이 회복한 뒤에야 문왕도 원래대로 회복하였다. 음식을 올릴 때에는 반드시 찬지 따뜻한지를 살피고, 음식이 물려질 때에는 드신 것을 물어보셨다. 그리고 膳宰에게 명하기를 "올렸던 음식을 거듭 올리지 말라."라고 하셨는데, 선재가 "예."라고 응답한 뒤에야 물러나셨다.

武王이 **帥**(솔)**而行之**하사 **不敢有加焉**하더시니 **文王**이 **有疾**이어시늘 **武王**이 **不說**(탈)**冠帶而養**①하사대 **文王**이 **一飯**이어시든 **亦一飯**하시며 **文王**이 **再飯**이어시든 **亦再飯**하더시니 **旬有二日**에 **乃間**②하시다

① 不說冠帶而養 : 說, 與脫同.
'說'은 '脫(벗다)'과 같다.
② 乃間 : 間, 猶瘳(추)[42]也.
'間'은 '瘳(낫다)'와 같다.

무왕이 이를 그대로 따라서 행하시어 감히 이보다 더하지 못하셨다. 문왕이 병이 들자, 무왕이 관과 띠를 벗지 않고 병구완을 하셨는데, 문왕이 밥 한 술을 뜨

---

41) 節 : 사고본에는 '中'으로 되어 있다.
42) 瘳 : 대전본에는 '廖'로 되어 있다.

면 자신도 밥 한 술을 뜨고, 문왕이 밥 두 술을 뜨면 자신도 밥 두 술을 떴다. 그리하여 열이틀이 되자 차도를 보였다.

7-7-나(按)

臣은 按 文・武二聖人事親之孝가 如此하시니 眞萬世帝王之法也라 故傳禮者가 述其事하여 以爲世子之記焉[43]이니이다 漢文帝之爲代王에 太后가 嘗病이어시늘 不解衣交睫者가 三年이요 藥非口嘗이어든 不進[44]하시니 蓋其天質之美라 故能庶幾盛王之孝니 文帝가 亦賢矣哉로소이다

【臣按】 문왕과 무왕 두 성인이 부모를 섬기는 효성이 이와 같으셨으니 참으로 만세토록 이어질 聖王의 본보기입니다. 그러므로 《예》에 傳을 단 사람이 그 일을 기술하여 세자의 예에 대한 기록으로 삼았습니다. 漢 文帝가 代王이었을 때 태후가 병이 든 적이 있었는데, 옷을 벗고 잠자리에 들지 않은 것이 3년이었고, 약은 자신이 입으로 맛본 것이 아니면 올리지 않으셨으니, 이는 문제의 타고난 자질이 훌륭한 것입니다. 그러므로 태평성세를 이룩한 큰 덕을 지닌 제왕의 효에 방불할 수 있었으니, 문제 또한 어진 임금입니다.

7-8-가1[45]

漢高帝가 詔曰 人之至親이 莫親於父子[46]하니 故父有天下에 傳歸於子하고

---

43) 焉 : 사고본에는 없다.

44) 漢文……不進 : 《史記》 卷101 〈袁盎列傳〉에 袁盎이 漢 文帝의 세 가지 빼어난 행실에 관해 논하면서 "폐하께서 代國에 계실 적에 태후께서 3년간 병이 든 적이 있었는데, 폐하께서 잠자리에 들지 않으시고 옷을 벗지 않으셨으며 탕약은 폐하께서 입으로 맛본 것이 아니면 올리지 않으셨습니다.〔陛下居代時 太后嘗病三年 陛下不交睫 不解衣 湯藥非陛下口所嘗 弗進〕"라고 하였다.

45) 《漢書》 卷1 〈高帝紀〉에 보인다. 고제가 太公을 태상황으로 높이는 조서는 고제 6년(기원전 201) 5월 조에 보인다. 이와 관련하여 앞서 고제 5년(기원전 202)에 고제가 제위에 올라 항우를 격파하고, 이듬해 3월에 櫟陽으로 돌아와 태공에게 문안을 올렸다. 이때 태공은 비록 아비와 자식의 관계이지만 公的으로는 신하와 임금의 관계라고 하면서 고제의 절을 받지 않은 일이 보인다. 고제 9년의 기사는 미앙궁이 낙성된 후, 淮南王 黥布・梁王 彭越・趙

子有天下에 尊歸於父하나니 此가 人道之極也라 前日에 天下가 大亂하여 兵革이 竝起하여 萬民이 苦殃이어늘 朕이 親被堅執銳하여 平暴亂·立諸侯하고 偃兵息民하여 天下 大安하니 此 皆太公之教訓①이라 王·侯·卿·大夫가 已尊朕爲皇帝而太公이 未有號하시니 今에 上尊太公爲太上皇[47)]하라

① 此皆太公之教訓 : 太公, 高帝父也.
'太公'은 高帝의 아버지이다.

漢 高帝가 다음과 같은 조서를 내렸다.

"사람의 가장 가까운 관계로는 아비와 자식 관계보다 가까운 것이 없다. 그러므로 아비가 천하를 소유하면 그 제위는 자식에게 돌아가고 자식이 천하를 소유하면 그 존귀함은 아비에게 돌아가는 법이니, 이것이 사람의 도리에 있어서 지극한 것이다. 예전에 천하가 크게 어지러워져 병란이 일제히 일어나 만민이 괴롭고 해를 입었는데, 짐이 몸소 견고한 갑옷을 입고 예리한 무기를 잡고서 포악하고 난을 일으키는 무리를 평정하고 제후를 세우며 전쟁을 그치고 백성을 휴식시켜 천하가 크게 평안해졌으니, 이는 모두 태공의 가르침이다. 王·侯·卿·大夫가 이미 짐을 높여 황제로 하였는데 태공은 아직 칭호가 없으시니 이제 태공을 높여 태상황으로 하도록 하라."

九年에 淮南王·梁王·趙王·楚王이 朝未央宮할새 置酒前殿[48)]하시고 上이

王 劉如義·楚王 劉交의 조회를 받고나서, 前殿에서 태공을 모시고 주연을 베풀며 축수한 일에 대해 서술한 것이다. 태공은 고제 10년(기원전 197) 7월에 죽었다.

46) 子 : 사고본에는 '毋'로 되어 있다.

47) 太上皇 : 태상황은 본래 秦 始皇帝가 皇帝로 名號를 바꾼 뒤 자신의 부친인 莊襄王을 추존한 칭호로, 국정에 관여하지는 않으므로 '帝'라고 하지 않은 것이다. 漢代 이후로는 이를 따라 황제의 부친을 태상황이라고 일컬었다.

48) 前殿 : 未央宮의 前殿을 말한다. 미앙궁은 長安의 서남부에 지어진 황궁으로, 漢 高帝 9년(기원전 198) 완성되었다. 前殿은 미앙궁의 正殿으로 궁성의 중앙부에 龍首山의 구릉을 이용하여 지은 高臺建築으로, 그 正室은 宣室로 불렸다. 고고학적 발굴 성과에 따르면 길이 350m, 폭 200m에 달하는 규모로 추정된다.《한국국립문화재연구소 유적조사연구실, 중국 고대도성 조사보고서, 국립문화재연구소, 2005, 58~59, 242쪽》

奉玉卮하사 爲太上皇壽曰 始大人이 常以臣無賴①하여 不能治產業하니 不如仲[49]力②이라하더시니 今某之業所就가 孰與仲多잇고 殿上群臣이 皆稱萬歲하고 大笑爲樂하니라

① 常以臣無賴 : 賴, 利也, 無[50]利入於家也.
'賴'는 '수입〔利〕'이라는 뜻이니, 집에 들어오는 수입이 없는 것이다.
② 不如仲力 : 仲, 高帝兄. 力, 勤也.
'仲'은 高帝의 兄이다. '力'은 '근면함'이라는 뜻이다.

고제 9년에 淮南王·梁王·趙王·楚王이 미앙궁에서 조회할 때 前殿에서 술자리를 여시고 상이 玉卮를 받들고서 태상황을 위하여 다음과 같이 축수하였다.
"처음에 대인께서는 항상 신이 수입이 없어 살림을 꾸리지 못하니 근면한 仲형만 못하다고 하셨습니다. 오늘날 제가 성취한 공업이 仲형과 비교할 때 누가 낫습니까?"
殿 안에 있던 신하들이 모두 "만세"를 외치고 크게 웃으며 즐거워하였다.

7-8-가2[51]

唐太宗貞觀三年에 突[52]利可汗[53]이 入朝어늘 上이 謂侍臣曰 往者에 太上皇이

49) 仲 : 劉仲을 가리키는데 또 다른 이름은 劉喜이다. 고조의 둘째 형으로 한 고조 7년(기원전 200)에 代王에 봉해졌으나, 흉노의 침입을 받자 지키지 못하고 도망쳐왔다. 처벌은 면하였으나 왕위에서 폐해지고 郃陽侯에 봉해졌다.
50) 無 : 대전본에는 '毎'로 되어 있다.
51) 《資治通鑑》 卷193 〈唐紀9〉에 太宗 貞觀 3年 12月 戊辰과 貞觀 4年 4月 戊戌 기사에 보인다. 貞觀 3년(629)에 東突厥의 小可汗 突利可汗이 頡利可汗과 불화하여 당에 투항하였고, 行軍摠管 李靖 등이 동돌궐을 공격하여 정관 4년 힐리가한을 사로잡아 장안으로 압송하였다. 4월 무술일에 태종이 順天樓에서 힐리가한을 引見하고 數罪하였는데, 태상황인 高祖 李淵이 이 일을 漢 高祖의 白登山의 일에 견주고 주연을 베풀어 치하한 일을 서술한 것이다.
52) 突 : 저본에는 '頡'로 되어 있다. 대전본·사고본에 근거하여 수정하였다.
53) 突利可汗 : 603~631. 이름은 阿史那什鉢苾로, 始畢可汗의 아들이다. 東突厥의 小可汗이자 頡利可汗의 조카이다. 624년 동돌궐 대가한 힐리가한과 당나라를 침입하였다가 唐 李世民과 의형제를 맺었다. 628년 힐리가한의 명에 따라 반란을 일으킨 薛延陀와 위구르를 공격하다가 패하여 처벌을 받자, 불만을 품고 당에 투항하여 힐리가한에 대항하였다. 630년 동

以百姓之故로 稱臣於突厥[54]하시니 朕嘗[55]痛心이러니 今單于(선우)가 稽顙하니 庶幾可雪前恥로다 四年에 李靖이 擒頡利可汗以獻한대 上皇이 聞之歎曰 漢高祖가 困白登[56]不能報어늘 今我子가 能滅突厥하니 吾가 託付得人이라 復何憂哉리오 上皇이 命置酒凌煙閣[57]이러시니 酒酣에 上이 起舞하시고 公卿이 迭起爲壽하니라

당 태종 貞觀 3년(629)에 突利可汗이 입조하자, 상이 侍臣에게 다음과 같이 말하였다.

"예전에 태상황이 백성 때문에 突厥에 신하를 칭하셨는데, 짐이 일찍이 이를 마음 아파했다. 이제 單于가 머리를 조아리니 전날의 치욕을 씻었다고 할 만하다."

정관 4년에 李靖이 頡利可汗을 잡아서 바치자 상황이 이를 듣고 탄식하여 말하였다.

"漢 高祖가 白登山의 치욕을 겪고도 갚지 못했는데, 이제 내 아들이 돌궐을 멸망시켰으니 내가 후사를 맡길 사람을 얻었다. 다시 무엇을 근심하겠는가?"

상황이 凌煙閣에서 酒宴을 열도록 명하였는데 술자리가 무르익었을 때 상이 일어나 춤추시고 공경대신들이 번갈아 일어나 축수하였다.

7-8-나(按)

臣은 按 漢高帝가 歸尊於父하시고 唐太宗이 雪父之恥하시니 可謂孝矣어니와 惜也高帝未央之宴에 哆(치)[58]然以功業自矜하여 有夸其父之意하고 而太宗之初起에 借助於

돌궐이 당나라에 멸망당하자 順州都督에 제수되었다. 631년 입조하였다가 幷州에 이르러 죽었다. 아들인 賀邏鶻이 지위를 이었다.

54) 往者……突厥 : 隋 恭帝 義寧 원년(617) 6월에 唐 高祖 李淵이 太原에서 기병하여 장안으로 진군하였는데, 이때 돌궐의 도움을 받기 위해 신하로 칭하였다.

55) 嘗 : 대전본에는 '常'으로 되어 있다.

56) 漢高祖困白登 : 漢 高祖 7년(기원전 200)에 한 고조가 직접 출정하여 흉노를 공격하였다가 平城 동쪽의 白登山에서 冒頓(묵특) 單于에게 7일간 포위를 당하여 결국 화친을 청하고 신하를 칭하는 치욕을 당한 일을 말한다.

57) 閣 : 대전본에는 '閤'으로 되어 있다.

58) 哆 : 사고본에는 '音侈 又昌者反'이라는 小註가 달려 있다.

虜[59]하시고 因而臣之하여 長其桀驁(오)之態하시니 後來之雪恥는 僅足以贖前過而已라 況其父子昆弟之間에 慙德이 爲多하니 功烈이 雖盛이나 瑜終不能以揜瑕也이니이다

【臣按】 한 고제는 존귀함을 부모에게 돌렸고 당 태종은 부친의 치욕을 씻었으니 '효성스럽다'라고 말할 만합니다. 그러나 애석하게도 고제가 未央宮에서의 연회에 으스대며 공업을 자랑하여 부친에게 과시하는 뜻이 있었고, 태종이 처음 起兵했을 적에 오랑캐에게 도움을 빌리시고 인하여 그들에게 신하 노릇을 해서 흉포하여 복종하지 않는 행태를 조장하셨으니 뒷날의 설욕은 겨우 전날의 과오만 보상할 수 있을 따름입니다. 더군다나 그 부자·형제지간에 慙德이 많았으니 功烈이 비록 성대하나 아름다운 옥으로도 끝내 흠을 가릴 수 없는 것과 같았습니다.

7-9-가[60]

太宗이 嘗謂近臣曰 吾가 今日이 生日이라 世俗이 皆爲樂이어늘 在朕하얀 翻成傷感이로다 今에 君臨天下하여 富有四海而欲承顔膝下나 永不可得이니 此는 子路가 有負米之恨[61]也라 詩云 哀哀父母여 生我劬勞[62]라하니 柰何以劬勞之日로 更爲宴樂乎리오하시고 因泣數行(항)下하시니 左右가 皆悲하더라 明皇開元中에 以生日宴百官於花蕚(악)樓하시고 每歲八月五日로 爲千秋節하여 布於天下하여 咸令宴樂하시고 尋又移社하여 就千秋節하시다

태종이 언젠가 한번은 近臣에게 다음과 같이 말하였다.

---

59) 於虜 : 사고본에는 '突厥'로 되어 있다.

60) 唐 太宗의 해당 기사는 《資治通鑑》 卷198 〈唐紀14〉 太宗 貞觀 20年 12月 癸未에 보이는데, 長孫無忌 등에게 말한 것이다. 明皇은 唐 玄宗으로, 해당 내용은 《資治通鑑》 卷213 〈唐紀29〉 玄宗 開元 17年 8月 癸亥에 보인다.

61) 負米之恨 : 子路가 양친을 섬길 적에 가난하여 항상 명아주잎과 콩잎국을 먹으며 100리 밖에서 쌀을 짊어지고 와서 부모를 봉양하였는데, 후에 부모가 돌아가신 뒤에 楚나라에 가서 벼슬하여 뒤따르는 수레가 100대나 되고 쌓인 곡식이 萬鍾이나 되었지만 다시는 부모를 봉양할 수 없는 것을 한스러워 한 일을 말한다.

62) 哀哀……劬勞 : 《詩經》 〈小雅 蓼莪〉에 보인다.

"나는 오늘이 생일이다. 세상 사람들은 모두 즐거워하는데, 짐에게는 도리어 슬픔이 되는구나. 이제 천하에 임금이 되어서 부유하기로는 사해를 소유하였으나 슬하에서 부모님을 모시고자 하더라도 영영 할 수가 없으니, 이는 자로가 負米의 한을 가진 것과 같다. 《詩經》에 '슬프고 슬프도다! 부모시여. 나를 낳으시느라 고생하셨다.'라고 하였으니 어찌 부모께서 고생하신 날에 도리어 잔치를 벌이겠는가."

그러고는 눈물 몇 줄기를 흘리자 좌우의 근신들이 모두 슬퍼하였다.

당 현종 開元 연간(713~741)에 생일이라 하여 花萼樓에서 백관에게 연회를 베풀고 매년 8월 5일을 千秋節로 삼아 천하에 포고하여 모두 잔치를 벌이도록 하시고 이어서 또 社제사를 천추절로 옮겼다.

7-9-나(按)[63]

臣은 按 范祖禹가 曰 太宗이 不以生日宴樂은 以爲父母劬勞之日也라 乾曜[64][65]等이 以人主生日로 爲節하고 又移社以就之하니 夫節者는 陰陽氣至之候라 不可爲也요 社者는 國之大祀라 不可移也니 明皇이 享國旣久에 驕心이 寖生이어늘 乾曜・說(열)[66][67]이

---

63) 《唐鑑》 卷9 〈玄宗 中〉에 보인다.

64) 曜 : 대전본에는 '躍'로 되어 있다.

65) 乾曜 : 源乾曜(?~731)이다. 唐나라 相州 臨漳 사람이다. 開元 1년(712) 太常卿 姜皎의 추천으로 玄宗을 알현하고 邠王府長史가 되었다. 이후 승진을 거듭하여 少府少監・戶部侍郎・尙書左丞 등을 역임하고, 716년 黃門侍郎이 되어 재상을 맡았으나 얼마 안 되어 체차되었다. 이후 京兆尹을 거쳐 개원 8년(720) 다시 黃門侍郎을 맡아 재상이 되었다. 726년 侍中으로 左丞相이 되었다. 후에 太子少傅로 옮겼으며 安陽公에 봉해졌다. 幽州大都督에 추증되었다.

66) 說 : 사고본에는 '等'으로 되어 있다.

67) 說 : 張說(667~731)을 가리킨다. 자는 道濟・說之로, 河南 洛陽 사람이다. 則天武后 때 賢良方正으로 太子校書가 되었다. 鳳閣舍人을 거쳐 中宗 때 黃門侍郎이 되었고, 睿宗 때 同中書門下平章事가 되었다. 玄宗 開元 초에 中書令에 제수되고 燕國公에 봉해졌다. 얼마 안 되어 右丞相을 거쳐 상서좌복야가 되었는데 張嘉貞과 대립하였다. 首相이 되었으나 李林甫의 제재를 받아 파직되었다. 文辭에 뛰어나 許國公 蘇頲(정)과 함께 '燕許大手筆'로 일컬어졌다. 시호는 文貞이다.

不能以義正君하여 每爲諂媚[68]하여 以逢[69]迎之하니 其得爲名臣乎아하니 臣은 謂太宗之思親은 發於眞誠하니 至今讀者가 猶爲之感愴하고 明皇君臣은 上驕下諂하여 大陳燕享하고 創立節名이어늘 後世가 沿循하여 遂成故典하니 臣子가 以此爲尊其君이 固已末[70]矣요 人主가 亦從而忘其親하니 其可乎哉아 近代以來에 士大夫가 又以其尊君者而尊用事之臣하여 餽遺之珍과 歌頌之侈가 視人主之生日에 殆遠過焉하니 又何義也요 法太宗之誠하고 監開元之失而杜人臣交私黷貨之源은 其必自聖君始니이다

【臣按】 范祖禹가 다음과 같이 말하였습니다.

"太宗이 생일이라고 하여 잔치를 벌여 즐거워하지 않는 것은 부모께서 고생하신 날이라고 생각했기 때문이다. 源乾曜 등이 임금의 생일을 節日로 만들고 社제사 날을 이날로 옮겼다. 무릇 '節'이라는 것은 음기와 양기가 지극한 절후이기 때문에 〈인위적으로〉 만들 수 없는 것이고, '社'라는 것은 나라의 큰 제사이기 때문에 옮겨서는 안 되는 것이다. 명황이 제위에 있은 지 오래되자 교만한 마음이 차츰 생겨났는데, 원건요와 張說이 義를 들어 군주를 바로잡지는 못하고서 매번 그때마다 아첨하여 영합하였으니 명신이라고 할 수 있겠는가?"

신은 다음과 같이 생각합니다.

태종이 부모를 그리는 것은 참된 마음에서 발로하였으니 지금까지도 독자가 여전히 이 때문에 슬퍼합니다. 명황의 군신은 윗사람은 교만하고 아랫사람은 아첨해서 크게 연향을 벌이고 '節日'이라는 명칭을 처음으로 만들었는데, 후대 사람들이 이를 그대로 따라서 마침내 오랜 법도가 되었습니다. 신하가 이런 식으로 그 임금을 높인 것은 참으로 이미 지엽적인 일이고 임금도 따라서 자신의 부모를 잊었으니, 이래서야 되겠습니까. 근세 이래에 사대부가 또 그 임금을 높이는 방법을 가지고 권력을 휘두르는 신하를 높여서 도에 넘치는 선물과 분에 넘치는 찬양이 임금의 생일에 견주어도 매우 크게 지나치니 또 무슨 의리입니까? 태종의 성심을 본받고 현종의 잘못을 거울삼아 신하 된 자가 사적으로 사귀어 뇌물을 주고받는 근원을 막는 것은 아마도 반드시 성군으로부터 시작해야 할 것입니다.

---

68) 媚 : 대전본에는 '首'로 되어 있다.

69) 逢 : 저본에는 '逄'으로 되어 있다. 대전본에 근거하여 수정하였다.

70) 末 : 대전본에는 '未'로 되어 있다.

7-10-가1[71]

肅宗上元元年에 平兩京[72)73)]하시고 迎上皇하사 自蜀歸京師하여 居興慶宮[74)]하실새 上이 時自夾城[75)]으로 往起居하시고 上皇이 亦間至大明宮[76)]이러시니 內侍李

71)《資治通鑑》卷221〈唐紀37〉肅宗 上元 元年(760)과〈唐紀38〉肅宗 上元 二年(761)에 보인다.

72) 兩京 :《新唐書》〈地理志 關內道〉에 따르면, 兩京은 長安(지금의 西安)과 洛陽을 말한다. 당의 수도인 長安은 玄宗 天寶 元年(742) '西京', 至德 2년(757) '中京', 上元 2년(761) '西京', 代宗 元年(762) '上都'로 개칭되었다. 洛陽은 貞觀 6년(632) '洛陽宮'으로 불리다가, 顯慶 2년(657) '東都'가 되었다. 天寶 元年(742)에는 '東京'으로 개칭되었는데, 上元 2년(761) 京에서 폐지되었다가 代宗 원년(756)에 다시 '東都'가 되었다.

73) 平兩京 : 唐 玄宗 天寶 14년(755) 11월 갑자일에 安祿山(703?~757)은 楊國忠 토벌을 명분으로 范陽에서 반란을 일으켜 같은 해 12월 정유일에 東京을 함락시켰고, 이어서 천보 15년(756) 6월 신묘일에 潼關을 함락시키고 西京으로 進攻하였다. 이에 현종은 서경을 버리고 蜀으로 몽진하였다. 정유일에 馬嵬에 이르렀을 때, 左龍武大將軍 陳玄禮가 楊國忠 등을 죽이고 楊貴妃를 賜死하게 하였다. 같은 달 기해일에 서경이 함락되었다. 8월 계사일에 황태자 李亨이 靈武에서 즉위하고 본격적인 반군 토벌을 전개하였다. 肅宗 至德 2년(757) 정월 安慶緖는 아버지 안녹산을 살해하고 반군세력을 장악하여 唐朝에 대한 공세를 펼쳤다. 唐朝 역시 이에 대처하는 동시에 양경을 탈환하기 위해 회흘(回紇 Uyɣur)에 지원을 요청하는 한편 天下兵馬元帥 廣平王 李俶과 天下兵馬副元帥 郭子儀(697~781)의 지휘 하에 토벌을 전개하였다. 회흘의 카를룩 카간(Qarlïq qaɣan 葛勒可汗 재위 747~759)은 장남인 빌게 타르두쉬 울룩 빌게 야브구(bilge tarduš uluɣ bilge yabɣu 太子 葉護)와 함께 4천의 기병을 파병하였다. 당-회흘 연합군은 지덕 2년 9월 임인일 안경서의 반군을 협공하여 6만을 참수하고 서경을 수복하였으며, 10월 新店에서 재차 반군을 격파하여 10여만 명 이상을 참수하는 전과를 거두었다. 결국 안경서는 낙양을 포기하고 鄴으로 후퇴했다. 회흘은 양경의 수복을 지원한 대가로 3일 동안 동경을 약탈하였고 전비를 보상받았다. 그리고 매년 삭방군에서 비단 2만여 필을 세폐로 지급받았다. 아울러 숙종 乾元 1년(758) 회흘의 요청에 따라 숙종은 眞公主인 寧國公主를 카를룩 카간에게 和蕃公主로 보냈다.《新唐書 玄宗本紀》《정재훈, 위구르 유목제국사, 문학과지성사, 2005, 163~183쪽》

74) 興慶宮 : 大明宮의 남쪽 隆慶坊에 소재한 궁이다. 본래 唐 玄宗의 藩邸였던 것을 玄宗 開元 2년(714) 개축하여 궁으로 삼았다. 개원 16년(728) 이후부터 至德 2년(757) 安史의 난으로 장안이 함락될 때까지 현종이 상주하며 정무를 보았다. 궁의 北西隅에 興慶門이 있었고 북쪽에는 興慶殿, 大同殿, 大同門이 있었다. 西南隅에는 향연을 벌이던 花蕚相輝樓와 정무를 보던 勤政務本樓가 있었다.

75) 夾城 : 玄宗 開元 20년(732) 大明宮과 興慶宮의 사이에 夾城複道를 만들었다. 夾城複道는 大明宮에서 通化門을 경유하여 興慶宮으로 이어졌는데, 외부에 이동 정황을 노출하지 않은

輔國[77]이 素微賤이라 雖暴貴用事하나 上皇左右가 多輕輔國하니 輔國이 意恨하고 且欲立奇功以固寵[78]하여 乃言於上曰 上皇이 居興慶宮하사 日與外人交通하시고 陳玄[79]禮[①80]·高力士[②81]가 謀不利於陛下이란대 上이 泣曰 聖皇이 慈

채 이를 통해 두 궁을 왕래하며 曲江의 芙蓉園까지 거둥할 수 있었다.《舊唐書 地理志 關內道》《新唐書 地理志 關內道 上都》

76) 大明宮 : 太極宮의 동북쪽 龍首原에 소재한 궁으로, 본래 貞觀 8년(634) 永安宮이라는 이름으로 太宗이 太上皇인 高祖 李淵의 거처로 지었다. 정관 9년(635) 정월 대명궁으로 개칭되었다. 같은 해 5월 태상황 이연이 붕어하면서 건설이 중단되었다. 高宗 龍朔 2년(662) 대명궁을 중건하고 蓬萊宮으로 개명하였다. 용삭 3년(663) 고종이 臨御하여 상주하다가 중종 때 다시 태극궁으로 임어하여 상주하였다. 則天武后가 잠시 거처한 적도 있다. 新龍 원년(705) 다시 대명궁으로 개명하였다. 開元 2년(714) 玄宗이 대명궁에 거처하였으나, 개원 16년(728) 다시 흥경궁으로 임어하였다. 지덕 2년(757) 장안 수복 이후 肅宗이 임어하여 상주한 이래로 황제가 상주하는 궁으로 확정되었다. 정문은 丹鳳門, 정전은 含元殿, 함원전의 후전은 宣政殿이다. 別殿·亭·觀 30여개 소가 있었다. 선정전의 좌우에는 中書省·門下省·弘文館·史館이 있었다.《舊唐書 地理志 關內道》《新唐書 地理志 關內道 上都》

77) 李輔國 : 704~763. 唐 玄宗 연간부터 代宗 연간 사이에 활동했던 환관으로, 본명은 靜忠이다. 본래 閑廐馬를 기르는 집안 출신의 閹奴로, 용모가 비루하였다. 어려서 高力士의 시종으로 입궁하였고, 뒤에는 皇太子 李亨을 모셨다. 안사의 난이 일어나자, 馬嵬驛에서 楊國忠 등을 주살하는 데 참여하였고, 태자 이형에게 中軍을 나눠 朔方으로 나가 河隴의 군세를 모아 부흥을 도모하도록 설득하였다. 靈武에서 李亨에게 제위에 오를 것을 권하여, 숙종의 즉위 후에 '護國'이라는 이름을 하사받고 元帥府 行軍司馬로 발탁되었다. 양경을 수복한 뒤 郕國公에 봉해졌으며, 다시 '輔國'이라는 이름을 하사받았다. 太上皇 玄宗이 復位를 도모할 것을 우려하여 上元 元年(760) 興慶宮에 있던 현종을 太極宮 甘露殿에 유폐하였고, 현종의 측근인 高力士 등을 축출하였다. 상원 연간에 兵部尙書에 제수되었다. 寶應 원년(762) 숙종이 위중하자 張皇后는 숙종의 3남인 越王 李係를 옹립하기 위해 宦官 段恒俊 등과 공모하여 太子인 李豫(726~779)와 이보국을 죽이려 하였다. 이를 미리 알고서 환관 程元振(?~764) 등과 禁軍을 동원하여 장황후와 월왕 이계 등을 잡아 幽閉시켰고 얼마 후 이들을 살해하였다. 代宗(재위 762~779)이 즉위한 뒤 尙父로 불려지고 司空 中書令에 임명되었으나, 권력을 전횡하다가 대종의 反感을 사서 결국 보응 원년(762) 면직되고 博陸王에 봉해졌으나 얼마 후에 대종이 보낸 자객에 의해 살해되었다. 太傅에 추증되었고 시호는 醜이다.

78) 寵 : 대전본에는 '寵'으로 되어 있다.

79) 玄 : 사고본에는 '元'으로 되어 있는데, 淸代의 피휘이다. 이하 같다.

仁하시니 豈容有此리오 對曰 上皇이 固無此意하시나 其如群小에 何오 陛下가 當爲社稷大計하사 消亂未萌이니 豈得徇匹夫之孝리오 且興慶[82]垣墉이 淺露하니 非至尊[83]所宜居요 大內가 深嚴하니 奉迎居之면 與彼何殊리오 又得杜絶小人의 熒惑聖聽이니 如此면 上皇이 享萬歲之安하시고 陛下가 有三朝之樂하시리니 庸何傷乎리오 上이 不聽하시다 興慶宮에 先有馬三百匹이러니 輔國이 矯敕取之하니 纔留十匹이러라 上皇이 謂高力士曰 吾兒가 爲輔國所惑하여 不得終孝矣로다

① 陳玄禮：上皇侍衛大將.
'陳玄禮'는 上皇의 시위대장이다.
② 高力士：內侍, 久事上皇.
'高力士'는 내시이니, 오랫동안 상황을 섬겼다.

---

80) 陳玄禮：?~?. 唐 玄宗 연간의 장군이다. 처음 果毅都尉가 되어 李隆基(玄宗)를 따라 기병하여 韋皇后(660?~710)를 주살했다. 현종이 즉위하자 禁軍龍武大將軍이 되어 궁중 숙위를 맡았다. 安祿山의 난이 일어나 장안이 함락되자, 촉으로 몽진하던 玄宗을 호종하였다. 馬嵬坡에서 楊氏 일족에 불만을 품은 將兵의 반발이 일어나자, 태자 李亨, 李輔國 등과 모의하여 楊國忠을 주살하고 현종에게 楊貴妃를 賜死하도록 간하였다. 장안을 수복한 뒤 至德 2년(757) 현종이 장안으로 돌아왔을 때 蔡國公에 봉해지고 식읍 3백호를 받았다. 현종이 西內에 유폐되자 致仕하였고 얼마 후에 병으로 죽었다.

81) 高力士：684~762. 唐 高州 良德(지금의 廣東省 電白縣) 사람이다. 馮盎의 증손으로, 본래의 성명은 馮元一이다. 聖曆 元年(698) 환관으로 입궁하여 환관 高延福의 양자가 되면서 개명하였다. 臨淄王 李隆基(685~762)에게 협력하여 唐隆 1년(710) 韋皇后를 축출하고 先天 1년(713) 太平公主(665?~713)를 축출하는 데 공을 세웠다. 현종이 즉위하자 渤海郡公에 봉해졌으며 절대적인 신임을 받아 內廷을 장악하여 왕명의 출납에 간여하였다. 驃騎大將軍을 거쳐 開府儀同三司에 올랐다. 그는 開元 28년(740) 楊貴妃(719~756)를 후궁에 들여왔으며, 李林甫(?~752)와 楊國忠(?~756) 등을 등용하였고, 安祿山(705~757)을 추천하여 安史의 난의 계기를 만들었다. 安祿山의 난이 발발하여 장안이 함락되자 현종을 호종하여 蜀으로 들어갔다. 上元 원년(760) 상황 현종이 太極宮에 유폐되었을 때 李輔國의 탄핵을 받아 巫州(지금의 湖南省 黔陽)로 放逐되었다. 寶應 원년(762) 현종이 붕어하자, 사면되었으나 朗州(지금의 湖南省 常德)에서 굶어 죽었다. 揚州大都督에 추증되고 현종의 능인 泰陵(지금의 陝西省 蒲城縣)에 配葬되었다.

82) 慶：대전본・사고본에는 뒤에 '宮'이 있다.

83) 尊：사고본에는 '親'으로 되어 있다.

肅宗 上元 元年(760)에 兩京을 평정하고 上皇(玄宗)을 맞이하여 상황이 蜀에서 京師(長安)로 돌아와 興慶宮에 거처할 때의 일이다. 상이 때때로 夾城을 통해 가서 문후를 여쭙고 상황도 간간이 大明宮에 거둥하셨다. 내시 李輔國이 본래 미천한 신분이었기에 비록 갑자기 귀하게 되어 권력을 장악하였지만 상황의 측근들은 대부분 이보국을 경시하니, 이보국이 원한을 품었고 또 특별한 공을 세워 총애를 공고히 하고자 하여 상에게 다음과 같이 아뢰었다.

"상황께서는 흥경궁에 거처하시면서 날마다 궁 밖의 사람들과 왕래하시고 陳玄禮와 高力士는 폐하께 이롭지 않은 일을 꾸밉니다."

上이 눈물을 흘리며 말하였다.

"聖皇께서는 자애롭고 어지시니 어찌 이런 일이 있도록 용납하시겠는가."

이보국이 대답하였다.

"상황께서야 참으로 이런 뜻이 없으시겠지만 그 주위의 소인배들의 경우에는 어떻겠습니까? 폐하께서는 사직의 대계를 행하시어 난이 싹트기 전에 없애야 합니다. 어찌 필부의 효를 따를 수 있겠습니까. 또 흥경궁은 담이 낮고 궁 안이 들여다보이니 지존이 거처하기에 적합한 곳이 아닙니다. 대내는 담이 높고 삼엄하니 받들어 맞이하여 거처하시게 하면 저 흥경궁과 무엇이 다르겠습니까. 또 소인이 상황을 현혹시키는 것을 막아 근절할 수 있으니 이렇게 하면 상황은 만세토록 평안함을 누리시고 폐하는 하루에 세 번 문안하는 즐거움이 있을 것이니 어찌 해될 것이 있겠습니까."

상이 받아들이지 않았다.

앞서 흥경궁에는 말 300필이 있었는데 이보국이 조칙을 가탁하여 이를 차지하니 겨우 10필만 남았다. 상황이 고역사에게 다음과 같이 말하였다.

"내 아이가 보국에게 현혹당하여 끝까지 효도를 하지 못하겠구나!"

輔國이 **又令六軍**[84]**將士**로 **號泣**[85]**叩頭**하여 **請迎上皇居西內**[86]어늘 **上**이 **泣不**

84) 六軍 : 北衙六軍을 말한다. 《新唐書》 卷59 〈兵志〉에 따르면 北衙六軍은 南衙十六衛에 대별되는 唐代 皇帝의 친위군으로, 禁軍에 속한다. 그 시초는 唐 高祖 李淵이 太原에서 기병하여 천하를 평정한 후에 장병을 귀환시켰는데, 남아서 숙위하기를 원한 3만 명에게 渭北 白渠

應하신대 輔國이 遂矯稱上語하여 迎上皇遊西內할새 至玄[87]武門[88]하여 輔國이 將射生[89]五百騎하여 露刃遮道曰 皇帝가 以興慶宮이 湫隘라하여 迎上皇遷居 西內로소이다 上皇이 驚幾墜이러시니 遂如西內하사 居甘露殿하시니 所留侍衛兵이 纔尫(왕)老數十人이요 陳玄禮等及舊宮人이 皆不得留左右러라

이보국이 또 六軍의 장졸들에게 명령하여 울부짖고 머리를 조아리면서, 상황을 맞이하여 西內에 거처하게 할 것을 청하도록 하였다. 상이 눈물을 흘리면서 응하지 않자, 이보국이 마침내 황상의 말씀이라고 속여서 상황을 맞이하여 서내에서 노닐다가 현무문에 이르자 이보국이 射生手 500騎를 이끌고 가서 칼을 뽑고 길을 막아서면서 말하기를,

"황제께서 흥경궁은 담이 낮고 좁다고 하시어 상황을 맞이하여 서내로 옮겨 거처하시도록 하였습니다."

의 토지를 분급해주고 原從禁軍이라고 한 것에서 연유하였다. 貞觀 초에 太宗은 궁술에 능한 사람을 선발하여 北門에 入番하도록 하고 百騎라고 하였고, 또 北衙七營을 설치하여 정예병을 선발하여 배치하였다. 정관 12년(638) 현무문에 좌우둔영을 설치하고 飛騎라고 하였다. 高宗 龍朔 2년(662) 府兵越騎와 步射를 試取하여 左右羽林軍을 두어 조회 때 황제를 친위하도록 하였다. 무후 이후 중종까지 百騎를 점차 확대・개편하여 '萬騎'로 고쳤다. 이융기는 이를 이용하여 위황후를 축출하고, 左右龍武軍으로 개편하여 元功臣子弟로 선발하였다. 숙종은 至德 2년(757) 左右神武軍을 설치하고 元從・扈從官의 자제 등으로 보충하였다. 좌우 우림・용무・신무군이 곧 北衙六軍이다.

85) 泣 : 대전본・사고본에는 '哭'으로 되어 있다.

86) 西內 : 《舊唐書》 〈地理志 關內道〉에 따르면, 西內는 太極宮으로 皇城의 西北隅에 위치하였다. 그 정문은 承天門, 正殿은 太極殿, 그리고 태극전의 後殿을 兩儀殿이라고 하였으며, 內別殿・亭・觀 35개소가 있었다. 한편 京師의 동쪽에는 大明宮과 興慶宮이 있어 각각 그 위치에 따라 東內, 南內라고 하였으며 서내와 합하여 통칭 三內라고 하였다.

87) 玄 : 대전본・사고본에는 '睿'로 되어 있다.

88) 玄武門 : 大明宮의 北門이다.

89) 射生 : 《新唐書》 〈兵志〉에 따르면 唐 肅宗 至德 2年(757)에 騎射에 뛰어난 무사 1천 명을 선발하여 射生軍을 편성하고 供奉射生官 또는 殿前射生手라고 하였는데, 이를 左廂과 右廂으로 나누고 左右英武軍으로 총칭하였다. 代宗 寶應 연간에는 射生軍을 동원하여 禁中으로 들여 난을 평정하고 寶應功臣이란 명칭을 내려주었기 때문에 寶應軍이라고 부르고 禁軍의 하나가 되었다. 德宗 貞元 5년(789)에는 左右神威軍으로 개칭하였다.

라고 하였다. 상황이 놀라 하마터면 말에서 떨어질 뻔하였다. 마침내 서내로 가서 감로전에 거처하니 남아서 시위하는 군사는 등이 굽고 늙은 수십 명뿐이었고, 진현례 등과 예전부터 모시던 궁인은 모두 측근에 남아 있을 수 없었다.

輔國이 **與六軍大將**으로 **見上請罪**한대 **上**이 **迫於諸將**하여 **乃勞之曰 卿等**이 **恐小人**이 **熒惑**하여 **防微杜漸**하여 **以寧**[90]**社稷**하니 **何所懼也**리오 **高力士**는 **流巫州**하고 **陳玄禮**는 **勒致仕**하다 **上皇**이 **日以不豫**[91]하사 **因不茹葷**하시고 **辟穀**하사 **浸以成疾**하시다 **上**이 **初猶往問安**이러시니 **旣而上亦有疾**하사 **但遣人起居**러시니 **其後**에 **上**이 **稍悔悟**하사 **惡輔國欲誅之**호대 **畏其握兵**하여 **竟猶豫不能決**이러시다

이보국이 六軍의 대장들과 함께 상을 알현하고 죄를 청하자, 상이 여러 장군들에게 압박을 받아 마침내 그들을 위로하여 말하기를,

"경들이 小人이 현혹할까 염려하여 미약할 때 방비하고 차츰 젖어드는 것을 막아서 사직을 평안하게 하였으니, 두려워할 것이 무엇이겠는가."

라고 하였다.

고역사는 巫州에 유배하고, 陳玄禮는 을러서 致仕하게 하였다. 상황이 날로 편찮아져서 인하여 생선과 고기를 들지 않고 辟穀하여 점차 큰 병이 되었다. 상이 처음에는 그래도 가서 문안하였는데, 얼마 안 되어 상도 병이 들어 다만 사람을 보내 문안할 뿐이었다. 그 뒤 상이 점차 후회하고서 이보국을 미워하여 주살하고자 하였지만 그가 병권을 장악하고 있는 것을 두려워하여 끝내 머뭇거리며 결단하지 못하였다.

7-10-가2[92]

二年五月이라 **初**에 **李輔國**이 **與張后同**[93]**謀**하여 **遷上皇於西內**러니 **是日端**

---

90) 寧 : 대전본・사고본에는 '安'으로 되어 있다.

91) 豫 : 대전본・사고본에는 '懌'으로 되어 있다.

92) 《資治通鑑》 卷222 〈唐紀38〉 肅宗 上元 2年 5月과 上元 3年 建巳月 甲寅에 보인다.

93) 同 : 사고본에는 '共'으로 되어 있다.

午에 山人李唐이 見上할새 上이 方抱幼女러시니 謂唐曰 朕이 念之하노니 卿勿怪也하라 對曰 太上皇思見陛下가 計亦如陛下之念公主也니이다 上泫然泣下하사대 然畏張后하사 尙不敢詣西內러니 明年에 改元寶應하다 建巳月[94]에 上皇이 崩하시다

上元 2년(761) 5월. 처음에 이보국이 張皇后와 모의하여 상황을 西內로 옮겼다. 이날은 단오라서 山人 李唐이 상을 알현할 때 상이 어린 딸을 안고 있었는데, 이당에게 말하기를,

"짐이 이 아이를 어여삐 여기니, 경은 괴이하게 여기지 말라."

하였다. 이당이 대답하기를,

"태상황께서 폐하를 보고 싶어 하시는 것도 헤아려보건대 또한 폐하께서 공주를 어여삐 여기시는 것과 같습니다."

하였다. 상이 눈물을 줄줄 흘리며 우셨지만 장황후를 두려워하여 여전히 감히 서내에 가지 못하였다.

다음해 寶應으로 연호를 고쳤다. 4월에 상황이 붕어하였다.

7-10-나(按)

臣은 按 肅宗之平長安也에 上皇이 自蜀還都曰 朕이 爲五十年太平天子로되 未爲貴러니 今爲天子父하니 乃貴耳라하시니 此가 元結之頌[95]에 所謂宗廟再安・二聖重懽[96]者也라 豈不盛哉리오 徒以內侍握兵하여 妄爲讒間而迫遷之謀가 出焉하니 其所以然者는 肅宗이

94) 建巳月 : 唐 肅宗 上元 1년(760)에 제도를 바꾸어 11월을 歲首로 삼았다. 建巳月은 북두칠성의 자루가 巳方을 가리키는 달로, 곧 4월을 뜻한다.

95) 元結之頌 : 元結(723~772)의 〈大唐中興頌〉을 말한다. 원결은 자가 次山, 호는 漫叟・聱叟로, 河南 魯山 사람이다. 天寶 12년(753)에 進士에 급제하였다. 安祿山의 난이 일어나자 종족을 이끌고 猗玗洞(湖北 大冶境內)으로 피난하였기 때문에 猗玗子로 불렸다. 乾元 2년(759) 山南東道節度使 史翽(홰)의 참모가 되어 의병을 모아 史思明의 반군을 공격하여 15개 城을 보전하였다. 代宗 때 道州刺史 調容州를 맡았고 封容州都督을 더하여 本管經略守捉使에 充任되었다. 大曆 7년(772) 입조하여 같은 해 장안에서 졸하였다. 문집으로는《元次山集》이 있다.

96) 懽 : 사고본에는 '歡'으로 되어 있다.

柔懦無斷이라 故張后・輔國이 得以劫之하니 以天子之貴而不能庇[97]其父하여 使抑鬱無聊하여 遂以致疾하니 肅宗之罪가 於是乎通天矣니이다

【臣按】 肅宗이 長安을 평정했을 때 상황이 蜀에서 도성으로 돌아와 말하기를 "짐이 50년 동안 태평성대를 누린 천자였지만 그때까지는 귀하지 않았었는데, 이제 천자의 아버지가 되었으니 이제야 귀하게 되었다." 하셨는데, 이것이 元結의 〈大唐中興頌〉에서 이른바 "宗廟는 다시 편안해지고 두 聖皇은 다시 재회의 기쁨을 누리셨다."라는 것입니다. 어찌 성대하지 않겠습니까. 다만 내시가 병권을 장악하여 망령되이 참언으로 이간하여 협박하고 유폐하는 모략이 나왔으니, 아마도 그렇게 된 까닭은 숙종이 우유부단하였기 때문일 것입니다. 그러므로 張皇后와 이보국이 숙종을 겁박할 수 있었으니, 존귀한 천자로서 자신의 아버지를 보호하지 못하여 답답하고 근심하여 마침내 병이 들게 하였으니, 숙종의 죄가 이 점에 있어 하늘을 찌를 정도로 큽니다.

方其少在東宮에 本以孝名하니 儻能勵純乾之德하고 絶柔道之牽하여 當輔國進言之時에 奮發威斷하여 明諭諸將하여 斥其離間父子之罪하여 執而戮之하고 命駕西宮하여 俯伏謝過하면 二帝가 懽然하여 和氣充塞하리니 彼爪牙之士는 不過爲輔國所迫耳라 人誰無父子之情이리오 若告戒明切이면 必將幡然悔悟니 孰肯舍仁孝之天子而從悖逆之內侍哉리오 帝乃泯然無所開曉하고 但有垂涕而已라 將士가 見帝不言하고 未必不謂實已心許而不欲形之於口라 此가 輔國之計가 所以得行也니이다

숙종이 젊어서 동궁에 있었을 때에는 본래 효성스럽다는 명성이 있었으니, 만일 순수한 乾德을 면려하고 陰柔의 道에 이끌리는 것을 끊어버려서, 이보국이 진언할 때 발분하여 결단을 내려 장군들을 분명하게 깨우쳐 그가 부자간을 이간한 죄를 배척하여 잡아서 주륙하고 서궁으로 거둥하여 엎드려 잘못을 사죄할 수 있었다면, 두 황제가 기뻐하여 화목한 기운이 가득했을 것입니다. 저 무신들은 이보국에게 핍박받은 것에 지나지 않습니다. 사람이 누군들 부자의 정이 없겠습니까. 만약 명백하고 절실하게 일러주어 깨우쳤다면 반드시 단번에 뉘우쳤을 것이니, 누구인들 인자하고 효성스런 천자를 버리고 패역한 내시를 따르고자 했겠습니까.

97) 庇 : 대전본・사고본에는 '芘'로 되어 있다.

황제가 마침내 전혀 깨우쳐 인도하지는 않고 단지 눈물만 흘렸기 때문에 將士들이 황제가 말하지 않는 것을 보고 반드시 실은 이미 마음속으로 허락했지만 입으로 말하지 않고자 한 것이라고 생각하지 않았다고 장담할 수 없습니다. 이는 이보국의 계책이 행해질 수 있었던 이유입니다.

大抵姦賊之臣이 離人骨肉에 率以利害로 惑其主하여 使疑情으로 動於中하여 徊徨顧慮하여 欲爲自保之計然後에 墮其機穽하나니 肅宗之不能力卻脅遷之請者는 亦以輔國所陳이 有以動其疑情故也라 疑情이 萌則懼心이 作하고 保身之念이 勝則愛親之志가 衰하나니 肅宗之罪가 正坐於此라 吁可戒哉니이다

대저 간사하고 불충한 신하가 골육지친을 이간할 때에는 대체로 이익과 손해로 그 군주를 현혹시켜 의심하는 마음이 속에서 동하여 불안해하며 고민하여 스스로를 보전할 방책을 행하고자 하게 된 뒤에야 그 함정에 빠뜨리는 법입니다. 숙종이 겁박하여 옮기라는 청을 힘써 물리치지 못했던 것은 또한 이보국이 진언한 말이 그의 의심하는 마음을 흔들었기 때문입니다. 의심하는 마음이 싹트면 두려워하는 마음이 생겨나고 몸을 보전하려는 생각이 우세해지면 부모를 사랑하는 의지가 약해지는 법입니다. 숙종의 죄가 바로 이에 해당합니다. 아! 경계해야 할 일입니다.

以上은 論天理人倫之正二라【帝王事親之孝】

이상은 천리와 인륜에 임하는 올바른 처신을 논한 두 번째이다.【역대 聖王이 부모를 섬기는 효】

格物致知之要(一) 사물의 원리를 깊이 연구하여 知性의 힘을 극대화하는 핵심적인 방법들 (1)

明道術 道를 분명히 밝힘

天理人倫之正【長幼之序】 天理와 人倫에 임하는 올바른 처신【장유의 차례】

8-1-가[1)]

孟子에 萬章이 曰 父母가 使舜으로 完[2)]廩捐階①하고 瞽瞍[3)]가 焚廩하며 使浚井하여 出커시늘 從而揜之②하고 象이 曰 謨蓋都君은 咸我績③이니 牛羊父母요 倉廩父母④요 干戈朕⑤이요 琴朕이요 弤(저)朕⑥이요 二嫂[4)]란 使治朕棲⑦호리라하고 象이 往入舜宮한대 舜이 在牀琴이어시늘 象이 曰 鬱陶思君爾라하고 忸怩(뉵니)⑧한대 舜이 曰 惟茲臣庶를 汝其于予治⑨라하시니 不識케이다 舜이 不知象之將殺己與잇가 曰 奚而不知也시리오 象憂亦憂하시고 象喜亦喜⑩하시니라 曰 然則舜은 僞喜者與⑪잇가 曰 否라 彼以愛兄之道로 來故로 誠信而喜之시니 奚僞焉⑫이시리오

① 完廩捐階 : 完, 治也. 捐階, 謂去其梯.

---

1) 《맹자》 〈萬章 上〉 제2장에 보인다. 堯임금이 舜에게 제위를 물려주기 위해 먼저 두 딸을 순에게 下嫁시켜 內治를 살피고, 아홉 아들을 보내 순을 섬기게 함으로써 그 外治를 살필 때의 일이다. 제자인 萬章이 순의 아버지 瞽瞍와 이복동생인 象이 순을 죽이고자 했을 때 순의 행동과 마음에 대해 묻자, 맹자가 이에 대해 논한 것이다.

2) 完 : 대전본에는 '㝎'으로 되어 있다. 宋代의 피휘이다.

3) 瞍 : 대전본에는 '叟'로 되어 있다. 이하 같다.

4) 嫂 : 대전본에는 '𡢃'로 되어 있다. 이하 같다.

'完'은 '수리하다'라는 뜻이다. '捐階'는 그 사다리를 치운다는 말이다.

② 從而揜之 : 揜,[5] 蓋也.

'揜'은 '덮다'라는 뜻이다.

③ 象曰……我績 : 史記曰 : "使舜上塗廩, 瞽瞍從下縱火焚廩, 舜乃以兩笠自捍而下去, 得不死.[6] 後又使舜穿井, 舜穿井, 爲匿空旁出. 舜既入深, 瞽瞍與象下土實井, 舜從匿空出去.[7]" 謨, 謀也. 蓋, 蓋井也. 舜所居三年成都,[8] 故謂之都君. 咸, 皆也. 績, 功也. 象不知舜已出,[9] 欲以殺舜爲己功也.

《史記》에 다음과 같은 내용이 있다.

"瞽瞍는 舜에게 창고에 올라가 진흙을 바르도록 한 뒤 밑에서 불을 질러 창고를 태웠는데, 순은 두 개의 삿갓으로 자신을 막으며 내려가서 죽음을 면할 수 있었다. 뒤에 또 순에게 우물을 파게 하였는데, 순은 우물을 파면서 옆으로 나갈 수 있는 숨은 공간을 만들었다. 순이 깊이 들어갔을 때 고수가 象과 함께 흙을 부어 우물을 메우자, 순은 그 숨은 공간을 통해 나왔다."

'謨'는 '계획하다'라는 뜻이다. '蓋'는 우물을 덮은 것이다. 순임금이 살고 있는 곳이 3년이 되자 都를 이루었기 때문에 순임금을 '都君'이라 말한 것이다. '咸'은 '모두'라는 뜻이다. '績'은 '공로'라는 뜻이다. 象은 순이 이미 나왔다는 것을 모르고 순을 죽인 것을 자신의 공으로 삼고자 한 것이다.

④ 牛羊……父母 : 以此歸之父母也.

이것들을 부모 소유로 돌린 것이다.

⑤ 干戈朕 : 朕, 我也. 古者, 君臣通稱.[10]

---

5) 揜 : 대전본에는 '掩'으로 되어 있다.

6) 舜乃……不死 : 張守節의 正義에 따르면, 舜이 이 일을 부인인 堯임금의 두 딸에게 말하자, 두 딸은 순에게 새의 날개 같은 역할을 할 수 있는 鳥工衣를 입고 창고에 올라가게 했다고 한다.《史記正義 卷1 五帝本紀 虞舜》

7) 舜從匿空出去 : 張守節의 正義에 따르면, 순이 이 일을 부인인 요임금의 두 딸에게 말하자, 두 딸은 순에게 하천을 준설할 때 입는 龍工衣를 입고 가게 했다고 한다.《史記正義 卷1 五帝本紀 虞舜》

8) 舜所居三年成都 : 《사기》에 따르면, 순이 한미하였을 때, 歷山에서 농사를 짓자 역산 사람들이 모두 밭두둑을 양보하게 되었고, 雷澤에서 물고기를 잡자 뇌택 사람들이 자신이 사는 곳을 양보하게 되었으며, 강가에서 그릇을 굽자 그곳에서 나오는 그릇들이 모두 조잡하거나 이지러지지 않게 되었다고 한다. 그리하여 1년이 지나자 순이 살고 있는 곳이 취락〔聚〕을 이루었고, 2년이 지나자 邑을 이루었으며, 3년이 지나자 都를 이루었다고 한다.《史記 卷1 五帝本紀 虞舜》

9) 出 : 대전본·사고본에는 이 뒤에 '故'가 있다.

'朕'은 '나'라는 뜻이다. 옛날에는 임금과 신하 모두 쓸 수 있는 칭호였다.

⑥ 弤朕：弤, 雕弓也.
'弤'는 문양을 새긴 활이다.

⑦ 二嫂使治朕棲：二嫂, 堯二女[11]也. 棲, 床也.
'二嫂'는 요임금의 두 딸이다. '棲'는 '침상'이다.

⑧ 鬱陶思君爾忸怩：鬱陶, 猶菀(울)結也. 忸怩, 慙色也.
'鬱陶'는 '菀結(가슴이 막힌 듯 답답하다)'과 같다. '忸怩'는 부끄러워하는 기색이다.

⑨ 惟玆……予治：臣庶, 謂其百官[12]也. 舜喜其來見故云.
'臣庶'는 순의 백관을 이른다. 순은 象이 자신을 보러 온 것이 기뻤기 때문에 이렇게 말한 것이다.

⑩ 奚而……亦喜：此孟子言.
이것은 맹자의 말이다.

⑪ 然則……者與：此萬章言
이것은 만장의 말이다.

⑫ 否彼……僞焉：此孟子言.
이것은 맹자의 말이다.

《맹자》에 다음과 같은 내용이 있다.

"萬章이 여쭈었다.

'舜임금의 부모님은 순임금에게 창고를 손보게 한 뒤 사다리를 치우고 아버지 瞽瞍가 창고에 불을 질렀으며, 순임금에게 우물을 파게 한 뒤 순임금이 밖으로 나오려 하자 그대로 흙을 부어 덮었습니다. 그런 뒤에 象이 말하기를 「都君을 생매장할 계책을 낸 것은 모두 나의 공이니, 소와 양은 부모님 것이고, 곡식 창고는 부모님 것이고, 창과 방패는 내 것이고, 琴은 내 것이고, 雕弓은 내 것이고, 두 형수는 나의 침상에서 시중들게 할 것이다.」라고 하였습니다. 그리고 상이 가서 순임금의 집에 들어갔는데, 순임금께서 牀에서 琴을 타고 계시자 상이

---

10) 古者君臣通稱：秦 始皇이 천하를 통일하고 즉위 26년째(기원전 221) 되었을 때, 왕은 '皇帝', 왕의 命은 '制', 왕의 令은 '詔', 왕의 자칭은 '朕'으로 하도록 하면서부터 朕은 황제만 쓸 수 있는 호칭이 되었다. 《史記 卷6 秦始皇本紀》

11) 堯二女：娥皇과 女英이다.

12) 百官：饒魯(1193~1264)에 따르면, 후대에 문서를 처리하는 典籤이나 청소를 담당하는 涓人과 같이 여기에서는 '여러 담당 관리〔百司〕'라는 뜻이다. 《孟子集註大全 萬章 上 小注》

말하기를 「도군이 그리워서 가슴이 꽉 막힌 듯하였습니다.」라고 하고서 부끄러워하였습니다. 그러자 순임금은 「너는 내게 와서 이 관리들을 다스리도록 하라.」라고 하셨습니다. 그렇다면 순임금은 상이 자신을 죽이려고 했다는 것을 모르신 것입니까?'

'어찌 모르셨겠느냐. 상이 근심하면 순임금도 근심하고, 상이 기뻐하면 순임금도 기뻐하신 것이다.'

'그렇다면 순임금은 거짓으로 기뻐하신 것입니까?'

'아니다. 저 상이 형을 사랑하는 도리로 왔기 때문에 참으로 믿고 기뻐하신 것이니, 어찌 거짓이셨겠느냐.'"

8-1-나(按)

臣은 按 象欲殺舜之迹이 明甚하니 舜이 豈不知之시리오 然見其憂則憂하시고 見其喜則喜하사 略無一毫芥蔕(체)於其中하시니 後世骨肉之間에 小有疑隙則猜防萬端하여 惟恐發之不蚤하며 除之不亟하나니 至此然後에 知聖人之心이 與天同量也니이다 世儒가 以帝堯가 在上하사 二女嬪虞하시니 象無殺舜之理라 故以孟子爲疑하나니 不知孟子가 特論大舜之心이 使其有是라도 處之가 不過如此라 豈必眞有是哉리잇고

【臣按】 象이 舜임금을 죽이고자 했던 일들이 매우 분명했으니, 순임금이 어찌 이를 몰랐겠습니까. 그러나 상이 근심하는 것을 보면 근심하고 상이 기뻐하는 것을 보면 기뻐하여 털끝만큼도 그 마음에 개의치 않았습니다. 후세에는 골육간에 조금이라도 의심으로 인해 틈이 벌어지면 갖가지로 의심하고 방비하여 상대방보다 더 빨리 움직이지 못할까 더 빨리 제거하지 못할까만을 걱정하니, 이에 이르러서야 聖人의 마음이 하늘만큼 도량이 컸다는 것을 알 수 있습니다.

俗儒들은 堯임금께서 위에 계셔 두 딸을 순임금에게 아내로 주었으니 상이 순임금을 죽일 리는 없을 것이라고 생각했기 때문에 맹자의 말을 의심스럽게 생각합니다. 그러나 맹자는 단지, 大舜(순임금)의 마음은 설사 상이 이러한 마음을 갖고 있다 하더라도 상에게 대한 것은 이와 같은 데 지나지 않았을 것이라고 논한 것임을 저들은 모른 것입니다. 어찌 반드시 정말로 이러하겠습니까.

8-2-가[13)]

萬章이 **問曰 象**이 **日以殺舜爲事**어늘 **立爲天子則放之**는 **何也**잇고 **孟子**가 **曰 封之也**어시늘 **或曰放焉**①이라하니라

① 或曰放焉 : 放, 猶置也, 猶今言安置.[14)]
'放'은 '置(안치하다)'와 같으니, 지금의 '安置'라는 말과 같다.

萬章이 여쭈었다.

"象은 날마다 순임금을 죽이는 것으로 일삼았는데, 순임금께서 즉위하여 천자가 되어서는 상을 安置만 한 것은 무엇 때문입니까?"

맹자가 대답하였다.

"상을 봉해준 것인데, 혹자가 안치했다고 하는 것이다."

萬章이 **曰 舜**이 **流共工于幽州**[15)]하시고 **放驩兜**(환도)**于崇山**[16)]하시고 **殺三苗于三危**[17)]하시고 **殛鯀**(곤)**于羽山**[18)]하사 **四罪**하신대 **而天下**가 **咸服**은 **誅不仁也**니 **象**이

13)《맹자》〈萬章 上〉 제3장에 보인다. 舜임금이 천자가 된 뒤에 四凶을 처벌한 것과 달리 자신을 죽이려고 했던 아우 象을 有庳國의 임금으로 봉한 것에 대해 제자 萬章이 의구심을 가지자, 이에 대해 맹자가 논한 것이다.

14) 安置 : 居住法과 함께 주로 죄를 저지른 고위 관리에 대해 자유를 제한한 법의 하나이다. 唐·五代 때부터 있었던 것을 송나라 때 이어받았다. 거주법은 죄를 저지른 관원으로 하여금 지정한 州軍에 거주하고 마음대로 다른 州로 옮겨가지 못하게 한 것에 비해, 안치법은 이보다 중하여 거주법처럼 거주의 자유를 제한할 뿐만 아니라 활동에 있어서도 官府의 감시를 받도록 하였다.《楊世利, 北宋官員政治型貶降與敍復硏究-中央官員爲中心的考察, 河南大學, 博士學位論文, 2008, 45·47쪽》

15) 流共工于幽州 : 共工은 官名이다. 少皞氏의 불초한 아들로, 세상에서 窮奇라고 부르는 자이다. 孔安國의 傳에 따르면, 공공이 말을 잘하고 겉으로는 공손하나 속마음은 그렇지 못해 세상을 미혹시킬 수 있기 때문에 유배했다고 한다. '幽州'는 북쪽 끝에 있다.《尙書注疏 虞書 堯典 孔安國傳》《孟子注疏 萬章 上 孫奭疏》

16) 放驩兜于崇山 : 驩兜는 帝洪氏의 불초한 아들로, 세상에서 混沌이라고 불렀다 한다. 共工과 편당지어 그 죄악이 같기 때문에 추방했다고 한다. 崇山은 남쪽 끝에 있다.《孟子注疏 萬章 上 孫奭疏》

17) 殺三苗于三危 : 三苗는 荊州와 揚州에 있던 나라로, 縉雲氏의 후예이다. 지형의 험고함을 믿고 난을 일으켰기 때문에 주벌한 것이다. '三危'는 서쪽 끝에 있다.《孟子注疏 萬章 上 孫

至不仁이어늘 **封之有庳**①[19]하시니 **有庳之人**은 **奚罪焉**고 **仁人**도 **固如是乎**잇가 **在他**[20] **人則誅之**하고 **在弟則封之**온여 **曰**② **仁人之於弟也**에 **不藏怒焉**③하며 **不宿怨焉**④이요 **親愛之而已矣**니 **親之**란 **欲其貴也**요 **愛之**란 **欲其富也**니 **封之有庳**는 **富貴之也**시니 **身爲天子**요 **弟爲匹夫**면 **可謂親愛之乎**아

① 封之有庳 : 國名.
'有庳'는 나라 이름이다.
② 曰 : 以下孟子言.
이하는 맹자의 말이다.
③ 不藏怒焉 : 藏, 匿其怒.
'藏'은 그 노여움을 숨기는 것이다.
④ 不宿怨焉 : 宿, 蓄其怨.
'宿'은 그 원망을 쌓아두는 것이다.

萬章이 여쭈었다.

"舜임금께서 共工을 幽州에 유배하고, 驩兜를 崇山에 안치하고, 三苗의 군주를 三危에 유배하고, 鯀을 羽山에 추방하여, 네 凶人을 처벌하시자 천하 사람들이 모두 복종했던 것은, 어질지 못한 자를 주벌했기 때문입니다. 象은 지극히 어질지 못했는데도 有庳國의 임금으로 봉하셨으니, 유비국 백성들은 또 무슨 죄란 말입니까. 어진 사람도 참으로 이렇단 말입니까. 죄가 다른 사람에게 해당되면 죽이고 아우에게 해당되면 봉해주시는군요."

맹자가 대답하였다.

"어진 사람은 아우에 대하여 노여움을 숨기지 않고 원망을 쌓아두지 않으며, 단

奭疏》

18) 殛鯀于羽山 : 鯀은 顓頊氏의 불초한 아들로, 세상에서는 饕餮(도철)이라고 불렸다 한다. 명을 거역하고 자신의 주장대로 하며, 사람들과 화합하지 못하고 사람들을 상하게 하였는데, 그럼에도 9년간 등용하여 홍수를 다스리도록 하였으나 실패하자 羽山으로 추방한 것이다. 羽山은 동쪽 끝의 바다 가운데 있다. 殛은 孔穎達의 疏에 따르면, 역시 '유배하다'라는 뜻이다. 《孟子注疏 萬章 上 孫奭疏》《尙書注疏 虞書 舜典 孔穎達疏》

19) 有庳 : 有는 접두사이다. 有庳는 鼻墟・鼻亭이라고도 한다. 옛 터가 지금의 湖南省 道縣 북쪽에 있다.

20) 他 : 대전본에는 '它'로 되어 있다.

지 아우를 친히 하고 사랑할 뿐이다. 아우를 친히 한다면 아우가 존귀하기를 바랄 것이고, 아우를 사랑한다면 아우가 부유하기를 바랄 것이니, 상을 유비국에 봉한 것은 상을 부유하고 귀하게 하신 것이다. 자신은 천자인데 아우는 필부라면, 아우를 친히 하고 사랑한다고 말할 수 있겠는가."

敢問或曰放者는 **何謂也**①잇고 **曰 象**이 **不得有爲於其國**하고 **天子**가 **使吏**로 **治其國而納其貢稅焉**하니 **故**로 **謂之放**이니 **豈得暴彼民哉**리오 **雖然**이나 **欲常常而見之故**로 **源源而來**하니 **不及貢**하여 **以政接于有庳**라하니 **此之謂也**②[21]니라

① 敢問……謂也 : 此萬章問.[22]
이것은 만장이 물은 것이다.

② 象不……謂也 : 此孟子言.
이것은 맹자의 말이다.

"감히 여쭙겠습니다. 혹자가 안치했다고 말하는 것은 무엇 때문입니까?"

"象이 자신의 封國에서 정사를 보지 못하게 하고 천자가 관리를 보내 그 나라를 대신 다스리게 하고 그 공물과 조세만을 〈상에게〉 바치게 했기 때문이다. 이 때문에 안치했다고 말하는 것이다. 어찌 그 나라의 백성들을 해칠 수 있겠는가. 비록 그렇다고는 하나, '늘 그를 보고 싶어 했기 때문에 끊임없이 오게 하였다. 그리하여 朝貢할 시기가 아닌데도 정사로 유비국의 임금을 접견하셨다.'라고 하였으니, 바로 상을 두고 말한 것이다."

8-2-나(按)

臣은 **按 聖人**이 **不以公義廢私恩**이라 **故不以象之惡而不與之以富貴**하시고 **亦不以私恩廢公義**라 **故使之**[23]**不得有爲於其國**하여 **以暴其民**하시니 **舜之於象**에 **仁之至・義之盡也**니이다

---

21) 欲常……謂也 : 趙岐(108?~201)의 注에 따르면, '常常'부터 '有庳'까지는《尙書》逸篇의 내용이며, '此'는 象을 가리킨다.《孟子注疏 萬章 上 趙岐注》

22) 問 : 사고본에는 '言'으로 되어 있다.

23) 使之 : 대전본에는 小字로 誤刻되어 있다.

【臣按】聖人은 공적인 의리 때문에 사적인 정을 버리지는 않습니다. 이 때문에 象이 악한 행동을 했어도 상에게 부유함과 귀한 신분을 주기는 했던 것입니다. 그러나 사적인 정 때문에 공적인 의리를 버리지도 않습니다. 이 때문에 상이 封國에서 정사를 봄으로써 그 나라의 백성들을 해치게 하지도 않았던 것입니다. 순임금이 상에게 행한 것은 지극한 仁이었고 더할 수 없는 義였습니다.

8-3-가[24]

詩皇矣之三章①에 **維此王季**가 **因心則友**하사 **則友其兄**②하사 **則篤其慶**③하사 **載錫之光**④하시니 **受祿無喪**⑤하여 **奄有四方**⑥이샷다

① 詩皇矣之三章 : 大雅篇名.
 '皇矣'는 《詩經》 〈大雅〉의 편명이다.
② 則友其兄 : 兄, 謂泰伯, 以國遜[25]王季者也.
 '兄'은 泰伯을 이르니, 나라를 王季에게 사양한 사람이다.
③ 則篤其慶 : 篤, 厚也.
 '篤'은 '돈독히 하다'라는 뜻이다.
④ 載錫之光 : 錫, 予也.
 '錫'은 '주다'라는 뜻이다.
⑤ 受祿無喪 : 喪, 亡也.
 '喪'은 '잃다'라는 뜻이다.
⑥ 奄有四方 : 奄, 大也.[26] 太[27]伯見王季之生文王, 知天命之必在王季, 故去而適吳,

---

24) 《詩經》 〈大雅 皇矣〉 제3장의 일부이다. '皇矣'는 '위대하다'라는 뜻이다. 〈황의〉는 모두 8장으로 이루어져 있는데, 1장과 2장은 하늘이 太王에게 명한 것을 말하였고, 3장과 4장은 하늘이 王季에게 명한 것을, 5장과 6장은 하늘이 文王에게 密나라를 정벌하도록 명한 것을, 7장과 8장은 하늘이 문왕에게 崇나라를 정벌하도록 명한 것을 말하였다. 이 시는 태왕의 장자인 泰伯이, 아버지의 뜻이 아우인 왕계에게 轉位하여 왕위가 왕계의 아들인 文王에게 돌아가기를 원한다는 것을 알고 周나라를 떠나 吳 지역으로 피하여 달아났는데, 문왕 때에 이르자 周나라의 도가 크게 일어나고, 문왕의 아들 武王 때에 와서는 마침내 천명을 받아 천자가 되었다는 것을 노래한 것이다. 《대학연의》에서는 주로 毛詩를 위주로 설명하고 있다.

25) 遜 : 사고본에는 '讓'으로 되어 있다.

26) 奄大也 : 朱熹의 《詩集傳》에서는 奄의 뜻을 '忽'과 '遂'의 중간 뜻이라고 하여, 그 뜻을 '문득'

大王沒而不返, 而後國傳於王季, 周道大興.[28]

'奄'은 '크다'라는 뜻이다. 太伯은 王季가 문왕을 낳은 것을 보고 천명이 반드시 왕계에게 있을 것을 알았기 때문에 떠나서 吳로 갔다. 太王이 죽었으나 돌아가지 않았다. 그 후 나라는 왕계에게 전해졌고, 훗날 周나라의 도가 크게 일어났다.

《詩經》〈皇矣〉 제3장에 다음과 같은 내용이 있다.

이 왕계가	維此王季
마음속으로부터 우애하였도다	因心則友
그 형과 우애하여	則友其兄
천명의 경사를 돈독히 하였도다	則篤其慶
사양한 영광을 형에게 주시니	載錫之光
하늘의 복록을 받아 잃음이 없어	受祿無喪
크게 사방을 소유하게 되었도다	奄有四方

8-3-나(按)

臣은 按 王季之友太[29]伯也가 蓋因其[30]心之本然이니 非以其遜[31]已而後友之也라 昆弟至情이 出於天性하니 豈有所爲而爲之乎리오 使太[32]伯未嘗有遜[33]國之事라도 王季之所以友之者는 亦若是而已라 夫王季之友는 不過盡其事兄之道耳라 豈有心於求福哉시리오 閨門之內가 敬順休洽은 固産祥隤(퇴)祉[34]之基也라 故厚其慶而錫之光하여

에 가깝게 보았다.

27) 太 : 사고본에는 '泰'로 되어 있다.

28) 去而……大興 : 《詩集傳》에는 "吳 지역으로 가서 돌아오지 않았다. 太王이 죽자 나라가 王季에게 전해져서 文王 때에 이르러 周나라의 도가 크게 일어났다.〔適吳不反 大王沒而國傳於王季 及文王而周道大興也〕"라고 하였다.

29) 太 : 사고본에는 '泰'로 되어 있다.

30) 因其 : 사고본에는 '其因'으로 되어 있다.

31) 遜 : 사고본에는 '讓'으로 되어 있다.

32) 太 : 사고본에는 '泰'로 되어 있다.

33) 遜 : 사고본에는 '讓'으로 되어 있다.

34) 祉 : 대전본에는 '阯'로 되어 있다.

受天之祿而有天下하시니 天之報施가 其亦明矣로다

【臣按】 王季가 太伯에게 베푼 우애는 본연의 마음에서 나온 것이니, 자신에게 나라를 양보했기 때문에 우애한 것은 아닙니다. 형제간의 지극한 정은 타고난 성품에서 나오는 것이니 어찌 어떤 이유가 있어서 우애를 하겠습니까. 설사 태백이 나라를 양보하는 일이 있지 않았다 할지라도 왕계가 형에게 우애한 것은 또한 이와 같았을 것입니다. 왕계의 우애는 단지 형을 섬기는 도리를 다한 것뿐입니다. 어찌 복을 구하는 데 마음을 두었겠습니까.

규문 안이 두루 공경하고 순히 따르는 것은 진실로 길상을 낳고 복을 부르는 기반입니다. 그러므로 그 경사를 크게 하여 양보한 영광을 줌으로써 하늘의 복을 받아 천하를 소유하게 되었으니, 하늘의 보답은 또한 분명한 것입니다.

後世如漢顯宗이 以東海王彊이 遜己而友之[35]하시고 唐明皇이 以宋王成器가 遜己而友之[36]하시니 其友는 雖同而所以友之則異하니 蓋王季之心은 無所爲而然者也요 顯宗・明皇之心은 有所爲而然者也니 此는 天理・人欲之分而漢・唐之治가 所以不若周之盛與인저

후세에 漢 顯宗 같은 이는 東海王 劉彊이 자신에게 양보했다고 하여 우애하였

35) 漢顯……友之 : 漢 顯宗은 後漢 明帝 劉莊(28~75)으로, '현종'은 廟號이다. 光武帝의 넷째 아들이다. 貴人 陰麗華의 소생으로, 광무제 建武 19년(43)에 황태자에 책봉되어 광무제 中元 2년(57)에 즉위하였다. 劉彊(25~58)은 광무제의 장자이다. 郭后의 소생으로, 건무 2년(26)에 황태자에 책봉되었다. 건무 17년(41)에 곽후가 폐위되자 불안을 느끼고 藩國을 자청하였으나, 건무 19년(43)에 황태자에서 폐위되고 東海王에 봉해졌다. 시호는 恭이다.

36) 唐明……友之 : 唐 明皇은 玄宗 李隆基(685~762)로, '명황'은 시호인 '至道大聖大明孝皇帝'를 줄여서 부르는 칭호이다. 睿宗의 셋째 아들이다. 睿宗 景雲 원년(710)에 거병하여 韋后를 죽이고 동년 6월 24일에 아버지 예종을 황제에 즉위시켰다. 동년 6월 27일에 태자에 봉해지고, 2년 뒤인 712년 8월 25일에 양위를 받아 즉위하였다. 李成器(679~742)는 睿宗의 장자이다. 예종이 즉위한 뒤 태자를 세우면서 적장자 이성기와 큰 공을 세운 이융기 사이에서 결정을 내리지 못하고 있을 때, 나라가 편안하면 적장자를 먼저 하고 나라가 위태로우면 공을 먼저 하는 법이라며 수일간 눈물을 흘리면서 청원하여 태자 자리를 동생 이융기에게 양보하였다. 삼가고 자중하며 조정 일에 간섭하지 않아 당 현종에게 중시되었다. 追謚는 讓皇帝이다.

고, 唐 明皇은 宋王 李成器가 자신에게 양보했다 하여 우애하였으니, 우애라는 점에서는 같지만 우애를 한 이유는 다릅니다. 왕계의 마음은 어떤 목적 없이 한 것이며, 현종과 명황의 마음은 목적이 있어서 한 것입니다. 이는 天理와 人欲이 나뉘는 관건으로, 漢나라와 唐나라의 정치가 周나라만큼 성대하지 못했던 이유일 것입니다.

8-4-가[37)]

常棣는 **燕兄弟也**①니 **閔管・蔡之失道故**로 **作常棣焉**②[38)]하다 **其一章**에 **曰 常棣之華**여 **鄂**(악)**不韡**(위)**韡**③아 **凡今之人**은 **莫如兄弟**라하고 **二**[39)]**章**에 **曰 死喪之威**에 **兄弟孔懷**라하고 **三章**에 **曰 脊令在原**하니 **兄弟急難**④이라하고 **四章**에 **曰 兄弟鬩**(혁)**于墻**[40)]이나 **外禦其務**(모)⑤[41)]라하다

① 常棣燕兄弟也 : 小雅篇名.
'常棣'는 《詩經》 〈小雅〉의 편명이다.

② 閔管……棣焉 : 管叔・蔡叔, 皆文王子. 管叔, 周公兄也; 蔡叔, 周公弟也. 武王封武庚爲殷後, 使管叔・蔡叔監之. 武王崩, 管・蔡[42)]挾武庚以叛, 周公相成王, 誅之.

---

37) 《詩經》 〈小雅 常棣〉에 보인다. 모두 8장으로, 常棣는 '산이스라지 나무'이다. 1장은 至親으로는 형제만 한 사람이 없다는 뜻을 말하였다. 2장은 뜻밖의 예측할 수 없는 일을 말하여 형제간의 정이 이처럼 간절하다는 것을 밝혔다. 3장은 急難에 형제가 구원함을 말하였다. 4장은 정이 비록 깊지 않더라도 형제간에 차마 그칠 수 없는 정을 말하였다. 죽고 다치는 데에까지 기다린 뒤에 거두어줄 것이 아니라 급난이 있으면 서로 도와야 하며, 설령 작은 憤恨이 있더라도 밖의 업신여김을 함께 막아야 함을 말하였다. 5장은 편안해진 뒤에는 형제 사이가 오히려 길 가는 사람처럼 되어 人道가 거의 끊어짐을 말하였다. 6장과 7장은 형제간의 은혜는 형체는 다르나 기운은 같아서 생사와 고락에 서로 의지하지 않음이 없음을 말하였다. 8장은 위의 내용을 다시 반복하였다.

38) 常棣……棣焉 : 毛序의 내용이다. 朱熹는 周公이 管叔과 蔡叔을 주벌한 뒤에 지은 것으로 추정하였다.

39) 二 : 대전본에는 '一'로 되어 있으나, 오류이다.

40) 墻 : 사고본에는 '牆'으로 되어 있다.

41) 務 : 대전본에는 '侮'로 되어 있다.

42) 蔡 : 사고본에는 '叔'으로 되어 있다.

管叔과 蔡叔은 모두 문왕의 아들로, 관숙은 주공의 형이며, 채숙은 주공의 아우이다. 무왕이 武庚을 봉하여 殷나라의 후사로 삼고 관숙과 채숙으로 하여금 무경을 감독하게 하였는데, 무왕이 죽자 관숙과 채숙이 무경을 끼고 반란을 일으키니, 주공이 成王을 도와 이들을 주벌하였다.

③ 常棣……韡韡 : 常棣, 棣也, 今郁李. 花鄂相承甚[43]力, 故以喩兄弟. 韡韡, 光明貌.
'常棣'는 산이스라지 나무이니, 지금의 郁李이다. 꽃과 꽃받침이 서로 받쳐주는 것이 매우 힘이 있기 때문에 이것으로 형제를 비유한 것이다. '韡韡'는 환히 빛나는 모습이다.

④ 脊令……急難 : 脊令, 雝(옹)渠也. 飛則鳴, 行則搖, 首尾相應, 喩兄弟相救於急難, 其相應如是也.
'脊令'은 할미새이다. 날 때는 울고 걸어 다닐 때는 흔들어서 머리와 꼬리가 서로 호응하기 때문에, 이것으로 형제가 위급하고 어려울 때 서로 구원하여 응하는 것이 이와 같음을 비유한 것이다.

⑤ 兄弟……其務 : 鬩, 狠也. 禦, 禁. 務, 侮也. 兄弟雖內鬩而外禦.
'鬩'는 '싸우다'라는 뜻이다. '禦'는 '금하다'라는 뜻이다. '務'는 '업신여기다'라는 뜻이다. 형제가 안에서는 비록 싸우더라도 밖으로는 남의 업신여김을 서로 막아준다는 말이다.

《詩經》〈常棣〉는 형제간에 燕饗하는 시이니, 管叔과 蔡叔이 형제간의 도리를 잃은 것을 마음 아파했기 때문에 〈상체〉를 지은 것이다.

그 1장에 이르기를,

산이스라지 꽃이여 常棣之華
꽃받침이 환히 빛나지 않은가 鄂不韡韡
무릇 지금 사람들은 凡今之人
형제만 한 이가 없느니라 莫如兄弟

라고 하였고, 2장에 이르기를,

죽음의 두려운 상황에도 死喪之威

43) 甚 : 대전본에는 '其'로 되어 있다.

형제간엔 매우 걱정한다오 兄弟孔懷

라고 하였고, 3장에 이르기를,

할미새 저 벌판에 있으니 脊令在原
형제는 위난을 구원하네 兄弟急難

라고 하였고, 4장에 이르기를,

형제가 담장 안에서는 싸우나 兄弟鬩于墻
밖에선 남의 업신여김을 막네 外禦其務

라고 하였다.

8-4-나(按)

臣은 按 周公이 使二叔으로 監殷하신대 二叔이 以殷畔이어늘 公이 既奉行天討矣라 使它[44] 人處此면 必且疾視同姓하여 唯[45] 恐踈棄之不亟而公이 作此詩하여 以燕兄弟하여 方綢繆(주무)反復에 謂如常棣華鄂之相依며 脊令首尾之相應하여 雖忿鬩於門墻[46] 之內하나 至有外侮則同力以禦之라하시니 惓然閔惻之至情과 溫然篤叙之深恩이 溢於言外하니

【臣按】周公이 管叔과 蔡叔에게 殷나라를 감독하게 하였는데, 두 형제가 은나라를 기반으로 하여 배반하자 주공은 하늘의 토벌을 봉행하였습니다. 만일 다른 사람이 이런 경우에 처했다면, 필시 형제를 성난 눈으로 노려보며 소원히 하고 버리는 것을 빨리 하지 못할까만을 걱정했을 것입니다.

그러나 주공은 이 시를 지어서 형제에게 잔치를 베풀고 간절하게 반복하여 말

44) 它 : 대전본·사고본에는 '他'로 되어 있다.
45) 唯 : 사고본에는 '惟'로 되어 있다.
46) 墻 : 사고본에는 '牆'으로 되어 있다.

하기를,

"산이스라지 꽃과 꽃받침이 서로 의지하며 할미새의 머리와 꼬리가 서로 호응하는 것처럼, 비록 담장 안에서는 화가 나서 다투더라도 밖에서 업신여김을 받게 되면 힘을 합쳐 이를 막아낸다."

라고 하였습니다. 그 서글퍼하고 마음 아파하는 지극한 정과 따뜻하고 두터운 깊은 은혜가 언어 밖으로 넘쳐납니다.

其後에 有周가 世賴宗强之助하여 王室之勢가 安於磐石하여 雖歷變故而根本不搖러니 襄王이 怒鄭하사 欲以狄師伐之[47]어시늘 其臣富辰이 諫曰 兄弟가 雖有小忿이나 不廢懿親이니 今天子가 不忍小忿하사 以棄鄭親하시나니 其若之何오 襄王이 不從하사 果召狄難하시니 嗚呼라 後世王者가 欲知兄弟相須之切이면 其於是詩에 可不深味之乎아

그 뒤에 주나라는 대대로 강한 종실의 도움에 힘입어 왕실의 형세가 반석보다 편안하여 비록 변고를 겪었지만 뿌리는 흔들리지 않았습니다. 襄王이 鄭나라에 노하여 狄人의 군대로 정나라를 치려고 하자, 신하 富辰이 다음과 같이 간하였습니다.

"형제는 비록 작은 憤恨이 있더라도 至親을 버리지 않는 법입니다. 지금 천자께서 작은 분한을 참지 못하여 친족인 정나라를 버리려고 하시니, 어떻게 된 것입니까?"

양왕이 이 말을 따르지 않아 끝내 오랑캐의 난을 불렀으니, 아, 후세의 왕들이 형제간에 서로 의지하는 것이 매우 중요하다는 것을 알고자 한다면 이 시에서 그

47) 襄王……伐之 : 鄭나라의 시조인 鄭 桓公은 周 厲王(재위 기원전 857~기원전 842)의 아들이자 周 宣王(재위 기원전 827~기원전 782)의 同母弟로, 정나라는 주나라 왕실과 형제의 나라라고 할 수 있다. 周 平王(재위 기원전 770~기원전 720)의 즉위와 함께 이루어진 東遷 때 가장 큰 공을 세워 주나라의 卿士로서 주나라 왕실의 정치를 담당하였다. 그러나 평왕이 죽고 桓王이 즉위하여 정나라의 권력을 虢나라에 넘겨준 뒤로 주나라 왕실과 원수가 되었다. 周 襄王 16년(기원전 636)에 정나라가 자기 나라를 배반하고 衛나라에 붙은 滑나라를 토벌하자, 양왕은 사신을 보내 활나라를 치지 말라고 요청하였다. 鄭 文公이 활나라를 편드는 양왕을 원망하여 이 말을 듣지 않고 왕실에서 보낸 두 사신을 가두자, 양왕은 대부 富辰의 간언을 듣지 않고, 동년 여름에 狄人을 끌어들여 정나라를 토벌하였다. 《春秋左氏傳 僖公 24年》

뜻을 깊이 음미하지 않을 수 있겠습니까.

8-5-가[48]

行葦는 **忠厚也**①라 **其一章**에 **曰 敦**(단)[49]**彼行葦**②를 **牛羊勿踐履**③[50]면 **方苞方體**④[51]하여 **維葉泥**(녜)**泥**⑤리라 **戚戚兄弟**⑥를 **莫遠具爾**⑦라하니라

① 行葦忠厚也 : 大雅篇名.
'行葦'는 《詩經》 〈大雅〉의 편명이다.

② 敦彼行葦 : 敦, 聚貌. 行, 道也. 葦, 蘆類.
'敦'은 모여 있는 모습이다. '行'은 '길'이라는 뜻이다. '葦'는 갈대 종류이다.

③ 牛羊勿踐履 : 勿, 戒止辭.[52]
'勿'은 경계하여 그치게 하는 말이다.

④ 方苞方體 : 苞, 籜(탁)也. 體, 成形也.
'苞'는 '꺼풀'이다. '體'는 '형체를 이루다'라는 뜻이다.

⑤ 維葉泥泥 : 葉初生[53]柔澤貌.
'泥泥'는 잎이 처음 나와 부드럽고 윤택한 모습이다.

⑥ 戚戚兄弟 : 戚戚, 內相親也.
'戚戚'은 '안으로 서로 친근하다'라는 뜻이다.

⑦ 莫遠具爾 : 莫, 無也. 具, 俱也.
'莫'은 '없다'라는 뜻이다. '具'는 '모두'라는 뜻이다.

---

48) 《詩經》 〈大雅 行葦〉에 보인다. '行葦'는 '길의 갈대'라는 뜻이다. 毛序에 따르면, 〈行葦〉는 충후한 시로, 주나라 왕실이 忠厚하여 仁德이 초목에게까지 미쳤기 때문에 안으로 九族과 화목하고 밖으로 黃耇를 높이고 섬겨 복록을 이룬 내용을 읊은 것이다. 주희는 제사를 마치고 부형과 耆老에게 잔치를 베푸는 시로 보았다. 毛氏는 7장으로, 주희는 4장으로 구분하였다.

49) 敦 : 사고본에는 이 뒤에 小字로 '音團'이 있다.

50) 履 : 대전본에는 없다.

51) 方苞方體 : 갈대는 가을이 되어야 완전한 형체를 이루는데, 지금은 아직 완전한 형체를 이루지 않았기 때문에 '方'이라고 한 것이다. 갈대는, 처음 나올 때는 '葭'라고 하며, 조금 자라면 '蘆', 다 자라면 '葦'라고 한다. 소와 말이 밟지 않도록 하라는 내용으로 보면, 이때는 봄과 여름으로, 소와 양이 갓 나온 갈대를 먹는 때이다. 《毛詩注疏 大雅 行葦 孔穎達疏》

52) 勿戒止辭 : 사고본에는 없다.

53) 生 : 대전본에는 '也'로 되어 있다.

《시경》〈行葦〉는 충후한 시이다. 그 1장에 다음과 같이 노래하였다.

저 길의 우북한 갈대를 敦彼行葦
소와 양이 밟지 않도록 하라 牛羊勿踐履
그리하면 움트고 형체 이루어 方苞方體
잎이 부드럽고 매끄러워지리라 維葉泥泥
친밀한 형제들을 戚戚兄弟
멀리 말고 모두 가까이해야 하리 莫遠具爾

8-5-나(按)

臣은 按 先儒呂祖謙[54]이 曰 彼行葦之方苞方體하여 其葉이 泥泥然하니[55] 其可使牛羊踐履之乎아 戚戚兄弟를 其可踈遠而不親近乎아 忠厚之意가 藹(애)然見於言語之外로다 毛氏가 以戚戚으로 爲內相親하니 唯體之深者야 爲能識之[56]라하니 臣은 謂 祖謙之說이 善矣라 使人主로[57] 能深體此章之指則雖一草一木이라도 且不敢輕於摧折也어든 況骨肉之戚而縱尋斧乎아 此詩二章以下는 皆言燕樂兄弟之事하니 然必有此心爲之本然後에 燕樂이 不爲虛文이니 不然이면 非所知也로소이다

【臣按】先儒 呂祖謙은 말하기를,

"저 길의 갈대가 지금 한창 움트고 형체를 이루어가서 그 잎이 부드럽고 매끄러운데, 소와 양에게 이것을 밟게 할 수 있겠는가. 친밀한 형제를 소원하게 하여 친근히 하지 않을 수 있겠는가. 그 충후한 뜻이 가득히 언어 밖으로 드러난다. 毛氏가 '戚戚'을 '안으로 서로 친근하다'라는 뜻으로 생각했으니, 오직 깊이 체득한 자만이 이를 알 수 있을 것이다."

라고 하였습니다. 신은 여조겸의 설이 좋다고 생각합니다. 만일 임금이 이 장의

54) 呂祖謙 : 1137~1181. 자는 伯恭, 호는 東萊이다. 朱熹·張栻과 더불어 '東南三賢'으로 불렸다. 저서에 《東萊集》·《呂氏家塾讀詩記》·《東萊左傳博議》 등이 있다.

55) 泥泥然하니 : 저본에는 '泥泥하니 然'으로 되어 있어 바로잡았다.

56) 彼行……識之 : 《呂氏家塾讀詩記》 卷26 〈生民之什 行葦〉에 보인다.

57) 使人主로 : 저본의 현토는 '로'로 되어 있으나, '使'는 使役의 의미가 아닌 假定의 의미로 보는 것이 타당하므로 '로'라는 토는 옳지 않다.

뜻을 깊이 알 수 있다면 비록 풀 한 포기 나무 한 그루라 할지라도 선뜻 가볍게 꺾을 수 없을 것이니, 더구나 골육지친에게 함부로 도끼를 쓸 수 있겠습니까. 이 시의 2장 이하는 모두 형제들에게 잔치를 베풀고 즐거워하는 일을 말하고 있습니다. 그러나 반드시 이 마음을 근본으로 한 뒤에야 잔치하고 즐거워하는 것이 헛된 형식이 되지 않을 것입니다. 이렇게 하지 않는다면 신은 모르는 일입니다.

8-6-가[58)]

角弓은 **父兄**이 **刺幽王也**①니 **不親九族而好讒佞**이어늘 **骨肉**이 **相怨故**로 **作是詩也**②[59)]하니라 **騂**(성)**騂角弓**③이여 **翩其反矣**④로다 **兄弟婚姻**은 **無胥遠矣**⑤어다 **爾之遠矣**면 **民胥然矣**며 **爾之教矣**면 **民胥傚矣**⑥리라 **此令兄弟**는 **綽**(작)**綽有裕**⑦어늘 **不令兄弟**는 **交相爲瘉**(유)⑧로다 **民之無良**은 **相怨一方**이니라 **受爵不讓**하나니 **至于已斯亡**이로다

① 角弓……王也 : 小雅篇名.
'角弓'은 《詩經》〈小雅〉의 편명이다.

② 骨肉……詩也 : 骨肉, 謂族親也. 以其父祖上世同稟血氣而生, 如骨肉之相附.[60)]
'骨肉'은 족친을 이른다. 아버지와 할아버지가 윗세대로부터 혈기를 똑같이 받고 태어난 것이 마치 뼈와 살이 서로 붙어 있는 것과 같기 때문에 골육이라고 한 것이다.

③ 騂騂角弓 : 騂騂, 調[61)]利[62)]也.
'騂騂'은 '익숙하게 길이 들다'라는 뜻이다.

④ 翩其反矣 : 翩, 反貌.
'翩'은 뒤집힌 모습이다.

58) 《詩經》〈小雅 角弓〉에 보인다. 角弓은 '짐승의 뿔로 장식한 활'이라는 뜻이다. 모두 8장으로 이루어졌는데, 여기에서 인용한 내용은 1장부터 4장까지이다.

59) 角弓……詩也 : 毛序의 내용이다.

60) 骨肉……相附 : 《毛詩注疏》〈小雅 角弓〉의 孔穎達 疏에 보인다.

61) 調 : 대전본에는 '謂'로 되어 있다.

62) 利 : 사고본에는 '和'로 되어 있다.

⑤ 無胥遠矣 : 遠, 疎遠也.
'遠'은 '소원하다'라는 뜻이다.

⑥ 民胥傚矣 : 胥, 皆也.[63] 傚, 倣[64]也.
'胥'는 '모두'라는 뜻이다. '傚'는 '본받다'라는 뜻이다.

⑦ 此令……有裕 : 令, 善也. 綽, 寬也. 裕, 饒也.
'令'은 '좋다'라는 뜻이다. '綽'는 '여유 있다'라는 뜻이다. '裕'는 '넉넉하다'라는 뜻이다.

⑧ 不令……爲瘉 : 不令, 不善. 瘉, 病也.
'不令'은 '좋지 않다'라는 뜻이다. '瘉'는 '문제로 여기다'라는 뜻이다.

《詩經》〈角弓〉은 父兄이 幽王을 풍자한 시이다. 幽王이 九族을 친근히 하지 않고 참소와 아첨을 좋아하자 골육이 서로 원망하였기 때문에 이 시를 지은 것이다.

길이 잘 든 각궁이여	騂騂角弓
거꾸로 뒤집혔도다	翩其反矣
형제와 인척들은	兄弟婚姻
서로 멀리하지 말지어다	無胥遠矣
당신이 멀리하면	爾之遠矣
백성들이 서로 그렇게 하며	民胥然矣
당신이 가르치면	爾之敎矣
백성들이 서로 본받으리라	民胥傚矣
이 사이좋은 형제들은	此令兄弟
우애가 여유 있게 넉넉하지만	綽綽有裕
사이가 좋지 않은 형제들은	不令兄弟
서로를 문제로 여기도다	交相爲瘉
사이가 좋지 않은 사람들은	民之無良
한 가지 작은 일로도 서로를 원망하느니라	相怨一方
작위를 받고 양보하지 아니하나니	受爵不讓

63) 胥皆也 : 주희는 胥를 '서로〔相〕'의 뜻으로 보았다.
64) 倣 : 대전본에는 '放'으로 되어 있다.

이에 망함에 이르리로다 至于已斯亡

8-6-나(按)

臣은 按 先儒之論에 以爲弓之爲物이 其體往來하여 張之則內嚮而來하고 弛之則外反而去하나니 骨肉之親이 親之則附하고 踈之則離가 亦如角弓이 翩然而反也[65]니 然則兄弟婚姻을 其可使相踈遠乎아 夫人君은 風化之本이라 爾遠其親則民亦皆然矣요 爾之教가 如此則民亦皆傚[66]之矣리라

【臣按】先儒의 논의에 이르기를, 활이라는 물건은 그 몸체가 당겨오기도 하고 튕겨가기도 해서, 당기면 안쪽으로 향하여 오고 풀어놓으면 바깥쪽으로 뒤집혀 가니, 골육의 친척도 친근히 하면 붙고 소원히 하면 角弓이 거꾸로 뒤집히듯 떨어지게 된다고 하였습니다. 그렇다면 형제와 인척을 소원히 해서야 되겠습니까. 무릇 임금은 교화의 근본입니다. 당신이 자신의 친척을 멀리하면 백성들도 모두 그렇게 하며, 당신의 가르침이 이와 같으면 백성들도 모두 임금을 본받게 됩니다.

爾는 指幽王而言也라 人之性이 固有篤於善而不爲風化所移者어니와 然不移者가 寡而移之者가 多라 故必令善兄弟而後에 能寬裕而不變이니 若不善之兄弟는 本自薄惡이어늘 上又教之則交相爲病이 當愈甚矣리라 於是民之失其良心者가 雖細微之故나 亦相怨憾하나니 一方은 猶一事也라 專利欲得하여 其受爵者가 無復推遜之意하여 至爭奪以取亡하니 皆由上之化故也라 後世人主가 誠懲角弓之刺則於兄弟之親에 可不厚其恩意乎잇가

〈《詩經》〈角弓〉의〉 '爾'는 幽王을 가리켜서 말한 것입니다. 사람의 본성이 진실로 善에 돈독하여 풍조로 인해 변하지 않는 경우가 있기는 합니다. 그러나 변하지

65) 先儒……反也 : 先儒는 歐陽脩(1007~1072)를 이른다. 원문은 다음과 같다. "활이라는 물건은 그 몸체가 당겨오기도 하고 튕겨가기도 하니, 시인이 이를 가지고 구족의 친척을 비유하였다. 왕이 만약 이들을 은혜로 친근히 대하면 안으로 붙고, 만약 사랑과 은혜로 맺지 않으면 또한 이반하여 떠나간다.〔弓之爲物 其體往來 詩人以喩九族之親 王若親之以恩則內附 若不以仁恩結之 則亦離叛而去矣〕"《欽定詩經傳說彙纂 卷15 角弓 小注》

66) 傚 : 대전본에는 '倣'으로 되어 있다.

않는 경우는 적고 변하는 경우가 많습니다. 그러므로 반드시 형제를 사이좋게 한 뒤에 여유 있게 넉넉하여 변하지 않을 수 있는 것입니다. 만일 사이가 좋지 않은 형제라면 본래부터 정이 없고 야박한데, 위에서 또 이들에게 좋지 않은 모습으로 가르친다면 서로를 문제로 여기는 것이 더욱 심하게 될 것입니다. 그리하여 그 타고난 본성을 잃은 백성들은 아무리 작고 하찮은 일이라 할지라도 서로 원망하고 서운해할 것입니다.

'一方'은 '一事'와 같습니다. 이익을 혼자서 차지하고자 하여 그 작위를 받은 자가 더 이상 미루고 양보하는 뜻이 없어서 다투고 빼앗아 망함을 취하는 데까지 이르게 되니, 이는 모두 윗사람의 교화로 말미암은 것입니다. 후세의 군주가 진실로 〈각궁〉의 풍자를 징계로 삼는다면, 가까운 형제에게 그 정을 두터이 하지 않아서야 되겠습니까.

8-7-가1[67)]

葛藟(류)①는 **王族**이 **刺平王也**②니 **周室道衰**하여 **棄其九族焉**[68)]하니 **其一章**에 **曰** 緜緜**葛・藟**여 **在河之滸**(호)③로다 **終遠兄弟**라 **謂他人父**로다 **謂他人父**나 **亦莫我顧**라하고 **二章**에 **曰 終遠兄弟**라 **謂他人母**라하고 **三章**에 **曰 終遠兄弟**라 **謂他人昆**④이라하니라

① 葛藟 : 詩・王風篇名.
'葛藟'는 《詩經》〈王風〉의 편명이다.
② 刺平王也 : 周平王,[69)] 東遷之君.

---

67) 《시경》〈王風 葛藟〉에 보인다. 모두 3장으로, 葛藟는 '칡넝쿨 등넝쿨'이라는 뜻이다. 眞德秀는 왕족이 周 平王을 풍자한 것으로 본 毛序를 따른 반면, 朱熹는 세상이 쇠하고 백성들이 흩어져서 그 고향과 가족을 버리고 떠돌아다니며 갈 곳을 잃은 자가 탄식하며 지은 시로 보았다. 평왕은 西周의 마지막 왕인 幽王의 태자로, 이름은 宜臼이다. 유왕이 의구의 친모인 申后와 의구를 폐위하고 褒姒와 포사의 아들 伯服을 각각 后와 태자로 봉하자, 두 사람은 신후의 친정인 申나라로 달아나 犬戎과 연합하여 周나라를 공격하였다. 이에 유왕이 죽고 평왕이 즉위하였다. 이 전쟁으로 인해 서주의 도읍인 鎬京이 불타 洛邑으로 천도하였다. 일반적으로 평왕 원년(기원전 770)을 춘추시대의 시작으로 본다.

68) 王族……族焉 : 毛序의 내용이다.

'平王'은 周 平王이니, 東都(洛邑)로 천도한 임금이다.

③ 緜緜……之滸 : 緜緜, 延長貌. 葛·藟二物, 生山谷間, 今在河滸, 非其性也.
'緜緜'은 길게 이어진 모습이다. '葛(칡)'과 '藟(등나무)' 두 식물은 산골짝에 자라는데 지금 河水 가에 있으니, 그 본성이 아니다.

④ 謂他人昆 : 昆, 兄也.
'昆'은 '형'이라는 뜻이다.

《詩經》〈葛藟〉는 周나라 왕족이 平王을 풍자한 시이니, 주나라의 도가 쇠하여 그 九族을 버렸기 때문이다. 그 1장에 이르기를,

길게 이어진 칡넝쿨 등넝쿨이여	緜緜葛藟
하수 가에 있도다	在河之滸
끝내 형제를 멀리한지라	終遠兄弟
타인을 아버지라 이르노라	謂他人父
타인을 아버지라 이르나	謂他人父
또한 나를 돌아보지 않도다	亦莫我顧

라고 하였고, 2장에 이르기를,

끝내 형제를 멀리한지라	終遠兄弟
타인을 어머니라 이르노라	謂他人母

라고 하였고, 3장에 이르기를,

끝내 형제를 멀리한지라	終遠兄弟
타인을 형이라 이르노라	謂他人昆

라고 하였다.

8-7-가2[70)]

杕(체)杜①는 刺時也②니 君이 不能親其宗族하니 骨肉이 離散하여 獨居而無

69) 周平王 : 대전본 · 사고본에는 '平王周'로 되어 있다.

兄弟하여 將爲沃의 所幷爾③[71]라 有杕之杜④여 其葉湑(서)湑⑤로다 獨行踽(우)踽⑥호니 豈無它[72]人이리오마는 不如我同父니라 嗟行之人은 胡不比焉⑦고 人無兄弟어늘 胡不佽(차)[73]焉⑧고하고 二章에 曰 豈無它[74]人이리오마는 不如我同姓⑨이라하니라

① 杕杜 : 詩・晉風篇名.
'杕杜'는 《시경》 〈晉風〉의 편명이다.

② 刺時也 : 刺晉昭公.
晉 昭公을 풍자하였다.

③ 將爲沃所幷爾 : 沃, 曲沃也.
'沃'은 曲沃이다.

④ 有杕之杜 : 杕, 特[75]生貌. 杜, 赤棠也.
'杕'는 홀로 자라는 모습이다. '杜'는 赤棠(팥배나무)이다.

⑤ 其葉湑湑 : 湑湑, 閏[76]澤也[77].

---

70) 《詩經》 〈唐風 杕杜〉에 보인다. 모두 2장으로, 杕杜는 '홀로 서 있는 팥배나무'라는 뜻이다. 眞德秀는 당시 晉 昭公을 풍자한 것으로 본 毛序를 따른 반면, 朱熹는 형제가 없는 자가 스스로 그 외로움을 서글퍼하여 남에게 도움을 구하는 시로 보았다. '晉 昭公'은 晉 昭侯 姬伯(재위 기원전 745~기원전 739)으로, 晉나라의 12번째 임금이다. 즉위한 뒤 숙부 姬成師를 진나라의 도읍인 翼보다도 큰 曲沃에 봉하고 桓叔이라고 불렀다. 曲沃桓叔은 당시 58세로 덕을 좋아하여 晉나라 백성들 중 곡옥환숙에게 歸附하는 자가 많았다. 진 소후 7년(기원전 739)에 진나라의 대신 潘父가 소후를 죽인 뒤 곡옥환숙을 맞이하려 하였으나, 곡옥환숙은 진나라 도성에 들어가려다가 진나라 군대에 패하여 다시 곡옥으로 돌아갔다. 진나라 사람들은 소후의 아들 平(晉 孝侯)을 옹립하고 潘父를 죽였다. 그 뒤 곡옥환숙의 손자 曲沃武公(기원전 754~기원전 677), 즉 훗날의 晉 武公이 기원전 716년에 곡옥의 임금이 되었는데, 기원전 708년에 晉 哀侯를 죽이고, 기원전 705년에는 晉 小子侯를 죽였으며, 기원전 678년에는 진나라를 멸망시킨 뒤 진나라의 寶器를 周 僖王에게 뇌물로 바치고서 진나라의 임금에 봉해졌다. 《史記 卷39 晉世家》

71) 杕杜……幷爾 : 毛序의 내용이다.

72) 它 : 대전본・사고본에는 '他'로 되어 있다.

73) 佽 : 대전본에는 '饮(험)'으로 되어 있으나, 오류이다.

74) 它 : 대전본・사고본에는 '他'로 되어 있다.

75) 特 : 대전본에는 '持'로 되어 있으나, 오류이다.

76) 湑湑閏 : 대전본에는 '閏'이 '潤'으로, 사고본에는 '湑湑閏'이 '湑胥上聲言潤'으로 되어 있다.

'湑湑'는 '윤택하다'라는 뜻이다.

⑥ 獨行踽踽 : 踽踽[78], 無所親也.
'踽踽'는 친한 사람이 없는 모습이다.

⑦ 胡不比焉 : 比, 親也.
'比'는 '친하다'라는 뜻이다.

⑧ 胡不佽焉 : 佽[79], 助也.
'佽'는 '돕다'라는 뜻이다.

⑨ 豈無……同姓 : 其後昭公果爲晉人所弑, 而曲沃武公據晉而爲諸侯.
그 뒤에 昭公은 과연 晉人에게 시해되었고, 曲沃武公은 晉나라를 차지하여 제후가 되었다.

《시경》〈杕杜〉는 당시의 임금을 풍자한 시이다. 임금이 자신의 종족을 친히 대하지 못하자 골육이 이반하고 흩어지게 되었다. 그리하여 홀로 살며 형제가 없어서 曲沃에 병합되게 되었다는 것이다.

홀로 서 있는 팥배나무여	有杕之杜
그 잎이 윤이 나도다	其葉湑湑
홀로 외로이 가니	獨行踽踽
어찌 타인이 없으리오마는	豈無它人
내 형제만은 못하니라	不如我同父
아, 길 가는 사람들과	嗟行之人
어찌 친하게 지내지 않는가	胡不比焉
사람이 형제가 없거늘	人無兄弟
어찌 도와달라 하지 않는가[80]	胡不佽焉

77) 閏澤也 : 朱熹의 《詩集傳》에서는 '무성한 모습〔盛貌〕'으로 보았다.

78) 踽踽 : 사고본에는 '踽巨上聲言'으로 되어 있다.

79) 佽 : 사고본에는 이 뒤에 '音次'가 있다.

80) 아……않는가 : 朱熹의 《詩集傳》에서는 眞德秀와 달리, "길 가는 사람들은 어찌 내가 홀로 가는 것을 가엾이 여겨 친근히 대해주지 않으며, 내가 형제가 없는 것을 불쌍히 여겨 도와주지 않느냐고 탄식한 것이다.〔嗟嘆行路之人 何不閔我之獨行而見親 憐我之無兄弟而見助乎〕"라는 뜻으로 보았다.

2장에 이르기를,

어찌 타인이 없으리오마는 豈無它人
나의 동성만은 못하니라 不如我同姓

라고 하였다.

8-7-나(按)

臣은 按 角弓・葛藟・杕杜三詩는 正常棣・行葦之反也라 周幽王이 不親九族이어늘 民亦尤而效之[81]하니 所謂上有好者면 下必有甚焉者也[82]라 故詩人이 刺之曰 爾若是則民將爭奪而致亂亡矣리라 平王이 疎遠其兄弟而以它[83]人爲父兄하니 所謂不愛其親而愛它[84]人者[85]也라 故詩人이 曉之曰 爾가 踈其所親하며 親其所踈하니 人이 亦將莫我顧矣리라 晉昭公이 獨居而無兄弟하니 所謂寡助之至에 親戚이 畔之也[86]라 故詩人이 諷之曰[87] 人無兄弟면 何不與行道之人으로 相親附乎며 何不求它[88]人相佽助

---

81) 尤而效之 : 《春秋左氏傳》 僖公 24년(기원전 636) 조에, 晉 文公이 즉위 전 열국을 주유할 때 수행했던 介之推가 문공이 즉위한 뒤 시행된 논공행상에서 빠진 것에 대해 개지추의 어머니가 진 문공에게 얘기하라고 하자, 개지추가 "잘못이라고 생각하면서도 이를 따라 행한다면 죄가 더욱 심한 것입니다.〔尤而效之 罪又甚焉〕"라고 대답한 내용이 보인다.

82) 上有……者也 : 《맹자》 〈滕文公 上〉에 보인다.

83) 它 : 대전본・사고본에는 '他'로 되어 있다.

84) 它 : 대전본・사고본에는 '他'로 되어 있다.

85) 不愛……人者 : 《孝經》 〈聖治〉에 "그러므로 자신의 부모를 사랑하지 않고 다른 사람을 사랑하는 것을 '어긋난 덕〔悖德〕'이라 이르며, 자신의 부모를 공경하지 않고 다른 사람을 공경하는 것을 '어긋난 예〔悖禮〕'라고 이른다.〔故不愛其親而愛他人者 謂之悖德 不敬其親而敬他人者 謂之悖禮〕"라는 내용이 보인다.

86) 寡助……之也 : 《맹자》 〈公孫丑 下〉에 "도를 얻은 자는 도와주는 이가 많고, 도를 잃은 자는 도와주는 이가 적다. 도와주는 이가 지극히 적을 때는 친척이 배반하고, 도와주는 이가 지극히 많을 때는 천하가 따른다.〔得道者多助 失道者寡助 寡助之至 親戚畔之 多助之至 天下順之〕"라는 내용이 보인다.

87) 詩人諷之曰 : 사고본에는 '言'으로 되어 있다.

88) 它 : 대전본・사고본에는 '他'로 되어 있다.

乎오하니 以此三詩로 與常棣·行葦參玩則成·周之所以興과 幽·平之所以壞와 晉昭之所以滅亡을 皆灼然可見矣로소이다

【臣按】〈角弓〉·〈葛藟〉·〈杕杜〉 세 편의 시는 바로 〈常棣〉·〈行葦〉와 상반됩니다.

周 幽王이 구족을 친히 하지 않자 백성들 역시 잘못이라고 생각하면서도 이를 따라했으니, 이른바 "윗사람이 좋아함이 있으면 아랫사람은 반드시 이보다 더 심하게 좋아하는 자가 있다."라는 것입니다. 그러므로 시인이 이를 풍자하여 "당신이 만일 이처럼 한다면 백성들이 장차 다투고 빼앗아서 亂亡에까지 이르게 될 것이다."라고 한 것입니다.

周 平王이 자신의 형제는 멀리하고 타인을 부형으로 생각했으니, 이른바 "자신의 부모를 사랑하지 않고 다른 사람을 사랑한 사람"입니다. 그러므로 시인이 이를 깨우쳐서, "당신이 그 친히 할 사람을 멀리 대하고 멀리 대할 사람을 친히 대하니, 사람들 역시 앞으로 당신을 도와주는 사람이 없을 것이다."라고 한 것입니다.

晉 昭公이 홀로 살며 형제가 없었으니, 이른바 "도와주는 이가 지극히 적을 때에는 친척이 배반한다."라는 것입니다. 그러므로 시인이 넌지시 일러 "사람이 형제가 없으면 어찌하여 길 가는 사람들과 서로 親附하지 않으며, 어찌하여 다른 사람에게 도움을 청하지 않는가."라고 한 것입니다.

이 세 편의 시를 〈常棣〉·〈行葦〉와 함께 음미한다면, 주나라가 成王과 周公 때 흥성했던 이유와, 幽王과 平王 때 쇠락했던 이유와, 晉 昭公이 망했던 이유를 모두 환히 알 수 있을 것입니다.

8-8-가[89]

春秋傳에 隱元年이라 初에 鄭武公①이 娶于申②[90]하니 曰武姜③[91]이라 生莊公及

89)《춘추좌씨전》魯 隱公 원년(기원전 722) 조에 보인다. 鄭 莊公이 22년(기원전 722)에 아우 共叔段의 반역을 평정한 일에 대해 앞뒤 정황을 설명함으로써 장공의 행실에 포폄을 가한 내용이다. 楊伯峻에 따르면 鄭나라는 公·侯·伯·子·男 5등 제후 가운데 伯의 작위를 가진 제후국으로, 원래 鄭伯이라고 칭해야 한다. 여기에서 '公'이라고 칭한 것은 제후의 일반 칭호일 뿐 작위를 표시한 것은 아니다. 鄭나라는 周 厲王의 少子이며 周 宣王의 同母弟인 鄭 桓公 姬友의 후손을 봉한 나라이다.《楊伯峻, 春秋左傳注(修訂本), 北京 : 中華書局,

共叔段④[92]하다 莊公이 寤生하여 驚姜氏하니 故名曰寤生⑤이라 遂惡之하고 愛共叔段하여 欲立之하여 亟(기)請於武公한대 公이 弗許러니 及莊公이 卽位하얀 爲之請制⑥한대 公이 曰 制는 巖邑也⑦라 虢(괵)叔이 死焉⑧하니 佗[93]邑은 惟[94]命호리이다 請京⑨한대 使居之하고 謂之京城大(태)叔[95]이라하다

① 鄭武公 : 鄭, 國名. 武, 謚也.[96]
'鄭'은 나라 이름이다. '武'는 시호이다.

② 申 : 國名.
'申'은 나라 이름이다.

③ 武姜 : 武, 謚. 姜, 姓.
'武'는 시호이다. '姜'은 姓이다.

④ 共叔段 : 共, 邑.[97] 叔, 字. 段, 名.
'共'은 읍이다. '叔'은 字이다. '段'은 이름이다.

1990, 7·10쪽》

90) 申 : 伯夷의 후손을 봉한 나라로, 姜姓이다.

91) 武姜 : '武'는 남편 鄭 武公의 시호를 따른 것이며, '姜'은 친정인 申나라의 國姓이다.《左傳杜林合注 卷1 林堯叟注》

92) 生莊公及共叔段 : 鄭 武公은 10년(기원전 761)에 申侯의 딸인 武姜을 비로 맞아들여, 14년(기원전 757)에 莊公을 낳고, 17년(기원전 754)에 共叔段을 낳았다. 정 무공 27년(기원전 744)에 무공의 병세가 위독해지자, 무강은 공숙단을 태자로 세우기를 원하였으나 무공이 허락하지 않았다. 이해에 무공이 죽고 寤生이 즉위하였다.《史記 卷14 十二諸侯年表, 卷42 鄭世家》

93) 佗 : 대전본·사고본에는 '他'로 되어 있다.

94) 惟 : 사고본에는 '唯'로 되어 있다.

95) 請京……大叔 : 鄭 莊公 원년(기원전 743)의 일이다.《사기》에 따르면 장공은 共叔段을 京邑에 봉하고 '太叔'이라 불렀다. '太'는 항렬이 앞에 있다는 뜻으로, 여기에서는 정 장공의 첫째 아우라는 뜻이다.《史記 卷42 鄭世家》《楊伯峻, 春秋左傳注(修訂本), 北京 : 中華書局, 1990, 11쪽》

96) 武謚也 : 謚法에 따르면 '적을 이기고 의지가 강한〔勝敵克壯〕' 경우에 '莊'이라는 시호를 쓴다.《春秋左氏傳注疏 隱公 元年 孔穎達疏》

97) 共邑 : 共을 邑으로 본 것은 杜預의 주에 따른 것이다. 賈逵와 服虔은 시호로 보았다. 謚法에 따르면 '어른을 공경하고 윗사람을 잘 섬긴 경우〔敬長事上〕'에 '共'이라는 시호를 쓴다.《春秋左氏傳注疏 隱公 元年 孔穎達疏》

⑤ 莊公……寤生：寤寐中生，因以爲名.
莊公이 姜氏의 잠결에 태어났기 때문에 '寤生'이라 이름 지은 것이다.

⑥ 爲之請制：姜爲之請也. 制，邑名.
姜氏가 共叔段을 위해 청한 것이다. '制'는 읍 이름이다.

⑦ 巖邑也：巖，險也.
'巖'은 '험하다'라는 뜻이다.

⑧ 虢叔死焉：虢叔，舊虢君. 制，乃虢之邑. 虢叔恃險而亡.[98)]
'虢叔'은 옛날 虢나라의 임금이다. '制'는 바로 괵나라의 읍이다. 괵숙이 지세의 험고함을 믿었다가 괵나라가 멸망되었다.

⑨ 請京：京，亦邑名.
'京' 역시 읍 이름이다.

《春秋左氏傳》에 다음과 같은 내용이 있다.

隱公 원년(기원전 722)이다. 처음에 鄭 武公이 申나라에서 아내를 취하니, 武姜이다. 무강은 莊公과 共叔段을 낳았다. 장공이 姜氏(무강)의 잠결에 태어나 강씨를 놀라게 하였기 때문에 장공의 이름을 '寤生'이라 지었다. 강씨는 마침내 장공을 미워하고 공숙단을 사랑하여 공숙단을 태자로 세우고자 무공에게 자주 청하였는데, 무공이 이를 허락하지 않았다. 장공이 즉위하자 강씨는 공숙단을 위해 制邑을 청하였다. 장공이 대답하기를,

"制는 지세가 험고한 읍이라 虢叔이 그 험고함을 믿었다가 죽었습니다. 다른 읍이라면 분부대로 하겠습니다."

라고 하였다. 강씨가 京邑을 청하자, 장공은 공숙단을 경읍에 살게 하고 그를 '京城大叔'이라고 불렀다.

祭(채)**仲**[①99)]이 **曰 都城過百雉**는 **國之害也**[②]라 **先王之制**에 **大都**가 **不過參國之一**[③100)]이요 **中**은 **五之一**이요 **小**는 **九之一**이니 **今京**이 **不度**[④]하니 **非制也**라 **君將**

---

98) 虢叔恃險而亡 : '虢'은 본래 두 개의 나라로, 문왕의 同母弟인 虢叔과 虢仲을 봉한 나라이다. 괵숙이 봉함받은 東虢은 기원전 767년에 鄭 武公에게 멸망당하였고, 괵중이 봉함받은 西虢은 기원전 655년에 晉 獻公에게 멸망당하였다. 여기에서 말하는 '虢叔'은 東虢 임금을 가리킨다. 《春秋左氏傳注疏 隱公 元年 孔穎達疏》

99) 祭仲 : '祭'는 채중의 식읍이며, '仲'은 자이다. 채중의 이름은 足이다.

不堪하리이다 公이 曰 姜氏가 欲之하시니 焉辟害리오 對曰 姜氏가 何厭之有리오 不如早爲之所하여 無使滋蔓(만)이니 蔓難圖也라 蔓草도 猶不可除[101)]온 況君之寵弟乎아 公이 曰 多行不義하여 必自斃⑤[102)]하리니 子姑待之하라

① 祭仲 : 鄭大夫.
'祭仲'은 정나라의 대부이다.

② 都城……害也 : 古者謂封子弟之邑曰都城. 方丈曰堵, 三堵曰雉. 一雉之墻, 長三丈, 高一丈.
옛날에 임금의 자제를 봉한 읍을 '都城'이라고 하였다. 사방 1丈을 '堵'라고 하며, 3堵를 '雉'라고 한다. 1雉의 담은 길이 3丈, 높이 1丈이다.

③ 參國之一 : 三分國城之一.
'參國之一'은 國城의 3분의 1이라는 뜻이다.

④ 不度 : 不合法度.
'不度'는 '법도에 맞지 않다'라는 뜻이다.

⑤ 必自斃 : 斃, 殞[103)]也.
'斃'는 '죽다'라는 뜻이다.

祭仲이 말하였다.

"도성이 100雉를 넘는 것은 나라의 해가 됩니다. 선왕의 제도에 따르면 大都는 國城의 3분의 1을 넘지 못하며, 中都는 5분의 1을, 小都는 9분의 1을 넘지 못합니다. 지금 京邑이 법도에 맞지 않지 않으니 선왕의 제도가 아닙니다. 주군께서는 감당하지 못할 것입니다."

莊公이 대답하였다.

---

100) 大都不過參國之一 : 당시의 제도에 따르면 伯의 작위를 가진 나라인 鄭나라의 國城은 사방 5里에 지름 300雉이다. 따라서 정나라의 大都는 사방 1里에 지름 100雉를 넘어서는 안 된다.《春秋左氏傳注疏 隱公 元年 孔穎達疏》

101) 除 : 대전본에는 '圖'로 되어 있다.

102) 多行不義必自斃 : 현토가 저본에는 '多行不義하여'로 되어 있으나, 林堯叟의 주에 "共叔段이 큰 읍을 소유하면 필시 不義한 일을 많이 행할 것이니, 악이 쌓이지 않으면 그 자신을 망치지 않겠지만 불의한 일이 많으면 반드시 자멸할 것임을 말한 것이다.〔言段據有大邑 必多行不義之事 惡不積 不足以滅身 不義旣多 必自斃踣〕"라고 한 것을 보면 '多行不義면'이 되어야 할 듯하다.《左傳杜林合注 卷1 林堯叟注》

103) 殞 : 사고본에는 '隕'으로 되어 있다.

"姜氏가 경읍을 주기 원하시니, 나라의 해가 된다 해도 그 해를 어디로 피하겠는가."

채중이 말하였다.

"강씨가 어찌 만족하겠습니까. 일찌감치 태숙에게 그의 분수에 맞는 자리를 마련해주어 세력이 크게 뻗어나가지 못하게 하느니만 못하니 뻗어나가면 도모하기 어렵습니다. 뻗어나가는 풀도 제거할 수 없는데, 더구나 주군의 사랑하는 아우님이 아닙니까."

장공이 대답하였다.

"불의를 많이 행하여 반드시 자멸할 것이니, 그대는 잠시 기다리도록 하라."

既而大叔이 **命西鄙・北鄙**하여 **貳於己**①어늘 **公子呂**②가 **曰 國不堪貳**니 **君將若之何**③오 **欲與大叔**인대 **臣請事之**요 **若弗與**인대 **則請除之**하여 **無生民心**④하소서 **公**이 **曰 無庸**하라 **將自及**⑤하리라 **大叔**이 **又收貳以爲己邑**⑥하여 **至于廩延**⑦이어늘 **子封**이 **曰 厚將得衆**⑧하리이다 **公**이 **曰 不義不暱**(닐)[104]하니 **厚將崩**⑨하리라

① 命西……於己 : 鄙, 鄭邊邑. 貳, 謂兩屬.
'鄙'는 鄭나라의 邊邑이다. '貳'는 양쪽에 속함을 이른다.

② 公子呂 : 鄭大夫.
'公子呂'는 정나라의 대부이다.

③ 國不……之何 : 言國邑不可以兩屬也.
國邑이 양쪽에 소속되도록 해서는 안 된다는 말이다.

④ 則請……民心 : 言叔久不除, 則國人生它[105]心.
공숙단을 오래도록 제거하지 않으면 國人들이 다른 마음을 품게 된다는 말이다.

⑤ 無庸將自及 : 言無用除, 禍將自及.
제거할 필요도 없이 화가 저절로 이를 것이라는 말이다.

⑥ 又收貳以爲己邑 : 前兩屬者[106], 今皆取以爲己邑.
전에는 양쪽에 속했던 읍을 지금 모두 취하여 자신의 읍으로 삼은 것이다.

---

104) 暱 : 대전본에는 '暱'으로 되어 있다.

105) 它 : 대전본・사고본에는 '他'로 되어 있다.

106) 者 : 대전본・사고본에는 '邑'으로 되어 있다.

⑦ 至于廩延 : 邑名. 言侵地益多也.

'廩延'은 읍 이름이다. '至于廩延'은 침범한 땅이 더욱 많아졌다는 말이다.

⑧ 子封曰厚將得衆 : 子封, 公子呂字. 厚, 謂土地廣大.

'子封'은 公子呂의 字이다. '厚'는 땅이 광대함을 이른다.

⑨ 不義……將崩 : 不義於君, 不親於兄, 非衆所附, 雖厚, 必傾. 暱[107], 親也.

임금에게 의롭지 못하고 형에게 친애하지 못하는 이는 많은 백성들이 따르는 대상이 아니니, 비록 땅이 광대하다 할지라도 반드시 傾覆된다는 말이다. '暱'은 '친애하다'라는 뜻이다.

얼마 뒤에 太叔이 서쪽과 북쪽의 邊邑에 명하여 정나라와 자신 양쪽에 속하도록 하자, 公子呂가 말하였다.

"國邑은 양쪽에 소속되도록 해서는 안 됩니다. 주군께서는 앞으로 어찌 하시렵니까? 나라를 태숙에게 주고자 하신다면 신은 태숙을 섬기겠습니다. 그러나 태숙에게 주지 않으시겠다면 태숙을 일찌감치 제거하여 백성들이 다른 마음을 품지 않도록 하소서."

장공이 말하였다.

"그럴 필요 없다. 화가 저절로 이를 것이다."

태숙이 다시 양쪽에 속했던 읍들을 거두어 자신의 읍으로 삼아서 그의 땅이 廩延에까지 이르자, 공자려가 말하였다.

"땅이 광대해졌으니 많은 백성을 얻게 될 것입니다."

장공이 대답하였다.

"임금에게 의롭지 못하고 형에게 친애하지 못하니, 땅이 광대하다 한들 무너질 것이다."

大叔이 **完聚**①하고 **繕甲兵・具卒乘**②하여 **將襲鄭**③이어늘 **夫人**이 **將啓之**④러니 **公**이 **聞其期曰 可矣**라하고 **命子封**하여 **帥**(솔)**車二百乘**하여 **以伐京**⑤한대 **京**이 **叛大叔段**⑥하니 **段**이 **入于鄢**(언)⑦이어늘 **公**이 **伐諸鄢**한대 **大叔**이 **出奔共**⑧하다 **書曰 鄭伯**이 **克段于鄢**⑨[108]이라하시니 **段**이 **不弟**라 **故不言弟**하고 **如二君**이라 **故曰克**이라하고

107) 暱 : 대전본에는 '暱'으로 되어 있다.

108) 公伐……于鄢 : 대전본에는 이 17자가 없다.

稱鄭伯은 譏失敎也라 穀梁傳에 曰 段은 弟也而弗謂弟하고 公子也而弗謂公子하니 貶之也[109]라 段이 失子弟之道矣라 賤段而甚[110]鄭伯也니 何甚乎鄭伯고 甚鄭伯之處心積慮가 成於殺[111]也라

① 完聚 : 完城郭, 聚人民.
'完聚'는 성곽을 견고하게 하고 백성을 모은다는 말이다.

② 具卒乘 : 步曰卒, 車[112]曰乘.
보병을 '卒'이라 하고, 兵車를 '乘'이라 한다.

③ 將襲鄭 : 襲, 掩其不備也.[113]
'襲'은 상대방이 방비하지 않을 때 덮친다는 뜻이다.

④ 將啓之 : 啓, 開也, 言開導其來.
'啓'는 '열다'라는 뜻이니, '啓之'는 共叔段이 쳐들어왔을 때 성문을 열어 인도해준다는 말이다.

⑤ 帥車……伐京 : 古者, 兵車一乘, 甲士三人, 步卒七十二[114]人.[115]

---

109) 也 : 사고본에는 '曰'로 되어 있다.

110) 甚 : 范甯에 따르면 '칭하다〔稱〕'라는 뜻이다. 《春秋穀梁傳注疏 隱公 元年 范甯集解》

111) 成於殺 : 《春秋穀梁傳》과 《春秋公羊傳》에서는 모두 이때 鄭 莊公이 아우 共叔段을 죽였다고 하였으나, 《춘추좌씨전》 隱公 11년(기원전 712) 조에 "과인이 아우가 있는데 화합하지 못하여 사방을 떠돌며 입에 풀칠하게 하고 있다.〔寡人有弟 不能和協 而使餬其口於四方〕"라는 정 장공의 말이 실려 있는 것을 보면 공숙단은 이때 죽은 것이 아니다.

112) 車 : 사고본에는 '軍'으로 되어 있으나, 오자이다.

113) 襲掩其不備也 : 일반적으로 군대가 종과 북을 치며 공격하는 것을 '伐', 종과 북을 치지 않고 공격하는 것을 '侵', 輕師로 덮치는 것을 '襲'이라고 한다. 《春秋左氏傳 莊公 29年》

114) 二 : 대전본에는 '三'으로 되어 있으나, 오류이다.

115) 甲士……二人 : 甲士는 近郊 지역인 鄕과 遠郊 지역인 遂의 백성들이 담당하였으며, 步卒은 公卿大夫의 采邑이었던 都와 鄙의 백성들이 담당하였다. 楊向奎(1910~2000)에 따르면, 周나라는 왕과 귀족이 거주했던 도성 밖에, 徹法이 시행되었던 國畿 소속의 6鄕과 6遂, 井田法이 시행되었던 野外 소속의 都와 鄙로 구성되었다. 鄕과 遂에는 최하층 귀족 계급인 士와 몰락한 殷나라의 귀족들이 거주하였으며, 도성 안의 귀족들과 함께 '國人'이라 불렀다. 이들은 나라에 土貢과 賦稅를 제공할 의무가 있었다. 都와 鄙에는 거주 이전의 자유가 없는 甿(맹)이 거주하였으며, '野人'이라 불렀다. 이들은 나라에 노동력과 田賦〔租〕를 제공할 의무가 있었다. 戰時에 鄕과 遂의 백성들은 병역을 제공할 의무가 있었는데, 이들을 甲士라고 불렀다. 都와 鄙의 백성들은 步卒에 충당되었다. 《楊向奎, 宗周社會與禮樂文明, 人民出版社, 1992, 180~194쪽》《楊天宇, 鄭玄三禮注硏究, 天津人民出版社, 2007, 116~118쪽》

옛날에 병거 1乘에는 甲士 3명, 보졸 72명이 소속되었다.

⑥ 京叛大叔段 : 京邑人叛之也.

京邑 사람들이 공숙단에게 등을 돌린 것이다.

⑦ 鄢 : 亦邑名.[116)]

'鄢'도 읍 이름이다.

⑧ 共 : 共亦邑名.[117)]

'共'도 읍 이름이다.

⑨ 書曰……于鄢 : 謂孔子書於春秋也.[118)]

공자가 《春秋》에 기록한 내용을 이른다.

太叔(공숙단)이 성곽을 견고하게 하고 백성을 모으며 갑옷과 병기를 정비하고 보졸과 병거를 갖추어서 鄭나라의 國都를 습격하려고 하자, 姜氏가 성문을 열어 인도하고자 하였다. 莊公은 태숙이 습격해 올 시기를 듣고 "이제 되었다."라고 하고서, 子封(公子呂)에게 명하여 병거 200대를 끌고 가서 京邑을 치도록 하였다. 경읍 백성들이 太叔段(공숙단)에게 등을 돌리자, 태숙단이 鄢邑으로 들어갔다. 장공이 언읍을 치자, 태숙이 共邑으로 달아났다.

공자가 《春秋》에 쓰기를 "鄭伯이 언읍에서 태숙단을 이겼다.〔鄭伯克段于鄢〕"라고 하였으니, 태숙단이 '아우답지 못하였기〔不弟〕' 때문에 '아우〔弟〕'라고 하지 않은 것이며, 두 임금이 싸운 것과 같았기 때문에 '이겼다〔克〕'라고 한 것이며, '鄭伯'이라고 한 것은 教誡의 측면에서 잘못한 것을 기롱한 것이다.

《春秋穀梁傳》에서는 다음과 같이 말하였다.

"태숙단은 장공의 아우인데도 '아우'라고 하지 않고 武公의 아들인데도 '공자'라고 하지 않았으니, 이는 폄하한 것이다. 태숙단이 자식과 아우로서의 도리를 잃었기 때문에 태숙단을 낮추어 본 것이며 鄭伯이라고 지칭한 것이다. 왜 정백이라고 지칭하였는가? 정백이 오랫동안 마음속에 자신의 생각을 쌓아두어서 아우를 주살까지 한 것을 지칭한 것이다."

---

116) 亦邑名 : 대전본에는 '謂孔子書於春秋也'로 되어 있다.

117) 共亦邑名 : 대전본에는 없다.

118) 謂孔……秋也 : 대전본에는 없다.

8-8-나(按)

臣은 按[119] 先儒胡安國이 曰[120] 用兵은 大事也라 必君臣이 合謀而後動則當稱國이요 命公子呂爲主帥則當稱將이요 出車二[121]百乘則當稱師[122]어늘 三者를 咸無稱焉[123]而專目鄭伯하니 是는 罪之在伯也라 夫君親은 無將[124]이니 段이 將以弟簒兄하고 以臣伐君하니 必誅之罪也요 而莊公은 特不勝其母焉爾어늘 曷爲縱釋叔段하고 移於莊公하여 擧法이 若是失輕重哉오

【臣按】 先儒 胡安國은 다음과 같이 말하였습니다.

"군대를 움직이는 것은 大事이다. 필시 君臣이 함께 의논한 뒤에 움직였을 것이

119) 臣按 : 대전본·사고본에는 없다.

120) 先儒胡安國曰 : 이하의 내용이 《春秋胡氏傳》에 보인다. 胡安國(1074~1138)은 남송 때의 저명한 경학자이다. 자는 康侯, 호는 靑山으로, 程子의 제자인 楊時의 제자이다. 시호는 文定이다.

121) 二 : 대전본에는 '三'으로 되어 있다.

122) 師 : 《周禮》에 따르면, 군대의 편제에 5명을 伍, 5伍를 兩(25명), 4兩을 卒(100명), 5卒을 旅(500명), 5旅를 師(2,500명), 5師를 軍(12,500명)이라고 한다. 王은 6軍을 두고, 大國은 3軍, 次國은 2軍, 小國은 1軍을 둔다. 《춘추》의 법에 따르면, 출정하는 군대의 장수가 士이고 군사의 수가 1師가 되지 않으면 '鄭人伐衛'와 같이 장수의 이름을 말하지 않고 '人'이라고만 하며, 장수가 士이고 군사의 수가 1師 이상이면 '衛師入盛'과 같이 師를 칭한다. 또한 장수가 경대부이고 군사의 수가 1師 이상이면 '無駭率師入極'과 같이 師와 장수의 이름을 모두 말하고, 장수가 경대부이고 1師가 되지 않으면 '衛孫良夫伐廧咎'와 같이 장수의 이름만 말한다. 장수가 임금이면 君을 칭하고 師는 칭하지 않는다. 《周禮 地官司徒 小司徒, 夏官司馬 序官》《春秋左氏傳 隱公 2年, 定公 4年》《春秋公羊傳 隱公 5年》

123) 三者咸無稱焉 : 《春秋》 成公 6년(기원전 585) 조에 "晉나라의 欒書가 師를 이끌고 鄭나라를 구원하였다.〔晉欒書帥師救鄭〕", 襄公 19년(기원전 554) 조에 "衛나라의 孫林父가 師를 이끌고 齊나라를 쳤다.〔衛孫林父帥師伐齊〕"와 같은 사례들을 보면, 모두 나라 이름과 대부의 이름과 師를 말하였다. 이때 鄭 莊公이 대부인 公子呂에게 병거 200대를 내어 京邑을 치게 하였다면, 병거 1乘은 甲士 3명에 보졸 72명으로 모두 75명이니, 병거 200대라면 15,000명이어서 1師가 넘는다. 따라서 "鄭나라의 공자 子呂가 師를 이끌고〔鄭公子子呂帥師〕"라고 써야 했다는 말이다. 《春秋胡傳附錄纂疏 卷1 隱公 上》

124) 君親無將 : 《春秋公羊傳》 莊公 32년(기원전 662) 조에, "임금과 부모에게 역심을 품어서는 안 된다. 역심을 품으면 주살한다.〔君親無將 將而誅焉〕"라는 내용이 보인다. '將'은 원래 '장차 난을 일으키려고 하다'라는 의미이다. 후대에는 '반역하다'라는 뜻으로 쓰이게 되었다.

니 나라 이름을 말해야 했으며, 公子呂를 元帥로 명하였으니 장수 이름을 말해야 했으며, 兵車 200대를 출동시켰으니 師를 말해야 했다. 그런데 이 세 가지를 모두 말하지 않고 '鄭伯'이라고만 했으니, 이는 정백에게 죄를 준 것이다.

무릇 임금과 부모에게는 역심을 품어서는 안 된다. 共叔段이 아우로서 형의 지위를 찬탈하고 신하로서 임금을 치려고 했으니 반드시 주살해야 할 죄이며, 莊公은 단지 어머니의 뜻을 꺾지 못한 것뿐이다. 그런데 어찌하여 공숙단은 너그럽게 넘어가고 그 죄를 장공에게 전가함으로써 법을 적용함이 이처럼 경중을 잃었는가.

曰 姜氏가 當武公之時하여 嘗欲立段矣러니 及公旣沒하여 姜이 以國君嫡母로 主乎內하고 段이 以寵弟多才로 居乎外하고 國人이 又悅而歸之하니 恐其終將軋(알)己爲後患也라 故授之大邑而不爲之所하여 縱使失道하여 以至[125]於亂然後에 以叛逆討之則國人이 不敢從이요 姜氏가 不敢主而大叔이 屬籍當絶이라 不可復居父母之邦이니 此가 鄭伯之志也라

姜氏는 武公이 살아 있을 때 共叔段을 태자로 세우고자 하였다. 무공이 죽자 강씨는 國君의 嫡母로서 안에서 주도하고, 공숙단은 총애받는 재주 많은 아우로서 밖에 거처하며, 國人들이 또 기뻐하며 공숙단을 따르니, 莊公은 공숙단이 끝내는 자신을 능가하여 후환이 될지도 모른다고 염려하였다. 이 때문에 장공은 공숙단에게 大邑을 주어 자신의 분수에 맞는 자리가 되지 못하게 함으로써, 공숙단이 제멋대로 날뛰며 도리를 잃게 하여 난을 일으키는 데까지 이르게 하였던 것이다. 그런 뒤에 반역죄로 토벌하니, 국인들이 감히 공숙단을 따를 수 없었고 강씨가 감히 주도할 수 없었다. 그리고 공숙단은 종실 족보에서 삭제될 수밖에 없었기 때문에 더 이상 부모의 나라에서 살 수 없게 되었으니, 이것이 鄭伯의 뜻이었다.

王政은 以善養人하여 推其所爲하여 使百姓興於仁而不偸也[126]니 況以惡養[127]天倫하여

---

125) 至 : 사고본에는 '致'로 되어 있다.

126) 使百……偸也 : 《논어》〈泰伯〉에, "위정자가 친척에게 후하게 하면 백성들이 仁에 흥기하고, 친구를 버리지 않으면 백성들이 각박해지지 않는다.〔君子篤於親 則民興於仁 故舊不遺 則民不偸〕"라는 내용이 보인다.

使陷於罪하고 因以翦之乎아 春秋가 推見至隱하여 首誅其意하여 以正人心하여 示[128)]天下爲公不可以私亂也라

왕도정치는 사람들을 善으로 길러서 자신이 행한 바를 미루어 백성들로 하여금 仁에 흥기하게 하고 각박해지지 않게 하는 것이다. 하물며 천륜인 아우를 惡으로 길러서 죄에 빠트리고 이를 빌미로 제거하는 것은 말해 무엇 하겠는가. 《춘추》에서는 지극히 은미한 뜻을 미루어 보여 먼저 그 의도를 주벌하여 사람들의 마음을 바로잡음으로써 천하는 公器여서 私欲으로 어지럽혀서는 안 되는 뜻을 보였다."

其後에 公沒未幾而嫡奔庶立하여 公子가 互[129)]爭하여 兵革不息[130)]하니 其禍가 憯

127) 惡養 : 대전본에는 小字로 되어 있다. 誤刻이다.

128) 示 : 대전본에는 '于'로 되어 있다.

129) 互 : 대전본에는 '五'로 되어 있다.

130) 公沒……不息 : 鄭 莊公은 재위 43년째 되던 해인 기원전 701년에 죽었다. 장공은 생전에 鄧나라 여자에게서 태자 忽을 낳고, 宋나라 雍氏의 딸에게서 突을 낳았다. 태자 홀은 장공 사후에 祭仲에 의해 옹립되었는데, 바로 昭公이다. 송나라는 채중이 소공을 옹립했다는 말을 듣고 채중을 유인하여 사로잡고 突을 세우지 않으면 죽이겠다고 협박하였다. 채중이 이에 송나라와 맹약하고 突을 세우니, 바로 厲公이다. 소공은 채중이 아우 突을 세우려 한다는 말을 듣고 衛나라로 망명하였다. 鄭 厲公 4년(기원전 697)에 여공은 채중이 권력을 휘두르는 것을 미워하여 제거하려다가 모의가 누설되자 정나라의 櫟(력)邑으로 달아났다. 채중은 동년 6월에 소공을 다시 임금으로 맞이하였다. 鄭 昭公 2년(기원전 695)에 소공이 태자 때부터 미워했던 高渠彌가 소공에게 죽임 당할까 두려워서 소공이 사냥을 나갔을 때 쏘아 죽였다. 채중과 고거미는 厲公을 복위시키지 않고 소공의 아우 子亹(미)를 임금으로 세웠다. 자미는 그해 7월에 齊 襄公과 회합이 있었는데, 제 양공은 자신이 즉위하기 전에 개인적으로 싸워서 원수였던 자미가 회합에 나와 사죄하지 않자 자미를 살해하였다. 고거미와 채중은 자미의 아우 子嬰을 임금으로 세우니, 바로 鄭子이다. 鄭 鄭子 8년(기원전 686)에 채중이 죽었다. 鄭子 14년(기원전 680)에 櫟邑에 있던 厲公이 대부 甫瑕를 부추겨서 鄭子를 죽이고 복위한 뒤, 전 임금을 배신했다는 이유로 대부 보하를 죽였다. 厲公은 복위 7년째 되던 해인 기원전 673년에 죽고, 아들 文公 踕(첩)이 즉위하였다. 정나라는 기원전 701년부터 기원전 673년까지 28년 동안 장공의 아들인 소공 忽, 여공 突, 子亹, 정자 子嬰이 형제끼리 죽고 죽이며 왕위를 이어갔던 것이다. 《史記 卷42 鄭世家》

矣라 亂之初生也가 起於一念之不善하나니 有國者가 所以必循天理而不可以私欲滅之也니이다

그 뒤에 莊公이 죽고 얼마 지나지 않아 적자는 외국으로 망명하고 서자가 즉위하여 공자들이 서로 다투어서 싸움이 그치지 않았으니, 그 화가 참혹하였습니다. 난이 처음 일어나는 것은 선하지 않은 생각 하나에서 일어나는 법입니다. 이 때문에 임금은 반드시 天理를 따라야 하며 私欲을 가지고 이를 없애서는 안 되는 것입니다.

8-9-가[131)]

漢孝文[132)]이 初卽位에 淮南王長①이 自以爲最親②이라하여 驕蹇數(삭)不奉法이어늘 上이 寬赦之러시다 三年에 入朝甚橫하여 從上入苑獵할새 與上同輦하여 常謂上大[133)]兄이라하고 歸國益恣하여 不用漢法[134)]하더니 六年에 謀反事覺이어늘 迺使使召長[135)]하여 至長安이러니 丞相張蒼等이 雜奏長所犯이 不軌라 當棄市[136)]니 臣請論如法하노이다 制曰 朕이 不忍置法於王하노니 其與列侯·吏二千石[137)]議[138)]하라 列侯·吏二千石·臣嬰等議[139)]에 皆曰 宜論如法이라하여늘

131) 《前漢書》 卷44 〈淮南衡山濟北王傳〉에 보인다. 漢 文帝(기원전 202~기원전 157)가 이복 아우인 淮南王 劉長(기원전 198~기원전 174)의 교만 방자함에 어떠한 훈계도 하지 않고 관대하게만 대함으로써 결국 유장의 역모를 초래하여 죽게 하였다는 내용이다. 유장은 漢 高祖 11년(기원전 196)에 회남왕 黥布가 반역으로 주살된 뒤 회남왕에 봉해졌다.

132) 孝文 : 사고본에는 '文帝'로 되어 있다.

133) 大 : 사고본에는 '太'로 되어 있다.

134) 不用漢法 : 淮南王 劉長이 출입할 때 "물렀거라!〔警蹕〕"라고 외치고, 황제의 命을 지칭하는 '制'라는 말을 자신의 命에 쓰며, 스스로 법령을 만들어 천자에 비견한 등의 일을 이른다. '制'는 8-1-가 '古者君臣通稱' 주석 참조. 《史記 卷118 淮南衡山列傳》《前漢書 卷44 淮南衡山濟北王傳》

135) 長 : 사고본에는 없다.

136) 棄市 : 顔師古에 따르면 죄인을 저잣거리에서 죽이는 것이다. 沈家本에 따르면 漢나라 때의 기시는 저잣거리에서 죄인을 참수하는 것이다. 《漢書 卷5 景帝本紀 顔師古注》《歷代刑法考 刑法分考4 棄市》

137) 二千石 : 九卿을 이른다. 九卿의 녹봉은 모두 中二千石이었다.

制曰 其赦長死罪하고 **廢勿王**하라

① 淮南王長：高帝少子，孝文之弟.
淮南王 劉長은 高祖의 막내이자 文帝의 아우이다.

② 自以爲最親：時，高帝子唯二人在.
당시에 고조의 아들로는 文帝 劉恒과 淮南王 劉長 두 사람만이 생존해 있었다.

漢 孝文帝(기원전 202~기원전 157)가 갓 즉위했을 때 淮南王 劉長(기원전 198~기원전 174)은 자신이 文帝와 가장 가까운 친척이라 생각하여 교만하고 불순하며 자주 법을 무시하였는데, 문제는 너그럽게 이를 용서하였다.

문제 3년(기원전 177)에 유장이 입조했는데 너무 제멋대로였다. 문제를 따라 園囿에 들어가 사냥할 때는 문제와 輦을 함께 타고서 줄곧 문제를 '큰 형님〔大兄〕'이라고 하였으며, 자신의 封國으로 돌아가서는 더욱 방자하여 漢나라의 법을 지키지 않았다.

문제 6년(기원전 174)에 유장이 반역을 꾀하다 일이 발각되자, 문제는 사신을 보내 유장을 불렀다. 그리하여 유장이 長安에 이르렀는데, 승상 張蒼 등이 분분히 上奏하기를,

"유장이 저지른 죄는 不軌이니 棄市刑에 해당합니다. 신은 법대로 논죄하기를 청합니다."

라고 하였다. 문제는 명하기를,

"짐은 차마 회남왕에게 법을 적용하지 못하겠노라. 열후 및 二千石과 함께 논의하라."

라고 하였다. 汝陰侯 夏侯嬰(?~기원전 172) 등 열후와 이천석의 議에 모두들 "법대로 논죄해야 한다."라고 하자, 문제는 명하기를,

---

138) 議：문체의 한 종류이다. 劉勰(465?~520)에 따르면, '議'는 '마땅하다〔宜〕'라는 뜻으로, '두루 묻고 상의하여 일의 마땅함을 살피는 것〔周爰諮謀以審事宜〕'이다. 軒轅 때부터 議가 있었다고 하며, 漢나라에 이르러 처음으로 駁議 제도를 확립하였다. 나라에 大事가 있을 때 신하들이 모여 조정에서 이를 의론한 뒤에 公卿에게 議를 내리면 이에 대한 글을 지어 올린 것을 이른다. 대체로 경문을 근거로 하여 이치를 분석하고 時勢를 고찰하였으며, 간결함을 숭상하고 명확한 것을 좋게 여겼다. 《文體明辨序說 議》

139) 議：사고본에는 '曰'로 되어 있다.

"유장의 死罪를 용서하고 왕의 작위는 폐하도록 하라."
라고 하였다.

有司가 **奏請處蜀嚴道邛郵**어늘 **於是**에 **盡誅所與謀者**하고 **迺遣長載以輜車**[140)]하여 **令縣次傳**[141)]하니 **爰盎**이 **諫曰 上**이 **素驕淮南王**하사 **不爲置嚴相傅**하시니 **以故至此**라 **且淮南王**[142)]이 **爲人**이 **剛**하니 **今**[143)]**暴摧折之**면 **臣**은 **恐其逢霧露道死**하여 **陛下**가 **有殺弟之名**이니 **奈何**오 **上曰 吾**가 **特苦之耳**라 **今復之**호리라 **長**이 **謂侍者曰 吾**가 **以驕不聞過**라 **故至此**라하고 **迺不食而死**하다

담당 관리가 淮南王 劉長을 蜀郡 嚴道縣 邛郵에 付處하기를 주청하였다. 그리하여 역모에 가담했던 자들을 모두 주살하고, 마침내 유장을 輜車에 태워 보내면서 지나가는 현마다 차례대로 맞이하여 전송하도록 하였다. 爰盎이 간하였다.

"폐하께서 평소 회남왕을 교만하도록 풀어놓아 회남왕을 위해 엄한 승상과 太傅를 두지 않으셨으니, 이 때문에 이런 지경에까지 이른 것입니다. 회남왕은 성품이 강한 사람입니다. 지금 갑자기 그를 꺾으신다면, 신은 그가 이슬과 서리를 맞으면서 가는 도중에 죽어 폐하께서 아우를 죽였다는 오명을 가지게 될까 염려

---

140) 輜車 : 輜는 '검다'는 뜻으로, 수레의 몸체가 검은색이다. 顔師古에 따르면 '輜'는 또 '수레의 옷〔衣車〕'이라는 뜻으로, 방수포 용도의 苫布로 몸체를 덮어 비나 더위를 막을 수 있는 수레를 이른다. 수레의 몸체 앞쪽에는 창문이 있어 통풍할 수 있었고, 뒤쪽에는 문이 있었다. 漢나라에서는 죄를 저지른 王侯나 고위 관원을 압송할 때는 일반 죄인에 사용하는 檻車 대신 종종 비교적 편안한 輜車를 사용하였으며, 노복 등도 수종할 수 있도록 하였다.《宋杰, 漢代的檻車押解制度, 首都師範大學學報(社會科學版), 2012, 第2期》

141) 令縣次傳 : '傳'의 해석에 따라 다음 두 가지로 볼 수 있다. 하나는 '傳'을 '전하다'의 뜻으로 보아 각 縣들로 하여금 차례로 劉長을 전송하도록 했다는 해석이고, 다른 하나는 '傳'을 역참 또는 '傳車'로 보아 차례로 역의 傳車를 제공하도록 했다는 해석이다.《二十四史全譯》에서는 첫 번째로 해석하였고, 胡三省은 '傳'을 '直戀翻'으로 보아 두 번째 해석으로 보았다.《二十四史全譯, 許嘉璐主編, 漢書, 上海 : 漢語大詞典出版社, 2004, 1001쪽》《資治通鑑 卷14 漢紀6 太宗 中 6年 胡三省音註》

142) 王 : 대전본에는 없다.

143) 今 : 대전본에는 '令'으로 되어 있다. 이하도 같다.

스럽습니다. 어찌하면 좋겠습니까?"

문제가 말하였다.

"나는 단지 그를 단련시키고자 하는 것뿐이다. 이제 그를 돌아오게 할 것이다."

유장이 侍者에게 말하였다.

"내가 교만함으로 인해 내 잘못을 듣지 못하였기 때문에 이 지경에까지 이른 것이다."

유장은 마침내 음식을 먹지 않고 죽었다.

縣傳者가 不敢發車封[144]이러니 至雍이어늘 雍令이 發之하여 以死聞한대 上이 悲哭하시고 謂爰盎曰 吾가 不從[145]公言하여 卒亡淮南王호라 盎이 曰 陛下가 遷淮南王은 欲以苦其志하여 使改過어늘 有司가 宿衛不謹하여 故病死니이다 於是에 上이 迺解曰 將柰何오 曰 斬丞相·御史하여 以謝天下면 迺可니이다 上이 卽令丞相·御史로 逮諸縣不發封餽侍者하여 皆棄市하고 以列侯로 葬淮南王于雍하고 置守冢[146]三十家하고 後에 封長子四人爲侯[147]하다

지나가는 현에서 淮南王을 전송하는 자들이 감히 수레의 봉인을 뜯지 못했는데, 雍縣에 이르러 옹현의 현령이 이를 뜯어보고서 죽었다고 보고하였다. 文帝가 슬퍼하며 곡을 하고 爰盎에게 말하였다.

"내가 그대의 말을 따르지 않아 결국 회남왕을 죽였구나."

원앙이 말하였다.

"폐하께서 회남왕을 유배한 것은 그의 뜻을 단련시켜 잘못을 고치게 하려는 것

144) 車封 : 죄인을 호송하는 檻車의 몸체 뒤쪽에 있는 문을 봉인한 종이로, 이동 중에 죄인의 도주나 외부와의 연락을 방지하기 위한 것이다.《宋杰, 漢代的檻車押解制度, 首都師範大學學報(社會科學版), 2012, 第2期》

145) 從 : 사고본에는 '用'으로 되어 있다.

146) 冢 : 대전본에는 '家'로, 사고본에는 '塚'으로 되어 있다.

147) 封長子四人爲侯 : 漢 文帝 8년(기원전 172)의 일이다. 회남왕 劉長은 아들이 모두 4명이었는데, 당시에 모두 7,8세였다. 아들 劉安(기원전 179~기원전 122)을 阜陵侯에, 劉勃(?~기원전 152)을 安陽侯에, 劉賜(?~기원전 122)를 陽周侯에, 劉良(?~?)을 東城侯에 봉하였다.《前漢書 卷44 淮南衡山濟北王傳》

이었습니다. 그런데 담당 관리가 宿衛를 신중히 하지 않았기 때문에 병사한 것입니다."

이에 문제가 마음이 풀려서 말하였다.

"어찌하면 좋겠는가?"

"법대로 논죄하라고 한 승상과 어사를 참수하여 천하 사람들에게 고하신다면 괜찮을 것입니다."

문제가 곧바로 승상과 어사로 하여금 봉인을 뜯지 않은 채로 음식물을 준 여러 현의 현령들을 체포하여 모두 棄市刑에 처하게 하였다. 그리고 회남왕을 列侯의 禮로 雍縣에 장사하고, 守墓人煙戶로 30戶를 두었다. 뒤에 劉長의 아들 4명을 侯로 봉하였다.

民有作歌하여 **歌淮南王曰 一尺布**도 **尙可縫**이요 **一斗粟**도 **尙可舂**이어늘 **兄弟二人**이 **不相容**이로다 **上**이 **聞之曰 昔**에 **堯・舜**이 **放逐骨肉**①[148]하시고 **周公**이 **殺管・蔡**[149]하사대 **天下**가 **稱聖**은 **不以私害公**이니 **天下**가 **豈以爲我**가 **貪淮南地邪**아하시고 **迺追諡爲厲王**하고 **置園如諸侯儀**[150]하다 **十六年**에 **上**이 **憐淮南王**이 **廢法不軌**하여 **自使失國早夭**라하여 **立王三子**하여 **王淮南故地**[151]하시다

① 放逐骨肉 : 鯀及共[152]工皆堯同姓.[153]
　鯀과 共工은 모두 堯임금과 同姓이었다.

---

148) 堯舜放逐骨肉 : 8-2-가 참조.

149) 周公殺管蔡 : 8-4-가 참조.

150) 民有……侯儀 : 漢 文帝 12년(기원전 168)의 일이다. 《前漢書 卷44 淮南衡山濟北王傳》

151) 立王……故地 : 阜陵侯 劉安을 淮南王에, 安陽侯 劉勃을 衡山王에, 陽周侯 劉賜를 廬江王에 봉하였다. 東城侯 劉良은 후사 없이 이 이전에 죽었다. 《前漢書 卷44 淮南衡山濟北王傳》

152) 共 : 대전본에는 '其'로 되어 있으나, 오류이다.

153) 鯀及……同姓 : 司馬遷에 따르면, 黃帝부터 舜임금・禹王에 이르기까지는 각각의 덕을 드러내기 위하여 나라를 세운 뒤에 호칭을 달리했을 뿐 모두 同姓이다. 黃帝의 호칭은 有熊, 顓頊은 高陽, 帝嚳은 高辛, 堯임금은 陶唐, 舜임금은 有虞이며, 禹王은 夏后라고 부르고 별도로 姒姓을 가졌다. 商나라의 시조 契의 姓은 子이며, 周나라의 시조 棄의 姓은 姬이다. 《史記 卷1 五帝本紀》

어떤 백성이 다음과 같은 노래를 지어 淮南王을 노래하였다.

한 자의 베로도 옷을 지어 입을 수 있고	一尺布尙可縫
한 말의 곡식도 방아 찧어 먹을 수 있건만	一斗粟尙可舂
형제 두 사람은 서로 용납하지 못하는구나	兄弟二人不相容

文帝가 이 노래를 듣고 말하였다.

"옛날에 堯임금과 舜임금이 골육을 추방하고 周公이 管叔과 蔡叔을 죽이셨으나 천하 사람들이 聖人이라고 칭송한 것은, 私情으로 公道를 해치지 않았기 때문이다. 천하 사람들은 아마도 내가 회남왕의 封地가 탐나서 그런 것이라고 생각해서일 것이다."

마침내 시호를 추증하여 '厲王'이라 하고, 제후의 儀節과 같이 園을 조성해주었다.

문제 16년(기원전 164)에, 회남왕이 법을 무시하고 不軌를 도모하여 스스로 나라를 잃고 일찍 요절하게 된 것을 불쌍히 여겨, 문제는 회남왕의 세 아들을 왕으로 세워 회남왕의 옛 봉지에 봉하였다.

8-9-나(按)

臣은 按 淮南王長之死는 非文帝意也라 方丞相・御史가 條奏其罪請論如法에 復下列侯・二千石議하고 又請論如法이어늘 於是에 始不獲已하여 廢勿王하고 且遷之蜀하니 欲其思過自改而已라 豈有意於殺之哉리오 及其旣死에 哀矜愍悼하여 旣爲誅不發封之吏하고 又以禮葬之하고 置守冢[154]家하고 盡侯其諸子하고 其後聞布粟之謠에 雖自知無媿於天下하나 然猶賜謚・置園如諸侯儀하니 帝於是에 可謂得親親之誼矣니이다

【臣按】 淮南王 劉長의 죽음은 文帝의 뜻이 아니었습니다. 문제는 승상과 어사가 그의 죄를 조목조목 진달하며 법대로 논하기를 청했을 때 다시 列侯와 二千石에게 논의하도록 안건을 내려 보냈으며, 또다시 법대로 논죄하기를 청하자 이에 비

154) 冢 : 대전본에는 '家'로 되어 있다.

로소 어쩔 수 없이 왕의 작위를 폐하고 蜀郡으로 유배하였으니, 이는 회남왕이 자신의 잘못을 생각하여 스스로 고치기를 바랐던 것뿐입니다. 어찌 그 뜻이 회남왕을 죽이는 데 있었겠습니까.

회남왕이 죽자 문제는 슬퍼하고 애도하여 봉인을 뜯지 않은 관리들을 주살했을 뿐 아니라, 禮로 장사를 치러주고 守墓人煙戶를 두었으며 회남왕의 아들들을 모두 侯에 봉하였습니다. 그 뒤에 베와 곡식의 노래를 듣고 스스로는 비록 천하 사람들에게 부끄러울 것이 없다는 것을 알았지만, 그래도 회남왕에게 시호를 내려주고 제후의 의절과 같이 園을 조성해주었습니다.

문제는 이에 '친족을 친히 하는〔親親〕' 의리를 얻었다고 말할 수 있을 것입니다.

雖然이나 帝於待淮南則不得爲無過也[155]니 易에 曰 童牛之牿(곡)[156]이니 元吉[157]이라하니 言牛之童者가 角未能觸而制之則爲力也가 易니 方長之擅殺列侯也①가 固已桀驁(오)難制矣라 帝於此時에 當使吏治其國而留之長安하여 選名儒通經術·有行誼者하여 朝夕陪輔하여 道之以先王之訓典而威之以漢家之明刑하여 幸而有悛則復使之國하고 否則或徙之小邦하며 或降之通侯[158]하면 長必悔艾하여 思有以自復이어늘 帝旣赦而弗誅하고 又不聞有所訓敕하고 卽使之歸國하여 於是에 益驕且橫이라 是는 陷[159]長於惡也니이다

① 方長……侯也 : 三年入朝, 殺辟陽侯審食(이)其[160].

155) 也 : 대전본·사고본에는 '矣'로 되어 있다.

156) 牿 : 사고본에는 이 뒤에 '音谷'이 小注로 들어 있다.

157) 易曰……元吉 : 《주역》〈大畜卦 六四〉의 爻辭이다.

158) 通侯 : 徹侯로, 작위의 하나이다. 漢 武帝 劉徹의 휘를 피하여 기존에 徹侯라고 했던 것을 通侯 또는 列侯로 바꾸었다. 공이 있는 異姓 대신에게 내려주었다. 新나라 王莽 때 폐지되었다.

159) 陷 : 사고본에는 '諂'으로 되어 있다.

160) 審食其 : ?~기원전 177. 지금의 江蘇省 徐州인 沛縣 사람으로, 漢 高祖 劉邦과 동향이다. 舍人의 신분으로 유방의 義擧를 도왔으며, 고조 6년(기원전 201)에 辟陽侯에 봉해졌다. 呂后에게 총애를 받아 고조가 죽은 뒤 少帝 恭 원년(기원전 187), 즉 呂后 원년에는 좌승상이 되어 권력을 휘둘렀다. 少帝 弘 4년(기원전 180)에 여후가 죽은 뒤 다시 승상이 되었으나, 文帝가 즉위하고 얼마 되지 않아 파직되었으며, 문제 3년(기원전 177)에 유장이 入朝했을 때 유장을 맞이하러 나갔다가 유장의 철퇴를 맞고 죽었다. 이것은 고조 8년(기원전 199)

劉長은 文帝 3년(기원전 177)에 入朝했을 때, 辟陽侯 審食其를 죽였다.

비록 그렇다고는 하나, 文帝가 淮南王 劉長을 대한 점에 있어서는 과실이 없다고 할 수 없습니다.

《주역》에 이르기를 "어린 소에 나무를 가로 댄 것이니, 크게 선하고 길하리라."라고 하였습니다. 어린 소가 뿔로 아직 들이받을 수 없을 때 제어하면 효과를 보기가 쉽다는 것을 말한 것입니다.

유장이 列侯 審食其를 제멋대로 죽였을 때 유장은 이미 사납고 완악하여 제어하기 어려웠습니다. 문제가 이때 관리를 시켜 유장의 나라를 다스리게 하고 유장은 長安에 머무르게 한 뒤에, 경학에 능통하고 품행이 훌륭한 名儒를 선발하여 유장을 아침저녁으로 모시면서 보좌하여 先王의 가르침으로 인도하고 漢나라의 밝은 법으로 두렵게 하도록 하여 다행히 그가 뉘우치면 다시 그의 封國으로 돌아가게 하고 뉘우치지 않으면 작은 나라로 옮기거나 열후로 강등시켰다면, 유장은 필시 뉘우치고 새로워져서 스스로 본성을 회복할 것을 생각하였을 것입니다.

그런데 문제는 유장을 용서하여 주살하지 않았을 뿐 아니라, 또 어떤 훈계도 내리지 않고 곧바로 그를 자신의 封國으로 돌아가게 하였습니다. 그리하여 유장이 더욱 교만하고 멋대로 굴게 된 것이니, 이는 유장을 악에 빠트린 것입니다.

其後에 不從賈生之諫而侈[161]王其諸子則又失之니 蓋長이 非無罪而死者也라 帝誠憐之인대 而侯其子가 亦足以奉祀矣니 漢之列侯는 食其租稅而已라 其力이 不能爲亂[162]이어늘 而乃瓜分淮南之壤하여 悉王其三子하니 王則地大民衆하여 其權이 可以爲亂[163]이니 正賈誼所謂擅仇人足[164]以危漢之資[165]라 卒啓後來淮南・衡山之

에 淮南王 劉長의 생모가 趙王 張敖의 역모에 연루되어 옥에 갇혔을 때 심이기에게 도움을 요청했으나 심이기가 구원해주지 않음으로써 유장의 생모가 자살한 일이 있었기 때문이다. 시호는 幽侯이다.

161) 侈 : 대전본에는 '接'으로, 사고본에는 '輒'으로 되어 있다.

162) 漢之……爲亂 : 대전본・사고본에는 小字로 되어 있다.

163) 王則……爲亂 : 대전본・사고본에는 小字로 되어 있다.

164) 足 : 사고본에는 없다.

禍[166)]하니 是於失之中에 又重失焉이니 其視舜之於象仁義兩至[167)]者컨대 爲何如邪오 臣이 故謂後世不幸有處親戚之變者는 唯當以大舜爲法이라하노이다

그 뒤에 賈生의 간언을 따르지 않고 劉長의 여러 아들들을 분수에 넘치게 왕으로 봉하였으니, 이는 또다시 잘못한 것입니다.

유장은 죄 없이 죽은 자가 아니었습니다. 文帝가 진실로 유장을 가엾게 여겼다면 그의 아들들을 侯에 봉했다 해도 유장의 제사를 받들 수 있었습니다. 漢나라의 列侯는 그 조세를 받아먹는 것뿐이니, 그 힘이 난을 일으키지는 못합니다. 그런데 淮南의 땅을 쪼개어서 그의 세 아들을 모두 왕에 봉하였습니다. 왕이라면 땅은 크고 백성은 많아서 그 권세가 난을 일으킬 수 있으니, 바로 賈誼가 말한 '원수로 하여금 漢나라를 위태롭게 할 수 있는 토대를 차지하게 하는 것'입니다. 그리하여 끝내 훗날의 淮南王과 衡山王의 화를 열어주었으니, 이는 잘못한 와중에 다시 또

---

165) 擅仇……之資 : 《前漢書》 卷48 〈賈誼傳〉에 보인다. 賈誼(기원전 200~기원전 168)는 西漢 초기의 정치가이자 문학가이다. 文帝 때 20세의 나이로 博士가 되었다가 1년도 채 되지 않아 太中大夫로 승진하였다. 뒤에 梁 懷王의 太傅가 되었는데, 양 회왕이 말에서 떨어져 죽자 자책하다가 33세의 나이로 죽었다. 전하는 작품으로, 〈過秦論〉·〈陳政事疏〉 등의 산문과 〈弔屈原賦〉·〈鵩鳥賦〉 등의 賦가 있다.

166) 淮南衡山之禍 : 漢 武帝 元狩 원년(기원전 122)에 일어난 淮南王 劉安과 衡山王 劉賜의 난을 이른다. 景帝 3년(기원전 154)에 吳楚 七國의 난이 일어났을 때, 吳王은 淮南王 劉安, 衡山王 劉勃, 廬江王 劉賜에게 사자를 보내 호응할 것을 권유하였는데, 회남왕은 이에 호응하기 위해 승상에게 군대를 맡겼으나 승상이 오히려 漢나라 쪽으로 붙는 바람에 뜻대로 하지 못했으며, 여강왕 유사는 이에 응하지는 않았으나 越나라에 사신을 파견하였으며, 형산왕 유발은 마음을 굳건히 하여 배신하지 않았다. 경제 4년(기원전 153)에 오초칠국의 난이 평정되자, 경제는 남방이 습하다고 하여 형산왕 유발을 濟北王에 봉하여 포상하고, 여강왕 유사는 월나라와 사신이 자주 오간다고 하여 옮겨서 형산왕으로 삼고, 회남왕 유안은 그대로 두었다. 元狩 원년에 회남왕 유안은 다시 반란을 일으키고자 모의했으나 유안의 빈객인 伍被의 고발로 사전에 발각되었다. 유안은 자살하였으며 오피 역시 유안의 역모에 참여했다 하여 주살되었다. 유사는, 아들 劉孝가 유안의 난에 참여했던 陳喜라는 자를 숨겨주었다가 진희를 붙잡은 관리에게 탄핵되자 죄를 면하기 위해 자수했는데, 이 일로 공경대신들의 탄핵을 받자 자살하였다. 유효는 棄市刑에 처해졌다. 이 옥사에 연루되어 죽은 열후·二千石·호걸 등이 수만 명이었다고 한다. 《前漢書 卷44 淮南衡山濟北王傳》

167) 舜之……兩至 : 8-1-가, 8-2-가 참조.

거듭 잘못한 것입니다. 舜임금이 아우 象에 대해 사랑과 道義 두 가지를 모두 지극히 한 것에 비한다면 어떠합니까.

신은 이 때문에 후세에 불행히도 친척의 변고에 처한 사람은 오직 大舜(순임금)을 법으로 삼아야 한다고 말하는 것입니다.

8-10-가[168)]

唐太宗貞觀十年에 **諸王・荊王元景等**이 **皆太宗弟也**[169)]라 **之藩**[170)]할새 **上**이 **與之別曰 兄弟之情**이 **豈不欲常相共處邪**리오 **但以天下之重**으로 **不得不爾**라 **諸子**는 **尙可復有**어니와 **兄弟**는 **不可復得**이라하고 **因流涕嗚咽不能已**하더시다

唐 太宗 貞觀 10년(636)에, 〈태종의 아우인〉 여러 王과 荊王 李元景 등이 蕃의 임지로 갈 때 태종은 이들과 작별하며 말하였다.

"형제의 정에 어찌 늘 함께 있는 것을 바라지 않겠는가. 다만 천하가 중하기 때문에 그렇게 하지 않을 수 없을 뿐이다. 아들들은 그래도 다시 둘 수 있지만 형제는 다시 얻을 수 없다."

그리고 눈물을 흘리며 오열해 마지않았다.

---

168)《자치통감》貞觀 10년(636) 3월 23일 계축일 조에 보인다. 동년 2월 4일 을축일에, 唐 太宗은 荊王 李元景을 荊州都督으로, 漢王 李元昌을 梁州都督으로, 徐王 李元禮를 徐州都督으로, 韓王 李元嘉를 潞州都督으로, 彭王 李元則을 遂州都督으로, 燕王 李靈夔를 幽州都督으로, 吳王 李恪을 潭州都督으로, 魏王 李泰를 相州都督으로, 齊王 李佑를 齊州都督으로, 蜀王 李愔을 益州都督으로, 蔣王 李惲을 安州都督으로, 越王 李貞을 揚州都督으로 삼았다. 이들 12왕 중 吳王 李恪 이하 6명은 태종의 아들이며, 나머지 6명은 태종의 아우이다.《資治通鑑 卷194 唐紀10 太宗 上之下 貞觀 10年》

169) 皆太宗弟也 : 대전본・사고본에는 小字로 되어 있다.

170) 蕃 : 당나라의 冊封을 받는 일종의 侯國이다. 唐代에는 대외관계에 있어 中原 이외의 지역을 蕃과 絶域으로 구분하였는데, 蕃은 동으로는 高麗國까지, 남으로는 眞臘國까지, 서로는 페르시아〔波斯〕・티벳〔吐蕃〕・키르키즈〔堅昆都督府〕까지, 북으로는 거란・돌궐・말갈까지로 劃定하였다. 唐 玄宗 開元 연간에는 70여 蕃이 있었다. 蕃 바깥 지역은 絶域으로 구분하여 원칙적으로는 무력을 쓰지 않았다. 각 蕃의 長은 可汗이나 王으로 책봉되어 당나라에 조공을 바쳤으며, 당나라의 관직 체계로는 都督이나 刺史에 해당하였다.《新唐書 卷221 西域列傳贊》《唐六典 卷4》《唐會要 卷100》

8-10-나(按)

臣은 按 太宗此言이 其殆有感於隱・巢之事[171]乎인저 昆弟至情이 雖不幸迫[172]於利害하여 或有時而忘之나 然天理之眞이 終有不可揜者라 使能因此心之發而知夫天理之不可昧則見之於事에 必有充其實者矣라 惜太宗之不能也여 孟子가 謂有四端者를 知皆擴而充之[173]라하시니 太宗이 睠[174]睠於諸王之別은 所謂惻隱之心而不知所以充之라 斯其可憾者與인저

【臣按】 태종의 이 말은 아마도 隱太子 李建成과 巢王 李元吉의 일에 느낀 바가 있어서일 것입니다. 형제의 지극한 정은 불행히도 利害에 쫓겨서 혹여 잊을 때가 있기는 하지만 참된 天理는 끝내 가릴 수 없는 것입니다. 이 마음이 발로된 것을 통해 천리는 어두워질 수 없다는 것을 안다면, 이 마음을 일에 드러낼 때에 반드시 그 실제를 미루어 채울 수 있을 것입니다.

안타깝게도 태종은 그렇게 하지 못하였습니다. 맹자는 "나에게 있는 四端을 모두 넓혀서 채울 줄 안다."라고 하였습니다. 태종이 여러 왕과 작별할 때 못내 연연해했던 것은 이른바 '측은지심'이었는데, 이를 확충할 방법을 알지 못하였습니다. 이 점이 참으로 안타깝습니다.

8-11-가[175]

唐明皇帝가 素友愛러시니 初卽位하사 爲長枕大被하여 與兄弟同寢[176]하고 聽

---

171) 隱巢之事 : 唐 高祖의 장자인 隱太子 李建成(589~626)과 고조의 넷째 아들인 巢王 李元吉(603~626)이 함께 태종 李世民(599~649)을 죽이려다가 武德 9년(626) 6월 4일에 도리어 태종이 일으킨 玄武門의 정변 때 살해된 일을 이른다. '隱'과 '巢'는 모두 시호이다.

172) 迫 : 사고본에는 '怵'로 되어 있다.

173) 有四……充之 : 《맹자》〈公孫丑 上〉 제6장에 "무릇 나에게 있는 四端을 다 넓혀서 채울 줄 알면 마치 불이 처음 타오르며 샘물이 처음 나오는 것과 같을 것이니, 만일 능히 이것을 채운다면 사해를 보전할 수 있고, 채우지 못한다면 부모도 섬길 수 없을 것이다.〔凡有四端於我者 知皆擴而充之矣 若火之始然 泉之始達 苟能充之 足以保四海 苟不充之 不足以事父母〕"라는 내용이 보인다.

174) 睠 : 사고본에는 이 뒤에 '音眷'이 小注로 들어 있다.

175) 《자치통감》 開元 2年(714) 5월 조에 보인다. 唐 玄宗(685~762)이 형인 宋王 李成器(679~742)와 申王 李成義(683~724), 아우인 岐王 李範과 薛王 李業(?~734), 종형인

朝之暇에 多從諸王游하고 在禁中[177]에 拜跪如家人禮하고 飮食起居를 相與同之하며 於殿中에 設五幄하여 與諸王[178]更處其中하고 謂之五王帳이라하다 宋王成器는 尤恭謹하여 未嘗議及時政하며 與人交結하니 帝가 愈信重之라 故讒間之言이 無自而入①하더라

① 宋王……而入 : 宋王成器, 本明皇之兄, 先已立爲太子.[179] 明皇爲臨淄王, 定內難,[180] 成器遂力[181]辭儲位. 睿宗許之, 立臨淄爲太子.
宋王 李成器는 본래 明皇의 형으로, 명황보다 먼저 태자로 책봉되었다. 명황이 臨淄王으로 있을 때 내란을 안정시키자, 이성기가 마침내 태자의 지위를 한사코 사양하였다. 睿宗이 이를 허락하고 임치왕을 태자로 책봉하였다.

唐 明皇(玄宗)은 평소 형제들과 우애하였다. 처음 즉위해서는 긴 베개와 큰 이불을 만들어 형제들과 함께 잤으며, 정무를 보는 여가에는 대부분 여러 왕과 어울려 지냈다. 또한 禁中에서 절하고 무릎 꿇는 것을 私家에 있을 때의 禮처럼 하였고, 먹고 마시며 기거하는 것을 형제들과 똑같이 하였다. 또한 殿內에 다섯 개의 천막을 설치하여 여러 왕과 번갈아가며 그 안에서 거처하고, 이를 일러 '五王帳'이라고 하였다.

豳王 李守禮(672~741) 등 다섯 형제와 매우 우애했다는 내용이다. 현종은 시호인 '至道大聖大明孝皇帝'에서 유래하여 '明皇', '孝明皇帝', '唐明皇'으로도 불린다.《資治通鑑 卷211 唐紀27 玄宗 上之中 開元 2年》

176) 寑 : 대전본·사고본에는 '寢'으로 되어 있다.

177) 禁中 : 왕이 거처하는 궁궐 안을 이른다. 門戶를 금하여 侍御가 아니면 들어갈 수 없기 때문에 '禁中'이라는 이름을 붙였다. 漢나라 孝元皇后 王政君의 아버지인 大司馬 陽平侯의 이름이 禁이었기 때문에 당시에는 이를 휘하여 '省中'이라고도 불렀다.《獨斷 卷上》

178) 王 : 대전본에는 '子'로 되어 있다.

179) 宋王……太子 : 李成器는 睿宗 李旦의 장자로, 예종이 684년에 즉위하자 6세의 나이로 황태자가 되었다. 예종은 690년 9월에 武則天이 국호를 周로 정하고 稱帝하면서 폐위되었는데, 이성기도 이때 같이 폐위되었다. 698년에 무측천은 李顯(中宗)을 황태자로 삼고, 705년에 죽었다.

180) 明皇……內難 : 中宗 景龍 4년(710)에 韋后가 중종을 독살한 뒤 16세의 李重茂(殤帝)를 황제로 세우고 조정의 권력을 장악하자, 睿宗의 셋째 아들 李隆基(玄宗)는 景雲 원년(710)에 정변을 일으켜 위후를 죽이고 이중무를 퇴위시킨 뒤에 아버지 李旦(예종)을 복위시켰다.

181) 力 : 대전본에는 '方'으로 되어 있다.

宋王 李成器는 특히 공손하고 삼가서 일찍이 그 논의가 時政에까지 미친 적이 없었으며 외부 사람들과 어울린 적이 없었기 때문에 명황이 더욱 믿고 중히 여겼다. 이 때문에 참소하고 이간하는 말이 들어갈 길이 없었다.

8-11-나(按)

臣은 按[182] 范祖禹가 曰 文王이 孝於王季라 故友于兄弟하시고 睦于大姒라 故慈于子孫하사 以及其家邦하여 至於鳥獸草木이 無不被澤者하니 推此心而已矣라 先王이 未有孝而不友하시며 友而不慈者也러시니 至於後世에 帝王이 或能於此則不能於彼는 何哉오 非其才가 不足以爲聖賢이라 不能擧斯心加諸彼而已니 明皇이 以藩王有功이어늘 成器가 居嫡長而能辭位以授之라 故明皇之心이 篤於兄弟하니 蓋成器之行이 有以養其友愛之心이라 是以能全其天性而讒間之言이 無自入焉이니 嗚呼라 苟能充是心則仁不可勝用也[183]어늘 至於爲人父則以讒殺其子①하고 爲人夫則以嬖黜其妻②하고 爲人君則以非罪殄戮其臣下③하니 是皆[184]不能充其類[185]也라 苟不能充其類則爲善이 豈不出於利心哉리오하니이다

① 至於……其子 : 開元末, 明皇以武惠妃之譖, 廢太子瑛·鄂王瑤·光王琚, 皆爲庶人, 尋賜死.[186]

182) 臣按 : 대전본에는 없다.

183) 苟能……用也 : 《맹자》 〈盡心 下〉 제31장에 "사람이 남을 해치려고 하지 않는 마음을 채운다면 仁을 이루 다 쓰지 못할 것이요, 사람이 도둑질하지 않으려는 마음을 채운다면 義를 이루 다 쓰지 못할 것이다.〔人能充無欲害人之心 而仁不可勝用也 人能充無穿踰之心 而義不可勝用也〕"라는 내용이 보인다.

184) 皆 : 사고본에는 '則'으로 되어 있다.

185) 充其類 : 《맹자》 〈滕文公 下〉 제10장에 "어머니가 해주면 먹지 않고 아내가 해주면 먹으며, 형의 집이라면 거처하지 않고 오릉이라면 거처하였으니, 이러고서도 그 지조를 채울 수 있겠는가.〔以母則不食 以妻則食之 以兄之室則弗居 以於陵則居之 是尙能充其類也〕"라는 내용이 보인다.

186) 開元……賜死 : 武惠妃(699~737)는 唐 玄宗 開元 12년(724) 7월 22일 己卯일에 王황후가 폐위된 뒤 惠妃에 봉해져 황후와 똑같은 예우를 받았다. 혜비 무씨는 자신이 낳은 李琦를 태자로 세우고자, 태자 李瑛이 私黨을 만들어 자신의 모자를 해치려 한다는 참소를 자주 하며 기회를 엿보다가, 개원 25년(737) 4월 21일에 태자 李瑛과 鄂王 李瑤·光王 李琚가

開元 말에 명황(현종)은 武惠妃의 참소로 태자 李瑛, 鄂王 李瑤, 光王 李琚를 폐하여 모두 서인으로 삼았다가 얼마 뒤에 賜死하였다.

② 爲人夫……其妻 : 明皇嬖武惠妃, 廢王皇后.
명황은 武惠妃를 총애하여 王황후를 폐하였다.

③ 爲人君……臣下 : 明皇殺御史周子諒.[187)]
명황은 어사 周子諒을 죽였다.

【臣按】 范祖禹(1041~1098)는 다음과 같이 말하였습니다.

"周 文王은 아버지 王季에게 효성스러웠기 때문에 형제에게 우애하였고, 아내인 大姒와 화목하게 지냈기 때문에 자손에게 자애로웠다. 그리하여 그 집안과 나라에까지 미쳐서 심지어는 조수와 초목까지도 그 은택을 입지 않은 것이 없었으니, 이는 이 마음을 미루어 넓혀나간 것뿐이다. 선왕 중에 효성스러우면서도 우애하지 않은 분은 없었으며, 우애하면서도 자애롭지 않은 분은 없었는데, 후세에 와서 역대 왕들이 혹 여기에 능하면 저기에 능하지 못한 것은 무엇 때문인가. 그 재능이 성현이 되기에 부족해서가 아니라, 이 마음을 들어 저기에 놓지 못해서일 뿐이다.

明皇(唐 玄宗)이 藩王으로서 공을 세우자, 李成器는 적장자의 자리에 있으면서도 능히 자신의 지위를 사양하여 내주었다. 이 때문에 명황의 마음이 형제에게 돈독했던 것이니, 이는 이성기의 행실이 그 우애하는 마음을 길러준 것이다. 그러므로 명황이 그 타고난 본성을 온전히 할 수 있어서 참소나 이간하는 말이 들어갈 길이 없었던 것이다.

아, 진실로 이 마음을 미루어 채울 수 있다면 仁을 이루 다 쓰지 못할 것이다.

태자비 薛氏의 오빠 薛鏽(수)와 함께 모반하였다고 참소하였다. 현종은 이에 이들을 폐하여 서인으로 삼고 얼마 뒤에 城東驛에서 사사하였다.《舊唐書 卷107 玄宗諸子列傳 庶人瑛》《資治通鑑 卷212 唐紀28 玄宗 上之下 開元 12年・25年》

187) 明皇……子諒 : 周子諒은 당나라 京兆 사람이다. 開元 연간에 張九齡의 추천을 받아 判官이 되었다. 개원 25년(737) 4월 17일 辛酉일에 監察御史 주자량이 圖讖을 끌어들여 재상 牛仙客이 재상감이 아니라고 탄핵하자, 玄宗은 大怒하여 주자량을 끌어다 궁전 뜰에서 마구 때렸다. 주자량이 매를 맞고 혼절하였다가 깨어나자 다시 朝堂에서 형장을 치고 瀼(양)州에 유배하였는데, 주자량은 유배 가는 도중 藍田에 이르렀을 때 죽었다. 장구령 역시 주자량을 천거했다고 하여 4월 20일에 荊州 長史로 좌천시켰다.《資治通鑑 卷214 唐紀30 玄宗 中之中 開元 25年》

그런데 심지어 아비가 되어서는 참소 때문에 아들을 죽이며, 남편이 되어서는 총애하는 여자 때문에 아내를 내쫓으며, 임금이 되어서는 죽일 죄가 아닌데도 신하를 죽였으니, 이는 모두 이 仁을 채워나가지 못한 것이다. 진실로 이 仁을 채워나가지 못한다면 善을 행하는 것이 어찌 이로움을 추구하는 마음에서 나오지 않겠는가."

以上은 論天理人倫之正[188)]이라

이상은 천리와 인륜에 임하는 올바른 처신을 논하였다.

---

188) 正 : 대전본에는 이 뒤에 '三'이, 사고본에는 이 뒤에 '四'가 있다. '天理人倫之正' 아래에, 권6 '通言人子之孝', 권7 '帝王事親之孝', 권8 '長幼之序', 권9 '君使臣之禮', 권10 '朋友之交' 등 5개의 세목이 있다. 따라서 대전본이 옳다.

格物致知之要(一) 사물의 원리를 깊이 연구하여 知性의 힘을 극대화하는 핵심적인 방법들 (1)

明道術 道를 분명히 밝힘

天理人倫之正【夫婦之別】 天理와 人倫에 임하는 올바른 처신 【부부간의 분별】

9-1-가1[1)]

禮記에 **孔子**가 **侍坐於哀公**이러시니 **哀公**이 **曰 敢問人道**는 **誰**[2)]**爲大**잇고 **對曰 古之爲政**은 **愛人**이 **爲大**하고 **所以治愛人**은 **禮爲大**하고 **所以治禮**는 **敬爲大**하니 **敬之至矣**에 **大昏**이 **爲大**[①]하니이다 **大昏**이 **旣至**라 **冕而親迎**은 **親之也**니 **親之也者**는 **親之也**라 **是故**로 **君子**는 **興敬爲親**하나니 **捨**[3)]**敬**[4)]하면 **是遺親也**[5)]라 **弗愛**하면 **不親**하고 **弗敬**하면 **不正**하나니 **愛與敬**은 **其政之本**[6)]**與**[7)]인저 **公曰 冕而親迎**이 **不**

---

1) 《禮記》〈哀公問〉에 보이는데, 같은 내용이 《大戴禮記》〈哀公問於孔子〉에도 보인다. 이 편은 禮와 정치에 대하여 魯 哀公(재위 기원전 494~기원전 466)이 질문하고 孔子(기원전 551~기원전 479)가 대답한 내용으로 이루어져 있다.

2) 誰 : 사고본에는 '孰'으로 되어 있다.

3) 捨 : 《예기》와 《大戴禮記》에는 '舍'로 되어 있다.

4) 敬 : 孔穎達에 따르면, 祭服인 冕服 차림을 하고 親迎하는 것을 가리킨다. 천자의 경우에는 袞冕 차림이고, 제후 이하의 경우에는 각각 제사를 도울 때의 복장을 착용한다. 《禮記注疏 哀公問 孔穎達疏》

5) 也 : 사고본에는 없다.

6) 愛與……之本 : 孔穎達에 따르면, 사랑은 친애하는 것을 말하니 仁이며 공경은 존경하는 것을 말하니 義인데, 이 '인'과 '의'가 政敎의 근본이 된다고 하였다. 《禮記注疏 哀公問 孔穎達疏》

已重乎[8)]잇가 孔子가 愀(초)然作色而對曰 合二姓之好하여 以繼先聖[9)]之後하여 以爲天地·宗廟·社稷之主[10)]하나니 君은 何謂已重乎잇고[11)] 天地不合하면 萬物이 不生하나니 大昏은 萬世之嗣也니 君은 何謂已重乎[12)]잇고[13)]

① 大昏爲大 : 大昏[14)], 國君昏禮.
'大昏'은 國君의 혼례이다.

《예기》에 다음과 같은 내용이 있다.

"孔子가 哀公을 모시고 앉아 있었는데 애공이 말하였다.

'감히 묻겠습니다. 사람의 도리 가운데 무엇이 큽니까?'

공자가 대답하였다.

'옛날의 爲政은 사람을 사랑하는 것이 컸고, 사람 사랑하기를 배우는 데에는 禮가 컸으며, 예를 배우는 데에는 공경이 컸으니, 공경의 지극함에 있어서는 大昏(大婚)이 큽니다. 대혼이 지극히 크기 때문에 冕服 차림으로 親迎을 하는 것은 배우자를 친하게 여기는 것이니, 배우자를 친하게 여기는 이유는 배우자가 나를 친애하기 때문입니다. 이 때문에 군자는 공경을 일으켜 친애하는 것이니, 공경이 아니면 친애하는 도리를 버리는 것입니다. 사랑하지 않으면 친하지 않고 공경하지 않으면 바르지 않는 법이니, 사랑과 공경은 아마도 정치의 근본일 것입니다.'

---

7) 弗敬……本與 : 대전본에는 없다. 사고본에는 '愛與敬其政之本與'가 없다.

8) 冕而……重乎 : 대전본에는 이 뒤에 小字로 '冕祭服也故疑其重'이 있다.

9) 先聖 : 鄭玄에 따르면 '先聖'은 周公이다.《禮記注疏 哀公問 鄭玄注》

10) 爲天……之主 : 孔穎達에 따르면, 魯나라가 하늘에 郊祭를 지낼 수 있기 때문에 공자가 이러한 말을 한 것이다. 이것으로 보면, 천지·종묘·사직의 주인이 된다는 것은 천지·종묘·사직에 지내는 제사를 주관하는 이가 된다는 뜻이다. 吳澄에 따르면, 제사를 지낼 때 혼례를 올린 임금은 外主가 되고 그 부인이 內主가 되기 때문에 이러한 말을 한 것이다.《禮記注疏 哀公問 孔穎達疏》《禮記纂言 哀公問》

11) 잇고 : 509본에는 '잇가'로 되어 있다.

12) 乎 : 사고본에는 '焉'으로 되어 있다. 통행본《예기》에도 '焉'으로 되어 있다.

13) 잇고 : 509본에는 '잇가'로 되어 있다.

14) 大昏 : 孔穎達에 따르면, 제후국 임금의 혼례뿐만 아니라 천자의 혼례도 '大婚'이라고 한다.《禮記注疏 哀公問 孔穎達疏》

애공이 말하였다.

'면복 차림으로 친영을 하는 것은 너무 과하지 않습니까?'

공자가 낯빛을 바꾸고 대답하였다.

'서로 다른 두 姓의 우호를 결합함으로써 先聖의 뒤를 계승하여 天地·宗廟·社稷의 주인이 되는 것이니, 임금께서는 어찌 너무 과하다 하십니까? 천지가 합하지 않으면 만물이 태어나지 않는 법이니, 대혼은 만대를 계승해나가는 것입니다. 임금께서는 어찌 너무 과하다 하십니까?'"

天地合而后에야 **萬物**이 **興焉**하나니이다[15] **夫昏禮**는 **萬世之始也**니 **取於異姓**은 **所以附遠厚別也**[16]니이다

천지가 합한 뒤에야 만물이 일이나게 되는 법이다. 혼례는 만대를 이어가는 시발점이니, 다른 姓에게서 배우자를 얻는 것은 소원했던 사람을 가까운 사이로 만드는 것이며 부부간 분별의 의리를 두텁게 하는 것이다.

9-1-가2[17]

易曰 正其本에 **萬物**이 **理**하고 **失之毫釐**에 **繆以千里**[18]라하니 **故**로 **君子**는 **愼始**

15) 하나니이다 : 509본·512본에는 '하나니'로 되어 있다.

16) 天地……別也 : 《예기》〈郊特牲〉에 보인다. 〈교특생〉은 郊祭에 수반되는 여러 의식과 그 취지를 설명한 편이다. '郊'는 하늘에 지내는 제사 이름이며, '特牲'은 郊祭에 희생으로 쓰는 한 마리 소를 뜻하는데, 鄭玄에 따르면 이 소는 '털이 붉은 송아지〔騂犢〕'이다. 즉, '교특생'은 하늘에 제사를 지낼 때 털이 붉은 송아지 한 마리를 제물로 사용한다는 뜻이다. 한편, 저본에서는 9-1-가1과 이어진 것으로 보고 토를 달았으나, 여기에서는 〈교특생〉 본래의 문맥에 맞게 번역하였다.

17) 《大戴禮記》〈保傅〉에 보인다. 〈보부〉에서는 고대에 태자를 어떻게 교육하였는지를 설명하였다. '보부'라는 편명은 〈보부〉 편 내에 "保는 그 신체를 편안하게 지키는 것이고, 傅는 그 덕과 의리를 펴는 것이다.〔保 保其身體 傅 傅其德義〕"라는 문장에서 비롯되었다. 盧辯의 《大戴禮記注》에 따르면, '保'는 편안하게 지킨다는 말이며, '傅'는 '敷(펴다)'와 같다. 《大戴禮記注 卷3 保傅》

18) 正其……千里 : 통행본 《주역》에는 보이지 않고, 《易緯通卦驗》 上에 보인다.

也니 **春秋之元**①과 **詩之關雎**와 **禮之冠・昏**과 **易之乾・坤**이 **皆愼始敬終云爾**라

① 春秋之元 : 謂書元年. 元者, 始也.
'元'은 元年이라고 기록하는 것을 말한다. '元'이란 '시작'이라는 뜻이다.

《易》에 이르기를, "근본을 바르게 함에 만물이 다스려지고, 조금 잘못함에 매우 크게 그르쳐진다."라고 하였다. 그러므로 군자는 시작을 신중히 하는 것이니, 《춘추》의 '元年이라고 기록하는 것'과 《詩經》의 〈關雎〉와 《禮》의 冠禮・婚禮와 《易》의 〈乾卦〉・〈坤卦〉가 모두 시작을 신중히 하고 끝을 공경히 하는 것이다.

9-1-나(按)

臣은 **按 禮傳數條**가 **皆言昏姻**(인)**之禮**하니 **凡人**이 **皆所當知**라 **況人君**이 **處至尊之位**하여 **其擇配也**가 **將以繼先聖之後**하여 **爲天地・宗廟・社稷之主**하니 **其可不味孔子之言**하여 **以致謹重之意乎**잇가

【臣按】《예기》의 몇 條文에서 모두 혼인의 예를 말하였으니, 사람들이 모두 알아야 하는 것입니다. 하물며 임금은 지존의 자리에 있어서, 배우자를 선택한다는 것은 장차 先聖의 뒤를 계승하여 천지・종묘・사직의 주인이 되려는 것이니, 공자의 말을 음미하여 혼인을 삼가고 중히 여기는 의미를 이해하지 않아서야 되겠습니까.

9-2-가[19]

易坤文言에 **曰 陰雖有美**나 **含之**하여 **以從王事**하여 **弗敢成也**니 **地道也**며 **妻道也**며 **臣道也**니 **地道**는 **無成而代有終也**니라

《周易》〈坤卦 文言傳〉에 다음과 같은 내용이 있다.
"陰은 훌륭한 점이 있다 하더라도 이를 속에 담아두고 국가 대사에 종사하여 감

19) 《주역》〈坤卦(䷁) 文言傳〉에 보이는데, 朱熹에 따르면, 인용된 내용은 〈坤卦 象傳〉의 의미를 거듭 밝힌 부분 가운데 하나이다. 〈문언전〉은 〈坤卦〉와 〈乾卦〉에만 보이는데, 《周易注疏》에 따르면, '문언'의 '문'은 '文飾'의 뜻으로서 〈건괘〉와 〈곤괘〉의 덕이 크기 때문에 특별히 문식을 가하여 〈문언전〉을 지은 것이라고 한다. 《周易本義 周易文言傳》《周易注疏 卷1 乾》

히 주도적으로 이루지 못하는 것이니, 이것이 땅의 도리이며 아내의 도리이며 신하의 도리이다. 땅의 도리는 주도적으로 이루는 게 없고, 대신하여 좋은 결말을 맺는 것이다."

9-2-나(按)

臣은 按 陽者는 天道也며 夫道也며 君道也요 陰者는 地道也며 妻道也며 臣道也라 故在天道則乾이 始之하고 坤이 生之하니 陽은 主歲功而陰은 佐陽以成歲하고 在人道則夫가 主一家之事而妻가 佐之하고 天子가 主天下之事하며 諸侯가 主一國之事而后・夫人이 佐之하나니 君臣이 亦然하니 妻之與臣이 雖有善美나 含而晦之하여 從其事而不敢尸其功하니 亦猶地道가 代天終物而成功則歸之天也라 詳玩此指則爲人之妻者가 其可以擅家之柄이며 爲人之臣者가 其可以擅國之柄乎잇가 書稱牝鷄之晨이 惟家之索(삭)[20]이라하고 又稱臣而作福・作威・玉食하면 則害于家하며 凶于國[21]이라하니 其指가 一也니 嗚呼라 可不戒哉잇가

【臣按】 陽은 하늘의 도리요 남편의 도리요 임금의 도리이며, 陰은 땅의 도리요 아내의 도리요 신하의 도리입니다.

그러므로 하늘의 도리에 있어서는 乾이 시작하고 坤이 낳아주니, 陽은 한 해의 節序를 주관하고 陰은 양을 도와서 한 해를 완성합니다. 그리고 사람의 도리에 있어서는 남편이 한 집안의 일을 주관하고 아내가 남편을 도우며, 천자가 천하의 일을 주관하고 제후가 한 나라의 일을 주관하며 后와 夫人이 천자와 제후를 돕는 법입니다. 임금과 신하 또한 마찬가지입니다. 아내와 신하가 비록 훌륭한 점이 있다 하더라도 속에 담아두고 숨겨서 그 일에 종사하기는 해도 감히 그 공을 주장하지 않는 것이니, 이는 또한 땅의 도리가 하늘을 대신하여 만물을 완성시켜 주면서도 공을 이루면 하늘에 돌리는 것과 같습니다.

이러한 뜻을 자세히 완색하여 본다면 남의 아내가 된 사람이 집안의 권력을 천

---

20) 牝鷄……之索 : 《서경》 〈周書 牧誓〉에 보인다.

21) 臣而……于國 : 《서경》 〈周書 洪範〉에, "신하로서 임금처럼 상벌을 내리며 임금처럼 珍味를 먹는 일이 있으면 너의 집안에 해악을 끼치며 너의 나라에 재앙을 끼친다.〔臣之有作福作威玉食 其害于而家 凶于而國〕"라는 내용이 보인다.

단할 수 있겠으며, 남의 신하 된 사람이 어찌 국가의 권력을 천단할 수 있겠습니까. 《서경》에 이르기를 "암탉이 새벽에 울면 집안이 기운다."라고 하였으며, 또 "신하로서 임금처럼 상을 내리고 벌을 내리며 珍味를 먹는다면 집안에 해악을 끼치며 나라에 재앙을 끼친다."라고 하였으니, 그 의미는 똑같습니다. 아, 경계하지 않을 수 있겠습니까.

9-3-가[22]

小畜①에 九三은 輿說(탈)[23]輻이며 夫妻反目이로다 象曰 夫妻反目은 不能正室也라

① 小畜 : 卦名. 畜, 止也.
'小畜'은 卦名이다. '畜'은 '그치다〔止〕'라는 뜻이다.

《주역》〈小畜卦 九三〉에 다음과 같은 내용이 보인다.
"九三은 수레에서 바퀴통이 빠지며 부부가 反目하도다."
〈象傳〉에 다음과 같은 내용이 보인다.
"'부부가 반목하는 것'은 집안을 바로잡지 못했기 때문이다."

9-3-나(按)

臣은 按 程頤가 曰 三이 以陽爻로 居不得中而密比於四하니 陰陽之情이 相求也라 又暱(닐)比而不中하여 爲陰畜制者也라 故不能前進하니 猶車輿가 說(탈)去輪輻而不可行也라 陰은 受制於陽者也而反制陽하니 如夫妻之反目也라 反目은 謂怒目相視하여 不順其夫而反制之니 未有夫不失道而妻能制之者也라 三이 自處不以道라 故四가 得制之하여 不使進하니 猶夫가 不能正其家室이라 故致反目也라하니 臣이 觀自昔柔闇之主若唐高[24]宗이 受制於武氏는 不足怪也어니와 隋文은 創業之君而亦受制於獨孤[25]는

---

22) 《주역》〈小畜卦(☴☰) 九三〉의 효사와 〈象傳〉의 내용이다. 程頤에 따르면, '축'은 그친다는 뜻으로 그치면 모이는데, 〈소축괘〉는 유순한 巽(☴)이 강건한 乾(☰)에 올라타 유순함이 강건함을 저지한 형상으로, 작은 陰이 큰 陽을 막았으므로 모이는 것이 작기 때문에 '소축'이라 한 것이다. 《伊川易傳 小畜》

23) 說 : 사고본에는 '脫'로 되어 있다.

何哉오 由自處之不正故耳라 自處不正然後에 妻得制之하나니 頤之言이 可以[26]爲永[27]鑑也已니이다

【臣按】 程頤가 말하였습니다.

"〈小畜〉의 九三이 陽爻로서 中에 자리하지 못하였고 六四와 밀접하게 가까우니, 陰陽의 정은 서로 찾는 것이다. 또 매우 가까우면서도 中에 자리하지 않아 陰에게 저지당하여 制止를 받는 것이다. 그러므로 앞으로 나아가지 못하니, 수레에서 바퀴통이 빠져버려 나아가지 못하는 것과 같다.

음은 양에게 제지를 받는 것인데 도리어 양을 제지하니, 부부가 반목하는 것과 같다. '反目'은 노여운 눈으로 상대를 노려보아 자기 남편에게 순종하지 않고 도리어 제지한다는 말이니, 남편이 도리에 어긋나지 않았는데도 아내가 남편을 제지할 수 있는 경우는 없다. 九三이 스스로 올바른 도리로 처신하지 않았기 때문에 六四가 제지하여 나아가지 못하게 할 수 있으니, 마치 남편이 자기 집안을 바르게 하지 못했기 때문에 반목을 초래한 것과 같다."

신이 보건대, 옛날 유약하고 혼암한 군주로 唐 高宗이 武氏의 제지를 받았던 것과 같은 사례는 이상할 게 없지만, 隋 文帝는 창업 군주인데도 獨孤皇后의 제약을 받았던 것은 무엇 때문이겠습니까? 자기 처신이 올바르지 않았기 때문입니다. 자기 처신이 올바르지 않고 나서야 아내가 제지할 수 있는 것이니, 정이의 말이 영원한 鑑戒가 될 만합니다.

9-4-가[28]

歸妹①彖曰 歸妹는 天地之大義也니 天地不交則[29]萬物이 不興하나니 歸妹는

24) 高 : 대전본에는 '太'로 되어 있으나, 오자이다.

25) 隋文……獨孤 : '獨孤'는 隋 文帝의 아내인 文獻皇后 獨孤氏를 가리킨다. 河內公 獨孤信의 딸로, 문제가 즉위하기 전 그녀와 혼인할 때 다른 여자로부터 자식을 얻지 않겠다고 맹세하였다. 그녀의 심한 투기 때문에 후궁 중에 문제의 총애를 받는 이가 드물었다고 한다. 《隋書 卷36 后妃傳》

26) 以 : 대전본에는 '不'로 되어 있다.

27) 永 : 대전본에는 '氶'으로 되어 있으나, 오자이다.

28) 《주역》 〈歸妹卦(䷵) 彖傳〉이다. 程頤에 따르면, '귀매'는 여자가 시집을 간다는 뜻으로, 震

人之終始也라 說(열)以動하여 所歸가 妹也니 征凶은 位不當也요 無攸利는 柔乘剛也[30)]일새라

① 歸妹 : 卦名. 妹, 少女之稱, 歸, 嫁也. 此卦, 震上兌下, 震, 長男, 兌, 少女也, 故曰歸妹.
'歸妹'는 卦名이다. '妹'는 少女를 일컫는 말이고, '歸'는 '시집가다'라는 뜻이다. 이 괘는 震(☳)이 上卦이고 兌(☱)가 下卦인데, 震은 長男이고 兌는 少女이기 때문에 '歸妹'라고 한다.

《주역》〈歸妹卦 彖傳〉에 다음과 같은 내용이 보인다.

"歸妹는 천지의 大義이다. 천지가 교합하지 않으면 만물이 생기지 않는 법이니, 歸妹는 인간의 끝과 처음이다. 기뻐함으로써 움직여 시집을 가는 것이 少女〔妹〕이니, '가면 흉하다〔征凶〕'라는 것은 자리가 마땅하지 않기 때문이고, '이로울 것이 없다〔無攸利〕'라는 것은 부드러운 陰爻가 강한 陽爻에 올라탔기 때문이다."

9-4-나(按)

臣은 按 歸妹卦體가 長男이 在上하고 少女가 在下하니 若得其正者어니와 然震은 動也요 兌는 說(열)也라 故程頤가 謂以說而動하면 未有不失正者[31)]라하고 又曰 男女가 有尊卑之序하며 夫婦가 有倡隨之禮하니 此가 常理也라 苟不由常正之理하고 徇[32)]情肆欲하여 惟說是動이면 則夫婦가 瀆亂하여 男牽欲而失其剛하고 婦狃說而忘其順하리니 如歸妹

(☳)이 위에 있고 兌(☱)가 아래에 있어 少女가 長男을 따르는 형상이다.《伊川易傳 歸妹》

29) 則 : 통행본《예기》에는 '而'로 되어 있다.

30) 征凶……剛也 : 〈歸妹卦〉의 卦辭에 "〈귀매〉는 가면 흉하니 이로울 것이 없다.〔歸妹 征 凶 无攸利〕"라는 내용을 설명한 것이다. '柔乘剛(부드러운 것이 강한 것에 올라타다)'에 대하여, 주희는 "〈귀매괘〉의 爻들 가운데 二爻부터 五爻까지 모두 바른 자리를 얻지 못하였으며, 六三과 六五가 또 모두 부드러운 陰爻로서 강한 陽爻 위에 올라탔다. 그러므로 〈귀매괘〉의 占은 가면 흉하니 이로울 게 없는 것이다.〔卦之諸爻 自二至五 皆不得正 三五又皆以柔乘剛 故其占征凶而无所利也〕"라고 하였다.《周易本義 歸妹》

31) 以說……正者 : 통행본《伊川易傳》에는 '以說而動動以說則不得其正矣'로 되어 있다.

32) 徇 : 사고본에는 '殉'으로 되어 있다.

之乘剛이 是也니 所以凶하여 無所往而利也니라 夫陰陽之配合과 男女之交遇가 理之常也어니와 然從欲而流放하여 不由義理면 則淫邪가 無所不至하여 傷身敗德하리니 豈人理哉리오 歸妹之所以凶也라하니 臣은 謂乘者는 陵跨之謂니 柔乘剛・婦乘夫가 此가 逆理亂常之事라 故聖人이 深以爲戒云이시니이다

【臣按】〈歸妹〉는 卦體가 長男이 위에 있고 少女가 아래에 있으니, 마치 바른 자리를 얻은 것처럼 보입니다. 그러나 震은 움직이는 것이고 兌는 기뻐하는 것이므로, 程頤가 기뻐함으로써 움직이면 바른 이치를 상실하지 않는 경우가 없다고 하였습니다.

또 "남녀간에는 尊卑의 질서가 있으며, 부부간에는 부창부수하는 禮가 있으니, 이것이 常理이다. 만약 당연하고 바른 도리를 따르지 않고, 감정에 따르고 욕망을 마음대로 부려 오로지 기뻐하는 대로 움직인다면, 부부가 문란해져서 남자는 욕망에 이끌려 자신의 강건한 성질을 잃게 되고 여자는 열락에 젖어 자신의 유순한 성질을 잊게 될 것이니, 〈귀매괘〉의 '강한 양효에 올라타다〔乘剛〕'와 같은 것이 이러한 경우이다. 그래서 흉하여 어디를 가든 이로울 게 없는 것이다. 대저 음양이 짝을 지어 합하는 것과 남녀가 짝을 지어 만나는 것은 당연한 이치이다. 그러나 욕망을 따라 방종하여 의리를 따르지 않으면, 음란하고 사악한 짓을 못할 게 없어져 제 몸을 해치고 덕을 망칠 것이니, 어찌 사람의 도리이겠는가. 이것이 〈歸妹〉가 흉한 이유이다."라고 하였습니다.

신은 이렇게 생각합니다. '乘'은 타고 넘는다는 말이니, 부드러운 것이 강한 것을 뛰어넘는 것과 아내가 남편을 뛰어넘는 것은 常理를 거스르고 어지럽히는 일입니다. 그러므로 성인이 깊이 경계한 것입니다.

9-5-가1[33]

記郊特牲[34]에 婦人은 從夫[35]者也니 幼從父兄하고 嫁從夫하고 夫死어든 從

---

33) 《禮記》〈郊特牲〉 중에 친영할 때 아내가 남편의 인도를 받는 이유를 설명한 부분에 보인다. '교특생'에 대해서는 9-1-가1의 '天地……別也' 주석 참조.

34) 記郊特牲 : 대전본에는 '昏義'로 되어 있고 뒤에 小字로 '禮記篇名'이 있다. 《예기》〈昏義〉에는 9-5-가1에 인용된 문장이 없으므로, 이는 오류이다.

35) 夫 : 통행본 《예기》에는 '人'으로 되어 있다.

子하나니 **夫也者**는 **夫也**①니 **夫也者**는 **以知帥**(솔)**人者也**②라

① 夫也 : 猶丈夫也.
'夫'는 '丈夫'와 같다.
② 以知帥人者也 : 知, 與智同.
'知'는 '智(지혜)'와 같다.

《예기》〈郊特牲〉에 다음과 같은 내용이 있다.

"婦人은 장부〔夫〕를 따르는 사람이니, 어려서는 父兄을 따르고 시집가서는 남편을 따르고 남편이 죽으면 자식을 따른다. '夫'는 '장부'라는 뜻이니, '장부'는 지혜로 남들을 이끄는 사람이다."

9-5-가2[36)]

家語①에 **曰 女子者**는 **順男子之教而長其理者也**니 **是故**로 **無專制之義而有三從之道**하니라

① 家語 : 孔子之書.
'家語'는 孔子에 대해 기록한 책이다.

《孔子家語》에 다음과 같은 내용이 있다.

"여자는 남자의 가르침에 순종하여 그 이치를 성장시키는 사람이다. 이 때문에 혼자 결단하는 도리가 없고 三從의 도리가 있는 것이다."

9-5-나(按)

臣은 按 婦者는 坤道也라 故以柔順爲貴而無專制之義하고 夫者는 乾道也라 故以剛健爲貴而有帥(솔)人之智하니 帥人者는 謂其剛明果斷이 可以統御乎人也니 士大夫則統制一家하고 諸侯則統御一國하고 天子則統御天下가 無二道也라 爲婦而剛彊이면 則婦不婦矣요 爲夫而柔弱이면 則夫不夫矣라 夫也者夫也는 謂其當盡丈夫之道也니 孟子가 謂無違夫子以順爲正者는 妾婦之道라 至於居廣居・立正位・行大道而富

36) 《孔子家語》〈本命解〉에 보인다. 이 편은 魯 哀公의 天命에 대한 물음에 공자가 답한 내용이다.

貴・貧賤・威武所不能移奪者然後에 謂之大丈夫[37)]라하시니 於此에 可見夫與婦之分矣로소이다

【臣按】婦人은 坤의 도리이므로 유순함을 귀하게 여겨 혼자 결단하는 의리가 없으며, 장부는 乾의 도리이므로 강건함을 귀하게 여겨 남들을 이끄는 지혜가 있습니다. '남들을 이끈다.'라는 것은 그 剛明함과 과단성이 남들을 통솔할 수 있다는 말이니, 士와 大夫가 한 집안을 통솔하고 제후가 한 나라를 통솔하고 천자가 천하를 통솔하는 것은, 그 이치가 같습니다.

부인이 되어 굳세면 부인이 부인답지 않은 것이고, 장부가 되어 유약하면 장부가 장부답지 않은 것입니다. '夫는 장부라는 뜻이다.'라는 것은 장부가 장부의 도리를 다해야 한다는 말입니다. 孟子는, 여자가 시집갈 때 남편을 거역하지 말라고 하니, 유순함을 正道로 여기는 것은 부녀자의 도리라고 하였습니다. 그리고 廣居(仁)에 살고 正位(禮)에 서며 大道(義)를 행하여 富貴・貧賤・威武로 그 뜻을 변치 못하는 데 이른 뒤에야 '대장부'라 한다고 하였습니다. 여기에서 장부와 부인의 분별을 알 수 있습니다.

以上은 論天理人倫之正三[38)]이라【夫婦之別[39)]】

이상은 천리와 인륜에 임하는 올바른 처신을 논한 세 번째이다.【부부간의 분별】

---

37) 無違……丈夫 : 《맹자》〈滕文公 下〉 제2장에 보이는데, 다음에 보이는 맹자의 말을 축약한 것이다. "여자가 시집갈 때에 어머니가 훈계하니, 시집갈 때 문에서 전송하면서 경계하기를, '너희 집에 가서 반드시 공경하고 반드시 경계하여 남편을 거역하지 말라.'라고 하니, 유순함을 正道로 여기는 것은 부녀자의 도리이다. 천하의 넓은 터전〔仁〕에 살며, 천하의 바른 자리〔禮〕에 서며, 천하의 大道〔義〕를 행하여, 득의하면 백성과 함께 道를 실천하고, 득의하지 못하면 혼자 그 道를 실천하여, 부귀가 마음을 방탕하게 하지 못하며, 빈천이 절개를 변치 못하며, 威武가 지조를 꺾지 못하는 사람을 '대장부'라 한다.〔女子之嫁也 母命之 往送之門 戒之曰 往之女家 必敬必戒 無違夫子 以順爲正者 妾婦之道也 居天下之廣居 立天下之正位 行天下之大道 得志 與民由之 不得志 獨行其道 富貴不能淫 貧賤不能移 威武不能屈 此之謂大丈夫〕"

38) 三 : 대전본에는 '四', 사고본에는 '五'로 되어 있다. 저본이 옳다.

39) 夫婦之別 : 사고본에는 없다.

9-6-가1[40)]

大禹謨에 曰 后가 克艱厥后①하며 臣이 克艱厥臣이라사 政乃乂하여 黎民이 敏德하리이다

① 后克艱厥后 : 后, 君也. 艱, 難也.
'后'는 '임금'이라는 뜻이다. '艱'은 '어렵게 여기다'라는 뜻이다.

《서경》〈大禹謨〉에 다음과 같은 내용이 있다.

"임금이 자신의 임금 노릇을 능히 어렵게 여기며 신하가 자신의 신하 노릇을 능히 어렵게 여겨야 정사가 비로소 잘 다스려져서 백성이 덕에 빠르게 감화될 것입니다."

9-6-가2[41)]

定公이 問 一言而可以興邦이라하나니 有諸잇가 孔子가 對曰 言不可以若是其幾也①어니와 人之言曰 爲君難하며 爲臣不易라하나니 如知爲君之難也인댄 不幾乎一言而興邦乎잇가 曰一言而喪邦이라하나니 有諸잇가 孔子가 對曰 言不可以若是其幾也어니와 人之言曰 予無樂乎爲君이요 唯其言而莫予違也②라하나니 如其善而莫之違也인댄 不亦善乎잇가 如不善而莫之違也인댄 不幾乎一言而喪邦乎잇가

① 言不……幾也 : 幾, 期也.
'幾'는 '期必하다'라는 뜻이다.

② 莫予違也 : 違, 逆也.
'違'는 '거스르다'라는 뜻이다.

---

40) 《서경》〈大禹謨〉에 보인다. 여기에 인용된 말은 禹가 舜임금에게 진언한 말이다. 〈大禹謨〉는 《古文尙書》에 보이는데, 禹·益·皐陶 등이 진언하고 순임금이 이에 답하는 내용 및 우가 有苗를 복종시킨 사적을 기술하였다.

41) 《논어》〈子路〉 제15장에 보인다. 魯 定公(재위 기원전 509~기원전 495)의 이름은 宋이며 襄公의 아들이자 昭公의 동생이다. 邢昺에 따르면, 이 장에서는 임금 노릇을 하는 도리에 대해 말하였다. 《史記 卷33 魯周公世家》《論語注疏 子路》

魯 定公이 질문하였다.

"말 한마디로 나라를 흥하게 할 수 있다고 하는데, 그러한 것이 있습니까?"

공자가 대답하였다.

"말로는 이와 같이 된다고 기필할 수 없지만, 사람들의 말에 '임금 노릇 하기 어렵고 신하 노릇 하기 쉽지 않다.'라고 합니다. 임금 노릇이 어려운 줄 안다면 말 한마디로 나라를 흥하게 하리라 기필할 수 있지 않겠습니까."

"말 한마디로 나라를 잃는다고 하는데, 그러한 것이 있습니까?"

공자가 대답하였다.

"말로는 이와 같이 된다고 기필할 수 없지만, 사람들의 말에 '내가 임금 노릇 하는 것에는 낙이 없고, 오로지 내 말대로 하여 거스르는 이가 없는 것이 낙이다.' 라고 합니다. 그 말이 선하여 거역하는 이가 없다면 또한 좋지 않겠습니까. 그 말이 선하지 않은데도 거스르는 이가 없다면 말 한마디로 나라를 잃으리라 기필할 수 있지 않겠습니까."

9-6-나(按)

臣은 按 大禹가 言君臣之道에 蔽之以克艱之一言하시니 可謂至矣라 蓋以爲艱則存敬畏之心이요 以爲易則啓驕逸之志니 此가 治亂安危之所自分也라 孔子告定公之言이 其與大禹로 若出一揆하시니 萬世君臣之藥石也라 言不可以若是其幾者는 謂未可若是必期其效也라 然知爲君之難則邦必興이요 唯予言而莫敢違則邦必喪이니 是又必然而可期者也라 子思之告衛侯에 曰 君之國事가 將日非矣로소이다 君이 出言自以爲是而卿大夫가 莫敢矯其非하고 卿大夫가 出言自以爲是而士庶人이 莫敢議其非[42]라하시니 此가 所謂唯予[43]言而莫予違也라 苟如是면 未有不亡者니 嗚呼라 可不戒歟잇가

【臣按】 大禹가 君臣의 도리를 말함에 '능히 어렵게 여기다'라는 한마디 말로 개

42) 子思……其非 : 《資治通鑑》 卷1 〈周紀1〉의 安王 25년(기원전 377) 기사에 보인다. 당시 衛나라 임금이 틀린 계책을 내었는데도 신하들이 이구동성으로 찬성하자, 자사가 이를 두고 비판한 것이다. 같은 내용이 《孔叢子》 〈抗志〉에도 보인다.

43) 予 : 사고본에는 '其'로 되어 있다.

괄하였으니, 지극하다 할 수 있습니다. 어렵게 여기면 공경하고 두려워하는 마음을 간직하는 것이요 쉽게 여기면 교만하고 안일한 마음을 일으키는 것이니, 이는 치란과 안위가 판가름 나는 이유입니다. 공자가 정공에게 일러준 말이 대우가 했던 말과 똑같은 생각에서 나온 듯하였으니, 萬世 君臣의 藥石입니다.

'말로는 이와 같이 된다고 기필할 수 없다'라는 것은 그 효과를 이와 같이 기필할 수 없다는 말입니다. 그러나 임금 노릇이 어려운 줄 안다면 나라를 반드시 흥하게 할 것이요, 오로지 자기 말대로 하여 거역하는 자가 없다면 나라를 반드시 잃게 될 것이니, 이는 또 반드시 그렇게 된다고 기약할 수 있는 것입니다. 子思가 衛나라 임금에게 말하기를, "임금의 國事는 앞으로 날마다 잘못될 것입니다. 임금이 발언하면서 스스로는 옳다고 여기는데도 卿大夫 가운데 감히 그 잘못을 바로잡는 자가 없고, 경대부가 발언하면서 스스로 옳다고 여기는데도 士庶人 가운데 감히 그 잘못을 비판하는 자가 없습니다."라고 하였으니, 이것이 이른바 "오로지 내 말대로 하여 거스르는 이가 없는 것이 낙이다."라는 것입니다. 만약 이렇게 한다면 망하지 않는 경우가 없을 것이니, 아, 경계하지 않을 수 있겠습니까.

9-7-가[44]

益稷①에 **帝庸作歌曰 勅天之命**혼대 **惟時惟幾**②라하시고[45] **乃歌曰 股肱喜哉**면 **元首起哉**③하여 **百工熙哉**④[46]하리라 **皐陶**(요)가 **拜手稽首**[47]하여 **颺言**⑤**曰 念哉**하사

44) 《서경》 〈虞書 益稷〉의 마지막 부분에 보인다. 〈익직〉은 禹가 舜임금에게 益과 稷이 공적을 이룩하는 데 도움을 주었다고 말했기 때문에 지어진 이름이다. 이 편은 순임금과 禹·夔·皐陶가 대화한 내용으로 이루어져 있다.

45) 하시고 : 509본에는 '하고'로 되어 있다.

46) 百工熙哉 : 蔡沈은 "백관의 공이 모두 넓어진다.〔百官之功 皆廣也〕"라고 풀이하였다. 《書集傳 益稷》

47) 拜手稽首 : 가공언에 따르면 다음과 같다. '배수'는 空首라고도 하는데, 절을 할 때 머리가 손에 닿는 것이다. 먼저 두 손을 마주잡아 땅에 닿은 뒤에 곧바로 머리가 손에 닿는다. 머리가 땅에 닿지 않기 때문에 '공수'라고 한 것이다. '계수'는 머리가 땅에 닿아 한참 머물러 있는 절로, 신하가 임금에게 절할 때 사용하는 가장 정중한 절이다. 절을 할 때 拱手한 손이 땅에 닿고 곧바로 머리가 손에 닿게 한 뒤에 머리를 당겨 땅에 대고 한참 머무른다. 공영달에 따르면, '배수계수'는 처음에 절을 할 때 머리가 손에 닿게 했다가 다시 머리를 당겨

率作興事⑥하사대 愼乃憲⑦하사 欽哉⑧하시며 屢省乃成하사 欽哉하소서 乃賡載歌⑨曰 元首明哉하시면 股肱良哉하여 庶事康哉하리이다 又歌曰 元首가 叢脞(좌)哉⑩하시면 股肱惰哉하여 萬事墮哉⑪하리이다

① 益稷 : 虞書篇名.
'益稷'은 《서경》 〈虞書〉의 篇名이다.

② 勅天……惟幾 : 勅, 戒也. 幾, 微也.
'勅'은 '삼가다'라는 뜻이다. '幾'는 '기미'라는 뜻이다.

③ 股肱……起哉 : 股肱, 謂臣. 元首, 謂君.
'股肱'은 신하를 말한다. '元首'는 임금을 말한다.

④ 百工熙哉 : 熙, 廣也.
'熙'는 '넓어지다'라는 뜻이다.

⑤ 拜手……颺言 : 拜手, 首至手, 稽首,[48] 首至地, 言盡敬於君. 大言而疾曰颺.
'拜手'는 머리가 손에 닿는 것이며, '稽首'는 머리가 바닥에 닿는 것이니, '拜手稽首'는 임금에게 공경을 다했다는 것을 말한다. 큰 소리로 말하면서 빠르게 하는 것을 '颺'이라 한다.

⑥ 率作興事 : 率, 總率也.
'率'은 '통솔하다'라는 뜻이다.

⑦ 愼乃憲 : 憲, 法度也.
'憲'은 '법도'라는 뜻이다.

⑧ 欽哉 : 欽, 敬也.
'欽'은 '공경하다'라는 뜻이다.

⑨ 乃賡載歌 : 賡, 續也. 載, 成[49]也.
'賡'은 '이어서'라는 뜻이다. '載'는 '이룩하다'라는 뜻이다.

⑩ 元首叢脞哉 : 叢脞, 煩碎也.
'叢脞'는 '시시콜콜하다'라는 뜻이다.

⑪ 墮哉 : 墮, 壞也.
'墮'는 '무너지다'라는 뜻이다.

땅에 닿게 하는 것이다. 이와 같이 하는 것은 지극하게 공경을 표시하는 것으로, 신하가 임금에게 이러한 예를 행한다. 《周禮注疏 春官宗伯 大祝 賈公彦疏》《春秋左氏傳注疏 僖公 5年 孔穎達疏》

48) 首 : 대전본에는 '自'로 되어 있다.

49) 成 : 사고본에는 '始'로 되어 있다.

《서경》〈益稷〉에 다음과 같은 내용이 있다.
“舜임금이 이에 노래를 지으려 하면서 다음과 같이 말했다.
‘天命을 삼갈진대, 때마다 기미마다 삼가라.’
이에 다음과 같이 노래하였다.

신하들이 일을 즐거워하면　　股肱喜哉
임금의 치적이 일어나　　元首起哉
백관의 功이 넓어지리라　　百工熙哉

皐陶가 拜手稽首하고서 크고 빠른 소리로 말하였다.
‘유념하시어 신하들을 통솔하여 사업을 일으키시되 법도를 신중히 하여 공경히 하시며, 사업이 잘 이루어지는지 자주 살펴 공경히 하십시오.’
이에 순임금의 노래를 이어서 다음과 같이 노래하였다.

임금께서 명철하시면　　元首明哉
신하들이 현량해져서　　股肱良哉
만사가 태평할 것입니다　　庶事康哉

또 노래하기를,

임금께서 시시콜콜 지시하시면　　元首叢脞哉
신하들이 게을러져서　　股肱惰哉
모든 일이 잘못될 것입니다　　萬事墮哉

하였다.”

9-7-나(按)

臣은 按 此章이 繫於命夔(기)典樂之後하니 蓋當是時하여 治定功成하고 禮樂大備하여

和氣浹於天壤之間하니 鳳儀獸舞가 有不召自至者[50)]어늘 帝舜則曰 天命靡常이라 可戒而不可恃也라하시니 眞情所發이 見於詠歌[51)]이니이다 惟時者는 謂無時而不戒也요 惟幾者는 謂無微而不戒也라 天道가 難諶하여 理亂安危가 相爲倚伏하니 斯須敬畏之不存이면 則怠荒之所自起요 毫髮幾微之不察이면 則禍亂之所自生이니 帝將作歌에 先言所以歌之意也라 帝之意가 責成於臣이라 故謂股肱喜然後에 元首起而百官之事가 熙焉이라하시니 喜는 謂樂於有爲요 起는 謂有所作興也라 皐陶之意則歸重於君하여 謂事雖作於百官이나 而總率作興者는 君也니 法度之已定者를 不可不謹守之며 事功之已成者를 不可不數(삭)省之니 守之不謹則定者가 壞[52)]요 省之不數(삭)則成者가 虧하나니 敬哉敬哉하여 不可忽也라하니 此亦先言欲歌之意也라 於是에 續成其歌曰 元首明則股肱良而庶事康이라하고 又歌曰 元首煩碎則股肱惰而萬事墮라하니이다

【臣按】 이 章은 夔를 典樂으로 임명하는 내용 뒤에 있습니다. 이 당시에 정치가 안정되고 功績이 이루어졌으며 예악이 대대적으로 整備되어 和氣가 천지간에 가득하였으니, 봉황과 짐승들이 부르지 않았는데도 스스로 와서 춤을 춘 길조가 있었습니다. 그런데 帝舜은 "天命은 고정불변의 것이 아니므로, 경계를 해야지 그것만 믿어서는 안 된다."라고 말하였으니, 진솔한 마음의 발현이 노래에 나타났습니다. '惟時(때마다)'는 경계하지 않는 때가 없다는 말이요, '惟幾(기미마다)'는 경계하지 않는 기미가 없다는 말입니다.

天道는 믿기 어려워 치란과 안위가 그 가운데 서로 의지하고 잠복되어 있는 것이어서, 잠깐이라도 공경하고 두려워하는 마음을 간직하지 않으면 태만과 방탕이 그로 말미암아 일어나게 되고, 조금이라도 기미를 살피지 않으면 재앙과 환란이 그로 말미암아 생겨나게 되니, 舜임금이 노래를 만들려고 하면서 먼저 부르려고 하는 의도를 말하였습니다. 순임금의 의도는 신하들에게 책임을 부여하여 완성하

50) 鳳儀……至者 : 《서경》 〈虞書 益稷〉에 "堂下에 관악기와 鼗鼓(도고)를 진설하고, 合奏는 柷(축)으로 하고 마무리는 敔(어)로 하며 笙과 鏞(용)으로 間奏를 하니, 짐승들이 덩실덩실 춤을 추고 〈簫韶〉 아홉 樂章을 연주함에 봉황이 날아와서 절도 있게 춤을 추었습니다.〔下管鼗鼓 合止柷敔 笙鏞以間 鳥獸蹌蹌 簫韶九成 鳳凰來儀〕"라고 夔가 순임금에게 말한 내용이 보인다. '九成'의 '成'은, 주희에 따르면 음악이 한 번 끝나는 것이다. 《孟子集註 萬章 下》

51) 詠歌 : 대전본에는 '歌詠'으로 되어 있다.

52) 壞 : 대전본에는 '壞'으로 되어 있으나, 오자이다.

게 하는 것입니다. 그러므로 신하들이 일을 즐거워한 뒤에 임금의 치적이 일어나 백관들의 공이 넓어진다고 하였으니, '喜'는 의미 있는 일을 하는 것에 대해 즐거워한다는 말이요, '起'는 振作시킨다는 말입니다.

皐陶의 의도는 임금을 높이 받들어, 일은 비록 백관들에게서 시작하더라도 백관들을 통솔하여 진작시키는 것은 임금이니, 이미 정해진 법도를 삼가 지키지 않을 수 없으며, 이미 이루어진 공적을 자주 살피지 않을 수 없는 것입니다. 삼가 지키지 않으면 정해진 법도가 무너지고 자주 살피지 않으면 이루어진 공적이 잘못되는 법이니, 공경하고 공경하여 소홀히 하면 안 된다고 하였습니다. 이 역시 노래하려는 의도를 먼저 말한 것입니다. 이에 그 노래에 이어서 짓기를, "임금께서 명철하시면 신하들이 현량해져서 만사가 태평할 것입니다."라고 하였으며, 또 "임금께서 시시콜콜 지시하시면 신하들이 게을러져서 모든 일이 잘못될 것입니다."라고 노래하였습니다.

范祖禹가 嘗論之曰 君以知人爲明하고 臣以任職爲良하나니 君知人則賢者가 得行其所學하고 臣任職則不肖者가 不得苟容於朝하나니 此가 庶事所以康也라 若夫君行臣職則叢[53]脞矣요 臣不任君之事則惰矣니 此가 萬事所以墮也[54]라하니 斯言이 得之로소이다 然帝之歌는 本爲勅天命而作이로되 君臣唱和가 乃無一語及天者하니 修人事는 所以勅天命也니 後之人主는 宜深體焉이니이다

范祖禹가 다음과 같이 논한 적이 있습니다.

"임금이 인재를 알아보는 것을 明君이라고 하고, 신하가 직책을 감당하는 것을 良臣이라고 하는 법이다. 임금이 사람을 알아보면 현능한 자들이 자신이 배웠던 것을 실행할 수 있게 되고, 신하가 직무를 감당해내면 능력 없는 자들이 조정에서 구차하게 용납될 수 없을 것이니, 이것이 만사가 태평하게 되는 이유이다. 임금이 신하가 할 일을 행하는 것은 시시콜콜한 것이고, 신하들이 임금에게 부여받은 일을 감당해내지 못하는 것을 태만한 것이니, 이것이 만사가 잘못되는 이유이다."

이 말은 옳습니다. 그러나 舜임금의 노래는 본래 天命을 삼가자는 뜻에서 지었는데도 군신간의 酬唱에서는 도리어 한마디도 '天'을 언급한 것이 없었습니다. 人

53) 叢 : 저본에는 '藂'으로 되어 있으나, 대전본·사고본에 근거하여 바로잡았다.
54) 君以……墮也 : 《唐鑑》 卷3 〈太宗1〉에 보인다.

事를 조심스럽게 행하는 것이 天命을 삼가는 방법이니, 후대의 임금은 깊이 유념해야 할 것입니다.

自克艱以下는 皆言君臣之道라

'克艱'(9-6-가) 이하로는 모두 군신간의 도리를 말하였다.

9-8-가[55)]

洪範①에 惟辟이사 作福②하며 惟辟이사 作威③하며 惟辟이사 玉食④하나니 臣無有作福·作威·玉食이니라 臣之有作福·作威·玉食하면 其害于而家하며 凶于而國⑤하여 人用側頗僻⑥하며 民用僭忒⑦하리라

① 洪範 : 《周書》篇名, 箕子作也.
'洪範'은 《書經》〈周書〉의 편명으로, 箕子가 지은 것이다.

② 惟辟作福 : 惟, 獨也. 辟, 君也. 福, 謂慶賞之類.
'惟'는 '오로지'라는 뜻이다. '辟'은 '임금'이라는 뜻이다. '福'은 賞과 같은 것을 말한다.

③ 惟辟作威 : 威, 謂刑罰之類.
'威'는 형벌과 같은 것을 말한다.

④ 玉食 : 玉食, 謂珍貴之食.
'玉食'은 진귀한 음식을 말한다.

⑤ 其害……而國 : 而, 汝[56)]也.
'而'는 '너'라는 뜻이다.

⑥ 人用側頗僻 : 人, 謂有位之人. 側·頗·僻[57)], 皆不平不正之意.
'人'은 지위가 있는 사람을 말한다. '側'·'頗'·'僻'은 모두 공평치 않고 부정하다는 뜻이다.

⑦ 民用僭忒 : 僭, 謂僭上. 忒, 差也.
'僭'은 윗사람에게 분수에 넘는 짓을 한다는 말이다. '忒'은 '잘못을 하다'라는 뜻

---

55) 《서경》〈洪範〉에 보인다. 洪範九疇 가운데 여섯 번째인 '三德'(正直·剛克·柔克)을 설명하는 부분에 있는 말이다.

56) 汝 : 대전본에는 '洪'으로 되어 있으나, 오자이다.

57) 側·頗·僻 : 蔡沈은 이 세 가지를 구분하여 설명하였는데, 그에 따르면 '側'은 바르지 않다는 뜻이며, '頗'는 균평하지 않다는 뜻이며, '僻'은 공정하지 않다는 뜻이다. 《書集傳 洪範》

이다.

《서경》〈洪範〉에 다음과 같은 내용이 있다.

"오로지 임금이라야 포상을 내리며, 오로지 임금이라야 형벌을 내리며, 오로지 임금이라야 진귀한 음식을 받으니, 신하는 포상을 내리거나 형벌을 내리거나 진귀한 음식을 받아서는 안 된다. 신하로서 포상을 내리거나 형벌을 내리거나 진귀한 음식을 받으면 네 집안에 해악을 끼치며 네 나라에 재앙을 끼쳐 벼슬이 있는 사람들은 공평치 않고 부정한 처신을 하게 되고 일반 백성은 분수에 넘치는 짓을 하여 잘못을 할 것이다."

9-8-나(按)

臣은 按 此는 箕子가 爲武王陳萬世君臣之大法也라 福・威者는 上之所以御下요 玉食者는 下之所以奉上也라 曰惟辟者는 戒其權不可下移요 曰無有者는 戒其臣不可上僭也라 夫君臣上下之分이 如天冠地屨[58]之不可易이니 臣而福威則盜上之[59]柄矣요 臣而玉食則儗上之奉矣라 大夫가 爲此則害于家하고 諸侯가 爲此則凶于國하고 其[60]臣民이 尤而效之면 亦將傾邪而妄作하며 僭忒而踰分矣니 孟子所謂不奪不饜[61]者가 理固然也라

【臣按】 이는 箕子가 周 武王을 위하여 萬世의 君臣들이 지켜야 할 大經大法을 진술한 것입니다. '福'과 '威'는 윗사람이 아랫사람을 부리는 방법이요, '玉食'은 아랫사람이 윗사람을 받드는 방법입니다. '惟辟'이라고 말한 것은 윗사람의 권력이 아랫사람에게 옮겨가서는 안 된다고 경계한 것이요, '無有'라고 말한 것은 신하가 임금에게 참람한 짓을 하면 안 된다고 경계한 것입니다.

君臣과 上下 간의 분별은 하늘이 위에 있고 땅이 아래에 있는 것처럼 바꿀 수 없는 것이니, 신하로서 임금의 '福'과 '威'를 행한다면 임금의 권력을 훔치는 것이요, 신하로서 임금의 '玉食'을 먹는다면 임금이 받는 봉양을 모방하는 것입니다.

---

58) 屨 : 사고본에는 '履'로 되어 있다.

59) 之 : 사고본에는 없다.

60) 其 : 대전본・사고본에는 없다.

61) 不奪不饜 : 《맹자》〈梁惠王 上〉 제1장에 보인다.

대부가 이러한 짓을 저지른다면 집안에 해악을 끼치고, 제후가 이러한 짓을 저지른다면 나라에 재앙을 끼치고, 신하와 백성들이 탓하면서도 따라한다면 또한 신하는 비뚤어져서 함부로 행동할 것이며 백성은 참람해져서 분수에 넘치는 짓을 하게 됩니다. 孟子가 이른바 '다 빼앗지 않고는 만족하지 않는다.〔不奪不厭〕'라는 것은 이치가 본래 그러한 것입니다.

或謂 吳・楚가 嘗[62]僭天子[63]하고 魯之三家가 嘗僭諸侯[64]로되 不聞其害與凶은 何邪오 曰 惠迪하면 吉이요 從逆하면 凶[65]이라하니 順乎道가 卽吉이요 逆乎道가 卽[66]凶也니 臣而僭上은 卽所謂害며 卽所謂凶也라 況吳・楚之簒殺(시)가 相尋[67]而季・孟之家臣이 繼叛[68]하니 又非凶害而何오 吁라 洪範九疇[69]를 箕子가 受之大禹하시고[70] 大禹가 受之

62) 嘗 : 사고본에는 없다.

63) 吳楚……天子 : 춘추시대 吳王 闔閭와 楚 莊王 등과 같은 오나라와 초나라의 君主들이 周나라 天子만이 칭할 수 있었던 王을 칭한 것을 말한다.

64) 魯之……諸侯 : 三家는 魯 桓公의 후예로서 三桓이라고도 한다. 노나라의 大夫인 仲孫・叔孫・季孫을 말하며, 중손은 '孟孫'이라고도 한다. 이들은 당시 국정을 장악하여 제후인 노나라의 임금조차 그들을 어찌하지 못하였다. 심지어 삼가는 家廟에서 八佾舞를 설행하고, 《시경》〈雍〉篇을 연주하며 제사 음식을 철상하는 등 천자의 禮를 僭用하기까지 하였는데, 관련된 내용이 《논어》〈八佾〉 제1장, 제2장에 보인다.

65) 惠迪……逆凶 : 《서경》〈虞書 大禹謨〉에 보인다.

66) 卽 : 대전본・사고본에는 '則'으로 되어 있다.

67) 吳楚……相尋 : 오왕 합려는 專諸를 시켜 선왕인 僚를 시해하고 즉위하였으며, 楚 穆王은 태자였을 때 아버지 成王이 태자를 바꾸려고 하자 성왕을 포위하여 죽게 만들고 즉위하였다. 《史記 卷31 吳太伯世家, 卷40 楚世家》

68) 季孟……繼叛 : 季桓子의 가신인 陽虎가 계환자를 가두는가 하면 三桓의 嫡子들을 죽이고 서자를 세우려고 하였으며 계환자를 죽이려고까지 하는 등 잇달아 전횡을 저질렀다. 삼환이 공동으로 양호를 공격하자, 양호는 陽關을 거점으로 삼았다가 齊나라로 달아났다. 《史記 卷33 魯周公世家》

69) 洪範九疇 : 천하를 다스리는 아홉 가지 큰 법칙이라는 뜻으로, 殷나라의 箕子가 은나라를 멸한 周 武王에게 일러주었다고 전해진다. 첫 번째는 五行(水・火・木・金・土), 두 번째는 五事(貌・言・視・聽・思)로 공경하는 것, 세 번째는 農事에 八政(食・貨・祀・司空・司徒・司寇・賓・師)을 적용하는 것, 네 번째는 五紀(歲・月・日・星辰・曆數)로 天地에 부합하는 것, 다섯 번째는 皇極으로 표준을 세우는 것, 여섯 번째는 三德(正直・剛克・柔克)으로 백성을 다스리는 것, 일곱 번째는 稽疑(거북점이나 蓍草占으로 의심스러운 일을 상고하는

於天하시니[71] 片言隻辭가 莫非天理니 而可違乎아 以此坊民호대 猶有竊弄威福을 如齊田氏[72]하며 選物上第盡歸私室을 如漢董賢[73]者라호이다

어떤 이는, 吳나라와 楚나라에서는 일찍이 참람되게 천자의 예를 행하였고, 魯나라의 三家는 일찍이 참람되게 제후의 예를 행하였는데도 그에 따른 해악과 재앙이 있었다는 말을 듣지 못하였으니, 이는 왜 그러느냐고 합니다.

말하자면 다음과 같습니다. "도리를 따르면 길하고 도리에 어긋난 것을 따르면 흉하다."라고 하였으니, 도리에 순종하면 곧 길한 것이고, 도리를 거스르면 곧 흉한 것입니다. 신하로서 임금의 예를 참람되게 행하면 곧 이른바 '害(해악)'이며 '凶(재앙)'이라는 것입니다. 하물며 吳나라와 楚나라에서는 찬탈과 弑逆이 잇따르고 노나라에서는 季孫氏와 孟孫氏의 가신이 잇달아 반역하였으니, 또 재앙과 해악이 아니면 무엇이겠습니까.

아, 洪範九疇를 箕子가 大禹로부터 전수받고 대우가 하늘로부터 전수받았으니, 홍범구주의 한 글자 한 마디가 모두 天理인데 어길 수 있겠습니까. 이것을 가지고 백성을 단속했는데, 그래도 齊나라 田氏처럼 威와 福을 내리는 임금의 권한을 훔쳐 마음대로 휘두른 경우가 있었으며, 漢나라 董賢처럼 고른 물건 중 최상급을 모두 그의 집에 보낸 경우가 있었습니다.

것)로 밝히는 것, 여덟 번째는 庶徵(雨·暘·燠·寒·風·時)으로 상고하는 것, 다음 아홉 번째는 五福(壽·富·康寧·攸好德·考終命)으로 지향하게 하고 六極(凶短折·疾·憂·貧·惡·弱)으로 위엄을 보이는 것이다.《書集傳 洪範》

70) 하시고 : 509본에는 없다.

71) 하시니 : 509본에는 없다.

72) 竊弄……田氏 : 齊나라는 원래 姜太公에게 봉해진 姜姓 呂氏의 나라였다. 簡公에 이르러 권력을 장악한 田常이 군주를 시해하고, 그의 증손 田和는 太公으로 즉위하였다. 이로써 여씨의 제사가 끊어지고 秦 始皇이 제나라를 멸망시키기 전까지 제나라는 전씨의 나라가 되었다.《史記 卷32 齊太公世家, 卷46 田敬仲完世家》

73) 選物……董賢 : 董賢은 漢 哀帝의 총신으로, 동침하던 그가 잠에서 깰까 봐 옷소매를 잘랐다는 고사로 유명하다. 애제는 동현에게 온갖 진귀한 물품을 하사했을 뿐만 아니라, 그의 처는 궁에 들어와 살게 하고 동현의 여동생은 昭儀로 삼는 등 파격적으로 우대하기도 하였다.《資治通鑑 卷34 漢紀26 孝哀皇帝 建平4年》

9-9-가[74]

詩蘀(탁)[75]兮①는 刺忽也②라 君弱臣强[76]하여 不倡而和也[77]니 蘀兮蘀兮여 風其吹女리라 叔兮伯兮[78]여 倡予和女호리라 蘀兮蘀兮여 風其漂女③리라 叔兮伯兮여 倡予要女④호리라

① 蘀兮 : 鄭國風.
'蘀兮'는 鄭나라 國風의 편명이다.
② 刺忽也 : 昭公名.
'忽'은 鄭 昭公의 이름이다.
③ 風其漂女 : 漂, 猶飄也.
'漂'는 '飄(불다)'와 같다.
④ 倡予要女 : 要, 法也.[79]
'要'는 '본받다'라는 뜻이다.

《시경》 〈蘀兮〉는 忽을 풍자한 시이다. 군주는 미약하고 신하는 강성하여 先唱하지 않았는데도 화답한 것이다.

마른 잎이여 마른 잎이여	蘀兮蘀兮
바람이 너에게 불리라	風其吹女
叔이여 伯이여	叔兮伯兮
나를 불러주면 그대에게 화답하리	倡予和女

74) 《시경》 〈鄭風 蘀兮〉의 내용이다. '蘀'은 마른 잎이라는 뜻이다. 朱熹는 음탕한 여인이 부른 노래로 보았다. 《詩集傳 蘀兮》

75) 蘀 : 저본에는 '籜'으로 되어 있으나, 사고본에 근거하여 바로잡았다. 통행본 《시경》에도 '蘀'으로 되어 있다. 본문 내에서 모든 '籜'은 '蘀'으로 고치며 교감기를 달지 않았다.

76) 强 : 사고본에는 '彊'으로 되어 있다.

77) 蘀兮……和也 : 毛序에 보인다.

78) 叔兮伯兮 : 毛亨에 따르면 숙과 백은 신하들로서 나이가 많은 사람과 어린 사람을 뜻하며, 鄭玄에 따르면 숙과 백은 신하들끼리 서로를 부르는 말이다. 《毛詩注疏 蘀兮 毛亨傳, 鄭玄箋》

79) 要法也 : 毛亨과 주희는 '要'를 '成'의 뜻으로 보았다. '要'를 '法'의 뜻으로 본 근거는 미상이다. 《毛詩注疏 蘀兮 毛亨傳》《詩集傳 蘀兮》

마른 잎이여 마른 잎이여　蘀兮蘀兮
바람이 너에게 불리라　風其漂女
叔이여 伯이여　叔兮伯兮
나를 불러주면 그대를 따르리라　倡予要女

9-9-나(按)

臣은 按 春秋傳에 昭公之立에 祭(채)仲이 用事[80)]하니 所謂臣强者는 指祭(채)仲而言也라 君尊臣卑가 天下之定分이니 卑者가 宜弱而反强者는 由尊者가 當强而反弱也라 尊者가 何以弱고 柔懦而不自立하며 怠惰而不自振이 此가 其所以弱也라 君旣弱矣면 威福之權이 必有所歸니 此가 臣之所以强也라 君倡臣和는 天下之常理어늘 君旣弱하여 不能司出令之權이요 而其臣이 自相倡和而不稟於君하니 蘀兮蘀兮風其吹女는 諸大夫處强臣之中이 猶蘀之遇風하여 危墜而不能自保也라 於是에 叔·伯이 相語하여 自爲倡和하여 自結黨與하여 以爲避禍之計하니 蓋知上之不足賴也니이다 國勢가 至此하니 所謂吾末如之何也已矣[81)]라 爲人君者가 其可不以乾健으로 自勵也哉잇가

【臣按】《春秋左氏傳》에 따르면, 昭公이 즉위하자 祭仲이 권력을 휘둘렀으니, 이른바 '신하가 강성하다〔臣强〕'라고 한 것은 채중을 가리켜 말한 것입니다. 군주가 높고 신하가 낮은 것은 천하의 정해진 분수입니다. 낮은 자는 미약한 것이 당연한데 도리어 강성한 것은, 높은 자가 강성해야 하는데 도리어 미약하기 때문입니다. 높은 자가 왜 미약하겠습니까? 유약하여 스스로 존립하지 못하고 태만하여 스스로 분발하지 못한 것이 미약해지는 이유입니다. 임금이 미약하면 '威'와 '福'을 내리는 권한은 반드시 따로 귀속되는 데가 있게 되니, 이것이 신하가 강성하게 되는 이유입니다.

80) 昭公……用事 : 《春秋左氏傳》 桓公 11년(기원전 701)과 15년(기원전 697) 기사에 따르면, 채중은 鄭 莊公의 총애를 받아 卿이 되었는데, 鄧曼을 장공의 부인이 되게 하여 그 결과 등만이 昭公을 낳았다. 장공이 죽자 채중은 소공을 옹립했다. 훗날 채중이 宋나라에 억류되었다가 송나라의 사주를 받고 귀국하여 厲公을 옹립하자, 소공은 衛나라로 달아났다. 여공은 채중의 전횡이 싫어 채중의 사위 雍糾를 시켜 그를 죽이려고 하다가 일이 발각되어 옹규는 죽임을 당하고 여공은 옹규의 시신을 수레에 싣고 蔡나라로 달아났다.

81) 吾末……已矣 : 《논어》 〈子罕〉 제23장에 보인다.

임금이 先唱하면 신하가 和答하는 것은 천하에 통용되는 불변의 이치입니다. 그런데 임금이 미약하여 명령하는 권한을 장악하지 못하고 그 신하끼리 서로 선창하고 화답하여 임금에게 여쭙지 않으니, '마른 잎이여, 마른 잎이여, 바람이 너에게 불리라.'는 대부들이 강성한 신하들 사이에 있는 것이 마치 마른 잎이 바람을 만나 위태롭게 떨어져 자신을 보존하지 못할 것과 같다는 말입니다. 이에 叔과 伯이 서로 말하여 자기들끼리 선창하고 화답하여 스스로 派黨을 지음으로써 화를 피할 계책으로 삼았으니, 이것은 임금이 의지할 만하지 못하다는 것을 알았기 때문입니다. 나라의 형세가 이 지경에 이르렀으니, 이른바 '내가 그를 어떻게 해볼 수 없다.〔吾末如之何也已矣〕'라는 것입니다. 임금이 된 사람이 〈乾卦〉의 강건한 성질을 가지고 스스로 노력하지 않아서야 되겠습니까.

9-10-가[82]

狡童은 **刺忽也**니 **不能與賢人圖事**하여 **權臣**이 **擅命也**라 **彼狡童兮**가 **不與我言兮**하나다 **維子之故**가 **使我不能餐兮**아 **彼狡童兮**가 **不與我食兮**하나다 **維子之故**가 **使我不能息兮**아

《시경》〈狡童〉은 忽(鄭 昭公)을 풍자한 시이다. 忽은 賢人과 국사를 도모하지 못하자 권신(祭仲)이 국정을 擅斷하게 되었다.

저 교활한 아이가	彼狡童兮
나와 말도 하지 않네	不與我言兮
너 때문에	維子之故
내가 밥도 못 먹으랴	使我不能餐兮

저 교활한 아이가	彼狡童兮
나와 밥도 먹지 않네	不與我食兮

82) 《시경》〈鄭風 狡童〉의 내용이다. '狡童'은 교활한 아이라는 뜻으로, 毛亨에 따르면 鄭 昭公을 비유한 것이다. 朱熹는 음탕한 여인이 구애를 거절당한 뒤 상대를 놀리며 부른 노래로 보았다. 〈교동〉은 총 2章이다.

너 때문에 維子之故
내가 쉬지도 못하랴 使我不能息兮

9-10-나(按)

臣은 按 蘀兮之刺에 曰臣强而已요 至此則一國之權이 盡歸祭仲하여 生殺予奪을 仲得顓[83]之하니 其强이 又益甚矣라 夫天下에 未嘗無賢이라 雖權臣用事之時라도 亦必有不肯阿附者니 人君이 能卽而圖之면 其勢猶有可回之理니 若齊之權이 在田氏而有晏嬰[84]하니 使景公으로 能與嬰圖之면 田氏未必能遂其簒國[85]之志요 魯之權이 在季氏而有子[86]家羈[87]하니 使昭公으로 能與羈圖之면 季氏未必能成其逐君[88]之謀니 二國之權이 不可以復收는 由二臣之言이 不見於用也니이다

【臣按】〈蘀兮〉의 풍자에서는 '신하가 강성하다〔臣强〕'라고만 말했을 뿐이고, 이 〈狡童〉 시에 와서는 한 나라의 권력이 전부 채중에게 귀속되어 생살여탈을 채중이 전단하게 되었으니, 그 강성함이 또 더욱 심해진 것입니다.

천하에는 현인이 없던 적이 없었으므로, 권신이 권력을 휘두르는 때라 하더라도 아부하려고 들지 않는 사람은 반드시 있습니다. 임금이 그러한 사람에게 나아가 大事를 도모할 수 있다면, 君弱臣强의 형세를 그래도 되돌릴 수 있는 이치가

83) 顓 : 사고본에는 '專'으로 되어 있다.

84) 晏嬰 : ?~기원전 500. 嬰은 이름이며, 자는 平仲으로 춘추시대 齊나라 사람이다. 靈公·莊公·景公 세 임금을 섬기며 재상을 지냈는데, 忠諫을 잘하여 제후들 사이에 명망이 높았다. 禮治가 쇠퇴하는 현실을 걱정하며 장차 제나라가 陳氏(田氏)에 의해 대체될 것이라고 단언하였다.

85) 簒國 : 전씨가 제나라를 찬탈한 것은 9-8-나(按)의 '竊弄……田氏' 주석 참조.

86) 子 : 대전본에는 '于'로 되어 있으나, 오자이다.

87) 子家羈 : 子家는 氏, 羈는 이름이며, 자는 駒이다. 魯 莊公의 현손이자 子家文伯의 아들로, 昭公의 大夫가 되었다. 季平子를 토벌하려는 소공을 만류했음에도 받아들여지지 않았다. 결국 소공이 패하여 齊나라로 달아나자 그를 수행하였으며, 소공이 죽자 소공의 靈柩를 노나라로 보내고 자신은 국정에 참여하지 않았다. 시호는 懿이다.

88) 逐君 : 季孫氏와 郈氏가 서로 분쟁을 일으키자, 昭公은 계손씨를 정벌하려고 군사를 일으켰다가 三家가 연합하여 소공을 치자, 소공은 齊나라로 달아났다. 소공은 다시 晉나라로 가서 귀국을 도모했으나 좌절되고 결국 晉나라 乾侯 땅에서 죽었다.《史記 卷33 魯周公世家》

있습니다. 예컨대, 齊나라의 권력이 田氏에게 있었지만 晏嬰이라는 사람이 있었으니, 만약 景公이 안영과 함께 대사를 도모할 수 있었다면, 전씨가 나라를 찬탈하려는 야욕을 달성할 수는 없었을 것입니다. 그리고 魯나라의 권력이 季氏에게 있었지만 子家羈라는 사람이 있었으니, 만약 昭公이 자가기와 함께 대사를 도모할 수 있었더라면, 계씨가 임금을 축출하려는 음모를 성사시킬 수는 없었을 것입니다. 두 나라의 권력이 다시 임금에게 회수되지 못했던 것은 두 신하의 말이 채용되지 못했기 때문입니다.

此詩는 蓋當時賢者所作이니 賢者가 不見遇於君而無自絶之意라 故雖不與言・不與食而幽憂憤切하여 至於不能餐・不能息焉하니 其心之忠厚가 何如哉오 使昭公으로 能與斯人圖之면 必將有以處此어늘 而昭公이 莫之能也하니 未幾에 祭仲이 得以竊廢[89]立之權하여 逐忽을 如棄梗하고 置突을 如易棋①하니 其漸이 非一日矣라 先儒[90]가 以目君狡童으로 爲非禮어니와 臣은 以爲此가 發憤怒罵之辭니 辭雖不遜而其心則至惓惓也라 讀者가 毋以辭害意云이니이다

① 置突如易棋 : 突, 厲公也.
'突'은 鄭 厲公이다.

이 시는 아마도 당시 현자가 지은 작품일 것입니다. 현자가 임금에게 知遇를 받지 못했는데도 스스로 군신 관계를 단절하는 생각이 없습니다. 그러므로 같이 말도 안하고 같이 밥도 안 먹지만, 지나치게 근심하여 분에 겨운 나머지 밥도 못 먹고 쉬지도 못하는 지경에 이르렀으니, 그 마음의 충후함이 어떠하겠습니까.

만약 昭公이 이러한 사람과 대사를 능히 도모할 수 있다면, 틀림없이 이 君弱臣强의 상황에 대처할 수 있었을 것입니다. 그러나 소공이 그렇게 하지 못하였으므

89) 廢 : 대전본에는 '發'로 되어 있으나, 오자이다.

90) 先儒 : 程子를 가리키는 것으로 보인다. 《二程粹言》에, "정자가 말하였다. '詩를 지은 사람들이 꼭 모두 성현은 아니지만, 공자가 취한 것은 예의에 그친 것을 취했을 따름이다. 그러나 임금을 큰 쥐〔碩鼠〕에 비기고 임금을 교활한 아이〔狡童〕로 가리킨 것은 아마도 예의에 해가 있을 듯하니, 시의 표현을 가지고 시에 담긴 의미를 저해하지 말아야 옳다.'〔子曰 作詩者未必皆聖賢 孔子之取也 取其止於禮義而已 然比君以碩鼠 目君爲狡童 疑於禮義有害也 不以辭害意 可也〕"라는 내용이 보인다. 《二程粹言 卷上 論書篇》

로, 얼마 되지 않아 祭仲이 임금을 廢立시키는 권력을 훔쳐 초목의 줄기를 버리듯 忽을 내쫓고 바둑알을 바꾸듯 突을 임금으로 세울 수 있었으니, 점차 그러한 지경에 이른 것이지 하루아침에 일어난 것이 아닙니다.

先儒는 임금을 가리켜 교활한 아이라 부른 것을 두고 禮가 아니라고 하였으나, 신은 이것이 분이 나서 꾸짖는 말이기 때문이니 표현은 불손하지만 그 속마음은 매우 간절하다고 생각합니다. 그러므로 이 시를 읽는 자가 표현을 가지고 내재된 의미를 저해하지 말아야 한다고 생각합니다.

9-11-가[91]

孔子가 **曰 天下**가 **有道則禮樂征伐**이 **自天子出**하고 **天下**가 **無道則禮樂征伐**이 **自諸侯出**하나니 **自諸侯出**이면 **蓋十世**에 **希不失矣**①[92]요 **自大夫出**이면 **五世**에 **希不失矣**요 **陪臣**이 **執國命**②이면 **三世**에 **希不失矣**니라 **天下**가 **有道則政不在大夫**하고 **天下**가 **有道則庶人**이 **不議**[93][94]하나니라

① 希不失矣 : 希, 少也.
'希'는 '드물다'라는 뜻이다.
② 陪臣執國命 : 陪臣, 大夫之家臣.
'陪臣'은 대부의 가신이다.

공자가 말하였다.
"천하에 道가 행해지면 예악과 정벌이 천자에게서 나오고, 천하에 도가 행해지

91) 《논어》〈季氏〉 제2장에 보인다. 당시 周나라는 天子國으로서의 권위를 잃어 제후국을 호령할 역량이 없었으며, 魯나라는 季友가 정권을 전단한 이래로 季文子・季武子・季平子・季桓子까지 이어오다 계씨의 가신인 陽虎가 정권을 잡았다. 공자가 이러한 상황을 목도하고서 한 말로 보인다.

92) 十世……失矣 : 齊나라의 경우, 桓公이 覇者를 칭한 후 孝公・昭公・懿公・惠公・頃公・靈公・莊公・景公・悼公・簡公까지 10대를 이어오다 陳恒이 간공을 시해하였다. 晉나라의 경우, 文公이 패자를 칭한 후 襄公・靈公・成公・景公・厲公・平公・昭公・頃公까지 9대를 이어오다 6卿이 국정을 장악하였다.

93) 議 : 대전본에는 '義'로 되어 있으나, 오자이다.

94) 不議 : 何晏의 《論語集解》에서는 '비난할 거리가 없다.〔無所非議〕'로 해석하였다.

지 않으면 예악과 정벌이 제후에게서 나오는 법이다. 예악과 정벌이 제후에게서 나오면 대체로 10대 만에 그 권력을 잃지 않을 이가 드물며, 대부에게서 나오면 5대 만에 그 권력을 잃지 않을 이가 드물며, 가신이 국정을 장악하면 3대 만에 그 권력을 잃지 않을 이가 드물다. 천하에 도가 행해지면 政令이 대부에게 있지 않고 천하에 도가 행해지면 庶人들이 비난하지 않는다."

9-11-나(按)

臣은 按 是時에 季氏以大夫而專魯國之政하고 陽虎가 以家臣而專季氏之政하니 孔子斯[95]言이 蓋傷之也라 天無二日이요 國無二王[96]이요 尊無二上[97]이라 天下之事를 惟天子가 得專之라 故天下가 有道則禮樂征伐이 自天子出하여 而諸侯가 不敢[98]干焉하고 天下가 無道則天子가 不能有其柄하여 而諸侯가 得以竊之矣니 諸侯도 猶不可專이온 況大夫乎아 大夫도 猶不可專이온 況家臣乎아 春秋之世에 齊・晉・秦・楚가 迭主夏盟[99]하여 禮樂征伐이 不出於天子하니 世變이 至是하니 蓋可傷矣로소이다 未幾에 而諸國大夫가 專權自用하여 禮樂征伐이 又不出於諸侯러니 既而오 家臣이 竊弄하여 而政令이 復不出於大夫하니 名分이 陵[100]夷하여 舛逆이 日甚하니 其可傷이 益甚焉이니이다

【臣按】 이 당시에 季氏가 대부의 신분으로서 魯나라의 정사를 전단하고 陽虎가 가신으로서 季氏의 정사를 전단하였으니, 공자의 이 말은 이러한 상황을 마음 아파한 것입니다. 하늘에는 두 해가 없고 나라에는 두 제왕이 없으며 높이는 대상에

95) 斯 : 대전본・사고본에는 '之'로 되어 있다.

96) 國無二王 : 사고본에는 없다.

97) 尊無二上 : 《예기》 〈坊記〉에 "하늘에는 두 해가 없고 나라에는 두 제왕이 없으며, 집안에는 두 주인이 없고 높이는 대상에는 둘이 없으니, 이는 백성들에게 군신간의 분별이 있다는 것을 보여주는 것이다.〔天無二日 土無二王 家無二主 尊無二上 示民有君臣之別也〕"라는 孔子의 말이 보인다.

98) 敢 : 대전본・사고본에는 '能'으로 되어 있다.

99) 春秋……夏盟 : 春秋五霸로 부르는 齊 桓公(?~기원전 643, 재위 기원전 685~기원전 643)・晉 文公(기원전 697~기원전 628, 재위 기원전 636~기원전 628)・秦 穆公(?~기원전 621, 재위 기원전 659~기원전 621)・楚 莊王(?~기원전 591, 재위 기원전 613~기원전 591) 등이 잇달아 패자가 된 것을 말한다.

100) 陵 : 사고본에는 '凌'으로 되어 있다.

는 둘이 없으니, 천하의 일은 오로지 천자만이 전단할 수 있습니다.

그러므로 천하에 도가 행해지면 예악과 정벌이 천자에게서 나와 제후가 감히 간여하지 못하고, 천하에 도가 행해지지 않으면 천자가 그 권력을 갖지 못하여 제후가 그 권력을 훔칠 수 있게 됩니다. 제후도 전단할 수 없는 것인데 하물며 대부는 어떻겠습니까. 대부도 전단할 수 없는 것인데 하물며 가신은 어떻겠습니까.

춘추시대에 齊나라·晉나라·秦나라·楚나라가 번갈아 諸夏의 맹주가 되어 예악과 정벌이 천자에게서 나오지 않았습니다. 世道가 변하여 이 지경에 이르렀으니 슬퍼할 만합니다. 이윽고 여러 나라의 대부들이 권력을 전단하고 자기 마음대로 하여 예악과 정벌이 또 제후에게서 나오지 않았는데, 이윽고 가신이 대부의 권력을 훔쳐 政令이 더 이상 대부에게서 나오지 않았습니다. 名號와 分數의 체계가 무너져 悖逆이 날로 심해졌으니, 그것이 더욱 심하게 가슴 아픈 점입니다.

然非道而得이면 亦必以非道而失하나니 逆理愈甚則失之愈速이라 故諸侯가 竊天子之柄이면 少有十世而不失者하고 自餘則或五世·或三世에 少不失者하니 以理言之컨대 大槪如此라 曷若三代盛時에 天子而[101]下以至家臣이 各安其分하여 歷數百年而無禍哉리오 旣又言天下가 有道則政不在大夫하고 天下가 有道則庶人이 不議라하시니 蓋是時에 諸侯之政이 多在大夫하니 如魯之三家와 晉之六卿[102]과 齊之田氏가 皆以人臣으로 專國而國人[103]公議가 皆所不與라 故重言之하여 以見政在大夫가 決非可久之道也니이다

그러나 정당하지 않은 방법으로 얻으면 또한 반드시 정당하지 않은 방법으로 잃는 법이니, 이치를 거스르는 것이 심할수록 잃는 것도 더 빠릅니다. 그러므로 제후가 천자의 권력을 훔치면 10대 만에 잃지 않는 자가 드물 것이고, 그 나머지는 5대나 3대 만에 잃지 않는 자가 드물 것입니다. 이치로 말하자면 대체로 이렇기 때문에, 三代의 태평성대에 천자 이하로 가신에 이르기까지 각자 자기 분수를 편안하게 여겨 수백 년이 지나도록 재앙이 없었던 것과 어떻게 같겠습니까.

또 천하에 도가 행해지면 정권이 대부에게 있지 않고, 천하에 도가 행해지면 庶

101) 而 : 사고본에는 '之'로 되어 있다.

102) 晉之六卿 : 范氏, 中行氏, 知氏, 韓氏, 趙氏, 魏氏를 가리킨다.

103) 國人 : 8-8-가의 '甲士……二人' 주석 참조.

人이 비난하지 않는 법이라고 하였습니다. 이 당시에는 제후의 정권이 대부분 대부에게 있었으니, 예컨대 魯나라의 三家와 晉나라의 六卿과 齊나라의 田氏는 모두 신하로서 국정을 전단하여 國人과 公議가 모두 그들의 편이 아니었습니다. 그러므로 이를 거듭 말하여 정권이 대부에게 있는 것이 결코 장구하게 이어나가는 방도가 아니라는 것을 보여준 것입니다.

自秦이 罷侯置守[104]로 諸侯가 不得以擅天子之事하니 宜若海內之勢가 歸於一尊이로되 而內重之勢가 成하여 當國用事之臣이 又得以竊其柄하니 如漢之莽・操와 魏之師・昭가 至於簒國하여 莽之禍는 及其身[105]하고 操는 始三傳而司馬氏가 竊取之[106]하고 司馬氏는 再傳而諸王・五胡[107]兵難이 相尋하여 去亡이 無幾[108]하니 質諸先聖之言에 殆若符契하니 吁可戒哉로소이다

秦나라가 제후를 혁파하고 守를 두고부터는 제후가 천자의 일을 擅斷하지 못하였으니, 마땅히 천하의 형세가 천자 한 사람에게 귀속될 것처럼 보였습니다. 그러나 중앙집권의 형세가 이루어져 국정을 맡아 권력을 휘두르는 신하가 또 그 권력

104) 自秦……置守 : 秦 始皇은 6국을 병탄한 후, 李斯의 건의에 따라 황자들을 제후국의 왕으로 세우자는 신하들의 의견을 물리치고 천하를 36郡으로 나누어 군마다 守・尉・監을 두었다. 《史記 卷6 秦始皇本紀》

105) 莽之……其身 : 王莽은 漢나라의 황권을 찬탈하고 新나라를 세웠으나, 농민과 호족들의 반란을 평정하지 못하였다. 결국 신나라는 건국 15년 만에 멸망하고 자신은 長安 未央宮에서 부하의 손에 죽고 말았다.

106) 操始……取之 : 曹操 자신이 漢나라를 멸하고 제위에 오른 것은 아니지만, 아들 曹丕가 220년 魏를 건국하게 하는 기반을 마련함으로써 曹魏의 권력이 손자인 2대 황제 曹叡, 증손자인 3대 황제 曹芳에게까지 이르게 했다. 또 魏나라가 曹芳의 代에서 바로 멸망하지는 않았으나, 조방이 즉위한 뒤 249년 司馬懿가 아들 司馬師・司馬昭와 함께 거병하여 당시 權臣이었던 曹爽 등을 주살함으로써 曹魏의 권력이 사마씨에게 넘어가게 되었다.

107) 諸王五胡 : 사고본에는 '天下多故'로 되어 있다.

108) 司馬……無幾 : 결국 司馬昭의 아들 司馬炎이 晉을 건국하였으나, 2대 황제인 惠帝 때에는 8王의 난이 일어나고, 3대 황제인 懷帝 때에는 匈奴의 劉聰이 洛陽을 함락시킨 永嘉의 난이 일어나 진나라는 큰 혼란을 겪고 쇠퇴하게 되었다. 이후 晉나라는 남쪽 建康으로 천도하게 되었고, 중국 대륙은 匈奴・羯・鮮卑・氐・羌의 5胡 및 16개의 나라들이 잇달아 흥망성쇠를 거듭하는 5胡 16國 시대가 되었다.

을 훔칠 수 있었습니다. 예컨대, 漢나라의 王莽과 曹操, 魏나라의 司馬師와 司馬昭는 나라를 찬탈하는 지경에 이르렀습니다. 그리하여 왕망의 재앙은 자신에게 미쳤고, 조조는 처음에 황위를 3대까지 전했다가 사마씨가 찬탈하였으며, 사마씨는 2대까지 전했다가 여러 왕과 五胡로 인한 병란이 잇달아 계속되어 거의 망할 지경에 이르렀습니다. 先聖들의 말에서 검증해보았을 때 거의 부절을 맞춘 것처럼 꼭 들어맞으니, 아, 경계할 만합니다.

9-12-가[109]

孔子가 曰 祿之去公室이 五世[110]矣요 政逮於大夫가 四世[111]矣니 故로 夫三桓之子孫이 微矣①니라

① 故夫……微矣 : 三桓[112]者, 季氏·叔孫氏·孟氏, 皆桓公之子, 故曰三桓.
'三桓'은 季孫氏·叔孫氏·孟孫氏로, 모두 魯 桓公의 아들이기 때문에 '三桓'이라고 한다.

공자가 말하였다.
"祿을 주는 권한이 公室에서 떠난 지 5대가 되었고 정권이 대부에게 귀속된 지 4대가 되었다. 그러므로 저 三桓의 자손들이 미약해졌다."

9-12-나(按)

臣은 按 此章은 專爲魯而言也라 魯가 自文公薨으로 公子遂[113]가 殺子赤·立宣公①而君失其政하니 至此歷五公[114]矣라 自季孫宿[115]이 專國政으로 歷四世하여 至桓[116]

---

109) 《논어》〈季氏〉 제3장에 보인다. 何晏의 《論語集解》에 따르면 魯 定公 초년(기원전 509)에 한 말이다.

110) 五世 : 魯 宣公·成公·襄公·昭公·定公 5대를 가리킨다.

111) 四世 : 季文子·季武子·季平子·季桓子 4대를 가리킨다.

112) 三桓 : 9-8-나(按)의 '魯之……諸侯' 주석 참고.

113) 公子遂 : 襄仲을 가리킨다. 기원전 609년 그는 魯 文公의 첫째 妃인 齊나라 哀姜의 소생들을 죽이고 둘째 妃인 敬嬴의 소생 俀(퇴)를 옹립하였는데, 이가 宣公이다. 《史記 卷33 魯周公世家》

114) 五公 : 宣公·成公·襄公·昭公·定公을 말한다.

子[117]而爲陽虎의 所執이라 夫祿去公室而政歸大夫하니 大夫之勢가 宜益强也로되 而三家之子孫이 乃反微弱而不振은 何邪오 蓋以臣僭君者는 逆理亂常之事니 其能久乎아 善乎라 先儒蘇軾之說에 曰 强生於安하고 安生於上下之分定하니 今諸侯・大夫가 皆陵其上則無以令其下矣라 故皆不久而失之也[118]라하니 嗚呼라 其亦可爲後世人臣顚國者之戒歟인저

① 公子……宣公 : 赤, 嫡也. 宣公, 庶也.
'赤'은 문공의 적자이다. '宣公'은 문공의 서자이다.

【臣按】이 장은 전적으로 魯나라 때문에 말한 것입니다. 노나라에서는 文公이 죽은 뒤로 公子 遂가 문공의 아들 赤을 죽이고 宣公을 옹립하여 임금이 그 정권을 잃었으니, 이때에 이르러 다섯 公을 거치게 되었습니다. 季孫宿이 국정을 전단한 뒤로 4대를 거쳐 季桓子에 이르러 陽虎에게 장악되었습니다. 녹을 주는 권한이 공실에서 떠나 정권이 대부에게 귀속되었으니 대부의 권세가 더 강성해져야 마땅했으나, 三家의 자손들이 도리어 미약해지고 부진했던 것은 어째서이겠습니까. 신하로서 임금의 권한을 참람하게 행하는 것은 이치를 거스르고 常道를 어지럽히는 일이니, 오래갈 수 있겠습니까.

다음과 같은 先儒 蘇軾의 말이 좋습니다. 소식이 말하기를, 강함은 안정에서 생기고 안정은 상하의 분수가 정해지는 데에서 생기는 법인데, 지금 제후와 대부가

---

115) 季孫宿 : ?~기원전 535. 季文子의 아들로, 숙은 이름이다. 魯 襄公 11년(기원전 562)에 노나라 公室에 소속된 上軍과 下軍을 上軍・中軍・下軍으로 나누어 각각 계손씨・맹손씨・숙손씨가 1軍씩 장악하게 하였다. 그 후 昭公 5년(기원전 562)에는 다시 중군을 폐하고 공실의 군대를 넷으로 나누어 그중 둘을 계손씨가 차지하게 함으로써 노나라의 대권을 장악하였다. 시호가 武이므로 季武子라고도 한다.

116) 桓 : 대전본에는 '威'로 되어 있으나, 宋代의 國諱이다.

117) 桓子 : ?~기원전 492. 季平子의 아들로, 이름은 斯이며 桓은 시호이다. 魯 定公 5년(기원전 505)부터 哀公 3년(기원전 492)까지 上卿으로 있었다. 그가 계평자의 뒤를 이었을 때, 계씨의 가신인 陽虎가 노나라의 국정을 전단하고 있었다. 양호는 계환자를 가둔 뒤 그를 죽이려 했는데, 계환자는 맹손씨에게 달아났다. 양호가 三桓을 공격하였으나 패하여 달아나자, 계환자는 다시 노나라의 국정을 관장하였다.

118) 强生……之也 : 현존하는 蘇軾의 저작에서 이 말은 확인되지 않는다. 다만 이 말은《論語集註》〈衛靈公〉 제3장에 보이며, 宋나라 蔡節의《論語集說》에서도 이 말이 蘇軾의 말이라고 하였다.

모두 자신의 윗사람을 능멸하였으니 자신의 아랫사람들을 부릴 수 없을 것이기 때문에 모두 오래지 않아 실권했던 것이라고 하였습니다.

아, 이 또한 후세의 신하로서 국정을 전단하는 자의 경계가 될 만합니다.

以上은 言君臣之名分하니 分雖嚴而上下之交가 不可無禮라 故以君使臣之禮로 繼之하노이다

이상은 군신간의 名分을 말하였습니다. 분수는 비록 엄하지만 상하간의 교제에는 禮가 없으면 안 되기 때문에 임금이 신하를 부리는 禮에 관한 내용으로 이어 놓았습니다.

9-13-가[119]

定公이 問 君使臣하며 臣事君호대 如之何잇고 子가 曰[120] 君使臣以禮하며 臣事君以忠이니이다

魯 定公이 질문하였다.
"임금이 신하를 부리며 신하가 임금을 섬기되, 어떻게 해야 합니까?"
공자가 대답하였다.
"임금은 신하를 禮로써 부리며, 신하는 임금을 忠으로 섬겨야 합니다."

9-13-나(按)

臣은 按 君이 以敬待其臣이 是之謂禮요 臣이 以誠事其君이 是謂之忠이니 二者가 皆職分所當然이니 非相爲僞[121]也라 然君使臣以禮면 則臣事君以忠이 亦理之必然也라 意者컨댄 定公之於使臣에 容有未能盡禮者라 故孔子가 以是告之而語意渾然하사 又若非有爲而發者하시니 此其所以爲聖人之言歟신저

【臣按】 임금이 공경으로 자신의 신하를 대우하는 것을 禮라고 하고, 신하가 성

---

119) 《논어》〈八佾〉 제19장에 보인다.
120) 子曰 : 사고본에는 '孔子對曰'로 되어 있다. 통행본 《論語》에도 '孔子對曰'로 되어 있다.
121) 僞 : 대전본에는 '賜'로 되어 있다.

심으로 자신의 임금을 섬기는 것을 忠이라고 하니, 두 가지는 모두 직분에 있어서 당연한 것이므로 서로 거짓을 행하는 것이 아닙니다. 그러나 임금이 신하를 예로써 부리면, 신하가 임금을 충으로 섬기는 것이 또한 이치상 필연적인 것입니다.

아마도 정공이 신하를 부리는 데 있어 혹 예를 다하지 못했던 점이 있었기 때문에 공자가 이러한 말을 일러주었을 것입니다. 그런데 말뜻이 渾然하여 또 어떤 의도가 있어서 발언한 게 아닌 것처럼 하였습니다. 이는 그 말이 聖人의 말이 되는 이유일 것입니다.

9-14-가[122)]

孟子가 告齊宣王曰 君之視臣이 如手足①則臣視君을 如腹心하고 君之視臣이 如犬馬則臣視君을 如國人하고 君之視臣이 如土芥則臣視君을 如寇讎니이다 王曰 禮에 爲舊君有服하니 何如라야 斯可爲服矣니잇고 曰 諫行言聽하여 膏澤이 下於民이요 有故而去則君이 使人導之出疆하고 又先於其所往하며 去三年不反②然後에 收其田里하나니 此之謂三有禮焉③이니 如此則爲之服矣[123)]니이다 今也엔 爲臣이라 諫則不行하며 言則不聽하여 膏澤이 不下於民이요 有故而去[124)] 則君이 搏執之④하고 又極之於其所往⑤하며 去之日에 遂收其田里하나니 此之謂寇讎니 寇讎에 何服之有리오

① 君之……手足 : 視, 猶待遇也.
'視'는 '待遇(대우하다)'와 같다.

② 三年不反 : 反, 還也.
'反'은 '돌아오다'라는 뜻이다.

③ 此之……禮焉 : 導之出疆, 一也. 先於其所往, 二也. 三年不反, 然後收其田里, 三也.

---

122) 《맹자》〈離婁 下〉 제3장에 보인다.

123) 如此則爲之服矣 : 《儀禮》〈喪服〉에 따르면, 舊君(예전에 벼슬을 했던 임금)을 위하여 齊衰 3개월 복을 입으며, "대부가 구군을 위하여 왜 자최 3개월 복을 입는가? 대부가 떠나면 임금이 그의 종묘를 청소해주기 때문에 자최 3개월 복을 입는 것이다.〔大夫爲舊君 何以服齊衰三月也 大夫去 君掃其宗廟 故服齊衰三月也〕"라는 내용이 보인다.

124) 去 : 사고본에는 '出'로 되어 있다. 통행본 《孟子》에는 '去'로 되어 있다.

'국경을 나갈 때 인도해주는 것'이 첫 번째이고, '가려는 나라에 먼저 그 신하가 현량하다고 칭찬해주는 것'이 두 번째이며, '3년이 되어도 돌아오지 않은 뒤에야 그 신하에게 녹으로 주었던 田里를 거두어들이는 것'이 세 번째이다.

④ 君搏執之 : 謂拘繫之, 不容去也.
'搏執'은 구금해놓고 못 가게 하는 것을 말한다.

⑤ 又極之於其所往 : 極, 窮也. 如晉錮欒(난)盈, 與諸侯盟勿受之, 使其窮無所歸也.[125]
'極'은 '궁하게 하다'라는 뜻이다. 예컨대, 晉나라가 欒盈을 禁錮에 처하고는 제후들과 그를 받아주지 않기로 맹약하여 난영이 궁해져 갈 데가 없게 만들었다.

맹자가 齊 宣王에게 말하였다.

"임금이 신하를 수족처럼 대우하면 신하는 임금을 腹心처럼 대우하고, 임금이 신하를 개나 말처럼 대우하면 신하는 임금을 國人처럼 대우하고, 임금이 신하를 草芥처럼 대우하면 신하는 임금을 원수처럼 대우합니다."

제 선왕이 말하였다.

"禮에 따르면 舊君을 위하여 상복을 입는다고 하니, 어떻게 해야 신하가 상복을 입게 할 수 있습니까?"

"간언을 하면 실행하고 말을 하면 들어주어 은택이 백성에게 내려지게 합니다. 그리고 사정이 생겨 떠나게 되면 임금이 사람을 시켜 떠나는 신하가 국경을 나갈 때 인도하게 하고, 또 떠나는 신하가 가려는 나라에 미리 그 신하가 현량하다고 칭찬해주며, 떠난 지 3년이 되어도 돌아오지 않은 뒤에야 그 신하에게 녹으로 주었던 田里를 거두어들이니, 이를 일러 '세 번 禮를 갖춘다.'라고 합니다. 이렇게 하면 舊君을 위하여 상복을 입습니다.

지금은 신하가 되어 간언을 하면 실행하지 않고 말을 하면 듣지 않아 은택이 백성에게 내려지지 않고, 사정이 생겨 떠나게 되면 임금이 떠나는 신하를 구금해두고 또 그 신하가 가려는 나라에서 궁해지게 만들며, 떠나는 날 마침내 그 신하

---

125) 如晉……歸也 : 《春秋胡氏傳》의 해석에 근거한 것이다. 襄公 22년(기원전 553)의 傳文에 따르면, 기원전 552년 魯 襄公이 商任에서 晉侯·齊侯·宋公 등과 회합하고 기원전 553년에 沙隨에서 회합한 것 모두 난영을 금고하기 위해서라고 하였다. 《춘추좌씨전》에 따르면, 난영은 기원전 552년 欒祁의 참소를 믿은 范宣子에 의해 쫓겨나 楚나라와 齊나라로 갔다가 이듬해 겨울 다시 晉나라 曲沃에 들어왔는데, 그 다음해인 기원전 554년에 晉나라 사람에게 살해당하였다.

에게 녹으로 주었던 田里를 거두어들이니, 이를 '원수'라고 합니다. 원수에 대해 무슨 상복을 입겠습니까."

9-14-나(按)

臣은 按 戰國之君이 以爵祿奔走士大夫하여 無復遇臣之禮하고 其臣이 亦懷利苟從하여 無復事君之忠이라 故孟子가 以此深警齊王也니이다 昔에 魯穆公이 問於子思曰 爲舊君反服[126]이 古與잇가 子思가 曰 古之君子는 進人以禮하고 退人以禮라 故有舊君反服之禮也러니 今之君子는 進人에 若將加諸膝하고 退人에 若將墜[127]諸淵하니 毋爲戎首가 不亦善乎아 又何反服之有[128]리오하시니 孟子之告齊王이 即子思之告穆公者也라 然其辭가 益峻切矣니 揆諸前章孔子之言[129]컨대 可以見聖賢氣象之分이라

【臣按】 전국시대의 임금들은 爵祿으로 사대부들을 달려오게 하여 더 이상 신하를 대우하는 禮가 없었고, 그 신하들도 이익만 생각하고 구차하게 따라서 더 이상 임금을 섬기는 충성심이 없었습니다. 그러므로 맹자가 이러한 말로 제 선왕을 깊이 경계한 것입니다.

옛날에 魯 穆公이 子思에게 "舊君을 위하여 反服을 입는 것이 옛날의 禮입니까?"라고 질문하였습니다. 그러자 자사는 "옛날의 위정자는 사람을 예로써 등용하고 사람을 예로써 파면했기 때문에 구군을 위하여 反服을 입는 예가 있었습니다. 그런데 지금의 위정자는 사람을 등용할 때에는 무릎에 올려둘 것처럼 하다가도 사람을 파면할 때에는 깊은 연못에 빠뜨릴 것처럼 하니, 병란의 수괴가 되지 않는 것으로도 좋은 것이 아니겠습니까. 또 무슨 反服이 있겠습니까."라고 대답하였으니, 맹자가 제 선왕에게 일러준 것은 바로 자사가 노 목공에게 일러주었던 것입니다. 그러나 그 말이 더욱 준절하였으니, 앞 장에 나왔던 공자의 말과 비교해보면 성인과 현인의 기상이 구분됨을 알 수 있습니다.

---

126) 爲舊君反服 : 反服은 舊君의 나라로 돌아와 입는 복을 말한다. 이때 입는 복은 齊衰 3개월복이다. 9-14-가의 '如此則爲之服矣' 주석 참조.

127) 墜 : 대전본에는 '隊'로 되어 있다.

128) 穆公……之有 : 《예기》 〈檀弓 下〉에 보인다. '又何反服之有'는 통행본 《예기》에 '又何反服之禮之有'로 되어 있다.

129) 揆諸……之言 : 9-13-가 참조.

雖然이나 孟子가 爲齊王言則然也로되 而所以自處則不然也하사 千里見王하여 不遇라 故去而三宿出晝①하사 未嘗有悻悻之心하여 猶幸王之一寤[130]而追己也[131]하시니 曷嘗以寇讎로 視其君哉시리오 故曰 孟子가 爲齊王言則然이로되 而所以自處則不然也라하노이다

① 出晝 : 齊邑名.
'晝'는 齊나라의 읍 이름이다.

비록 그렇지만 맹자가 제 선왕을 위하여 했던 말은 그러하였으나, 스스로 처신한 것은 그러하지 않았습니다. 그리하여 천 리 길을 가서 왕을 만나고도 뜻이 맞지 않기 때문에 제나라 도성을 떠났으나 3일 밤을 묵고 晝邑을 떠나 노여운 마음을 품은 적이 없었고 오히려 왕이 한 번 깨닫고 자신을 뒤쫓아 오기를 바랐으니, 어찌 자신의 임금을 원수로 본 적이 있었겠습니까. 그러므로 맹자가 제 선왕을 위하여 했던 말은 그러하였으나, 스스로 처신한 것은 그러하지 않았다고 말한 것입니다.

以上은 總言君臣交際之禮라

이상은 군신간에 교제할 때의 禮를 총괄하여 말하였다.

---

130) 寤 : 사고본에는 '悟'로 되어 있다.

131) 故去……己也 : 《맹자》〈公孫丑 下〉 제12장에 보인다. 맹자는 齊나라 왕과 뜻이 맞지 않아 그를 떠나 제나라 서남쪽에 있는 晝邑에서 사흘을 유숙한 뒤에 떠났다. 그가 제나라 사람인 尹士에게 전한 말 중에, "천 리 길을 와 왕을 만나러 왔던 것은 내가 원해서 그런 것이니, 뜻이 맞지 않아서 떠나가는 것이 어찌 내가 바라던 바이겠는가. 내가 부득이해서였다. 내가 사흘을 유숙한 뒤에 晝邑을 떠났지만, 내 마음에는 오히려 빠르다고 여겼다. 나는 왕이 고치기를 바라니, 왕이 만일 고친다면 틀림없이 나를 돌아오게 했을 것이다. 주읍을 떠나는데도 왕이 나를 뒤쫓아 오지 않기에, 내가 그런 뒤에야 아무 미련 없이 돌아갈 생각이 들었다. 내가 비록 그렇다고 해도 어찌 왕을 버리겠는가. 왕은 그래도 충분히 선을 행할 수 있을 것이다. 왕이 만일 나를 등용하신다면, 어찌 다만 제나라 백성만 편안할 뿐이겠는가. 천하 백성이 모두 편안할 것이다. 왕이 고치기를, 나는 날마다 바란다. 내가 어찌 이 졸장부처럼 자기 임금에게 간하다가 수용해주지 않으면 분노하여 그 얼굴에 노기를 발끈 드러내고, 떠나게 되면 온종일 갈 수 있는 힘을 다한 뒤에 유숙하겠는가.〔千里而見王 是予所欲也 不遇故去 豈予所欲哉 予不得已也 予三宿而出晝 於予心猶以爲速 王庶幾改之 王如改諸 則必反予 夫出晝而王不予追也 予然後浩然有歸志 予雖然 豈舍王哉 王由足用爲善 王如用予 則豈徒齊民安 天下之民擧安 王庶幾改之 予日望之 予豈若是小丈夫然哉 諫於其君而不受則怒 悻悻然見於其面 去則窮日之力而後宿哉〕"라는 내용이 보인다.

明道術 道를 분명히 밝힘

天理人倫之正【君使臣之禮】 天理와 人倫에 임하는 올바른 처신【임금이 신하를 부릴 때의 예】

9-15-가[132)]

鹿鳴①은 **燕群臣嘉賓也**라 **既飮食之**하고 **又實幣帛筐篚**하여 **以將其厚意然後**에 **忠臣・嘉賓**이 **得盡其心矣**라 **其一章**에 **曰 呦呦鹿鳴**②이여 **食野之苹**③이로다 **我有嘉賓**하여 **鼓瑟吹笙**④호라 **吹笙鼓簧**⑤하여 **承筐是將**⑥호니 **人之好我**가 **示我周行**⑦이엇다

① 鹿鳴 : 詩小雅之篇名, 周文・武時詩.
'鹿鳴'은 《시경》 〈小雅〉의 篇名으로, 周나라 文王・武王 때의 시이다.

② 呦呦鹿鳴 : 呦呦, 和聲也.
'呦呦'는 화답하는 소리이다.

③ 食野之苹 : 苹, 今蔞[133)]蒿也.
'苹'은 지금의 '蔞蒿(물쑥)'이다.

④ 鼓瑟吹笙 : 瑟・笙,[134)] 燕樂也.
'瑟'과 '笙'은 燕禮에 사용하는 악기이다.

⑤ 吹笙鼓簧 : 吹簧[135)]之時, 鼓笙中之簧.
'吹笙鼓簧'은 簧을 불 때 笙 안에 달린 簧을 울리는 것이다.

⑥ 承筐是將 : 筐, 篚屬, 所以行幣帛也. 承以藉之, 篚以貯之.
'筐'은 '篚(대광주리)'의 일종으로, 幣帛을 올리기 위한 것이다. 筐으로 자신의 정성을 바치는 근거로 삼고, 篚로 폐백을 담는다.

---

132) 《시경》 〈小雅 鹿鳴〉에 보인다. '鹿鳴'은 '사슴의 울음소리'라는 뜻이다. 〈녹명〉은 총 3장이다.

133) 蔞 : 대전본에는 '蘱'로, 사고본에는 '蘋'으로 되어 있다.

134) 瑟笙 : 사고본에는 '笙瑟'로 되어 있다.

135) 簧 : 대전본・사고본에는 '笙'으로 되어 있다.

⑦ 示我周行 : 周行, 大道也.
'周行'은 大道이다.

《시경》〈鹿鳴〉은 嘉賓인 신하들에게 연향을 베풀 때 연주하던 것이다. 이들에게 술과 음식을 먹이고, 또 폐백을 筐과 篚에 담아 그 후의를 전한 뒤에야 가빈인 충신이 자신의 마음을 다할 수 있는 것이다. 그 1장에 다음과 같은 내용이 있다.

우우 울며 서로 화답하는 사슴의 울음소리	呦呦鹿鳴
들판의 물쑥을 뜯어먹도다	食野之苹
나에게 嘉賓이 있어	我有嘉賓
瑟을 타며 笙을 부노라	鼓瑟吹笙
笙을 불어 簧을 울리면서	吹笙鼓簧
筐을 받들어 이에 성의를 올리니	承筐是將
나를 좋아하는 사람은	人之好我
나에게 大道를 보여주오	示我周行

9-15-나(按)

臣은 按 詩之所謂嘉賓은 指群臣之與燕者也라 於朝則曰君臣이라하고 於燕則曰賓主라하니 先王以禮使臣之厚也가 如此하시니이다 鹿이 食苹則相呼呦呦焉而樂하니 君臣賓主之相樂이 亦猶是也로소이다 夫君之資於臣과 主之資於賓이 果爲何事哉오 欲聞道義而已라 故飮食以享之하고 琴瑟以樂之하고 幣帛以將之則庶乎好愛我而示我以道矣라하니 夫賢者가 豈以幣帛飮食으로 爲悅哉리오 婚姻이 不備則貞[136]女가 不行하고 禮樂이 不備則賢者가 不處하나니 故必如是然後에 示我以道焉이니이다 此詩凡三章이니 皆敍燕樂嘉賓之意라 今姑摘首章하여 以見(현)先王之待其臣이 如此하니 士之死職이 宜矣라 中庸에 曰 體群臣則士之報禮가 重[137]이라하니 詎不信夫잇가

【臣按】《시경》의 이른바 '嘉賓'은 燕禮에 참여한 신하들을 가리킵니다. 조정에

136) 貞 : 대전본·사고본에는 '正'으로 되어 있으나, 宋代와 淸代의 피휘이다.
137) 體群……禮重 : 《중용》 제20장에 보인다.

있을 때에는 '君臣'이라 하고 연례에서는 '賓과 主人'이라고 하였으니, 先王이 신하들을 禮로 부렸던 후의가 이와 같았습니다. 사슴이 물쑥을 뜯어먹으면 '우우' 하고 서로 부르며 즐거워하니, 君臣과 賓主 간에 서로 즐거워하는 것이 또한 이와 같습니다.

무릇 임금이 신하에게 의지하는 것과 주인이 빈객에게 의지하는 것이 과연 무엇 때문이겠습니까. 道義를 듣고자 하는 것뿐입니다. 그러므로 술과 음식으로 대접하고 琴과 瑟로 즐겁게 하고 幣帛을 받들어 올리니, 나를 좋아하여 나에게 大道를 보여주기를 바란다고 하였습니다. 무릇 현자가 어찌 폐백과 음식 때문에 기뻐하겠습니까. 혼인의 예가 갖추어지지 않으면 정숙한 여인은 시집을 가지 않으며, 예악이 갖추어지지 않으면 현인이 처하지 않는 법입니다. 그러므로 반드시 이렇게 한 뒤에야 나에게 大道를 보여주는 것입니다.

이 시는 모두 3장인데, 모두 嘉賓들에게 연향을 베풀고 즐겁게 하는 뜻을 서술하였습니다. 지금 우선 첫 장을 摘錄하여, 선왕이 자신의 신하를 이렇게 대우함을 보여주었으니, 선비가 죽음으로 직분을 다한 것도 당연합니다. 《중용》에 이르기를, "신하들을 자기 몸처럼 돌보면 선비가 예를 보답함이 중하게 된다."라고 하였으니, 어찌 믿을 만하지 않겠습니까.

9-16-가[138)]

禮記에 曰 君子가 式黃髮①하며 下卿位②하나니라

① 君子式黃髮 : 君子, 謂人君也. 人君乘車, 有所敬則憑其軾. 故武王式商容之閭.[139)] 黃髮[140)], 老人也.
'君子'는 임금을 말한다. 임금이 수레에 탔을 때 공경하는 대상이 있으면, 그 수레의 軾에 기대어 공경을 표했다. 그러므로 周 武王은 商容이 사는 마을에 式을 했던 것이다. '黃髮'은 노인이다.

② 下卿位 : 卿位,[141)] 卿之朝位. 君出, 過之而上車, 入, 未至而下車.

---

138) 《예기》 〈曲禮 上〉에 보인다.

139) 武王……之閭 : 《서경》 〈周書 武成〉에 보인다. '商容'은 殷 紂王에게 간언을 했다가 귀양을 간 사람인데, 周 武王이 은나라를 멸한 뒤에 상용이 사는 마을에 式을 한 것이다.

140) 黃髮 : 공영달에 따르면, '매우 늙은 사람〔太老人〕'이다. 《禮記注疏 曲禮 上 孔穎達疏》

'卿位'는 卿이 조정에서 위치하는 자리이다. 임금이 출궁하면 경위를 지나서 수레에 오르고, 입궁하면 경위에 이르기 전에 수레에서 내린다.

《예기》에 다음과 같은 내용이 있다.

"임금은 황발 노인에게 式에 기대어 공경을 표하며, 밖에서 올 때 卿位에 이르기 전에 수레에서 내린다."

9-16-나(按)

臣은 按 式黃髮은 所以敬老요 下卿位는 所以尊賢이라 古者에 不卑其臣也가 如此하시니이다 漢世에 待宰相을 御坐爲起하고 在輿爲下[142]하니 或其遺意歟인저

【臣按】황발 노인을 보고 式에 기대는 것은 노인을 공경한 것이고, 卿位에 이르기 전에 수레에서 내린 것은 현인을 존경한 것입니다. 옛날에 자기 신하를 낮추어 보지 않은 것이 이러하였습니다. 漢代에 재상을 대우하되, 황제가 어좌에 앉아 있다가도 재상을 위하여 일어서고 황제가 수레에 타고 있다가도 재상을 위하여 수레에서 내렸으니, 아마도 이러한 전통에 의거하여 전해진 뜻일 것입니다.

9-17-가[143]

國君은 不名卿老·世婦①하나니라

① 國君……世婦 : 卿老, 上卿[144]也. 上卿貴, 故曰卿老. 世婦[145], 兩媵[146]也.

141) 卿位 : 공영달에 따르면, '路門 안에 문 동쪽의 북면하는 위치〔路門之內門東北面位〕'이다. 《禮記注疏 曲禮 上 孔穎達疏》

142) 御坐……爲下 : 《漢書》 卷84 〈翟方進傳〉에 보인다. 顔師古의 주석에 따르면, 황제가 승상을 대우하는 차원에서 황제가 승상을 보면 일어섰다가 어좌에 앉고, 타고 있던 수레에서 내렸다가 다시 수레에 오른다.

143) 《예기》 〈曲禮 下〉에 보인다.

144) 上卿 : 춘추시대 제후국은 중요한 관직을 모두 卿들이 맡고 있었으며, 경에는 上卿·中卿·下卿의 구분이 있었다. 그중 정권을 잡은 가장 높은 이가 상경이었으며, 正卿이라고도 불렀다. 《中國官制大辭典 正卿, 上卿》《中國歷代官制詞典 上卿》

145) 世婦 : 공영달에 따르면, '세부'는 夫人의 다음 지위이면서 妾보다 귀한 사람이다. 《禮記注疏 曲禮 下 孔穎達疏》

'卿老'는 上卿이다. 上卿은 존귀하기 때문에 '卿老'라 한다. '世婦'는 두 媵妾이다.

國君은 卿老나 世婦의 이름을 부르지 않는 법이다.

9-17-나(按)

臣은 按 國君之貴는 卿老·世婦가 皆其臣妾이로되 而不名之하니 所以示敬也라 漢世에 待大臣之有勳德者를 贊拜不名하니 意本如此하이다

【臣按】 존귀한 國君에게는 卿老와 世婦가 모두 그의 신하나 첩인데도 그들의 이름을 부르지 않았으니, 공경을 표시하는 것입니다. 漢代에는 대신들 가운데 공훈이나 덕이 있는 자를 대우하여, 이들이 황제를 배알할 때 贊禮하는 사람이 그들의 이름을 부르지 않게 하였으니, 그 뜻은 본래 이와 같은 것이었습니다.

9-18-가[147]

五官[148]之長을 曰伯[①149]이니 其擯[150]於天子엔 曰天子之吏[②151]라하며 天子가 同姓으란 謂之伯父요 異姓으란 謂之伯舅[③]라하며 九州[152]之長이 入天子之國曰

---

146) 媵 : 정현에 따르면, '媵'은 '送'의 뜻으로, 부인이 시집갈 때 따라가는 사람이라는 뜻이다. 《春秋公羊傳》에 따르면, 잉첩은 부인의 조카와 여동생이다. 《儀禮注疏 士昏禮 鄭玄注》《春秋公羊傳 莊公 19年》

147) 《예기》〈曲禮 下〉에 보인다.

148) 五官 : 여기에서는 천자의 五官을 가리키는 것으로, 司徒·司馬·司空·司士·司寇를 말한다. 《禮記 曲禮 下》

149) 伯 : 9-9-가 '叔兮伯兮' 참조.

150) 擯 : 정현에 따르면, '천자가 빈객을 맞이할 때 접대하는 사람〔天子接賓之人〕'이다. 《禮記注疏 曲禮 下 鄭玄注》

151) 天子之吏 : 공영달에 따르면, 擯이 천자에게 말을 전달할 때 二伯을 '天子之吏'로 부른다고 하였다. '이백'은 천자에게 소속된 老臣 두 사람을 가리키는데, 천하를 양분하여 천자의 좌우에서 보좌하는 사람이라는 뜻이다. 《禮記注疏 曲禮 下 孔穎達疏》《禮記 王制》

152) 九州 : 천하를 아홉 州로 나눈 것인데, 각 주의 명칭은 기록마다 다르다. 《서경》에 따르면 冀州·兗州·青州·徐州·揚州·荊州·豫州·梁州·雍州, 《周禮》에 따르면 冀州·兗州·青州·揚州·荊州·豫州·雍州·幷州·幽州, 《爾雅》에 따르면 冀州·兗州·徐州·揚州·荊州·豫州·雍州·幽州·營州이다. 《書經 禹貢》《周禮 職方氏》《爾雅 釋地》

牧④이요 **天子**가 **同姓**으란 **謂之叔父**요 **異姓**으란 **謂之叔舅**라하나니라

① 伯 : 謂爲三公[153]者.
'伯'은 三公이 된 사람을 말한다.
② 吏 : 擯·相[154]之辭.
'吏'는 擯·相을 뜻하는 말이다.
③ 天子……伯舅 : 稱之以父與舅, 親親之辭也.
'父'나 '舅'로 부르는 것은 친한 이를 친히 하는 말이다.
④ 牧 : 每一州之中, 天子選諸侯之賢者, 以爲之牧也.
州마다 그 안에서 천자가 제후 가운데 어진 이를 선발하여 牧으로 삼는다.

五官의 長을 '伯'이라 하니, 擯이 伯을 천자에게 고할 때에는 '천자의 관리'라 한다. 그리고 천자는 백이 同姓이면 '伯父', 백이 異姓이면 '伯舅'라 부른다. 九州의 장관이 天子國에 입국해 있을 때에는 '牧'이라 하고, 천자는 목이 동성이면 '叔父', 목이 이성이면 '叔舅'라 부른다.

9-18-나(按)

臣은 **按 古者**에 **天子待公侯之禮**가 **親之·尊之**가 **至於如此**하시니 **其**[155]**眡**(시)**後世**컨대 **有間矣**로소이다

【臣按】 옛날에 천자가 公과 侯를 대했던 禮는, 친히 하고 높인 것이 이와 같은 수준에 이르렀으니, 후대와 비교해본다면 차이가 있습니다.

9-19-가1[156]

禮記에 **卿大夫**가 **疾**커든 **君**이 **問之無算**①하고 **士**엔 **壹問之**하고 **君於卿大夫**엔

153) 三公 : 太師·太傅·太保이다. 《書經 周官》
154) 相 : 정현에 따르면, '제왕의 예를 일러주는 사람〔詔王禮〕'이다. 빈은 나아가서 빈객을 접대하는 사람인데 비해, 상은 들어와서 예를 일러주는 사람인 것이 차이이다. 《周禮注疏 春官 大宗伯 鄭玄注》
155) 其 : 사고본에는 없다.
156) 《예기》 〈雜記 下〉에 보인다. 〈雜記〉는 제후 이하로 士에 이르기까지 喪事를 잡다하게 기록한 것인데, 부분적으로 제사·혼인 등 喪禮와 관련이 없는 내용들이 포함되어 있다. 《禮

比葬不食肉하며 **比卒哭**[157]**不擧樂**(악)하고 **爲士**하얀 **比殯**[158]**不擧樂**②하나니라

① 君問之無算 : 言屢往無數也.
'問之無算'은 횟수에 제한 없이 자주 문병을 간다는 것을 말한다.

② 比葬……擧樂 : 比, 及也. 卒哭, 葬後之祭. 殯, 斂也.
'比'는 '이르다'라는 뜻이다. '卒哭'은 매장한 뒤에 지내는 제사이다. '殯'은 '염하다'라는 뜻이다.

《예기》에 다음과 같은 내용이 있다.

"卿大夫가 병이 들면 임금은 횟수에 제한 없이 자주 문병하고 士에 대해서는 한 번만 문병한다. 임금이 경대부에 대해서는 그들을 매장할 때까지는 고기를 먹지 않고 졸곡 때까지는 음악을 연주하지 않으며, 士를 위해서는 그를 염할 때까지 음악을 연주하지 않는다."

9-19-가2[159]

儀禮에 **坐撫當心**하여 **要節而踊**①하나니라

① 坐撫……而踊 : 此君臨臣喪之儀. 撫, 謂撫其尸也.
이는 임금이 신하의 喪에 임하는 儀節이다. '撫'는 망자의 시신을 어루만진다는 말이다.

《儀禮》에 다음과 같은 내용이 있다.

"임금이 앉아서 망자인 신하의 시신 가슴 부분을 어루만진다. 그렇게 하고 나서 대렴 奠을 올릴 때에는 踊을 해야 할 때가 되면 용을 한다."

記注疏 雜記 上 鄭玄注》

157) 君於……卒哭 : 대부는 죽은 지 3개월이 되면 장사를 지내고 5개월이 되면 졸곡을 한다. 《禮記 雜記 下》

158) 爲士比殯 : 士는 죽은 지 3일이 되면 殯을 한다. 《儀禮注疏 士虞禮 鄭玄注》

159) 《儀禮》 〈士喪禮〉에 보인다. 그런데 '坐撫當心'은 '君反主人 主人中庭 君坐撫當心 主人拜稽顙 成踊 出(임금이 주인에게 돌아오라고 하면 주인이 뜰의 중앙에 위치한다. 임금이 앉아서 어루만지며 주의를 기울이면 주인이 절하고 이마를 땅에 조아리며 踊을 하고 나간다.)'에서, '要節而踊'은 '君要節而踊 主人從踊(임금이 踊을 할 때에 맞추어 용을 하면 주인은 따라서 용을 한다.)'에서 따온 것으로, 본문과 같이 원래 연결된 문장은 아니다.

9-19-가3[160)]

春秋傳에 **晉荀盈**[161)]이 **卒未葬**에 **晉侯**가 **飮酒樂**(악)이어늘 **膳宰屠蒯**(괴)가 **趨**[162)] **入曰 君之卿佐**가 **是謂股肱**이니 **股肱**이 **或虧**면 **何痛如之**리잇고

《春秋左氏傳》에 다음과 같은 내용이 있다.

"晉나라 荀盈이 죽어 매장을 앞두고 있었을 때 晉나라 임금이 술을 마시고 음악을 연주하였다. 그러자 膳宰인 屠蒯가 종종걸음으로 임금이 있는 곳에 들어와 樂工에게 말하였다.

'임금의 卿佐를 股肱(팔다리)이라고 하니, 고굉이 혹 떨어져 나가게 되면 그만한 고통이 어디 있겠는가.'"

9-19-나(按)

臣은 **按 古者**에 **君視臣如手足**이라 **故其疾也**에 **憂之至焉**하시고 **其死也**에 **卹**(휼)**之至焉**하시니 **禮記而下三條**에 **可見其略**이요 **而鄕黨**에 **亦有君視臣疾之文**[163)]하니 **曰 東首**하시고 **加朝服拖紳**[164)]이라하니 **則疾而見**(현)**君之禮也**라 **衛有太史柳莊**[165)]하니 **社稷之臣**[166)]**也**라

---

160) 《春秋左氏傳》 昭公 9년(기원전 533) 기사에 보인다. 이 기사는 晉 平公 때의 일로, 도괴가 평공의 허락을 받아 음악을 연주하던 악공과 外嬖 嬖叔에게 술을 따라주면서 그들의 잘못을 타이르고 자신도 술을 따라 마시며 자기의 탓을 하였는데, 평공은 이를 지켜보고 기뻐하면서 술자리를 파하였다. 본문에 나오는 '임금의 卿佐를 股肱(팔다리)이라 하니, 고굉이 혹 떨어져 나가게 되면 그만 한 고통이 어디 있겠는가.〔君之卿佐 是謂股肱 股肱或虧 何痛如之〕'라는 말은 도괴가 악공에게 한 말 가운데 보인다.

161) 荀盈 : 기원전 566~기원전 533. 성은 姬, 씨는 知이며, 盈은 이름이다. 지씨가 荀氏의 방계이기 때문에 荀盈으로 부르며, 씨를 따라 知盈이라고도 한다. 晉나라의 卿으로, 楚나라로 가서 맹약에 참석하기도 하였다. 기원전 533년에 齊나라로 가서 제나라 공주를 맞이하여 돌아오다가, 그해 6월에 晉나라 戲陽에서 사망하였다. 시호가 悼이기 때문에 知悼子라고도 한다.

162) 趨 : 빠르게 걷는 것으로, 陳澔에 따르면 공경을 표시하는 것이다. 《論語集解 子罕》《禮記集說 雜記 下》

163) 文 : 대전본에는 '又'로 되어 있다.

164) 東首……拖紳 : 《논어》 〈鄕黨〉에 보인다. 주희에 따르면 머리를 동쪽으로 하는 것은 生氣를 받기 위한 것이며, 병중이라 조복을 착용할 수는 없어도 평상복으로 임금을 뵐 수 없기

獻公[167]이 聞之[168]死하시고 釋祭而弔之[169]하시고 荀盈이 未葬而晉侯가 飮樂則屠蒯가 以爲譏하니 世降春秋호대 君臣之間에 愛且敬이 猶若此하니 三代之盛을 從可知矣로소이다

【臣按】 옛날에는 임금이 신하를 수족처럼 대하였습니다. 그러므로 신하가 병들었을 때 걱정이 지극하였고 신하가 죽었을 때 돌보아주는 것을 지극히 하였으니, 《예기》 이하 세 조목에서 그 대략을 알 수 있습니다. 그리고 《논어》 〈鄕黨〉에도 임금이 신하가 병들었을 때 문병 간 내용의 글이 있는데, "머리를 동쪽으로 하고서 朝服을 몸에 올려놓고 띠를 조복 위에 걸쳐놓았다."라고 하였으니, 병들었을 때 임금을 뵙는 예입니다.

衛나라에 太史 柳莊이라는 사람이 있었으니 社稷之臣이었는데, 衛 獻公은 그가

때문에 조복과 띠를 몸 위에 걸쳐놓은 것이다.

165) 柳莊 : 衛 獻公이 기원전 559년에 齊나라로 망명했을 때 수행하였다. 기원전 547년에 헌공이 귀국할 때 교외에 이르러 자신을 수행했던 자에게 상으로 邑을 내리려 하자, 유장이 "만약 모두 사직을 지켰다면 누가 말고삐와 굴레를 잡고 수행했겠으며, 모두가 수행했다면 누가 사직을 지켰겠습니까. 임금께서 고국으로 돌아오시면서 사심을 두시니 불가한 일이 아닙니까.〔如皆守社稷 則孰執羈靮而從 如皆從 則孰守社稷 君反其國而有私也 毋乃不可乎〕"라고 하여 결국 헌공을 단념시켰다. 그가 죽은 뒤 위 헌공이 제사를 지내고 尸童에게 고하면서 "신하 유장이라는 사람이 있으니, 과인의 신하일 뿐만 아니라, 바로 사직의 중신입니다.〔有臣柳莊也者 非寡人之臣 社稷之臣也〕"라고 하였다. 《禮記 檀弓 下》

166) 社稷之臣 : 《논어》 〈季氏〉 제1장에, "저 顓臾는 옛날에 선왕이 東蒙山의 祭主로 삼았고, 또한 우리나라 안에 있으니, 이는 사직지신이다. 어찌 정벌할 수 있는가.〔夫顓臾 昔者先王以爲東蒙主 且在邦域之中矣 是社稷之臣也 何以伐爲〕"라는 내용이 보인다.

167) 獻公 : ?~기원전 544. 재위 기원전 576~기원전 559, 기원전 546~기원전 544. 衛나라의 24대 임금으로 이름은 衎(간)이다. 원한이 있었던 孫林父에 의해 쫓겨나 齊나라로 망명하였다. 손림보와 寗殖이 헌공의 동생 剽(표)를 세우니, 이 사람이 殤公(재위 기원전 558~기원전 547)이다. 나중에 헌공이 大夫 寗喜의 도움으로 귀국하였지만, 정사는 영식의 손에서 좌우되었다. 후에 영희가 상공을 시해하여 복위하였다. 얼마 뒤 晉나라 사람에게 잡혔다가 齊나라와 鄭나라의 도움으로 귀국하였다.

168) 之 : 사고본에는 '其'로 되어 있다.

169) 衛有……弔之 : 《예기》 〈檀弓 下〉에 보인다. 유장이 병으로 몸져눕자 헌공은 "그대의 병이 위독해지면 내가 제사를 지내고 있어도 반드시 알려주시오.〔若疾革 雖當祭 必告〕"라고 하였다. 뒤에 제사를 지내던 도중 유장의 부음을 듣자, 헌공은 입고 있던 제복 차림으로 유장의 집으로 가서 襚(수)를 행하였다. 陳澔의 주에 따르면, '수'는 망자에게 의복을 주는 것이다. 《禮記集說 檀弓 下》

죽었다는 소식을 듣고서 지내고 있던 제사를 버려두고 조문을 갔습니다. 그리고 荀盈의 매장을 앞두고 있었을 때 晉나라 임금이 술을 마시며 음악을 연주하자 屠蒯는 이를 비판하였습니다. 세상은 혼란했던 춘추시대로 내려왔지만 군신간에 아껴주고 공경했던 것이 여전히 이와 같았으니, 三代 때 군신간의 예가 얼마나 성대했는지를 이로부터 알 수 있습니다.

古道가 旣淪에 斯禮가 埽(소)地하나 然唐太宗之於房[170]・杜[171]・魏[172]三臣에 其疾也에 憂惻之하시고 其亡也에 愍(민)悼之하사 極君臣終始之遇①하시고 而於張公謹[173]之歿에 雖辰日이나 不爲之輟哭[174]하시니 視古에 蓋庶幾焉이라 太宗이 亦[175]賢矣哉신저

170) 房 : 房玄齡(579~648)을 가리킨다. 자는 喬인데, 일설에는 현령이 자이고 교가 이름이라고도 한다. 齊州 臨淄 사람으로, 隋나라에서 隰城 尉를 지냈다. 唐의 군대가 關中에 들어오자 李世民에게 가담하여 秦王府 記室이 되었다. 이세민이 즉위하자 貞觀 원년(627) 中書令이 되고, 邢國公에 봉해졌다가 정관 11년(637)에는 梁國公으로 이봉되었다. 시호는 文昭이다.

171) 杜 : 杜如晦(585~630)를 가리킨다. 자는 克明으로, 京兆 杜陵 사람이다. 秦王 李世民의 兵曹參軍으로 있다가 후에 文學館學士를 겸했다. 이세민을 따라 출정하여 참모로 활약했으며, 이세민이 태자가 되자 兵部尙書가 되고 蔡國公에 봉해졌다. 貞觀 2년(628)에 吏部尙書, 이듬해 右僕射가 되어 관리 선발을 담당하였으며, 당나라의 법률 제도와 인사 행정을 정비하였다. 사후에 萊國公으로 이봉되었으며, 시호는 成이다.

172) 魏 : 魏徵(580~643)을 가리킨다. 자는 玄成으로, 魏郡 內黃 사람이다. 隋나라 말에 元寶藏의 典書記로 있다가 李密에게 귀순했으며, 다시 唐 高祖에게 귀순하여 태자 李建成의 측근이 되었다. 玄武門의 변(626) 이후에는 태종의 부름을 받아 諫議大夫, 左光祿大夫 등을 역임하고 鄭國公에 봉해졌으며, 貞觀 16년(642) 太子太師가 되었다. 시호는 文貞이다.

173) 張公謹 : ?~633. 자는 弘愼으로, 魏州 사람이다. 隋나라가 어지러울 때 王世充 밑에서 洧(유)州長史를 지내다가 唐 高祖에게 귀순하였는데, 李勣 등이 아뢰어 당시 秦王이었던 태종의 王府에 들게 되었다. 玄武門의 변에 가담하였으며 태종이 즉위한 뒤 突厥을 격파한 공으로 鄒國公에 봉해졌다. 이후 襄州都督이 되어 선정을 베풀었는데 재직하던 중 졸하였다.

174) 於張……輟哭 : 貞觀 7년(633)의 일로, 《貞觀政要》 卷6 〈仁惻〉에 보인다. 《資治通鑑》에는 정관 6년(632)의 일로 되어 있다. 장공근이 졸한 날은 4월 辛卯일로, 그 다음날이 壬辰일이었다. 당시 장공근의 죽음에 태종이 매우 슬퍼하였는데, 有司가 "陰陽書에 따르면 십이지 가운데 辰이 들어간 날에는 哭泣을 하면 안 된다고 하였는데, 이 또한 流俗에서 꺼리는 일입니다."라고 진언하였음에도 태종은 "군신간의 의리는 부모자식과 같다. 감정이 마음에서

① 唐太……之遇：杜如晦疾篤，上自臨視．旣薨，上每得佳物，輒思如晦，遣賜其家．久之，語及如晦，必流涕.[176] 後忽夢如晦若平生，勅所御饌往祭．房玄齡疾篤，上令肩輿上殿，至御坐[177]側乃下，相對流涕，因留宮中．小愈則喜形於色，加劇[178]則憂悴，病[179]篤，上自臨視，握手與訣，悲不自勝.[180] 魏徵[181]寢疾，上與太子同至其第，撫之流涕，問所欲言．後數日，上夢徵若生平，及旦而奏徵薨.[182]

杜如晦의 병이 위독해지자, 당 태종은 친히 문병을 갔다. 두여회가 죽은 뒤에 태종이 좋은 물건을 얻을 때면 번번이 두여회를 생각하여 사람을 보내 그의 집에 하사하였다. 오랜 뒤에도 두여회 이야기가 나오면 반드시 눈물을 흘렸다. 후에 불현듯 두여회의 살아생전과 같은 모습을 꿈에서 보고는 御饌을 가지고 그의 집으로 가 제사를 지내라고 명하였다.

房玄齡의 병이 위중하자, 태종은 그가 肩輿에 탄 채 어전으로 올라와 御座 옆에까지 와서 바로 내리게 하라고 명하였다. 서로 마주보고 눈물을 흘리며, 그대로 궁중에 머무르게 하였다. 방현령의 병이 조금 나으면 태종의 낯빛에 기쁨이 드러났고, 병이 더 심해지면 걱정으로 몸이 초췌해졌다. 방현령의 병세가 위독해지자, 태종은 친히 문병을 가서 방현령의 손을 잡고 영결할 때에 슬픔을 스스로 주체하지 못하였다.

나오는데 어찌 辰日을 피하겠느냐."라고 하고서 곡을 하였다.

175) 亦 : 대전본에는 '之'로 되어 있다.

176) 杜如……流涕 : 貞觀 4년(630)의 일이다. 두여회가 병이 들자 태종은 태자를 보내 문병하고 다시 몸소 문병을 갔다. 두여회의 사후에 두여회에 대한 이야기가 나오자 태종이 눈물을 흘리며 방현령에게 "공이 두여회와 함께 짐을 보좌하더니, 지금 공만 보이고 두여회는 안 보이는구려."라고 말하며 슬퍼하였다. 《資治通鑑 卷193 唐紀9 太宗 上之中 貞觀 22年》

177) 坐 : 사고본에는 '座'로 되어 있다.

178) 劇 : 사고본에는 '極'으로 되어 있다.

179) 病 : 대전본에는 '疾'로 되어 있다.

180) 房玄……自勝 : 貞觀 22년(648)의 일이다. 방현령이 병중에도 태종의 고구려 정벌에 극력 반대하는 주청을 올렸다. 그러자 태종은 자신의 딸이자 방현령의 며느리인 高陽公主에게 "저 사람의 병이 이렇게 위독한데도 오히려 우리나라를 걱정하는구나." 하고 감탄하였다. 《資治通鑑 卷199 唐紀15 太宗 下之下 貞觀 22年》

181) 徵 : 대전본에는 '證'으로 되어 있으나, 오자이다. 이하도 같다.

182) 魏徵……徵薨 : 貞觀 17년(643)의 일이다. 위징이 병이 들자 태종은 계속 약을 하사하고 中郎將 李安儼을 위징의 집으로 보내 유숙하면서 동정을 보고하게 했다. 위징이 죽자 태종은 9품 이상의 백관들에게 위징의 장례에 참석하도록 명하였으며 직접 碑文을 지었다. 《資治通鑑 卷196 唐紀12 太宗 中之中 貞觀 17年》

> 魏徵이 몸져눕자, 태종은 태자와 함께 위징의 집으로 가서 위징을 어루만지며 눈물을 흘리고는 위징이 하고 싶은 말을 물었다. 며칠 뒤 태종은 위징의 평소와 같은 모습을 꿈에서 보았는데, 아침이 되자 위징이 죽었다는 보고가 올라왔다.

옛날의 도리가 사라지고 나서는 이러한 禮가 완전히 자취를 감추었습니다. 그러나 唐 太宗은 房玄齡·杜如晦·魏徵 세 신하에 대하여 그들이 병들었을 때에는 걱정하며 슬퍼하였고, 그들이 죽었을 때에는 애도하여 군신간에 시종일관 예우를 극진히 하였습니다. 그리고 張公謹이 죽었을 때에는 辰日이었지만 그것을 이유로 곡을 멈추지 않았으니, 옛날과 비교해보았을 때 거의 손색이 없었습니다. 태종은 역시 현군이었습니다.

9-20-가[183)]

漢文帝時에 **賈誼**가 **上疏曰 人主之尊**은 **譬如堂**이요 **群臣**은 **如陛**요 **衆庶**는 **如地**라 **故陛九級上**에 **廉遠地則堂高**①하고 **陛亡**(무)**級**하여 **廉近地則堂卑**하니 **高者**는 **難攀**이요 **卑者**는 **易陵**이니 **理勢**가 **然也**니이다 **故古者聖王**이 **制爲等列**하여 **內有公·卿·大夫·士**하고 **外有公·侯·伯·子·男然後**에 **有官師·小吏**하여 **延及庶民**하니 **等級**이 **分明而天子**가 **加焉故**로 **其尊**이 **不可及也**니이다 **里諺**에 **曰 欲投鼠而忌器**라하니 **此**가 **善諭**[184)]**也**라 **鼠近於器**라도 **尙憚不投**하여 **恐傷其器**온 **況於**[185)]**貴臣之近主乎**아 **廉恥·節禮**[186)]는 **以治君子**라 **故有賜死而無戮辱**하니 **是以**로 **黥·劓**(의)**之辠**(죄)가 **不及大夫**는 **以其離主上不遠也**니이다

---

183) 《漢書》 卷48 〈賈誼傳〉에 보인다. 이 글은 〈治安策〉, 또는 〈論時政疏〉로도 잘 알려져 있는데, 여기에 인용된 것은 그중 일부이다. 또한 賈誼(기원전 200~기원전 168)의 《新書》 〈等級〉 편에도 이 글이 실려 있다. 이 글은 가의가 文帝 5년(기원전 175)에 지은 것이다. 이때에 흉노가 변경을 침범하였고 천하가 갓 평정되어 제도는 미비하고 제후들은 참람하게도 천자에 견주어 그 영토가 옛 제도를 넘었다. 가의는 이러한 문제들을 바로잡고자 이 글을 지었던 것이다. 《資治通鑑 卷14 漢紀6 文帝 中 5年》

184) 諭 : 사고본에는 '喩'로 되어 있다.

185) 於 : 대전본·사고본에는 없다.

186) 節禮 : 사고본에는 '禮節'로 되어 있다.

① 陛九……堂高 : 級, 等也. 廉, 側隅也.
'級'은 '층계'라는 뜻이다. '廉'은 모서리이다.

漢 文帝 때 賈誼가 올린 상소에 다음과 같이 말하였다.

"임금의 존귀함은 비유하건대 堂과 같고, 신하들은 섬돌과 같으며, 백성들은 땅과 같습니다. 그러므로 계단 아홉 층계 위에 모서리가 땅에서 멀리 떨어져 있으면 당이 높은 것이고, 계단에 층계가 없어 모서리가 땅에 가까우면 당이 낮은 것입니다. 높은 것은 오르기 어렵고 낮은 것은 올라가기 쉬우니, 사리의 형세가 그렇습니다. 그러므로 옛날 聖王이 등급과 반열을 제정하여, 안으로는 公·卿·大夫·士를 두고 밖으로는 公·侯·伯·子·男을 둔 뒤에 관사의 長과 小吏들을 두어 서민에게까지 이르렀으니, 등급이 분명해지고 천자가 이 위에 올라섰기 때문에 그 존귀함이 따라갈 수 없는 것입니다.

속담에 '쥐에게 물건을 던져 잡고 싶어도 그릇을 깰까 염려하여 꺼린다.'고 하였으니, 이는 좋은 비유입니다. 쥐가 그릇에 가까이 있더라도 오히려 꺼리면서 던지지 않아 그 그릇을 깰까 염려하는데, 하물며 현귀한 신하가 임금과 가까이 있는 경우는 어떻겠습니까. 廉恥와 禮節은 군자를 다스리는 것입니다. 그러므로 죽음을 내리는 일은 있어도 욕보이는 일은 없습니다. 이 때문에 黥刑이나 劓刑에 해당하는 죄가 대부에게 미치지 않은 것은, 그들이 임금과 멀리 떨어져 있지 않기 때문입니다.

禮에 **不敢齒君之路馬**[187]하며 **蹴其芻者**를 **有罰**[188]하고 **見君之几杖則起**하고 **遭君之乘車則下**하고 **入門則趨**하며 **君之寵臣**이 **雖或**[189]**有過**나 **刑戮之**辠(죄)가 **不加其身者**는 **尊君之故也**니 **此**가 **所以爲主上豫遠不敬也**니 **所以體貌大臣而厲其節也**니이다 **今**에 **自王侯·三公**[190]**之貴**가 **皆天子之所改容而禮之也**요 **古**

187) 不敢……路馬 : 《예기》 〈曲禮 上〉에 보인다. '路馬'는 鄭玄에 따르면 임금의 말이다. 孔穎達에 따르면, 노마의 나이를 세는 것은 不敬이다. 《禮記注疏 曲禮 上 孔穎達疏》

188) 蹴其……有罰 : 《예기》 〈曲禮 上〉에 보인다.

189) 或 : 대전본·사고본에는 없다.

190) 三公 : 秦漢시대에는 정무를 맡은 丞相, 軍事를 맡은 太尉, 감찰을 맡은 御史大夫를 가리켰

天子之所謂伯父・伯舅[191]**也**어늘 **而令與衆庶**로 **同黥**[192]**・劓**[193]**・髡**(곤)[194]**・刖**(월)[195]**・笞・傌**(매)[196]**・棄市**[197]**之法**하니 **然則堂不無陛乎**아 **廉恥不行**이면 **大臣**이 **無迺握重權大官而有徒隸無恥之心乎**아

禮에 따르면, 감히 임금의 수레를 끄는 路馬의 나이를 세지 않으며 노마에게 먹일 꼴을 발로 차는 자에게 벌을 내리며, 임금의 几杖을 보면 일어나고 임금의 수레를 만나면 타고 있던 수레에서 내리고, 宮門에 들어가면 종종걸음을 하고, 임금의 총신은 비록 잘못이 있더라도 형을 집행하는 죄가 그 몸에 가해지지 않는 것은 임금을 존숭하기 때문입니다. 이는 임금을 위하여 미리 不敬이 될 소지를 멀리하는 것이니, 대신을 예우하여 그들의 節操를 면려하는 방법입니다.

지금 王侯・三公과 같이 현귀한 이들부터는 모두 천자가 용모를 바꾸어 예우하는 사람들입니다. 이들은 옛날 천자가 '伯父', '伯舅'라고 말한 사람들인데, 백성과 똑같이 黥刑・劓刑・髡刑・刖刑・笞刑・傌刑・棄市刑에 처하는 법을 적용시킨다면 당에 계단이 없는 것이 아니겠습니까. 염치가 행해지지 않으면 대신이 중한 권력과 높은 벼슬을 갖고 있어도 종복처럼 수치심이 없는 마음을 가지지 않겠습니까."

又曰 主上이 **遇其大臣**을 **如遇犬馬**면 **彼將犬馬自爲也**하며 **如遇官徒**면 **彼將官徒自爲也**[198]하여 **頑頓**(둔)①**無恥**하며 **集**[199]**詬**(혈후)**無節**②하여 **廉恥不立**하여 **且**

다.《中國官制大辭典 三公》

191) 伯父伯舅 : 9-18-가 참조.

192) 黥 : 墨이라고도 하는데, 먹물로 얼굴에 刺字를 하는 형벌이다.《歷代刑法考 刑法分考7 墨》

193) 劓 : 코를 베는 형벌이다.《歷代刑法考 刑法分考6 劓》

194) 髡 : 두발을 제거하는 형벌로, 肉刑 가운데 가장 가벼운 형벌이다.《歷代刑法考 刑法分考11 髡》

195) 刖 : 왼발과 오른발을 각각 자르는 형벌이다.《歷代刑法考 刑法分考6 刖》

196) 傌 :《資治通鑑》의 胡三省 注에 인용된 毛晃의 설에 따르면, '傌'는 '형신을 가하고 모욕을 주는 것〔戮辱〕'이다.《資治通鑑 卷14 漢紀6 文帝 中 5年》

197) 棄市 : 8-9-가의 주석 '棄市' 참조.

198) 如遇……爲也 : 대전본・사고본에는 없다.

不自好하고 苟若而可라 故見利則逝하고 見便則奪하며 主上이 有敗則因而挻[200]之矣요 主上이 有患則吾가 苟免而已라하여 立而觀之耳요 有便吾身者則欺賣而利之耳니 人主가 將何便於此리오

① 頑頓 : 音鈍[201].
'頓'의 음은 '鈍(둔)'이다.
② 集詬無節 : 集詬, 謂無志分也.
'集詬'는 포부와 재능이 없다는 말이다.

또 다음과 같이 말하였다.
"임금이 자신의 대신을 개나 말처럼 대우하시면 저들은 장차 스스로 개나 말처럼 행동할 것이며, 관노를 대우하는 것과 같이 하시면 저들은 스스로 관노처럼 행동할 것입니다. 그리하여 어리석고 염치에 무감각하여 포부와 재능이 없고 절조가 없게 되어, 염치가 확립되지 않을 것입니다. 뿐만 아니라 자중자애하지 않고서 대충 넘어가도 된다고 생각할 것입니다. 그러므로 이익을 보면 쫓아가고 유리한 것을 보면 빼앗으며, 임금에게 낭패가 있으면 이를 틈타 찬탈하게 될 것이며, 임금에게 근심이 있으면 나만 구차하게 화를 면하면 그만이라고 하여 서서 관망할 뿐이요, 자신에게 유리한 것이 있으면 임금을 기만하고 팔아도 이롭게 여길 것이니, 임금이 이러한 자에게 득을 볼 것이 무엇이겠습니까."

又曰 古者에 大臣이 有坐不廉而廢者를 不謂不廉이요 曰簠簋不飾이라하며 坐汙穢淫亂男女無別者를 不曰汙穢요 曰帷薄不修라하며 坐罷(피)①軟不勝任者를 不謂罷軟이요 曰下官不職이라하니 故貴大臣이 定有其辠矣나 猶未斥然正以謼(호)[202]之也요 尚遷就而爲之諱也하니 遇之有禮라 故群臣이 自憙[203]하여 嬰以廉恥라 故人矜節行하니 上設廉恥禮義하여 以遇其臣이어든 而臣이 不以節

---

199) 集 : 사고본에는 이 뒤에 小字로 '音纈(힐)正作㰯(혈)'이 있다.
200) 挻 : 사고본에는 이 뒤에 小字로 '扇平聲'이 있다.
201) 鈍 : 대전본에는 '銃'으로 되어 있으나, 오자이다.
202) 謼 : 사고본에는 이 뒤에 小字로 '音呼'가 있다.
203) 憙 : 사고본에는 이 뒤에 小字로 '音喜去聲'이 있다.

行으로 **報其上者**가 **則非人類也**라 **故化成俗定則爲人臣者**가 **主耳忘身**하며 **國耳忘家**하며 **公耳忘私**하여 **利不苟就**하며 **害不苟去**하여 **唯義所在**는 **上之化也**니이다

① 罷 : 音疲.
'罷'의 음은 '疲(피)'이다.

또 다음과 같이 말하였다.

"옛날에는 대신이 청렴하지 않은 것 때문에 쫓겨난 경우에는 '청렴하지 않다'라고 말하지 않고 '簠簋不飾(簠簋가 정결하지 않았다.)'라고 하였으며, 더럽고 음란함 때문에 남녀간에 분별이 없는 경우에는 '더럽다'라고 말하지 않고 '帷薄不修(휘장이 단속되지 않았다.)'라고 하였으며, 태만함과 나약함 때문에 직임을 감당하지 못한 경우에는 '나약하다'라고 말하지 않고 '下官不職(부하 관원이 직분을 다하지 않았다.)'이라고 하였습니다. 그러므로 현귀한 대신이 죄가 있다고 정해졌는데도 오히려 공공연히 시비를 가려 꾸짖지 않고서 그래도 등급을 낮추어 적용하고 숨겨주었습니다. 그들을 예로 대우하기 때문에 신하들이 스스로 기뻐하고, 그리하여 그들을 염치로 대우하기 때문에 사람들이 節行에 힘씁니다. 임금이 염치와 예의를 차려 자신의 신하를 대우했을 때, 절행으로 제 임금에게 보답하지 않는 신하는 사람이 아닙니다. 그러므로 교화가 이루어지고 풍속이 굳어지면, 신하 된 자는 오로지 임금만 생각할 뿐 자신은 잊으며 나라만 생각할 뿐 집안을 잊으며 공정함만 앞세울 뿐 사사로움은 잊어, 이로워도 구차하게 차지하지 않고 해로워도 구차하게 피하지 않아 오로지 義에 따라 행동하게 되는 것이니, 이것은 군주의 교화가 행해진 것입니다.

故父兄之臣은 **誠死宗廟**하고 **法度之臣**은 **誠死社稷**하고 **輔翼之臣**은 **誠死君上**하고 **守圄**(어)[204]**扞**(한)[205]**敵之臣**은 **誠死城郭封疆**[206]하나니 **故曰 聖人**이 **有**

204) 圄 : 대전본에는 '圉'로 되어 있다.
205) 扞 : 사고본에는 '捍'으로 되어 있다.
206) 封疆 : 대전본·사고본에는 없다.

金城者가 **比**[207]**物此志也**니 **彼且爲我死**라 **故吾**가 **得與之俱生**하고 **彼且爲我亡**이라 **故吾**가 **得與之俱存**하고 **夫將爲我危**라 **故吾**가 **得與之皆安**하니 **顧行而忘利**하며 **守節而伏義**라 **故可以託不御之權**하며 **可以寄六尺之孤**[208]하나니 **此**가 **厲廉恥・行禮誼之所致也**니이다

그러므로 임금의 부형인 신하는 성심으로 종묘를 위하여 죽고, 법도를 제정하는 신하는 성심으로 사직을 위하여 죽으며, 임금을 보좌하는 신하는 성심으로 임금을 위하여 죽으며, 나라를 지키고 적을 막는 신하는 성심으로 성곽과 국경을 위하여 죽는 법입니다. 그러므로 聖人에게는 철통같은 城이 있다고 말하는 것은 '철통같은 성'이라는 사물로 이러한 뜻을 비유한 것입니다.

저 사람이 장차 나를 위하여 죽을 것이기 때문에 내가 그와 함께 생사를 같이 할 수 있는 것이고, 저 사람이 장차 나를 위하여 목숨을 버릴 것이기 때문에 내가 그와 함께 살아남을 수 있는 것이며, 저 사람이 장차 나를 위하여 위험을 무릅쓸 것이기 때문에 내가 그와 함께 모두 편안해질 수 있는 것입니다. 행실을 돌아보아 이익을 잊으며 절개를 지켜 의리에 복종하기 때문에 직접 統御하지 않는 권한을 맡길 수 있을 것이며 6尺의 어린 임금을 맡길 수 있는 것이니, 이는 염치를 권면하고 예의를 실천한 결과입니다."

9-20-나(按)

臣은 **按 皐陶**가 **賡歌**[209]**而舜**이 **拜之**[210]하시고 **益**이 **進昌言而禹**가 **拜之**[211]하시고 **周公**이

207) 比 : 대전본・사고본에는 '此'로 되어 있다.

208) 六尺之孤 : 《논어》〈泰伯〉에 "六尺之孤를 맡길 수 있다.〔可以託六尺之孤〕"라는 내용이 보인다. 何晏이 《論語集解》에서 인용한 孔安國의 설에 따르면 '六尺之孤'는 '어린 임금〔幼少之君〕'이라는 뜻이며, 邢昺이 《論語疏》에서 인용한 鄭玄의 설에 따르면 '六尺之孤'는 '15살 이하인 사람'이라는 뜻이다.

209) 皐陶賡歌 : 9-7-가 참조.

210) 皐陶……拜之 : 《서경》〈虞書 益稷〉에 "순임금이 절하고 말하였다. '맞다. 가서 공경히 직무를 수행하라.〔帝拜曰 兪 往欽哉〕'"라는 내용이 보인다. 蔡沈에 따르면, 순임금이 고요에게 절을 한 것은 그 禮를 중히 여긴 것이다.

211) 益進……拜之 : 《서경》〈虞書 大禹謨〉에 보인다. 우는 순임금의 명을 받아 순임금에게 항

獻卜而成王이 拜之[212)]하시니 古者聖帝明王이 以禮遇其臣者가 蓋若此하더니 自秦而後에 尊君卑臣之禮가 日以益甚하여 於是에 君之於臣에 直謂名位가 足以牢籠之요 祿利가 足以鼓舞之니 臣不能無求於我요 而我가 可以無藉於臣이라하여 君이 亢然自尊於上을 如天地神明之不可親하고 臣이 退焉自卑於下를 如僕隸趨走之唯恐後하여 上下之情이 日[213)]以乖隔而亂亡之禍가 至하나니 易之所謂上下가 不交而天下가 無邦[214)]者也니이다 故因孔子使臣以禮之言[215)]하여 上引周詩하고 下及賈誼之論하여 以見君之待臣이 不可不以禮云하노이다

【臣按】皐陶가 舜임금에 이어서 노래를 부르자 순임금이 절을 하였고, 益이 善言을 아뢰자 禹가 절을 하였으며, 周公이 점괘를 바치자 成王이 절을 하였으니, 옛날 聖明한 제왕들이 자신의 신하를 예로써 대우했던 것이 대체로 이와 같았습니다.

그런데 秦나라 이후로 군왕을 높이고 신하를 낮추는 禮가 날로 더 심해져, 이에 임금이 신하에 대해서 다만 '관직과 지위로 충분히 구속할 수 있으며, 녹봉과 이익으로 충분히 고무시킬 수 있으니, 신하는 나에게 바라는 것이 없을 수 없겠지만 나는 신하들에게 기대지 않아도 된다.'라고 생각하였습니다. 그리하여 임금은 오만하게 위에서 자신을 높이기를 마치 친근히 할 수 없는 천지신명처럼 하고, 신하는 공손하게 아래에서 자신을 낮추기를 마치 오직 뒤쳐질까 두려워하며 달려가는 종복처럼 낮추어서, 상하간의 정이 날로 괴리되어 혼란과 멸망의 재앙이 닥쳤으

거하는 有苗를 정벌하였는데, 이들이 30일이 되도록 항복하지 않았다. 그러자 益이 우에게 지극한 덕과 정성으로 감복시키라고 조언하였는데 우가 절을 한 것이다. 그러나 이 당시 익과 우는 순임금의 신하였으므로, 임금인 우가 신하인 익을 우대한 것처럼 설명한 진덕수의 안설과는 다르다.

212) 周公……拜之 : 《서경》 〈周書 洛誥〉에 보인다. 洛邑이 도읍으로 정해지자, 주공은 그 길흉을 점치고 나서 그 점괘와 지도를 成王에게 바칠 때 성왕이 拜手稽首를 하였다. 배수계수에 대해서는 9-7-가의 주석 '拜手稽首' 참조.

213) 日 : 대전본에는 없다.

214) 上下……無邦 : 《주역》 〈否卦(䷋) 彖傳〉에 보인다. 程頤는 "윗사람과 아랫사람의 의리가 서로 통하지 않으면 천하에 나라의 도리가 없어진다.〔上下之義不交 而天下無邦國之道〕"라고 하였다. 《伊川易傳 卷1》

215) 孔子……之言 : 9-13-가 참조.

니, 《주역》에서 이른바 "윗사람과 아랫사람이 소통하지 않아 천하에 나라가 없다."라는 것입니다.

그러므로 '신하 부리기를 예로써 하라.'는 공자의 말로 인하여, 위로는 周나라 때의 詩를 인용하고 아래로는 賈誼의 論을 언급함으로써, 임금이 신하를 대우함에 예로써 하지 않으면 안 된다는 것을 보인 것입니다.

以上은 論天理人倫之正四[216]라【君使臣之禮[217]】

이상은 천리와 인륜에 임하는 올바른 처신을 논한 네 번째이다.【임금이 신하를 부릴 때의 예】

216) 四 : 사고본에는 '六'으로 되어 있으나, 오류이다.

217) 君使臣之禮 : 사고본에는 없다.

格物致知之要(一) 사물의 원리를 깊이 연구하여 知性의 힘을 극대화하는 핵심적인 방법들 (1)

明道術 道를 분명히 밝힘

天理人倫之正【臣事君之忠】 天理와 人倫에 임하는 올바른 처신【신하가 임금을 섬길 때의 충성】

10-1-가[1)]

子가 **曰 君子之事君也**에 **進思盡忠**하며 **退思補過**[2)]하여 **將順其美**①하고 **匡救**[3)] **其惡**②하나니 **故**로 **上下**가 **能相親**[4)]이니라

① 將順其美 : 將, 猶承也.[5)]
'將'은 '承(받들다)'과 같다.

② 匡救其惡 : 匡, 正也.
'匡'은 '바로잡다'라는 뜻이다.

공자가 말하였다.

---

1) 《孝經》〈事君〉장에 보인다. 이 장은 임금을 섬기는 도리를 말한 장이다. 《孝經注疏 事君章 邢昺疏》

2) 進思……補過 : 邢昺에 따르면, 조정에 나가 임금을 뵙고 국사를 도모할 때에는 충절을 다하기를 생각하고, 조정에서 물러 나와 돌아와서 늘 자신의 직무를 생각할 때에는 임금의 과실을 보완하기를 생각하는 것이다. 《孝經注疏 事君章 邢昺疏》

3) 救 : 唐 玄宗은 '止(그치다)'로 풀이하였다. 《孝經注疏 事君章 唐玄宗注》

4) 故上下能相親 : 唐 玄宗에 따르면, 아랫사람은 충성으로 윗사람을 섬기고, 윗사람은 의리로 아랫사람을 대하여 임금과 신하가 한마음이 되기 때문에 서로 친할 수 있는 것이다. 《孝經注疏 事君章 唐玄宗注》

5) 將猶承也 : 唐 玄宗은 將을 '行(행하다)'으로 풀이하였다. 《孝經注疏 事君章 唐玄宗注》

"군자가 임금을 섬길 때, 조정에 나아가서는 충성을 다하기를 생각하고 물러 나와서는 임금의 잘못을 보완하기를 생각하여 임금의 미덕은 그대로 받들어 따르고 임금의 악은 바로잡아 그치게 한다. 그러므로 윗사람과 아랫사람이 서로 친할 수 있는 것이다."

10-1-나(按)

臣은 按 進은 謂入見其君이니 則思盡己之忠이요 退는 謂出適私室이니 則思補君之過니 無一時一念之不在君也라 有善焉이어든 承順之하여 使之益進於善이요 有惡焉이어든 正救之하여 使之潛銷其惡이 此가 愛君之至者也라 臣이 以忠愛而親其君이어든 君이 亦諒其忠愛而親之니 非古昔盛時에 臣主가 俱賢이면 無此氣象也라 後世人臣이 有盡其忠愛而君이 反以爲仇者하니 吁可歎哉인저

【臣按】'進'은 조정에 들어가 자신의 임금을 뵙는다는 말이니, 뵙게 되면 자신의 충성을 다하기를 생각하고, '退'는 조정을 나와 자기 집에 간다는 말이니, 집에 가면 임금의 허물을 보완하기를 생각하니, 한시도 한 생각도 임금에게 있지 않음이 없는 것입니다. 임금에게 善이 있으면 이를 받들어 따라서 善에 더 나아가게 하고, 임금에게 惡이 있으면 바로잡아 그치게 해서 그 악을 은연중에 없애는 것이, 임금 사랑하기를 지극히 하는 것입니다.

신하가 충성과 사랑으로 자신의 임금을 친히 하면, 임금 또한 그 충성과 사랑을 헤아려 신하를 친히 하였으니, 옛 융성한 시대에 신하와 임금이 모두 어질지 않았다면 이러한 기상이 없었을 것입니다. 후세에는 신하들 중에 자신의 충성과 사랑을 다하는데도 임금이 도리어 원수로 여기는 자가 있으니, 아, 탄식할 만합니다.

10-2-가[6]

子路가 問事君한대 子가 曰 勿欺也요 而犯之①니라

6)《論語》〈憲問〉 제23장에 보인다. 형병에 따르면, 이 장은 임금을 섬기는 도리를 말한 장이다. 范祖禹는, 공자 생각에 자로가 犯顔諫諍이 어려운 게 아니라 속이지 않는 것이 어렵다고 여겨 이렇게 말했다고 해석하였다.《論語注疏 憲問 邢昺疏》《論語集註 憲問》

① 犯之 : 犯者, 犯顔之謂, 非陵犯之犯也.

'犯'은 임금의 면전에서 직언한다는 말이니, 陵犯(침범하다)의 犯은 아니다.

자로가 임금을 섬기는 것에 대해 묻자 공자가 대답하였다.
"속이지 말고 임금의 면전에서 직언해야 한다."

10-2-나(按)

臣은 按 僞言不直을 謂之欺요 直言無隱을 謂之犯이니 欺與犯이 正相反하니 故夫子之告子路에 使勿欺而犯之하여 以全其事君之直하고 戒其欺君之僞也하시니 禮記에 謂事君有犯而無隱[7]이 與此略同하니이다

【臣按】 거짓으로 말하여 정직하지 않은 것을 '欺'라고 이르고, 정직하게 말하여 숨김이 없는 것을 '犯'이라고 이르니, '기'와 '범'은 정반대입니다. 그러므로 공자가 자로에게 일러줄 때 속이지 말고 면전에서 직언하게 하여 임금 섬기는 정직함을 온전히 하고 임금을 속이는 거짓을 경계하였습니다. 《禮記》에 "임금을 섬기되 면전에서 犯顔하는 것은 있고 숨김은 없어야 한다."라고 한 것이 이와 대략 같습니다.

10-3-가[8]

子가 曰 所謂大臣者는 以道事君하다가 不可則止[9]하나니라

공자가 말하였다.

---

7) 事君……無隱 : 《禮記》 〈檀弓 上〉에 보이는데, 어버이를 섬기는 경우와 대비하여 말한 부분이다. 陳澔의 《禮記集說》에 따르면, 부모와 자식 간은 은혜를 위주로 하는 데 비해 군신간은 의리를 위주로 하기 때문에 임금의 잘못을 숨긴다면 이는 임금의 위엄을 두려워하고 아첨하여 의리를 해치는 것이 된다. 그러므로 임금의 악을 바로잡아 기만하지 않고 犯顔諫諍하는 것이라고 하였다.

8) 《論語》 〈先進〉 제23장에 보인다. 季氏의 자제인 季子然이 공자에게 仲由와 冉求가 대신이냐고 묻자 공자가 아니라고 하면서 답한 말이다. 형병에 따르면, 이 장은 신하가 되어 임금을 섬기는 도리를 밝힌 장이다. 《論語注疏 憲問 邢昺疏》

9) 以道……則止 : 朱熹에 따르면, '以道事君'은 임금이 바라는 대로 따르지 않는 것이고, '不可則止'는 반드시 자신의 뜻을 실행하는 것이다. 《論語集註 先進》

"이른바 '大臣'이란 道로 임금을 섬기다가 그렇게 할 수 없으면 그만둔다."

10-3-나(按)

臣은 按 道者는 正理也니 大臣이 以正理事君하여 君之所行이 有不合正理者어든 必規之拂之하여 不苟從也요 道有不合이어든 則去之하여 不苟留也라 或謂不合則去가 毋乃非愛君之意乎아 曰 此가 所以爲愛君也라 君臣之交가 蓋以道合이라 非利之也니 道不合而弗去면 則有苟焉徇利之志하니 是使君으로 輕視其臣하여 謂可以利籠絡之也니 君而輕視其臣이면 何所不至리오 惟大臣者아 能以道爲去就라 則足以起其君敬畏之心이니 敬畏之心이 存而後에 能適道하리니 臣이 故謂不合而去가 是[10]乃所以爲[11]愛君也라하노이다

【臣按】'道'는 바른 이치입니다. 대신은 바른 이치로 임금을 섬겨서 임금의 행실이 바른 이치에 맞지 않는 점이 있으면 반드시 바로잡고 없애서 구차히 따르지 않으며, 도가 맞지 않으면 그 임금을 떠나 구차히 머무르지 않습니다.

어떤 이는 "합치되지 않으면 떠나는 것은 임금을 사랑하는 뜻이 아니지 않는가?"라고 합니다. 그러나 이것은 임금을 사랑하는 것입니다. 군신간의 만남은 도가 합치되기 때문이지 이롭게 여겨서가 아닙니다. 도가 합치되지 않는데도 떠나지 않는다면, 구차하게 이익을 따르려는 뜻이 있는 것입니다. 이는 임금으로 하여금 자신의 신하를 경시하여 이익을 가지고 신하를 가둬둘 수 있다고 여기게 하는 것이니, 임금으로서 자신의 신하를 경시한다면 무슨 짓을 못하겠습니까.

오직 대신만이 도에 합치되느냐로 거취를 정할 수 있기 때문에, 임금으로 하여금 자신의 신하를 경외하는 마음을 일으키게 할 수 있습니다. 임금이 신하를 경외하는 마음이 보존된 뒤에야 도에 나아갈 수 있을 것입니다. 신이 이 때문에 도가 합치되지 않으면 떠나는 것이, 바로 임금을 사랑하는 것이라고 한 것입니다.

10-4-가[12]

孟子가 將朝王①이러시니 王이 使人來曰 寡人이 如就見者也라니 有寒疾[13]이라

10) 是 : 사고본에는 없다.

11) 爲 : 대전본에는 없다.

不可以風일새 朝將視朝호리니 不識케이다 可使寡人으로 得見乎잇가 對曰 不幸而有疾이라 不能造朝로소이다

① 孟子將朝王 : 齊宣王也.
'王'은 齊 宣王이다.

맹자가 齊 宣王을 뵈려고 했는데, 왕이 사람을 보내와서 말하였다.
"과인이 찾아가 뵈려고 했는데, 감기가 들었으므로 바람을 쏘일 수 없기 때문에 내일 아침에 조회를 보려고 합니다. 모르겠습니다만 이때 과인이 뵐 수 있을는지요?"
맹자가 대답하였다.
"불행히도 병이 들어서 조정에 나아가지 못하겠습니다."

明日에 出吊於東郭氏①러시니 公孫丑②가 曰 昔者에 辭以病[14)]하시고 今日吊가 或者不可乎인저 曰 昔者疾이 今日愈어니 如之何不吊리오

① 東郭氏 : 東郭氏, 齊[15)]大夫. 其家有喪, 故孟子吊之.
'東郭氏'는 齊나라 대부이다. 그 집안에 초상이 났기 때문에 맹자가 조문을 간 것이다.
② 公孫丑 : 孟子弟子.
'公孫丑'는 맹자의 제자이다.

다음 날 맹자가 東郭氏에게 조문을 가려고 하니, 公孫丑가 말하였다.
"어제 병을 이유로 거절하시고 오늘 조문을 가시는 것은 아마도 옳지 않을 것 같습니다."
맹자가 말하였다.

---

12)《孟子》〈公孫丑 下〉 제2장에 보인다.《孟子集註大全》의 小注에 따르면, 맹자가 이때 賓師의 지위에 있어 녹봉을 받은 적이 없었으므로 제나라 왕이 신하로 대할 처지가 아니었다. 왕이 맹자를 찾아가 만나지는 못할망정 도리어 맹자를 불렀으니 이미 禮에 어긋난 것인데, 병을 핑계 삼아 또 성의를 보이지 않았으므로 맹자가 왕에게 가지 않은 것이다.

13) 寒疾 : 趙岐는 惡寒으로 해석하였다.《孟子注疏 公孫丑 下 趙岐注》

14) 病 : 대전본에는 '疾'로 되어 있다. 통행본《孟子》에는 '病'으로 되어 있다.

15) 齊 : 사고본에는 '魯'로 되어 있다.

"어제 앓았던 병이 오늘 나았으니, 어떻게 조문을 가지 않을 수 있겠느냐."

王이 **使人問疾**하시고 **醫來**어늘 **孟仲子**①가 **對曰 昔者**에 **有王命**이어시늘 **有采薪之憂**②라 **不能造朝**러시니 **今病小愈**어시늘 **趨造於朝**하더시니 **我**는 **不識**케라 **能至否乎**아하고 **使數人**으로 **要於路曰 請必無歸而造於朝**하소서

① 孟仲子 : 孟子之從兄弟, 學於孟子者也.[16)]
'孟仲子'는 맹자의 종형제로, 맹자에게 배운 사람이다.

② 采薪之憂 : 古者有疾, 自稱曰不能采薪, 謙辭也.
옛날에는 병이 났을 때 병자 스스로 '땔나무를 할 수 없다.'고 칭하였으니, 謙辭이다.

왕이 사람을 시켜 병세를 묻고 의원을 보내오자, 孟仲子가 대답하였다.

"어제 왕명이 있었으나 采薪之憂가 있어서 조정에 나아가 뵈러 갈 수 없었습니다. 오늘 병이 조금 나으시자 조정으로 급히 가셨습니다. 도착하셨는지 저는 잘 모르겠습니다."

그리고는 몇 사람을 보내어 오는 길목에서 기다렸다가 맹자에게 말하게 하였다.

"반드시 돌아오지 말고 조정으로 가십시오."

不得已而之景丑(추)**氏**하여 **宿焉**①이러시니 **景子**②가 **曰 內則父子**요 **外則君臣**이 **人之大倫也**니 **父子**는 **主恩**하고 **君臣**은 **主敬**하니 **丑**가 **見王之敬子也**요 **未見所以敬王也**케이다 **曰**③ **惡**(오)④라 **是何言也**오 **齊人**이 **無以仁義與王言者**는 **豈以仁義**로 **爲不美也**리오 **其心**에 **曰 是何足與言仁義也云爾則不敬**이 **莫大乎是**하니 **我**는 **非堯·舜之道**어든 **不敢以陳於王前**하노니 **故**로 **齊人**이 **莫如我敬王也**니라

① 之景丑氏宿焉 : 景丑氏, 齊大夫.
'景丑氏'는 齊나라 대부이다.

---

16) 孟子……者也 : 《孟子疏》에서는, 맹중자가 맹자의 종형제인지는 미상이지만 맹자와 同姓인 점으로 미루어보았을 때 그러할 것이라고 보았다. 《孟子注疏 公孫丑 下 孫奭疏》

② 景子 : 卽景丑氏.
'景子'는 바로 景丑氏이다.
③ 曰 : 孟子言.
'曰'은 맹자가 말한 것이다.
④ 惡 : 歎辭.
'惡'는 감탄사이다.

맹자가 부득이 景丑氏의 집에 가서 유숙하였다. 景子가 말하였다.

"안으로는 부자지간이, 밖으로는 군신지간이 인간의 큰 윤리입니다. 부자지간에는 은혜를 위주로 하고 군신지간에는 공경을 위주로 하니, 저는 왕이 선생을 공경하는 것은 보았고, 선생께서 왕을 공경하시는 것은 보지 못하였습니다."

맹자가 말하였다.

"아, 이게 무슨 말인가. 齊나라 사람 중에 仁義를 실천하는 문제로 왕과 말하는 자가 없는 것은 어찌 인의를 좋지 않다고 여겨서이겠는가. 그 마음속으로 '이 사람과 어찌 인의의 실천 문제를 말할 만하겠는가.'라고 생각해서일 것이니, 그렇다면 不敬이 이보다 더 큰 게 없다. 나는 堯·舜의 道가 아니면 감히 왕 앞에서 아뢰지 않는다. 그러므로 제나라 사람 중에 나만큼 왕을 공경하는 이가 없는 것이다."

10-4-나(按)

臣은 按 孟子가 是時에 在賓師[17]之位라 故其君이 有就見之禮어늘 宣王이 託疾而要其朝하니 敬賢之心이 不篤이라 故孟子가 亦託疾而不往也하시니이다 景子가 但知聞命奔走가 爲敬其君이요 不知以堯·舜之道告其君者가 乃敬之大者也라 僕隷之臣[18]이 唯唯承命하나니 外若敬其君이나 然心實薄之曰 是何足與言仁義리오하면 此가

17) 賓師 : 《孟子集註大全》에 인용된 《朱子語類》에 따르면, 賓師가 무엇이냐는 질문에 朱熹는 "당시에 이른바 客卿이라는 것이 이것이다. 대체로 그들을 존중하고 예우하였지만, 이들을 직책에 있게 하면서 사무를 담당하게 한 것은 아니었다. 다만 임금이 그들을 찾아가지 않고 부르기만 하면, 이들은 임금에게 가지 않았다.〔當時有所謂客卿者是也 大概尊禮之 而不居職任事 但召之則不往〕"고 답하였다.

18) 僕隷之臣 : 진덕수는 《西山讀書記》에서 "僕隷인 신하는 고분고분 임금의 명을 받든다. 사대

不敬之大者也라 齊人之敬君은 以貌요 孟子之敬君은 以心이니 故曰 齊人이 莫如我敬王也라하시니이다

【臣按】 맹자가 이 당시에 賓師의 지위에 있었기 때문에, 그 나라의 임금은 예의상 찾아가 만나야 할 입장에 있었습니다. 그런데 제 선왕이 병을 핑계대고 맹자가 와서 뵙기를 바랐으니, 현인을 공경하는 마음이 독실하지 않았습니다. 그러므로 맹자도 병을 핑계대고서 가지 않은 것입니다. 景子는 단지 임금의 명을 들으면 급히 가는 것이 임금을 공경하는 것인 줄로만 알고, 堯·舜의 道를 자신의 임금에게 일러주는 것이야말로 바로 큰 공경인 줄은 몰랐습니다.

僕隷인 신하는 고분고분 임금의 명을 받듭니다. 겉으로 그들은 자신의 임금을 공경하는 것 같지만, 마음속으로는 임금을 하찮게 여기면서 '이 사람과 어떻게 인의의 실천 문제를 말하겠는가.'라고 여긴다면, 이는 不敬 중에서 큰 것입니다. 齊나라 사람들이 임금을 공경한 것은 겉모습으로 한 것이고 맹자가 임금을 공경한 것은 마음으로 한 것이기 때문에, 맹자가 "제나라 사람 중에 나만큼 왕을 공경하는 이가 없는 것이다."라고 말한 것입니다.

10-5-가[19]

孟子가 曰 責難於君을 謂之恭[20]이요 陳善閉邪를 謂之敬이요 吾君不能을 謂之賊이니라

맹자가 말하였다.

"임금에게 실천하기 어려운 일을 요구하는 신하를 공손한 신하라고 하고, 善道(착한 도리)를 아뢰어 邪心을 막는 신하를 공경하는 신하라고 하고, 우리 임금은

부로서 녹봉과 지위에 뜻을 두어 安逸을 탐하고 구차하게 남의 비위를 맞추어 더 이상 어려운 일을 하라고 요구하지 않고 선한 도리를 아뢰지 않는 사람들은 모두 이른바 '僕隷인 신하'이다.〔僕隷之臣 諾諾唯唯 士大夫志在祿位而偸安苟容 無復責難陳善之義者 皆所謂僕臣也〕" 라고 설명하였다. 《西山讀書記 卷12》

19) 《孟子》〈離婁 上〉 제1장에 보인다. 《孟子疏》에 따르면, 이 장에서는 비록 교묘한 지혜가 있더라도 반드시 법도가 필요함을 말했으며, 윗사람과 아랫사람이 서로를 필요로 해야 道化가 행해진다는 것을 밝혔다. 《孟子注疏 公孫丑 下 孫奭疏》

20) 恭 : 사고본에는 '忠'으로 되어 있다. 통행본 《孟子》에는 '恭'으로 되어 있다.

할 수 없다고 생각하는 신하를 해치는 신하라고 한다."

10-5-나(范)

范祖[21]禹가 曰 人臣이 以難事責於君하여 使其君爲堯・舜之君者는 尊君之大也요 開陳善道하여 以禁閉君之邪心하여 唯恐其君이 或陷於有過之地者는 敬君之至也요 謂其君不能行善道而不以告者는 賊害其君者也[22]라하니이다

范祖禹가 말하였습니다.

"신하가 실천하기 어려운 일을 임금에게 요구하여 자신의 임금이 堯임금・舜임금과 같은 성군이 되게 하는 것은, 크게 임금을 존경하는 자이며, 善道를 개진함으로써 임금의 邪心을 막아, 오로지 자신의 임금이 혹시라도 허물이 있는 자리에 빠질까 두려워하는 것은 지극하게 임금을 공경하는 자이며, 자신의 임금이 선도를 행할 수 없다고 생각하여 아뢰지 않는 것은 자신의 임금을 해치는 자이다."

10-6-가[23]

孟子가 曰 人不足與適也①며 政不足間也②[24]라 惟大人이아 爲能格君心之非③니 君仁이면 莫不仁이요 君義면 莫不義요 君正이면 莫不正이니 一正君而國이 定矣니라

① 人不足與適也：適，音謫，義亦同.
'適'은 음이 '謫(적)'으로, 뜻도 '謫(나무라다)'과 같다.

② 政不足間也：間，猶非也.
'間'은 '非(비난하다)'와 같다.

---

21) 祖：대전본에는 '仲'으로 되어 있으나, 오자이다.

22) 人臣……者也：朱熹의 《孟子集註》〈離婁 上〉 제1장에 보인다.

23) 《孟子》〈離婁 上〉 제20장에 보인다.

24) 人不……間也：주희는 "임금이 사람을 등용하는 데 대한 잘못을 탓할 것이 없으며, 行政의 잘못을 비난할 것이 없다.〔人君用人之非 不足過謫 行政之失 不足非間〕"라고 풀이하였다.《孟子集註 離婁 上》

③ 爲能格君心之非：格，至[25]也.
'格'은 '도달하다'라는 뜻이다.

맹자가 말하였다.
"등용한 사람을 나무랄 것이 없으며, 시행한 정사를 비난할 것이 없다. 오로지 大人만이 임금의 올바르지 않은 마음을 올바르게 만들 수 있으니, 임금이 어질게 되면 어질지 않은 이가 없게 되고, 임금이 의롭게 되면 의롭지 않은 이가 없게 되고, 임금이 바르게 되면 바르지 않은 이가 없게 될 것이니, 한번 임금을 바로잡으면 나라는 저절로 잘 다스려진다."

10-6-나(按)

臣은 按 程頤曰 天下之治亂이 繫乎人君之仁不仁耳라 心之非가 卽害於政이니 不待乎發之於外라 昔者에 孟子가 三見齊王而不言事曰 我는 先攻其邪心[26]이라하시니 心旣正而後에 天下之事를 可得而理也라 夫政事之失과 用人之非를 知者가 能更之며 直者가 能諫之나 然非心이 存焉則事事而更之라도 後復有其事라 將不勝其更矣요 人人而去之라도 後復有[27]其人이라 將不勝其去矣니 是以輔相之職이 必在乎格君心之非然後에 無所不正而欲格君心之非者가 非有大人之德則亦莫之能也[28]라하고 而故侍講張栻이 亦曰 格之爲言은 感通至到也니 書에 曰 格于上帝[29]라하니 蓋君心之非를 不可以氣力

25) 至 : 사고본에는 '正'으로 되어 있다.
26) 孟子……邪心 : 《荀子》 〈大略〉에 보인다. '齊王'은 齊 宣王을 가리킨다. '我先攻其邪心'이라는 말은 맹자가 세 번 제 선왕을 만나고도 政事에 대하여 말하지 않자, 이를 궁금하게 여긴 제자의 물음에 대답한 것이다. 楊倞은 "정색하고 왕의 사심을 없애야 왕과 이야기할 수 있었던 것이다.〔以正色攻去邪心 乃可與言也〕"라고 설명하였다. 《荀子 大略 楊倞注》
27) 有 : 사고본에는 '用'으로 되어 있다. 통행본 《孟子集註》에도 '用'으로 되어 있다.
28) 天下……能也 : 《孟子集註》 〈離婁 上〉 제20장에 보인다.
29) 格于上帝 : 《書經》 〈周書 君奭〉에 보인다. 告老하고 돌아가려던 召公 奭을 周公이 만류하면서 깨우칠 때 했던 말에, "내가 듣자니, 옛날 成湯이 이미 天命을 받았는데 이 당시에는 伊尹 같은 이가 있어 皇天을 감통시켰다. 太甲 당시에는 保衡 같은 이가 있었으며, 太戊 당시에는 伊陟과 臣扈 같은 이가 있어 上帝를 감통시켜 하늘에 이르게 했다.〔我聞在昔 成湯旣受命 時則有若伊尹 格于皇天 在太甲 時則有若保衡 在太戊 時則有若伊陟臣扈格于上帝〕"라는 내용이 보인다. 蔡沈의 《書集傳》에서는 '格于上帝'와 관련하여 "이척과 신호가 태무를 보좌한 것

勝이니 必也感通至到하여 而使之自消靡焉이 所謂格也[30]라하니 臣은 謂頤・栻之言이 深得孟子本指[31]라 故略著于此云이로이다

【臣按】 程頤가 말하였습니다.

"천하의 治亂은 임금이 어진가 아닌가에 달려 있을 뿐이다. 그릇된 마음이 바로 정사를 해치니, 굳이 그릇된 마음이 드러날 때까지 기다릴 필요가 없다. 옛날에 맹자가 齊나라 왕을 세 번 만나보고도 정사를 말하지 않고 말하기를, '나는 먼저 그 그릇된 마음을 다스렸다.'라고 하였으니, 마음이 바르게 된 뒤에야 천하의 일을 제대로 처리할 수 있는 것이다.

잘못된 정책과 잘못된 임용을, 지혜로운 자라면 고칠 수 있으며 충직한 자라면 간할 수 있다. 그러나 임금에게 올바르지 않은 마음이 있으면 사사건건 고치더라도 후에 다시 그러한 일이 생길 것이므로 장차 이루 다 고칠 수 없고, 개개인을 내치더라도 뒤에 다시 그러한 사람을 쓸 것이기 때문에 장차 이루 다 제거할 수 없을 것이다.

이 때문에 輔相의 직책은 반드시 임금의 올바르지 않은 마음을 바로잡아놓은 뒤에야 바르지 않은 것이 없을 것이다. 그러나 임금 마음의 잘못을 바로잡고자 하는 사람이 大人의 덕을 갖춘 자가 아니면 또한 임금 마음의 잘못을 바로잡을 수 없다."

그리고 故 侍講 張栻도 말하였습니다.

"'格'이라는 의미는 感通시켜 도달하게 하는 것이다. 《書經》에 이르기를, '上帝를 감통시켰다.'라고 하였다. 대저 임금의 그릇된 마음은 힘으로 이길 수 없으니, 반드시 감통시켜 도달하게 해서 임금의 잘못된 마음이 저절로 사라지게 하는 것이 이른바 '格'이다."

신은, 정이와 장식의 말이 맹자의 본지를 깊이 터득했다고 생각했기 때문에 여기에 간략히 실었습니다.

은 현인으로서 현군을 보좌하여 그 治化가 능히 하늘의 마음을 만족시켰다.〔伊陟臣扈之佐太戊 以賢輔賢 其治化克厭天心〕"라고 풀이하였다.

30) 格之……格也 : 張栻의 《孟子說》 〈離婁 上〉에 보인다.

31) 指 : 대전본에는 '旨'로 되어 있다.

10-7-가[32)]

孟子가 曰 君子之事君也는 務引其君以當道하여 志於仁而已니라

맹자가 말하였다.

"군자가 임금을 섬기는 것은, 자신의 임금을 인도하여 도리에 합당하게 하여 仁에 뜻을 두게 하는 데 힘쓸 뿐이다."

10-7-나(按)

臣은 按 孟子此言이 蓋謂事君者가 不在用兵廣地而在於善其君之身心이라 當道는 謂其動合於理也요 志仁은 謂心在於仁也라 君之所行이 皆合乎理而其心이 常在於仁則雖土地之狹이나 不害於興이니 湯・文의 所以由七十里・百里而王天下也[33)]요 君之所行이 不合乎理而其心이 不在於仁則雖土地之廣이나 不能保其有니 楚之所以六千里而爲讎人役也[34)]라 然道之與仁이 非有二也라 以事之理而言則曰道요 以心之德而言則曰仁이니 孟子가 告齊・梁諸君에 一曰仁이요 二曰仁[35)]이 正欲其志於此也라 心

32)《孟子》〈告子 下〉 제8장에 보인다. 魯나라에서 愼子를 將軍으로 삼자 맹자가 그에게 일러준 말이다. 신자는 노나라의 신하로, 이름은 滑釐이다.

33) 湯文……下也 :《孟子》〈公孫丑 上〉 제3장에 "힘으로 仁을 가탁한 것은 覇者니, 패자는 반드시 큰 나라를 소유해야 하고, 덕으로 仁을 행한 자는 王者이니 왕자는 큰 나라를 필요로 하지 않는다. 湯王은 사방 70리 땅을 가지고 하셨고, 文王은 100리 땅을 가지고 하셨다.〔以力假仁者覇 覇必有大國 以德行仁者王 王不待大 湯以七十里 文王以百里〕"라는 맹자의 말이 보인다.

34) 楚之……役也 :《荀子》〈仲尼〉에 "周 文王은 道를 따라서 사방 100리 땅으로도 천하를 통일하였고, 桀王과 紂王은 道를 버려 천하를 소유할 만한 형세가 농후했음에도 匹夫로 늙지 못하였다. 그러므로 도를 善用하면 사방 100리가 되는 나라도 충분히 독자적으로 설 수 있으며, 선용하지 못하면 楚나라처럼 사방 6천 리나 되는 나라도 원수에게 부림을 당하게 된다.〔文王載之 百里地而天下一 桀紂舍之 厚於有天下之勢 而不得以匹夫老 故善用之 則百里之國足以獨立矣 不善用之 則楚六千里而爲讎人役〕"라는 내용이 보인다. 여기서 '원수'는 秦나라를 가리킨다.

35) 孟子……曰仁 : 맹자는 齊 宣王에게 商 湯王과 周 武王의 예를 들며 仁政을 펴라고 권하였으며, 자신의 나라를 이롭게 해주겠느냐며 묻는 梁 惠王에게는 "왕께서는 어찌 꼭 이익을 말씀하십니까. 또한 인의가 있을 따름입니다.〔王何必曰利 亦有仁義而已矣〕"라고 말하였다.《孟子 梁惠王 上, 梁惠王 下》

存[36]於仁則其行이 無不合道矣니 事君者가 其可不知此잇가

【臣按】 맹자의 이 말은, 대체로 임금을 섬기는 것은 무력을 써서 국토를 넓히는 데 있지 않고 자기 임금의 몸과 마음을 선하게 하는 데 있어야 한다는 것을 말했습니다. '當道'는 그 행동이 이치에 부합한다는 말이요 '志仁'은 마음이 仁에 있다는 말이니, 임금이 행한 바가 모두 도리에 부합하고 그 마음이 늘 인에 있다면, 비록 영토가 좁아도 왕업을 일으키는 데 방해가 되지 않으니, 湯王과 文王이 사방 70리와 100리 땅으로부터 시작했는데 王天下하게 되었던 이유입니다. 그리고 임금의 행동이 이치에 부합하지 않고 그 마음이 인에 있지 않으면 비록 영토가 넓어도 그 소유한 영토를 보전할 수 없으니, 楚나라가 사방 6천 리 땅으로도 원수에게 부림을 당했던 이유입니다.

그러나 道는 仁과 별개의 것이 아닙니다. 사물의 이치로 말하면 '도'라고 하고, 마음의 덕으로 말하면 '인'이라고 합니다. 맹자가 齊나라와 梁나라 임금들에게 첫째도 인, 둘째도 인을 말한 것은 바로 이 인에 뜻을 두게 하려고 한 것입니다. 마음이 인에 있으면 그 행동이 도에 합치되지 않는 것이 없을 것이니, 임금을 섬기는 자가 어찌 이것을 몰라서야 되겠습니까.

10-8-가[37]

春秋傳에 齊景公이 至自田커늘 晏子가 侍①러니 子猶가 馳至[38]造焉②한대 公이 曰 唯據與我가 和夫인저 晏子가 對曰 據亦同也니 焉得爲和리잇고 公이 曰 和與同이 異乎아 對曰 異하니 和如羹焉이라 水·火·醯(혜)·醢(해)·鹽·梅로 以亨(팽)魚肉③하여 燀(천)之以薪④하고 宰夫[39]가 和之⑤[40]하여 以洩其過⑥어든 君子가

36) 存 : 대전본에는 '有'로 되어 있다.

37) 《春秋左氏傳》 昭公 20년(기원전 522) 조에 보인다. 이해는 齊 景公 26년으로, 경공이 사냥에서 돌아온 후 晏嬰이 제나라의 수도 臨淄의 근처에 있는 遄臺에서 경공을 모실 때 경공과 대화를 나눈 내용이다. 여기에 인용된 본문에는 생략된 부분이 있다.

38) 至 : 사고본에는 '而'로 되어 있다. 통행본 《春秋左氏傳》에도 '而'로 되어 있다.

39) 宰夫 : 林堯叟에 따르면, 주방을 관리하는 관원이다. 《春秋經傳集解 卷24 昭公 20年 林堯叟附註》

40) 宰夫和之 : 사고본에는 이 뒤에 '濟其不及'이 있다. 통행본 《春秋左氏傳》에도 '濟其不及'이

食之하여 以平其心하나니 君臣이 亦然하니 君所謂可가 而有否焉이어든 臣獻其否하여 以成其可하고 君所謂否가 而有可焉이어든 臣獻其可하여 以去其否하나니 是以로 政平而不干하여 民無爭心이니 故로 詩曰 亦有和羹이 旣戒旣[41]平이어늘 鬷(종)假[42]無言⑦하여 時靡有爭⑧[43]이라하니 今據는 不然하여 君所曰[44]可를 據亦曰可하며 君所曰[45]否를 據亦曰否라하니 若以水濟水니 誰能食之⑨며 若琴·瑟之專一하니 誰能聽之⑩리오 同之不可也가 如是하니이다

① 晏子侍 : 晏子, 名嬰, 字平仲, 齊之賢大夫.
'晏子'는 이름이 嬰, 자는 平仲으로, 齊나라의 어진 대부이다.

② 子猶馳至造焉 : 子猶, 梁丘據也, 齊嬖臣, 字子猶.
'子猶'는 梁丘據이다. 齊나라 임금의 총신으로, 자는 子猶이다.

③ 水·火·醯·醢·鹽·梅以亨魚肉 : 亨, 與烹同, 言用六[46]物煮魚肉以爲食也.
'亨'은 '烹(삶다)'과 같으니, 여섯 가지를 사용하여 생선이나 고기를 삶아 음식을 만드는 것을 말한다.

④ 燀之以薪 : 燀, 音戰, 猶然也.
'燀'은 음이 '戰(전)'으로, '然(때다)'과 같다.

⑤ 和之 : 和, 去聲, 調也.
'和'는 去聲이니, '調味하다'라는 뜻이다.

⑥ 以洩其過 : 言洩去其味之過者.[47]

있다.

41) 旣 : 대전본에는 '且'로 되어 있다. 통행본 《詩經》에는 '旣'로 되어 있다.

42) 鬷假 : 鬷은 子와 東의 반절이다. 假의 경우 《毛傳》을 따르면 古와 雅의 반절이며, 鄭玄의 《毛詩箋》을 따르면 음이 '格'으로서 '이르다'라는 뜻이 된다. 《經典釋文 卷7》

43) 亦有……有爭 : 《詩經》 〈商頌 烈祖〉에 보인다. 이 가운데 '鬷假無言 時靡有爭'이라는 구절은 《中庸》 제33장에서 '奏假無言 時靡有爭'으로 인용되어 있는데, 주희는 《中庸章句》에서 "神明에게 나아가 감응하여 이르러 오게 할 때에 정성과 공경을 극진히 하여 말을 하지 않아도 사람들이 저절로 교화되었다.〔進而感格於神明之際 極其誠敬 無有言說而人自化之也〕"라고 설명하였다.

44) 曰 : 사고본에는 '謂'로 되어 있다. 통행본 《春秋左氏傳》에도 '謂'로 되어 있다.

45) 曰 : 사고본에는 '謂'로 되어 있다. 통행본 《春秋左氏傳》에도 '謂'로 되어 있다.

46) 六 : 대전본에는 '大'로 되어 있다.

47) 言洩……過者 : 사고본에는 없다.

'以洩其過'는 그 맛의 지나친 것을 덜어낸다는 것을 말한다.

⑦ 鬷假無言 : 鬷, 總也.[48] 假, 大也.[49]

'鬷'은 '아우르다'라는 뜻이다. '假'는 '크다'라는 뜻이다.

⑧ 亦有……有爭 : 此商頌烈祖之篇. 本言祭事, 晏子引之, 以爲如和羹之旣戒備・旣均平, 則總大政, 不待於言, 而時人自無爭者.

이는《詩經》〈商頌 烈祖〉편이다. 본래는 제사에 관한 일을 말한 것이다. 그런데 晏子가 이 시를 인용하여 마치 간을 맞춘 국을 이미 준비하도록 일깨우고 조화를 이룬 것과 같이 하면 국정을 총괄하는 것은 말할 필요도 없고 당시 사람들은 저절로 다투는 자가 없게 된다고 하였다.

⑨ 若以……食之 : 言只用水而不以醯・醢・鹽・梅和之, 則不可食也.

물만 사용하고 식초・젓갈・소금・매실로 간을 맞추지 않으면 먹을 수가 없다는 말이다.

⑩ 若琴……聽之 : 琴・瑟, 皆樂也. 必有五音・十二律[50]然後, 聲和而可聽, 若專用一音一律, 則不可聽矣.

'琴'・'瑟'은 모두 악기이다. 반드시 5음과 12율을 갖춘 뒤에야 소리가 조화를 이루어 들을 만하게 되니, 한 가지 음이나 한 가지 율만 사용하면 들을 수가 없다.

《春秋左氏傳》에 다음과 같은 내용이 보인다.

"齊 景公이 사냥에서 돌아오자 晏子가 경공을 모시고 있었는데, 子猶가 수레를 달려 경공에게 이르자, 경공이 말하였다.

'오직 梁丘據만이 나와 맞는구나.'

안자가 대답하였다.

'양구거 또한 부화뇌동〔同〕하는 것이니, 어떻게 맞는 것〔和〕이 될 수 있겠습

---

48) 鬷總也 : 鬷을 '總'으로 본 것은《毛詩注疏》를 따른 것으로, '鬷假無言'을 "아울러 모여 당으로 올라감에 모두들 말이 없다.〔總集升堂皆無言語也〕"라고 풀이하였다. 朱熹는《中庸》제33장에 근거하여 '奏'로 보는 것이 옳다고 하고, '進(나아가다)'으로 풀이하였다.《毛詩注疏 商頌 烈祖》《詩集傳 商頌 烈祖》

49) 假大也 : 假를 '大'로 본 것은《毛傳》을 따른 것으로, 鄭玄의《毛詩箋》에서는 '升(오르다)'으로 풀이하였다. 주희는《中庸章句》에서 '假'를 '感格'으로 풀이하였고,《詩集傳》에서 '假'의 음을 '格(격)'으로 달았다.《毛詩注疏 商頌 烈祖》《中庸章句 33章》《詩集傳 商頌 烈祖》

50) 五音・十二律 : '오음'은 宮・商・角・徵(치)・羽를, '십이율'은 陽律인 黃鐘・太簇(주)・姑洗(선)・蕤(유)賓・夷則(칙)・無射(역)과 陰呂인 大呂・夾鐘・中呂・林鐘・南呂・應鐘을 가리킨다.

니까.'

경공이 말하였다.

'맞는 것과 부화뇌동하는 것이 다른가?'

안자가 대답하였다.

'다릅니다. 맞는 것은 국을 끓이는 것과 같아서, 물·불·식초·젓갈·소금·매실을 사용하여 생선이나 고기를 삶는 것과 같습니다. 그리하여 장작으로 불을 때고 宰夫가 간을 맞추어 그 과한 맛을 덜어내면, 군자가 그 음식을 먹고서 그 마음을 평안하게 합니다.

군신 관계도 이와 같습니다. 임금이 옳다고 한 것에 그른 점이 있으면 신하는 그 그른 점을 아뢰어 그 옳은 것을 이루게 하고, 임금이 그르다고 한 것에 옳은 점이 있으면 신하가 그 옳은 점을 아뢰어 그 그른 점을 없애게 하는 것입니다. 이 때문에 정치가 평안해져서 서로 침범하지 않아 백성들은 다투는 마음이 없게 됩니다.

그러므로 《詩經》에 이르기를,

또한 간이 맞는 국이	亦有和羹
갖추어지고 고르거늘	旣戒旣平
아울러 祖考께 이르도록 말이 없어서	鬷假無言
이때에 다투는 이가 없다	時靡有爭

라고 하였습니다.

지금 양구거는 이렇게 하지 않고 있습니다. 그래서 임금께서 옳다고 하신 것을 양구거도 옳다고 하며, 임금께서 그르다고 하신 것을 양구거도 그르다고 하였습니다. 이것은 마치 물에 물로 간을 맞춘 것과 같으니, 누가 제대로 먹을 수 있겠으며, 또 마치 琴과 瑟에 오직 한 가지 음이나 율만 사용하는 것과 같으니 누가 제대로 들을 수 있겠습니까. 부화뇌동의 불가함이 이와 같습니다.'"

10-8-나(按)

臣은 按 古昔[51]盛時에 明良이 會聚하여 不惟都兪[52]라 而有吁咈[53]焉하니 曰都曰兪者는

相可之謂也요 曰吁曰咈者는 相否之謂也니 惟其可否相濟라 所以爲唐・虞之治니 衛侯가 言事에 自以爲是而群臣이 和之하여 若出一口[54]하니 所以致亂亡也라 後之人主가 有所欲爲에 率惡(오)人之己異曰 此가 沮吾之事也라하니 不知以否濟可가 乃所以成吾事니 而何沮之云이리오 惟斟酌劑量於可否之間이 如和羹然하여 期於適口而已則其異也가 乃所以爲同이요 而其忤也가 適以爲順이니 吁라 人主가 於晏子之言에 可不深味也哉리잇고

【臣按】 옛날 융성한 시대에 明君과 良臣이 모여 '都'나 '兪'라고만 하지 않고 '吁'나 '咈'이라고 하는 경우도 있었으니, '都'나 '兪'라고 한 것은 옳다고 한 것을 이른 것이고, '吁'나 '咈'이라고 한 것은 그르다고 여긴 것을 말한 것입니다. 옳다 그르다 하면서 군신간에 서로 타협을 이루어나갔기 때문에 唐虞의 치세를 이룩할 수 있었던 것입니다.

衛나라 임금이 政事에 대하여 말할 때 스스로 옳다고 여겼는데도 신하들이 맞춰주어 마치 같은 입에서 나온 듯하였으니, 혼란과 멸망을 초래한 이유입니다.

후대의 임금들은 하고 싶은 것이 있을 때 대부분 남들이 자신과 의견이 다른 것을 싫어하여, "이는 내 일을 가로막는 것이다."라고 말합니다. 이것은 그르다고 하는 것으로 옳다고 여기는 것을 보완해주는 것이 바로 자신의 일을 완성해주는 것을 모르는 것입니다. 그러니 어찌 가로막는다고 하겠습니까. 오로지 옳은 것과 그른 것 사이에서 헤아리고 가늠하는 것을 마치 국에 간을 맞추듯이 해서 입에 맞게만 하면 되니, 그렇다면 그 다른 것은 바로 같게 되는 것이며, 그 거스르는 것은 바로 순응하는 게 됩니다. 아, 임금이 안자의 말에 대해 깊이 음미하지 않아서야 되겠습니까.

---

51) 昔 : 대전본에는 '者'로 되어 있다.

52) 都兪 : 채침에 따르면, '都'는 '歎美하는 말〔歎美之辭〕'이며, '兪'는 '응낙하는 말〔應許之辭〕'이다. 《書集傳 堯典》

53) 吁咈 : 채침에 따르면, '吁'는 '감탄은 하지만 그다지 옳게 여기지 않는 말〔歎而未深然之辭〕'이며, '咈'은 '깊이 옳게 여기지 않는 말〔甚不然之之辭〕'이다. 《書集傳 堯典・皐陶謨》

54) 衛侯……一口 : 9-6-나(按)의 '子思……其非' 주석 참조.

10-9-가[55)]

漢汲黯[56)]이 爲主爵都尉[57)]하여 列於九卿[58)]하니 其諫에 犯主之顔色이러라 上이 方招文學[59)]儒者[①]러시니 上이 曰 吾欲云云[②60)]하노라 黯이 對曰 陛下가 內多欲[61)]而外施仁義하시니 奈[62)]何欲效唐·虞之治乎리잇고 上이 怒變色而罷朝하시니 公卿이 皆爲黯懼러니 上이 退謂人曰 甚矣라 汲黯之戇(당)也[③]여 群臣이 或數黯[④]한대 黯이 曰 天子가 置公卿輔弼之臣하시니 寧令從諛承意하여 陷主於不誼乎아 且已在其位하니 縱愛身이나 柰[63)]辱朝廷何오

① 上方招文學儒者 : 上, 漢武帝也.

---

55) 《史記》 卷120 〈汲鄭列傳〉과 《漢書》 卷50 〈張馮汲鄭傳〉에 보인다. 荀悅의 《漢紀》에 따르면, 이 기사는 建元 6年(기원전 135)의 일로, 당시 武帝의 나이는 22세였다. 《漢紀 孝武皇帝紀 卷1》

56) 汲黯 : ?~기원전 109. 자는 長孺로, 濮陽 사람이다. 直諫을 좋아하고 주저 없이 犯顔을 했는데, 武帝가 겉으로나마 仁義를 베풀었던 것도 그의 힘이 컸다. 승상 張湯과 어사대부 公孫弘 등에 대해서는 법에 의존하고 천자에게 아첨하는 무리라고 비난하였다. 黃老學을 배워 無爲의 정치를 주장하였으나 무제는 수용하지 않았다. 훗날 淮陽太守로 재직하던 중 죽었다. 《曾維華 외, 西漢名臣汲黯卒年考, 中華文史論叢 97期, 上海師範大學人文學院, 2010, 381~382쪽》

57) 主爵都尉 : 漢 景帝 中元 원년(기원전 144)에 主爵中尉를 고친 이름으로, 列侯에 대한 일을 관장하였다. 《漢書 卷19上 百官公卿表》

58) 九卿 : 《周禮》의 天官冢宰·地官司徒·春官宗伯·夏官司馬·秋官司寇·冬官司空의 六卿과 少師·少傅·少保를 합친 데에서 유래하였다. 漢나라 때에는 통상적으로 奉常·郎中令·太僕·廷尉·典客·宗正·治粟內史·少府·衛尉·中尉·三輔長官 등 中二千石에 해당하는 중앙의 고위 관료들을 구경이라고 하였다. 아홉 개의 관직만 가리키는 것이 아니기에 '列卿'이라고도 불렸다. 《中國歷史大辭典 九卿》

59) 文學 : 顔師古는 《漢書》 〈西域傳〉에 보이는 '爲文學者'를 '경서를 배운 사람〔學經書之人〕'으로 풀이하였다. 이것으로 보면 '문학'은 經學을 말한다. 한 무제는 즉위 초부터 賢良方正이라는 과목으로 '문학'에 능한 儒生들을 초치하여 三公 등과 같은 고위직에 등용하였다. 《漢書 卷96下 西域傳 顔師古注》 《史記 卷121 儒林列傳》

60) 上曰吾欲云云 : 荀悅의 《漢記》에 따르면, 무제는 "나는 훌륭한 정사를 일으켜 요임금과 순임금을 본받고자 하는데, 어떠한가?〔吾欲興政治法堯舜 何如〕"라고 하였다. 《漢紀 孝武皇帝紀 卷1》

61) 欲 : 대전본에는 '慾'으로 되어 있다.

62) 奈 : 대전본에는 '柰'로 되어 있다.

63) 柰 : 사고본에는 '奈'로 되어 있다.

'上'은 漢 武帝이다.

② 吾欲云云 : 言欲施仁義也.

인의를 베풀고자 한다는 것을 말한 것이다.

③ 汲黯之戇也 : 戇, 謂愚直也.

'戇'은 우직하다는 말이다.

④ 群臣或數黯 : 數, 責也, 謂責其太直.

'數'는 '책망하다'라는 뜻이니, 급암이 너무 곧다고 책망한 것을 이른다.

漢나라 汲黯이 主爵都尉가 되어 九卿의 반열에 올랐는데, 그가 간언할 때 임금에게 犯顔을 하였다. 상이 한창 經學에 밝은 儒者들을 초치하고 있었다.

상이 말하였다.

"나는 이러이러하고 싶다."

급암이 대답하였다.

"폐하께서 속으로는 욕망이 많으심에도 겉으로는 인의를 베푸시니, 어떻게 요임금과 순임금의 치세를 본받으시려는 것입니까."

상이 진노하여 안색이 변한 채 조회를 끝내자, 公卿들은 모두 급암을 위하여 걱정하였다. 상이 물러나와 다른 사람에게 말하였다.

"심하구나! 급암의 우직함이여!"

신하들 중에 어떤 사람이 급암을 책망하자, 급암이 말하였다.

"천자가 公卿과 같은 보필하는 신하를 두니, 어찌 아첨하고 비위를 맞춰 임금을 不義에 빠뜨리게 하려고 그러겠는가. 게다가 이미 보필하는 자리에 있으니, 비록 내 몸을 아낀다 해도 어찌 조정을 욕되게 하겠는가."

黯이 病이어늘 嚴助[64)]가 爲請告①한대 上이 曰 汲黯은 何如人也오 曰 使黯으로 任職居官엔 亡(무)以踰人②이어니와 然至其輔少主守成엔 雖自謂賁·育이라도 弗能奪也③니이다 上이 曰 然하다 古有社稷之臣[65)]하니 如汲黯이 近之矣로다

64) 嚴助 : ?~기원전 122. 會稽 吳縣 사람이다. 원래의 성이 莊이므로 前漢 때 지어진《史記》에는 '莊助'로 되어 있으나, 後漢 때 지어진《前漢書》에서는 明帝 劉莊의 諱를 피하여 성이 嚴으로 바뀌었다. 賢良對策에 천거되었는데 武帝가 근신으로 발탁하였다. 朱買臣·司馬相如·吾丘壽王·東方朔 등과 함께 무제의 측근이었다.

① 嚴助爲請告：嚴助亦時近臣[66].
嚴助 역시 당시 近臣이었다.
② 亡以瘉人：瘉，與愈同，勝也.
'瘉'는 '愈'와 같으니, '낫다'라는 뜻이다.
③ 賁育弗能奪也：孟賁・夏育，古勇士也.
'賁・育'은 '孟賁'과 '夏育'이니, 고대의 용사이다.

급암이 병이 나자 嚴助가 그를 대신하여 휴가를 청하였는데, 상이 말하였다.
"급암은 어떤 사람인가?"
엄조가 말하였다.
"급암이 관직을 맡고 있을 때에는 남보다 나을 것이 없습니다. 그러나 어린 군주를 보필하여 王業을 지켜나가는 데 있어서는 제아무리 孟賁과 夏育을 자처한다 하더라도 그 강직함을 빼앗지는 못할 것입니다."
상이 말하였다.
"그렇다. 옛날에는 社稷之臣이 있었는데, 급암 같은 사람이 그에 가까울 것이다."

10-9-나(按)

臣은 按 人臣之義가 以忠直爲本이라 故上取孔・孟之言하고 下迄汲黯之事하여 欲人君으로 知盡言極論者가 乃所以爲尊君이며 爲親上이니 不惟容之라 而又當用之也요 從諛承意者가 乃所以爲欺君이며 爲嫚上이니 不惟察之라 而又當遠之也니 汲黯之直을 武帝以爲近於古社稷臣이로되 而卒不能用하시고 公孫弘[67]輩를 乃寵任始終焉하시니 蓋帝之心에 以佞邪로 爲適己而不知其益己之疾也이요 以忠直으로 爲拂己而不知其成己之德也니 臣이 故著此하여 以爲來者之戒하노이다

65) 社稷之臣：9-19-나(按) '社稷之臣' 주석 참조.
66) 臣：대전본・사고본에는 '官'으로 되어 있다.
67) 公孫弘：기원전 200~기원전 121. 자는 季・次卿으로, 菑川 薛縣 사람이다. 40세 즈음 《春秋公羊傳》을 익혔는데, 武帝 建元 원년(기원전 140)에 賢良에 추천되어 博士에 올랐다가 匈奴와 관련된 일에 휘말려 관직에서 물러났다. 元光 5년(기원전 130)에 賢良對策에 박사가 되고 內史・御史大夫를 역임하였다. 極諫을 하기보다는 무제의 뜻을 살펴 의사를 표하고, 儒術을 정치에 알맞게 응용하여 무제의 신임을 얻었다. 元朔 5년(기원전 124)에 승상이 되고 平津侯에 봉해졌다.

【臣按】 신하의 의리는 충직함을 근본으로 삼습니다. 그러므로 위로는 공자와 맹자의 말을 인용하고 아래로는 급암의 고사를 언급하여, 임금으로 하여금 다음과 같은 점을 알게 하려고 합니다. 할 말을 다하여 낱낱이 논하는 것이 바로 임금을 높이는 것이며 윗사람을 친히 하는 것이니, 이를 용납할 뿐만 아니라 또 수용해야만 한다는 것이요, 아첨하고 비위를 맞추는 것은 바로 임금을 속이는 것이고 윗사람을 모독하는 것이니, 이를 살펴야 할 뿐만 아니라 또 멀리해야 한다는 것입니다.

급암의 우직함을, 무제는 옛날의 社稷之臣에 가깝다고 말했으면서도 끝내 급암의 말을 수용하지 않았고 公孫弘의 무리를 마침내 시종일관 총애하고 신임하였습니다. 이는 무제의 마음에 아첨과 간사한 언동을 자신과 맞는다고 생각하여 그것이 자신의 병폐를 더한다는 것은 몰랐던 것이며, 충직한 언동을 자신과 거슬린다고 생각하여 그것이 자신의 덕을 이루어준다는 것은 몰랐습니다. 신이 그러므로 이를 기록하여 후세 사람들의 경계로 삼는 것입니다.

以上은 論天理人倫之正이 四[68)]라 【臣事君之忠[69)]】

이상은 천리와 인륜에 임하는 올바른 처신을 논한 네 번째이다. 【신하가 임금을 섬기는 충성】

明道術 道를 분명히 밝힘

天理人倫之正 天理와 人倫에 임하는 올바른 처신

10-10-가[70)]

伐木[①]은 燕朋友故舊[71)]也라 自天子至於庶人히 未有不須友以成者[②]하니 親親

---

68) 四 : 사고본에는 '七'로 되어 있으나, 오자이다.

69) 臣事君之忠 : 사고본에는 없다.

70) 《詩經》 〈小雅 伐木〉에 보인다. 《詩集傳》에 따르면, 〈伐木〉은 총 3장으로 장마다 12구씩이다. 《毛詩注疏》에서는 총 6장에 장마다 6구씩으로 보았다. '燕朋友故舊也'부터 '民德歸厚矣'까지는 《毛傳》에 보인다.

以睦③하며 友賢不棄하며 不遺故舊면 則民德이 歸厚矣라 其一章은 曰 伐木丁丁④이어늘 鳥鳴嚶嚶(앵앵)⑤하나니 出自幽谷하여 遷于喬木⑥하놋다 嚶其鳴矣여 求其友聲이로다 相彼鳥矣⑦혼대 猶求友聲이온 矧伊人矣딴 不求友生가 神之聽之하여 終和且平이니라

① 伐木 : 亦小雅篇名.[72] 周文・武時詩, 燕朋友故舊, 則作之.
〈伐木〉 또한 《詩經》 〈小雅〉의 편명이다. 周 文王・武王 때의 시로, 친구들에게 연회를 베풀면 연주하였다.

② 未有不須友以成者 : 須, 待也.
'須'는 '기다리다'라는 뜻이다.

③ 親親以睦 : 此[73]一語, 指上篇常棣[74]而言.
'親親以睦'이라는 이 말은 앞 편인 〈常棣〉를 가리켜 말한 것이다.

④ 丁丁 : 伐木相應之聲.
'丁丁'은 벌목을 하면서 서로 호응하는 소리이다.

⑤ 嚶嚶 : 鳥鳴相和之聲.
'嚶嚶'은 새가 울며 서로 화답하는 소리이다.

⑥ 喬木 : 喬, 高也.
'喬'는 '높다'라는 뜻이다.

⑦ 相彼鳥矣 : 相, 視也.
'相'은 '보다'라는 뜻이다.

〈伐木〉은 붕우와 故舊에게 연향을 베풀 때의 시이다. 천자에서 庶人에 이르기까지 친구를 기다리지 않고 자신의 덕을 이룬 자는 있지 않았다. 친족을 친애하여 화목하고, 현자를 벗하여 버리지 않으며 故舊를 버려두지 않는다면, 백성의 덕이 후하게 된다. 〈伐木〉 1장은 다음과 같다.

---

71) 朋友故舊 : 공영달에 따르면, '朋'은 同門을, '友'는 同志를, '故舊'는 예전의 붕우를 말한다. 《毛詩注疏 伐木 孔穎達疏》

72) 亦小雅篇名 : 亦을 쓴 것은, 9-15-가에 《詩經》 〈小雅 鹿鳴〉이 나왔기 때문으로 보인다.

73) 此 : 대전본에는 '比'로 되어 있으나, 오자이다.

74) 常棣 : 《詩經》 〈伐木〉 앞에 있는 시이다. 8-4-가 참조. 〈小序〉에 따르면, 〈상체〉는 형제에게 연향을 베풀 때의 시로, 管叔과 蔡叔이 도리를 그르친 것을 근심하여 周公이 지었다고 한다.

쩡쩡 나무를 베니	伐木丁丁
앵앵 새가 울도다	鳥鳴嚶嚶
깊은 골짜기에서 나와	出自幽谷
높은 나무로 옮겨가네	遷于喬木
앵앵 새의 울음이여	嚶其鳴矣
제 벗 찾는 소리로다	求其友聲
저 새를 보아도	相彼鳥矣
오히려 벗을 찾는 소리 내는데	猶求友聲
하물며 사람이	矧伊人矣
벗을 찾지 않으랴	不求友生
神明이 들어주어	神之聽之
마침내 화평하게 된다네	終和且平

10-10-나(按)

臣은 按 鹿鳴之詩는 曰燕群臣嘉賓[75]이라하니 是는 以臣爲賓也요 伐木之詩는 曰燕朋友故舊라하니 是는 以臣爲友也라 以臣爲賓하니 敬已至矣요 以臣爲友하니 敬益至焉이라 故序者가 謂雖天子나 必須友以成이라하니 得其指矣로소이다 伐木이 非獨力而成이라 故曰丁丁이라하니 以其聲之相應也요 鳥非獨鳴而和라 故曰嚶嚶이라하니 以其聲之相求也라 伐木이 微事로되 且猶相應하니 人其可無友乎아 鳴鳥가 微類로되 且猶相求하니 人其可無友乎아 友之相須가 其重이 如此하니 故質之神明하여 欲其有和平而無乖戾也라

【臣按】〈鹿鳴〉 시는 "嘉賓인 신하들에게 연향을 베풀 때의 시이다."라고 하였으니, 이는 신하를 손님으로 여긴 것이고, 〈伐木〉 시는 "붕우와 故舊에게 연향을 베풀 때의 시이다."라고 하였으니, 이는 신하를 벗으로 여긴 것입니다. 신하를 손님으로 여겼으니 공경이 이미 지극한 것이고, 신하를 벗으로 여겼으니 공경이 더욱 지극한 것입니다. 그러므로 〈小序〉의 撰者가, "비록 천자라도 반드시 벗을 기다려 자신의 덕을 이룬다."라고 하였으니, 이 시의 뜻을 안 것입니다.

벌목은 혼자의 힘으로 되는 것이 아닙니다. 그러므로 '丁丁'이라고 한 것이니,

75) 鹿鳴……嘉賓 : 9-15-가 참조.

그 소리가 서로 응하기 때문입니다. 그리고 새는 혼자 울어서 화답하는 것이 아닙니다. 그러므로 '嚶嚶'이라고 한 것이니, 그 소리가 서로를 찾기 때문입니다. 벌목은 작은 일인데도 오히려 서로 응하니, 사람으로서 벗이 없어서야 되겠습니까. 우는 새는 미물인데도 오히려 서로 찾으니, 사람으로서 벗이 없어서야 되겠습니까. 벗이 서로 필요로 하는 것은 그 중함이 이와 같으니, 그러므로 神明에게 물어서 화평함은 있고 어그러짐은 없게 하고자 한 것입니다.

玩其詩에 止見爲人之求友요 而不見爲君之求臣하니 蓋先王이 樂道忘勢하여 但知有朋友相須之義요 而不見有君臣相臨[76]之分故也라 詩가 凡三章이니 皆言燕樂之義라 二章에 曰 旣有肥羜(저)하여 以速諸父라하고 又曰 旣有肥牡하여 以速諸舅라하니 諸父者는 朋友之同姓而尊者也요 諸舅者는 朋友之異姓而尊者也라 三章에 曰 籩豆有踐하니 兄弟無遠이로다하니 兄弟者는 朋友之同儕者也라 夫以天子之貴而尊其友하여 曰父曰舅라하고 親其友하여 曰弟曰兄이라하니 此其爲尊德樂道之至也夫인저 此其所以爲有周之盛也夫인저

이 시를 翫索해보면 사람으로서 벗을 찾는다는 것만 보이고 임금으로서 신하를 찾는 것은 보이지 않습니다. 이는 先王이 道를 즐기고 권세는 잊어서, 벗이 서로를 필요로 하는 의리가 있다는 것만 알고 군신간에 서로 대하는 分義가 있다는 것은 보지 않았기 때문입니다.

〈伐木〉 시는 총 3章으로, 모두 연향을 베풀어 즐기는 의미를 말하였습니다. 그 2장에 이르기를, "살진 새끼 양을 장만하고 나서 諸父를 부른다.〔旣有肥羜 以速諸父〕"라고 하였으며, 또 "살진 숫양을 장만하고 나서 諸舅를 부른다.〔旣有肥牡 以速諸舅〕"라고 하였으니, '諸父'는 同姓인 벗으로서 尊長인 사람이고, '諸舅'는 異姓인 벗으로서 존장인 사람입니다. 3장에 이르기를, "籩豆가 즐비하게 놓여 있으니, 형제들이 먼 사람 할 것 없이 모두 왔다.〔籩豆有踐 兄弟無遠〕"라고 하였으니, '형제'는 동년배인 벗입니다.

무릇 천자의 존귀한 신분으로도 자신의 벗을 높여 '父'라고 하고 '舅'라고 하였으며, 자신의 벗을 친근히 하여 '弟'라 하고 '兄'이라 하였으니, 이것은 덕을 높이고

76) 臨 : 사고본에는 '陵'으로 되어 있다.

도를 즐기는 것의 지극함이 되며, 이것이 周나라가 융성하게 된 이유일 것입니다.

10-11-가[77)]

萬章이 **問曰**① **敢問友**하노이다 **孟子**가 **曰 不挾**[78)]**長**②하며 **不挾貴**③하며 **不挾兄弟**[79)]**而友**니 **友也者**는 **友其德也**니 **不可以有挾**[80)]**也**니라 **孟獻子**는 **百乘之家也**④라 **有友五人焉**하더니 **樂正裘**와 **牧仲**⑤이요 **其三人則予**가 **忘之矣**로라 **獻子之與此五人者**로 **友也**에 **無獻子之家者也**니 **此五人者**가 **亦有獻子之家**면 **則不與之友矣**리라

① 萬章問曰 : 萬章, 孟子弟子.
'萬章'은 맹자의 제자이다.
② 不挾長 : 挾, 謂恃[81)]也.[82)] 長, 謂年也[83)].
'挾'은 믿는다는 것을 이른다. '長'은 나이를 이른다.
③ 不挾貴 : 貴, 謂名位之尊.
'貴'는 名號와 지위가 존귀함을 이른다.
④ 孟獻子百乘之家也 : 孟獻子, 魯賢大夫仲孫蔑(멸)也. 百乘之家, 謂大夫食邑可出車百乘.
'孟獻子'는 魯나라의 어진 대부인 仲孫蔑이다. '百乘之家'는 兵車 100대를 낼 수 있는 대부의 식읍을 이른다.
⑤ 樂正裘·牧仲 : 二賢人名.
'樂正裘'와 '牧仲'은 두 현인의 이름이다.

萬章이 질문하였다.
"벗하는 것에 대하여 감히 여쭙습니다."

---

77) 《孟子》〈萬章 下〉 제3장에 보인다.
78) 挾 : 대전본에는 '狹'으로 되어 있다. 통행본 《孟子》에는 '挾'으로 되어 있다.
79) 兄弟 : 趙岐에 따르면, 형제 가운데 부귀를 가진 사람이다. 《孟子注疏 萬章 下 趙岐注》
80) 挾 : 대전본에는 '狹'으로 되어 있다. 통행본 《孟子》에는 '挾'으로 되어 있다.
81) 恃 : 대전본·사고본에는 '持'로 되어 있다.
82) 挾謂恃也 : 주희와 진덕수는 "挾은 아울러 가지고서 믿는다는 것을 일컫는 말이다.〔挾者 兼有而恃之之稱〕"라고 설명하였다. 《孟子集註 萬章 下》《西山讀書記 卷14》
83) 也 : 대전본에는 '長'으로 되어 있다.

맹자가 말하였다.

"나이가 많은 것을 내세우지 않으며, 귀함을 내세우지 않으며, 형제를 내세우지 않고 벗하는 것이다. 벗하는 것은 그 德을 벗하는 것이니, 내세우는 것이 있어서는 안 된다.

孟獻子는 百乘의 大夫 집안으로, 벗 다섯 사람이 있었는데 樂正裘와 牧仲이고, 나머지 세 사람은 내가 잊어버렸다. 헌자가 이 다섯 사람과 벗할 때 이들 중에 헌자의 집안을 의식했던 자가 없었으니, 이 다섯 사람들이 또한 헌자의 집안을 의식하였다면 헌자는 이들과 벗하지 않았을 것이다.

非惟百乘之家가 **爲然也**라 **雖小國之君**라도 **亦有之**하니 **費惠公**이 **曰**① **吾**가 **於子思則師之矣**②요 **吾**가 **於顔般則友之矣**요 **王順·長息則事我者也**③라하니라 **非惟小國之君**이 **爲然也**라 **雖大國之君**이라도 **亦有之**하니 **晉平公之於亥唐也**④에 **入云則入**하며 **坐云則坐**하며 **食云則食**⑤하여 **雖疏食**(사)**菜羹**이라도 **未嘗不飽**하니 **蓋不敢不飽也**⑥라 **然**이나 **終於此而已矣**⑦요 **弗與共**[84]**天位也**하며 **弗與治天職也**[85]하며 **弗與食天祿也**하니 **士之尊賢者也**라 **非王公之尊賢也**니라

① 費惠公曰 : 費, 小國也. 惠, 諡.
'費'는 작은 나라이다. '惠'는 시호이다.

② 吾於子思則師之矣 : 子思, 孔伋之字.
'子思'는 孔伋의 자이다.

③ 吾於……者也 : 顔般·王順·長息, 皆賢人名.
'顔般'·'王順'·'長息'은 모두 현인의 이름이다.

④ 晉平公之於亥唐也 : 平公, 晉君. 亥唐, 賢臣.
'平公'은 晉나라 임금이다. '亥唐'은 賢臣이다.

⑤ 入云……則食 : 此言平公造之, 唐言入, 公乃入. 餘同.
이는, 평공이 해당을 찾아갈 때 해당이 들어오라고 말하면 평공이 그제야 들어간 것을 말한다. 나머지도 마찬가지이다.

⑥ 雖疏……飽也 : 唐設食而公飽之也.

---

84) 共 : 대전본에는 '其'로 되어 있다. 통행본 《孟子》에는 '共'으로 되어 있다.

85) 弗與治天職也 : 대전본에는 없다.

해당이 음식을 차려주면 평공이 배부르게 먹은 것이다.

⑦ 然終於此而已矣 : 終於此, 謂其止[86]如是[87].

'終於此'는 그가 이렇게 하는 데 그쳤다는 것을 이른다.

百乘의 대부 집안만 그러한 것이 아니라 작은 나라의 임금도 그러한 경우가 있었다. 費 惠公이 말하기를, '내가 子思에게는 스승으로 대하고, 顔般에게는 벗으로 대하며, 王順과 長息은 나를 섬기는 자들이다.'라고 하였다.

작은 나라의 임금만 그러한 것이 아니라 큰 나라의 임금도 그러한 경우가 있었다. 晉 平公은 亥唐을 대하는 경우에 그가 들어오라 하면 들어가며, 앉으라 하면 앉으며, 먹으라 하면 먹었다. 그리하여 비록 거친 밥과 나물국이라도 배불리 먹지 않은 적이 없었으니, 이는 감히 배불리 먹지 않을 수 없었던 것이다. 그러나 이렇게 하는 데 그쳤을 뿐이었고, 그와 天位를 함께하지 않았으며, 그와 天職을 다스리지 않았으며, 그와 天祿을 먹지 않았다. 이것은 선비가 현인을 존숭한 도리이고 王公이 현인을 존숭하는 도리는 아니었다.

舜이 **尙見帝**①어시늘 **帝**가 **館甥于貳室**하시고 **亦饗舜**하사 **迭爲賓主**②하시니 **是**는 **天子而友匹夫也**니라 **用下敬上**을 **謂之貴貴**요 **用上敬下**를 **謂之尊賢**이니 **貴貴・尊賢**이 **其義**가 **一也**니라

① 舜尙見帝 : 尙, 上也.

'尙'은 '올라가다'라는 뜻이다.

② 帝館……賓主 : 館, 舍也. 禮, 妻父曰外舅. 謂我舅者, 吾謂之甥. 堯以女妻舜, 故謂之甥. 貳室, 副宮也. 堯舍舜於副宮, 而就饗其食.

'館'은 '머물게 하다'라는 뜻이다. 禮에 따르면, 아내의 아버지를 '外舅'라고 한다. 나를 '舅'라고 부르는 자를 나는 '甥(사위)'이라고 부른다. 堯임금이 딸을 舜에게 아내로 주었기 때문에 순을 '甥'이라 하였다. '貳室'은 副宮이다. 요임금이 순을 부궁에 머물게 하고, 그곳으로 가서 그의 음식을 대접받았다.

순이 올라가 요임금을 뵙자, 요임금이 사위인 순을 貳宮에 머물게 하고, 또한

86) 止 : 대전본에는 '正'으로 되어 있다.

87) 是 : 대전본에는 이 뒤에 '也'가 있다.

순에게 음식을 대접받아 번갈아서 손님과 주인이 되었으니, 이는 천자로서 필부와 벗한 것이다.

아랫사람으로서 윗사람을 공경하는 것을 '존귀한 사람을 귀히 여긴다〔貴貴〕'고 하고, 윗사람으로서 아랫사람을 공경하는 것을 '현인을 존숭한다〔尊賢〕'고 하니, 존귀한 사람을 귀히 여기는 것과 현인을 존숭하는 것은 그 의리가 같다."

10-11-나(按)

臣은 按 孟子가 謂自天子로 至大夫히 皆有友賢之義하니 然知友賢而未知用賢則猶未也라하시니 蓋位者는 天位니 所以處賢者也요 職者는 天職이니 所以命賢者也요 祿者는 天祿이니 所以養賢者也라 三者는 皆天所以待賢人하여 使治天民者也라 而晉平公之於亥唐에 特虛尊之而已요 未嘗處之以位하며 命之以職하며 食之以祿也하니 此豈王公尊賢之道哉리오 必如堯之於舜然後에 爲盡友賢之道矣라

【臣按】 맹자는, 천자로부터 대부에 이르기까지 모두 현인을 벗하는 의리가 있으나 현인을 벗하는 것만 알고 현인을 등용할 줄 모르면 여전히 미흡하다고 하였습니다. '位'는 '天位'이니 현인을 거하게 한 것이고, '職'은 '天職'이니 현인에게 명한 것이며, '祿'은 '天祿'이니 현인을 봉양하는 것입니다. 이 세 가지는 모두 하늘이 현인을 대우하여 '天民(하늘이 낸 백성)'들을 다스리게 한 것입니다.

그런데 晉 平公은 亥唐에 대해 실질적인 내용 없이 존숭하기만 한 것이요, 지위에 거하게 하고 직임으로 명하며 녹봉을 먹게 해준 적이 없었으니, 이것이 어찌 왕공이 현인을 존숭하는 도리이겠습니까. 반드시 요임금이 순에게 했던 것처럼 한 뒤에야 현인을 벗하는 도리를 다하게 되는 것입니다.

夫貴貴・尊賢이 其理本一이라 然戰國之世에 人이 但知貴貴요 而不復知尊賢라 故孟子가 歷叙友賢之事而終欲以堯로 爲法焉하시니 以[88]堯之聖으로도 猶賴友以自輔而尊之如此則伐木[89]求友之義가 信雖天子나 不可忘也니이다

대저 귀한 사람을 귀히 여기는 것과 현인을 존숭하는 것은 그 이치가 본래 하나

88) 以 : 대전본에는 '則'으로 되어 있다.

89) 伐木 : 10-10-가 참조.

입니다. 그러나 전국시대에는 사람들이 귀한 사람을 귀히 여길 줄만 알고 더 나아가 현인을 존숭할 줄 몰랐습니다. 그러므로 맹자는, 현인을 벗한 고사를 차례로 서술하여 종국에는 요임금을 모범으로 삼고자 했던 것입니다. 요임금과 같은 聖王도 오히려 벗에게 의지해서 자신에게 도움이 되도록 하여 벗을 존숭하기를 이와 같이 하였으니, 그렇다면 〈벌목〉 시에서 벗을 찾는 뜻은 진실로 천자라 할지라도 잊어서는 안 될 것입니다.

10-12-가[90)]

萬章이 問[91)]曰 庶人이 召之役則往役하고 君이 欲見之하여 召之則不往見之는 何也잇고 曰 往役은 義也요 往見은 不義也①니라 且君之欲見之也는 何爲也哉오 曰 爲其多聞也며 爲其賢也니이다 曰 爲其多聞也則天子도 不召師온 而況諸侯乎아 爲其賢也[92)]인댄 吾未聞欲見賢而召之也케라 繆(목)公이 亟(기)見於子思曰② 古에 千乘之國이 以友士하니 何如하니잇고 子思가 不悅曰 古之人이 有言曰 事之云乎언정 豈曰友之云乎[93)]리오하시니 子思之不悅也는 豈不曰 以位則子는 君也요 我는 臣也니 何敢與君友也며 以德則子는 事我者也니 奚可以與我友리오 千乘之君이 求與之友而不可得也온 而況可召與아

① 往役……義也 : 往役者, 庶人之職, 不往見者, 士之禮.
가서 부역을 하는 것은 서인의 직분이고, 가서 만나지 않는 것은 士의 예이다.

② 繆公……思曰 : 繆公, 魯君. 亟, 數(삭)也.
'繆公'은 魯나라 임금이다. '亟'는 '자주'라는 뜻이다.

萬章이 질문하였다.

"庶人은, 임금이 자기를 불러서 賦役을 시키면 가서 부역을 하고, 임금이 그를

---

90) 《孟子》〈萬章 下〉 제7장에 보인다.

91) 問 : 통행본 《孟子》에는 없다.

92) 也 : 사고본에는 이 뒤에 '則'이 있다. 통행본 《孟子》에도 '則'이 있다.

93) 繆公……云乎 : 조기에 따르면, 魯 繆公이 子思를 벗하고 싶었는데, 자사는 달가워하지 않고 현자를 만났으면 섬겨야지 어찌 벗한다고 말하느냐고 이른 것이다. 《孟子注疏 萬章 下 趙岐注》

만나보고자 하여 부르면 가서 보지 않는 것은 어째서입니까?"

맹자가 대답하였다.

"가서 부역을 하는 것은 義이고, 가서 만나보는 것은 의가 아니기 때문이다. 또 임금이 그를 만나보고자 하는 것은 어째서인가?"

"그가 聞見이 많기 때문이며 어질기 때문입니다."

"문견이 많기 때문이라면 천자도 스승을 부르지 않는데 하물며 제후가 그렇게 하겠는가. 어질기 때문이라면 나는 현자를 만나보고자 하면서 그를 불렀다는 말은 들어보지 못하였다. 옛날에 魯 繆公이 자주 子思를 만나보고 말하기를, '옛날에는 千乘之國의 임금이 士와 벗하였으니, 어떻습니까?'라고 하자, 자사는 기뻐하지 않으며 말하기를, '옛사람 말에, 섬긴다고 말할지언정 어찌 벗한다고 말하였겠습니까.'라고 하였으니, 자사가 기뻐하지 않았던 것은, 어찌 '지위로 보면 당신은 임금이고 나는 신하이니, 내가 어찌 감히 임금과 벗할 수 있겠으며, 덕으로 보면 당신은 나를 섬기는 자이니, 어찌 나와 벗할 수 있겠는가.'라고 여긴 것이 아니겠는가. 천승지국의 임금이 그와 벗하려고 해도 그렇게 할 수 없었는데, 하물며 부를 수 있겠는가."

10-12-나(按)

臣은 按 孟子此章이 又明賢者가 以道自重이라 諸侯가 不得而友之義하니이다

【臣按】《孟子》의 이 章은, 또 현자는 道를 기준으로 자기 처신을 중히 하기 때문에 제후가 그를 벗으로 삼을 수 없다는 의리를 밝힌 것입니다.

10-13-가1[94)]

天下에 有達尊이 三이니 爵一·齒一·德一이니 朝廷엔 莫如爵이요 鄕黨엔 莫如齒이요 輔世長民엔 莫如德이니 惡(오)得有其一하여 以慢其二哉리오 故로 將大有爲之君은 必有所不召之臣이라 欲有謀焉則就之하나니 其尊德樂道가 不如是면 不足與[95)]有爲也니라 故로 湯之於伊尹에 學焉而後에 臣之故로 不勞而

94)《孟子》〈公孫丑 下〉 제2장에 보인다. 10-4-가 참조.

王하시고 桓公之於管仲①[96]에 學焉而後에 臣之故로 不勞而霸②하니라

① 桓公之於管仲 : 桓公, 齊君. 管仲, 齊相.
'桓公'은 齊나라 임금이다. '管仲'은 齊나라 재상이다.

② 學焉……而霸 : 先就學, 師之也, 後以爲臣, 任之也.
먼저 찾아가 배우는 것은 스승으로 대한 것이고, 후에 신하로 삼은 것은 직임을 맡긴 것이다.

천하에 達尊이 세 가지가 있으니, 爵位가 하나요, 年齒가 하나요, 德이 하나이다. 조정에서는 작위만 한 것이 없고, 향당에서는 연치만 한 것이 없고, 세상을 돕고 백성을 기르는 데에는 덕만 한 것이 없으니, 어찌 그중 하나를 가지고 둘을 가진 이를 함부로 할 수 있겠는가.

그러므로 장차 크게 훌륭한 일을 할 군주에게는 반드시 부르지 못하는 신하가 있었다. 그리하여 상의하고 싶은 일이 있으면 찾아갔으니, 덕을 높이고 도를 즐거워함이 이와 같지 않으면, 그와 함께 훌륭한 일을 할 수 없는 것이다.

그러므로 湯王은 伊尹에게 배운 뒤에 그를 신하로 삼았기 때문에 수고롭지 않고도 王者가 되었으며, 桓公은 管仲에게 배운 뒤에 그를 신하로 삼았기 때문에 수고롭지 않고도 霸者가 된 것이다.

今天下가 地醜德齊①하여 莫能相尙은 無他라 好臣其所敎②而不好臣其所受敎③니라 湯之於伊尹과 桓公之於管仲에 則不敢召하니 管仲도 且猶不可召온 而況不爲管仲者乎④아

① 地醜德齊 : 醜, 類也.
'醜'는 '비슷하다'라는 뜻이다.

---

95) 與 : 대전본에는 '以'로 되어 있다. 통행본 《孟子》에는 '與'로 되어 있다.

96) 管仲 : ?~기원전 645. 이름은 夷吾이며, 仲은 자로, 齊나라 潁上 사람이다. 처음에는 公子 糾를 섬겨 魯나라로 달아났다. 齊 襄公이 피살당하자 공자 규와 훗날 桓公이 되는 公子 小伯이 임금 자리를 두고 다투었는데, 결국 공자 규는 살해당하고 관중은 투옥되었다. 당시 관중의 지기인 鮑叔牙는 소백을 섬겼는데, 그의 추천으로 환공이 과거의 원한을 잊고 관중을 발탁하였으며 仲父로 불렸다. 제도를 개혁하고 부국강병을 도모하여 환공이 패자가 되는 데 결정적인 기여를 하였다.

② 其所教 : 所教, 謂聽從於己者.
'所教'는 자신의 말을 따르는 사람을 이른다.
③ 不好臣其所受教 : 所受教, 己之所從受學[97]者.
'所受教'는 자신이 배워야 할 사람이다.
④ 管仲……者乎 : 管仲, 伯者之佐, 猶不可召. 孟子, 學王道者也, 其可召乎?
管仲은 霸者를 보필한 사람인데도 오히려 부르지 못했는데, 맹자는 王道를 배운 사람이니 어찌 부를 수 있겠는가.

지금 천하에 제후국들이 영토가 비슷하고 덕이 같아서 서로 더 우세한 나라가 없는 것은 다른 이유가 없다. 자신이 가르칠 사람을 신하로 삼기를 좋아하고 자신이 가르침을 받아야 할 사람을 신하로 삼기를 좋아하지 않기 때문이다.

湯王은 伊尹을, 桓公은 管仲을 감히 부르지 못하였다. 관중도 오히려 부르지 못했는데, 하물며 관중을 대단치 않게 여기는 사람에 있어서이겠는가.

10-13-가2[98]

學記①에 君之所不臣於其臣者가 二니 當其爲尸하얀 則弗臣也②하며 當其爲師하얀 則弗臣也하나니 大學之禮에 雖詔於天子라도 無北面은 所以尊師也③라

① 學記 : 禮記篇名.
'學記'는 《禮記》의 편명이다.
② 當其爲尸則弗臣也 : 尸, 祭主也, 說已見前.[99]
'尸'는 제사의 주인이니, 설명은 이미 앞에 보인다.
③ 大學……師也 : 詔, 告也. 北面, 臣禮, 爲師弗臣, 故無[100]北面.[101]

---

97) 學 : 사고본에는 '教'로 되어 있다.
98) 《禮記》〈學記〉에 보인다. 〈學記〉는 사람에게 있어 배움과 가르침의 의미를 기록한 것인데, 인용된 본문은 학문하는 도리에 있어 스승을 존경해야 함을 설명한 부분에 보인다. 《禮記注疏 學記 鄭玄注》
99) 說已見前 : 7-6-가 참조.
100) 無 : 대전본에는 '五'로 되어 있으나, 오자이다.
101) 爲師……北面 : 정현은 이에 대해 "스승을 높이고 도를 중히 여기므로 신하의 위치에 있게 하지 않은 것이다.[尊師重道焉 不使處臣位也]"라고 말하고, 다음의 고사를 인용하였다. 周武王이 즉위한 뒤 무왕은 師尚父에게 黃帝와 顓頊의 道가 기록된 丹書의 내용을 들으려고

'詔'는 '일러주다'라는 뜻이다. '北面'은 신하의 예이니, 스승으로 삼아 신하로 대하지 않기 때문에 북면하는 禮가 없다.

《禮記》〈學記〉에 다음과 같은 내용이 보인다.

"임금이 자신의 신하를 신하로 대하지 않는 경우는 두 가지이다. 그가 尸童이 되었을 때에는 신하로 대하지 않으며, 그가 스승이 되었을 때에는 신하로 대하지 않는다. 大學의 禮에서, 비록 천자에게 일러주더라도 北面하지 않는 것은 스승을 높이는 것이다."

10-13-나(按)

臣은 按 此二條는 又明王者가 有師臣之義하니 不特友之而已라 湯之於伊尹과 文·武之於太公望과 成王之於周公에 皆師之者也라 故仲虺之誥[102]에 曰 能自得師者는 王이라하고 而傳에 亦有師臣·友臣·僕臣[103]之別焉하니 後世之君이 其能友臣者를 已不多得이라 惟漢高帝之於子房[104]과 光武之於嚴子陵[105]과 昭烈之於孔明[106]에 庶

堂에서 내려가 南面하고 서 있었다. 그러자 사상보는 무왕에게 '선왕의 도에 스승은 북면하지 않습니다.〔先王之道 不北面〕'라고 하였다. 이에 무왕이 東向을 하고 서자, 사상보는 西向을 하고서 단서의 내용을 말하였다. 2-7-가 참조. 《禮記注疏 學記 鄭玄注》

102) 仲虺之誥 : 2-3-가 참조.

103) 師臣……僕臣 : 이와 관련하여 《孟子》〈萬章 下〉 제3장에 다음과 같은 내용이 보인다. 費惠公이 子思는 스승으로, 顔般은 벗으로 대하였으며, 王順과 長息은 자신을 섬기는 사람이라고 말하였다. 10-11-가 참조.

104) 子房 : 張良(?~기원전 186)의 자이다. 沛郡 城父 사람으로, 조부와 부친이 韓나라의 재상을 지냈다. 博浪沙에서 秦 始皇 암살에 실패한 뒤 劉邦의 모사가 되었으며, 후에 유방과 자웅을 겨루다 和約을 맺은 項羽를 궤멸시키자고 건의하여 유방이 천하를 차지하는 데 크게 기여했다. 高祖 6년(기원전 201) 留侯에 봉해졌으며, 뜻을 이룬 뒤 속세를 떠나 導引과 辟穀을 하며 여생을 마쳤다. 시호는 文成이다.

105) 嚴子陵 : 莊光(기원전 37~43)을 가리킨다. 원래의 姓은 '莊'인데 東漢 明帝 劉莊의 휘를 피하여 후대에는 성이 '嚴'으로 표기되었다. '자릉'은 장광의 자이다. 또 다른 이름은 遵이며, 會稽 餘姚 사람이다. 젊었을 때 光武帝 劉秀와 함께 공부했는데, 광무제가 즉위하자 성명을 바꾸고 은거하였다. 광무제의 부름을 받고 京師로 왔는데, 스스럼없이 광무제를 벗으로 대하였다. 광무제가 諫議大夫에 제수하려 했으나, 이를 사양하고 富春山에 은거하였다.

106) 孔明 : 諸葛亮(181~234)의 자이다. 琅邪(낭야) 陽都 사람으로, 동한 말기의 혼란을 피해

幾近之요 若漢明・章은 雖以師禮로 待其臣[107]이나 然所傳者가 特章句之業[108]이요 非三王・四代[109]之所謂師也라 至於僕隷之臣이 諾諾唯唯則無世不有하여 君日以驕하고 臣日以諂하니 此所以多亂而鮮治也歟인저

【臣按】이 두 조목에서는 또 王者에게 신하를 스승으로 대우하는 의리가 있다는 것을 밝혔으니, 신하를 벗하기만 할 뿐이 아닌 것입니다. 湯王이 伊尹에 대해서, 文王과 武王이 太公望에 대해서, 成王이 周公에 대해서 모두 신하를 스승으로 섬겼던 사람들입니다.

그러므로《書經》〈仲虺之誥〉에 이르기를, "스스로 스승을 얻을 수 있는 사람은 王者가 된다.〔能自得師者王〕"라고 하였으며, 옛 기록에도 '신하를 스승으로 대하는 것〔師臣〕'・'신하를 벗으로 대하는 것〔友臣〕'・'신하를 종으로 대하는 것〔僕臣〕'의 구별이 있었습니다. 후대의 임금들은 능히 신하를 벗으로 대하는 경우도 이미 많이 찾을 수 없었고, 오로지 한 고조가 子房(張良)에 대해서, 光武帝가 嚴子陵에 대해서, 昭烈帝(劉備)가 孔明(諸葛亮)에 대해서만이 거의 가까운 사례일 것입니다. 漢 明帝와 章帝는 비록 스승의 예로 자신의 신하를 대우하였으나, 그들이 전수했던 것은 章句之學이었고 三王 四代의 이른바 '스승'은 아니었습니다. 종복처럼 임금을 섬기는 신하가 임금에 대해 고분고분하는 것은 어느 시대에나 없었던 적이 없어서 임금은 날로 교만해지고 신하는 날로 아첨하게 되었으니, 이것이 난세는 흔하고 치세는 드문 이유일 것입니다.

隆中으로 이주하였다가 建安 12년(207) 劉備의 三顧草廬로 그의 모사가 되었다. 208년 赤壁大戰 이후 유비가 荊州를 차지하게 하였으며, 214년 유비가 益州를 차지한 뒤에는 軍師將軍이 되었다. 221년 유비가 등극하자 丞相이 되었으며, 章武 3년(223) 유비의 뜻을 받들어 劉禪을 보좌하고 武鄕侯에 봉해졌다. 후에 中原을 도모하고자 수차례 北伐을 단행하여 魏나라를 공격하였으며, 위나라의 司馬懿와 대치하다가 五丈原에서 병사하였다. 시호는 忠武이다.

107) 若漢……其臣 : 東漢의 明帝는 博士 桓榮을 스승으로 섬겼고, 章帝는 張酺를 스승으로 섬겼다. 이에 대한 明帝의 사례는 4-2-가 참조. 章帝의 사례는 4-3-가 참조.

108) 章句之業 : 유학 經傳에 담긴 義理를 궁구하기보다는 章과 句의 분절이나 字句의 訓詁 등에 천착하는 학문을 말한다.

109) 三王四代 : 三王은 夏・殷・周의 임금을 말하며, 四代는 虞나라・夏나라・殷나라・周나라를 말한다.《禮記注疏 學記 孔穎達疏》

以上은 論天理人倫之正五[110)]라【朋友之交[111)]】

이상은 천리와 인륜에 임하는 올바른 처신을 논한 다섯 번째이다.【붕우간의 사귐】

110) 五 : 사고본에는 '八'로 되어 있으나, 오자이다.

111) 朋友之交 : 사고본에는 없다.

格物致知之要(一) 사물의 원리를 깊이 연구하여 知性의 힘을 극대화하는 핵심적인 방법들 (1)

明道術 道를 분명히 밝힘

吾道源流之正 儒學의 원류에 대한 올바른 이해

11-1-가1[1)]

堯가 **曰 咨爾舜**아 **天之歷數**[2)]가 **在爾躬**하니 **允執其中**하라 **舜**이 **亦以命禹**하시다

堯임금이 말하였다.
"아! 너 舜아, 하늘의 歷數가 너의 몸에 있으니 진실로 그 中道를 잡아라."
순임금 또한 이 말로 禹王에게 명하였다.

11-1-가2[3)]

湯은 **建中于民**하시다

---

1) 《論語》〈堯曰〉 제1장에 보인다. 다만 통행본 《論語》에는 '允執其中' 뒤에 '四海困窮 天祿永終' 8자가 더 있다.

2) 歷數 : 제왕이 하늘을 대신하여 백성을 다스리는 순서를 말한다. 天象의 운행과 제위 계승의 차례가 상응한다는 일종의 天人感應的 발상이다. 원문의 내용에 대해 孔安國의 《尙書孔氏傳》〈大禹謨〉는 "천도를 이른다.〔謂天道〕"라고 하였고, 何晏은 《論語集解》에서 "차례를 이른다.〔謂列次〕"라고 하였다. 邢昺은 《論語正義》에서 '歷數'를 "차례〔列次〕"로 풀이하고 "帝位의 차례〔天位之列次〕"로 설명하였다.

3) 《書經》〈商書 仲虺之誥〉에 보인다. 원문에는 "왕께서는 힘써 큰 덕을 밝히시어 백성에게 중도를 세우십시오.〔王懋昭大德 建中于民〕"로 되어 있어 湯王에게 仲虺가 당부하는 말로 되어 있다.

湯王은 백성에게 中道를 세웠다.

11-1-가3[4)]

孟子가 **曰 湯**은 **執中**이라하시다

맹자가 말하였다.
"湯王은 中道를 잡으셨다."

11-1-나(按)

臣은 按 堯·舜·禹·湯數聖相傳이 惟一中道라 中者는 何오 其命이 出於天地하여 民受之以生者也요 其理가 散於事事物物之間하여 莫不有當然一定之則하니 不可過不可不及이 是所謂中也라 聖人이 迭興하사 以此爲制治之準的하시니 曰執者는 操之以揆事也요 曰建者는 立之以範民也라 其體則極天理之正하니 是名大中이요 其用則酌時措之宜하니 是名時中이니 聖賢傳授道統이 此其首見於經者라 然必於危微精一[5)]에 用其功然後에 有以爲執中之本이니 惟聖明은 參玩焉[①]하소서

① 參玩焉 : 見前第五卷.
앞의 제5권에 보인다.

【臣按】 堯임금·舜임금·禹王·湯王 등 여러 성인이 서로 전수한 것이 오직 하나의 중도입니다. '中'이란 무엇입니까? 그 命은 天地에서 나와 사람이 이를 받아 태어나는 것이고 그 理는 모든 사물과 현상 사이에 흩어져 있어서 당연하고 고정된 법칙을 가지고 있지 않은 것이 없으니, 지나쳐도 안 되고 미치지 못해도 안 되는 것이 바로 이른바 '中'입니다. 성인이 차례로 나와서 이것을 다스림의 표준으로 삼으셨습니다.

'執'이라고 하는 것은 中道를 잡아 일을 헤아리는 것이고, '建'이라고 하는 것은

---

4) 《孟子》〈離婁 下〉 제20장에 보인다.

5) 危微精一 : 《書經》〈虞書 大禹謨〉에 舜임금이 禹에게 攝位를 명하면서 전수한 말로, "人心은 위태롭고 道心은 은미하니, 정밀하게 살피고 專一하게 지켜야 진실로 그 中道를 잡을 수 있으리라.〔人心惟危 道心惟微 惟精惟一 允執厥中〕"라고 한 것이 보인다.

中道를 세워 백성에게 모범을 삼는 것입니다. 中의 體는 올바른 天理의 正을 지극히 한 것이니 이것을 '大中'이라 이르고, 中의 用은 때에 따른 알맞은 조처를 헤아리는 것이니 이것을 '時中'이라고 합니다.

성현이 道統을 전수한 일은 여기의 사례가 경문 중에서 가장 처음으로 나온 것입니다. 그러나 반드시 위태로운 人心과 은미한 道心을 정밀하게 살피고 專一하게 지키는 것에 그 공을 들인 뒤에야 중도를 잡는 바탕을 만들 수 있으니, 聖明한 황상께서는 이를 헤아려 玩索하십시오.

此章은 書言中이니이다

이 장은 '中'에 대해 서술하였습니다.

11-2-가[6]

洪範①에 五皇極②은 皇이 建其有極이니 斂時五福③하여 用敷錫厥庶民④하면 惟時厥庶民이 于汝極에 錫汝保極하리라 凡厥庶民이 無有淫朋⑤하며 人無有比德⑥은 惟皇이 作極일새니라 凡厥庶民이 有猷⑦有爲⑧有守⑨를 汝則念之하며 不協于極⑩이라도 不罹于咎⑪[7]어든 皇則受之하라 而康而色하여 曰予攸好德이라거든 汝則錫之福하면 時人이 斯其惟皇之極하리라 無虐煢(경)獨하고 而畏高明⑫하라 人之有能有爲를 使羞其行⑬하면 而邦이 其昌하리라 凡厥正人[8]은 旣富오사 方穀⑭이니

---

6) 《書經》〈周書 洪範〉에 보인다. '洪範'은 夏 禹王이 洛書를 본받아 배열한 것으로, '천하를 다스리는 大法'이라는 뜻이다. 周 武王이 殷 紂王을 이기고 난 뒤에 箕子를 찾아가 天道에 대해 묻자, 箕子는 洪範九疇를 일러주었는데, 해당 인용문은 洪範九疇의 다섯 번째인 皇極에 관한 내용이다.

7) 咎 : 대전본에는 '極'으로 되어 있는데, 오자이다.

8) 凡厥正人 : '凡厥正人'의 '正人'을 宋 蔡沈의 《書集傳》에는 '관직에 있는 사람〔在官之人〕'으로 해석하였는데, 이를 따르는 것이 일반적이다. 그러나 唐 孔穎達의 《尙書注疏》에는 '바르고 곧은 사람〔正直之人〕'으로 보았고, 宋 熊節의 《性理群書句解》〈皇極辨〉 등을 비롯하여 宋代의 많은 주석이 이와 같다. 저자 당시에는 '正直之人'으로 풀이하는 것이 일반적이었던 듯하다. 한편 元 陳櫟의 《書集傳纂疏》에는 '보통 사람〔中常之人〕'으로 보는 설을 제시하기도 하였다. 본서의 按說에서는 '凡厥正人'에 대해 '凡欲正人者'와 연관시켜 설명하였는바, 이는 陳櫟이

汝弗能使有好于而家하면 **時人**이 **斯其辜**⑮리라 **于其無好德**에 **汝雖錫之福**이라도 **其作汝用咎**⑯리라

① 洪範 : 周書篇名.
'洪範'은 《書經》〈周書〉의 편명이다.

② 五皇極 : 洪範九疇, 皇極居五. 皇, 君也. 極, 至也.
洪範의 아홉 가지 범주 가운데 皇極은 다섯 번째 범주에 해당한다. '皇'은 '임금'이라는 뜻이다. '極'은 '지극한 표준'이라는 뜻이다.

③ 五福 : 五福, 壽・富・康寧・攸好德[9]・考終命[10]也.
'五福'은 壽・富・康寧・攸好德・考終命이다.

④ 用敷錫厥庶民 : 敷, 布也. 錫, 與也. 庶, 衆也.
'敷'는 '펴다'라는 뜻이다. '錫'은 '주다'라는 뜻이다. '庶'는 '뭇'이라는 뜻이다.

⑤ 淫朋 : 淫, 邪也. 朋, 黨也.
'淫'은 '간악하다'라는 뜻이다. '朋'은 '무리 짓다'라는 뜻이다.

⑥ 比德 : 比, 謂私相比附.
'比'는 사사로이 서로 작당하여 부화뇌동하는 것을 이른다.

⑦ 有猷 : 有謀慮者.
'有猷'는 智謀가 있는 사람이다.

⑧ 有爲 : 有施設者.
'有爲'는 實行이 있는 사람이다.

⑨ 有守 : 有操守者.
'有守'는 節操가 있는 사람이다.

⑩ 不協于極 : 協, 合也.
'協'은 '합치하다'라는 뜻이다.

⑪ 不罹于咎 : 罹, 遭也.

소개한 '무릇 다른 사람을 바르고 곧게 하고자 하는 군주〔君之凡欲正人者〕'로 풀이한 설과 일맥상통한다. 여기에서는 이에 따라 번역하였다.

9) 攸好德 : 진덕수는 '攸好德'을 '좋아하는 바가 善〔所好者善〕'이라는 뜻으로 설명하였다. 2-6-가 참조. 참고로 蔡沈의 《書集傳》〈洪範〉에는 "그 도를 즐기는 것〔樂其道〕"이라고 설명하였다.

10) 考終命 : 진덕수는 '考終命'은 '제 명대로 죽음〔得正而終〕'이라는 뜻으로 설명하였다. 2-6-가 참조. 참고로 蔡沈의 《書集傳》〈洪範〉에는 "순히 그 올바른 죽음을 받는 것〔順受其正〕"이라고 설명하였다.

'罹'는 '걸리다'라는 뜻이다.

⑫ 虐煢獨而畏高明 : 煢獨, 謂民之微賤者. 高明, 有位之尊顯者.
'煢獨'은 백성 가운데 미천한 사람을 이른다. '高明'은 지위가 있는 사람 가운데 존귀하고 현달한 사람이다.

⑬ 人之……其行 : 羞, 進也.
'羞'는 '올리다'라는 뜻이다.

⑭ 旣富方穀 : 穀, 善也.
'穀'은 '선하다'라는 뜻이다.

⑮ 時人斯其辜 : 辜, 罪也.
'辜'는 '죄'라는 뜻이다.

⑯ 汝用咎 : 咎, 過也.
'咎'는 '허물'이라는 뜻이다.

《書經》〈洪範〉에 다음과 같은 내용이 있다.

"다섯 번째는 皇極이니, 임금이 표준〔極〕을 세우는 것이니, 이 五福을 거두어서 뭇 백성에게 福을 펴서 주면 이 뭇 백성이 너의 표준에 대하여 너에게 표준을 보전할 수 있도록 해줄 것이다. 무릇 뭇 백성 가운데 간악한 무리를 짓는 이가 없고 지위가 있는 사람들 가운데 사사로이 서로 작당하여 부화뇌동하는 이가 없는 것은 임금이 표준이 되기 때문이다. 무릇 뭇 백성 가운데 지모가 있는 사람이 있고 實行이 있는 사람이 있고 절조가 있는 사람이 있다는 것을 너는 생각하며, 표준에 합치되지 않더라도 허물에 걸리지 않거든 임금은 받아주어라. 어떤 사람이 얼굴빛을 편안히 하고 '내가 좋아하는 바가 德이다.'라고 말하거든, 네가 그에게 복을 주면 이 사람이 이에 임금의 표준에 맞게 할 것이다.

백성 가운데 미천한 사람을 학대하지 말고 지위가 있는 사람 가운데 존귀하고 현달한 사람을 두려워하지 말라. 재능이 있고 실행이 있는 사람을 재능을 행할 수 있게 해주면 나라가 창성할 것이다. 무릇 그 바르고 곧은 사람은 부유해진 뒤에야 비로소 선하게 되니, 네가 너의 집에서 좋은 것을 갖게 할 수 없으면 이 사람이 이에 죄를 짓게 될 것이다. 덕을 좋아하지 않는 이에게 네가 비록 복을 주더라도 이는 네가 허물이 있는 사람을 쓰는 것이 될 것이다.

無偏無陂[①]하여 **遵王之義**하며 **無有作好**하여 **遵王之道**하며 **無有作惡**(오)하여 **遵王**

之路하라 **無偏無黨**②하면 **王道**가 **蕩蕩**③하며 **無黨無偏**하면 **王道**가 **平平**(편편)④11)하며 **無反無側**⑤하면 **王道**가 **正直**⑥하리니 **會其有極**하여 **歸其有極**⑦하리라 **曰 皇極之敷言**이 **是彝是訓**⑧이니 **于帝其訓**⑨이시니라 **凡厥庶民**이 **極之敷言**을 **是訓是行**하면 **以近天子之光**하여 **曰 天子**가 **作民父母**하사 **以爲天下王**이라하리라

① 無偏無陂 : 偏, 不中也. 陂, 不平也.
'偏'은 중립적이지 않은 것이다. '陂'는 공평하지 않은 것이다.

② 無黨 : 黨, 不公也.
'黨'은 공정하지 않은 것이다.

③ 王道蕩蕩 : 蕩蕩, 廣遠也.
'蕩蕩'은 광대하고 아득한 것이다.

④ 王道平平 : 平平, 平易也.
'平平'은 평탄하고 어려움이 없는 것이다.

⑤ 無反無側 : 反, 反常也. 側, 不平也.12)
'反'은 常道에 위배되는 것이다. '側'은 공평하지 않은 것이다.

⑥ 王道正直 : 正直, 不偏邪也.
'正直'은 치우치거나 간사하지 않은 것이다.

⑦ 會其……有極 : 會, 合而來也. 歸, 來而至也.
'會'는 합하여 오는 것이다. '歸'는 와서 이르는 것이다.

⑧ 曰皇……是訓 : 敷, 衍也.
'敷'는 '펴다'라는 뜻이다.

⑨ 于帝其訓 : 帝, 天也.
'帝'는 하늘이다.

치우침이 없고 기욺이 없어 왕의 義를 따르며 사사로이 좋아하는 뜻을 두지 말아 왕의 道를 따르며 사사로이 미워하는 뜻을 두지 말아 왕의 길을 따르라. 치우침이 없고 패거리 짓는 것이 없으면 王의 道가 광대하고 아득하며, 패거리 짓는 것이 없고 치우침이 없으면 王의 道가 평탄하고 어려움이 없으며, 常道에 위배되는 것이 없고 공평하지 않은 것이 없으면 王의 道가 바르고 곧게 될 것이니, 그

---

11) 平平(편편) : 《書經諺解》에 따르면, '平平'의 음독은 '편편'이다. 이 경우에는 平聲으로, '고루 다스려지다〔辨治〕'라는 뜻이 된다.

12) 側不平也 : 蔡沈의 《書集傳》에는 '側'을 '바르지 않은 것〔不正〕'으로 설명하였다.

표준〔極〕에 합하여 와서 그 표준에 와서 이를 것이다.

임금이 표준을 세워 편 말이 바로 常道이고 가르침이니, 하늘에서 가르쳐준 것이다. 무릇 뭇 백성이 표준을 세워 편 말을 가르침으로 삼고 행하면 천자의 光華를 가까이하여 말하기를 '천자께서 백성의 부모가 되시어 천하의 王者가 되었다.'라고 할 것이다."

11-2-나1(朱)[13]

朱熹가 曰 洛書가 九數而五가 居中이요 洪範이 九疇而皇極이 居五하니 自漢孔氏가 訓皇極爲大中[14]으로 諸儒가 皆祖其說하니 獨嘗以經之文義語脉으로 求之而知其必不然也하노라 蓋皇者는 君之稱也요 極者는 至極之義며 標準之名이니 常在物之中央而四外가 望之以取正者也라 故以極으로 爲在中之準的則可而訓極爲中則不可하니 若北辰之爲天極과 脊棟之爲屋極이 其義가 皆然而禮所謂民極[15]과 詩所謂四方之極[16]者가 於皇極之義에 爲尤近하니 顧今之說者가 旣誤於此而幷失於彼라 是以其說이 展轉迷謬而終不能以自明也하나니 卽如舊說인대 姑亦無問其它[17]어니와 但卽經文而讀皇爲大하고 讀極爲中則夫所謂惟大作中・大則受之는 爲何等語乎오

朱熹가 말하였다.

"洛書는 아홉 개의 수로 구성되어 있는데 5가 중앙에 위치하고, 洪範은 아홉 가지 범주로 이루어져 있는데 皇極이 다섯 번째 범주에 해당한다. 漢나라 孔安國이

---

13) 《晦庵集》 卷72 〈皇極辨〉에 보인다. 다만 해당 인용문은 그 일부를 수록한 것이나, 저본의 내용과 비교해볼 때 생략된 자구가 다소 있고 전후의 순서가 뒤바뀌어 있다.

14) 自漢……大中 : "皇建其有極"에 대한 孔安國의 傳에 "'大中之道'는 그 중앙에 크게 세움이니, 홍범구주의 의를 행함을 이른다.〔大中之道 大立其有中 謂行九疇之義〕"라고 하였다. 孔穎達도 역시 "'皇'은 '크다'라는 뜻이고, '極'은 '중앙'이라는 뜻이다.〔皇 大也 極 中也〕"라고 주석하였다. 《尙書注疏 洪範 孔穎達疏》

15) 禮所謂民極 : 《周禮》 〈天官 冢宰〉에 "제왕이 국도를 건설할 때 방위를 분별하여 위치를 바르게 하며 國都를 분간하고 田野에 경계를 정하며, 벼슬을 설치하여 직무를 나누어 백성의 표준을 삼는다.〔惟王建國 辨方正位 體國經野 設官分職 以爲民極〕"라고 하였다.

16) 詩所謂四方之極 : 《詩經》 〈商頌 殷武〉에 "상나라 도읍이 잘 정돈되어 있으니, 사방의 표준이로다.〔商邑翼翼 四方之極〕"라고 하였다.

17) 它 : 사고본에는 '他'로 되어 있다.

'皇極'을 '크게 중정한 도〔大中〕'라고 해석하면서부터 여러 유학자가 모두 공안국의 설을 祖述하였다. 홀로 일찍이 경문의 글자 뜻과 말의 맥락을 가지고 연구해보고 공안국의 설이 결단코 옳지 않다는 것을 알았다.

'皇'은 임금을 일컫는 말이며, '極'은 의미로 말하면 '至極'이고 명칭으로 말하면 표준이니, 항상 만물의 중앙에 있어서 사방의 사람들이 이를 바라보고서 모범으로 삼는 것이다. 그러므로 '極'을 중앙에 있는 표준이라고 풀이한다면 괜찮지만, '極'을 '중앙〔中〕'이라고 풀이한다면 가당하지 않다. 예컨대 북극성을 '天極'이라 하고 용마룻대를 '屋極'이라고 하는 것이 그 뜻이 모두 그러하고, 《周禮》에 이른바 '民極(백성의 표준)'이라고 한 것과 《詩經》에 이른바 '四方之極(사방의 표준)'이라고 한 것은 '皇極'의 의미에 더욱 가깝다.

돌아보건대 오늘날 '極'의 의미를 주석하는 사람들은 이미 '皇極'에 대해 잘못 해석해버리니 아울러 '民極'과 '四方之極'의 의미까지도 잘못 풀이하고 있다. 이 때문에 그 설이 갈수록 잘못 해석되어 종국에는 자체적으로 밝혀질 수 없게 되었다. 만일 舊說과 같이 해석한다면 우선 다른 문제는 차치하고서라도, 다만 경문에 나아가 '皇'을 '大'로 읽고 '極'을 '中'으로 바꾸어 읽으면 이른바 '惟大作中'과 '大則受之'는 무슨 말이 되겠는가.

今以熹說로 **推之則人君**이 **以一身**으로 **履至尊之位**어시든 **四方**이 **輻湊面內而環觀之**하여 **自東而望者**가 **不過此而西也**며 **自南而望者**가 **不過此而北也**니 **此**가 **天下之至中**이라 **旣居天下之至中則必有天下之絶德而後**에 **可以立至極之標準**이니 **故必順五行·敬五事**[18]하여 **以修其身**하며 **厚八政**[19]**·協五紀**[20]하여 **以齊其政然後**에 **至極之標準**이

18) 五事 : 洪範九疇의 두 번째 범주로, 용모〔貌〕·말하는 것〔言〕·보는 것〔視〕·듣는 것〔聽〕·생각하는 것〔思〕이다. 蔡沈의 《書集傳》〈洪範〉에는 '人事가 발현하는 선후의 순서〔人事發見先後之敍〕'라고 하였다. 진덕수는 하늘이 부여하여 사람에게 갖추어진 것으로, 용모가 공손한 것〔貌之恭〕·말이 법도에 맞는 것〔言之從〕·봄이 분명한 것〔視之明〕·들음이 밝은 것〔聽之聰〕·생각이 슬기로운 것〔思之睿〕을 모두 '本然之性'이라고 하였다. 2-6-나 참조.

19) 八政 : 홍범구주의 세 번째 범주로, 먹는 것〔食〕, 재화〔貨〕, 제사〔祀〕, 네 번째는 司空, 다섯 번째는 司徒, 여섯 번째는 司寇, 일곱 번째는 賓, 여덟 번째는 軍師이다.

20) 五紀 : 홍범구주의 네 번째 범주로, 歲·月·日·星辰·曆數이다.

卓然有以立乎天下之至中하여 使夫面內而環觀者로 莫不於是而取則(칙)焉이니 語其仁則極天下之仁而天下之爲仁者가 莫能加하며 語其孝則極天下之孝而天下之爲孝者가 莫能尙이니 是則所謂皇極者也라 由是而權之以三德[21)]하며 審之以卜筮[22)]하며 驗其休咎於天[23)]하며 考其禍福於人이면 如挈裘領하여 豈有一毛之不順哉리오 此가 洛書之數가 所以雖始於一・終於九而必以五로 居其中이며 洪範之疇가 所以雖本於五行而究於福・極而必以皇極으로 爲之主也라

이제 나의 설을 가지고 추론해보면, 임금이 한 사람이 지극히 존귀한 자리에 임하면 사방의 사람들이 몰려들어 안쪽을 향하여 둘러서서 보고 동쪽에서 바라보는 이는 이곳을 건너뛰고서 서쪽으로 갈 수 없으며 남쪽에서 바라보는 이는 이곳을 건너뛰고서 북쪽으로 갈 수 없으니, 이곳이 천하에서 가장 중앙인 곳이다.

이미 천하에서 가장 중앙인 곳에 자리하였다면 반드시 천하에서 가장 뛰어난 덕을 가진 뒤에야 지극한 표준을 세울 수 있다. 그러므로 반드시 '五行'을 순리대로 소통시키고 五事를 공경하는 마음으로 운용하여 자신을 수양하며, 八政으로 민생을 풍요롭게 하고 五紀로 天行에 합치되도록 하여 그 정사를 다스린 뒤에야 지극한 표준이 우뚝하게 천하에서 가장 중앙인 곳에 설 수 있게 되어 안쪽을 향하여 둘러서서 살펴보는 자들이 여기에서 준칙을 취하지 않는 이가 없도록 하는 것이다. 그 仁으로 말하면 천하의 인을 지극히 하여 천하의 인을 행하는 자들이 이보다 더할 수 없으며 그 孝로 말하면 천하의 효를 지극히 하여 천하의 효를 행하는 자들이 이보다 더할 수 없는 것이니, 이것이 이른바 '皇極'이라는 것이다.

이를 통해 三德으로 저울질하고 卜筮로 살피며 그 길흉을 하늘에서 징험하며 그 禍福을 사람에게서 상고하면 마치 갖옷의 깃을 당기는 것과 같아서, 어찌 터럭 하나라도 따르지 않는 것이 있겠는가. 이것이 洛書의 수가 비록 1에서 시작하여 9에서 마치더라도 반드시 5를 그 중앙에 자리하게 한 이유이며 洪範의 범주가 비

21) 三德 : 홍범구주의 여섯 번째 범주로, 정직한 것〔正直〕, 강함으로 이기는 것〔剛克〕, 부드러움으로 이기는 것〔柔克〕이다.

22) 審之以卜筮 : 홍범구주의 일곱 번째 범주인 稽疑에 대한 것으로, 이는 卜人과 筮人을 가려서 세워 의혹에 대해 점을 쳐서 결정을 내리는 것이다.

23) 驗其休咎於天 : 홍범구주의 여덟 번째 범주인 庶徵에 대한 것으로, 비오는 것〔雨〕, 햇볕이 나는 것〔暘〕, 더운 것〔燠〕, 추운 것〔寒〕, 바람이 부는 것〔風〕, 제때에 맞는 것〔時〕이다.

록 오행에서 시작하여 五福과 六極에서 다하더라도 반드시 황극을 그 중심이 되도록 한 이유이다.

若箕子之言에 有曰皇이 建其有極云者는 謂人君이 以其一身而立至極之標準於天下也라 其曰斂時五福하여 用敷錫厥庶民者는 謂人君이 能建其極則爲五福之所聚而又有以使民으로 觀感而化焉則是는 又能布此福而與其民也라 其曰惟時厥庶民이 于汝極에 錫汝保極云者는 則謂民이 視君以爲至極之標準而從其化則是는 復以此福으로 還錫其君而使之長爲至極之標準也라 其曰凡厥庶民이 無有淫朋하며 人無有比德은 惟皇이 作極云者는 則言民之所以能有是德者가 皆君之德이 有以爲至極之標準也라

이를테면, 箕子의 말 중에서 '임금이 표준〔極〕을 세운다.〔皇建其有極〕'라고 한 것은, 임금이 자기 자신으로 지극한 표준을 천하에 세우는 것을 이른다.

기자가 '이 五福을 거두어서 뭇 백성에게 福을 펴서 준다.〔斂時五福 用敷錫厥庶民〕'고 한 것은, 임금이 그 극을 제대로 세우면 오복이 모이는 바가 되고 또 백성이 보고 느껴 교화되도록 하니 그렇게 되면 이는 또 이 복을 펴서 자신의 백성에게 줄 수 있다는 것을 이른다.

기자가 '이 뭇 백성이 너의 표준에 대해 너에게 極을 보전할 수 있도록 해준다.〔惟時厥庶民 于汝極 錫汝保極〕'라고 한 것은, 곧 백성이 임금을 보기를 지극한 표준으로 여겨 임금의 교화를 따르니 그렇게 되면 이는 다시 이 복을 자신의 임금에게 되돌려 주어 임금이 길이 지극한 표준이 되도록 하는 것을 이른다.

기자가 '무릇 뭇 백성이 간악한 무리를 짓는 이가 없고 지위에 있는 사람들 가운데 사사로이 서로 작당하여 부화뇌동하는 이가 없는 것은 임금이 표준이 되기 때문이다.〔凡厥庶民 無有淫朋 人無有比德 惟皇作極〕'라고 한 것은, 백성이 이러한 덕을 소유할 수 있는 까닭이 모두 임금의 덕이 지극한 표준이 될 수 있었기 때문이라는 것을 말한 것이다.

其曰凡厥庶民이 有猷・有爲・有守를 汝則念之하며 不協于極이라도 不罹于咎어든 皇則受之云者는 則言君旣立極於上而下之從化가 或有淺深遲速之不同하니 其有謀者・有才者・有德者를 人君이 固當念之而不忘이요 其或未能盡合而未抵乎大戾者를 亦當受之而不拒也라 其曰而康而色하여 曰予攸好德이라거든 汝則錫之福하면

時人이 斯其惟皇之極云者는 則謂人之有能革面從君而以好德自名則雖未必出於中心之實이나 人君이 亦當因其自名[24]而與之以善則是人者가 亦得以君爲極而勉其實也라

기자가 '무릇 뭇 백성 가운데 智謀가 있는 사람이 있고 實行이 있는 사람이 있고 節操가 있는 사람이 있다는 것을 너는 생각하며, 표준〔極〕에 합치되지 않더라도 허물에 걸리지 않거든 임금은 받아주어라.〔凡厥庶民 有猷・有爲・有守 汝則念之 不協于極 不罹于咎 皇則受之〕'라고 한 것은, 임금이 이미 위에서 극을 세우면 아랫사람이 교화를 따르는 것이 간혹 얕고 깊고 느리고 빠른 다름이 있으니, 지모가 있는 사람과 재능이 있는 사람과 덕이 있는 사람을 임금은 진실로 염두에 두고 잊지 말아야 하며 혹시라도 아직 極에 완전히 합치되지는 않았더라도 큰 죄악에는 이르지 않은 사람도 받아주고 물리치지 말아야 함을 이른 것이다.

기자가 '어떤 사람이 얼굴빛을 편안히 하고 「내가 좋아하는 바가 덕이다.」라고 말하거든, 네가 그에게 복을 주면 이 사람이 이에 임금의 표준에 맞게 할 것이다.〔而康而色 曰予攸好德 汝則錫之福 時人 斯其惟皇之極〕'라고 한 것은, 속마음과 달리 겉으로만 임금을 따르며 덕을 좋아한다고 자칭하는 사람이 있다면 비록 꼭 실제 속마음에서 나오지는 않았더라도 임금이 또한 그가 자칭한 것을 따라서 善으로 그에게 주어야 하니, 그렇게 하면 이 사람 또한 임금을 極으로 삼아 그 실상에 부합하도록 노력할 수 있음을 이른 것이다.

其曰無虐煢獨하고 而畏高明하라 人之有能・有爲를 使羞其行하면 而邦이 其昌云者는 則謂君之於民에 一視同仁하여 凡有才能을 皆使進善則人材가 衆多而國賴以興也라 其曰凡厥正人은 旣富오사 方穀이니 汝弗能使有好于而家하면 時人이 斯其辜리라 于其無好德에 汝雖錫之福이라도 其作汝用咎云者는 則謂凡欲正人者가 必先有以富之然後에 可以納之於善이요 若不能有所賴於其家則此人이 必將陷於不義니 至其無復更有好德之心而後에야 姑欲教之以修身하며 勸之以求福則已無及於事而其起以報汝가 唯有惡而無善矣리라 蓋人之氣稟이 或淸或濁或純或駁이라 有不可以一律齊者니 是

24) 人君……自名 : 淳熙本《晦庵文集》〈皇極辨〉에는 '亦當教以修身求福之道'로 되어 있다. 《性理群書句解》도 이와 같다.

以로 聖人이 所以立極于上者가 至嚴至密而所以接引于下者가 至寬至廣하여 雖彼之所以化於此者가 淺深遲速이 其效가 或有不同이나 而吾之所以應於彼者는 長養涵育이 其心이 未嘗不一也라

기자가 '백성 가운데 미천한 사람을 학대하지 말고 지위가 있는 사람 가운데 존귀하고 현달한 사람을 두려워하지 말라. 재능이 있고 실행이 있는 사람을 그 재능을 행할 수 있게 해주면 나라가 창성할 것이다.〔無虐煢獨 而畏高明 人之有能有爲 使羞其行 而邦其昌〕'라고 한 것은, 임금이 백성에 대해서 똑같이 보고 똑같이 사랑하여 무릇 재능 있는 사람을 모두 선에 나아가도록 하면 인재가 많아서 나라가 이에 힘입어 흥성하게 됨을 이른 것이다.

기자가 '무릇 그 바르고 곧은 사람은 부유해진 뒤에야 비로소 선하게 되니, 네가 너의 집에서 좋은 것을 갖게 할 수 없으면 이 사람이 이에 죄를 짓게 될 것이다. 덕을 좋아하지 않는 이에게 네가 비록 복을 주더라도 이는 네가 허물이 있는 사람을 쓰는 것이 될 것이다.〔凡厥正人 既富 方穀 汝弗能使有好于而家 時人斯其辜 于其無好德 汝雖錫之福 其作汝用咎〕'라고 한 것은, 무릇 다른 사람을 바르고 곧게 하고자 하는 사람은 반드시 먼저 그를 부유해지게 한 뒤에야 선으로 들일 수 있고 만약 그 임금의 집에서 도움을 받는 것을 있게 하지 못하면 이 사람이 반드시 불의에 빠지게 될 것이니, 다시는 더 이상 덕을 좋아하는 마음을 가지지 않게 되는 지경에 이른 뒤에야 고식적으로 자신을 수양하는 것으로 가르치고 복을 추구하도록 권면하고자 한다면 이미 일에 미칠 수 없고 그가 일어나 너에게 보답하는 것이 오직 악만 있고 선은 없음을 이른 것이다. 대저 사람의 氣稟은 맑기도 하고 탁하기도 하고 순수하기도 하고 잡박하기도 하므로 일률적으로 같게 할 수 없는 점이 있다. 이 때문에 성인이 위에서 표준을 세우는 것은 지극히 엄정하고 지극히 정밀하지만 아래에서 인도하는 것은 지극히 너그럽고 지극히 넓어서, 비록 저 백성이 이 표준에 교화되는 것이 얕고 깊고 느리고 빠름은 그 효과가 사람에 따라 차이가 있기는 하지만 내가 저 백성에게 응하는 것은 키워주고 길러줌이 그 마음이 일찍이 같지 않은 적이 없다.

其曰無偏無陂로 至于歸其有極云者는 則謂天下之人이 皆不敢徇其己私하여 以從乎上之化而會歸乎至極之標準也라 蓋偏·陂·好·惡者는 己私之生於心者也요 偏·

黨・反・側者는 己私之見於事者也라 王之義・王之道・王之路는 上之化也니 所謂皇極者也라 遵義・遵道・遵路는 方會其極也요 蕩蕩・平平(편편)・正直은 則已歸于極矣니라

기자가 '치우침이 없고 기욺이 없어〔無偏無陂〕'부터 '그 표준에 와서 이를 것이다〔歸其有極〕'까지 말한 것은, 천하 사람들이 모두 감히 사욕을 따르지 않고 임금의 교화를 따라 지극한 표준에 합하여 와서 이름을 이른다. 대개 치우치고 기울고 좋아하고 미워하는 것은 사욕이 마음에서 생겨난 것이고, 치우치고 패거리 짓고 상도에 위배되고 공평하지 않은 것은 사욕이 일에 나타난 것이다. '王之義'・'王之道'・'王之路'는 임금의 교화이니, 이른바 '皇極'이라는 것이다. '遵王之義'・'遵王之道'・'遵王之路'는 바야흐로 임금의 표준〔極〕에 합하여 오는 것이며 '蕩蕩'・'平平'・'正直'은 이미 표준에 와서 이름을 이른 것이다.

其曰皇極之敷言이 是彝是訓이니 于帝其訓云者는 則言人君이 以身立極而布令于下則其所以爲常爲教者가 皆天之理而不異乎上帝之降衷[25]也라 其曰凡厥庶民이 極之敷言을 是訓是行하면 以近天子之光云者는 則謂天下之人이 於君所命에 皆能受其教而謹行之則是能不自絶遠而有以被其道德之光華也라 其曰天子가 作民父母하여 以爲天下王云者는 則謂人君이 能立至極之標準이라 所以作億兆之父母而爲天下之王이니 不然則有其位・無其德이라 不足以首出庶物[26]而履天下之極尊矣리라

기자가 '임금이 표준〔極〕을 세워 편 말이 바로 常道이고 가르침이니, 하늘에서 가르쳐준 것이다.〔皇極之敷言 是彝是訓 于帝其訓〕'라고 한 것은, 임금이 자신으로 極을 세우고 아래에 명령을 선포하면 그것이 상도가 되고 가르침이 되는 것이 모두 天理여서 상제가 내려준 치우치지 않은 덕〔衷〕과 다르지 않기 때문임을

25) 上帝之降衷 : 《書經》〈商書 湯誥〉에 "위대하신 上帝께서 백성에게 치우치지 않은 덕을 내려주었다.〔惟皇上帝 降衷于下民〕"라고 하였다. 이에 대해 蔡沈의 《書集傳》〈湯誥〉에서는 '衷'을 '中'으로 해석하고 '하늘이 명을 내림에 仁・義・禮・智・信의 이치를 갖추어 치우치거나 기욺이 없는 것〔天之降命 而具仁義禮智信之理 無所偏倚〕'이라고 설명하였는데, 진덕수 역시 이와 같다. 5-1-가 참조. 반면 孔安國은 '衷'을 '善'으로 해석하였다. 《尙書注疏 湯誥》

26) 首出庶物 : 《周易》〈乾卦 彖傳〉에 "만물 가운데에서 으뜸으로 나옴에 만국이 모두 편안하도다.〔首出庶物 萬國咸寧〕"라고 하였다.

이른다.

기자가 '무릇 뭇 백성이 표준을 세워 편 말을 가르침으로 삼고 행하면 천자의 光華를 가까이한다.〔凡厥庶民 極之敷言 是訓是行 以近天子之光〕'라고 한 것은, 천하 사람들이 임금이 명한 것에 대해 모두 그 가르침을 받아들여 삼가 행할 수 있다면 이는 능히 스스로 끊어버리고 멀리하지 않을 수 있어서 그 도덕의 광화를 입게 됨을 이른다.

기자가 '천자께서 백성의 부모가 되시어 천하의 王者가 되었다.〔天子作民父母 以爲天下王〕'라고 한 것은, 임금이 지극한 표준을 세울 수 있었기 때문에 억조창생의 부모가 되어 천하의 王者가 되었음을 이른다. 이와 같이 하지 않는다면 임금의 지위는 소유하여도 임금의 덕은 없기 때문에 만물 가운데에서 으뜸으로 나와 천하의 지극히 존귀한 지위에 오를 수 없다.

是書也가 原於天之錫禹하니 雖其茫昧幽眇하여 有不可得而知者나 然箕子之所以告武王者가 則已備矣라 顧其辭之宏深奧雅가 若有未易言者나 然常虛心平氣而再三反復焉則亦坦然明白而無一字之可疑로대 但先儒가 不察乎人君所以修身立道之本이라 是以로 誤訓皇極하여 作大中하며 又見其詞가 多爲含容寬大之言하고 因復認中爲含胡[27]苟且不分善惡之意하니 殊不知極雖居中而非有取乎中之義요 且中之爲義는 又以其無過不及至精至當而無有毫釐之差니 亦非如其所指之云也어늘 乃以誤認之中으로 爲誤訓之極하여 不謹乎至嚴至密之體而務爲至寬至廣之量하니 其弊가 將使人君으로 不知修身以立政而墮於漢元帝之優游[28]・唐代宗之姑息[29]하여 卒至於是非

---

27) 胡 : 사고본에는 '糊'로 되어 있다.

28) 漢元帝之優游 : 漢 元帝(기원전 76~기원전 33, 재위 기원전 49~기원전 33)의 휘는 奭으로, 宣帝의 장남이다. 성격이 유순하고 어질며 儒者들을 좋아하였다. 태자 시절에 宣帝에게 관대한 법 집행과 儒生의 등용을 간언하자, 선제는 霸道와 王道의 병용이야말로 漢家의 制度라고 꾸짖고, "우리나라를 어지럽게 할 사람은 태자로구나!〔亂我家者 太子也〕"라는 탄식을 하였다. 3-10-가3 참조. 즉위 후 貢禹・薛廣德・韋玄成・匡衡 등 儒生을 丞相으로 기용하였으나, 외척과 환관들을 중용하여 그들의 전횡을 초래하기도 하였다. 유생의 상소에 대해 관대하게 용납하기는 하였지만 과감하게 실천하지 못하였고 후계의 선정을 명확히 하지 않아 국정의 혼란을 초래하였다. 《前漢書》〈元帝紀〉의 贊에는 "元帝는 文辭에 이끌려 우유부단하였기에 宣帝의 功業이 쇠퇴하였다.〔元帝……上牽制文義 優游不斷 孝宣之業衰焉〕"라고 평

顚倒하며 賢否貿亂而禍敗가 隨之니 尙何斂福錫民之可望哉리오

이 〈洪範〉의 글은 하늘이 禹王에게 준 것에서 근원한 것이다. 비록 그 내용이 분명하지 않고 오묘하여 알 수 없는 것이 있지만, 기자가 무왕에게 일러준 것이 이미 잘 갖추어져 있다. 다만, 그 내용의 크고 깊으며 오묘하고 고아함은 쉽게 말할 수 없는 점이 있는 듯하나 일찍이 마음을 비우고 기운을 고르게 하여 재삼 반복하여 읽어보니 또한 의미가 명백하게 드러나서 한 글자도 의혹할 만한 것이 없는데, 단지 先儒는 임금이 자신을 수양하여 도를 확립하는 근본을 자세히 살피지 못한 것이다.

이 때문에 '皇極'을 '大中'으로 잘못 풀이하였으며, 또 그 말이 대부분 모호하고 혼란스런 말이 많은 것을 보고 그 때문에 다시 '中'을 모호하고 구차하여 선과 악을 분별하지 않는다는 뜻으로 이해하였으니, '極'이 비록 중앙에 자리하기는 하지만 중간을 취한다는 뜻이 아니라는 것을 전혀 알지 못한 것이다. 게다가 '中'의 뜻이 또 지나치거나 미치지 못함이 없어 지극히 정밀하고 지극히 합당해서 털끝만큼의 어긋남도 없다는 뜻이니, 또한 그것이 가리킨 것과 같지 않은데, 마침내 '中'을 잘못 이해하였기 때문에 極을 잘못 풀이하게 되어 지극히 엄정하고 지극히 정밀한 본체를 삼가지 않고 지극히 너그럽고 지극히 넓은 도량이 되는 데 힘쓰게 된 것이다. 그 폐단이 장차 임금이 자신을 수양하여 정사를 확립하는 것을 알지 못하고 우유부단한 漢 元帝나 고식적이었던 唐 代宗과 같은 잘못에 빠져 종국에는 시비가 전도되고 賢否가 뒤죽박죽되어 재앙과 실패가 뒤따

가하였다. 4-9-가 참조.

29) 唐代宗之姑息 : 唐 代宗(726~779, 재위 762~779)의 휘는 豫로, 肅宗 亨의 장남이다. 762년 즉위하자, 병마를 소집하고 回鶻의 지원을 받아 史朝義를 토벌하였다. 763년 패주하던 사조의의 죽음으로, 사실상 安史의 난이 진압되었으나 당 왕조는 각지에 남아 있던 반군의 잔당을 일거에 제압할 군사력을 가지고 있지 못했다. 이에 대종은 임시방책으로 반군의 降將 李懷仙을 盧龍節度使, 田承嗣를 魏博節度使, 李寶臣을 成德節度使에 임명하여 회유하고, 戰功이 있는 자를 각지의 節度使에 임명하여 관할 지역을 鎭撫하게 하였다. 이후 절도사는 觀察使를 겸임하여 관할 지역의 실질적인 자치권을 확보하는 한편, 세습을 통한 지위의 인정을 확보하였다. 이에 대해 范祖禹는 藩鎭에 대한 고식적인 대응이 번진을 강성하게 만들고 왕실을 약화시켰으며, 당 왕조의 멸망을 초래한 중요한 원인이라고 여겼다. 《唐鑑 卷16 德宗5》

르는 지경에 이르게 될 것이니, 오히려 복을 거두어 백성에게 주기를 어떻게 바랄 수 있겠는가."

11-2-나2(按)

臣은 按 洪範之書가 自漢儒가 以皇極爲大中으로 後人이 因之하여 不敢輒議而箕子之本指가 於是湮晦者가 數千載矣러니 朱熹가 以其深造自得之學으로 始以人君立至極之標準으로 爲言하여 使有天下者로 知其身在民上하여 凡修身立政을 必極其至然後에 有以稱其至尊至極之位하니 雖箕子가 復生이라도 不易斯言矣리라 以其關乎聖學之正傳・君道之大體라 故備其文而不敢殺(쇄)하여 庶以備觀覽云하노이다

【臣按】〈洪範〉의 글은 한나라 유학자들이 '皇極'을 '크게 중정한 도〔大中〕'로 해석하면서부터 후세 사람들이 이를 그대로 따라 감히 그때마다 의론하지 못하였으니 이에 기자의 본뜻이 인멸되어 알 수 없게 된 지 수천 년이 되었습니다. 그런데 朱熹가 깊이 궁리하여 스스로 터득한 학문을 가지고 처음으로 임금이 지극한 표준을 세운다는 뜻으로 말하여 천하의 제왕으로 하여금 자기 자신이 백성의 위에 있어서 무릇 자신을 수양하여 정사를 확립하는 것을 반드시 최고의 수준까지 지극히 한 뒤에야 임금의 지극히 존귀하고 표준이 되는 자리에 걸맞을 수 있다는 것을 알게 하였으니, 비록 箕子가 다시 살아 돌아온다 하더라도 이 말을 바꾸지는 못할 것입니다. 聖學의 올바른 전승과 君道의 大體에 관련된 문제이기 때문에 주희의 글을 전부 갖추어 기록하고 감히 줄이지 않아 乙覽에 대비하고자 하였습니다.

此章은 書言皇極이니이다

이 장은 '皇極'에 대해 서술하였습니다.

11-3-가[30]

顔淵이 問仁한대 子가 曰 克己復禮가 爲仁①이니 一日克己復禮면 天下가 歸仁

30) 《論語》〈顔淵〉 제1장에 보인다.

焉하나니 爲仁이 由己니 而由人乎哉아 顔淵이 曰 請問其目②하노이다 子가 曰 非禮勿視하며 非禮勿聽하며 非禮勿言하며 非禮勿動이니라 顔淵이 曰 回雖不敏이나 請事斯語矣로리이다

① 克己復禮爲仁 : 克, 勝也. 己, 謂身之私欲也. 復, 反也.
'克'은 '이기다'라는 뜻이다. '己'는 一身의 사욕을 이른다. '復'은 '돌아가다'라는 뜻이다.
② 請問其目 : 目, 條目也.
'目'은 '조목'이다.

顔淵이 仁에 대해 묻자, 공자가 대답하였다.

"사욕을 극복하여 禮에 돌아가는 것이 仁을 행하는 것이니, 하루라도 사욕을 극복하여 예에 돌아가면 천하 사람들이 그 인을 허여하게 될 것이다. 仁을 행하는 것은 자신에게 달려 있는 것이지, 남에게 달려 있는 것이겠는가."

안연이 말하였다.

"그 조목에 대해 여쭙니다."

공자가 대답하였다.

"禮에 맞는 것이 아니면 보지 말며, 예에 맞는 것이 아니면 듣지 말며, 예에 맞는 것이 아니면 말하지 말며, 예에 맞는 것이 아니면 動하지 마는 것이다."

안연이 말하였다.

"제가 비록 明敏하지는 못하지만 이 말씀을 받들어 힘쓰겠습니다."

11-3-나1(程)[31]

程頤가 曰 非禮處가 便是私意니 旣是私意면 如何得仁이리오 須是克盡己私하야 皆歸於禮라야 方始是仁이니라

程頤가 말하였다.

"예가 아닌 부분이 바로 私心이니, 이미 사심이면 어떻게 仁일 수 있겠는가. 반드시 사욕을 극복하여 남김없이 버려서 모두 예에 돌아가게 해야만 비로소 仁인

31)《論語》〈顔淵〉 제1장의 朱熹 註에도 보인다. 아울러 《二程遺書》 卷22上 〈伊川語錄〉에 보이는데, 자구상의 차이가 다소 있다.

것이다."

11-3-나2(程)[32]

又曰 克己復禮則事事가 皆仁이라 故曰天下가 歸仁[33]이라하시니라

또 말하였다.
"사욕을 극복하여 예에 돌아가면 하는 일마다 다 仁이다. 그러므로 '천하 사람들이 그 仁을 일컫는다.'라고 한 것이다."

11-3-나3(謝)

謝良佐가 曰 克己를 須從性偏難克處하여 克將去니라

謝良佐가 말하였다.
"사욕을 극복하는 것을 모름지기 자신의 성질이 편벽되어 극복하기 어려운 부분부터 극복해 나가야 할 것이다."

11-3-나4(朱)[35]

朱熹가 曰 仁者는 本心之全德이요 己는 謂身之私欲이요 禮者는 天理之節文이요 爲仁者는 所以全其心之德也라 蓋心之全德이 莫非天理而亦不能不壞於人欲이라 故爲仁者가 必有以勝私欲而復於禮라야 則事皆天理而本心之德이 復全於我矣리라

朱熹가 말하였다.
"'仁'은 本心의 온전한 德이고, '己'는 一身의 사욕을 이르고, '禮'는 天理의 節文이며, '爲仁'은 그 마음의 덕을 온전히 하는 것이다. 마음의 온전한 덕이 天理가

32)《論語》〈顏淵〉 제1장의 朱熹 註에 보이며,《二程外書》 권3에도 보인다.

33) 天下歸仁 : 程子의《二程外書》 권3에 따르면 程子는 '天下歸仁焉'에 대해 "하루아침에 사욕을 극복하여 예에 돌아가면 천하 사람들이 그 仁을 일컫게 될 것이니, 하루 사이를 뜻하는 것이 아니다.〔一旦能克己復禮 則天下稱其仁 非一日之間也〕"라고 풀이하였다. 이에 반해 주희의《論語集註》에서는 '歸'를 '與〔허여하다〕'로 해석하였다.

34)《論語》〈顏淵〉 제1장의 朱熹 註에 보인다.

35)《論語》〈顏淵〉 제1장의 朱熹 註에 보인다.

아닌 것이 없으나 또한 人欲에 훼손되지 않을 수 없다. 그러므로 仁을 하는 자는 반드시 사욕을 이겨 예에 돌아가야만 일마다 모두 天理여서 本心의 德이 다시 나에게 온전하게 될 것이다."

11-3-나5(朱)[36)]

又曰 顔淵이 聞夫子之言則於天理人欲之際에 已判然矣라 故不復有所疑問而直請其條目也하니라 非禮者는 己之欲也라 勿者는 禁止之辭니 是人心所以爲主而勝私復禮之機也라 私勝則動容周旋이 無不中禮而日用之間에 無非天理之流行矣라 事는 如事事之事라 請事斯語는 顔子가 默識其理하고 又自知其力이 有以勝之라 故直以爲己任而不疑也니라

또 말하였다.

"顔淵이 孔夫子의 말씀을 듣고서는 天理와 人欲의 구분에 대해 이미 뚜렷하게 분간하게 되었다. 그러므로 더 이상 의문을 가지지 않고 곧바로 그 조목을 물은 것이다. '非禮'란 자신의 욕망이다. '勿'은 '하지 말라'는 말이니, 이것은 人心이 주장이 되어 사욕을 이겨내고 예에 돌아가는 기틀이다. 사욕이 극복되면 행동과 몸가짐이 예에 맞지 않는 것이 없게 되어 일상생활 가운데에서 天理의 流行이 아닌 것이 없을 것이다. '事'는 '事事(일에 종사하다)'의 '事'와 같다. '請事斯語(이 말씀을 받들어 힘쓰겠습니다.)'는 顔子가 그 이치를 묵묵히 알고 또 자신의 힘이 사욕을 이겨낼 수 있다는 것을 스스로 알았다. 그러므로 곧바로 자신의 임무로 삼고 의혹하지 않은 것이다.

11-3-나6(程)[37)]

程子가 曰 顔子가 問克己復禮之目이어늘 子가 曰 非禮勿視하며 非禮勿聽하며 非禮勿言하며 非禮勿動이라하시니 四者는 身之用也라 由乎中而應乎外하나니 制於外는 所以養其中也라 顔淵이 事斯語하니 所以進於聖人이라 學者[38)]가 宜服膺而勿失也니라 因箴以

36) 《論語》〈顔淵〉 제1장의 朱熹 註에 보인다.

37) 《伊川文集》〈四箴〉에 보이며, 아울러 《論語集註》〈顔淵〉 제1장의 朱熹 註에도 보인다.

38) 學者 : 사고본에는 '後之學聖人者'로 되어 있다. 통행본 《論語集註》도 사고본과 같다.

自警하노라

程子가 말하였다.

"顏子가 사욕을 극복하여 예에 돌아가는 조목을 묻자, 공자가 '예에 맞는 것이 아니면 보지 말며, 예에 맞는 것이 아니면 듣지 말며, 예에 맞는 것이 아니면 말하지 말며, 예에 맞는 것이 아니면 動하지 마는 것이다.'라고 하였다. 보는 것〔視〕·듣는 것〔聽〕·말하는 것〔言〕·동하는 것〔動〕 이 네 가지는 몸의 작용이니, 안에서 말미암아 밖에 응하는 것이다. 밖에서 제어하는 것은 그 안을 기르기 위한 것이다. 顏淵이 이 말씀을 받들어 힘썼으니, 때문에 성인의 경지에 나아간 것이다. 聖人을 배우는 자들은 이를 가슴속에 새기고 잃지 말아야 할 것이다. 이를 계기로 잠을 지어서 스스로 경계하노라.

視[39)]箴에 曰 心兮本虛하니 應物無迹이라 操之有要하니 視爲之則이라 蔽交於前하면 其中則遷하나니 制之於外[40)]하여 以安其內[41)]하라 克己復禮하면 久而誠矣리라

視箴은 다음과 같다.

'마음은 본래 虛靈하니 외물에 응하는 것에 자취가 없다. 마음을 잡는 데는 요령이 있으니, 보는 것이 그 법이 된다. 물욕이 앞에서 가리게 되면 그 마음은 그리로 옮겨가게 되는 법이니, 밖에서 이를 제재하여 그 안을 안정시키도록 하라. 사욕을 극복하여 예에 돌아가면 오래하게 되면 자연스럽게 되리라.'

聽[42)]箴에 曰 人有秉彝가 本乎天性호대 知誘物化하여 遂亡其正하나니 卓彼先覺은 知止有定이라 閑邪存誠하여 非禮勿聽이니라

聽箴은 다음과 같다.

'사람이 秉彝의 良心이 있는 것은 天性에 근본을 둔 것이지만 물욕의 知覺이 외물에 유혹되고 동화되어 마침내 그 올바른 천성을 잃게 된다. 탁월한 저 선각자들은 그칠 바를 알아 定함이 있었으니, 邪를 막고 誠을 보존해서 예가 아니면 듣지

39) 視 : 사고본에는 이 앞에 '其'가 있다. 통행본 《論語集註》도 사고본과 같다.

40) 外 : 대전본에는 '內'로 되어 있다.

41) 內 : 대전본에는 '外'로 되어 있다.

42) 聽 : 사고본에는 이 앞에 '其'가 있다. 통행본 《論語集註》도 사고본과 같다.

않았다.'

言[43)]箴에 曰 人心之動이 因言以宣하나니 發禁躁妄이라야 內斯靜專이니라 矧是樞機라 興戎出好하나니 吉凶榮辱이 惟其所召니라 傷易則誕이요 傷煩則支하며 己肆物忤하고 出悖來違하나니 非法不道하여 欽哉訓辭어다

言箴은 다음과 같다.

'人心이 動하는 것은 말을 통해 표현된다. 말을 꺼낼 때에 경망스럽고 허탄한 말을 하지 말아야 안이 이에 고요하고 專一해지는 것이다. 하물며 이 말은 몸의 樞機인지라, 전쟁을 일으키기도 하고 우호를 내기도 한다. 吉凶과 榮辱은 오직 그 입이 불러온다. 지나치게 쉽게 하면 虛誕해지고, 지나치게 많이 하면 支離해지며, 내가 말을 함부로 하면 남도 거스르는 말을 하고 나가는 말이 도리에 어그러지면 오는 말도 어그러지는 법이다. 법이 아니면 말하지 말아서, 성인의 가르침을 공경할지어다.'

動[44)]箴에 曰 哲人은 知幾하여 誠之於思하고 志士는 勵行이라 守之於爲하나니 順理則裕하고 從欲惟危니라 造次克念하여 戰兢自持하라 習與性成하면 聖賢同歸리라

動箴은 다음과 같다.

'哲人은 기미를 알아 생각할 때에 성실히 하고, 志士는 행실을 힘써 행동할 때에 이를 지킨다. 天理를 따르면 여유롭고 인욕을 따르면 위태롭다. 경각에도 능히 유념하여 두려워하고 조심하여 스스로 지키라. 익숙해져 본성처럼 되면 聖賢의 경지에 이르리라.'"

此[45)]章問答은 乃傳授心法切要之言이니 非至明이면 無以察其幾요 非至健이면 無以致其決이니 故惟顔子가 得聞之而凡學者가 亦不可以不勉也라 程子之箴이 發明親切하니 學者가 尤宜深玩이니라

43) 言 : 사고본에는 이 앞에 '其'가 있다. 통행본 《論語集註》도 사고본과 같다.
44) 動 : 사고본에는 이 앞에 '其'가 있다. 통행본 《論語集註》도 사고본과 같다.
45) 此 : 사고본에는 이 앞에 '愚按'이 있다. 통행본 《論語集註》도 사고본과 같다.

이 章의 문답은 바로 心法을 전하여준 절실하고 긴요한 말씀이니, 지극히 명철한 사람이 아니면 그 기미를 살필 수 없고 지극히 굳건한 사람이 아니면 그 결단을 이룰 수 없다. 그러므로 오직 顔子만이 이를 들을 수 있었으나, 聖人을 배우는 자들 역시 이것을 힘쓰지 않으면 안 된다. 程子의 箴이 설명하기를 절실하게 하였으니 배우는 자들이 더욱 깊이 완색해야 할 것이다.

11-3-나7(朱)[46]

或이 問 顔淵이 問仁而夫子가 告之以此는 何也오 朱熹가 曰 人이 受天地之中以生而仁・義・禮・智之性이 具於其心하니 仁雖專主於愛而實爲本心[47]之全德이요 禮則專主於敬而實爲天理之節文也[48]라 然人有是身則耳目口體之間에 不能無私欲之累가 以違於禮而害夫仁하나니 則自其一身이 莫適爲主而事物之間에 顚倒錯亂[49]하여 無所不至矣니 此가 聖門之學이 所以汲汲於求仁而顔子之問에 夫子가 特以克己復禮로 告之하시니 蓋欲其克去有己之私欲而復於天理[50]之本然이니 則夫本心之全德이 將不離乎此而無不盡也니라

어떤 사람이 물었다.

"顔淵이 仁을 묻자, 공부자께서 이 말씀으로 일러주신 것은 어째서입니까?"

朱熹가 대답하였다.

"사람이 천지의 中道를 받아 태어나서 仁・義・禮・智의 본성이 그 마음에 갖추어져 있으니, 仁은 비록 사랑을 오로지 주장하지만 실제로는 본심의 全德이 되고, 禮는 공경을 오로지 주장하지만 실제로는 天理의 節文이 된다. 그러나 사람이 이 몸을 두면 耳目口體의 사이에 私欲의 얽매임이 예에 어긋나고 저 仁을 해치는 것이 없을 수 없다. 곧 스스로 그 一身이 마땅히 주장을 삼을 것이 없어 사물의 사이에서 뒤바뀌고 어지러워져 이르지 못할 바가 없으니, 이것이 聖門의 학문이 仁을 구하는 데 급히 여긴 까닭이며 顔子의 물음에 공부자가 단지 사욕을 극복하

46) 《論語或問》 〈顔淵〉에 보인다.
47) 本心 : 《論語或問》 〈顔淵〉에는 '心體'로 되어 있다.
48) 實爲……文也 : 《論語或問》 〈顔淵〉에는 '心之所以爲規矩者也'로 되어 있다.
49) 亂 : 《論語或問》 〈顔淵〉에는 이 뒤에 '益'이 있다.
50) 天理 : 《論語或問》 〈顔淵〉에는 '規矩'로 되어 있다.

여 예에 돌아가는 것으로 일러준 것이다. 안연이 자신에게 있는 사욕을 없애서 본연한 天理에 돌아가게 하고자 한 것이니, 그렇게 하면 저 본심의 全德이 장차 여기에서 벗어나지 않더라도 다하지 않는 것이 없을 것이다."

11-3-나8(朱)[51]

又曰 己者는 人欲之私也요 禮者는 天理之公也니 一心之中에 二者가 不容並立而其相去之間이 不能以毫髮이니 出乎此則入乎彼하고 出乎彼則入乎此[52]하나니 是其克與不克과 復與不復이 如手反覆하며 如臂屈伸이니 誠欲爲之인대 其機가 固亦在我而已라 夫豈他人所得與(예)①哉리오

① 與 : 音預.
'與'는 음이 '預(예)'이다.

또 말하였다.

"'己'는 사사로운 人欲이고 '禮'는 공정한 天理이니 하나의 마음 안에 인욕과 천리는 병립할 수 없는데 둘 사이의 거리가 털끝만큼도 안 되니, 여기를 벗어나면 저기로 들어가고 저기에서 벗어나면 여기로 들어가게 된다. 이것이 사욕을 이기는 것과 이기지 못하는 것, 예에 돌아가는 것과 예에 돌아가지 못하는 것이 마치 손바닥을 뒤집고 팔을 폈다 굽혔다 하는 것과 같으니, 참으로 인을 행하고자 한다면 그 기틀은 진실로 또한 나에게 달려 있을 뿐이다. 어찌 다른 사람이 간여할 수 있는 것이겠는가."

11-3-나9(朱)[53]

又曰 非禮而勿視聽者는 防其自外入而動於內[54]也요 非禮而勿言動者는 謹其自內出而接於外[55]也라 內外並[56]進이면 爲仁之功이 不遺餘力矣[57]라 然熟味聖言하여 以

51) 《論語或問》 〈顏淵〉에 보인다.
52) 此 : 《論語或問》 〈顏淵〉에는 이 뒤에 '矣'가 있다.
53) 《論語或問》 〈顏淵〉에 보인다.
54) 內 : 《論語或問》 〈顏淵〉에는 이 뒤에 '者'가 있다.
55) 外 : 《論語或問》 〈顏淵〉에는 이 뒤에 '者'가 있다.
56) 並 : 《論語或問》 〈顏淵〉에는 '交'로 되어 있다.

求顔子之所用力컨대 其機[58]가 特在勿與不勿之間而已니 自是而反則爲天理요 自是而流則爲人欲이요 自是而克念則爲聖이요 自是而罔念則爲狂[59]이니 特毫忽[60]之間耳라 學者가 其可不謹其所擇[61]哉아

또 말하였다.

"예에 맞는 것이 아니면 보지 말고 듣지 말라는 것은 그것이 밖에서 들어와 안을 흔드는 것을 막자는 것이고, 예에 맞는 것이 아니면 말하지 말고 행동하지 말라는 것은 그것이 안에서 나와서 외물을 대하는 것을 신중하게 하고자 하는 것이다. 안팎이 아울러 나아가면 인을 행하는 공부가 여력을 남김없이 다 쏟게 될 것이다. 그러나 성인의 말씀을 곰곰이 완미하여 顔子가 힘을 쓴 부분을 찾아보면, 그 관건은 단지 하지 않느냐 하느냐의 사이에 있을 뿐이다. 이로부터 예에 돌아가면 天理가 되고 이로부터 흘러가면 人欲이 되며 이로부터 능히 생각하면 聖人이 되고 이로부터 생각이 없으면 狂人이 되니, 이는 단지 털끝만큼 미세한 차이일 뿐이다. 배우는 이가 그 택하는 것을 삼가지 않아서야 되겠는가.

11-3-나10(朱)[62]

又曰 性情之德이 無所不備而一言이 足以盡其妙니 曰仁而已요 所以求仁者가 蓋亦多術而一言이 足以擧其要니 曰克己復禮而已라 蓋仁也者는 天地所以生物之心而人所得以爲心者也니 惟其得夫天地生物之心하여 以爲心이라 是以未發之前에 四德이 具焉하니 曰 仁・義・禮・智而仁無不統하고 已發之際에 四端이 著焉하니 曰[63]惻隱・羞惡・辭讓[64]・是非而惻隱之心이 無所不通하니 此가 仁之體用이 所以涵育渾

57) 矣 : 《論語或問》 〈顔淵〉에는 이 뒤에 '顔子於是……而卒進乎聖人之域也'가 있다.

58) 機 : 《論語或問》 〈顔淵〉에는 '幾'로 되어 있다.

59) 自是……爲狂 : 《書經》 〈周書 多方〉에 "오직 聖人도 생각이 없으면 狂人이 되고 狂人도 능히 생각하면 성인이 된다.〔惟聖罔念作狂 惟狂克念作聖〕"라고 하였다.

60) 毫忽 : 《孫子算經》 卷上에 따르면, 누에가 토한 실오라기 하나가 1忽이며, 10忽이 1絲, 10絲가 1毫가 된다. 참고로 1,000毫가 1寸이 된다.

61) 擇 : 《論語或問》 〈顔淵〉에는 '操'로 되어 있다.

62) 《晦庵集》 卷77 〈克齋記〉에 보인다. 〈克齋記〉는 朱熹가 克齋 石𡼖에게 書齋의 記文으로 써 준 것이다.

63) 曰 : 사고본에는 없다.

全하며 周流貫徹하여 專一心之妙而爲衆善之長[65]也라

또 말하였다.

"性情의 德은 갖추어지지 않은 것이 없으나 한마디 말로 그 오묘한 이치를 모두 표현할 수 있으니 '仁'일 뿐이다. 仁을 구하는 방법은 또한 많지만 한마디 말로 그 핵심을 들 수 있으니 '克己復禮'일 뿐이다. 대개 '仁'이라는 것은 天地가 만물을 낳는 마음으로, 사람이 얻어서 마음으로 삼은 것이다. 천지가 만물을 낳는 마음을 얻어서 마음으로 삼았기 때문에 아직 발현되기 전에는 四德이 구비되어 있으니 곧 仁·義·禮·智인데 仁이 통괄하지 않는 것이 없다. 이미 발현되었을 때에는 四端이 드러나니 측은히 여기는 마음〔惻隱之心〕·不善을 부끄럽게 여기고 미워하는 마음〔羞惡之心〕·사양하고 공경하는 마음〔辭讓之心〕·옳음과 그름을 가리는 마음〔是非之心〕인데 측은히 여기는 마음이 통괄하지 않는 것이 없다. 이것이 仁의 본체와 작용이 포괄하면서도 완전히 갖추고 있으며 두루 유행하면서도 하나로 꿰뚫어 한 마음의 오묘한 이치를 오로지 하면서도 뭇 善의 우두머리가 되는 이유이다.

然人有是身則有耳目鼻口四肢之欲而或不能無[66]害夫仁이니 人而[67]不仁則其所以滅天理·窮人欲者가 將無所不至라 此가 君子之學이 所以汲汲於求仁而求仁之要가 亦曰去其所以害仁者而已라

그러나 사람이 이 몸을 가졌으니, 그렇다면 이목구비와 四肢의 욕망을 가지고 있어서 간혹 저 '仁'을 해치게 되니, 사람으로서 仁하지 못하면 그 天理를 멸하고 人欲을 있는 대로 부려서 장차 못하는 짓이 없게 된다. 이것이 君子의 학문이 仁을 구하는 데 급급한 까닭인데 인을 구하는 요체는 또한 자신의 인을 해치는 요인

---

64) 讓 : 대전본에는 '遜'으로 되어 있으나, 宋代의 피휘이다.

65) 衆善之長 : 《周易》 〈乾卦 文言傳〉에 "元은 善의 우두머리이다.〔元者 善之長也〕"라고 하였는데, 朱熹는 《周易本義》에서 "元은 萬物을 낳음의 시작이니, 천지의 덕이 이보다 먼저인 것이 없다. 그러므로 계절에 있어서는 봄이 되고 사람에게 있어서는 仁이 되어 뭇 善의 우두머리가 된다.〔元者 生物之始 天地之德 莫先於此 故於時爲春 於人則爲仁而衆善之長也〕"라고 하였다.

66) 無 : 대전본에는 '爲'로 되어 있다.

67) 而 : 《晦庵集》 卷77 〈克齋記〉에는 '旣'로 되어 있다.

을 제거하는 것일 뿐이다.

蓋非禮而視가 人欲之害仁也며 非禮而聽이 人欲之害仁也며 非禮而言且動焉이 人欲之害仁也니 知人欲之所以害仁者가 在是하고 於是에 有以拔其本·塞其原하여 克之[68]而又克之하여 以至於一旦[69]豁然하여 欲盡而理純則其胸中之所存者가 豈不粹然天地生物之心而藹乎其若春陽之溫哉리오 默而識[70]之면 固無一理之不具而無一物之不該也요 感而通焉이면 則無事之不得於理而無物之不被其愛矣리라

대개 예에 맞는 것이 아닌데도 보는 것은 사욕이 仁을 해치는 것이며, 예에 맞는 것이 아닌데도 듣는 것은 인욕이 인을 해치는 것이며, 예에 맞는 것이 아닌데도 말하고 또 행동하는 것은 인욕이 인을 해치는 것이다. 인욕이 인을 해치는 것이 여기에 있다는 것을 알고, 이에 拔本塞源하여 사욕을 이기고 또 이겨서 어느 날 환히 깨쳐 사욕이 남김없이 없어지고 天理만 온전하게 남게 되면, 그 가슴속에 남아 있는 것이 어찌 순수하게 천지가 만물을 낳는 마음이어서 마치 봄볕의 온기처럼 훈훈하지 않겠는가.

묵묵히 이러한 이치를 알게 되면 진실로 한 가지 이치도 갖추어지지 않은 것이 없고 한 사물도 포괄하지 않는 것이 없을 것이며, 감촉하여 통하게 되면 어떤 일도 이치에 맞지 않는 일이 없고 어떤 사물도 그 사랑을 입지 못하는 것이 없을 것이다.

11-3-나11(按)

臣은 按 朱熹之於此章에 發明剖析이 無復餘蘊하니 今具其文을 如右하노이다 夫所謂耳目口鼻四肢之欲者는 目之於色과 耳之於聲과 口之於味와 鼻之於臭①와 四肢之於安佚이 是也라 四者之欲을 未克則欲勝而理泯이니 安得有仁이리오 此가 所以貴乎克也라

① 臭 : 古之於香臭, 通名之曰臭, 非如今人專以穢爲臭也.
고대에는 향기와 악취에 대해 모두 '臭'라고 일컬었으니, 요즘 사람들이 악취만을 '臭'라고 하는 것과는 다르다.

68) 克之 : 대전본·사고본에는 이 뒤에 '克之'가 있다.
69) 旦 : 저본에는 '朝'로 되어 있으나, 朝鮮의 피휘이다.
70) 識 : 사고본에는 '成'으로 되어 있다.

【臣按】이 장에 대한 朱熹의 설명과 분석은 더 보탤 것이 없습니다. 지금 주희의 글을 갖추어 위와 같이 수록하였습니다. 이른바 '이목구비와 四肢의 욕망〔耳目口鼻四肢之欲〕'이라는 것은 눈의 美色에 대한 욕망과 귀의 美聲에 대한 욕망과 입의 맛에 대한 욕망과 코의 향기에 대한 욕망과 四肢의 안락함에 대한 욕망이 이에 해당합니다. 네 가지의 사욕을 이기지 않으면 인욕이 이겨서 천리가 없어지게 되니 어떻게 仁이 있을 수 있겠습니까. 이것이 이기는 것〔克〕을 귀하게 여기는 이유입니다.

克者는 戰勝攻取之謂니 私欲害人이 甚於寇賊이라 故必勇往力行하여 克而去之也니이다 原憲이 問克・伐・怨・欲을 不行焉이면 可以爲仁矣잇가 子가 曰 可以爲難矣어니와 仁則吾不知也[71]케라하시니 克・伐・怨・欲四者는 皆私意也[①]라 原憲이 但欲制之而不行을 便以爲仁이라 夫子가 所以不許之시니 若克己則奮然決去之辭而非抑遏不行之謂니 如去惡木에 不但翦其枝條而必發撅其本根이니 非顔子之大勇이면 聖人이 肯輕許之哉아

① 克伐……意也 : 原憲之所謂克, 欲以勝人而非克己之謂.
原憲이 말한 '克'은, 남을 이기고자 하는 것이지 사욕을 극복하는 것을 이른 것이 아니다.

'克'은 싸워서 이기고 공격하여 빼앗는 것을 이릅니다. 사욕이 사람에게 해를 끼치는 것은 외적의 침범보다 심각합니다. 그러므로 반드시 용감히 나아가고 힘써 행하여 사욕을 이겨 없애는 것입니다. 原憲이 묻기를 "이기기를 좋아하는 마음〔克〕과 자기의 공로를 자랑하려는 마음〔伐〕과 원망하는 마음〔怨〕과 탐하는 마음〔欲〕을 행하지 않으면 仁이라고 할 수 있겠습니까?"라고 하자, 공자가 대답하기를 "어려운 일이라고 할 수는 있겠지만 仁인지 나는 알지 못하겠다."라고 하였습니다. 이기기를 좋아하는 마음과 자기의 공로를 자랑하려는 마음과 원망하는 마음과 탐하는 마음 이 네 가지는 모두 私心입니다. 原憲은 단지 이를 억눌러서 행하지 않는 것을 곧 '仁'으로 생각하고자 하였기에 孔夫子가 이를 허여하지 않은 것입니다. 克己(사욕을 이기는 것)는 분발하여 결연히 떨쳐버린다는 말이지 억누르고 막아서 행하지 않는다는 말이 아닙니다. 해로운 나무를 제거할 때에 비단 그

71) 原憲……知也 :《論語》〈憲問〉 제2장에 보인다.

가지와 줄기를 잘라낼 뿐만 아니라 반드시 그 뿌리를 뽑아버리는 것입니다. 顔子와 같은 큰 용기〔大勇〕가 아니라면 聖人인 孔子가 이를 쉽게 허여하고자 했겠습니까.

仁之一字가 見於經者가 自仲虺之誥로 始하니 曰 克寬克仁하사 彰信兆民[72]이라하고 伊尹이 繼之曰 民罔常懷하여 懷于有仁[73]이라하니 前乎此者는 如虞書所謂好生之德[74]・安民則惠[75]가 卽所謂仁而未有仁之名이러니 至商書而名始著하나 然其所言이 大抵皆仁之用이요 顔子之問・孔子之答은 乃仁之體也라

'仁'이라는 글자가 經書에 보이는 것은《書經》〈商書 仲虺之誥〉부터 나오기 시작하였으니, "능히 너그럽고 능히 인자하여 드러나서 백성들에게 믿음을 받으셨습니다.〔克寬克仁 彰信兆民〕"라고 하였고, 伊尹이 이를 이어서 "백성은 일정하게 흠앙하는 사람이 없어 어진 사람을 흠앙한다.〔民罔常懷 懷于有仁〕"라고 하였습니다. 이보다 앞에 있는 것으로는 이를테면 〈虞書〉에 이른바 "살려주기를 좋아하는 덕〔好生之德〕"과 "백성을 편안하게 해주면 은혜로운 것이다.〔安民則惠〕"와 같은 것이 곧 이른바 '仁'이지만 아직 '仁'이라는 명칭은 있지 않았습니다. 〈商書〉에 이르러 '仁'이라는 명칭이 처음으로 나타났지만 〈商書〉에서 '仁'이라고 한 것은 대체로 모두 仁의 작용이고, 顔子가 묻고 孔子가 답한 것이 곧 仁의 본체입니다.

二帝三王이 雖無己之可克이시나 然舜所謂人心惟危道心惟微惟精惟一[76]과 成湯之不邇聲色不殖貨利以禮制心[77]이 其用功이 初無異於顔子也라 蓋必有顔子之仁而後에 有二帝三王之仁이니 此가 成己・成物之相爲終始也[78]라

72) 克寬……兆民 :《書經》〈商書 仲虺之誥〉에 보인다.

73) 民罔……有仁 :《書經》〈商書 太甲 下〉에 보인다.

74) 好生之德 :《書經》〈虞書 大禹謨〉에 보인다.

75) 安民則惠 :《書經》〈虞書 皐陶謨〉에 보인다.

76) 人心……惟一 :《書經》〈虞書 大禹謨〉에 보인다.

77) 不邇……制心 :《書經》〈商書 仲虺之誥〉에 보인다. 본래 仲虺가 湯王에게 간언한 말로, 해당 인용문은 중간에 생략된 자구가 있다.

78) 成己……始也 :《中庸》 제25장에 "誠은 자기만 이룰 뿐 아니라 남을 이루어주니, 자기를 이루는 것은 仁이고 남을 이루어주는 것은 智이다.〔誠者 非自成己而已也 所以成物也 成己 仁也

二帝와 三王은 비록 이겨야 할 사욕이 없었지만 舜임금이 이른바 "人心은 위태롭고 道心은 은미하니, 정밀하게 살피고 專一하게 지켜야 한다.〔人心惟危 道心惟微 惟精惟一〕"라고 한 것과, 成湯이 "음란한 음악과 아름다운 여색을 가까이하지 않고 재화와 이익을 증식하지 않으시며, 예에 따라 마음을 제어했다.〔不邇聲色 不殖貨利 以禮制心〕"라고 한 것은 그 힘을 쓴 것이 애당초 顔子와 다름이 없었습니다. 대개 반드시 顔子와 같은 仁을 소유한 뒤에야 二帝와 三王과 같은 仁을 소유하게 됩니다. 이것이 자신의 덕을 이루는 것과 만물의 덕을 이루어주는 것이 서로 끝과 시작이 되는 이유입니다.

有天下者가 曷嘗無好仁之心而爲仁之難이 反甚於學者는 以物欲之爲害者가 衆也라 詞人作賦에 乃以是로 許漢光武焉曰 克己復禮하사 允恭乎孝文[79)80)]이라하니 自今觀之컨대 光武가 則誠賢矣나 然廢正后・易太子[81)]가 皆私欲之爲也니 其得以是稱乎아

천하를 소유한 자가 어찌 仁을 좋아하는 마음이 없었겠습니까마는 仁을 행하는

成物 知也〕"라고 하였다. 程子는 이와 관련하여 "옛날의 배우는 자들은 자기를 위한 학문을 하였지만 끝내는 남들까지 이루어주는 데 이르렀고, 지금의 배우는 자들은 남을 위한 학문을 하지만 끝내는 자신까지 잃고 마는 데 이르렀다.〔古之學者 爲己 其終至於成物 今之學者 爲物 其終至於喪己〕"라고 하였다.《二程遺書 卷25 暢潛道本》

79) 克己……孝文 : 班固의 〈東都賦〉에 보인다.《後漢書 卷70下 班固傳》

80) 允恭乎孝文 : 李賢에 따르면, '允恭乎孝文'은 "몸소 검약하여 문제와 같이 되기를 기약하였다.〔躬自儉約同於文帝〕"라는 뜻이다.《後漢書 卷70下 班固傳 李賢注》

81) 廢正后易太子 : 光武帝 劉秀가 첫 번째 황후였던 郭聖通을 폐하여 陰麗華를 황후로 세우고, 장남인 太子 劉彊을 폐하여 陰麗華의 소생인 4남 劉莊으로 바꾼 일을 가리킨다. 光武帝는 更始 2년(24) 봄에 郭聖通을 맞이하였고, 즉위한 建武 1년(25)에 貴人으로 봉하였다. 이 해에 곽성통이 황자 劉彊을 낳자, 建武 2년(26)에 皇后로 삼고 황자 劉彊을 태자로 삼았다. 당초 광무제는 更始 2년(24)에 음려화를 맞이하였는데, 매우 총애하여 즉위한 뒤 貴人에 봉하였다. 광무제는 그녀를 황후로 봉하고자 하였으나 음려화가 固辭하였다. 곽성통이 황자 彊을 낳자 곽성통을 황후로 삼았으나 음려화에 대한 총애는 여전히 깊었다. 곽황후는 자신에 대한 총애가 점차 줄자 자주 이를 원망하는 마음을 품었다. 결국 건무 17년(41)에 곽황후는 음려화를 질투했다는 명목으로 폐위되어 中山王太后로 강등되었고, 陰麗華가 황후로 책봉되었다. 이어 건무 19년(43)에는 폐황후 곽씨의 소생인 태자 劉彊을 폐하여 東海王으로 삼고 음황후의 소생인 4남 劉莊을 태자로 책봉하였다.《後漢書 卷10上 光武郭皇后紀・光烈陰皇后紀》

어려움이 도리어 배우는 것보다 더 어려운 것은 物欲이 해를 끼치는 경우가 많기 때문입니다. 詞人이 賦를 지을 때 바로 극기복례한 것으로 漢나라의 光武帝를 허여하여 "사욕을 이겨 예에 돌아가시어 진실로 孝文帝와 같이 되기를 기약하셨다.〔克己復禮 允恭乎孝文〕"라고 하였습니다. 지금 보면 광무제가 진실로 현군이기는 하였지만 정실 황후를 폐하고 태자를 바꾼 것은 모두 사욕이 한 것이었으니 어떻게 이를 가지고 칭송할 수 있겠습니까.

若唐太宗之濟世安民은 不可謂無仁之用者어니와 原其所本컨대 亦以其從諫改過하여 粗知所以自克者라 故其效가 亦不可揜이나 惟其自克之功이 少而自縱之失이 多라 故僅能爲太宗之仁而不能爲二帝三王之仁이니 惟聖明之君이 立志務學을 以帝王爲的而不以漢唐自安이면 則於孔門克復之功에 正當俛焉以用其力하여 必至於天理全而人欲泯이니 則天下歸仁이 有日矣리니 臣不勝惓惓하노이다

唐 太宗이 세상을 구제하고 백성을 편안하게 한 것으로 말하면 仁의 작용이 없었다고 할 수는 없겠지만, 그 근본을 따져보면 또한 간언을 받아들여 과실을 고쳐 사욕을 이기는 것을 대강이나마 알았기 때문입니다. 그러므로 그 성과가 또한 무시할 수 없습니다. 그러나 사욕을 이기는 공부는 적었고 사욕을 부리는 잘못은 많았기 때문에 겨우 太宗 정도의 仁이 될 수 있었을 뿐이고 二帝·三王과 같은 仁은 될 수 없었습니다.

바라옵건대 聖明한 임금이 뜻을 세우고 학문에 힘쓰기를 二帝·三王과 같이 되는 것을 목표로 삼아서 漢·唐 시대 임금들 정도에 스스로 안주하지 않는다면, 바로 孔門의 克己復禮하는 공부에 매진하여 그 힘을 써서 반드시 天理가 온전히 보존되고 인욕이 없어지는 데 이르게 될 것입니다. 그렇게 되면 천하 사람들이 仁으로 돌아가는 날이 머지않을 것입니다. 신은 간절한 마음을 금치 못하겠습니다.

此章은 書言仁이니이다

이 장은 '仁'에 대해 서술하였습니다.

11-4-가[82)]

子가 曰 參(삼)乎아 吾道는 一以貫之①니라 曾子가 曰 唯②라 子가 出커시늘 門人이 問曰 何謂也잇고 曾子가 曰 夫子之道는 忠恕而已矣③니라

① 一以貫之 : 貫, 通也.
'貫'은 '통하다'라는 뜻이다.
② 唯 : 唯者, 應之速而無疑也.
'唯'는 대답을 빨리하여 의혹이 없는 것이다.
③ 而已矣 : 而已矣者, 竭盡無餘之辭[83)].
'而已矣'는 완전히 다하여 남김이 없다는 말이다.

공자가 말하였다.
"參아! 나의 道는 하나의 이치로써 만 가지 사물을 꿰뚫는다."
曾子가 대답하였다.
"그렇습니다."
공자가 나가자, 문인이 물었다.
"무슨 말씀입니까?"
증자가 대답하였다.
"선생님의 道는 忠과 恕일 뿐이다."

11-4-나1(朱)[84)]

朱熹가 曰 聖人之心이 渾然一理而泛應曲當하여 用各不同하니 曾子가 於其用處에 蓋已隨事精察而力行之요 但未知其體之一爾[85)]러니 夫子가 知其眞積力久[86)]하여 將有

82)《論語》〈里仁〉 제15장에 보인다.
83) 辭 : 대전본에는 '詞'로 되어 있다.
84)《論語集註》〈里仁〉 제15장의 朱熹 註에 보인다.
85) 爾 : 사고본에는 '耳'로 되어 있다.
86) 眞積力久 : 《荀子》〈勸學篇〉에 "배움은 어디에서 시작하여 어디에서 끝나는가? 배움의 순서는 經을 외는 것에서 시작하고 《禮》를 읽는 것에서 끝마친다. 배움의 의의는 士가 되는 것에서 시작하여 聖人이 되는 것에서 끝마친다. 참된 마음이 쌓이고 노력이 오래 들어가면 성인의 경지에 들어가게 되니, 배움은 죽음에 이른 뒤에야 그치는 것이다.〔學惡乎始 惡乎終

所得이라 是以呼而告之하시니 曾子가 果能默契其指하사 卽應之速而無疑也하시니라

朱熹가 말하였다.

"聖人의 마음은 渾然히 한 이치여서 널리 응하면서도 하나하나 모두 합당하여서 작용이 저마다 달랐으니 曾子가 그 작용하는 부분에 있어서는 이미 일에 따라 정밀히 살피고 힘써 행하였으며 단지 그 體가 하나인지 미처 알지 못했을 뿐이었다. 그런데 孔夫子가 그의 참된 마음이 쌓이고 노력한 지 오래되어 장차 터득하는 것이 있을 것임을 알았다. 이 때문에 불러서 일러주자, 曾子가 과연 그 뜻을 묵묵히 이해하고서 곧바로 대답을 빨리하여 의혹이 없었다."

又曰 盡己之謂忠이요 推己之謂[87]恕니 夫子之一理가 渾然而泛應曲當을 譬則天地之至誠無息而萬物이 各得其所也라 自此之外에 固無餘法而亦無待於推矣니 曾子가 有見乎此而難言之하여 姑借學者의 盡己推己之目하여 以著明之하시니 欲人之易曉也라 蓋至誠無息者는 道之體也니 萬殊之所以一本也요 萬物이 各得其所者는 道之用也니 一本之所以萬殊也라 以此觀之則一以貫之之實을 可見矣로다 或曰 中心이 爲忠이요 如心이 爲恕라하니 於義에 亦通하다

또 말하였다.

"자기 마음을 다하는 것을 '忠'이라 하고, 자신의 마음을 미루는 것을 '恕'라고 한다. 孔夫子가 말한 한 이치가 渾然하여 널리 응하며 하나하나 모두 합당한 것을 비유하자면 天地가 지극히 성실하고 쉼이 없어서 萬物이 각각 제자리를 얻는 것과 같다. 이외에는 본래 다른 방법이 없고 또한 미루어나갈 필요도 없다. 曾子가 이를 깨닫기는 하였으나 그것을 말로 표현하기가 어려웠기에 우선 배우는 자들의 '자기 마음을 다하는 것〔盡己〕'과 '자기 마음을 미루는 것〔推己〕' 두 조목을 차용하여 밝혔으니 사람들로 하여금 쉽게 깨우치게 하고자 한 것이다. 대개 '지극히 성실하고 쉼이 없는 것〔至誠無息〕'은 道의 본체이니 만 가지 사물이 근본은 하나인 이유이고, '만 가지 다른 것들이 각각 제자리를 얻는 것〔萬物各得其所〕'은 道의 작용이니 하나의 근본이 만 가지 것으로 달라지는 이유이다. 이를 가지고 보면

曰 其數則始乎誦經 終乎讀禮 其義則始乎爲士 終乎爲聖人 眞積力久則入 學至乎沒而後止也〕"라고 하였다.

87) 之謂 : 대전본에는 '謂之'로 되어 있다.

'하나의 이치로써 만 가지 사물을 꿰뚫는다〔一以貫之〕'는 것의 실제를 볼 수 있을 것이다. 어떤 이는 '마음에 맞게 하는 것이 忠이고 내 마음과 같게 하는 것이 恕이다'라고 하는데, 의미상 역시 통한다."

11-4-나2(程)[88]

程頤가 曰 以己及物은 仁也요 推己及物은 恕也니 違道不遠[89]이 是也라 忠恕가 一以貫之니 忠者는 天道요 恕者는 人道며 忠者는 無妄이요 恕者는 所以行乎忠也며 忠者는 體요 恕者는 用이니 大本・達道[90]也라 此與違道不遠으로 異者는 動以天爾[91]니라[92]

程頤가 말하였다.

"자신으로써 남에게 미치는 것은 仁이고 자기 마음을 미루어서 남에게 미치는 것은 恕이니, '忠과 恕는 道와 거리가 멀지 않다.〔違道不遠〕'라는 것이 이에 해당한다. 忠과 恕가 하나의 이치로써 만 가지 사물을 꿰뚫는 것이니, 忠은 天道이고 恕는 人道이며, 忠은 거짓이 없는 것이고 恕는 忠을 행하는 것이며, 忠은 體이고 恕는 用이니, 큰 근본〔大本〕과 공통된 도〔達道〕이다. 이것이 《中庸》의 '忠과 恕는 道와 거리가 멀지 않다.'라고 한 것과 다른 것은 動하기를 天道에 따라 하기 때문이다."

---

88) '程頤曰'부터 '斯乃下學上達之義'까지는 《論語集註》〈里仁〉 제15장의 朱熹 註에 보이며, 마지막의 '又曰忠恕違道不遠'부터 '又就下教人'까지는 《二程遺書》 권1에 보인다.

89) 違道不遠 : 《中庸》 제13장에 보인다.

90) 大本達道 : 《中庸》 제1장에 보이는데, "中은 천하의 큰 근본이며, 和는 천하의 공통된 道이다.〔中也者 天下之大本也 和也者 天下之達道也〕"라고 하였다.

91) 此與……天爾 : 朱熹는 "《中庸》의 '違道不遠'은 動하기를 人道에 따라 하는 것이다.〔違道不遠則動以人爾〕"라고 하였다. 《朱子語類 卷118 朱子 訓門人》 한편 '動以天'의 '天'에 대해 '자연함〔自然〕'으로 풀이하였다. 《朱子語類 卷27 論語 里仁 子曰參乎章》 이에 대해 宋 趙順孫의 《中庸纂疏》 권2에 인용된 輔廣의 설에 따르면, '違道不遠'은 '배우는 자의 忠恕〔學者之忠恕〕'이고 '動以天'은 '聖人의 忠恕〔聖人之忠恕〕'이다. 曾子가 '一以貫之'를 설명하면서 '忠恕'를 제시한 것은 비록 배우는 자들의 일을 차용한 것이지만, 孔子의 忠恕가 '動以天'인 까닭은 '忠'의 측면에서 이미 완전히 다하여 미루어나갈 필요 없이 자연히 남에게 미치기 때문이다.

92) 程頤……天爾 : 《二程遺書》 권11에 보인다.

又曰 維天之命이 於(오)穆不已[93]는 忠也요 乾道가 變化하여 各正性命[94]은 恕也[95]니라[96]

또 말하였다.

"'하늘의 命이여, 아! 深遠하여 그침이 없구나.〔維天之命 於穆不已〕'라는 것은 忠이고, '乾道가 변화하여 각각 性命을 바르게 한다.〔乾道變化 各正性命〕'라는 것은 恕이다."

又曰 聖人教人이 各因其才하시니 吾道一以貫之를 唯曾子가 爲能達此니 此가 孔子所以告之也요 曾子가 告門人曰 夫子之道는 忠恕而已矣라하시니 亦猶夫子之告曾子也라 中庸所謂[97]違道不遠이 是也니 斯乃下學上達[98]之義니라

또 말하였다.

"聖人이 사람을 가르치는 것은 각각 그 사람의 자질에 따라 달리 하였다. '나의 道는 하나의 이치로써 만 가지 사물을 꿰뚫는다.〔吾道一以貫之〕'는 것을 오직 증자만이 이해할 수 있었다. 이것이 공자가 증자에게 이 말을 일러준 까닭이다. 증자가 문인에게 일러주기를 '선생님의 道는 忠과 恕일 뿐이다.'라고 하였으니, 또한 孔夫子가 증자에게 일러준 것과 같다. 《中庸》에 이른바 '忠과 恕는 道와 거리가 멀지 않다.〔違道不遠〕'라는 것이 이에 해당하니, 이것이 바로 下學上達의 뜻이다."

又曰 忠恕가 違道不遠하니 施諸己而不願을 亦勿施諸[99]人[100]이 此가 又就[101]下教人이니라

또 말하였다.

93) 維天……不已 : 《詩經》〈周頌 維天之命〉에 보인다.
94) 乾道……性命 : 《周易》〈乾卦 彖傳〉에 보인다.
95) 也 : 대전본에는 '曰'로 되어 있다.
96) 又曰……恕也 : 《二程外書》 권7에 보인다.
97) 謂 : 대전본에는 '以'로 되어 있다.
98) 下學上達 : 《論語》〈憲問〉에 "하늘을 원망하지 않고 사람을 탓하지 않으며 아래로 人事를 배워 위로 天道에 통달하니 나를 알아주는 자는 하늘일 것이다.〔不怨天 不尤人 下學而上達 知我者 其天乎〕"라고 하였다.
99) 諸 : 사고본에는 '於'로 되어 있다.
100) 施諸……諸人 : 《中庸》 제13장에 보인다.
101) 就 : 대전본에는 '掠'으로 되어 있다.

"'忠과 恕는 道와 거리가 멀지 않으니 자신에게 해서 원하지 않는 것을 또한 남에게 하지 말라는 것'은 또 성인이 아래로 나아가 사람을 가르치는 것이다."

11-4-나3(朱)[102]

朱熹가 又曰 忠은 是根本이요 恕는 是枝葉이니 一者는 忠也요 以貫之者는 恕也니 忠因恕見하고 恕由忠出하나니라 又曰 天地는 則無心之忠恕요 聖人은 是無爲之忠恕요 學者는 則有爲之忠恕니라

朱熹가 또 말하였다.
"'忠'은 근본이고 '恕'는 지엽이다. '一'은 '忠'이고 '以貫之'는 '恕'이다. '忠'은 '恕'를 통해 드러나고 恕는 忠에서 나온다."
또 말하였다.
"天地는 私心이 없는 忠과 恕이며, 聖人은 人爲가 없는 忠과 恕이며, 배우는 자는 人爲가 있는 忠과 恕이다."

或이 問 聖人之忠은 卽是誠否아 曰 然하다 聖人之恕는 卽是仁否아 曰然하다 在學者言之則忠은 近誠이요 恕는 近仁이니라 又曰 忠은 一本이요 恕는 萬殊니 一本은 是統會處요 萬殊는 是流行處니라 又曰 忠恕는 一貫之注脚也니라

어떤 이가 물었다.
"聖人의 '忠'은 바로 誠입니까?"
대답하였다.
"그렇다."
어떤 이가 물었다.
"聖人의 '恕'는 바로 仁입니까?"
대답하였다.

102) '朱熹'부터 '有爲之忠恕'까지는 대체로 《朱子語類》 卷27 〈論語9 里仁 下 子曰參乎章〉에, '或問' 이하는 대체로 《朱子全書》 卷12 〈論語3 里仁 子曰參乎章〉에 산견된다. 다만 일부 내용은 본래의 출처를 확인하지 못하였다. 아울러 해당 인용문은 저자가 논리 전개의 목적에 따라 각처에서 적록하여 하나로 서술한 듯하다.

"그렇다. 배우는 자의 입장에서 말하면 '忠'은 誠에 가깝고 '恕'는 仁에 가깝다."

또 말하였다.

"忠은 '하나의 근본〔一本〕'이고, 恕는 '만 가지로 달라지는 것〔萬殊〕'이니 '하나의 근본'은 모두 다 모이는 곳이고 '만 가지로 달라지는 것'은 이리저리 흘러가는 곳이다."

또 말하였다.

"忠과 恕는 '一以貫之'의 註解이다."

11-4-나4(按)

臣은 按 一貫之指를 朱熹가 盡之矣라 是豈[103]惟[104]學者所當知哉리오 夫天之於衆形에 匪物物刻而雕之也라 維天之命이 於穆不已而洪纖小大가 各正性命焉하나니 人君이 以一身으로 應天下之務하시니 苟不知道之大原[105]而欲隨事隨物以應之면 各當其理가 難矣라 故忠恕者는 人君應萬務之本也니 聖明이 在上하사 誠能卽先儒之說하사 深窮其指而力行之하시면 則一心이 可以宰萬物이며 一理가 可以貫萬事하여 而聖門之功用이 在我矣리이다

【臣按】'一以貫之'의 뜻을 朱熹가 더할 나위 없이 다 설명하였습니다. 이것이 어찌 배우는 자들만 알아야 하는 것이겠습니까. 저 하늘이 만물을 하나하나 사물마다 깎고 새겨 만든 것은 아닙니다. 오직 하늘의 명이 심원하여 그치지 않아서 크고 작은 만물이 저마다 性命을 바르게 하는 것입니다. 임금은 한 몸으로 천하의 일을 처리하니, 만일 도의 큰 근원을 알지 못하고 일에 따라 사물에 따라 처리하고자 한다면 각각 그 이치에 알맞게 하기가 어렵습니다. 그러므로 '忠'과 '恕'는 임금이 만사를 처리하는 근본이니, 聖明한 황상께서 군상의 지위에 계시면서 진실로 先儒의 말에 나아가 그 뜻을 깊이 궁구하여 힘써 행하신다면 한 마음〔一心〕이

103) 豈 : 대전본에는 '重'으로 되어 있다.

104) 惟 : 대전본에는 '爲'로 되어 있다.

105) 道之大原 : 《漢書》 卷56 〈董仲舒傳〉에 보인다. 漢 董仲舒의 '天人三策'에 제시된 내용으로, "도의 큰 근원은 하늘에서 나온 것이니, 하늘이 변하지 않으면 도 또한 변하지 않는 것이다.〔道之大原出於天 天不變道亦不變〕"라고 하였다. 朱熹의 《中庸章句》 제1장의 註에서도 이를 언급하였다.

萬物을 主宰할 수 있으며 한 이치〔一理〕가 만 가지 일을 꿰뚫을 수 있어서 聖門의 功效가 우리 시대에 있게 될 것입니다.

11-5-가1[106]

中庸①이라

① 中庸 : 孔子之孫子思作.
《中庸》은 孔子의 손자인 子思가 지었다.

《中庸》에는 다음과 같은 내용이 있습니다.

11-5-나1(程)[107]

程頤가 曰 不偏之謂中이요 不易之謂庸이라

程頤가 말하였다.
"편벽되지 않은 것을 '中'이라 하고, 변하지 않는 것을 '庸'이라 한다."

11-5-나2(朱)[108]

朱熹가 曰 中者는 不偏不倚・無過不及之謂요 庸은 平常也라

朱熹가 말하였다.
"'中'은 편벽되거나 치우치지 않으며 지나치거나 미치지 못함이 없는 것의 명칭이고, '庸'은 평범하고 변하지 않는 것이다."

或이 問 名篇之義를 程子는 專以不偏爲言하시고 呂氏[109]는 專以無[110]過不及爲說하니

106) 이하의 내용은 대체로 《中庸》 제1장과 제2장에 보인다.
107) 《二程遺書》 卷7에 보이며, 《中庸章句》의 朱熹 註에도 수록되어 있다.
108) '朱熹曰'부터 '平常也'까지는 《中庸章句》에 보이고, '或問' 이하는 《中庸或問》에 보인다.
109) 呂氏 : 呂大臨(1040~1092)으로, 北宋 때의 학자이다. 자는 與叔이다. 京兆 藍田 사람이다. 처음에 張載와 程頤를 사사하였고, 謝良佐・游酢・楊時와 함께 '程門四先生'으로 일컬어진다. 관직은 太學博士・秘書省正字를 지냈다. 六經에 정통했고 특히 三禮에 뛰어났다. 저서로는 《玉溪集》・《易章句》・《大易圖象》・《孟子講義》・《大學中庸解》 등이 있다.

二說[111)]이 固不同矣어늘 子가 乃合而一之는 何也오

어떤 이가 물었다.

"서명을 '中庸'이라고 한 의미를 程子는 오로지 '편벽되지 않은 것〔不偏〕'만으로 말하였고 呂大臨은 오로지 '지나치거나 미치지 못함이 없는 것〔無過不及〕'만으로 말하였습니다. 두 분의 설이 진실로 같지 않은데 선생이 마침내 하나로 합한 것은 어째서인가?"

曰 中이 一名而有二義하니 程子가 固言之矣라 今以其說로 推之컨대 不偏不倚云者는 程子所謂在中之義니 未發之前에 無所偏倚之名也요 無過不及者는 程子所謂中之道也니 見諸行事에 各得其中之名也라 蓋不偏不倚는 猶立而不近四旁이니 心之體며 地之中也요 無過不及은 猶行而不先不後니 理之當이며 事之中也라 故於未發之大本則取不偏不倚之名[112)]而所以爲無過不及之本體가 固[113)]在於是요 及其發而得中也엔 雖其所主가 不能不偏於一事나 然其所以無過不及者가 是乃無偏倚者之所爲而於一事之中에 亦未嘗有偏倚也라 故程子가 又曰 言和則中在其中이요 言中則含喜怒哀樂在其中[114)]이라하시고 而呂氏가 亦曰[115)] 當其未發에 此心이 至虛하여 無所偏倚라 故謂之中이니 以此心而應萬物之變이면 無往而非中矣[116)]라하니 是則二義가 雖殊而實相爲體用이라 此가 愚於名篇之義에 所以不得取此而遺彼也라

대답하였다.

"'中'이 이름은 하나이면서 뜻은 둘이니, 程子가 본래 이에 대해 언급했었다. 이제 程子의 설에 따라 추론해보면, '不偏不倚'라고 한 것은 程子가 이른바 '중앙에 있다.〔在中〕'는 뜻이다. 아직 발현하기 전에 편벽되거나 치우침이 없는 것을 이름한 것이고, '無過不及'은 程子가 이른바 '中의 道〔中之道〕'이니 行事에 드러났을 때

110) 無 : 대전본에는 없다.

111) 說 : 《中庸或問》에는 '者'로 되어 있다.

112) 名 : 《中庸或問》에는 이 뒤에 '於已發而時中……雖未有無過不及之可名'이 있다.

113) 固 : 《中庸或問》에는 '實'로 되어 있다.

114) 言和……其中 : 《二程遺書》 卷17에 보인다.

115) 曰 : 《中庸或問》에는 '云'으로 되어 있다.

116) 當其……中矣 : 《二程文集》 卷10 〈與呂大臨論中書〉에 보인다.

각각 그 中을 얻은 것을 이름한 것이다. '不偏不倚'는 서 있는데 네 모퉁이에 가깝지 않은 것과 같으니 마음의 본체이며 장소의 중앙이다. '無過不及'은 길을 가는데 앞서지도 뒤서지도 않는 것과 같으니 이치의 당연함이며 일의 中道이다.

그러므로 아직 발현하기 전의 큰 근본에 있어서는 '편벽되지 않고 치우치지 않은 것〔不偏不倚〕'의 명칭을 취하기는 하였지만 지나치거나 미치지 않음이 없는 것의 본체가 본래 여기에 있다. 그것이 발현하였을 때 중도를 얻게 되어서는 비록 그 주장하는 바가 한 가지 일에 편벽되지 않을 수 없지만 그것이 지나치거나 미치지 않음이 없는 것은 바로 편벽되거나 치우침이 없는 것이 한 바여서 한 가지 일에서도 편벽되거나 치우친 적이 없다.

때문에 程子가 또 말하기를 '和를 말하면 中은 그 안에 있고, 中을 말하면 희노애락은 그 안에 있다.〔言和則中在其中 言中則含喜怒哀樂在其中〕'라고 하였고, 呂大臨도 말하기를 '그것이 아직 발현하지 않았을 때에는 이 마음이 지극히 虛靈하여 편벽되거나 치우친 것이 없다. 그러므로 「中」이라고 이르니, 이 마음을 가지고 만물의 변화에 응한다면 어디를 간들 中이 아님이 없다.〔當其未發 此心至虛 無所偏倚 故謂之中 以此心而應萬物之變 無往而非中矣〕'라고 하였으니, 이것은 두 가지 뜻이 비록 다르기는 하지만 실제로는 서로 體와 用이 되는 것이다. 이것이 내가 서명을 '中庸'이라고 한 의미에 대해 한 가지 뜻만 취하고 다른 뜻을 버려둘 수 없었던 이유이다."

曰 庸字之義를 程子가 以不易言之而子가 以爲平常은 何也오 曰 唯[117]其平常이라 故可常而不可易이니 若驚世駭俗之事는 則可暫而不得爲常矣라 二說이 雖殊나 其致一也니라

어떤 이가 물었다.

"'庸'의 뜻을 程子는 '변하지 않는 것〔不易〕'으로 말했는데, 선생은 '평범하고 변하지 않는 것〔平常〕'이라고 한 것은 어째서인가?"

"오직 평범하고 변하지 않기 때문에 항구하여 변하지 않을 수 있으니, 세상을 깜짝 놀라게 하는 일로 말하면 잠깐은 지속되어도 항구하게 되지 못한다. 두 설이 비록 다르기는 하지만 그 이치는 매한가지이다."

---

117) 唯 : 《中庸或問》에는 '惟'로 되어 있다.

11-5-가2[118)]

喜怒哀樂之未發을 **謂之中**이요 **發而皆中節**을 **謂之和**니 **中**[119)]**者**는 **天下之大本也**요 **和**[120)]**者**는 **天下之達道也**니 **致中和**면 **天地**가 **位焉**하며 **萬物**이 **育焉**이니라

"기쁨〔喜〕·노여움〔怒·슬픔〔哀〕·즐거움〔樂〕이 아직 발현하지 않은 것을 '中'이라 하고 발현하여 모두 절도에 맞는 것을 '和'라고 한다. '中'은 天下의 큰 근본〔大本〕이고 '和'는 天下의 공통된 도〔達道〕이다. 中과 和를 미루어 지극히 하면 天地가 제자리를 편안히 하고 萬物이 잘 길러진다."

11-5-나3(朱)[121)]

朱熹가 曰 喜怒哀樂은 情也니 其未發은 則性也라 無所偏倚라 故謂之中이요 發而[122)]中節은 情之正也니 無所乖戾라 故謂之和라 大本者는 天命之性이니 天下之理가 皆由此出하니 道之體也요 達道者는 循性之謂니 天下古今之所共由니 道之用也라

朱熹가 말하였다.

"기쁨〔喜〕·노여움〔怒〕·슬픔〔哀〕·즐거움〔樂〕은 情이니, 이 情이 아직 발현하지 않은 것은 性이다. 편벽되거나 치우치는 것이 없기 때문에 '中'이라 하고, 발현하여 절도에 맞는 것은 情의 올바름이니 어그러지거나 잘못된 것이 없기 때문에 '和'라고 한다. '큰 근본〔大本〕'은 하늘이 명한 性이다. 天下의 이치가 모두 이 性에서 나오니 道의 體이다. '공통된 도〔達道〕'는 본성대로 따르는 것을 이른다. 천하와 古今에 공통적으로 따르는 것이니 道의 用이다."

又曰 致는 推而極之也라 位者는 安其所也요 育者는 遂其生也라 自戒懼而約之하여 以至於至靜之中에 無少[123)]偏倚而其守不失則極其中而天地가 位矣요 自愼[124)]獨而精

118) 《中庸》 제1장에 보인다.
119) 中 : 사고본에는 이 뒤에 '也'가 있다. 통행본 《中庸》도 사고본과 같다.
120) 和 : 사고본에는 이 뒤에 '也'가 있다. 통행본 《中庸》도 사고본과 같다.
121) 《中庸章句》 제1장의 朱熹 주에 보인다.
122) 而 : 사고본에는 이 뒤에 '皆'가 있다.
123) 少 : 《中庸章句》에는 '所'로 되어 있다.

之하여 以至於應物之處에 無少[125]差謬而無時不然則極其和而萬物이 育矣라 蓋天地萬物이 本吾[126]一體니 吾之心이 正則天地之心이 亦正하고 吾之氣가 順則天地之氣가 亦順이라 故其效驗이 至於如此하니 此[127]가 學問之極功이며 聖人之能事라 而非有所待於外也니라

또 말하였다.

"'致'는 미루어 지극히 하는 것이다. '位'는 그 자리를 편안히 하는 것이고, '育'은 그 삶을 이루는 것이다. '경계하고 삼가며 두려워하고 조심하는 것〔戒愼恐懼〕'에서부터 자신을 단속하여 지극히 고요한 때에 조금도 치우치거나 의지하는 바가 없어 그 지키는 것이 잃지 않는 데까지 이르면 그 中을 지극히 하여 天地가 제자리를 편안히 할 것이고, '혼자만 아는 때를 삼가는 것〔愼獨〕'에서부터 정밀히 하여 사물을 응하는 곳에 조금도 어그러지거나 잘못된 것이 없어 언제나 그렇지 않은 때가 없는 데까지 이르게 되면 그 和를 지극히 하여 萬物이 잘 길러질 것이다. 天地와 萬物이 본래 나와 一體이니 나의 마음이 바르면 天地의 마음도 바르게 되고, 나의 氣가 순하면 天地의 氣도 순하게 된다. 그러므로 그 효험이 이와 같은 데까지 이르니, 이것은 學問의 지극한 공효이며 聖人이 할 수 있는 일이어서 밖에서 구할 필요가 없다."

11-5-나4(朱)[128]

或이 問 中和之義한대 朱熹가 曰 天命之性이 萬理具焉이라 喜怒哀樂이 各有攸當하니 方其未發에 渾然在中하여 無所偏倚라 故謂之中이요 及其發而皆得其當하여 無所乖戾라 故謂之和니 謂之中者는 所以狀性之德이니 道之體也라 以其天地萬物之理가 無所不該니 故曰 天下之大本이요 謂之和者는 所以著情之正이니 道之用也라 以其古今

---

124) 愼 : 대전본에는 '謹'으로 되어 있으나, 宋代의 피휘이다.

125) 少 : 《中庸章句》에는 '所'로 되어 있다.

126) 吾 : 대전본에는 '同'으로 되어 있다.

127) 此 : 대전본에는 없다.

128) 《中庸或問》에 보인다. 해당 인용문의 '問中和之義'는 본래 '喜怒哀樂之未發 謂之中 發而皆中節 謂之和 中也者 天下之大本也 和也者 天下之達道也 致中和 天地位焉 萬物育焉 何也'로 되어 있다. 이외에 字句상의 생략이 있다.

人物之所共由니 故曰 天下之達道니라

어떤 이가 '中和'의 뜻에 대해 묻자, 朱熹가 말하였다.

"하늘이 명한 性은 만 가지 이치가 여기에 갖춰져 있다. 기쁨〔喜〕·노여움〔怒〕·슬픔〔哀〕·즐거움〔樂〕이 각각 도리에 맞는 것이 있으니 아직 발현하지 않았을 때에는 渾然히 中에 있어서 편벽되거나 치우치는 것이 없으므로 '中'이라 하고, 그것이 발현했을 때 모두 그 도리에 맞게 되어 어긋나거나 잘못된 것이 없으므로 이를 '和'라고 한다. '中'이라고 이른 것은 性의 德을 형상한 것이니, 道의 體이다. 中은 천지 만물의 이치가 포괄되지 않는 것이 없으니 이 때문에 '천하의 큰 근본〔天下之大本〕'이라고 이른다. '和'라고 이른 것은 情의 올바름을 드러낸 것이니, 道의 用이다. 和는 고금의 사람과 사물이 공통적으로 따르는 것이니 이 때문에 '천하의 공통된 道〔天下之達道〕'라고 이른다.

蓋天命之性이 純粹至善而具於人心者가 其體用之全이 本皆如此라 不以聖愚而有加損也어니와 然靜而不知所以存之則天理가 昧而大本이 有所不立矣요 動而不知所以節之則人欲이 肆而達道가 有所不行矣니 惟君子自其不睹不聞之前而所以戒愼恐懼者가 愈嚴愈敬하여 以至於無一毫之偏倚而守之常不失焉則爲有以致其中而大本之立이 日以益固矣요 尤於隱微幽獨[129]之際而所以謹[130]其善惡之幾者가 愈精愈密하여 以至於無一毫之差謬而行之每不違焉則爲有以致其和而達道之行이 日以益廣矣리라

대개 하늘이 명한 性이 순수하고 지극히 선하여 인심에 갖추어져 있는 것은 그 體·用의 완전함이 본래 모두 이와 같기 때문에 聖人이라고 더하고 愚人이라고 덜한 것이 아니다. 하지만 고요한 때에 이를 보존할 줄 알지 못하면 天理가 어두워져 큰 근본이 확립되지 못하는 경우가 있고, 動하는 때에 이를 절제할 줄 모르면 人欲이 부려져서 공통된 道가 행해지지 못하는 경우가 있다.

오직 君子만이 보이지 않고 들리지 않는 때부터 경계하고 삼가며 두려워하고 조심하기를 더욱 엄히 하고 공경히 하여 털끝만큼도 편벽되거나 치우치는 것이 없어서 이를 지켜 항상 잃지 않는 데까지 이르게 되면 그 中을 미루어 지극히 하

129) 隱微幽獨 : 朱熹의 《中庸章句》에 따르면, '隱'은 '어두운 곳〔暗處〕', '微'는 '작은 일〔細事〕', '獨'은 '남들은 모르고 나만 홀로 아는 부분〔人所不知而己所獨知之地〕'이다.

130) 謹 : 사고본에는 '愼'으로 되어 있다.

여 '큰 근본〔大本〕'이 확립되는 것이 날로 더욱 견고해질 것이다. 특히 어둡고 작아서 자기 혼자만 아는 때에 그 선악의 기미를 살피는 것이 더욱 정교하고 치밀하여 털끝만큼도 어긋나거나 잘못되는 것이 없도록 하여 이를 행하여 항상 어기지 않는 데까지 이르게 되면 그 和를 미루어 지극히 하여 '공통된 道〔達道〕'가 행해지는 것이 날로 더욱 넓어질 것이다.

致者는 用力而推致之하여 以極其至之謂니 致焉而極其至하여 至于靜而無一息之不中則吾心이 正而天地之心이 亦正이라 故陰陽動靜이 各止其所而天地於此乎位矣[131]요 動而無一事之不和則吾氣가 順而天地之氣가 亦順이라 故充塞無間하여 歡欣交通而萬物이 於此乎育矣니라

'致'는 힘을 써서 미루어 지극히 하여 지극한 경지까지 완전히 다하는 것을 말하니, 이를 미루어 지극히 하여 그 지극한 경지를 완전히 다하여 아직 발현하지 않아 고요한 때에 잠깐 동안이라도 中하지 않은 것이 없게 되면 나의 마음이 바르게 되어 천지의 마음도 바르게 된다. 때문에 陰陽과 動靜이 각각 제자리에 그쳐 천지가 이에 자리를 편안히 하게 된다.

발현하여 동하는 때에 한 가지 일이라도 和하지 않은 것이 없게 되면 나의 氣가 순하게 되어 천지의 氣도 순하게 된다. 때문에 천지 사이에 和한 기운이 빈틈없이 가득 채워져서 기쁨이 서로 통하여 만물이 이에 잘 길러지게 된다."

然則中和가 果二事[132]乎아 曰 觀其一體一用之名則安得不二며 察其一體一用之實則此爲彼體요 彼爲此用이니 如耳目之能視聽・視聽之由耳目이라 亦初非有二也니라

"그렇다면 '中'과 '和'는 과연 별개의 것인가?"

"그 한 體와 한 用이라고 말한 것을 보면 어찌 두 가지가 아니겠으며, 그 한 體와 한 用의 실상을 보면 이것은 저것의 體가 되고 저것은 이것의 用이 된다. 마치 귀와 눈이 보고 들을 수 있고 보고 듣는 것이 눈과 귀를 통하는 것과 같으니, 또

---

131) 此乎位矣 : 대전본에는 '之心亦正矣'로 되어 있다.

132) 事 : 《中庸或問》에는 '物'로 되어 있다.

한 애당초 두 가지가 있는 것이 아니다."

11-5-나5(按)

臣은 按 致中和而天地位・萬物育이 此가 參天地・贊化育[133]之事也니 可謂難矣라 然求其所以用功者면 不過曰敬而已니 蓋不睹・不聞之時而戒懼者가 敬也요 己所獨知・人所未知之時而致謹[134]者가 亦敬也라 靜時無不敬이 卽所以致中이요 動時無不敬이 卽所以致和니 爲人君者가 但當恪守一敬하여 靜時에 以此涵養하고 動時에 以此省察하여 以此存天理하며 以此遏人欲[135]하여 工夫가 到極處가 卽所謂致中・致和니 自然天地位・萬物育이라 如箕子洪範所謂肅・乂・哲・謀・聖而雨・暘・燠・寒・風應之[136]요 董仲舒謂人君이 正心하여 以正朝廷・正百官・正萬民則陰陽和・風雨時하여 諸福之[137]物이 莫不畢至[138]가 皆是此理니 惟聖主가 深體力行之하사 毋憚其難而不爲則天下之幸也니이다

【臣按】 中과 和를 미루어 지극히 하면 天地가 제자리를 편안히 하고 萬物이 잘 길러진다는 것은 바로 天地와 대등하게 셋으로 병립하고 化育을 돕는 일이니 어

133) 參天地贊化育 : 《中庸》 제22장에 "오직 천하에 지극히 성실한 분만이 그 性을 다할 수 있으니, 그 性을 다하면 사람의 性을 다할 수 있다. 사람의 性을 다하면 물건의 性을 다할 수 있다. 물건의 性을 다할 수 있으면 천지의 化育을 도울 수 있고, 천지의 化育을 도울 수 있으면 천지와 대등하게 셋으로 병립할 수 있게 된다.〔惟天下至誠 爲能盡其性 能盡其性 則能盡人之性 能盡人之性 則能盡物之性 能盡物之性 則可以贊天地之化育 可以贊天地之化育 則可以與天地參矣〕"라고 하였다. 12-3-가 참조.

134) 謹 : 사고본에는 '愼'으로 되어 있다.

135) 欲 : 대전본에는 '知'로 되어 있다.

136) 肅乂……應之 : 《書經》 〈洪範〉에 "아름다운 징조는 嚴正함에 제때에 비가 내리며 條理 있음에 제때에 날이 개이며 智慧로움에 제때에 날이 따뜻하며 法度 있음에 제때에 날이 추우며 通達함에 제때에 바람이 부는 것이다.〔曰休徵 曰肅 時雨若 曰乂 時暘若 曰哲 時燠若 曰謀 時寒若 曰聖 時風若〕"라고 하였다. 《書集傳》에 따르면, '肅'은 '엄정하다〔嚴正〕', '乂'는 '조리가 있다〔條理〕', '哲'은 '지혜롭다〔智〕', '謀'는 '헤아리다〔度〕', '聖'은 '통달하지 않은 것이 없다〔無不通〕'라는 뜻이다.

137) 之 : 대전본에는 '百'으로 되어 있다.

138) 人君……畢至 : 《前漢書》 卷56 〈董仲舒傳〉에 보인다. 동중서가 漢 武帝에게 올린 對策의 일부로, 字句상의 생략이 다소 있다.

렵다고 할 수 있습니다. 그러나 그 힘을 쓰는 방법을 궁구해보면 '敬'에 지나지 않습니다. 보이지 않고 들리지 않는 때에 경계하고 삼가고 두려워하고 조심하는 것이 敬이고, 자기 혼자만 알고 남은 아직 알지 못하는 때에 삼가기를 지극히 하는 것도 敬입니다.

아직 발현하지 않아 고요할 때 공경하지 않음이 없는 것이 바로 中을 지극히 하는 것이고, 발현하여 동하는 때 공경하지 않음이 없는 것이 바로 和를 지극히 하는 것입니다. 임금은 단지 하나의 敬을 마땅히 삼가고 지켜서 고요할 때에 이것을 가지고 함양하고 동하는 때에 이것을 가지고 성찰하여, 이것으로 天理를 보존하며 이것으로 人欲을 막아야 합니다. 그리하여 공부가 지극한 경지에 이르는 것이 바로 이른바 '中을 지극히 하는 것〔致中〕'과 '和를 지극히 하는 것〔致和〕'입니다. 이렇게 되면 저절로 天地가 제자리를 편안히 하고 萬物이 잘 길러지게 됩니다.

이를테면 箕子의 〈洪範〉에서 "엄정함〔肅〕·조리 있음〔乂〕·지혜로움〔哲〕·법도 있음〔謀〕·통달함〔聖〕에 비오는 것〔雨〕·햇볕이 나는 것〔暘〕·더운 것〔燠〕·추운 것〔寒〕·바람이 부는 것〔風〕이 응한다.〔肅乂哲謀聖而雨暘燠寒風應之〕"라고 말하고, 董仲舒가 "임금이 마음을 바르게 하여 조정과 백관과 만민을 바르게 하면 음양이 조화롭고 비와 바람이 때에 맞아 모든 복된 물건이 다 이르지 않는 것이 없다.〔人君正心以正朝廷·正百官·正萬民 則陰陽和風雨時 諸福之物 莫不畢至〕"라고 한 것이 모두 이 이치입니다. 바라옵건대 聖上께서는 깊이 체득하고 힘써 행하여 그 어려움을 꺼려서 행하지 않아서는 안 되니, 그렇게 하신다면 천하 만백성의 다행일 것입니다.

11-6-가[139]

仲尼가 曰 君子는 中庸이요 小人은 反中庸이니 君子之中庸也는 君子而時中이요 小人之反中庸也는 小人而無忌憚也①니라

① 小人……憚也 : 王肅本有反字, 朱熹從之.[140]

---

139)《中庸》 제2장에 보인다.

140) 王肅……從之 : 王肅(195?~256)은 三國時代 魏나라의 古文經學家이다. 王肅本은 王肅이

王肅本에 '反'字가 있는데, 朱熹가 이를 따랐다.

仲尼가 말하였다.
"君子는 中庸이고 小人은 中庸에 반대이니, 君子가 中庸인 것은 君子여서 때로 맞게 하기 때문이고, 小人이 中庸에 반대인 것은 小人이어서 꺼리는 것이 없기 때문이다."

11-6-나1(朱)[141]

朱熹가 曰 中庸者는 不偏不倚無過不及而平常之理니 乃天命所當然精微之極致也라 惟君子야 爲能體之요 小人은 反是니라

朱熹가 말하였다.
"中庸은 편벽되지 않고 치우치지 않으며 지나치거나 미치지 못함이 없어 평범하고 변하지 않는 이치이니, 곧 하늘이 명한 당연한 바 정미함의 極致이다. 오직 君子만이 이를 體行할 수 있고 小人은 이와 반대이다."

11-6-나2(朱)[142]

又曰 君子之所以爲中庸者는 以其有君子之德而又能隨時以取[143]中也요 小人之所以反中庸者는 以其有小人之心而又無所忌憚也라 蓋中無定體하여 隨時而在하니 是乃平常之理也라 君子는 知其在我라 故能戒謹[144]不睹하며 恐懼不聞而無時不中이요 小人은 不知有此라 則肆欲妄行而無所忌憚矣니라

또 말하였다.
"君子가 中庸인 이유는 君子의 德을 가진 데다가 또 능히 때에 따라 中을 취하기 때문이고, 小人이 中庸에 반대인 이유는 小人의 마음을 가지고 있는 데다가 또

注를 단 《禮記》를 말한다. 본래 《禮記》〈中庸〉에는 '小人之中庸也'로 되어 있으나, 저본은 王肅本을 채택한 주희의 설에 따라 '小人之反中庸也'로 되어 있다.

141) 《中庸章句》 제2장의 朱熹 註에 보인다.

142) 《中庸章句》 제2장의 朱熹 주에 보인다.

143) 取 : 《中庸章句》에는 '處'로 되어 있다.

144) 謹 : 사고본에는 '愼'으로 되어 있다.

꺼리는 바가 없기 때문이다. 中은 일정한 體가 없어 때에 따라 존재하니 이것이 바로 평범하고 변치 않는 이치이다. 君子는 中이 나에게 있다는 것을 알기 때문에 보이지 않을 때에도 경계하고 삼가며 들리지 않을 때에도 두려워하고 조심하여 언제나 中이 아닌 때가 없고 小人은 이것이 있다는 것을 알지 못하기 때문에 사욕을 부리고 함부로 행동하여 꺼리는 바가 없는 것이다."

11-6-나3(程)

程頤가 曰 欲知中庸인대 無如權이니 權[146)]은 須是時而爲中이라 特[147)]以手足胼胝①[148)]·閉戶不出②[149)]二者之間으로 取中이 便不是中이니 若當手足胼胝則於此爲中이요 當閉戶不出則於此爲中이니 權之爲言은 秤錘之義也라 何物이 爲權고 義也라

① 手足胼胝 : 禹也.
'手足胼胝'는 禹임금을 가리킨다.

② 閉戶不出 : 顔淵.
'閉戶不出'은 顔淵을 가리킨다.

145) 《二程遺書》 卷15에 보인다. 해당 인용문은 程頤가 《春秋》를 배우는 것에 대해 설명한 내용의 일부로, 《春秋》의 의리를 분변하는 기준을 익히기 위해 《中庸》을 연구해야 하며 그 핵심은 '權'이라고 말하였다. 일설에는 程顥의 말이라고도 한다.

146) 權 : 《二程遺書》 卷15에는 없다.

147) 特 : 대전본에는 '若'으로 되어 있다.

148) 手足胼胝 : 《列子》 〈楊朱〉에 보인다. "禹는 사업을 이어받아 원수를 섬기면서 오직 토목공사에 힘을 기울이고 자식과 가업을 돌보지 않았고 자신의 집 문 앞을 지나면서도 들어가지 않았는데, 몰골은 비쩍 마르고 손발은 굳은살이 박였다.〔禹纂業事讐 惟荒土功 子産不字 過門不入 身體偏枯 手足胼胝〕"라고 하였고, 《史記》 卷87 〈李斯列傳〉에는 "우임금은 龍門山을 뚫고 大夏까지 통하게 하여 九河를 소통시키고 굽이마다 아홉 제방을 쌓아 물길을 터주어 바다로 흐르게 하느라, 넓적다리에는 털이 다 닳았고 종아리에는 터럭이 없어졌고 손과 발은 굳은살이 박였고 얼굴은 새까맣게 탔다.〔禹鑿龍門 通大夏 疏九河 曲九防 決渟水致之海 而股無胈 脛無毛 手足胼胝 面目黎黑〕"라고 하였다.

149) 閉戶不出 : 《孟子》 〈離婁 下〉에 陋巷에 살면서도 安貧樂道한 顔子를 비유하여 "고을의 이웃 가운데 싸우는 사람이 있는데, 머리를 풀어 헤치고 관끈을 잡아 매가면서 급히 가서 구해준다면 의혹된 것이다. 비록 문을 닫고 있더라고 괜찮다.〔鄕隣有鬪者 被髮纓冠而往救之 則惑也 雖閉戶可也〕"라고 하였다.

程頤가 말하였다.

"《中庸》을 알고자 한다면 '權(저울추)'만 한 것이 없으니, '權'은 때에 알맞게 해야 中이 된다. 다만 손발에 굳은살이 박이도록 일하는 것과 신경을 쓰지 않고 문을 닫고 나가지 않는 것 두 가지의 사이에서 가운데를 취하는 것이 바로 中이 아니니, 만약 손발에 굳은살이 박여야 마땅하다면 이때에는 中이 되고 문을 닫고 나가지 말아야 마땅하다면 이때에는 中이 된다. '權'이라는 말은 저울추라는 뜻이다. 어떤 것이 저울추가 되겠는가? 義이다."

11-6-나4(程)[150]

又曰 中字가 最難識이니 須是默識心通이라 且試言一廳則廳之中이 爲中이요 一家則廳非中而堂爲中이요 一國則堂非中而國之中이 爲中이니 推此類에 可見矣라 且如初寒時則薄裘가 爲中이니 如盛寒而用初寒之裘則非中也요 三過其門不入이 在禹・稷之世爲中이니 若居陋巷則不中矣요 居陋巷이 在顏子之時爲中이니 若三過其門不入則非中也라 或曰 男女不授受之類가 皆然가 曰 是也라 男女不授受가 中也어니와 若喪祭則不如此矣[151]니라

또 말하였다.

"'中'이라는 글자가 가장 알기 어려우니, 묵묵히 알고 마음으로 깨쳐야 한다. 또 말해본다면, 하나의 廳을 가지고 말하면 廳의 중앙이 中이 되고, 하나의 집을 가지고 말하면 廳이 中이 아니고 堂이 中이 되고 하나의 나라를 가지고 말하면 堂이 中이 아니고 나라의 중앙이 中이 된다. 이러한 방식으로 유추해나가면 '中'의 뜻을 알 수 있을 것이다. 또 갓 추워질 때에는 얇은 갖옷을 입는 것이 中이 되니 가장 추울 때에는 갓 추워질 때 입는 갖옷을 입는 것은 中이 아니다. 자기 집의 문 앞을 세 번 지나가면서 들어가지 않은 것은 禹와 稷의 시대에는 中이 되니 이때에는 누추한 골목에 사는 것이 中이 아니다. 누추한 골목에 사는 것은 顏子의 시대에는 中이 되니 이때에는 자기 집의 문 앞을 세 번 지나가면서 들어가지 않는다면 中이 아니다.

150) 《二程遺書》 卷18에 보인다. 해당 인용문은 君子의 '時中'에 대한 蘇昞의 질문에 정자가 답한 것이다. 《孟子集註》 〈盡心 上〉 제26장 註에도 일부 내용이 적록되어 있다.

151) 中矣……此矣 : 대전본에는 小字雙行으로 판각되어 있다.

어떤 이는 말한다.

'남녀가 직접 주고받지 않는 따위가 모두 그러한가?'

나는 이렇게 대답하겠다.

'그렇다. 남녀가 직접 주고받지 않는 것이 中이지만, 초상이나 제사의 경우에는 이와 같지 않다.'"

11-6-나5(楊)[152)]

楊時가 曰 知中則知權이니 不知權則是不知中也라 知[153)]一尺之物을 約五寸之中而執之가 中也나 一尺而厚薄小大之體가 殊則所執者가 輕重이 不等矣니 猶執五寸以爲中이면 是無權也라 蓋五寸之執은 長短多寡之中而非厚薄小大之中也니 欲求厚薄小大之中則釋五寸之約而唯輕重之知면 而其中을 得矣니 故權以中行하고 中因權立이니 中庸之書에 不言權하니 其曰 君子而時中이 蓋所以爲權也니라

楊時가 말하였다.

"中을 알면 權을 아는 것이니, 權을 알지 못하면 곧 中을 알지 못하는 것이다. 길이가 1척인 물건을 5촌이 되는 중앙 부분을 헤아려 잡는 것이 中인 것을 알지만, 길이는 1척인데 두께와 크기가 달라지면 잡은 것이 무게가 같지 않게 되니 여전히 5촌이 되는 부분을 잡고서 中이라고 여긴다면 이는 저울질함이 없는 것이다. 5촌이 되는 부분을 잡는 것은 長短과 多寡의 中이지 두께와 크기의 中은 아니다. 두께와 크기의 中을 구하고자 한다면 5촌이 되는 중앙 부분을 놓아두고 오직 경중을 가늠하여 알게 되면 그 中을 얻게 된다. 그러므로 權은 中에 따라 행하고 中은 權을 통해 확립된다. 《中庸》에서 權을 말하지 않았는데, '君子여서 때에 맞게 한다.〔君子而時中〕'는 것이 바로 權이 되는 것이다."

11-6-나6(按)

臣은 按 程頤之論時中이 至矣어늘 楊時가 因其說而推明하니 亦有補焉이라 易之道가 以時義爲主하니 如乾之六爻[154)]가 當潛而潛이 中也니 當潛而見則非中矣요 當飛而

152) 《龜山先生語錄》 卷1 〈荊州所聞〉에 보인다.

153) 知 : 사고본에는 '如'로 되어 있다.

飛가 中也니 當飛而潛則非中矣라 它[155]卦가 亦然하니이다 洪範三德[156]에 當剛而剛이 中也니 當剛而柔則非中矣요 當正直而正直이 中也니 當正直而或剛或柔가 皆非中矣라 推之事事物物에 莫不皆然하니 此가 人君撫世應物之大權이라 然必以致知爲本이니 惟聖明은 深體焉하소서

【臣按】 程頤가 '時中'에 대해 논한 것이 지극한데, 楊時가 程頤의 설을 근거로 미루어 밝혔으니 또한 보완된 것이 있습니다. 《周易》의 道는 '時義'를 위주로 하니, 예를 들면 乾卦의 여섯 爻는 잠겨 있어야만 할 때에 잠겨 있는 것이 中이니 잠겨 있어야만 할 때에 나타나는 것은 中이 아니며, 날아야 할 때 나는 것이 中이니 날아야 할 때에 잠겨 있는 것은 中이 아닙니다. 다른 괘도 마찬가지입니다. 《書經》〈洪範〉의 三德에 강해야 하는데 강한 것이 中이니 강해야 하는데 부드러운 것은 中이 아니고, 정직해야 하는데 정직한 것이 中이니 정직해야 하는데 강하거나 부드러운 것은 모두 中이 아닙니다. 이를 미루어보면 일마다 사물마다 모두 그렇지 않은 것이 없으니 이것이 임금이 세상을 어루만지고 만물에 대응하는 '大權'입니다. 그러나 반드시 '앎을 지극히 하는 것〔致知〕'을 근본으로 삼아야 하니, 聖明한 황상께서는 이를 깊이 체찰해주소서.

以上은 論吾道源流之正[157]하니라

이상은 유학의 원류에 대한 올바른 인식에 대해 논한 것이다.

---

154) 乾之六爻 : 《周易》〈乾卦〉의 여섯 爻辭를 살펴보면, 初爻는 "물에 잠겨 있는 용이니, 쓰지 말아야 한다.〔潛龍 勿用〕", 二爻는 "나타난 용이 밭에 있으니, 大人을 만나보는 것이 이롭다.〔見龍在田 利見大人〕", 三爻는 "군자가 종일토록 힘쓰고 힘써서 저녁까지도 두려워하면 허물이 없으리라.〔君子終日乾乾 夕惕若 厲 无咎〕", 四爻는 "혹 뛰어오르거나 연못에 있으면 허물이 없으리라.〔或躍在淵 无咎〕", 五爻는 "나는 용이 하늘에 있으니, 大人을 만나보는 것이 이롭다.〔飛龍在天 利見大人〕", 六爻는 "끝까지 올라간 용이니, 뉘우침이 있으리라.〔亢龍有悔〕"라고 하였다. 神靈不測한 龍을 통해 乾道의 변화와 陽氣의 消息과 聖人의 進退를 형상한 것이다.

155) 它 : 사고본에는 '他'로 되어 있다.

156) 三德 : '三德'은 정직한 것〔正直〕·강함으로 이기는 것〔剛克〕·부드러움으로 이기는 것〔柔克〕으로, 《書經》〈洪範〉에는 군주가 "三德을 운용하여 다스린다.〔乂用三德〕"라고 하였다.

157) 正 : 사고본에는 이 뒤에 '一'이 있다.

格物致知之要(一) 사물의 원리를 깊이 연구하여 知性의 힘을 극대화하는 핵심적인 방법들 (1)

明道術 道를 분명히 밝힘

吾道源流之正二 儒學의 원류에 대한 바른 이해 2

12-1-가[1)]

誠者는 **天之道也**요 **誠之者**는 **人之道也**니 **誠者**는 **不勉而中**하며 **不思而得**하여 **從容中道**하나니 **聖人也**요 **誠之者**는 **擇善而固執之者也**니라 **博學之**하며 **審問之**하며 **愼思之**하며 **明辨之**하며 **篤行之**니 **有弗學**이언정 **學之**인대 **弗能**을 **弗措也**하며 **有弗問**이언정 **問之**인대 **弗知**를 **弗措也**하며 **有弗思**언정 **思之**인대 **弗得**을 **弗措也**하며 **有弗辨**이언정 **辨之**인대 **弗明**을 **弗措也**하며 **有弗行**이언정 **行之**인대 **弗篤**을 **弗措也**하여 **人一能之**어든 **己百之**하며 **人十能之**어든 **己千之**니 **果能此道矣**면 **雖愚**나 **必明**하며 **雖柔**나 **必强**이니라

성실함은 하늘의 도이고 성실함이 되고자 하는 것은 사람의 도이다.

'성실함〔誠〕'은 굳이 힘쓰지 않아도 들어맞으며 애써 고찰하지 않아도 터득하여 절로 도에 맞는 것이니, 聖人이 바로 이러하다.

'성실함이 되고자 하는 것〔誠之〕'은 善을 택해서 굳게 잡아 지키는 것이다. 폭넓게 배우고, 세심히 따져 묻고, 신중하게 고찰하고, 명확하게 변별하고, 독실하게 행하는 것이니, 배우지 않는 일이 있을지언정 배운다고 하면 능하지 않은 상태로는 그만두지 않으며, 묻지 않는 일이 있을지언정 묻는다고 하면 모르는 상태

---

1)《中庸》 제20장에 보인다.

로는 그만두지 않으며, 고찰하지 않는 일이 있을지언정 터득하지 못한 상태로는 그만두지 않으며, 변별하지 않는 일이 있을지언정 변별한다고 하면 명확하지 않은 상태로는 그만두지 않으며, 행하지 않는 일이 있을지언정 행한다고 하면 독실하게 하지 않은 상태로는 그만두지 않는다. 그리하여 다른 사람이 한 번만에 능하게 되면 자신은 백 번을 노력하며, 다른 사람이 열 번만에 능하게 되면 자신은 천 번을 노력하는 것이니, 참으로 이 도를 행할 수 있다면 어리석은 사람이라 할지라도 반드시 밝게 되며 유약한 사람이라 할지라도 반드시 강하게 된다.

12-1-나1(朱)[2)]

朱熹가 曰 誠者는 眞實無妄之謂니 天理之本然也요 誠之者는 未能眞實無妄而欲其眞實無妄이니 人事之當然也라 聖人之德이 渾然天理라 眞實無妄하여 不待思勉而從容中道하나니 則亦天之道也라 未至於聖則不能無人欲之私而其爲德이 不能皆實이라 故未能不思而得則必擇善而後에 可以明善이요 未能不勉而中則必固執而後에 可以誠身이니 此則所謂人之道也라

朱熹가 말하였다.

"'성실함〔誠〕'은 眞實無妄(진실하여 거짓이 없다)하다는 말이니, 본래부터 그러한 天理의 모습이다. '성실함이 되고자 하는 것〔誠之〕'은 아직 진실무망하지 못하여 진실무망하고자 하는 것이니, 마땅히 그래야 하는 人事이다.

聖人의 덕은 혼연히 天理 자체여서 진실무망하여 애써 고찰하고 힘쓰지 않아도 절로 도에 맞으니, 또한 '하늘의 도〔天之道〕'이다. 그러나 聖人의 경지에 이르지 못하였다면 사사로운 人欲이 없을 수 없어 그 덕이 모두 진실할 수만은 없다. 그러므로 애써 고찰하지 않아도 터득할 수 있는 것이 아니라면 반드시 善을 택한 뒤에야 善을 밝게 알 수 있으며, 굳이 힘쓰지 않아도 도에 맞을 수 있는 것이 아니라면 반드시 굳게 잡아 지킨 뒤에야 자신을 성실하게 할 수 있으니, 이것이 이른바 '사람의 도〔人之道〕'라는 것이다.

不思而得은 生知也요 不勉而中은 安行也요 擇善은 學知以下之事요 固執은 利行以下

2)《中庸章句》 제20장 朱熹의 주에 보인다.

之事也[3]라 博學·審問·愼[4]思·明辨·篤行은 此가 誠之之目也니 學·問·思·辨은 所以擇善而爲知요 篤行은 所以固執而爲仁이요 有弗學學之弗能弗措以下則勇之事也라 君子之學이 不爲則已어니와 爲之則必要其成이라 故常百倍其功하나니 至於愚而明則擇善之效요 柔而强則固執之效也라

'애써 고찰하지 않아도 터득하는 것[不思而得]'은 '태어나면서부터 아는 것[生而知之]'이며, '굳이 힘쓰지 않아도 들어맞는 것[不勉而中]'은 '편안히 행하는 것[安而行之]'이다.

'善을 택하는 것[擇善]'은 '배워서 아는 것[學而知之]' 이하의 일이며, '굳게 잡아 지키는 것[固執]'은 '이롭게 여겨 행하는 것[利而行之]' 이하의 일이다.

'폭넓게 배우는 것[博學]', '세심히 따져 묻는 것[審問]', '신중하게 고찰하는 것[愼思]', '명확하게 변별하는 것[明辨]', '독실하게 행하는 것[篤行]'은 성실함이 되고자 하는 조목이다.

'배우는 것[學]', '따져 묻는 것[問]', '고찰하는 것[思]', '변별하는 것[辨]'은 선을 택하는 것이어서 智가 되고, '독실하게 행하는 것[篤行]'은 굳게 잡아 지키는 것이어서 仁이 되며, '배우지 않는 일이 있을지언정 배운다고 하면 능하지 않은 상태로는 그만두지 않는다.[弗學 學之 弗能 弗措]' 이하는 勇의 일이다.

군자의 학문은 하지 않으면 그만이지만, 한다고 하면 반드시 그것을 이루고자 하기 때문에 항상 그 노력을 백 배로 하는 것이다. 어리석은 사람이라 할지라도 밝게 되는 것은 善을 택한 功效이며, 유약한 사람이라 할지라도 강하게 되는 것은 굳게 잡아 지킨 공효이다."

12-1-나2(呂)[5]

呂大臨이 曰 君子所以學者는 爲能變化氣質而已니 德勝氣質則愚者가 可進於明이며

3) 不思……事也 : 《中庸》 제20장에 "혹은 이것을 태어나면서부터 알고, 혹은 배워서 알고, 혹은 애를 써서 알지만, 그 앎에 미쳐서는 똑같다. 혹은 이것을 편안히 행하고, 혹은 이롭게 여겨 행하고, 혹은 억지로 힘써 행하지만, 그 공을 이룸에 미쳐서는 똑같다.[或生而知之 或學而知之 或困而知之 及其知之 一也 或安而行之 或利而行之 或勉强而行之 及其成功 一也]"라는 내용이 보인다.

4) 愼 : 대전본에는 '謹'으로 되어 있으나, 宋代의 피휘이다.

柔者가 可進於强이요 不能勝之則雖有志於學이나 亦愚不能明하며 柔不能立而已矣라 蓋均善而無惡者는 性也니 人所同也요 昏·明·强·弱之稟이 不齊者는 才也니 人所異也라 誠之者는 所以反其同而變其異也라 夫以不美之質로 求變而美인댄 非百倍其功이면 不足以致之니 今以鹵莽(노무)滅裂之學으로 或作或輟하여 欲變其不美之質이라가 及不能變則曰 天質이 不美라 非學의 所能變이라하면 是는 果於自棄[6]라 其爲不仁이 甚矣니라

呂大臨이 말하였다.

"군자가 학문을 하는 이유는 단지 기질을 변화시킬 수 있기 때문이다. 덕이 기질을 이기면 어리석은 사람이 밝음에 나아갈 수 있고 유약한 사람이 강함에 나아갈 수 있으며, 덕이 기질을 이기지 못하면 비록 학문에 뜻을 둔다 하더라도 어리석은 사람이 밝게 되지 못하고 유약한 사람이 굳건히 서게 되지 못한다.

모두가 善이고 惡이 없는 것은 본성이니, 사람이면 똑같이 있는 것이다. 어두움·밝음·강함·유약함과 같이 타고난 것이 똑같지 않은 것은 재질이니, 사람마다 다른 것이다. 성실함이 되고자 하는 것은 바로 그 똑같이 있는 본성으로 되돌아가고 그 다른 기질을 변화시키는 것이다.

아름답지 않은 재질을 가지고서 변화시켜 아름답게 하고자 한다면 그 노력을 백 배로 하지 않으면 이룰 수 없는 것이다. 이제 거칠고 엉성한 학문을 가지고 하다 말다 하면서 그 아름답지 않은 재질을 변화시키려고 하다가, 변화되지 않으면 '타고난 재질이 아름답지 않으니 학문으로 변화시킬 수 있는 것이 아니다.'라고 한다면, 이것은 '스스로 포기하는 것〔自棄〕'에 과감한 것이니 그 不仁함이 심한 것이다."

12-1-나3(或)[7]

或이 問 誠之爲義를[8] 其詳을 可得聞乎아 曰 難言也라 姑以其名義로 言之則眞實無妄

---

5) 《中庸章句》 제20장 朱熹의 주에 보인다.

6) 自棄 : 《孟子》 〈離婁 上〉 제10장에 "스스로 해치는 자는 더불어 말할 수 없고, 스스로 버리는 자는 더불어 일할 수 없으니, 말할 때 禮義를 비방하는 것을 '自暴'라 이르고, 내 몸은 仁에 居하고 義를 따를 수 없다고 하는 것을 '自棄'라 이른다.〔自暴者 不可與有言也 自棄者 不可與有爲也 言非禮義 謂之自暴也 吾身不能居仁由義 謂之自棄也〕"라는 내용이 보인다.

之云也요 若事理之得此名則亦隨其所指之大小而皆有得乎眞實無妄之意耳라 蓋以自然之理로 言之컨대 天地之間에 惟[9]天理爲至實而無妄이라 故天理가 得誠之名하니 若所謂天之道・鬼神之德이 是也요 以德言之則有生之類에 惟聖人之心이 爲至實而無妄이라 故聖人이 得誠之名하시니 若所謂不勉而中・不思而得이 是也라 至於隨事而言則一念之實이 亦誠也요 一事之實이 亦誠也요 一行之實이 亦誠也니 是其[10]大小가 雖曰不同이나 然其義之所歸則未始不在於實也라

혹자가 물었다.

"'성실함〔誠〕'이 무슨 뜻인지 자세히 말해줄 수 있겠습니까?"

朱熹가 대답하였다.

"말하기 어려운 것이다. 우선 그 이름의 의미를 가지고 말한다면 眞實無妄하다는 말이며, 事理가 이 이름을 얻었다면 또한 그 가리키는 대상의 크고 작음에 따라 모두 진실무망하다는 의미에서 이 이름을 얻은 것뿐이다.

자연의 이치를 가지고 말한다면, 천지간에 오직 天理만이 지극히 진실하여 거짓이 없기 때문에 천리가 '성실함'이란 이름을 얻은 것이니, 이른바 '하늘의 도〔天之道〕'나 '귀신의 덕〔鬼神之德〕'이라는 것이 바로 이것이다.

덕을 가지고 말한다면, 생명이 있는 것들 중에 오직 聖人의 마음만이 지극히 진실하여 거짓이 없기 때문에 성인이 '성실함'이란 이름을 얻은 것이니, 이른바 '굳이 힘쓰지 않아도 들어맞으며 애써 고찰하지 않아도 터득하는 것〔不勉而中 不思而得〕'이 바로 이것이다.

그리고 일에 따라 말한다면, 한 생각의 진실함이 또한 성실함이며, 한 가지 일의 진실함이 또한 성실함이며, 한 가지 행실의 진실함이 또한 성실함이다. 그 크고 작음은 비록 다르다지만 그 의미의 귀결점은 '진실함〔實〕'에 있지 않은 적이 없었다."

曰 然則天理・聖人之所以若是其實者는 何也오 曰 一則純이요 二則雜이라 純則誠이요

---

7) 《中庸或問》 제20장에 보인다.

8) 를 : 저본에는 'ㅣ'로 되어 있으나 문맥을 살펴 바꾸었다.

9) 惟 : 사고본에는 '唯'로 되어 있다.

10) 其 : 대전본・사고본・509본에는 '則'으로 되어 있다.

雜則妄이니 此가 常物之大情也라 夫天之所以爲天也가 冲漠無朕而萬理兼該하여 無所不具하나 然其爲體則一而已矣니 未始有物以雜之也라 是以로 無聲・無臭・無思・無爲而一元之氣가 春秋冬夏・晝夜昏明이 未嘗有一息之謬하며 天下之物洪纖巨細・飛潛動植이 亦莫不各得其性命之正以生而未嘗有一毫之差하니 此가 天理之所以爲實而不妄者也라

"그렇다면 天理와 聖人이 이처럼 진실한 것은 무엇 때문입니까?"

"하나인 것은 순수한 것이고 둘인 것은 섞인 것이며, 순수한 것은 성실한 것이고 섞인 것은 거짓된 것이니, 이것이 보통 사물의 常情이다.

하늘이 하늘인 이유는 텅 비고 형체가 없으나 온갖 이치가 두루 갖추어져 있어서 구비되지 않은 것이 없기 때문이다. 그러나 그 體는 하나일 뿐이니, 어떤 것이 있어서 섞인 적이 없다. 이 때문에 소리도 없고 냄새도 없고 생각도 없고 作爲도 없으나, 一元의 氣가 봄이든 가을이든 겨울이든 여름이든 밤이든 낮이든 어둡든 밝든 일찍이 한 순간도 잘못된 적이 없으며, 천하의 사물이 큰 것이든 작은 것이든 나는 것이든 헤엄치는 것이든 동물이든 식물이든 또한 저마다 그 올바른 性命을 얻어서 태어나지 않은 것이 없어 한 치의 어긋남도 있은 적이 없다. 이것이 天理가 진실하여 거짓이 없는 것이 된 까닭이다.

若夫人物之生・性命之正이 固亦莫非天理之實이어니와 但以氣質之偏・口鼻耳目四肢之好가 得以蔽之而私欲이 生焉이라 是以로 當其惻隱之發而忮害가 雜之則所以爲仁者가 有不實矣요 當其羞惡(오)之發而貪昧가 雜之則所以爲義者가 有不實矣니 此가 常[11]人之心이 所以雖欲勉於爲善而內外隱顯이 常不免於二致라 其甚至於詐僞欺罔而卒墮於小人之歸則以二者가 雜之故也라

사람과 사물의 생겨남과 性命의 바름은 참으로 또한 天理의 진실함 아닌 것이 없지만, 기질의 치우침과 口鼻耳目・四肢의 기호가 이를 가리면 사욕이 생겨날 수 있다. 이 때문에 그 惻隱之心이 발현될 때 해치는 마음이 섞이면 仁을 행하는 것이 진실하지 않게 되고, 羞惡之心이 발현될 때 탐욕스러운 마음이 섞이면 義를 행하는 것이 진실하지 않게 된다. 이것이 바로 보통 사람의 마음이 善을 행하

11) 常 : 사고본에는 '中'으로 되어 있다.

는 데 힘쓰고자 하지만 안에 숨겨진 것과 밖으로 드러난 것이 항상 다르게 되는 것을 면치 못하는 이유이다. 심한 경우 속이고 기망하여 끝내는 소인에 떨어지는 것으로 귀결되기까지 하는 것은 해치는 마음과 탐욕스러운 마음이 섞이기 때문이다.

惟聖人이 氣質清純하여 渾然天理라 初無人欲之私以病之하니 是以로 仁則表裏皆仁而無一毫之不仁이요 義則表裏皆義而無一毫之不義라 其爲德也가 固擧天下之善而無一事之或遺而其爲善也가 又極天下之實而無一毫之不滿이니 此其所以不勉不思從容中道而動容周旋이 莫不中禮也라

오직 聖人만은 기질이 깨끗하고 순수하여 혼연한 天理이기 때문에 애초부터 사사로운 人欲으로 해치는 일이 없다. 그러므로 仁이라면 안팎이 모두 仁이어서 한 터럭의 不仁도 없으며, 義라면 안팎이 모두 義여서 한 터럭의 不義도 없는 것이다. 聖人의 德은 참으로 천하의 善을 행함에 하나의 일도 혹여 빠트리는 것이 없고, 聖人의 善은 또 천하의 진실됨을 지극히 함에 조금의 부족함도 없으니, 이것이 바로 굳이 힘쓰지 않고 고찰하지 않아도 조용히 도에 맞아 행동거지와 威儀가 어느 하나 禮에 맞지 않은 것이 없는 이유이다."

曰 然則常人이 未免於私欲而無以實其德者는 奈何오 曰 聖人이 固已言之矣시니 亦曰擇善而固執之耳라 夫於天下之事에 皆有以知其如是爲善而不能不爲하며 知其如是爲惡而不能不去則其爲善去惡之心이 固已篤矣라 於是而又加以固執之功하여 雖其不睹不聞之間이나 亦必戒愼[12]恐懼而不敢懈則凡所謂私欲者가 出而無所施於外하며 入而無所藏於中하여 自將消磨泯滅하여 不得以爲吾之病而吾之德이 又何患於不實哉리오 是則所謂誠之者也라

"그렇다면 私欲을 면치 못하여 그 덕을 진실되게 하지 못하는 보통 사람은 어떻게 해야 합니까?"

"聖人이 이에 대해 이미 말씀하셨다. 바로 '善을 택하여 굳게 잡아 지키는 것〔擇善而固執之〕'뿐이다. 무릇 천하의 일에 대해 모두, 이렇게 하는 것이 善이니 행하

12) 愼 : 대전본·509본·512본에는 '謹'으로 되어 있으나, 宋代의 피휘이다.

지 않으면 안 된다는 것을 알고, 이렇게 하는 것이 惡이니 제거하지 않으면 안 된다는 것을 안다면, 그 선을 행하고 악을 제거하는 마음은 참으로 이미 독실한 것이다. 여기에 또 굳게 잡아 지키는 노력을 더하여 비록 보이지 않고 들리지 않는 때라 할지라도 반드시 경계하고 삼가며 두려워하고 조심해서 감히 게을리하지 않는다면, 이른바 '사욕'이란 것이 나와서는 밖으로 베풀 곳이 없게 되며 들어가서는 안으로 감출 곳이 없게 된다. 그리하여 저절로 사라지고 없어져서 나의 병이 되지 못할 것이니, 나의 덕이 또 진실되지 못할까를 어찌 근심하겠는가. 이것이 이른바 '성실함이 되고자 하는 것〔誠之〕'이다."

12-1-나4(朱)[13]

又曰 自然而實者는 天也요 必期於實者는 人而天也라

朱熹가 또 말하였다.

"저절로 진실된 것은 하늘이며, 반드시 진실하게 되기를 바라는 것은 사람으로서 하늘을 지향하는 것이다."

12-2-가[14]

自誠明을 謂之性①이요 自明誠을 謂之教니 明則誠矣요 誠則明矣[15]니라

① 自誠明謂之性 : 自, 由也.
'自'는 '통하다'라는 뜻이다.

성실함을 통해 밝아지는 것을 '본성〔性〕'이라 이르며, 밝음을 통해 성실하게 되는 것을 '가르침〔教〕'이라 이르니, 밝으면 성실해지고 성실하면 밝아진다.

12-2-나(朱)[16]

朱熹가 曰 德無不實而明無不照者는 聖人之德이 所性而有者也니 天道也요 先明乎

---

13) 《中庸或問》 제20장에 보인다.

14) 《中庸》 제21장에 보인다.

15) 明則……明矣 : 사고본에는 '誠則明矣 明則誠矣'로 되어 있다.

善而後能實其善者는 賢人之學이 由教而入者也니 人道也라 誠則無不明矣요 明則可以至於誠矣니라

朱熹가 말하였다.

"덕이 진실하지 않은 것이 없고 밝음이 비추지 않은 것이 없는 것은 본성을 그대로 갖고 있는 聖人의 덕이니, 하늘의 도이다. 먼저 善을 밝게 안 뒤에 그 선을 충실하게 하는 것은 가르침을 통해 들어가는 賢人의 학문이니, 사람의 도이다. 성실하면 밝지 않음이 없게 되고, 밝으면 성실함에 이를 수 있게 된다."

12-3-가[17]

唯天下至誠이야 爲能盡其性이니 能盡其性則能盡人之性이요 能盡人之性則[18]能盡物之性이요 能盡物之性則可以贊天地之化育이요 可以贊天地之化育則可[19]與天地參[20]矣니라 其次는 致曲[21]이니 曲能有誠이니 誠則形하고 形則著하고 著則明하고 明則動하고 動則變하고 變則化니 唯天下至誠이야 爲能化니라

오직 천하의 지극한 성실함만이 그 본성을 다할 수 있으니, 그 본성을 다할 수 있으면 사람의 본성을 다할 수 있고, 사람의 본성을 다할 수 있으면 사물의 본성

16)《中庸章句》 제21장 朱熹의 주에 보인다.

17)《中庸》 제22장과 제23장에 보인다. '唯天……參矣'는 제22장, '其次……能化'는 제23장이다.

18) 爲能……性則 : '盡其性能盡其性則能盡人之性能盡人之性則'이 대전본에는 小字雙行으로 되어 있다. 版下本 작성 때 오류로 탈락된 부분을 교정하여 부분적으로 改刻한 것이다.

19) 可 : 사고본에는 이 뒤에 '以'가 있다.

20) 參 : 관본 언해에는 발음이 '참'으로 되어 있는데, 이렇게 보면 '참여하다'의 뜻이 된다. 그러나 바로 다음에 나오는 朱熹의 설에 '與天地竝立而爲三'라는 구절에 비추어보면 진덕수 역시 '삼'으로 본 것으로 추정되어 이에 따라 번역하였다. 11-5-나5(按) '參天地贊化育' 주석 참조.

21) 致曲 : 주희에 따르면, '善한 단서가 발현되는 한쪽으로부터 모두 미루어 지극히 하는 것〔自其善端發見之偏而悉推致之〕'이다. 즉 사람은 태어날 때 각각 한쪽의 善함을 받고 나오는데, 惻隱・羞惡・是非・辭遜의 四端은 사람마다 편중되게 타고나기 때문에 각각 그 편중된 善한 단서를 미루어 넓혀나가 그 온전함을 다하게 하는 것을 이른다.《中庸章句 第23章》《朱子語類 卷64 中庸3 第23章》

을 다할 수 있다. 사물의 본성을 다할 수 있으면 천지의 化育을 도울 수 있으며, 천지의 化育을 도울 수 있으면 천지와 대등하게 셋으로 병립할 수 있다.

그 다음은 발현된 한쪽의 善한 단서를 미루어 넓혀나가 지극히 하는 것이니, 한쪽의 선한 단서를 넓혀나가 지극히 하면 능히 성실함이 있게 할 수 있다. 성실함이 있으면 나타나게 되고, 나타나면 드러나게 되고, 드러나면 밝게 발산되고, 밝게 발산되면 감동하게 되고, 감동하면 변하게 되고, 변하면 바뀌게 되니, 오직 천하의 지극한 성실함만이 능히 바뀔 수 있다.

12-3-나1(朱)[22)]

朱熹가 曰 天下至誠은 謂聖人之德之實을 天下가 莫能加也라 盡其性者는 德無不實이라 故無人欲之私而天命之在我者를 察之由之하여 巨細精粗가 無毫髮之不盡也라 人物之性이 亦我之性이로되 但以所賦形氣가 不同而有異耳라 能盡之者는 謂知之無不明·處之無不當也라 贊은 猶助也라 與天地參은 謂與天地竝立而爲三也라 其次는 通大賢以下凡誠有未至者而言也라 致는 推致也라 曲은 一偏也라 形者는 積中而形[23)]外요 著則又加顯矣요 明則又有光輝發越之盛이요 動者는 誠能動物이요 變者는 物從而變이요 化則有不知其所以然者라

朱熹가 말하였다.

"'天下至誠(천하의 지극한 성실함)'은 천하에 이보다 더할 수 없는 聖人의 진실한 덕을 이른다. '盡其性(그 본성을 다하다)'은 덕이 진실하지 않음이 없는 것이다. 그러므로 사사로운 人欲이 없어서 나에게 있는 하늘의 命을 세심히 살피고 이를 따라서 크든 작든 털끝만큼도 다하지 않음이 없는 것이다. 사람과 사물의 본성이 또한 나의 본성이지만, 다만 타고난 形氣가 같지 않아서 다름이 있게 된 것뿐이다.

'能盡之'는 앎이 밝지 않은 것이 없으며 대처함이 마땅하지 않음이 없음을 이른다. '贊'은 '助(돕다)'와 같다. '與天地參'은 천지와 병립하여 셋이 된다는 말이다. '其次'는 大賢 이하로 성실함이 아직 지극하지 않은 자를 통틀어서 말한 것

---

22)《中庸章句》 제22장과 제23장 朱熹의 주에 보인다.

23) 形 : 사고본에는 '發'로 되어 있다.

이다. '致'는 미루어나가서 지극히 하는 것이다. '曲'은 한쪽이다. '形'은 안에 쌓여서 밖으로 드러나는 것이다. '著'는 또 이보다 더 드러난 것이다. '明'은 광휘가 더욱 환히 드러남이 있는 것이다. '動'은 성실함이 능히 사물을 감동시키는 것이다. '變'은 사물이 따라서 변하는 것이다. '化'는 그렇게 된 이유를 모르고 되는 것이다.

蓋人之性이 無不同而氣則有異라 故惟聖人[24)]이야 能擧其性之全體而盡之하고 其次則必自善端發見之偏而悉推致之하여 以各至其極也라 曲無不致則德無不實而形・著・動・變之效[25)]가 自不能已니 積而至於能[26)]化[27)]則其至誠之妙가 初[28)]不異於聖人也라

사람의 본성은 모두 같으나 氣는 차이가 있다. 그러므로 聖人만이 그 본성의 전체를 들어서 다할 수 있으며, 그 다음 大賢 이하의 사람은 반드시 善한 단서가 발현된 한쪽에서부터 이를 끝까지 미루어나가 지극히 해서 각각 그 지극함에 이르도록 해야 한다. 발현된 한쪽을 모두 지극히 하면 덕은 모두 진실하게 되어 '形'・'著'・'動'・'變'의 功效가 자연히 중단되지 않게 되니, 이것이 쌓여 바뀔 수 있는 데에까지 이르게 되면 그 지극한 성실함의 오묘함이 애초에 聖人과 다르지 않게 된다."

12-3-나2(朱)[29)]

又曰 盡己之性은 如在父子則親・在君臣則義・在兄弟則愛之類를 己無一之不盡이요 盡人之性은 如黎民이 於(오)變時雍[30)]이요 盡物之性은 如鳥獸魚鼈이 咸若[31)]이니 如此

24) 人 : 대전본에는 없다.
25) 效 : 사고본에는 '功'으로 되어 있다.
26) 能 : 사고본에는 없다.
27) 化 : 이와 관련하여 《朱子語類》 卷64 〈中庸3〉 제23장에 "'動'은 막 감동하여 저의 마음을 움직이는 것이다. '變'은 이미 그 옛 습속은 고쳤지만 아직 흔적이 남아 있는 것인데, '化'는 모두 소화되어 더 이상 흔적이 남지 않게 된 것이다.〔動是方感動他 變則已改其舊俗 然尙有痕迹 在化則都消化了 無復痕迹矣〕"라는 내용이 보인다.
28) 初 : 사고본에는 '亦'으로 되어 있다.
29) 《朱子語類》 卷64 〈中庸3〉 제22장에 보인다.

則可以贊天地之化育이니 皆是實事라 非私心之倣像也니라

朱熹가 또 말하였다.

"'盡己之性'은 부자 사이라면 친함을, 군신 사이라면 의리를, 형제 사이라면 우애를 하는 것과 같은 것을 자신이 어느 것 하나 다하지 않음이 없는 것이다. '盡人之性'은 백성들이 이에 변하여 화락하게 된 것과 같은 것이다. '盡物之性'은 鳥獸와 魚鼈이 모두 순하게 된 것과 같은 것이다. 이렇게 된다면 천지의 化育을 도울 수 있으니, 이것은 모두 실제로 행할 수 있는 일이며 사심으로 흉내만 내서 될 수 있는 것이 아니다."

12-3-나3(朱)[32]

又曰 人在天地中間이 雖止是一理나 然天人所爲가 各自有分이라 人所能爲者를 天有所不能爲니 如天能生物而耕種은 必用人하며 水能潤物而灌漑는 必用人하며 火能熯(한)物而薪爨(찬)은 必用人이니 財成輔相[33]이 必用人爲가 非贊助而何오

朱熹가 또 말하였다.

"사람은 천지 사이에 있어서 비록 천지와 하나의 이치일 뿐이기는 하지만, 하늘과 사람은 하는 일이 각각 분수가 있기 때문에 사람이 할 수 있는 것을 하늘은 할 수 없는 것이 있다. 예를 들면 하늘은 만물을 낳을 수 있으나 경작하고 씨 뿌리는 것은 반드시 사람의 힘을 빌려야 하며, 물은 만물을 적셔줄 수 있으나 물을 대고

30) 黎民於變時雍 : 《書經》 〈虞書 堯典〉에 "능히 자신의 큰 덕을 밝혀 九族을 친하게 하시니 구족이 이미 화목하거늘, 畿內 백성의 덕을 고루 밝혀주시니 畿內 백성의 덕이 밝아지게 되었으며, 만방의 제후국을 화합하도록 하시자 온 백성이 변화하여 이에 화목하게 되었다.〔克明俊德 以親九族 九族旣睦 平章百姓 百姓昭明 協和萬邦 黎民於變時雍〕"라는 내용이 보인다.

31) 鳥獸魚鼈咸若 : 《書經》 〈商書 伊訓〉에 "옛날 夏나라의 선왕들은 그 덕을 닦는 데 힘쓰셨기 때문에 天災가 없었고, 산천의 귀신들 역시 편안하지 않음이 없었으며, 鳥獸와 魚鼈들이 모두 순하였습니다.〔古有夏先后 方懋厥德 罔有天災 山川鬼神 亦莫不寧 暨鳥獸魚鼈 咸若〕"라는 내용이 보인다.

32) 《朱子語類》 卷64 〈中庸3〉 제22장에 보인다.

33) 財成輔相 : 《周易》 〈泰卦 大象傳〉에 "천지가 사귐이 泰이니, 군주가 본받아서 천지의 도를 헤아려 이루며 천지의 마땅함을 도와서 백성을 돕는다.〔天地交泰 后以 財成天地之道 輔相天地之宜 以左右民〕"라는 내용이 보인다.

흘러들어가게 하는 것은 반드시 사람의 힘을 빌려야 하며, 불은 만물을 태울 수 있으나 땔나무를 하고 불을 때는 것은 반드시 사람의 힘을 빌려야 한다. 천지의 도를 헤아려 이루고 천지의 마땅함을 돕는 데에 반드시 사람의 힘을 빌려야 하는 것이 천지의 化育을 돕는 것이 아니라면 무엇이겠는가."

12-3-나4(呂)[34]

呂大臨이 曰 堯命羲・和하사 欽若昊[35]天[36]하시니 若民之析・因・夷・隩와 鳥獸之孳尾・希革・毛毨(선)・氄(용)毛[37]를 無不與知則所贊을 可知로다 贊者는 行其所無事[38][39]하여 順以養之而已니 天地之化가 猶有所不及이라 必人이 贊之而後에 備則天地가 非人不立이니 故人與天地가 竝立而爲三이니라

呂大臨이 말하였다.

"堯임금이 羲氏와 和氏에게 명하여 공경히 昊天을 따르게 하였으니, 백성들이 흩어져 살고, 더욱 흩어져 살고, 기운이 고르고, 집안에서 사는 것과, 조수가 교미하고 새끼를 낳으며, 털이 듬성해지고 가죽이 바뀌며, 털갈이를 하여 윤택해지며, 가는 털이 나는 것과 같은 일을 참여하여 알지 않음이 없었다면, 천지의 化育을 도운 것을 알 수 있다.

돕는 것은 일삼는 바가 없는 것을 행하여 이를 따라서 기를 뿐이다. 천지의 化

34) 《中庸或問》 卷下 小注에 보인다.

35) 昊 : 대전본에는 '旲'로 되어 있으나, 誤字이다.

36) 堯命……昊天 : 《書經》 〈虞書 堯典〉에 "이에 羲氏와 和氏에게 명하여, 昊天을 공경히 따라서 해와 달과 星辰을 책력으로 기록하고 觀象하는 기구로 관찰하여 백성의 농사철을 공경히 알려주게 하셨다.〔乃命羲和 欽若昊天 曆象日月星辰 敬授人時〕"라는 내용이 보인다.

37) 民之……氄毛 : 《書經》 〈虞書 堯典〉에 "알맞은 仲春이 되게 하면 백성들은 흩어져 살고 조수는 새끼를 낳고 교미한다.……바른 仲夏가 되게 하면 백성들은 더욱 흩어져 살고 조수는 털이 듬성해지고 가죽이 바뀐다.……알맞은 中秋가 되게 하면 백성들은 기운이 고르고 조수는 털갈이를 하여 윤택해진다.……바른 仲冬이 되게 하면 백성들은 집안에서 살고 조수는 가는 털이 난다.〔以殷仲春 厥民析 鳥獸孳尾……以正仲夏 厥民因 鳥獸希革……以殷仲秋 厥民夷 鳥獸毛毨……以正仲冬 厥民隩 鳥獸氄毛〕"라는 내용이 보인다.

38) 事 : 대전본에는 '可'로 되어 있다.

39) 行其所無事 : 《孟子》 〈離婁 下〉에 "禹王이 물을 흘러가게 한 것은 일삼는 바가 없는 것을 행한 것이다.〔禹之行水也 行其所無事也〕"라는 내용이 보인다.

育도 미치지 못하는 바가 있기 때문에 반드시 사람이 그 化育을 도운 뒤에야 구비될 수 있으니, 그렇다면 천지는 사람의 힘이 아니면 서지 못하는 것이다. 이 때문에 사람과 천지가 함께 병립하여 셋이 되는 것이다."

12-3-나5(按)

臣은 按 贊化育・參天地가 乃至誠之極功而其本則盡己之性而已니 此가 聖人所以可學而至也요 其次致曲은 卽學之事라 臣은 謂曲은 猶曲禮[40]之曲이니 蓋聖人은 生知安行[41]이라 不待致曲하여 自能盡性이요 自大賢以下則必於纖微委曲而用其功이니 卽前章博學・審問・愼[42]思・明辨・篤行[43]之意라 顏子之四勿[44]과 曾子之三省[45]이 皆致曲之事也[46]니이다

【臣按】 천지의 化育을 돕고 천지와 더불어 셋이 되는 것은 바로 지극한 성실함

---

40) 曲禮 : 禮의 세세한 의절을 이른다. 《禮記》〈禮器〉에 "禮는 큰 것이 있고 작은 것이 있으며, 그 뜻이 명백한 것이 있고 은미한 것이 있다. 큰 禮는 축소할 수 없고 작은 禮는 확대할 수 없으며, 명백한 것은 가릴 수 없고 은미한 것은 드러낼 수 없다. 經禮는 3백 가지이고 曲禮는 3천 가지이지만 그 이치는 하나이다.〔禮有大 有小 有顯 有微 大者不可損 小者不可益 顯者不可揜 微者不可大也 故經禮三百 曲禮三千 其致一也〕"라는 내용이 보이는데, 鄭玄의 注에 따르면, 經禮는 360개의 관직으로 이루어진 《周禮》를 가리키며, 曲禮는 《儀禮》를 가리킨다. 그러나 《中庸》에 "經禮인 禮儀가 3백 가지이고 曲禮인 威儀가 3천 가지이다.〔禮儀三百 威儀三千〕"라는 구절로 미루어보면 經禮와 曲禮를 《周禮》와 《儀禮》로 해석할 수 없다. 일반적으로 經禮는 禮의 大綱으로, 曲禮는 禮의 細目으로 해석한다.

41) 生知安行 : 12-1-나1(朱) '不思……事也' 주석 참조.

42) 愼 : 대전본에는 '謹'으로 되어 있으나, 宋代의 피휘이다.

43) 博學……篤行 : 12-1-가 참조.

44) 顏子之四勿 : 《論語》〈顏淵〉 제1장에 克己復禮의 조목에 대한 顏淵의 물음에, 공자가 "禮에 맞는 것이 아니면 보지 말며, 예에 맞는 것이 아니면 듣지 말며, 예에 맞는 것이 아니면 말하지 말며, 예에 맞는 것이 아니면 動하지 말아야 한다.〔非禮勿視 非禮勿聽 非禮勿言 非禮勿動〕"라고 대답한 내용이 보인다. 11-3-가 참조.

45) 曾子之三省 : 《論語》〈學而〉 제4장에 "나는 날마다 세 가지로 자신을 돌아본다. '남을 위하여 일을 도모해줌에 충성스럽지 못하였는가?', '붕우와 사귐에 성실하지 못하였는가?', '전수받은 것을 제대로 익히지 않았는가?'이다.〔吾日三省吾身 爲人謀而不忠乎 與朋友交而不信乎 傳不習乎〕"라는 曾參의 말이 보인다.

46) 也 : 사고본에는 없다.

을 지극히 한 결과입니다. 그러나 그 근본은 자신의 본성을 다한 것뿐이니, 바로 이 점이 聖人의 경지를 배워서 이를 수 있는 이유입니다.

그 다음 단계의 '발현된 한쪽의 善한 단서를 미루어 넓혀나가 지극히 하는 것〔致曲〕'은 바로 학문하는 일입니다. 신은 '曲'은 曲禮의 曲과 같은 것이라고 생각합니다. 聖人은 태어나면서부터 알고 편안히 행하는 분이기 때문에 굳이 발현된 한쪽의 善한 단서를 미루어 넓혀나가 지극히 할 필요도 없이 절로 자신의 본성을 다할 수 있습니다. 그러나 大賢부터 그 이하의 단계에서는 반드시 작고 세세한 부분에 노력을 경주해야 할 것이니, 이것이 바로 앞 장의 '博學(폭넓게 배우는 것)', '審問(세심히 따져 묻는 것)', '愼思(신중하게 고찰하는 것)', '明辨(명확하게 변별하는 것)', '篤行(독실하게 행하는 것)'의 뜻입니다. 禮가 아니면 하지 않는 顔子의 네 가지 일과 날마다 자신을 돌아본 曾子의 세 가지 일이 모두 致曲의 일입니다.

12-4-가[47]

誠者는 物之終始니 不誠이면 無物이니 是故로 君子는 誠之爲貴니라

성실함〔誠〕은 사물의 마침이며 시작이니, 성실하지 않으면 사물도 없게 된다. 이 때문에 군자는 성실히 하는 것을 귀하게 여긴다.

12-4-나1(朱)[48]

朱熹가 曰 誠之爲言은 實而已矣라 然此篇之中에 有以理之實而言者하니 如曰誠之不可揜[49]之類가 是也요 有以心之實而言者하니 如曰反諸身不誠[50]之類가 是也라 讀者가 各隨文意所指而尋之則其義가 各得矣리라

---

47) 《中庸章句》 제25장에 보인다.

48) 《中庸或問》 卷下에 보인다.

49) 誠之不可揜 : 《中庸》 제16장에 "은미한 것이 드러나니, 성실함을 가릴 수 없음이 이와 같도다.〔夫微之顯 誠之不可揜 如此夫〕"라는 내용이 보인다.

50) 反諸身不誠 : 《中庸》 제16장에 "어버이에게 순한 것이 방법이 있으니, 자신에게 돌이켜보아 성실하지 못하면 어버이에게 순하지 못할 것이다.〔順乎親有道 反諸身不誠 不順乎親矣〕"라는 내용이 보인다.

朱熹가 말하였다.

"'誠'이란 말은 진실하다는 뜻일 뿐이다. 그러나 《中庸》 가운데 이치의 진실함으로 말한 것이 있으니, 예를 들면 '성실함을 가릴 수 없다.〔誠之不可揜〕'와 같은 것이다. 마음의 진실함으로 말한 것이 있으니, 예를 들면 '자신에게 돌이켜보아 성실하지 못하다.〔反諸身不誠〕'와 같은 것이다. 읽는 자가 각각 글의 뜻이 가리키는 바를 따라서 탐구한다면 그 의미가 저마다 터득될 것이다.

所謂誠者物之終始不誠無物者는 以理言之則天地之理가 至實而無一息之妄이라 故自古至今히 無一物之不實而一物之中에 自始至終히[51] 皆實理之所爲也요 以心言之則聖人之心이 亦至實而無一息之妄이라 故從生至死히 無一事之不實而一事之中에 自始至終이 皆實心之所爲也니 此가 所謂誠者는 物之終始者가 然也요

이른바 '성실함은 사물의 마침이며 시작이니, 성실하지 않으면 사물도 없게 된다.〔誠者物之終始 不誠無物〕'라는 것은, 이치로 말하면 천지의 이치가 지극히 진실하여 한 순간도 거짓이 없기 때문에 예로부터 지금까지 어느 한 사물도 진실하지 않은 것이 없어서 하나의 사물 속에도 처음부터 끝까지 모두 진실한 이치가 행한 것이며, 마음으로 말하면 聖人의 마음이 또한 지극히 진실하여 한 순간도 거짓이 없기 때문에 태어나면서부터 죽을 때까지 어느 한 가지 일도 진실하지 않은 것이 없어서 하나의 일 중에도 처음부터 끝까지 모두 진실한 마음이 행한 것이다. 이것이 이른바 '성실함은 사물의 마침이며 시작이다.〔誠者物之終始〕'라는 것이다.

苟未至於聖人而其本心之實이 猶未免於間斷則自[52]其實有是心之初以至未有間斷之前히 所爲가 無不實者라가 及其間斷之後以至于未相接續之前히 凡所云爲가 皆無實之可言이니 雖有其事나 亦不異於無有矣니라 如[53]曰三月不違[54]則三月之間에 所

51) 히 : 509본·512본에는 '이'로 되어 있다.

52) 自 : 대전본·사고본에는 없다.

53) 如 : 대전본에는 '故'로 되어 있다.

54) 三月不違 : 《論語》 〈雍也〉 제5장에 "顔回는 그 마음이 3개월 동안 仁을 떠나지 않았고, 그 나머지 사람들은 하루나 한 달에 한 번 仁에 이를 뿐이다.〔回也 其心三月不違仁 其餘則日月

爲皆實而三月之後에 未免於無實이니 蓋不違之終始는 卽其[55]事之終始也요 日月至焉[56]則至此之時에 所爲皆實而去此之後에 未免於無實이니 蓋至焉之終始는 卽其事[57]之終始也니 是則所謂不誠無物者가 然也니라

진실로 아직 聖人의 단계에 이르지 못하여 그 본심의 진실함이 여전히 중간 중간 끊어지는 것을 면치 못한다면, 실제로 이 마음을 처음 가졌을 때부터 중간 중간 끊어지기 전까지는 진실하지 않은 것이 없다가, 중간 중간 끊어지게 된 이후로 심지어는 서로 이어지지 않는 데 이르기 전까지는 모든 말하고 행동하는 것이 모두 일컬을 만한 진실함이 없는 것이니, 비록 그 일은 있다 하더라도 있지 않는 것과 다름이 없는 것이다.

예를 들어 "3개월 동안 仁을 떠나지 않았다."라고 했다면, 3개월 동안에는 행하는 것이 모두 진실하지만 3개월이 지난 뒤에는 진실함이 없는 것을 면치 못한 것이니, '떠나지 않음〔不違〕'의 終始는 바로 그 일의 終始인 것이다. "하루나 한 달에 한 번 이르렀다."라고 했다면, 이에 이르렀을 때에는 행한 것이 모두 진실하지만 이를 떠난 뒤에는 진실함이 없는 것을 면치 못한 것이니, '이름〔至焉〕'의 終始는 바로 그 일의 終始인 것이다. 이것이 이른바 '성실하지 않으면 사물도 없게 된다.〔不誠無物〕'라는 것이다.

以是言之則在天者가 本無不實之理라 故凡物之生於理者가 必有是理라사 方有是物이니 未有無其理而徒有不實之物者也요 在人者가 或有不實之心이라 故凡物之出於心者가 必有是心之實이라사 乃有是物之實이니 未有無其心之實而能有其物之實者也라 程子所謂徹頭徹尾[58]者가 蓋如此也니라

至焉而已矣〕"라는 내용이 보인다.

55) 其 : 사고본에는 없다.

56) 日月至焉 : 12-4-나1(朱) '三月不違' 주석 참조.

57) 事 : 사고본에는 '物'로 되어 있다.

58) 徹頭徹尾 : 《二程遺書》 卷18에 "'성실함'은 자연히 이루어지는 것이다. 예를 들면 지극한 성실함으로 부모를 섬기면 자식이 되고, 지극한 성실함으로 임금을 섬기면 신하가 되는 것과 같은 것이다. 성실함이 없으면 사물도 없으니, 성실함은 사물의 마침이며 시작이다. 세상에서 말하는 '철두철미'라는 말과 같으니, 성실하지 않다면 또 무슨 사물이 있겠는가.〔誠者自成 如至誠事親則成人子 至誠事君則成人臣 不誠無物 誠者物之終始 猶俗說徹頭徹尾 不誠更有

이것을 가지고 말한다면, 하늘에 있는 것은 본래 진실하지 않은 이치는 없다. 그러므로 이 이치에서 나온 모든 사물은 반드시 이 이치가 있어야 이 사물이 있게 되니, 이 이치가 없는데도 단지 진실하지 않은 사물만 있는 것은 없다. 사람에게 있는 것은 혹 진실하지 않은 마음이 있을 수 있기 때문에 이 마음에서 나온 모든 사물은 반드시 이 마음의 진실함이 있어야 이에 이 사물의 진실함이 있게 되니, 그 마음의 진실함이 없는데도 그 사물의 진실함이 있을 수 있는 것은 없다. 程子가 말한 '徹頭徹尾'라는 것은 아마도 이러한 뜻일 것이다."

12-4-나2(按)

臣은 按 此章之義는 上下가 皆所當知니 自人君言之컨대 必有修德之實心然後에 有修德之實事요 有愛民之實心然後에 有愛民之實事니 未有無是心之實而能有其事之實者也라 以是推之면 餘莫不然이니 是故로 君子가 實之爲貴니이다

【臣按】 이 장의 뜻은 상하가 모두 알아야 하는 것입니다. 임금으로 말하면, 반드시 덕을 닦는 진실한 마음이 있은 뒤에 덕을 닦는 실제의 일이 있게 되고, 백성을 사랑하는 진실한 마음이 있은 뒤에 백성을 사랑하는 실제의 일이 있게 되니, 이 마음의 진실함이 없는데도 그 일의 실제가 있는 경우는 없습니다. 이것을 가지고 미루어본다면 다른 것들도 이렇지 않은 것이 없으니, 이 때문에 군자가 진실하게 하는 것을 귀하게 여기는 것입니다.

12-5-가[59]

天下之達道가 五에 所以行之者는 三이니 曰 君臣也・父子也・夫婦也・昆弟也・朋友之交也五者는 天下之達道也요 知・仁・勇三者는 天下之達德也니 所以行之者는 一也니라

甚物也〕"라는 程頤의 말이 보인다. 朱熹는 '誠者自成'의 '自成'에 "'성실함'은 자연히 이루어지는 이치이며 사람이 인위적으로 안배하는 것이 아니다.〔誠者是箇自然成就底道理 不是人去做作安排底物事〕"라고 해석하였다. 《朱子語類 卷64 第25章》

59) 《中庸》 제20장에 보인다.

천하에 공통된 도가 다섯인데, 이를 행하는 방법은 세 가지이다. 군신·부자·부부·형제·붕우의 사귐, 이 다섯 가지는 천하에 공통된 도이다. 지혜〔知〕·어짊〔仁〕·용기〔勇〕, 이 세 가지는 천하에 공통된 덕이니, 이를 행하는 방법은 하나이다.

12-5-나(按)

臣은 按 君臣·父子以至朋友之交此五者는 天下共由之路也[60]니 故曰達道요 知·仁·勇三者는 人所同得也니 故曰達德이라

【臣按】 군신·부자부터 붕우의 사귐에 이르기까지 이 다섯 가지는 천하 사람들이 모두 가는 길이기 때문에 '공통된 도〔達道〕'라고 한 것이며, 지혜·어짊·용기 이 세 가지는 사람이면 누구나 똑같이 갖고 있는 것이기 때문에 '공통된 덕〔達德〕'이라고 한 것입니다.

道雖人之所共由나 然其知不[61]足以及之則君之當仁과 臣之當敬과 子之當孝와 父之當慈也[62]를 未必不昧其所以然이요 知雖及之而仁不能守하며 仁雖能守而勇不能斷則於當行之理에 或奪於私欲하며 或蔽於利害하여 以至蔑天常而敗人紀者가 多矣니 故曰所以行之者[63]가 三이니라

'道'는 사람들이 모두 똑같이 가는 길이기는 하지만 그 지혜가 이에 못 미치면, 임금은 어질어야 한다는 것과 신하는 공경해야 한다는 것과 자식은 효도해야 한다는 것과 부모는 사랑해야 한다는 그 이유에 대해서는 반드시 어둡지 않을 것이라고 장담할 수는 없을 것입니다.

지혜가 비록 이에 미친다 할지라도 어짊으로 이를 지키지 못하고, 어짊이 비록 이를 지킨다 할지라도 용기로 끊지 못한다면, 마땅히 행해야 하는 이치에 대해 사욕에 빼앗기기도 하고 이해에 가려지기도 해서 天理를 없애고 人倫을 무너뜨리는

60) 也 : 사고본에는 없다.

61) 其知不 : 대전본에는 '其知'로, 사고본에는 '非知'로 되어 있다.

62) 也 : 대전본·사고본에는 없다.

63) 者 : 사고본에는 이 뒤에 '一'이 있다.

일이 많게 될 것입니다. 그러므로 '이를 행하는 방법은 세 가지이다.〔所以行之者三〕'라고 말한 것입니다.

德雖人所同得이나 然或勉强焉하며 或矯飾焉則知出於數術하며 仁流於姑息하며 勇過於彊暴而德非其德矣라 故行之必本於誠이니 一者는 誠也라 三者가 皆眞實而無妄이 是之謂誠이니 德至於誠則以之爲君에 必盡君道하며 以之爲臣에 必盡臣道하며 處夫婦・昆弟・朋友之間에 無不盡其道者니 漢高帝가 溺嬖寵而兆人彘(체)之禍[64]하니 以私欲이 蔽其知也요 晉武帝가 違親命而虧介弟之恩[65]하니 以讒賊이 害其仁也요 唐太宗이 於廢承乾・立子治之際에 幾不能決[66]하니 以愛가 牽其勇也라 然則人君之於

64) 漢高……之禍 : 漢 高祖가 戚夫人을 총애하여 태자 劉盈을 폐하고 척부인이 낳은 趙王 劉如意를 태자로 세우려 했다가 呂后와 張良의 계책으로 태자를 바꾸지 못하였는데, 뒤에 고조가 죽고 惠帝 유영이 즉위하자, 呂后가 유여의는 수도로 불러들여 독살하고 척부인은 손발을 자르고 눈알을 뽑고 약을 써서 귀머거리에 벙어리를 만들고서 변소에 넣은 뒤 '인간 돼지〔人彘〕'라고 부른 일을 이른다. 《史記 卷9 呂后本紀》

65) 晉武……之恩 : 晉 武帝 司馬炎(236~290)은 司馬懿의 손자이자 司馬昭(211~265)의 적장자로, 사마소가 죽은 뒤 작위를 이어받아 晉王이 되었고, 몇 달 후 魏 元帝를 압박하여 양위를 받아 晉나라를 개국하였다. 사마소는 원래 온순하고 총명한 차자 司馬攸(248~283)를 후사로 삼으려고 하였으나 신하들의 반대로 뜻을 이루지 못한 일이 있었다. 사마소는 병으로 드러눕게 되자 사마염에게 漢나라 淮南王과 魏나라 陳思王의 고사를 얘기하며 울었고, 임종을 앞두고서는 사마유의 손을 잡아 사마염에게 주며 부탁하기도 하였다. 사마소 사후 사마염이 진나라를 세우자 사마유는 齊王에 봉함을 받았는데, 사마염 말년에 이르러 사마유는 비록 洛陽에 계속 머물며 侍中・太子太傅 벼슬을 하였으나 封國의 정사를 잘 처리하여 매우 민심을 얻었으며 조정의 여론도 사마유가 후계자가 될 것을 원하였다. 그러자 사마염의 총신 荀勖과 馮紞(담) 등은 자신들을 미워하는 사마유가 후계자가 될 것을 두려워하여 사마염에게 태자의 지위가 위험하다는 이유로 사마유를 참소하여 封國으로 돌아가도록 하였다. 사마유는 나중에 이 사실을 알고 울분으로 병이 나 피를 토하고 36세의 나이로 죽었다. 漢나라 淮南王의 고사는 8-9-가 참조. 魏나라 陳思王은 曹操의 셋째 아들 曹植(192~232)을 가리킨다. 형인 魏 文帝 曹丕와 조비의 아들 魏 明帝 曹叡가 황제로 있었던 12년 동안 심한 견제를 받아 여러 차례 封地가 옮겨졌다. 조비가 조식을 죽이고자 7걸음 안에 시를 지으라고 명을 내린 〈七步詩〉에 관한 일화는 유명하다. 《晉書 卷38 文六王列傳 齊獻王攸》

66) 唐太……能決 : 唐 太宗은 貞觀 16년(642) 2월에 넷째아들 魏王 李泰가 主編한 《括地志》가 완성되자 보물을 얻은 것처럼 기뻐하며 秘閣에 보관하도록 명하고 큰 상을 내림과 동시에

三德에 其可使有一之闕哉며 其可有一之不出於誠哉잇가

덕은 사람들이 모두 똑같이 가진 것이기는 하지만, 억지로 노력하기도 하고 거짓으로 꾸며서 하기도 합니다. 그렇게 되면 지혜가 術數에서 발현되기도 하고, 어짊이 원칙 없는 관용으로 흐르기도 하며, 용기가 지나치게 强暴하게 되기도 하여 덕이 본래의 덕이 아니게 됩니다. 그러므로 이를 행하는 것은 반드시 성실함에 뿌리를 두어야 하니, '하나〔一〕'라는 것은 '성실함〔誠〕'을 말합니다.

세 가지가 모두 진실하여 거짓이 없는 것을 일러 '성실함'이라고 합니다. 덕이 성실함에 이르면 이것을 가지고 임금의 직분을 행할 때 반드시 임금의 도리를 다하게 되고, 이것을 가지고 신하의 직분을 행할 때 반드시 신하의 도리를 다하게 되며, 부부・형제・붕우 사이에 처했을 때 그 도리를 다하지 않음이 없게 됩니다.

漢 高祖가 嬖妾에 빠져 人彘의 禍를 일으키는 빌미를 주었으니, 사욕이 그 지혜를 가렸기 때문입니다. 晉 武帝가 어버이의 명을 어기고 아우에 대한 사랑을 손상시켰으니, 참소가 그 어짊을 해쳤기 때문입니다. 唐 太宗이 태자 李承乾을 폐하고 李治를 태자로 세울 때 하마터면 결단을 내리지 못할 뻔하였으니, 사랑이 그 용기를 잡아끌었기 때문입니다. 그렇다면 임금이 이 세 가지 덕 중에 하나라도 결여되어서야 되겠습니까. 하나라도 성실함에서 나오지 않아서야 되겠습니까.

以上皆言誠이라

이상(12-1～12-5)은 모두 성실함에 대해 말한 것이다.

12-6-가[67]

子가 曰 好學은 近乎知하고 力行은 近乎仁하고 知恥는 近乎勇이니라 知斯三者

태자를 넘어설 정도로 매달 많은 재물을 하사하며 총애하였다. 태자 李承乾(619～645)은 그때 마침 足疾에 걸린 데다 자신처럼 총애를 받는 이태가 자신의 지위를 넘본다는 것을 알고 폐위될 것을 두려워하여 貞觀 17년(643)에 漢王 李元昌 등과 자구책을 모의하였는데, 사전에 발각되어 廢庶人되었다. 태종은 이태가 자신의 아들을 죽이고 皇位를 아우인 晉王 李治(628～683)에게 전하겠다고 약속하자 이태를 태자로 세우겠다고 허락하였으나, 褚遂良의 간언을 듣고 자신이 사랑하는 세 아들을 모두 살리기 위하여 성격이 온유한 이치를 태자로 삼고 이승건을 黔州에 유배하였다. 《新唐書 卷2 太宗本紀》

則知所以修身이요 **知所以修身則知所以治人**이요 **知所以治人則知所以治天下·國家矣**리라

공자가 말하였다.

"학문을 좋아하는 것은 지혜〔知〕에 가깝고, 힘써 행하는 것은 어짊〔仁〕에 가깝고, 부끄러움을 아는 것은 용기〔勇〕에 가깝다. 이 세 가지를 안다면 자신을 수양하는 방법을 알게 되며, 자신을 수양하는 방법을 알면 남을 다스리는 방법을 알게 되며, 남을 다스리는 방법을 알면 천하와 국가를 다스리는 방법을 알게 된다."

12-6-나(按)

臣은 **按 前章**에 **既言三達德**하고 **此又教人以入德之路也**라 **夫智必上智**[68]요 **仁必至仁**[69]이요 **勇必大勇**[70]**然後**에 **爲至**어니와 **然豈易**(이)**遽及哉**리오 **苟能好學不倦則亦近乎智矣**요 **力行不已則亦近乎仁矣**요 **以不若人爲恥則亦近乎勇矣**라 **蓋好學**은 **所以明理也**요 **力行**은 **所以進道也**요 **知恥**는 **所以立志也**니 **能於是三者**에 **用其功則所謂三達德者**를 **庶乎可漸致矣**라 **知斯三者則修身·治人之道**가 **不外乎此**니 **自家而國**과 **自國**

---

67) 《中庸》 제20장에 보인다.

68) 上智 : 《論語》 〈陽貨〉 제3장에 "오직 지극히 지혜로운 자와 지극히 어리석은 자만은 변화시킬 수 없다.〔唯上知與下愚不移〕"라는 내용이 보인다.

69) 至仁 : 《孟子》 〈盡心 下〉 제3장에 맹자가 《書經》 〈周書 武成〉의 "武王이 紂王을 정벌할 때 주왕의 군대 앞에 있던 군사들이 창을 거꾸로 들고 자기 편의 뒤를 공격하여 패배시켜서, 주왕의 군사들의 피가 흘러 절굿공이가 떠다닐 정도였다.〔武王伐紂 紂之前徒倒戈 攻于後以北 血流漂杵〕"라는 구절에 대해, "仁人은 천하에 대적할 사람이 없다. 지극한 仁으로 지극히 不仁한 사람을 정벌하였으니, 어찌 그 피가 절굿공이를 떠다니게 하는 일이 있었겠는가.〔仁人無敵於天下 以至仁伐至不仁 而何其血之流杵也〕"라고 반박하며 기록을 다 믿지는 않는다고 말한 내용이 보인다.

70) 大勇 : 《孟子》 〈公孫丑 上〉 제2장에 "내 일찍이 夫子에게 大勇에 대해 이렇게 들었다. 스스로 돌이켜서 정직하지 못하면 비록 천한 사람들이 입는 거칠고 헐렁한 갈옷을 입고 있다 할지라도 내 두려워하지 않겠는가. 그러나 스스로 돌이켜서 정직하다면 비록 천만 명이 있더라도 내가 가서 대적할 수 있다.〔吾嘗聞大勇於夫子矣 自反而不縮 雖褐寬博 吾不惴焉 自反而縮 雖千萬人 吾往矣〕"라는 曾子의 말이 보인다.

而天下에 特推之而已爾니이다

【臣按】 앞 장(12-5-가)에서는 '천하에 공통된 세 가지 덕〔三達德〕'을 말하고, 여기에서는 또 사람들에게 그 덕에 들어가는 길을 가르쳐주었습니다. 지혜〔智〕는 반드시 최고의 지혜〔上智〕가 되고, 어짊〔仁〕은 반드시 지극한 어짊〔至仁〕이 되고, 용기〔勇〕는 반드시 큰 용기〔大勇〕가 된 뒤에야 지극함이 되겠지만, 이것이 어찌 갑자기 쉽게 미칠 수 있는 것이겠습니까. 진실로 배우기를 좋아하고 게으르지 않을 수 있다면 지혜에 가까울 것이며, 힘써 행하여 그치지 않을 수 있다면 또한 어짊에 가까울 것이며, 남보다 못한 것을 부끄럽게 여길 수 있다면 또한 용기에 가까울 것입니다.

배우기를 좋아하는 것은 이치를 밝히는 것이며, 힘써 행하는 것은 도에 나아가는 것이며, 부끄러움을 아는 것은 뜻을 확립하는 것입니다. 이 세 가지 덕에 그 노력을 경주할 수 있다면, 이른바 '천하에 공통된 세 가지 덕〔三達德〕'이란 것을 아마도 차츰 이루어나갈 수 있을 것입니다. 이 세 가지를 안다면 자신을 수양하고 남을 다스리는 방도도 여기에서 벗어나지 않으니, 집안을 가지런히 하는 것에서 나라를 다스리는 것으로 나아가고, 나라를 다스리는 것에서 천하를 태평하게 하는 것으로 나아가는 데에도 오직 이 세 가지 덕을 미루어나갈 뿐입니다.

此章言智仁勇이라

이 장은 지혜·어짊·용기에 대해 말하였다.

12-7-가[71]

孟子가 見梁惠王하신대 王曰 叟가 不遠千里而來하시니 亦將有以利吾國乎잇가 孟子가 對曰 王은 何必曰利잇고 亦有仁義而已矣니이다

71) 《孟子》〈梁惠王 上〉 제1장에 보인다. 江永에 따르면, 맹자가 양 혜왕을 만난 때는 周 愼靚王 원년(기원전 320), 즉 혜왕 後元 15년이 되는 해이다. 이듬해에 혜왕이 죽고 아들 襄王이 즉위하였으니, 이에 따르면 맹자는 혜왕을 한 번 만나보고 바로 梁나라를 떠난 것이다. '梁惠王'은 12-20-가 '梁惠……殉之' 주석 참조. 《群經補義 卷4 孟子補義》

맹자가 梁 惠王을 만나자, 양 혜왕이 말하였다.

"어르신께서 천 리를 멀다 여기지 않고 오셨으니, 또한 우리나라를 이롭게 할 것이 있으십니까?"

맹자가 대답하였다.

"왕께서는 하필 이로움을 말씀하십니까. 또한 仁義가 있을 뿐입니다."

12-7-나(按)

臣은 按 孟子七篇에 以仁義爲首하니 此가 造端託始之深意也라 程頤가 有曰 孔子言仁에 未嘗兼義하사대 獨於易에 曰 立人之道曰仁與義[72]라하시고 而孟子言仁에 必以義配[73]하시니 可謂有功於聖門矣[74]라하니 梁惠[75]一章을 臣이 已著之義利篇[76]이라 故不悉錄하노이다

【臣按】《孟子》 7편 중 仁義를 맨 처음에 두었으니, 이것은 단서를 짓고 시작을 의탁한 깊은 뜻입니다.

程頤가 말하기를 "공자는 仁을 말할 때 義를 같이 말한 적이 없지만 유독 《周易》에서만은 '사람의 도를 세우는 것은 仁과 義이다.'라고 하였고, 맹자도 仁을 말할 때에는 반드시 義를 짝지어 말하였으니 聖門에 공이 있다 말할 수 있다."라고 하였습니다.

〈양혜왕〉 1장은 신이 이미 〈義利〉篇에 기록하였기 때문에 여기에는 다 수록하

72) 立人……與義 : 《周易》 〈說卦傳〉 제2장에 보인다.

73) 孔子……義配 : 《二程遺書》 권4에 보인다. 다만 《이정유서》에는 '孔子'가 '仲尼'로 되어 있다.

74) 可謂……門矣 : 《孟子集註》 〈序說〉에 "맹자가 聖門에 공이 있음을 이루 다 말할 수 없다. 仲尼는 단지 仁만을 말하였는데 맹자는 입만 열면 仁義를 말하였으며, 중니는 단지 志만을 말하였는데 맹자는 수많은 養氣를 말하였으니, 단지 이 두 글자지만 그 공은 매우 크다.〔孟子有功於聖門 不可勝言 仲尼只說一箇仁字 孟子開口便說仁義 仲尼只說一箇志 孟子便說許多養氣出來 只此二字 其功甚多〕"라는 程頤의 말이 보인다.

75) 惠 : 사고본에는 이 뒤에 '王'자가 있다.

76) 梁惠……利篇 : 《西山讀書記》 권8에 〈義利〉가 있고, 권9에 〈仁義〉가 있다. 〈義利〉에 "《孟子》 첫 장은 뒤 〈인의〉 편에 보인다.〔孟子首章 見後仁義篇〕"라고 말하고 있는데, 권9의 〈仁義〉를 보면 여기에서 《孟子》 〈梁惠王 上〉 1장에 대해 집중적으로 논하고 있다. 여기에서 '이미 〈義利〉편에 기록하였다.'라고 한 것은 착오이거나 뒤에 다시 편집된 것으로 보인다.

지 않겠습니다.

12-8-가[77]

孟子가 曰 仁은 人之安宅也요 義는 人之正路也라 曠安宅而弗居하며 舍正路而不由하나니 哀哉라

맹자가 말하였다.

"仁은 사람의 편안한 집이요, 義는 사람의 바른 길이다. 편안한 집을 비워두고 거처하지 않으며 바른 길을 버려두고 이곳으로 가지 않으니, 슬프다."

12-8-나(按)

臣은 按 仁者는 心之德이니 心存於仁則安하고 反是則危하고 義者는 心之制니 身由於義則正하고 反是則邪하니 二者가 皆吾所自有어늘 而甘心於自棄[78]焉하니 是는 虛至安之宅而託曠蕩之野하고 背至正之路而趨荊棘之塗니 此가 聖賢之所深哀也시니이다

【臣按】仁은 마음의 덕이니, 마음이 仁에 있으면 편안하고 이와 반대이면 위태롭습니다. 義는 마음을 제어하는 것이니, 몸이 義를 따르면 올바르고 이와 반대이면 그릇되게 됩니다. 이 두 가지는 모두 내가 본래 가지고 있는 것이지만 스스로 포기하는 것을 달갑게 여기니, 이것은 지극히 편안한 집을 비워두고 허허벌판에 의탁하는 것이며, 지극히 바른 길을 등지고 가시밭길로 달려가는 것입니다. 이것이 바로 聖賢이 깊이 슬퍼하는 점입니다.

12-9-가[79]

孟子가 曰 人之所以異於禽獸者가 幾希하니 庶民은 去之하고 君子는 存之니라 舜은 明於庶物하시며 察於人倫하시니 由仁義行이라 非行仁義也시니라

---

77)《孟子》〈離婁 上〉 제10장에 보인다.

78) 自棄 : 12-1-나2(呂) '自棄' 주석 참조.

79)《孟子》〈離婁 下〉 제19장에 보인다.

맹자가 말하였다.

"사람이 금수와 다른 점은 얼마 되지 않는다. 그런데 이 얼마 되지 않은 다른 점을 일반 백성은 버리고 군자는 보존한다. 舜임금은 만물의 이치에 밝았고 인륜의 이치에 대해 자세히 살폈으니, 이는 仁義의 길을 간 것이며 仁義를 노력해서 행한 것이 아니었다."

12-9-나(按)

臣은 按 人之與物이 相去가 亦遠矣而孟子가 以爲幾希者는 蓋人·物이 均有一心이로되 然人能存而物不能存하니 所不同者가 惟此而已라 人類之中에 有凡民者가 亦有是心而不能存하니 是卽禽獸也요 惟君子가 能存之하니 所以異於物耳라 若大舜之聖은 則明乎物之所以爲物하시며 察乎人之所以爲人하사 不待於存而自存하시니 蓋存之者는 猶待於用力이어니와 舜則身卽理요 理卽身이라 渾然無間而不待於用力하시니 所謂生知安行[80]·從容中道[81]者가 是也라 由仁義行則身與理一이요 行仁義則身與理二라 然未至於舜則所以行仁義者가 正所當勉也니 行而久하며 久而熟하며 熟而安則與由而行者로 亦豈異哉리오 此가 湯·武反之[82]之事니 有志於學聖人者가 不可以不勉이니이다

【臣按】 사람이 동물과의 차이가 또한 큰데도 맹자가 얼마 되지 않는다고 말한 것은, 사람과 동물이 모두 똑같은 마음을 가졌지만 사람은 이 마음을 능히 보존하고 동물은 이 마음을 능히 보존하지 못하니, 다른 점은 오직 이것뿐이기 때문입니다.

인류 가운데 일반 백성들이 또한 이 마음을 가지고서도 능히 보존하지 못하니 이는 바로 금수인 것이며, 오직 군자만이 이를 능히 보존하니 이 때문에 동물과 다른 것뿐입니다.

大舜과 같은 聖人은 동물이 동물인 이유를 밝게 알았으며, 사람이 사람인 이유를 자세히 살펴 굳이 보존할 필요도 없이 절로 보존되었습니다. 이를 보존하는 것

80) 生知安行 : 12-3-나5 '生知安行' 주석 참조.

81) 從容中道 : 12-1-가 참조.

82) 湯武反之 : 《孟子》 〈盡心 下〉 제33장에 "요임금과 순임금은 본성대로 하였고, 탕왕과 무왕은 본성을 회복하였다.〔堯舜性者也 湯武反之也〕"라는 내용이 보인다.

은 그래도 여기에 힘쓰는 것을 필요로 하는 것이지만, 순임금은 자신이 바로 이치였으며 이치가 바로 자신이었기에 혼연일체여서 굳이 힘쓸 필요도 없었으니, 이른바 '태어나면서부터 알고 편안히 행한다.〔生知安行〕', '조용히 도에 맞는다.〔從容中道〕'라는 것은 바로 이를 두고 한 말입니다.

仁義의 길을 가는 것은 자신이 이치와 하나인 것이며, 仁義를 노력해서 행하는 것은 자신이 이치와 둘인 것입니다. 그러나 아직 순임금의 경지에 이르지 못하였다면 인의를 행하는 것은 바로 마땅히 힘써야 할 바이니, 행하여서 오래되고, 오래되어 익숙해지고, 익숙해져서 편안해지면, 그 길을 간 자와 또한 어찌 다르겠습니까.

이것이 바로 湯王과 武王이 본성을 회복한 일이니, 聖人을 배우는 데 뜻을 둔 사람은 여기에 힘쓰지 않으면 안 될 것입니다.

12-10-가[83)]

王子墊(점)이 **問曰 士**는 **何事**[84)]잇고 **孟子**가 **曰 尙志**니라 **曰 何謂尙志**잇고 **曰 仁義而已矣**니 **殺一無罪**가 **非仁也**며 **非其有而取之**가 **非義也**니 **居惡**(오)**在**오 **仁**이 **是也**라 **路惡**(오)**在**오 **義**가 **是也**라 **居仁由義**면 **大人之事**가 **備矣**니라

王子墊이 물었다.

"士는 무엇에 종사합니까?"

맹자가 대답하였다.

"뜻을 높게 한다."

"뜻을 높게 한다는 것은 무슨 말입니까?"

"仁義일 뿐이다. 한 사람이라도 죄 없는 자를 죽이는 것은 仁이 아니며, 자신의 소유가 아닌데도 취하는 것은 義가 아니다. 거하는 곳은 어디에 있는가? 仁이 바로 거할 곳이다. 길은 어디에 있는가? 義가 바로 그 길이다. 仁에 거하고 義의 길

83) 《孟子》〈盡心 上〉 제33장에 보인다.

84) 王子……何事 : 朱熹의 주에 "墊은 齊나라 왕의 아들이다. 위로는 공경대부와 아래로는 農工商賈가 모두 일삼는 바가 있는데, 士는 그 사이에 있으면서 士만은 종사하는 것이 없기 때문에 왕자가 물은 것이다.〔墊 齊王之子也 上則公卿大夫 下則農工商賈 皆有所事 而士居其間 獨無所事 故王子問之也〕"라는 내용이 보인다. 《孟子集註 盡心 上》

을 간다면 大人의 일이 갖추어진 것이다."

12-10-나(按)

臣은 按 王子墊(점)者는 必當時國君之子니 天子·諸侯之子其未命者를 皆曰士라 觀其所問與孟子所告則其人이 必有志者也라 殺一無罪則非仁이요 非其有取之則非義니 方是時에 天下之戰國이 七이라 爭地以戰에 殺人盈野하며 爭城以戰에 殺人盈城하니 其戮及無罪者가 衆矣라 此가 不仁之甚也요 侵人土疆하며 奪人寶貨하니 非其有而取之者가 衆矣니 此가 不義之甚也라

【臣按】王子墊은 필시 당시 國君의 아들이었을 것이니, 천자와 제후의 아들 중에 아직 命을 받지 못한 사람을 모두 '士'라고 합니다. 그가 질문한 내용과 맹자가 일러준 내용을 보면, 그는 필시 뜻이 있는 사람이었을 것입니다.

한 사람이라도 죄 없는 자를 죽인다면 仁이 아니며 자신의 소유가 아닌데도 취한다면 義가 아닙니다. 이때 천하에는 서로 패권을 차지하기 위해 싸우는 나라가 일곱이었습니다. 땅을 다투느라 싸워서 사람을 죽여 그 시신이 들에 가득하고, 城을 다투느라 사람을 죽여 그 시신이 城에 가득하였으니, 죄 없는 자까지 살육하는 경우가 많았습니다. 이것은 不仁함이 심한 것이었습니다. 남의 영토를 침략하고 남의 寶貨를 빼앗았으니, 자신의 소유가 아닌데도 취한 것이 많았습니다. 이것은 不義함이 심한 것이었습니다.

然當時之君이 習[85]於爲此하여 未必知其爲不仁·不義也라 故孟子가 斥而言之하사 使以不仁爲戒而所居가 常在乎仁하며 以不義爲戒而所由가 常在於義케하시니 如此則大人之事가 備라 孟子此言이 所以救橫流之禍하며 全生民之命者니 其功이 豈少哉리오 爲人君者가 當味斯言以自警也니이다

그러나 당시의 임금들은 이런 짓을 하는 데 익숙하여 이것이 不仁과 不義가 된다는 것을 반드시 안 것은 아니었습니다. 그러므로 맹자가 이를 지적하여 말함으로써 그 不仁함을 경계하여 거하는 곳이 항상 仁에 있도록 한 것이며, 그 不義함을 경계하여 가는 길이 항상 義에 있도록 한 것입니다. 이렇게 한다면 大人의 일

85) 習 : 대전본에는 '忍'으로 되어 있다.

이 갖추어진 것입니다.

맹자의 이 말은 범람하는 禍를 구한 것이며 生民의 목숨을 온전히 한 것이니, 그 공이 어찌 적겠습니까. 임금이 된 자는 마땅히 이 말을 음미하여 스스로 경계해야 할 것입니다.

12-11-가[86]

孟子가 曰 人皆有所不忍하니 達之於其所忍이면 仁也요 人皆有所不爲하니 達之於其所爲면 義也니 人能充無欲害人之心이면 而仁을 不可勝用也며 人能充無穿窬(유)[87]之心이면 而義를 不可勝用也며 人能充無受爾汝之實이면 無所往而不爲義也니라

맹자가 말하였다.

"사람에게는 모두 차마 하지 못하는 마음이 있으니, 이 마음을 차마 하는 일에까지 적용한다면 이것이 바로 仁이다. 사람은 모두 선뜻 하지 못하는 마음이 있으니, 이것을 선뜻 하는 일에까지 적용한다면 이것이 바로 義이다.

사람이 능히 남을 해치는 일이 없고자 하는 마음을 확충할 수 있다면 仁을 이루 다 쓸 수 없을 것이며, 사람이 능히 훔치는 일이 없고자 하는 마음을 확충할 수 있다면 義를 이루 다 쓸 수 없을 것이며, 사람이 능히 '爾汝(너)'라고 들을 일이 없는 실제의 덕을 확충할 수 있다면 무엇을 하든 義가 되지 않음이 없을 것이다."

12-11-나(按)

臣은 按 孟子此章은 教人以善推其所爲也라 夫有所不忍하며 有所不爲者는 此心之正

---

86) 《孟子》〈盡心 下〉 제31장에 보인다.

87) 穿窬 : '穿'은 구멍을 뚫는 것이고 '窬'는 '踰'와 같은 뜻으로 담장을 넘는 것이다. 모두 도적이 하는 짓을 이른다. 《論語》〈陽貨〉 제12장에 "얼굴빛은 위엄이 있으면서 마음이 유약한 것을 小人에 비유하면 벽을 뚫고 담을 넘는 도적과 같을 것이다.〔色厲而內荏 譬諸小人 其猶穿窬之盜也歟〕"라는 내용이 보인다.

也니 能卽[88]是心而推之하여 雖所忍者라도 亦不忍이 卽仁也요 雖所爲者라도 亦不爲가 卽義也라 如無欲害人이 此가 所謂不忍也니 私欲이 一動則不忍者를 有時而忍矣요 無欲穿窬가 此가 所謂不爲也니 私欲이 一動則不爲者를 有時而爲矣니 惟能卽是心而充之면 害人之事가 固所不欲이라 其未至於害人者도 亦皆不欲이니 仁其可勝用乎아 穿窬之事가 固所不爲라 其未至於穿窬者도 亦皆不爲니 義其可勝用乎아 爾汝는 人所輕賤之稱이라 知恥者之所不肯受니 此가 所謂羞惡(오)之心[89]也라 能自此充之則無所往而非義也니라

【臣按】《孟子》의 이 장은 사람들에게 그 행하는 바를 잘 미루어나갈 것을 가르친 것입니다. 무릇 차마 하지 못하는 마음이 있고 선뜻 하지 못하는 마음이 있는 것은 이 마음의 올바른 상태입니다. 능히 이 마음에 나아가 미루어서, 차마 할 수 있는 일이라 할지라도 차마 하지 못하는 것이 바로 仁이며, 선뜻 할 수 있는 일이라 할지라도 하지 않는 것이 바로 義입니다.

예를 들면 남을 해치는 일이 없고자 하는 것이 이른바 '차마 하지 못한다.〔不忍〕'는 것이니, 사욕이 한번 동하면 차마 하지 못했던 것을 차마 하게 되는 때가 있게 되며, 훔치는 일이 없고자 하는 것이 이른바 '선뜻 하지 않는다.〔不爲〕'는 것이니, 사욕이 한번 동하면 하지 않는 것을 할 때도 있게 됩니다.

능히 이 마음에 나아가서 확충하기만 한다면 남을 해치는 일은 본래 원하지 않았던 것이라 남을 해치는 데에까지 이르지 않은 것도 모두 원하지 않게 될 것이니, 仁을 이루 다 쓸 수 있겠습니까. 훔치는 일은 본래 하지 않았던 것이라 훔치는 일에까지 이르지 않은 것도 모두 하지 않게 될 것이니, 義를 이루 다 쓸 수 있겠습니까. '爾汝'는 사람들이 경멸하고 천시하는 호칭입니다. 부끄러움을 아는 자가 이러한 호칭을 받지 않으려는 것이 이른바 '부끄럽게 여기고 미워하는 마음〔羞惡之心〕'이라는 것입니다. 능히 여기에서부터 이를 확충해나간다면 무엇을 하든 義 아님이 없게 됩니다.

大抵人之本心이 無不善者로되 由其以利欲汩之而失其本心이라 故侵尋蹉跌하여 遂流

88) 卽 : 사고본에는 '有'로 되어 있다.

89) 羞惡之心 : 朱熹의 주에 따르면, '羞'는 자신의 不善을 부끄러워하는 것이고, '惡'는 남의 不善을 미워하는 것이다. 《孟子集註 公孫丑 上 第6章》

於[90]不善하나니 如百步[91]之走則知恥之호대 而五十步[92]則不以爲恥[93]하니 曷若倂五十步[94]而無之乎며 月攘一雞則知恥之[95]호대 歲攘其一則不以爲恥[96]하니 曷若倂歲攘而不爲乎리오 知此而後에 知孟子充之之說이니이다

무릇 사람의 본래 마음은 善하지 않은 것이 없으나 利欲이 이 마음을 빠트림으로 인해 그 본래 마음을 잃게 됩니다. 그러므로 차츰차츰 벗어나서 마침내는 不善에까지 흘러가게 됩니다. 이는 마치 백 보를 달아나는 것은 부끄러워할 줄 알지만 오십 보를 달아나는 것은 부끄럽다고 생각하지 않은 것과 같으니, 어찌 오십 보마저도 달아나는 일이 없는 것만 하겠습니까. 이는 마치 한 달에 한 번 닭을 훔치는 것은 부끄러워할 줄 알지만 일 년에 한 번 훔치는 것은 부끄럽다고 생각하지 않은 것과 같으니, 어찌 일 년에 한 번 훔치는 것마저도 하지 않는 것만 하겠습니까. 이를 안 연후에 맹자가 이 마음을 확충하라고 한 의미를 알 수 있습니다.

以上兼言仁義이라

이상은 仁과 義를 겸하여 말하였다.

12-12-가[97]

孟子가 曰 仁之實은 事親이 是也요 義之實은 從兄이 是也니 智之實은 知斯

90) 流於 : 대전본에는 小字로 誤刻되어 있다.

91) 步 : 대전본에는 '里'로 되어 있다.

92) 步 : 대전본에는 '里'로 되어 있다.

93) 百步……爲恥 : 《孟子》 〈梁惠王 上〉 제3장에 보이는 비유로, 전쟁이 이미 시작되어 싸움이 한창인데 달아나면서 오십 보 달아난 사람이 백 보 달아난 사람을 비웃는다는 내용이다. 그러나 이는 똑같이 달아났다는 점에서 모두 부끄러운 일이라는 것이다.

94) 步 : 대전본에는 '里'로 되어 있다.

95) 之 : 대전본에는 없다.

96) 月攘……爲恥 : 《孟子》 〈滕文公 下〉 제8장에 보이는 비유로, 날마다 이웃집 닭을 훔치는 자에게 이것은 군자의 도가 아니라고 충고하자, 그러면 매달 한 마리씩 훔치다가 내년에 그만두겠다고 대답했다는 내용이다. 義가 아님을 알고서도 바로 그만두지 않았다는 점에서 똑같이 부끄러운 일이라는 것이다.

97) 《孟子》 〈離婁 上〉 제27장에 보인다.

二者하여 **弗去**가 **是也**요 **禮之實**은 **節文斯二者**가 **是也**요 **樂**(악)**之實**은 **樂斯二者**니 **樂則生矣**니 **生則惡**(오)[98]**可已也**리오 **惡可已也**[99]**則不知足之蹈之**하며 **手之舞之**니라

맹자가 말하였다.

"仁의 실상은 부모를 섬기는 것이고, 義의 실상은 형을 따르는 것이다. 智의 실상은 이 두 가지를 알아서 버리지 않는 것이고, 禮의 실상은 이 두 가지를 등급과 분수에 따라 적절하게 표현하는 것이다. 樂의 실상은 이 두 가지를 즐거워하는 것이니, 즐거우면 이러한 마음이 절로 생겨날 것이니, 생겨나면 어떻게 그만둘 수 있겠는가. 그만둘 수 없는 단계에 이르게 되면 자신도 모르게 발을 구르고 팔을 흔들며 춤을 추게 된다."

12-12-나(按)

臣은 按 此는 孟子가 指言仁・義・知・禮・樂(악)之實하여 使人知所以用力之地也라 仁義之道가 大矣而其切實處는 止在於事親・從兄하니 蓋二者는 人之良知・良能[100]이라 天性之眞이 於焉發見하나니 欲爲仁義者는 惟致力乎此而已니 否則悠悠然・汎汎然非可據之實地矣라 眞知斯二者하여 守之而不去則智之實이요 節文斯二者하여 適隆殺(쇄)之宜則禮之實이요 於斯二者에 行之而樂하여 有從容安適之意하고 無勉强矯拂之爲則樂之實이니 蓋天下之善이 未有出於事親・從兄之外者니 苟至於樂則方寸之間에 油然自有生意하여 敷暢條達하여 自不可已니 足之所蹈와 手之所舞가 亦將有不知其然而然者矣라 然非深玩而實體之면 其能識[101]此味乎잇가

【臣按】 이것은 맹자가 仁・義・知・禮・樂의 실상을 가리켜 말함으로써 사람들에게 힘쓸 데를 알게 하고자 한 것입니다. 仁義의 도는 크지만 그 절실한 곳은 단지

98) 惡 : 대전본에는 '烏'로 되어 있다.

99) 也 : 사고본에는 없다.

100) 良知良能 : 《孟子》 〈盡心 上〉 제15장에 "사람들이 배우지 않았는데도 능한 것은 '良能'이고, 생각하지 않았는데도 아는 것은 '良知'이다.〔人之所不學而能者 其良能也 所不慮而知者 其良知也〕"라는 내용이 보인다.

101) 識 : 대전본에는 '知'로 되어 있다.

부모를 섬기고 형을 따르는 데 있을 뿐입니다. 이 두 가지는 사람이면 누구나 타고나는 지혜〔良知〕이며 타고나는 재능〔良能〕입니다. 타고난 참된 본성이 여기에서 발현되니, 仁義를 행하려는 사람은 오직 이 두 가지에 온 힘을 다할 뿐입니다. 그렇지 않으면 아득히 멀고 범범히 넓어서 근거로 삼을 수 있는 실제의 일이 아닙니다.

이 두 가지를 참으로 알아서 지키고 버리지 않는 것이 지혜의 실상입니다. 이 두 가지를 등급과 분수에 따라 적절하게 표현하여 더하고 줄이는 마땅함에 꼭 맞게 하는 것이 禮의 실상입니다. 이 두 가지를 행하면서 즐거워하여, 느긋하여 편안한 뜻이 있고 억지로 애를 써서 자신의 생각과 상반되는 행동이 없는 것이 樂의 실상입니다.

천하의 善은 부모를 섬기고 형을 따르는 것 외에서 나온 적이 없으니, 이를 참으로 즐거워하는 단계에까지 이르게 되면 마음속에 저절로 이러한 마음이 성하게 생겨나서 사방으로 뻗어나가 절로 그만둘 수 없게 됩니다. 그렇게 되면 발을 구르고 팔을 흔들며 춤추는 것을 또한 왜 그러는지를 알지 못하고 하게 될 것입니다. 그러나 깊이 玩索하여 실제로 이를 體行하지 않는다면 이 맛을 알 수 있겠습니까.

此章兼言仁·義·智·禮·樂(악)이라

이 장은 仁·義·智·禮·樂을 겸하여 말하였다.

12-13-가[102)]

孟子가 曰 夫仁은 天之尊爵也며 人之安宅也어늘 莫之禦而不仁①하니 是는 不智也니라

① 莫之禦而不仁 : 禦, 止也.
'禦'는 '저지하다'라는 뜻이다.

맹자가 말하였다.

"仁은 하늘의 높은 벼슬이며 사람의 편안한 집이다. 그런데 이를 막는 이가 없는데도 仁하지 않으니, 이것은 지혜롭지 못한 것이다.

102) 《孟子》〈公孫丑 上〉 제7장에 보인다.

12-13-나1(朱)[103]

朱熹가 曰 仁者는 天地生物之心이라 得之最先而兼統四者하니 所謂元者는 善之長也[104]라 故曰尊爵이라하고 在人則爲本心全體[105]之德이니 有天理自然之安이요 無人欲陷溺之危하니 人當常在其中而不可須臾離也라 故曰安宅이라하니라

朱熹가 말하였다.

"仁은 천지가 만물을 낳는 마음이다. 仁·義·禮·智 四德 가운데 가장 먼저 얻어서 四德을 두루 統轄하니, 이른바 '元은 善의 우두머리이다.〔元者 善之長也〕'라는 것이다. 이 때문에 '높은 벼슬〔尊爵〕'이라고 한 것이다. 사람에게 있어서는 本心 전체의 덕이 되니, 본래 그러한 天理의 편안함이 있고 빠지고 잠기는 人欲의 위태로움이 없다. 사람이 늘 그 안에 있어야 하고 잠시도 떠나서는 안 되기 때문에 '편안한 집〔安宅〕'이라고 한 것이다."

12-13-나2(按)

臣은 按 仁者는 我所自有니 苟欲爲之면 誰能止者리오 乃甘心於不仁하니 豈非不智乎아 故仁·智二者가 常相須焉이니 不仁이면 斯不智矣요 不智면 斯不仁矣니이다

【臣按】'仁'은 내가 본래 가지고 있는 것이니, 참으로 이를 행하고자 한다면 누가 저지할 수 있겠습니까. 그런데도 仁하지 않은 것을 마음에 기꺼워하니, 어찌 지혜롭지 못한 것이 아니겠습니까. 그러므로 仁과 智 이 둘은 항상 서로를 필요로 하니, 仁하지 않으면 지혜롭지 못한 것이며 지혜롭지 못하면 仁하지 않은 것입니다.

12-14-가[106]

孟子가 曰 君子之於物也에 愛之而弗仁하고 於民也에 仁之而弗親하나니 親親[107]而仁民하며 仁民而愛物①이니라

103)《孟子集註》〈公孫丑 上〉 제7장 朱熹의 주에 보인다.

104) 元者善之長也 :《周易》〈乾卦 文言傳〉에 보인다.

105) 本心全體 : '이 마음의 본래 그러한 완전한 체〔此心本然渾全之體〕'를 이른다.《性理群書句解 卷7 記 復齋記》

106)《孟子》〈盡心 上〉 제45장에 보인다.

① 仁民而愛物 : 物, 謂禽獸草木. 愛物, 謂取之有時, 用之有節.
'物'은 금수와 초목을 이른다. '愛物'은 취하는 데 때가 있고 사용하는 데 절도가 있는 것을 이른다.

맹자가 말하였다.
"군자는 금수와 초목에 대해서는 아끼기는 하지만 사랑하지는 않으며, 보통 사람들에 대해서는 사랑하기는 하지만 친히 하지는 않는다. 九族을 친히 하고서 보통 사람들을 사랑하며, 보통 사람들을 사랑하고서 금수와 초목을 아낀다."

12-14-나(按)

臣은 按 天下之理가 一而分則殊하니 凡生於天壤之間者가 莫非天地之子而吾之同氣者也니 是之謂理一이라 然親者는 吾之同體요 民者는 吾之同類而物則異類矣니 是之謂分殊라 以其理一이라 故仁・愛之心[108]이 無不徧하고 以其分殊라 故仁・愛之施가 則有差하니 若以親親之道로 施於民則親踈가 無以異矣니 是乃薄其親이요 以仁民之道로 施於物則貴賤이 無以異矣니 是乃薄其民이라 故於親則親之하고 於民則仁之而於物則愛之하나니 合而言之則皆仁이요 分而言之則有序하니 此가 二帝三王[109]之道가 所以異於楊・墨[110]也니이다

【臣按】 천하의 이치는 하나이나 나뉘면 달라집니다. 무릇 천지 사이에 생겨난 것은 천지의 자식이어서 나의 同氣가 아닌 것이 없으니, 이를 일러 '이치는 하나이다〔理一〕'라고 합니다. 그러나 九族은 나와 같은 몸이고, 보통 사람들은 나와 같은 종류이며, 금수와 초목은 나와 다른 종류이니, 이를 일러 '나뉘면 달라진다〔分殊〕'라고 합니다.

---

107) 親親 : 堯임금이 九族을 친히 한 것과 같은 것을 이른다. '九族'은 자신을 기준으로 위로 4대 고조까지, 아래로 4대 玄孫까지를 가리킨다.《尙書注疏 堯典 孔安國傳》《周禮注疏 天官 大宰 鄭玄注》

108) 心 : 대전본에는 '仁', 사고본에는 '施'로 되어 있다.

109) 二帝三王 : '二帝'는 堯임금과 舜임금을 이르며, '三王'은 문헌마다 조금씩 다르나 朱熹를 비롯하여 대체로는 夏나라 禹王, 商나라 湯王, 周나라 文王이나 武王을 가리키는 것으로 보고 있다.《孟子集註 離婁 下 第20章》

110) 楊墨 : 13-1-나(按) '楊朱', '墨翟' 주석 참조.

그 이치는 하나이기 때문에 사랑하고 아끼는 마음이 두루 있지 않은 곳이 없는 것이며, 나뉘면 달라지기 때문에 사랑하고 아끼는 것이 차등이 있는 것입니다. 만일 구족을 친히 대하는 道로 보통 사람들에게 베풀면 친한 자와 소원한 자가 다름이 없게 될 것이니, 이것은 바로 구족을 박하게 대하는 것입니다. 보통 사람들을 사랑하는 道로 금수와 초목에 베풀면 귀한 자와 천한 것이 다름이 없게 될 것이니, 이것은 바로 보통 사람들을 박하게 대하는 것입니다.

그러므로 구족에게는 친함으로 대하고, 보통 사람들에게는 사랑으로 대하고, 금수와 초목에는 아낌으로 대하는 것입니다. 합하여 말한다면 모두가 仁이며, 나누어서 말한다면 차례가 있으니, 이것이 二帝・三王의 道가 楊朱・墨翟과 다른 이유입니다.

此章言仁之施이라

이 장은 仁을 베푸는 것에 대해 말하였다.

12-15-가[111)]

孟子가 曰 仁則榮하고 不仁則辱하나니 今에 惡(오)辱而居不仁하니 是猶惡濕而居下也니라

맹자가 말하였다.

"仁하면 영화롭고 仁하지 않으면 치욕을 받는다. 그런데 지금 치욕을 싫어하면서도 인하지 않은 데 거하니, 이는 습한 것을 싫어하면서도 낮은 데 거하는 것과 같다."

12-15-나(張)[112)]

張栻이 曰 仁者가 非有意於榮이라 仁者가 固榮也니 在身則心和而氣平하여 德性이 尊而暴慢이 遠하고 在家則父子가 親하며 兄弟가 睦하며 夫妻[113)]가 義하며 長幼가 序라

111) 《孟子》〈公孫丑 上〉 제4장에 보인다.

112) 張栻의 《孟子說》 卷2 〈公孫丑 上〉에 보인다.

113) 妻 : 사고본에는 '婦'로 되어 있다.

推之於國而國治하고 施之於天下而天下가 平하여 無往而不榮也니라 若夫不仁之人은 咈(불)理而徇[114]欲하니 一身도 且不自保온 況其它[115]乎아 夫人之情이 孰不惟辱之惡(오)리오마는 而自處於不仁則以私欲이 蔽之而昧夫榮辱之幾故也니라

張栻이 말하였다.

"仁者가 영화에 뜻을 둔 것은 아니지만 仁者는 진실로 영화롭다. 자신에게 있어서는 마음이 화평하고 기운이 평안하여 덕성은 높아지고 난폭함과 오만함은 멀어지며, 집안에 있어서는 부자가 친해지고 형제가 화목해지며 부부가 의롭게 되고 장유간에 차례가 있게 된다. 이것을 나라에 미루어 행하면 나라가 다스려지고, 이것을 천하에 베풀어 행하면 천하가 태평해져서 그 어느 곳도 영화롭지 않은 곳이 없게 된다.

그러나 저 仁하지 않은 사람은 이치를 거스르고 욕망을 따르니, 자기 한 몸도 스스로 보전하지 못하는데 더구나 다른 것은 말해 무엇 하겠는가. 무릇 사람의 常情이 어느 누가 치욕을 싫어하지 않겠는가. 그러나 스스로 仁하지 않은 데에 거하면 사욕이 이를 가려서 저 영화와 치욕이 갈리는 기미에 어두워지기 때문이다."

12-16-가[116]

孟子가 曰 三代之得天下也는 以仁이요 其失天下也는 以不仁[117]이니 國之所以廢興存亡者가 亦然하니라 天子가 不仁이면 不保四海하고 諸侯가 不仁이면 不保社稷하고 卿大夫가 不仁이면 不保宗廟하고 士庶人이 不仁이면 不保四體니라 今에 惡(오)死亡而樂不仁하나니 是猶惡(오)醉而强酒니라

맹자가 말하였다.

"三代가 천하를 얻은 것은 仁을 행해서였고, 천하를 잃은 것은 仁하지 않음을

114) 徇 : 사고본에는 '狥'으로 되어 있다.

115) 它 : 사고본에는 '他'로 되어 있다.

116) 《孟子》〈離婁 上〉 제3장에 보인다.

117) 三代……不仁 : 朱熹의 주에 따르면, 夏나라 禹王, 商나라 湯王, 周나라 文王과 武王은 仁으로 천하를 얻었으며, 하나라 桀王, 상나라 紂王, 주나라 幽王과 厲王은 不仁으로 천하를 잃었다. 《孟子集註 離婁 上》

행해서였다. 한 나라가 폐하고 흥하며 보존되고 망하는 것도 이러하다. 천자가 仁하지 않으면 천하를 보전하지 못하고, 제후가 仁하지 않으면 사직을 보전하지 못하고, 경대부가 仁하지 않으면 종묘를 보전하지 못하고, 士庶人이 仁하지 않으면 한 몸을 보전하지 못한다. 지금 죽고 망하는 것을 싫어하면서도 仁하지 않은 것을 즐거워하니, 이것은 취하는 것을 싫어하면서도 억지로 술을 마시는 것과 같다."

12-16-나(按)

臣은 按 孟子此章이 明白峻厲하니 自天子以至庶人히 皆當佩服以自警也라 然所謂不仁者는 非他라 縱人欲以滅天理而已라 人欲이 縱而天理가 滅이면 其禍가 至於如此니 可不畏哉잇가

【臣按】《孟子》의 이 장은 그 뜻이 명백하고 준엄하니, 천자부터 서인까지 모두가 깊이 가슴에 새겨 스스로 경계해야 할 것입니다. 그러나 이른바 '인하지 않다〔不仁〕'는 것은 다른 것이 아니라 人欲을 멋대로 행하여서 天理를 없앤 것뿐입니다. 인욕이 멋대로 행해져서 천리가 없어지면 그 화가 이와 같은 데에까지 이르니, 두려워하지 않아서야 되겠습니까.

12-17-가[118]

孟子가 曰 詩云 商之孫子가 其麗不億①이언마는 上帝가 既命이라 侯于周服②이로다 侯服于周하니 天命靡常이라 殷士膚敏이 祼(관)將[119]于京③[120]이라하여늘 孔子가 曰 仁不可爲衆也니 夫國君이 好仁이면 天下無敵[121]이라하시니 今也에 欲無敵

118) 《孟子》〈離婁 上〉 제7장에 보인다.

119) 祼將 : '祼'은 종묘의 제사에 鬱鬯酒를 땅에 부어 降神하는 것으로 천자나 제후의 禮이며, '將'은 '돕다'라는 뜻이다.

120) 商之……于京 : 《詩經》〈大雅 文王〉에 보인다.

121) 仁不……無敵 : 《孟子注疏》〈離婁 上〉 趙岐의 주에 "공자가 말하기를 '仁을 행하는 사람에게는 온 천하 사람으로도 당할 수 없으니, 제후 중에 仁을 좋아할 자가 있으면 천하에 그와 감히 대적할 사람이 없을 것이다.〔孔子云 行仁者 天下之衆不能當也 諸侯有好仁者 天下無敢與

於天下而不以仁하나니 **是猶執熱而不以濯也**니 **詩曰**[122] **誰能執熱**하여 **逝不以濯**[123]이리오하니라

① 其麗不億 : 麗, 數也. 億, 十萬也.
'麗'는 '수'라는 뜻이다. '億'은 '십만'이라는 뜻이다.

② 侯于周服 : 言爲周之諸侯也.
周나라의 제후가 된 것을 이른다.

③ 殷士……于京 : 膚, 美也. 敏, 達[124]也. 祼將, 祭事也.
'膚'는 '훌륭하다'라는 뜻이다. '敏'은 '통달하다'라는 뜻이다. '祼將'은 제사를 지내는 일이다.

맹자가 말하였다.
"《詩經》에 이르기를,

저 商나라의 자손들	商之孫子
그 수가 십만도 더 되련만	其麗不億
상제께서 명을 이미 내리셨기에	上帝旣命
우리 周나라에 복종하도다	侯于周服
우리 주나라에 복종을 하니	侯服于周
천명은 일정하지 않은지라	天命靡常
殷나라의 훌륭하고 통달한 이들	殷士膚敏
경사에서 술 부어 제사를 돕도다	祼將于京

라고 하였는데, 공자께서 말씀하시기를 '仁한 사람에게는 많은 무리가 될 수 없으니, 한 나라의 임금이 仁을 좋아하면 천하에 대적할 이가 없다.'라고 하셨다. 이제 천하에 대적할 자가 없게 되기를 바라면서 仁을 행하지 않으니, 이것은 뜨거운 것을 손에 잡고서 물로 씻지 않는 것과 같다. 《시경》에 이르기를,

之爲敵]"라는 내용이 보인다.

122) 曰 : 사고본에는 '云'으로 되어 있다.

123) 誰能……以濯 : 《詩經》〈大雅 桑柔〉에 보인다.

124) 達 : 대전본·사고본에는 '速'으로 되어 있다.

뉘 능히 뜨거운 것 잡고서 誰能執熱
그 손을 물로 씻지 않으리오 逝不以濯

라고 하였다."

12-17-나(按)

臣은 按 此는 大雅文王之詩也라 以商之孫子而爲周之諸侯하고 以殷之美士而奔走周廟之祭하니 天命이 何常之有哉리오 成湯이 惟其仁也라 故天命이 歸于商하고 紂가 惟其不仁이라 故天命이 轉而歸周하니 商之孫子가 其數가 以十萬計하니 可謂衆矣로되 而不能存商者는 以周之仁이니 雖衆이나 無所用也라 孟子가 擧此하여 以明國君이 好仁則天下가 無能敵者하시니 歎當時之不然也시니라 前後三章而三取喩하니 曰惡濕而居下也[125]라하며 惡醉而强酒也[126]라하며 執熱而不以濯也라하니 其警世主也가 深矣로소이다

【臣按】 이것은 《詩經》 〈大雅 文王〉의 시입니다. 商나라의 자손으로서 周나라의 제후가 되고 殷나라의 훌륭한 사람으로서 주나라 종묘의 제사에 달려갔으니, 天命이 어찌 일정함이 있는 것이겠습니까.

湯王이 오직 仁하였기 때문에 천명이 商나라에 돌아간 것이며, 紂王이 오직 不仁하였기 때문에 천명이 방향을 바꾸어 周나라에 돌아간 것입니다. 상나라의 자손이 그 수를 10만으로 헤아렸으니 많다고 할 수 있을 것입니다. 그런데도 상나라를 지킬 수 없었던 것은 주나라가 仁하였기 때문이니, 상나라의 자손이 비록 많았다고는 하지만 아무런 소용이 없었습니다.

맹자는 이 사례를 들어 한 나라의 임금이 仁을 좋아하면 천하에 그와 대적할 자가 없다는 것을 밝혔으니, 당시 임금들이 그렇게 하지 않았던 것을 탄식한 것입니다. 전후 세 장에 세 번의 비유를 들었으니, "습한 것을 싫어하면서도 낮은 데 거하는 것과 같다.〔惡濕而居下也〕"라고 하였으며, "취하는 것을 싫어하면서도 억지로 술을 마시는 것과 같다.〔惡醉而强酒也〕"라고 하였으며, "뜨거운 것을 손에 잡고서 물로 씻지 않는 것과 같다.〔執熱而不以濯也〕"라고 하였습니다. 당시의 임금

125) 惡濕……下也 : 《孟子》 〈公孫丑 上〉 제4장에 보인다. 12-15-가 참조.
126) 惡醉……酒也 : 《孟子》 〈離婁 上〉 제3장에 보인다. 12-16-가 참조.

을 경계한 점이 큽니다.

12-18-가[127)]

孟子가 **曰 不仁者**는 **可與言哉**아 **安其危而利其菑**(재)하여 **樂其所以亡者**하나니 **不仁而可與言**이면 **則何亡國敗家之有**리오

맹자가 말하였다.

"仁하지 않은 자는 더불어 말할 수 있겠는가. 위태로움을 편안히 여기고 재앙을 이롭게 여겨 망하게 되는 짓을 즐거워한다. 仁하지 않은데 더불어 말할 수 있다면 어찌 나라를 망하게 하고 집안을 망치는 일이 있겠는가."

12-18-나(按)

臣은 **按 自昔危亂之世**에 **未嘗無忠言**하니 **祖伊**가 **嘗諫紂矣**[128)]며 **召穆公**이 **嘗諫厲王矣**[129)]며 **李斯**가 **嘗諫二世矣**[130)]**而三君**이 **不之聽者**는 **蓋其心**이 **既不仁**이라 **故顚倒迷**

---

127)《孟子》〈離婁 上〉 제8장에 보인다.

128) 祖伊……紂矣 : 祖伊는 商 紂王의 신하이다. 商 湯王의 재상으로《書經》〈仲虺之誥〉를 지었던 仲虺,《書經》〈高宗肜日〉을 지어 商 武丁에게 仁政을 행할 것을 권했던 祖己의 후손이다. 상나라 말 周 文王에게 歸附하는 제후들이 많아지자 상 주왕에게 仁政을 행하라고 간언하였으나 받아들여지지 않았다.《書經》〈西伯戡黎〉는 그가 지은 것으로, 주 문왕, 즉 西伯이 상나라 제후국의 하나인 무도한 黎나라를 정벌했다는 뜻이다.

129) 召穆……王矣 : 召 穆公은 周 厲王 때의 제후로, 이름은 虎이다. 주 여왕의 虐政에 國人이 왕궁을 포위한 적이 있었는데, 태자 靖, 즉 훗날의 周 宣王을 숨기고 자신의 아들을 내주었다. 주 선왕 때 淮夷의 반란을 평정하기도 하였다. 毛序에 따르면,《詩經》〈大雅 民勞〉는 소목공이 주 여왕을 경계한 시이다.

130) 李斯……世矣 : 李斯(기원전 280~기원전 208)는 秦나라 승상으로 秦 始皇을 도와 천하를 통일하였으며, 통일한 뒤 진나라의 법률과 제도를 만들고 문자·수레 규격·화폐·도량형 등의 통일을 추진하였다. 진 시황 사후 환관 趙高와 모의하여 태자 扶蘇를 자살하게 만들고 어린 왕자 胡亥를 二世 황제로 옹립하였다. 호해가 즉위한 뒤 齊 簡公의 신하였던 田常이 세력을 키워 齊나라를 차지했던 사례를 들어 조고를 경계하도록 간하였으나, 호해는 오히려 조고의 모함을 믿고 咸陽에서 이사를 腰斬에 처하였으며 三族을 멸하였다.《史記 卷87 李斯列傳》

繆하여 以危爲安하며 以菑爲利하여 以取亡之道로 爲可樂也라 夫人君이 孰不欲安存而惡(오)危亡이리오마는 而其反易至此者는 私欲이 蔽障而失其本心故爾라 武帝가 垂耄(모)[131]而能聽田千秋[132]라 故漢不至於亂하고 德宗이 播遷而能聽陸贄(지)[133]라 故唐不至於亡하니 信乎不仁而可與言이면 猶可以存其國也니라 雖然이나 亦僅免於亡而已니 若仁人이 在上이면 雖居治安之世而樂聞危亂之言이라 是以로 長治久安[134]而無後患하나니 吁라 此豈武帝・德宗之[135]所及哉리오

【臣按】 예로부터 위태롭고 어지러운 세상에 충언이 없던 적은 없었으니, 일찍이 祖伊가 紂王에게 간하였으며, 召 穆公이 厲王에게 간하였으며, 李斯가 二世에게 간하였습니다. 그런데도 이 세 임금이 이들의 간언을 듣지 않았던 것은, 그 마음이 이미 仁하지 않았기 때문에 전도되고 미혹되어 위태로움을 안정으로 여기고 재앙을 이익으로 여겨서 망함을 취하는 도를 즐겁다고 여겼기 때문입니다.

무릇 임금이라면 누군들 자기 나라가 안정되고 보존되는 것을 원하지 않겠으며 위태롭고 망하는 것을 싫어하지 않겠습니까. 그런데도 반대로 이런 지경에까지

---

131) 耄 : 대전본에는 '耄', 사고본에는 '老'로 되어 있다.

132) 武帝……千秋 : 田千秋(?~기원전 77)는 前漢 馮翊 長陵 사람으로, 車千秋라고도 한다. 전국시대 齊나라 왕실 후손으로, 富民侯에 봉해졌다. 漢 武帝(재위 기원전 141~기원전 87) 때 戾太子 劉據(기원전 128~기원전 91)가 江充(?~기원전 91)의 誣告를 받자 강충을 죽이고 자살하였다. 당시 吏民들간에 巫蠱로 서로 고소하는 일이 많았는데, 征和 3년(기원전 90) 9월에 高寢郎이었던 전천추가 태자의 원통함을 무제에게 알려 밝히자 무제는 잘못을 깨닫고서 강충의 집안을 멸족하고 전천추를 大鴻臚에 임명하였다. 昭帝가 즉위한 뒤 그에게 小車를 타고 궁궐 안을 출입하게 했는데, 이로 인해 車丞相으로 불리게 되었으며 자손들이 '車'로 성을 삼게 되었다. 강충의 무고에 관한 일은 13-3-나(按) '晩年……爲之' 주석 참조.

133) 德宗……陸贄 : 陸贄(754~805)는 唐나라 때의 정치가이자 문학가이다. 唐 德宗 建中 4년(783)에 朱泚가 반란을 일으키자 奉天으로 몽진 가는 덕종을 수행했는데, 덕종에게 허물을 자신에게 돌려 인심을 감동시키라고 권하였다. 덕종은 육지의 간언을 받아들여 민심을 안정시킴으로써 반란을 종식시킬 수 있었다.

134) 長治久安 : 《前漢書》 卷48 〈賈誼傳〉에 "영구히 안정된 국면을 건립하고 장구하게 통치할 기업을 이루어 祖廟를 받들고 六親을 봉양하는 것이 지극한 孝이다.〔建久安之勢 成長治之業 以承祖廟 以奉六親 至孝也〕"라는 말에서 유래하였다.

135) 之 : 사고본에는 없다.

이르게 되는 것은, 단지 私欲이 가려서 그 본심을 잃어버렸기 때문입니다. 漢 武帝가 늙어서도 田千秋의 충언을 들을 줄 알았기 때문에 漢나라가 어지러운 데에까지 이르지 않았던 것이며, 唐 德宗이 몽진을 가면서도 陸贄의 충언을 들을 줄 알았기 때문에 唐나라가 망하는 데에까지 이르지 않았던 것입니다. 仁하지 않은 데도 더불어 말할 수 있다면 그래도 자기 나라를 보존할 수 있다는 것은 참으로 맞는 말입니다.

비록 그렇다고는 하나 또한 망하는 것을 겨우 면한 것뿐입니다. 그러나 仁者가 임금의 자리에 있으면 비록 태평하고 안정된 세상에 살더라도 위태로움과 어지러움을 경계하는 말을 듣기를 좋아하기 때문에 장구하게 태평치세를 이어가면서도 훗날의 근심이 없는 것입니다. 아, 이것이 어찌 한 무제와 당 덕종이 미칠 수 있는 것이겠습니까.

12-19-가[136)]

孟子가 曰 桀·紂之失天下也는 失其民也니 失其民者는 失其心也라 得天下가 有道하니 得其民이면 斯得天下矣리라 得其民이 有道하니 得其心이면 斯得民矣리라 得其心이 有道하니 所欲을 與之聚之요 所惡(오)를 勿施爾也라 民之歸仁也가 猶水之就下하며 獸之走壙也①니 故로 爲淵敺魚者는 獺(달)也②요 爲叢敺雀[137)]者는 鸇(전)也③요 爲湯·武敺民者는 桀與紂也니라 今天下之君이 有好仁者면 則諸侯가 皆爲之敺矣리니 雖欲無王이라도 不可得已니라

① 獸之走壙也 : 壙, 曠野也.
'壙'은 넓은 들이다.
② 獺也 : 獺, 食魚之獸.
'獺'은 물고기를 잡아먹는 짐승이다.
③ 鸇也 : 鸇, 鷹類, 擊鳥雀.
'鸇'은 매의 일종으로, 작은 새들을 공격한다.

맹자가 말하였다.

136) 《孟子》〈離婁 上〉 제9장에 보인다.
137) 雀 : 사고본에는 '爵'으로 되어 있다.

"夏나라의 桀王과 殷나라의 紂王이 천하를 잃은 것은 백성을 잃은 것이니, 백성을 잃은 것은 그 마음을 잃은 것이다. 천하를 얻는 데 방법이 있으니, 그 백성을 얻으면 천하를 얻을 것이다. 백성을 얻는 데 방법이 있으니, 그 마음을 얻으면 백성을 얻을 것이다. 그 마음을 얻는 데 방법이 있으니, 원하는 것을 주어서 모이게 하고 싫어하는 것을 베풀지 말아야 한다.

백성이 仁者를 따르는 것은 물이 아래로 내려가며 짐승이 넓은 들로 달아나는 것과 같다. 그러므로 깊은 물을 위하여 물고기를 몰아주는 것은 수달이며, 무성한 수풀을 위하여 참새를 몰아주는 것은 새매이며, 湯王과 武王을 위하여 백성을 몰아주는 자는 桀王과 紂王인 것이다.

이제 천하의 임금 중에 仁을 좋아할 자가 있으면 제후들이 모두 그를 위하여 백성을 몰아줄 것이니, 아무리 왕이 되지 않고자 해도 안 될 것이다."

12-19-나(按)

臣은 按 此章之要가 在於所欲與聚・所惡勿施之二言하니 大學에 曰 民之所好를 好之하며 民之所惡를 惡之가 此之謂民之父母[138]라하니 父母가 於子에 心誠求之하여 所欲者를 無不與하며 所惡者를 無不去하나니 君之於民에 何獨不然이리오 當戰國時하여 禽獸其民하여 往往施之以所惡라 故孟子가 激切而言之하시니 夫仁者가 豈有心於天下之歸己哉리오 水就下하며 獸走壙이 理之自然이니 非有爲而爲之也라 故張栻이 有言호대 循天理而無利天下之心호대 而天下가 歸之者는 三王之所以王也요 假是道하여 亦以得天下者는 漢・唐이 是也라 故秦은 爲漢敺者也요 隋는 爲唐敺者也[139]라하니 爲人上者가 其可不鑑于玆잇가

【臣按】 이 장의 요지는 "원하는 것을 주어서 모이게 하고 싫어하는 것을 베풀지 말라.〔所欲與聚 所惡勿施〕"라는 두 구절에 있습니다. 《大學》에 이르기를 "백성이 좋아하는 것을 좋아하고 백성이 싫어하는 것을 싫어하는 이런 사람을 백성의 부모라고 한다."라고 하였습니다. 부모는 자식에 대해 성심으로 구하여 원하는 것을 주지 않음이 없고 싫어하는 것을 제거하지 않음이 없으니, 임금이 백성에 대해 어

138) 民之……父母 : 《大學》 傳10章에 보인다.
139) 循天……者也 : 《孟子說》 〈離婁 上〉에 보인다.

찌 유독 그렇게 하지 않겠습니까.

전국시대였던 당시 자신의 백성을 금수처럼 여겨서 백성에게 종종 그들이 싫어하는 것을 베풀었기 때문에 맹자가 강개한 어조로 말한 것입니다. 仁者가 어찌 천하가 자신에게 돌아올 것을 염두에 두겠습니까. 물이 아래로 흐르고 금수가 넓은 들로 달아나는 것은 자연스러운 이치이니 어떤 목적이 있어서 하는 것이 아닙니다.

그러므로 張栻이 말하기를 "天理를 따르면서 천하를 이롭게 여기는 마음이 없는데도 천하가 그에게 돌아온 것은 바로 三王이 천하의 왕이 된 이유이며, 이 道를 가탁하여 마찬가지로 천하를 얻은 것은 漢나라와 唐나라이다. 그러므로 秦나라는 漢나라를 위하여 백성을 몰아준 것이며, 隋나라는 唐나라를 위하여 백성을 몰아준 것이다."라고 하였던 것입니다. 임금이 되어서 이것을 거울 삼지 않아서야 되겠습니까.

12-20-가[140)]

孟子가 **曰 不仁哉**라 **梁惠王也**여 **仁者**는 **以其所愛**로 **及其所不愛**하고 **不仁者**는 **以其所不愛**로 **及其所愛**니라 **公孫丑**(추)가 **曰 何謂也**잇고 **梁惠王**이 **以土地之故**로 **糜爛其民而戰之**하여 **大敗**하고 **將復**(부)**之**호대 **恐不能勝故**로 **驅其所愛子弟**하여 **以殉之**[141)]하니 **是之謂以其所不愛**로 **及其所愛也**①니라

① 驅其……愛也 : 謂使太子申與齊戰, 爲齊所虜[142)]也.

梁 惠王이 태자 申에게 齊나라와 싸우게 했다가 태자 신이 제나라의 포로가 된 것

---

140) 《孟子》〈盡心 下〉 제1장에 보인다.

141) 梁惠王以……殉之 : 梁 惠王은 魏나라 惠王으로, '惠'는 시호이고, '王'은 호칭이다. 당시에 王을 참칭하는 나라가 일곱이었는데, 魏나라의 수도가 大梁이었기 때문에 梁王이라고 부른 것이다. '子弟'는 태자 申을 이른다. 魏 惠王 30년(기원전 341)에, 혜왕이 趙나라를 치자 조나라는 齊나라에 위급함을 알렸다. 급보를 받은 齊 宣王이 孫臏의 계책을 써서 조나라를 구하기 위하여 魏나라 혜왕을 치자, 위나라는 군사를 크게 일으켜 龐涓을 장수로 삼고 태자 신을 上將軍으로 삼아 제나라와 싸웠다. 이 전쟁에서 위나라는 馬陵에서 대패하여 태자 신은 포로로 잡히고 장군 방연은 죽었다. 《孟子集註 梁惠王 上 第5章》《史記 卷44 魏世家》

142) 虜 : 사고본에는 '擄'로 되어 있다.

을 이른다.

맹자가 말하였다.

“仁하지 않구나, 梁 惠王이여! 仁한 자는 자신이 사랑하는 것으로 사랑하지 않는 대상에까지 미치고, 仁하지 않은 자는 자신이 사랑하지 않는 것으로 사랑하는 대상에까지 미친다.”

公孫丑가 말하였다.

“무슨 말씀이십니까?”

“양 혜왕이 땅을 얻을 욕심에 자신의 백성을 몹시 다치게 하면서까지 싸워서 크게 패하고는, 장차 다시 싸우려 하면서 이기지 못할까 두려웠기 때문에 자신이 사랑하는 子弟를 몰아서 죽게 하였으니, 이것을 일러 ‘자신이 사랑하지 않는 것으로 사랑하는 대상에까지 미친다.’라고 하는 것이다.”

12-20-나(按)

臣은 按 人之情이 孰不愛其所親而梁惠王이 乃倒置若是者는 以貪得之心이 勝이라 故天理熄滅하고 人欲이 橫流而至於斯極也라 朱熹가 謂仁人之恩은 自內及外하고 不仁之禍는 自踈及親[143]이라하니 斯言이 盡之矣라 嗚呼라 梁惠[144]가 以土地之故로 驅子弟以殉之라 故孟子가 譏其不仁하시니 後世之君이 有以信讒殺子를 如漢武帝・唐明皇[145]者가 其事가 雖異나 其心則同하니 蓋梁惠[146]는 貪得이라 故驅之以戰而不卹하고 二君은 患失이라 故因讒殺之而不復辨하니 皆由私欲之蔽而喪其本心故也라 孟子之言仁이 於君道에 爲尤切이라 故備著于篇云하노이다.

【臣按】 사람의 常情에 어느 누구인들 자신이 친애하는 사람을 사랑하지 않겠습니까. 그런데 양 혜왕이 마침내 이처럼 전도된 행동을 한 것은 탐하는 마음이 이겼기 때문에 天理가 없어지고 人欲이 멋대로 흘러 이런 지경에까지 이르게 된 것

143) 仁人……及親 : 《孟子集註》 〈盡心 下〉 제1장의 朱熹의 주에 보인다.

144) 惠 : 사고본에는 이 뒤에 ‘王’이 있다.

145) 唐明皇 : 唐 玄宗 李隆基(685~762, 재위 712~756)이다. 8-11-나(按) ‘開元……賜死’ 주석 참조.

146) 惠 : 사고본에는 이 뒤에 ‘王’이 있다.

입니다. 주희가 말하기를 "仁한 사람의 은혜는 안에서 밖으로 미치고, 不仁의 화는 소원한 사람에서 친한 이에게 미친다."라고 하였으니, 이 말이 그 뜻을 남김없이 드러낸 것입니다.

아, 양 혜왕이 땅을 얻을 욕심에 자제를 전쟁터로 내몰아 죽도록 하였기 때문에 맹자가 仁하지 않다고 비판한 것입니다. 후세의 임금이 참소를 믿고 아들을 죽이기를 漢 武帝와 唐 明皇처럼 한 것은, 그 일은 비록 다르지만 그 마음은 같은 것입니다. 양 혜왕은 땅을 얻고자 하였기 때문에 자제를 몰아 싸우도록 하면서 가엾이 여기지 않았던 것이고, 두 임금은 임금의 지위를 잃을까 근심하였기 때문에 참소로 인해 죽이면서 더 이상 분별하지 않았던 것이니, 이는 모두 私欲이 가려서 그 본래의 마음을 잃었기 때문입니다. 맹자가 仁을 말한 것이 임금의 道에 더욱 절실하기 때문에 이 편에 모두 기록합니다.

以上專言仁하니라

이상은 오로지 仁에 대해 말하였다.

以上은 論吾道源流之正[147)]하니라

이상은 유학의 원류에 대한 바른 이해를 논하였다.

147) 正 : 사고본에는 이 뒤에 '二'가 있다.

大學衍義 卷13

格物致知之要(一) 사물의 원리를 깊이 연구하여 知性의 힘을 극대화하는 핵심적인 방법들 (1)

明道術 道를 분명히 밝힘

異端學術之差 異端 학술의 오류

13-1-가[1)]

子가 曰 攻乎異端이면 斯害也已①니라

① 攻乎……也已 : 攻, 專治也, 如攻金・攻木之攻.[2)]
'攻'은 전적으로 연구하는 것이니, '攻金(金을 다루다)'이나 '攻木(나무를 다루다)'이라고 할 때의 '攻'과 같다.

孔子가 말하였다.
"異端만을 전적으로 연구하면 해롭다."

13-1-나(按)

臣은 按 異端之名이 始見於此하니 謂其非聖人之道而別爲一端也라 堯・舜・禹・湯・文・武・周公之學을 君子가 當盡心焉이니 若舍此而專治乎異端이면 豈不有害邪아 或疑是時에 異端이 未作하니 孔子所指가 未知爲誰오하니 臣은 謂老聃(담)[3)]・楊

1) 《論語》〈爲政〉 제16장에 보인다.

2) 攻專……之攻 : 朱熹의 註에서 范祖禹의 말을 인용한 것이다. 주희는 또 "'攻'은 강습한다는 말이다.〔攻者是講習之謂〕"라고 하였다. 《論語集註 爲政》《朱子語類 卷24 論語6 爲政篇 下 攻乎異端章》

3) 老聃 : 기원전 570?~기원전 479?. 老子를 이른다. 일설에 성은 李, 이름은 耳, 자는 伯陽이라고 한다. 춘추시대 楚나라 苦縣 사람이다. 일찍이 周나라 守藏室의 史를 역임하였으며,

朱[4]・墨翟[5]이 皆與孔子同時호대 特以洙泗之敎[6]가 方明이라 故其說이 未得肆耳니 孔子此[7]言이 必有爲而發이니이다

【臣按】'異端'이란 어휘는 이곳에 처음 보이는데, 聖人의 도가 아니고 별다르게 한 갈래가 된 것을 이릅니다. 군자는 堯임금・舜임금・禹王・湯王・文王・武王・周公의 학문에 마음을 다해야 할 것이니, 만일 이를 버려두고 이단만을 전적으로 연구한다면 어찌 해로움이 없겠습니까. 혹자는 이때 이단이 아직 나오지 않았으니 공자가 가리킨 것은 누구인지 모르겠다고 의심합니다. 신은 老聃・楊朱・墨翟이 모두 공자와 같은 시대에 살았지만 단지 洙泗의 가르침이 막 밝아질 때라 그들의 설이 아직 확산되지 않았던 것뿐이니, 공자의 이 말은 필시 이유가 있어서 말한 것이라고 생각합니다.

공자가 그에게 禮를 물은 적이 있다. 無爲自然을 주장하여 道家의 창시자가 되었다. 뒤에 서쪽으로 函谷關을 나가 은거하였다. 《老子》가 전하는데, 노자의 저작인지에 대해서는 아직까지 논란이 있다. 주희의 말에 "이단은 楊朱・墨翟과 같은 자이다.〔異端……如楊墨是也〕", "老子는 바로 楊朱일 뿐이니……맹자가 양주를 배척한 것은 바로 노자를 배척한 것이다.……은둔하고 세상에 나오지 않는 사람들은 모두 노자와 같은 부류이다.〔老便只是楊氏……闢楊便是闢老……隱遯長往而不來者 皆是老之流〕"라는 내용이 보인다.《朱子語類 卷24 論語6 爲政篇下 攻乎異端章》

4) 楊朱 : 기원전 440?~기원전 360?. 전국시대 魏나라 사람으로, 자는 子居이다. 묵자의 兼愛說・尙賢說에 반대하여 爲己・貴生을 주장하였다.《孟子》〈盡心 上〉 제26장에 "楊子는 자신만을 위하는 것을 취하였다. 자신의 털 하나를 뽑아서 천하를 이롭게 하더라도 행하지 않았다.〔楊子取爲我 拔一毛而利天下 不爲也〕"라는 내용이 보인다. 그의 설은《孟子》외에《莊子》・《韓非子》・《呂氏春秋》・《列子》 등에 散見된다.

5) 墨翟 : 기원전 468?~기원전 376. 墨子를 이른다. 전국시대 宋나라 또는 魯나라 사람으로, 墨家學派의 창시자이다. 일찍이 송나라의 대부를 지낸 적이 있다. 노나라 陽文君이 鄭나라를 공격하는 것을 저지하였으며, 公輸般을 설득하여 楚나라가 정나라를 공격하는 것을 저지하였다. 兼愛說을 주장하고 儒家의 厚葬을 비판하였다.《墨子》가 전하는데,〈兼愛〉・〈非攻〉・〈尙賢〉・〈尙同〉・〈節用〉・〈節葬〉・〈非樂〉・〈天志〉・〈明鬼〉・〈非命〉 등으로 이루어져 있다.《孟子》〈盡心 上〉 제26장에 "묵자는 똑같이 사랑하였다. 머리끝에서부터 발끝까지 갈린다 하더라도 천하에 이로우면 행하였다.〔墨子兼愛 摩頂放踵 利天下 爲之〕"라는 내용이 보인다.

6) 洙泗之敎 : '洙泗'는 洙水와 泗水로, 모두 춘추시대 魯나라 땅에 있었다. '洙泗之敎'는 공자가 이 지역에서 강학하였기 때문에 뒤에는 공자의 가르침이나 유가의 학문을 지칭하게 되었다.

7) 此 : 사고본에는 '之'로 되어 있다.

13-2-가[8)]

公都子[9)]가 **曰 外人**이 **皆稱夫子好辯**하나니 **敢問何也**잇고 **孟子**가 **曰 聖王**이 **不作**하여 **諸侯**가 **放恣**하며 **處士**가 **橫議**하여 **楊朱**[10)]**·墨翟**[11)]**之言**이 **盈天下**하여 **天下之言**이 **不歸楊則歸墨**하니 **楊氏**는 **爲我**하니 **是**는 **無君也**요 **墨氏**는 **兼愛**하니 **是**는 **無父也**니 **無父·無君**은 **是**가 **禽獸也**니라

公都子가 물었다.

"남들이 모두 선생님께서 변론하기를 좋아한다고 말합니다. 감히 여쭈오니 변론을 좋아하시는 것은 무엇 때문입니까?"

맹자가 대답하였다.

"공자 이후 聖王이 나오지 않아 제후들이 방자하게 作亂하고 布衣의 處士들이 제멋대로 논하여 楊朱와 墨翟의 주장이 천하에 가득하다. 그리하여 천하의 주장하는 사람들이 양주를 따르지 않으면 묵적을 따른다. 楊氏는 자신만을 위하니 이것은 임금이 없는 것이며, 墨氏는 똑같이 사랑하니 이것은 부모가 없는 것이다. 부모가 없고 임금이 없는 것은 금수이다.

公明儀[12)]가 **曰 庖有肥肉**하며 **廐**(구)**有肥馬**어든 **民有饑色**하며 **野有餓莩**(표)면 **是**[13)]는 **率獸而食人也**라하니 **楊·墨之道**[14)]가 **不息**[15)]하면 **孔子之道**가 **不著**하리니 **是**는 **邪說**[16)]이 **誣民**하여 **充塞仁義也**니 **仁義充塞則率獸食人**하다가 **人將相**

8) 《孟子》〈滕文公 下〉 제9장에 보인다. 저본에 인용된 내용은 제9장을 일부 발췌한 것이다.

9) 公都子 : 맹자의 제자이다.

10) 楊朱 : 13-1-나(按) '楊朱' 주석 참조.

11) 墨翟 : 13-1-나(按) '墨翟' 주석 참조.

12) 公明儀 : 魯나라의 賢者로, 曾子와 子張의 제자이다. 《孟子注疏 滕文公 下 趙岐注》《禮記注疏 祭義 孔穎達疏》

13) 是 : 사고본에는 '此'로 되어 있다.

14) 道 : 대전본에는 '害'로 되어 있다.

15) 息 : 대전본에는 '熄'으로 되어 있다.

16) 邪說 : 李光地(1642~1728)에 따르면, 邪說은 '淫辭가 正道에서 처음 괴리된 것〔淫辭之始差〕'이고, 淫辭는 '邪說의 末流적 폐단〔邪說之流弊〕'이다. 《孟子》〈公孫丑 上〉 제2장에 "正道

食하리라 吾가 爲此懼하여 閑先聖之道①하여 距楊·墨②하며 放淫辭③하여 邪說者가 不得作케하노니 作於其心하여 害於其事하며 作於其事하여 害於其政하나니 聖人이 復起사도 不易吾言矣[17]시리라

① 閑先聖之道 : 閑者, 防衛之意.
'閑'은 '보위하다'라는 뜻이다.
② 距楊墨 : 距, 猶禦也.
'距'는 '禦(막다)'와 같다.
③ 放淫辭 : 放, 驅而遠之也.
'放'은 내몰아 멀리하는 것이다.

公明儀가 말하기를 '임금의 푸줏간에는 살진 고기가 있고 마구간에는 살진 말이 있는데, 백성들은 굶주린 기색이 있고 들에는 굶어 죽은 시체가 있다면, 이것은 짐승을 몰아 와서 사람을 잡아먹게 하는 것이다.'라고 하였다.

양주와 묵적의 道가 종식되지 않으면 공자의 도가 드러나지 못할 것이니, 이것은 邪說이 백성을 속여서 仁과 義를 꽉 막아 가리는 것이다. 仁과 義가 꽉 막혀 가려지면 짐승을 몰아 와서 사람을 잡아먹게 하다가 이후에는 사람들끼리 서로 잡아먹게 될 것이다. 내가 이 때문에 두려워하여 先聖의 도를 보위하고자 양주와 묵적을 막고 淫辭를 배척하여 邪說을 말하는 자들이 나오지 못하게 하는 것이다.

에서 넘친 말에 그 빠져 있는 바를 알고, 正道에서 벗어난 말에 그 괴리된 바를 안다.〔淫辭知其所陷 邪辭知其所離〕"라는 내용이 보이는데, 李光地에 따르면, "여기에서 '邪'는 '說'이라 하고 '淫'은 '辭'라고 한 것은, 韓愈(768~824)가 말한 '단지 입으로만 거론하는 것뿐 아니라 또 이것을 글로 쓴 것'으로, '辭'는 말을 꾸며서 유포하는 것이다.〔此章邪曰說 淫曰辭 韓子所謂不但擧之於口 而又筆之於書 辭者 言之修飾流布者也〕"라고 하였다.《讀孟子箚記 卷上 滕文公篇 公都子曰外人皆稱夫子好辯章》

17) 作於……言矣 :《孟子》〈公孫丑 上〉 제2장에 "마음에서 생겨나 정사에 해를 끼치며, 정사에 발로되어 일에 해를 끼치니, 聖人이 다시 나온다 하더라도 반드시 내 말을 따를 것이다.〔生於其心 害於其政 發於其政 害於其事 聖人復起 必從吾言矣〕"라는 내용이 보인다. 趙岐의 주에 따르면, '生於其心 害於其政'은 비유하면 임금이 잔인한 마음을 가지고 있으면 반드시 仁政을 해칠 것이라는 말이며, '發於其政 害於其事'는 만일 적절한 시기가 아닌 때 사냥을 하거나 宮室을 짓도록 하면 반드시 백성의 농사를 해쳐서 백성들로 하여금 굶주리고 추위에 떨게 할 것이라는 말이다.

邪說은 마음에서 나와 일에 해를 끼치며 일에서 나와 정사에 해를 끼치니, 聖人이 다시 나온다 하더라도 내 말을 바꾸지 않을 것이다.

昔者에 **禹**가 **抑洪水而天下**가 **平**[18]하고 **周公**이 **兼夷狄・驅猛獸而百姓**이 **寧**[19]하고 **孔子**가 **成春秋而亂臣賊子**가 **懼**[20]하니라 **詩云 戎狄是膺**하니 **荊・舒是懲**하여 **則莫我敢承**[21]이라하니 **無父・無君**은 **是周公所膺也**시니라 **我**가 **亦欲正人心**하여 **息邪**

18) 禹抑……下平 : 《孟子》 〈滕文公 下〉 제9장에 "禹王이 땅을 파 막힌 것을 터서 물이 바다로 흐르게 하고 뱀과 용을 몰아서 수초가 자라는 澤池로 쫓아내자 물이 다니는 길로 다니게 되니, 지금의 江水・淮水・河水・漢水가 모두 그곳이다. 물이 범람하여 험하고 막혔던 곳이 사라지고 사람을 해치는 새와 짐승들이 없어진 뒤에야 사람들이 평지를 얻어 살 수 있게 되었다.〔禹掘地而注之海 驅蛇龍而放之菹 水由地中行 江淮河漢是也 險阻既遠 鳥獸之害人者消 然後人得平土而居之〕"라는 내용이 보인다.

19) 周公……姓寧 : 《孟子》 〈滕文公 下〉 제9장에 "周公은 武王을 도와 殷나라 紂王을 주벌하고, 紂王을 도왔던 동방의 奄나라를 정벌한 지 3년 만에 그 임금을 討罪하고, 紂王의 寵臣이었던 飛廉을 바닷가 구석으로 몰아서 죽였다. 紂王과 함께했던 나라를 멸망시킨 것이 50개국에 이르고 〈紂王의 園囿 안에 있던〉 범・표범・물소・코끼리를 몰아서 멀리 쫓아내자 천하가 크게 기뻐하였다.〔周公相武王誅紂 伐奄三年 討其君 驅飛廉於海隅而戮之 滅國者五十 驅虎豹犀象而遠之 天下大悅〕"라는 내용이 보인다.

20) 孔子……子懼 : 《孟子》 〈滕文公 下〉 제9장에 "세상이 쇠퇴하고 도가 미미해져 邪說과 포학한 짓이 또 일어나서 신하가 자신의 임금을 시해하고 자식이 자신의 아비를 시해하는 일이 있게 되었다. 공자가 이를 두려워하여 《春秋》를 지으니, 《춘추》는 천자의 일이었기 때문에 공자가 '나를 알아주는 것도 오직 《춘추》를 통해서일 것이고 나를 죄주는 것도 오직 《춘추》를 통해서일 것이다.'라고 하였던 것이다.〔世衰道微 邪說暴行有作 臣弑其君者有之 子弑其父者有之 孔子懼 作春秋 春秋天子之事也 是故孔子曰 知我者 其惟春秋乎 罪我者 其惟春秋乎〕"라는 내용이 보이며, 《孟子》 〈離婁 下〉 제7장에 "王者의 자취가 종식되자 시가 없어졌으니, 시가 없어진 뒤에 《春秋》가 나왔다.〔王者之跡熄而詩亡 詩亡然後春秋作〕"라는 내용이 보인다. 공자가 魯나라 242년 동안의 역사인 《춘추》를 지을 때 기록할 것은 기록하고 삭제할 것은 삭제하여 제자 중에 문학에 뛰어난 子夏 등이 한 마디 말도 돕지 못했으며, 글자에 포폄을 붙여 아첨하지 않자 난신적자들이 두려워하였다고 한다. 이것을 春秋筆法이라고 한다. 《史記 卷47 孔子世家》

21) 戎狄……敢承 : 《詩經》 〈魯頌 閟宮〉 총 9장 중 제5장에 보인다. 毛序에 따르면 〈閟宮〉은 魯僖公이 周公의 집을 복구한 것을 칭송한 시이다. '戎'은 서쪽의 夷狄을, '狄'은 북쪽의 夷狄을 이른다. '荊'은 楚나라의 다른 이름이며, '舒'는 초나라의 동맹국이다. '承'은 '막는다〔御之〕'는

說하며 **距詖**(피)**行**하며 **放淫辭**하여 **以承三聖者**로니 **予**[22]**豈好辯哉**리오 **予**가 **不得已也**로라 **故**로 **曰**[23] **能言距楊·墨者**는 **聖人之徒也**니라

옛날에 禹王이 홍수를 막자 천하가 태평해졌고, 周公이 夷狄을 겸병하고 맹수를 몰아내자 백성들이 편안해졌으며, 공자가 《春秋》를 완성하자 난신적자들이 두려워하였다. 《詩經》에 이르기를 '西戎과 北狄을 정벌하자 荊나라와 舒나라가 다스려져 감히 우리를 막을 자가 없게 되었다.'라고 하였다. 부모가 없고 임금이 없는 나라는 주공도 응징한 것이다. 나 역시 사람의 마음을 바로잡아서 邪說을 종식시키고 그릇된 행실을 막으며 淫辭를 배척하여 세 聖人을 계승하려고 하는 것이니, 내가 어찌 변론을 좋아해서이겠는가. 나는 부득이해서 하는 것이다. 능히 楊朱와 墨翟의 邪說을 막을 것을 말하는 자는 聖人의 무리이다."

13-2-나(按)

臣은 **按 孔子**가 **旣沒**에 **異端**이 **遂作**하여 **至孟子時盛矣**라 **以司馬遷所記自騶**[24]**衍**[25] **· 淳于髡**(곤)[26] **· 田駢**[27]**之徒**로 **各著書言治亂之事**하여 **以干世主者**가 **不可勝數**[28]로되

뜻이다. 노 희공 4년(기원전 656)에 당시 覇者였던 齊 桓公이 노나라 등 여러 제후들과 함께 蔡나라를 정벌하고 이어서 楚나라를 정벌했다는 기록이 《春秋左氏傳》에 보인다. '戎狄……敢承'은 《詩經諺解》에는 '戎狄是膺하며 荊舒是懲하니 則莫我敢承이로다'로 되어 있다. 《毛詩注疏 魯頌 閟宮 孔穎達疏》《春秋左氏傳 僖公 4年》

22) 予 : 사고본에는 없다.

23) 故曰 : 통행본 《孟子》에는 없다.

24) 騶 : 사고본에는 '鄒'로 되어 있다.

25) 騶衍 : 기원전 305?~기원전 240. 전국시대 齊나라 사람으로 陰陽家의 창시자이다. 제나라 臨淄의 稷下에 모인 학사들 중에서도 명성이 높았다. 魏·趙·燕 등의 나라에서 예우를 받았으며, 일찍이 燕 昭王의 스승이 되기도 하였다. 五德終始說로 왕조의 흥망성쇠를 설명하였다. 저서에 《主運》·《終始》·《大聖》·《鄒子》·《鄒子終始》가 있다고 하나 전하지 않는다.

26) 淳于髡 : 기원전 386?~기원전 310. 전국시대 齊나라의 정치가이자 사상가이다. 미천한 신분〔贅婿〕으로, 키가 7尺이 안 되었고 변설에 능하였으며 견식이 넓고 해학과 기억력이 뛰어났다고 한다. 그와 관련하여 많은 일화가 있는데, 이 중 순우곤이 齊 威王의 客卿으로 있을 때 다음과 같은 일화가 전한다. 제 위왕이 정사를 등한시하고 술에 빠져 살자 순우곤은 "나라 안에 큰 새가 있는데 대궐 뜰에 있습니다. 3년 동안 날지도 않고 울지도 않는데,

若申不害[29]・商鞅[30]輩가 其害가 尤甚焉이어늘 而孟子所深距者가 惟楊・墨二氏는 何哉오

【臣按】 공자가 별세한 뒤에 이단의 설이 마침내 나와서 맹자 때에 와서는 많아지게 되었습니다. 司馬遷의 기록에 따르면 騶衍을 비롯하여 淳于髡・田騈의 무리가 저마다 글을 지어 治亂의 일을 논하여 당시 임금들에게 등용되기를 구한 자들이 이루 다 헤아릴 수 없을 정도였습니다. 申不害와 商鞅 같은 무리가 그중에서도

왕께서는 이 새가 무슨 새인 줄 아십니까?〔國中有大鳥 止王之庭 三年不蜚 又不鳴 王知此鳥何也〕"라고 하자, 제 위왕은 "이 새는 날지 않으면 날지 않았지 한번 날면 하늘 높이 날아오르고, 울지 않으면 울지 않았지 한번 울면 사람들을 놀라게 한다.〔此鳥不飛則已 一飛沖天 不鳴則已 一鳴驚人〕"라고 대답하고서 정사에 힘써 이후 36년간 제후들간에 제나라의 위엄이 떨쳐졌다고 한다. 평생 벼슬을 하지 않았다. 저서에 《王度記》가 있다고 하나 전하지 않는다. 《史記 卷126 滑稽列傳 淳于髡》

27) 田騈 : 기원전 370?~기원전 291. 전국시대 齊나라의 사상가로, 稷下學士 중 道家에 속한다. 《戰國策》・《莊子》 등에 그와 관련된 일화가 전한다. 저서에 《田子》가 있다고 하나 현재 전하지 않는다. 《戰國策 齊4》《莊子 天下》

28) 司馬……勝數 : 《史記》 卷74 〈孟子列傳〉에 "추연을 비롯하여 齊나라의 稷下先生, 예를 들면 淳于髡・愼到・環淵・接子・田騈・騶奭과 같은 무리가 저마다 글을 지어 治亂의 일을 논함으로써 당시 임금들에게 등용되기를 구한 것을 어찌 이루 다 말할 수 있겠는가.〔自騶衍與齊之稷下先生 如淳于髡・愼到・環淵・接子・田騈・騶奭之徒 各著書言治亂之事 以干世主 豈可勝道哉〕"라는 내용이 보인다.

29) 申不害 : 기원전 385? 또는 기원전 420~기원전 337. 전국시대 鄭나라 사람으로 申子라고도 부른다. 기원전 375년에 정나라가 韓나라에 의해 멸망당한 뒤 刑名學으로 韓 昭侯에게 유세하여 기원전 351년에 한나라의 재상으로 등용되었다. 이후 15년 동안 그가 죽을 때까지 한나라는 태평성세를 구가하며 다른 나라에 침략당하는 일이 없었다고 한다. 저서에 《申子》가 있다고 하나 현재 전하지 않는다.

30) 商鞅 : 기원전 395?~기원전 338. 전국시대 衛나라의 公子로, 이름은 鞅이다. 姓은 姬, 氏는 公孫이기 때문에 衛鞅 또는 公孫鞅이라고도 하며, 뒤에 戰功을 세워 商에 봉해졌기 때문에 商君 또는 商鞅이라고도 한다. 法家의 대표적인 인물로, 變法을 통해 秦나라의 토지제도를 비롯하여 행정구획, 조세제도, 軍功爵位 등 수많은 법을 제정・시행하여 秦나라를 부국강병한 나라로 만들었기 때문에 이 법을 商鞅變法이라고도 한다. 重農抑商을 주장하였다. 기원전 338년에 秦 孝公이 죽고 그 아들 惠文王이 즉위한 뒤 公子虔의 무고를 받자, 봉읍인 商으로 달아나 군사를 일으켰으나 패하여 죽었다. 사후 그의 시신은 咸陽으로 보내져 車裂刑에 처해졌다. 《史記 卷63 申不害列傳, 卷68 商君列傳》

폐해가 더욱 심했는데 맹자가 몹시 배척한 것이 오직 楊氏와 墨氏뿐이었던 것은 무엇 때문이겠습니까.

程頤가 嘗論之曰 楊·墨之害가 甚於申·韓하니 楊氏爲我는 疑於義하고 墨氏兼愛는 疑於仁하고 申·韓[31)]은 則陋而易見이라 故孟子가 止闢楊·墨하시니 爲其惑世之甚也[32)]라하니 夫爲我之疑於義는 何也오 義者는 任理而無情이니 楊朱는 自一身之外를 截然弗卹이라 故其迹이 似乎義하고 兼愛之疑於仁은 何也오 仁者는 尙恩而主愛니 墨翟은 於親疎之間에 無乎不愛라 故其迹이 似乎仁하니 殊不知天下之理가 本一而分則殊[33)]라

程頤는 일찍이 논하기를 "楊朱와 墨翟의 해로움은 申不害와 韓非子보다 더 심하다. 양주의 爲我(자신만을 위하는 것)는 義인가 의심스럽고 묵적의 兼愛(두루 사랑하는 것)는 仁인가 의심스럽다. 신불해와 한비자의 설은 식견이 낮아서 쉽게 알 수 있기 때문에 맹자가 양주와 묵적만 배척한 것이니, 이 두 설이 세상 사람들을 미혹시킴이 심하기 때문이었다."라고 하였습니다.

무릇 爲我가 義인가 의심스러운 것은 무엇 때문이겠습니까? 義는 이치를 따르고 情이 없으니, 양주는 자신 한 몸 외에는 전혀 돌아보지 않기 때문에 그 모습이 義와 유사합니다. 兼愛가 仁인가 의심스러운 것은 무엇 때문이겠습니까? 仁은 은혜를 높이고 사랑을 주장하니, 墨翟은 親疎간에 사랑하지 않는 것이 없기 때문에 그 모습이 仁과 유사합니다. 그러나 이것은 천하의 이치가 근본은 하나이나 나뉘

---

31) 韓 : 韓非子(기원전 280?~기원전 233)를 이른다. 전국시대 韓나라의 公子로, 法家 사상의 집대성자이다. 李斯와 함께 荀子에게 배웠다. 저서에 《韓非子》 55편이 있다. 일찍이 그가 지은 〈孤憤〉·〈五蠹〉를 본 秦 始皇이 그를 만날 수 있다면 죽어도 한이 없겠다고 탄식했다 한다. 뒤에 韓나라 왕의 명을 받고 秦나라로 가서 진 시황의 총애를 받았는데, 당시 秦나라의 승상으로 있던 李斯의 시기를 받아 감옥에 갇혀 죽었다. 《史記 卷63 韓非列傳》

32) 程頤……甚也 : 저본의 인용문은 《二程遺書》에는 程子로, 《近思錄》·《孟子精義》에는 程顥의 말로 되어 있다. 저본에서 程頤의 말로 본 것은 오류로 보인다. 또한 저본의 인용은 '楊墨之害 甚於申韓' 다음에 '佛老之害 甚於楊墨(불씨와 노자의 해로움은 양주와 묵적보다 심하다)'라는 구절이 생략되어 있으며, 저본의 '楊氏爲我疑於義 墨氏兼愛疑於仁'은 《孟子集註》·《近思錄》에는 저본과 같으나 《二程遺書》·《孟子精義》에는 '楊氏爲我疑於仁 墨氏兼愛疑於義'로 되어 있어 仁과 義가 반대로 되어 있다.

33) 天下……則殊 : 12-14-나(按) 참조.

면 달라진다는 것을 전혀 모르는 것입니다.

故君子는 親親而仁民하고 仁民而愛物하여 心無不溥(부)而其施가 有序하니 心無不溥則非爲我矣요 其施가 有序則非兼愛矣라 楊朱가 專於爲我則昧乎理[34]之一이요 墨翟이 一於兼愛則昧乎分之殊로대 若是而曰仁義라하니 乃所以賊乎仁義也라 夫事君을 則致其身이어늘 楊朱는 但知愛身而不知致身之義라 故無君하고 立愛를 必自親始어늘 墨翟은 愛無差等而視其至親을 無異衆人이라 故無父하니 無父·無君則人道가 滅絶이라 是亦禽獸而已니라

그러므로 군자는 五服의 친속을 친히 하고 일반 사람들을 사랑하며, 일반 사람들을 사랑하고 사물을 아껴서, 마음이 두루 미치지 않은 바가 없으면서도 그 마음을 쓰는 데에는 차례가 있습니다. 마음이 두루 미치지 않은 바가 없으니 爲我가 아니며, 그 마음을 쓰는 것에 차례가 있으니 兼愛가 아닙니다.

그런데 楊朱는 爲我만을 오로지 주장했으니 이는 이치는 하나라는 것에 어두운 것이며, 墨翟은 겸애만을 오로지 주장했으니 이는 나뉘면 달라진다는 것에 어두운 것입니다. 이와 같은데도 이를 仁義라고 하니, 이것이 바로 仁義를 해치는 이유입니다.

무릇 임금을 섬기는 것은 자신을 바쳐야 합니다. 그런데 양주는 단지 자신을 아낄 줄만 알아서 자신을 바치는 義는 알지 못하였기 때문에 임금이 없었던 것입니다. 사랑을 확립하는 것은 반드시 친속으로부터 시작해야 합니다. 그런데 묵적은 사랑에 차등이 없어서 지극히 가까운 친속을 일반 사람들과 다르게 여기지 않았기 때문에 아비가 없었던 것입니다. 아비가 없고 임금이 없으면 사람의 도리가 없어진 것이니, 이 또한 금수일 뿐입니다.

大抵正道·異端이 相爲消長이라 楊·墨之道가 不息則孔子之道가 不明하고 孔子之道가 不明[35]則[36]姦言[37]邪說이 得以誣罔民聽하며 塞絶正理하나니 正理가 絶滅하면 不

34) 理 : 사고본에는 '本'으로 되어 있다.

35) 孔子之道不明 : 대전본·사고본에는 없다.

36) 則 : 사고본에는 '而'로 되어 있다.

37) 姦言 : 《荀子》 〈非相〉에 "무릇 先王의 도에 부합하지 않고 禮義를 따르지 않은 말을 姦言이

惟禽獸가 食人이라 人亦將相食이니 此가 孟子之所以懼而不容不辯也라

무릇 正道와 異端은 한쪽이 사라지면 한쪽이 자라납니다. 양주와 묵적의 도가 종식되지 않으면 공자의 도가 밝아지지 않고, 공자의 도가 밝아지지 않으면 姦言과 邪說이 백성들의 귀를 속이고 바른 이치를 막아 단절시킬 수 있습니다. 바른 이치가 없어지면 금수만 사람을 잡아먹을 뿐 아니라 사람들끼리도 서로 잡아먹게 될 것이니, 이것이 바로 맹자가 두려워하며 변론하지 않을 수 없었던 이유입니다.

閑者는 防閑之義니 距楊墨・放淫辭・闢邪說者가 卽所以閑先聖之道也라 天下之治亂이 其源이 實出於人心하나니 邪說이 一溺於其心則發於心而害於事하며 發於事而害於政이 蓋必然之勢也라 事者는 政之目이요 政者는 事之綱이니 一念이 差則一事가 壞하고 一目이 隳(휴)則大綱이 亦從而隳하나니 此가 邪說所以不可不闢이며 人心所以不可不正也라

'閑'은 '보위하다'라는 뜻이니, 양주와 묵적을 막고 淫辭를 배척하며 邪說을 물리치는 것이 바로 先聖의 도를 보위하는 방법입니다. 천하의 治亂은 그 근원이 실로 사람의 마음에서 나오니, 邪說이 한번 그 마음속에 들어오면 마음에서 발로되어 일에 해로움을 끼치고 일에서 발로되어 정사에 해로움을 끼치는 것은 필연적인 형세입니다. '일'은 정사의 조목이며, '정사'는 일의 강령입니다. 하나의 생각이 빗나가면 하나의 일이 어그러지고, 하나의 조목이 무너지면 큰 강령이 마찬가지로 따라서 무너지게 되니, 이것이 邪說을 물리치지 않을 수 없었던 이유이며 사람의 마음을 바로잡지 않을 수 없었던 이유입니다.

禹가 抑洪水하시며 周公이 兼夷狄・驅猛獸하시며 孔子가 作春秋하시니 事雖不同而其捄[38]天下之患하며 立生民之極則一이니 孟子之心이 亦三聖之心也라 言旣終에 復謂

라고 한다.〔凡言不合先王 不順禮義 謂之姦言〕"라는 내용이 보이며, 《前漢書》 卷99下 〈王莽傳〉에 "옛날에 秦나라가 《詩經》과 《書經》 등 옛 전적들을 불태워 私議를 확립하고 新나라의 王莽이 六經을 인용하여 姦言을 꾸며서 똑같이 正道와 다른 길로 들어가더니 모두 이 때문에 멸망하였다.〔昔秦燔詩書以立私議 莽誦六藝以文姦言 同歸殊途 俱用滅亡〕"라는 내용이 보인다.

38) 捄 : 사고본에는 '救'로 되어 있다.

能言距楊・墨者는 卽聖人之徒라하시니 蓋所以勉天下學者하여 皆以闢異端・扶正道로 爲心하여 庶幾生人之類가 不淪胥於禽獸케하시니 此가 孟子之功이 所以不在禹下也[39]니이다

禹王은 홍수를 막고, 周公은 夷狄을 兼倂하고 맹수를 몰아내며, 공자는《春秋》를 지었으니, 일은 비록 다르나 천하의 환난을 구제하고 生民의 표준을 확립하였다는 점에서는 똑같습니다.

맹자의 마음 역시 세 聖人의 마음과 같은 것이었습니다. 말을 마친 뒤에 다시 "양주와 묵적의 邪說을 막을 것을 말하는 자는 聖人의 무리이다."라고 하였으니, 이것은 천하의 학문하는 자들을 권면하여 모두 이단을 물리치고 正道를 붙드는 것으로 마음을 삼아서, 사람들이 서로 끌고 금수가 되는 지경까지 빠져 들어가지 않기를 바란 것입니다. 바로 이 점이 맹자의 공이 禹王보다 아래에 있지 않다고 하는 이유입니다.

13-3-가[40]

漢武帝建元元年에 董仲舒가 對策[41]曰 春秋大一統[42]者는 天地之常經이며 古

---

39) 孟子……下也 : 韓愈의 〈맹 상서에게 보내는 편지〔與孟尙書書〕〉에 "지난날 맹자가 없었다면 지금 모두 夷狄의 옷을 입고 夷狄의 말을 하고 있을 것입니다. 그러므로 내가 일찍이 맹자를 추존하여 그 공이 우왕보다 아래에 있지 않다고 한 것은 바로 이 때문입니다.〔向無孟氏則皆服左衽而言侏離矣 故愈嘗推尊孟氏以爲功不在禹下者 爲此也〕"라는 내용이 보인다.《韓愈全集 與孟尙書書》

40)《前漢書》卷56 〈董仲舒傳〉에 보인다. 漢 武帝 建元 원년(기원전 140) 10월에 무제의 策問에 대한 董仲舒(기원전 179~기원전 104)의 세 편의 對策 가운데 하나로 〈擧賢良對策〉이라고 불린다. 당시 무제는 즉위한 뒤 賢良・文學으로 인재를 선발하도록 명을 내렸는데, 동중서 역시 천거를 받아 무제의 책문에 응한 것이었다. 이 대책을 올린 뒤에 동중서는 江都의 相에 임명되어 무제의 형인 易王 劉非를 섬기게 되었다. 특히 대책에 나오는 大一統・天人感應・罷黜百家・獨尊儒術과 같은 주장들은 이후의 통치 철학에 많은 영향을 준 이론이다. 동중서는 西漢의 今文經學家로, 景帝 때 博士를 역임하였으며《春秋公羊傳》을 중시하였다. 저서에《春秋繁露》가 있다.

41) 對策 :《說文解字》에 따르면 '策'은 '상의하다〔謀〕'라는 뜻으로, 政事나 經義 등에 대해 가설하여 물은 뒤에 응시한 사람들에게 대답하게 하는 것을 말한다. 漢 文帝 때 晁錯의 대책에서 시작되어 이후 인재를 선발하는 시험 방식의 하나로 운용되었다. 劉勰에 따르면,

今之通誼也①라 今에 師異道하며 人異論하여 百家가 殊方하여 指意不同이라 是以로 上亡(무)以持一統이요 法制가 數(삭)變이라 下不知所守하나니 臣愚는 以爲諸不在六藝[43]之科와 孔子之術者를 皆絶其道하여 勿使復進하여 邪辟[44]之說이 滅息然後에사 統紀를 可一而法度를 可明하여 民知所從矣리이다

① 春秋……誼也 : 春秋公羊傳 "隱元年春王正月", "何言乎王正月[45]? 大一統也". 仲舒蓋借此而言, 以明天下道術當統于一.
《春秋公羊傳》에서 《春秋》의 '隱元年春王正月(隱公 원년 봄 왕 정월)'이라는 구절에 대하여, "어찌하여 '王正月'이라고 하였는가? 천하 만물로 하여금 그 시작

'일을 탐구하여 자신의 의견을 올리는〔探事而獻說〕' 射策과 달리, 對策은 조서에 응하여 '정사를 진달하는 것〔應詔而陳政〕'으로, 여기에서 일등하면 등용이 되었다. 《文體明辨序說 策》

42) 大一統 : 何休의 주에 "統은 '시작'이라는 뜻이니, 총괄한다는 말이다. 天王은 처음으로 天命을 받아 제도를 개혁하고 천하에 政敎를 펴서 公侯에서부터 庶人에 이르기까지 산천에서부터 초목·곤충에 이르기까지 어느 하나 정월에 매어두지 않은 것이 없기 때문에 '政敎의 시작'이라고 한 것이다.〔統者 始也 總繫之辭 天王者 始受命改制 布政施敎於天下 自公侯至於庶人 自山川至於草木昆蟲 莫不一一繫於正月 故云政敎之始〕"라는 내용이 보인다. 《春秋公羊傳注疏 隱公 元年 何休注》

43) 六藝 : 대체로 두 가지 뜻으로 쓰인다. 첫째는 禮·樂·射·御·書·數를 가리키며, 둘째는 儒家의 六經, 즉 《禮》·《樂》·《書》·《詩》·《易》·《春秋》를 가리킨다. 《史記》에 따르면 공자는 詩·書·禮·樂으로 가르쳤는데, 제자가 3천 명이었으며 이 가운데 六藝에 통달한 자는 72명이었다고 한다. 공자는 六藝에 대해, 《禮》는 사람의 행동을 절제시키고, 《樂》은 화목한 마음을 나오게 하며, 《書》는 일을 말하고, 《詩》는 뜻을 통하게 하며, 《易》은 신묘하게 변화시키고, 《春秋》는 의리를 밝힌다고 하였다. 《周禮 地官 大司徒》《史記 卷47 孔子世家, 卷126 滑稽列傳》

44) 辟 : 대전본에는 '闢'으로 되어 있다.

45) 王正月 : 《春秋公羊傳》의 "'王'은 누구를 말하는가? 周 文王을 이른다. 어찌하여 먼저 王을 말하고 뒤에 正月을 말하였는가? 왕의 정월이기 때문이다.〔王者孰謂 謂文王也 曷爲先言王而後言正月 王正月也〕"라는 구절의 '王正月'에 대해, 何休는 "위로 왕에게 매둠으로써 王者가 天命을 받아 政敎를 펴고 달을 제정한 것을 알게 한 것이다. 王者는 천명을 받으면 반드시 거처를 옮기고, 正朔을 바로잡고, 복색을 바꾸고, 徽號를 변경하고, 희생을 바꾸고 器械를 다르게 하여 명을 하늘에서 받은 것이지 사람에게서 받은 것이 아님을 밝힌다.〔以上繫於王 知王者受命 布政施敎所制月也 王者受命 必徙居處 改正朔 易服色 殊徽號 變犧牲 異器械 明受之於天 不受之於人〕"라고 하였다. 《春秋公羊傳注疏 隱公 元年 何休注》

을 똑같게 하는 것을 크게 여겼기 때문이다."라고 하였는데, 董仲舒는 이 구절을 빌려 말함으로써 천하의 道術이 마땅히 하나로 통일되어야 한다는 것을 밝힌 것이다.

漢 武帝 建元 원년(기원전 140)에 董仲舒가 다음과 같은 對策을 올렸다.

"《春秋》의 '大一統'은 천지의 변치 않는 법칙이며 고금에 통하는 당연한 의리입니다. 지금 經師들은 도를 달리하고 사람들은 논의를 달리하여 百家가 방향을 다르게 하여 그 뜻이 같지 않습니다. 이 때문에 위에서는 一統을 견지할 기준이 없고, 법과 제도가 자주 변하니 아래에서는 지킬 바를 알지 못하고 있습니다.

어리석은 신의 생각으로는, 六藝에 포함되지 않는 과목과 공자의 학술에 들어가지 않은 설들은 모두 그 길을 끊어서 다시는 나오지 못하게 하여 올바르지 않은 설들이 사라지고 없어진 뒤에야 統紀를 하나로 할 수 있으며 법과 제도를 명백하게 할 수 있어서 백성들이 따를 바를 알 수 있을 것입니다."

13-3-나(按)

臣은 按 此는 武帝卽位之初也라 是年에 丞相綰(관)이 奏 所擧賢良이 或治申・商・韓非[46]・蘇秦・張儀[47]之言하여 亂國政하니 請皆罷하여 奏可[48]라호대 而質之本傳則仲舒가 實發之하니 申・商・韓非는 皆爲刑名之學而秦與儀는 則爲縱橫之學者也라 鞅之相秦에 廢井田而開阡陌[49]하며 以術로 欺隣國而襲破其師[50]하며 刀鋸斧鉞之刑을

46) 申商韓非 : 13-2-나(按) '申不害', '商鞅', '韓' 주석 참조.

47) 蘇秦張儀 : 蘇秦(기원전 337~기원전 284)과 張儀(?~기원전 309)는 전국시대의 유명한 縱橫家로, 모두 鬼谷子에게 權謀術數와 縱橫術을 배웠다. 蘇秦은 東周 洛陽 사람으로, 韓・趙・燕・魏・齊・楚에 유세하여 동시에 여서 나라의 재상이 되어서 여섯 나라가 合縱하여 秦나라에 대항하도록 하였다. 張儀는 魏나라 安邑 사람으로, 秦나라의 재상이 되었다. 소진이 이루어놓은 합종책을 깨트려 여섯 나라가 각각 秦나라를 섬기도록 함으로써 이후 진나라의 중국 통일에 기반을 닦았다.

48) 丞相……奏可 : 《前漢書》 卷6 〈武帝紀〉 建元 元年(기원전 140) 10월 조에 보인다.

49) 廢井……阡陌 : 秦 孝公이 12년(기원전 350)에 상앙의 건의를 받아들여 논밭의 구획 경계를 없앤 것을 이른다. '井田法'은 토지 제도의 하나로, 900畝를 1里로 삼아 井자 형태의 9개로 구획하여 가운데 100묘 중 80묘는 公田으로서 8명의 丁夫가 공동으로 경작하여 나라에 세금으로 내고 20묘는 8명의 廬舍로 삼으며, 나머지 800묘는 그 8명의 私田으로 삼아 경

橫加無罪하여 臨渭論囚에 水爲之赤[51]하니 其慘覈少恩을 可知矣라 申・韓之術이 大抵類是而儀・秦은 以辯[52]舌로 捭(패)[53]闔時君而傾亂人國하니 此五人者는 皆生民之蠹(두)而正道之賊也라 以其所挾으로 往往에 徼一時富貴라

【臣按】 이것은 漢 武帝가 즉위한 초기의 일입니다. 이해에 승상 衛綰(?~기원전 131)이 상주하기를 "賢良으로 천거된 사람들 중 혹 申不害・商鞅・韓非・蘇秦・張儀의 설을 주장하여 국정을 어지럽게 한 자들이 있으니 모두 파면하소서." 라고 하여 윤허를 받았지만, 〈董仲舒傳〉을 보면 실은 동중서가 한 말입니다.

작하게 한 제도이다. 실제 시행되었는지의 여부는 아직까지 정론이 없으나, 孟子가 이를 언급한 이래 유가에서는 이를 이상적인 토지제도로 여겨왔으며 이후 張載(1020~1077)를 비롯하여 몇몇 儒者들에 의해 시도되기도 하였다. '阡陌法'은 상앙의 변법 중 하나로, '阡'과 '陌'은 남북과 동서로 난 農路를 이른다. 이 농로의 경계를 없앰으로써 부자들은 이 농로들을 연결하여 경작할 땅이 더 많아지게 되었고, 가난한 자들은 송곳 꽂을 땅조차 없어지게 되었다고 한다. 朱熹는 '開阡陌'의 '開'를 開置의 開로 본 종래의 설을 부정하고 '무너뜨리고 깎는다〔破壞剗削〕'의 뜻으로 보았으며, '阡陌'을 《周禮》에서 말하는 遂의 徑, 溝의 畛, 洫의 涂, 澮의 道로 보았다. 즉 阡은 千이라는 뜻으로 溝 사이가 1,000묘이고 澮 사이가 1,000夫에 해당되는 땅이어서 畛과 道를 阡이라 하고, 陌은 百이라는 뜻으로 遂 사이가 100묘이고 洫 사이가 100夫에 해당되는 땅이어서 徑과 涂를 陌이라고 한 것이니, 상앙은 기존의 정전법에서 농지가 阡陌에 제한되고 경작자가 100묘에 제한되는 것을 보고 이를 무너뜨려서 인력과 地利를 남김없이 다하도록 한 것이라고 하였다. 《史記 卷5 秦本紀》《前漢書 卷24 食貨志 上》《春秋穀梁傳注疏 宣公 15年 范寧注》《晦庵集 卷72 雜著 開阡陌辨》

50) 以術……其師 : 상앙은 秦 孝公 22년(기원전 340)에, 한 해 전에 齊나라에 대패한 魏나라를 공격하여 황하와 崤山의 요충지를 차지함으로써 동쪽으로 제후들을 진압하는 기반을 닦도록 효공을 설득하여 위나라를 공격하였다. 위나라에서는 公子 卬을 장수로 세워 이를 막도록 하였는데, 상앙은 공자 앙에게 편지를 보내 본래의 친분을 강조하며 싸우지 말고 직접 만난 화친을 하자고 청한 뒤, 이를 믿고 찾아온 공자 앙을 군사를 매복시켜 사로잡고 위나라 군대를 격파하였다. 魏 惠王은 이에 河西의 땅을 秦나라에 바치고 수도를 安邑에서 大梁으로 옮겼으며, 상앙은 이 공으로 於(오)와 商 등 15개 읍을 봉지로 받고 商君이라 불리게 되었다. 당시 魏나라의 상황은 12-20-가 '梁惠王以……殉之' 주석 참조. 《史記 卷68 商君列傳》

51) 臨渭……之赤 : 《資治通鑑》 卷2 〈周紀2〉 顯王 31년(기원전 338) 조에 보인다. 渭水는 동쪽으로 흘러 秦나라의 도성 咸陽 남쪽을 지나서 潼關에 이르러 黃河로 들어간다.

52) 辯 : 사고본에는 '辨'으로 되어 있다.

53) 捭 : 대전본에는 '椑'로 되어 있다.

신불해・상앙・한비는 모두 刑名의 학술을 한 자들이며 소진과 장의는 縱橫의 학술을 한 자들입니다. 상앙은 秦나라의 재상으로 있을 때 井田 제도를 폐지하고 阡陌을 무너뜨렸으며, 술수로 이웃 나라를 속이고 그 군대를 습격하여 쳐부수었으며, 칼과 톱으로 자르고 도끼로 베는 참혹한 형벌을 죄 없는 사람들에게 함부로 시행하여 渭水 가에서 죄수를 논죄할 때면 강물이 이 때문에 붉게 되었으니, 그 잔인하고 가혹하여 은혜가 없었음을 알 수 있습니다. 신불해와 한비의 술수 역시 대체로 이와 비슷하며, 장의와 소진은 변설로 당시의 임금을 조종하여 남의 나라를 기울게 하고 어지럽게 하였습니다. 이 다섯 사람은 모두 生民의 좀이요 正道의 도적이니, 가지고 있는 재주로 곳곳에서 한때의 부귀를 훔친 것입니다.

故後來之士가 企而慕之하니 漢初游說(세)之士가 若蒯(괴)通[54]・朱建[55]輩는 大抵踵儀・秦故轍而儒者如賈誼[56]・晁[57]錯[58]가 亦皆明申・韓[59]하니 先王之道가 闇鬱不

54) 蒯通：?～?. 秦・漢 교체기의 辯士로, 본래 이름은 蒯徹이나 漢 武帝의 휘를 피하여 通으로 바꾸었다. 范陽 사람이다. 일찍이 范陽 현령 徐公과 武信君 武臣에게 유세하여, 서공은 무신군에게 투항하여 부귀를 유지한 채 목숨을 보전하게 하였고 무신군은 서공을 후히 대접함으로써 전쟁을 하지 않고도 燕・趙 일대 30여 성의 항복을 받게 하였다. 또한 당시 천하의 형세가 韓信에게서 결정될 것을 알고 한신에게 劉邦을 배반하고 項羽와 함께 三分天下를 제의하였으나 받아들여지지 않았다. 한신은 얼마 뒤 역모로 몰려 죽으면서 그의 말을 듣지 않은 것을 후회하였다고 한다. 항우가 괴통과 괴통의 친한 벗 安其生에게 작위와 봉읍을 제의했으나 두 사람 모두 받아들이지 않았다. 저서에 전국시대 遊說客들의 변설을 논하고 자신의 평을 붙인 《雋永》이 있다. 혹자는 지금의 《戰國策》이 바로 《雋永》이라고 한다. 《前漢書 卷45 蒯通傳》

55) 朱建：?～기원전 177. 秦・漢 교체기 楚나라 사람이다. 黥布가 모반하지 못하도록 간언하고 모반에 참여하지 않았다 하여 劉邦에게서 平原君의 봉호를 받았다. 청렴하고 강직하여 당시 呂太后의 총애를 받는 審食(이)其를 좋아하지 않았으나, 심이기는 주건 어머니의 喪을 기회로 후한 조의금을 냄으로써 주건과 사귀기를 원하였다. 惠帝 때 심이기가 여태후와 간통한 일로 죽임을 당하게 되었을 때 혜제의 寵臣 閎籍孺를 찾아가 설득함으로써 심이기를 살렸으며, 뒤에 여태후가 죽은 뒤 呂氏 일족이 주살당할 때에도 심이기를 위해 계획을 세워 그를 살아남게 하였다. 《史記 卷97 朱建列傳》

56) 賈誼：기원전 200～기원전 168. 西漢 초기 저명한 政論家이자 문학가로, 洛陽 사람이다. 18세 때 郡內에 명성이 알려졌으며, 20여 세 때 漢 文帝의 부름을 받아 博士가 되고, 1년

明하여 雖通達之士라도 不免沒溺於異學이라 當是時也하여 不有仲舒가 昌言排之면 道術이 何自而一乎리오 故先儒가 推論其功하여 以爲不在孟子下[60]라하니 詎不信然이리오 惜武帝가 雖略行其言하시나 終不能寘諸丞弼之地하여 使綱紀世敎而嚴助[61]·朱買臣[62]輩가 以縱橫進하고 張湯[63]·杜周[64]之徒가 以刑名用하여 晩年巫蠱之禍에 父子가

이 안 되어 다시 太中大夫가 되었다. 역법을 개정하고 복색을 바꾸며 제도를 재정비하고 예악을 부흥시킬 것을 주장하였으나 列侯와 대신들의 시기를 받아 長沙王의 太傅로 폄적되었다. 뒤에 다시 長安으로 돌아와 문제의 막내아들인 梁 懷王의 太傅가 되었다. 양 회왕이 낙마하여 죽자 깊이 자책하다 1년여 만에 33세의 나이로 죽었다. 지은 작품으로 〈過秦論〉·〈論積貯疏〉·〈陳政事疏〉 등의 산문과 〈吊屈原賦〉·〈鵩鳥賦〉 등의 辭賦가 있다. 《史記 卷84 賈生列傳》

57) 晁 : 사고본에는 '鼂'로 되어 있다.

58) 晁錯 : 기원전 200~기원전 154. 西漢 초기 漢 文帝 때의 관료로, 潁川 사람이다. 일찍이 張恢에게서 申不害와 商鞅의 刑名學을 배웠다. 太子舍人·博士·中大夫 등을 역임하였으며, 훗날의 景帝인 태자 劉啓에게서 '智囊'으로 불렸다. 상소하여 重農을 주장하였으며, 제후들의 죄과를 들어서 그들의 封地를 삭감할 것을 주청하여 王侯와 權貴의 미움을 받았다. 景帝 3년(기원전 154)에 吳·楚 7國이 조조를 토벌하여 임금의 옆을 깨끗하게 한다는 명분을 내세워 반란을 일으키자, 竇嬰 등의 주청으로 長安 東市에서 腰斬되었다. 《史記 卷101 晁錯列傳》

59) 皆明申韓 : 가의와 조조에 관하여 司馬遷의 〈太史公自序〉에 "가의와 조조는 신불해와 상앙을 천명하였다.〔賈生晁錯明申商〕"라는 내용이 보인다. 《史記 卷130 太史公自序》

60) 先儒……子下 : '先儒'는 송나라 胡安國(1074~1138)을 이른다. 《西山讀書記》 권30에 "동중서는 名儒이다. 《春秋》의 핵심 의리를 터득한 것이 많아 그 對策에 당시의 병폐들을 절실하게 짚어내었다. 百家를 축출하고 六經을 표창한 것과 같은 것은 그 공이 맹자보다 아래에 있지 않다.〔董仲舒名儒也 多得春秋要義 所對切中當世之病 如罷黜百家 表章六經 其功不在孟子下〕"라는 내용이 보인다.

61) 嚴助 : ?~기원전 122. 西漢 明帝 때의 관료로, 본래 성명은 莊助이다. 東漢 明帝 劉莊의 휘를 피하여 嚴助로 고쳐 불렀다. 會稽郡 吳縣 사람이다. 漢 武帝 建元 원년(기원전 140)에 賢良方正으로 천거되어 對策을 통해 中大夫에 발탁되었다. 무제 元狩 원년(기원전 122)에 淮南王 劉安과 衡山王 劉衡이 모반을 일으켰을 때 회남왕과 친분이 있다고 하여 棄市刑에 처해졌다. 일찍이 엄조는 무제에게 청하여 고향인 회계군의 태수를 지낸 적이 있었는데, 몇 년이 지나도록 보고를 듣지 못한 무제가 특별히 조서를 내려 "너의 근황을 《春秋》의 의리에 따라 갖추어 보고하고 소진의 종횡술로 말하지 말라.〔具以春秋對 毋以蘇秦從橫〕"라고 말한 내용이 本傳에 보인다. 《前漢書 卷64 嚴助傳》

62) 朱買臣 : 기원전 174?~기원전 115. 吳縣 사람으로, 《春秋》와 《楚辭》에 뛰어났다. 武帝 때

不能相保則一江充이 實爲之[65]하니 其人이 蓋兼刀筆口舌之能者也라 吁라 有天下者가 可不深監乎此잇가

이 때문에 후대의 선비들이 발돋움하고 이들과 같이 되기를 선망했던 것입니다. 漢나라 초기 유세에 능한 선비들로 蒯通이나 朱建과 같은 자들은 대체로 張儀와 蘇秦의 옛 전철을 따랐으며, 賈誼나 晁錯와 같은 儒者들 역시 모두 申不害와 韓非를 천명했으니, 先王의 도가 어두워져 밝혀지지 않아서 비록 통달한 선비들이었음에도 이단의 학술에 빠지는 것을 면치 못했던 것입니다.

莊助의 추천으로 中大夫에 임명되었고 이어서 會稽太守가 되었다. 뒤에 丞相 靑翟의 長史가 되었는데, 張湯이 승상의 일을 대행하며 자주 모욕을 줄 뿐 아니라 莊助의 죽음이 당시 廷尉였던 장탕과 관계가 있다고 하여 장탕에게 깊은 원한을 갖고 장탕을 고발하였다. 이 일로 장탕은 무제의 압박에 못 이겨 자살하였고, 장탕이 죽은 뒤 주매신 역시 이 일로 무제에 의해 주살되었다. 《前漢書 卷64 朱買臣傳》

63) 張湯 : ?~기원전 115. 張固라고도 한다. 杜陵 사람으로, 혹독함과 청렴함으로 유명하다. 어려서부터 법률을 좋아하였다. 淮南王・衡山王・江道王의 모반 사건을 맡으면서 武帝의 인정을 받아 太中大夫・廷尉・御史大夫를 역임하였다. 엄격한 법 적용을 주장하면서 여기에 《春秋》의 의리를 덧붙여 꾸몄으며 황제의 뜻을 사건 심리의 준거로 삼았다. 《前漢書 卷59 張湯傳》

64) 杜周 : ?~기원전 95. 西漢 南陽郡 杜衍縣 사람으로, 서한 麒麟閣 11功臣 중 하나인 杜延年(?~기원전 52)의 아버지이다. 南陽太守 義縱의 추천으로 張湯의 심복이 되어 廷尉史가 되었다. 장탕을 본받아서 법을 엄격하게 집행하고 황제의 의중을 살펴 그에 맞게 법을 집행하였다. 수년 동안 廷尉로 있다가 잠시 파직되었으나 다시 執金吾가 되었는데, 도적을 잡으면서 桑弘羊과 衛황후의 조카들을 매우 혹독하게 다룬 일로 武帝에게 사사로움이 없다는 평가를 받아 天漢 3년(기원전 98)에 御史大夫가 되었다. 2년 뒤에 병으로 죽었는데, 廷尉와 御史大夫로 지낸 10여 년간 모은 재물이 수만금이었다고 한다. 《前漢書 卷60 杜周傳》

65) 晩年……爲之 : 漢 武帝(기원전 156~기원전 87) 征和 2年(기원전 91)에 일어난 巫蠱의 獄을 이른다. 당시 무제의 寵臣이었던 江充(?~기원전 91)은 태자였던 戾太子 劉據(기원전 128~기원전 91)와 알력이 있었는데, 무제 死後 여태자가 즉위하면 자신의 안전을 보장받을 수 없다고 여겨, 병든 무제에게 여태자가 저주하여 병이 난 것이라고 무고하였다. 여태자는 당시 甘泉宮에서 병을 치료하고 있던 무제를 알현하여 자신의 억울함을 해명하려 하였으나, 시도가 실패하자 武器庫의 병기를 꺼내고 長樂宮을 호위하는 병졸을 징발하여 강충을 참살하였다. 그러나 반란으로 오인되어 무제의 토벌을 받고 도성을 탈출했다가, 사면을 받지 못하자 결국 자결하고 말았다. 12-18-나(按) '武帝……千秋' 주석 참조.

이러한 때 董仲舒가 소리 높여 이 설들을 배척하지 않았다면 道術이 어떻게 하나로 통일될 수 있었겠습니까. 그러므로 先儒가 동중서의 공을 미루어 논하여서 '맹자보다 아래에 있지 않다.'고 하였으니, 어찌 참으로 맞는 말이 아니겠습니까.

안타깝게도 武帝가 비록 그 말을 조금 실행하기는 하였으나 끝내 동중서를 보필하는 자리에 두어 世教를 바로잡도록 하지 못하여, 嚴助나 朱買臣과 같은 자들이 縱橫術로 진출하고 張湯이나 杜周 같은 자들이 刑名術로 등용되었습니다. 그리하여 무제 말년에 있었던 巫蠱의 화에 무제 부자가 서로 보전해주지 못하였습니다. 이것은 江充 한 사람이 실로 이렇게 만든 것이니, 강충이란 자는 글과 변설에 두루 능한 자였습니다. 아, 천하를 소유한 임금이 이것을 깊이 경계하지 않아서야 되겠습니까.

13-4-가[66)]

司馬遷이 **曰**① **世之學老子者**는 **則絀**(출)**儒學**하고 **儒學**이 **亦絀老子**하나니 **道不同**이라 **不相爲謀**[67)]니라

① 司馬遷曰 : 武帝時人, 作史記.
司馬遷은 漢 武帝 때 사람으로, 《史記》를 지었다.

司馬遷(기원전 145?~기원전 87?)이 말하였다.
"세상에서 老子의 학술을 배우는 사람들은 儒家의 학술을 배척하고 유가에서도 노자의 학술을 배척하니, 도가 같지 않기 때문에 서로 더불어 도모하지 못하는 것이다."

13-4-나(按)

臣은 **按 百家之學**에 **惟老氏所該者**가 **衆**하니 **今**에 **摭其易知者言之**컨대 **曰慈曰儉**과 **曰不敢爲天下先**[68)]과 **曰無爲民自化**와 **好靜民自正**과 **無事民自富**와 **無欲民自樸**[69)]과 **無**

66) 《史記》 卷63 〈老子列傳〉에 보인다.

67) 道不同不相爲謀 : 《論語》 〈衛靈公〉 제39장에 "도가 같지 않으면 서로 더불어 도모하지 못한다.〔道不同 不相爲謀〕"라는 내용이 보인다.

情民自淸[70]이 此는 近理之言也라 曹參[71]이 以之相漢하여 收寧壹之效하고 文帝가 以之治漢하사 成富庶之功하시니 雖君子라도 有取焉하고

【臣按】 百家의 학설 중에 오직 老子만이 포괄하는 것이 많습니다. 지금 그중에서도 쉽게 알 수 있는 것을 들어 말한다면 다음과 같습니다.

"세 가지 보물은 자애와 검소함과 감히 천하에 앞서지 않는 것이다."라든가 "내가 작위하는 바가 없으면 백성들이 저절로 교화되고, 내가 조용한 것을 좋아하면 백성들이 저절로 올바르게 되며, 내가 일삼아서 애쓰지 않으면 백성들이 저절로 부유해지고, 내가 욕심내지 않으면 백성들이 저절로 소박해지며, 정이 없으면 백성들이 저절로 깨끗해진다."와 같은 것들은 이치에 가까운 말들입니다.

曹參이 이것으로 漢나라의 재상이 되어 백성을 안정시키고 통일시키는 효과를 거두었고, 文帝가 이것으로 漢나라를 다스려서 물자가 풍부해지고 인구가 많아지는 공효를 이루었으니, 비록 군자라 할지라도 노자의 학술에서 취하는 바가 있었

---

68) 曰慈……下先 : 《老子》 제67장에 "나에게는 항상 잘 간직하여 보존하고 있는 세 가지 보물이 있다. 첫째는 자애이며, 둘째는 검소함이며, 세 번째는 감히 천하에 앞서지 않는 것이다. 윗사람이 자애하기 때문에 아랫사람이 용감할 수 있으며, 검소하기 때문에 뜻을 널리 펼 수 있으며, 감히 천하에 앞서지 않기 때문에 천하 만물의 우두머리가 될 수 있다.〔我有三寶 持而保之 一曰慈 二曰儉 三曰不敢爲天下先 慈故能勇 儉故能廣 不敢爲天下先故能成器長〕"라는 내용이 보인다.

69) 無爲……自樸 : 《老子》 제57장에 "그러므로 성인은 말하였다. '내가 작위하는 바가 없으면 백성들이 저절로 교화되고, 내가 조용한 것을 좋아하면 백성들이 저절로 올바르게 되며, 내가 일삼아 이익을 다투지 않으면 백성들이 저절로 부유해지고, 내가 욕심내어 재물을 탐하지 않으면 백성들이 저절로 소박해진다.'〔故聖人云 我無爲而民自化 我好靜而民自正 我無事而民自富 我無欲而民自樸〕"라는 내용이 보인다.

70) 無情民自淸 : 통행본 《老子》에는 보이지 않는다. 焦竑의 《老子翼》에 따르면, 《노자》의 판본 가운데 원래의 河上公本에는 제57장 '我無欲而民自樸' 뒤에 이 구절이 더 있었다고 한다. 王卡은 현전하는 《노자》 하상공본에도 이 구절은 없으나 道藏本과 陳景元本에는 있다고 하였다. 《王卡 點校, 老子道德經河上公章句, 中華書局, 1997, 225쪽》

71) 曹參 : ?~기원전 190. 자는 敬伯으로, 泗水 沛縣 사람이다. 秦나라 말에 蕭何와 함께 劉邦을 도와 漢나라를 개국하여 平陽侯에 봉해졌다. 齊나라의 相으로 있을 때 黃老術을 써서 淸靜無爲를 주장하여 백성들과 함께 휴식하였다. 惠帝 때 소하가 죽은 뒤 소하를 이어 재상이 되어서는 모든 것을 소하의 규정을 따랐기 때문에 '蕭規曹隨'라는 말이 있게 되었다. 시호는 懿이다.

습니다.

曰 玄牝之門이 爲天地[72]根이라 綿綿若存하여 用之不勤[73]이라하니 此는 養生之言也[74]而爲方士者가 祖焉하고 曰 將欲翕(흡)之인대 必固張之요 將欲奪之인대 必固與之[75]라하니 此는 陰謀[76]之言也라 范蠡(려)가 用之하여 以取吳[77]하고 張良이 本之하여 以滅項[78]而

---

72) 地 : 대전본에는 '下'로 되어 있다.

73) 玄牝……不勤 : 《老子》 제6장에 보인다. 제6장은 "谷神不死 是謂玄牝 玄牝之門 是謂天地根 緜緜若存 用之不勤"이다. 林希逸의 주에 따르면 "텅 빈 신묘함은 다하지 않으니, 이를 일러 '신묘한 텅 빔'이라고 한다. 신묘한 텅 빔의 문을 일러 천지의 근원이라고 하니, 있는 듯 없는 듯 끊임없이 이어지며 이를 쓰는데 지칠 줄을 모른다."로 해석이 된다. 그러나 여기에서는 養生의 말로 해석한 按說에 따라 河上公注에 근거하여 번역하기로 한다. 《老子鬳齋口義 林希逸注》

74) 也 : 사고본에는 없다.

75) 將欲……與之 : 《老子》 제36장에 "장차 거두어들이고자 한다면 반드시 먼저 베풀어야 하고, 장차 약하게 하고자 한다면 반드시 먼저 강하게 해야 하고, 장차 없애고자 한다면 반드시 먼저 일어나게 해야 하고, 장차 빼앗고자 한다면 반드시 먼저 주어야 한다. 이것을 일러 '감추어진 밝음'이라고 한다.〔將欲歙之 必固張之 將欲弱之 必固强之 將欲廢之 必固興之 將欲奪之 必固與之 是謂微明〕"라는 내용이 보인다.

76) 陰謀 : 용병술〔兵謀〕을 이른다. 《國語 越語下 韋昭注》

77) 范蠡……取吳 : 范蠡는 춘추시대 楚나라 사람이다. 초나라에서는 귀족이 아니면 벼슬을 할 수 없어 越나라로 가서 越王 勾踐에게 벼슬하였다. 기원전 494년 구천이 범려의 말을 따르지 않고 吳나라를 공격하다가 도리어 會稽山에서 항복하는 치욕을 당하자, 왕의 목숨과 나라의 보전을 위해 자진하여 월왕 구천을 따라 오나라에 가서 온갖 굴욕을 참고 吳王 夫差의 시중을 들며 부차의 신임을 얻는 한편, 월나라에서는 비밀리에 軍備를 증강하여 결국 20년 만인 기원전 473년에 오나라를 멸망시키고 회계산의 수치를 설욕하였다. 공을 이룬 뒤에는 벼슬에서 물러나 鴟夷子皮로 성명을 바꾸고 떠나 상인이 되어서 巨富가 되었다고 한다.

78) 張良……滅項 : 張良(기원전 250?~기원전 186)은 漢 高祖 劉邦의 책사로 漢나라 개국 공신 중의 한 사람이다. 자는 子房, 城父 사람으로, 시호는 文成이다. 장량이 유방으로 하여금 상대방이 원하는 것을 내주어서 안심시킨 뒤 공격하게 한 사례가 많은데, 예를 들면 韓信이 齊王이 되기를 원했을 때 유방은 大怒했지만 장량의 건의를 받아들여 한신을 제왕에 봉함으로써 한신의 마음을 얻었다. 또 기원전 202년에 유방은 楚나라의 項羽와 鴻溝를 경계로 천하를 양분하자는 협정을 맺었는데, 이 협정 뒤에 항우는 동쪽으로 돌아갔으나 유방은 장량의 계책을 따라 한신·彭越과 楚나라를 공격하여 멸망시키기로 약속하였다. 약속한 날

言兵者가 尙焉하고 曰 大道가 廢에 有仁義[79]라하며 曰 失道而後에 德이요 失德而後에 仁이요 失仁而後에 義요 失義而後에 禮니 禮者는 忠信之薄而亂之首[80][81]라하니 此는 矯弊之言而放蕩者가 宗之하고 至其以事物로 爲粗迹하고 以空虛로 爲妙用[82]이어늘 蒙莊氏①가 因之[83]하여 以荒唐繆悠之辭로 譁于世而淸談者가 倣之하니 自其近理者言之컨대 固在所可取나 然皆吾聖人之所有也요 下乎此則一偏一曲之學이라

① 蒙莊氏 : 莊周也.
'蒙莊氏'는 莊周이다.

"玄牝(코와 입)의 문이 천지의 元氣와 통하는 근원이다. 실낱같이 이어져 있는 듯 없는 듯 숨을 쉬지만 이를 쓰는 것은 급하게 해서는 안 된다."라고 하였으니, 이것은 養生의 말입니다. 이것을 方士들이 祖述하고 있습니다.

"장차 움츠리려면 반드시 먼저 펴야 하고, 장차 빼앗으려면 반드시 먼저 주어야 한다."라고 하였으니, 이것은 陰謀의 말입니다. 范蠡가 이 말을 써서 吳나라를 취

한신과 팽월이 오지 않아 항우에게 패하자, 장량은 또 유방에게 건의하여 한신과 팽월에게 사신을 보내 초나라를 멸망시킨 뒤에는 천하를 셋으로 나누어주겠다고 약속하도록 하였다. 결국 한신과 팽월이 즉각 군대를 垓下로 보내 항우를 대패시킴으로써 한나라의 개국에 중요한 기틀을 마련하였다. 항우는 이때 자살하였다.

79) 大道……仁義 : 《老子》 제18장에 보인다.

80) 首 : 대전본에는 '者'로 되어 있다.

81) 失道……之首 : 《老子》 제38장에 보인다.

82) 以事……妙用 : 《老子》 제5장에 "천지의 사이는 비유하자면 풀무와 같을 것이다. 텅 비어 있지만 그 쓰임이 무궁하며 쓰면 쓸수록 그 쓰임이 더욱 잘 나온다.〔天地之間 其猶橐籥乎 虛而不屈 動而愈出〕", 제11장에 "서른 개의 바큇살이 하나의 바퀴통을 공유하니, 그 빈 공간 때문에 수레의 쓰임이 있는 것이다. 진흙을 빚어 그릇을 만드니, 그 빈 공간 때문에 그릇의 쓰임이 있는 것이다. 창과 문을 내어 室을 만드니, 그 빈 공간 때문에 室의 쓰임이 있는 것이다. 그러므로 형체가 있는 것으로 이로움을 삼고 텅 빈 것으로 쓰임을 삼는다.〔三十輻共一轂 當其無 有車之用 埏埴以爲器 當其無 有器之用 鑿戶牖以爲室 當其無 有室之用 故有之以爲利 無之以爲用〕"라는 내용이 보인다. 위의 '玄牝……不勤' 주석 참조.

83) 蒙莊氏因之 : 蒙莊氏는 莊周, 즉 莊子를 이른다. 장자가 蒙縣 사람이었기 때문에 이렇게 부른 것이다. 《莊子》 〈天下〉에 "만물의 근원인 無를 정밀하다 하고, 형체 있는 것을 조잡하다고 하며, 富의 축적을 흡족하지 않다고 한다.……연약하고 겸손한 태도를 나타내고 스스로를 공허하게 하여 만물을 손상하지 않음을 마음의 실질로 삼았다.〔以本爲精 以物爲粗 以有積爲不足……以濡弱謙下爲表 以空虛不毁萬物爲實〕"라는 내용이 보인다.

하고 張良이 이를 근본으로 項羽를 멸하여서 用兵을 말하는 자들이 숭상하는 구절입니다.

"大道가 없어진 뒤에 仁義가 있게 된다."라고 하였으며, "도를 잃은 뒤에 덕이 있게 되고, 덕을 잃은 뒤에 仁이 있게 되며, 仁을 잃은 뒤에 義가 있게 되고, 義를 잃은 뒤에 禮가 있게 되니, 禮는 忠信이 희박해진 것이며 혼란의 시작이다."라고 하였습니다. 이것은 병폐를 바로잡는 말인데 방탕한 자들이 宗旨로 삼고 있습니다.

심지어는 형체 있는 사물을 조잡한 자취로 여기고 공허함을 오묘한 쓰임으로 여기기까지 하였는데, 蒙莊氏(장자)가 이를 그대로 따라 황당무계한 말로 세상에서 떠들어대자 淸談을 일삼는 자들이 이를 본받았습니다. 이것이 이치에 가깝다는 관점에서 말한다면 참으로 취할 만한 점이 있기는 하지만, 이는 모두 우리 儒家의 聖人에게 있는 것들입니다. 이보다 못한 설들은 한쪽으로 치우치고 한쪽만의 학설일 뿐입니다.

其弊有不勝言者하니 養生之說則神仙[84]・方藥之所自出也요 陰謀之術則申・商・韓非之所本也요 放蕩之害는 至劉伶[85]・阮籍[86]而甚①하고 淸談之禍는 至王弼[87]・何晏②[88]而極하여 皆以惑亂世主하며 斵(착)喪生民하니 雖老・莊之學이 初未至此나 然

84) 仙 : 사고본에는 '僊'으로 되어 있다.

85) 劉伶 : 221?~300. 魏晉 시대 竹林七賢의 한 사람으로, 자는 伯倫이다. 沛國 사람이다. 키는 6尺에 용모는 몹시 추하였다. 일찍이 建威將軍 王戎의 막하에서 參軍을 지냈다. 晉 武帝 泰始 초의 對策에서 無爲의 다스림을 주장하다가 파면되었다. 평소 술을 좋아하여 항상 술 한 병을 들고 鹿車를 타고 다니면서 사람으로 하여금 삽을 메고 자신을 뒤따르도록 하여 자신이 죽으면 그곳에 묻어달라고 하였다. 〈酒德頌〉을 지어 老莊 사상과 맘껏 술을 마시는 정취를 노래하고 전통의 禮法에 얽매이지 않았다. 《晉書 卷49 劉伶列傳》

86) 阮籍 : 210~263. 삼국시대 魏나라 竹林七賢의 한 사람으로, 자는 嗣宗이다. 13-4-나(按) '阮籍' 주석 참조.

87) 王弼 : 226~249. 삼국시대 魏나라의 經學家이자 玄學의 대표적 인물로, 자는 輔嗣이다. 何晏・夏侯玄 등과 함께 玄學淸談의 풍조를 열었다. 魏 齊王 正始 10년(249) 가을에 24세의 나이로 병사하였다. 저서에 《老子注》・《周易注》가 있다.

88) 何晏 : 190~249. 삼국시대 魏나라의 玄學家로, 자는 平叔이다. 漢나라 大將軍 何進의 손자이며 魏나라 金鄕公主에게 장가들었다. 어려서 아버지를 여의고 曹操의 보살핌을 받았다.

本源一差에 其流가 必有甚焉이라 以是言之컨대 曷若由堯·舜·周·孔之道가 爲無弊哉리오

① 劉伶·阮籍而甚 : 皆晉人.[89]
劉伶과 阮籍은 모두 晉나라 사람이다.
② 王弼·何晏 : 弼, 魏人. 晏, 晉人.[90]
王弼은 魏나라 사람이다. 何晏은 晉나라 사람이다.

그러나 그 폐단은 이루 다 말할 수 없을 정도입니다. 양생의 설은 신선과 方藥이 여기에서 나왔고, 음모의 술법은 申不害·商鞅·韓非가 근본으로 삼은 것이며, 방탕의 해는 劉伶과 阮籍에 이르러 심해졌고, 淸談의 화는 王弼과 何晏에 이르러 극에 달했습니다. 그리하여 모두들 이런 것들로 세상의 임금을 미혹시키고 백성들에게 해로움을 끼쳤습니다. 노자와 장자의 학설이 처음에는 이런 지경에까지 이른 것은 아니었지만 本源이 한 번 어긋나면 그 末流는 반드시 이보다 더 심하게 어긋나게 되는 것입니다. 이것으로 말한다면 어찌 폐단이 없는 요임금·순임금·주공·공자의 도만 하겠습니까.

或이 謂 自漢以來로 有黃老之稱하니 黃帝는 亦聖人也라 其道가 與老子均乎아 曰 此猶毉(의)[91]師之宗神農이며 巫步[92]之祖大禹라 非其傳之正也니라 或이 又謂 文帝는 用黃老而天下가 安하고 武帝는 用儒術而海內耗則儒術이 果不逮黃老矣로다 曰 非也라 淸靜慈儉은 老氏之所長而文帝用之라 故其效가 如此라 然亦富之而未及敎也[93]하니 使

용모가 아름답고 얼굴이 희어서 '傅粉何郞'으로 불렸다. 老莊學을 좋아하였다. 魏 齊王 正始 연간(240~248)에 曹爽을 도와 侍中과 吏部尙書 등을 역임하였으며 列侯를 하사받았다. 夏侯玄·王弼 등과 玄學을 제창하고 淸談을 일삼았다. 저서에 《論語集解》가 있다.

89) 皆晉人 : 阮籍(210~263)은 魏나라 사람으로 보아야 한다. 魏나라의 존속 기간은 220년~265년이며, 西晉의 존속 기간은 265년~316년이다.

90) 晏晉人 : 何晏은 魏나라 사람이다. 여기에서 晉나라 사람으로 본 것은 오류이다.

91) 毉 : 사고본에는 '醫'로 되어 있다.

92) 巫步 : '무당의 걸음'이라는 뜻으로, 여기에서는 무당을 이른다. 禹王이 홍수를 다스리느라 산천을 다니면서 발에 병이 나서 걸을 때 절뚝였는데, 우왕이 다닐 때 귀신이나 맹수·독충·뱀 등이 해치지 않았기 때문에 세속의 무당들이 우왕의 걸음을 흉내 내는 경우가 많았다고 한다. 《法言 卷7 柳宗元註》

93) 富之……敎也 : 《論語》 〈子路〉 제9장에 "공자가 衛나라에 갈 때 冉有가 수레를 몰았다. 공자

其用孔子之道則其成功이 豈止是哉리오 若武帝之於儒術엔 特崇其名而已요 而所以斁(두)耗生民者則神仙[94]・刑名・兵家之罪라 儒術이 何與(예)[95]焉이리오 臣이 不得以不辨[96]하노이다

어떤 사람은 말하기를 "漢나라 이래로 黃老라는 명칭이 있으니, 黃帝 역시 聖人이다. 그 도가 노자와 같은가?"라고 합니다.

이것은 의원들이 神農을 祖宗으로 삼고 무당들이 大禹를 조종으로 삼는 것과 같은 것이어서 올바른 전수가 아닙니다.

어떤 사람이 또 말하기를 "漢 文帝는 黃老學을 써서 천하가 편안하였고 武帝는 儒術을 써서 천하가 피폐했으니, 그렇다면 유술이 과연 황로학에 미치지 못하는 것이다."라고 합니다.

이것은 틀린 말입니다. 맑고 조용하고 자애롭고 검소함은 노자 학설의 장점인데, 문제가 이것을 썼기 때문에 그 효과가 이와 같았던 것입니다. 그러나 또한 백성을 부유하게는 하였으나 교화에까지는 미치지 못하였으니, 만일 공자의 도를 썼다면 그 이룬 공이 어찌 여기에 그쳤겠습니까. 무제는 儒術에 대해 단지 그 이름만 존숭한 것뿐이며 백성을 해친 것은 神仙術・刑名術・兵家의 죄이니, 유술이 여기에 무슨 상관이 있습니까. 신은 분변하지 않을 수 없습니다.

13-5-가1[97]

漢郊祀志에 自齊威・宣①[98]・燕昭王[99]으로 使人入海하여 求蓬萊・方丈・

가 '백성들이 많기도 하구나!'라고 하자 염유가 물었다. '백성들이 많게 되었으면 또 무엇을 더해야 합니까?' '부유하게 해주어야 한다.' '부유하게 되었으면 또 무엇을 더해야 합니까?' '가르쳐야 한다.'〔子適衛 冉有僕 子曰庶矣哉 冉有曰旣庶矣 又何加焉 曰富之 曰旣富矣 又何加焉 曰敎之〕"라는 내용이 보이는데, 朱熹의 주에 "부유하기만 하고 가르치지 않으면 금수에 가까워지기 때문에 반드시 학교를 세워 예의를 밝혀 가르쳐야 한다.〔富而不敎 則近於禽獸 故必立學校 明禮義以敎之〕"라고 하였다. 《論語集註 子路》

94) 仙 : 사고본에는 '僊'으로 되어 있다.

95) 與 : 대전본에는 '爲'로 되어 있다.

96) 辨 : 대전본・사고본에는 '辯'으로 되어 있다.

97) 《前漢書》 卷25上 〈郊祀志〉에 보인다. 저본에 인용된 내용은 〈郊祀志〉를 축약한 것이다.

98) 齊威宣 : 전국시대 齊 威王(재위 기원전 356~기원전 320)과 宣王(재위 기원전 319~기원

瀛(영)洲하니 此三神山者가 其傳이 在渤海中하니 諸僊[100)]人及不死之藥이 皆在焉이라하더니 秦始皇이 至海上에 方士가 爭言之한대 始皇이 如恐不及하여 使人齎(재)童男女하여 入海求之하니 船交海中하여 皆以風雨[101)]爲解曰 未能至요 望見之焉[102)]이라하더라 其明年에 始皇이 復游海上[103)]하고 後三年에 游碣石하여

전 301)을 이른다. 위왕의 성명은 田因齊 또는 田嬰齊이다. 鄒忌를 相으로, 田忌를 장수로, 孫臏을 軍師로 등용하였다. 아버지 桓公을 이어 수도 臨淄의 稷下에 학관을 설치하고 각국의 학자들을 초빙하여 정치를 의론하게 하고 인재를 선발하여 국력이 날로 부강해졌다. 16년(기원전 341)에 魏나라를 桂陵에서 대패시켰는데, 이 전쟁에서 위나라의 태자 申을 포로로 잡고 장수 龐涓을 죽였다. 23년(기원전 334)에 徐州에서 魏 惠王과 회합하여 서로 王으로 불러주기로 하였다. 선왕의 성명은 田辟疆으로, 위왕의 아들이다. 기원전 314년에 燕나라에서 내란이 발생하자 군대를 보내 50일 만에 연나라의 도성을 점령하여 거의 멸망 직전까지 갔다. 위왕을 이어 직하 학관을 더욱 활성화시켜 淳于髡·田駢·荀子·孟子 등을 기용하였다. 위왕과 선왕이 鄒衍의 大九洲學說에 근거하여 사람을 바다로 보내 三神山을 찾도록 하였다는 기록이 《전한서》 외에 《史記》〈封禪書〉에도 보이는데, 더 구체적인 기록은 현재 史料에 보이지 않는다.

99) 燕昭王 : 기원전 335~기원전 279(재위 기원전 312~기원전 279). 성명은 姬職으로, 昭王 또는 襄王이라고도 한다. 燕王 噲(쾌)의 아들이다. 재상 子之가 권력을 전횡할 때 韓나라에서 망명 생활을 하다가 부왕 쾌가 피살되자 趙 武靈王의 호송을 받아서 연나라로 돌아와 즉위하였다. 인재를 초빙하여 나라를 강성하게 만들고자 힘썼으며 樂毅를 장수로 삼아 齊나라를 쳐서 70여 城을 빼앗기도 하였다. 소왕이 신선술을 좋아했다는 기록은 《太平廣記》에 《仙傳拾遺》를 인용한 기록이 보이는데, 이에 따르면 소왕이 仙人 甘需의 말을 믿고서 오랫동안 嗜慾을 거두고 聲色을 멀리하며 無思無爲를 행했다고 한다. 또한 西王母가 연나라 궁궐에 세 번 내려와 소왕과 함께 노닐었으며, 소왕은 재위 33년 만에 병 없이 죽었는데 形骨이 부드럽고 향기가 뜰을 가득 채웠다고 한다. 《太平廣記 卷2 神仙2 燕昭王》

100) 僊 : 대전본에는 '仙'으로 되어 있다.

101) 雨 : 사고본에는 없다.

102) 秦始……之焉 : 시황 28년(기원전 219)의 일이다. 시황은 齊人 徐市(불) 등에게 童男童女 수천 명을 데리고 바다에 가서 신선을 찾도록 하였다. 《史記 卷6 秦始皇本紀》

103) 其明……海上 : 시황 29년(기원전 218)의 일이다. 시황은 이해에 지금의 山東省 煙臺市에 있는 之罘(부)山에 올라 비석을 세우고 琅邪에 갔다가 上黨을 들러 서울로 돌아왔다. 之罘山에 올라 노닐기 전, 시황 일행이 지금의 河南省 陽武縣 博狼沙에 이르렀을 때, 시황은 張良과 그가 고용한 力士의 습격을 받고 천하에 수색령을 내려 10일을 뒤졌으나 자객을 찾지

考入海方士[104]하고 **後五年**에 **始皇**이 **南至湘山**[105]하여 **遂登會稽**[106]하고 **竝海上**하여 **幾遇海中三神山之奇藥**이라가 **不得**하여 **還到沙丘崩**[107]하다

① 威宣 : 威王・宣王.
'威宣'은 齊 威王과 齊 宣王이다.

《前漢書》〈郊祀志〉에 다음과 같은 내용이 보인다.

"전국시대 齊 威王・齊 宣王・燕 昭王 때부터 사람을 시켜 바다에 가서 蓬萊山・方丈山・瀛洲山을 찾도록 하였다. 이 三神山은 전설에 따르면 渤海 가운데에 있는데, 여러 신선과 불사약이 모두 여기에 있다고 한다. 秦 始皇이 바닷가에 이르자 方士들이 앞을 다투어 이 일을 말하였다. 시황이 생전에 못 찾을까 염려하여 사람을 시켜 童男童女를 데리고 바다에 가서 이를 찾도록 하였다. 삼신산을 찾는 배들이 바다를 오갔는데, 모두들 비와 바람을 구실로 삼아 말하기를 '비바람 때문에 삼신산에 이르지는 못하고 멀리서 보기만 하였습니다.'라고 하였다. 이듬해에 시황이 다시 바다로 갔으며, 3년 뒤에는 碣石山에 가서 바다로 보낸 方士의 虛實을 살폈다. 5년 뒤에는 시황이 남쪽으로 湘山에 이르렀고, 마침내 會稽山에 올라갔다. 바닷가를 따라 올라가서 바다에 있는 삼신산의 기이한 약을 만나기를 기대했으나 얻지 못하고 돌아오다가 沙丘에 이르러 붕어하였다."

못한 일이 있었다.《史記 卷6 秦始皇本紀》

104) 游碣……方士 : 시황 32년(기원전 215)의 일이다. 시황은 이때 燕人 盧生을 보내 신선 羨門과 高誓를 찾도록 하였는데, 노생은 바다에서 돌아와 "진나라를 망하게 하는 자는 胡이다.〔亡秦者胡也〕"라는 글이 적힌 도참서를 가져왔다. 이에 장군 蒙恬에게 군대를 끌고 가 북방 이민족〔胡〕을 치게 하였다. 진나라는 秦 二世 胡亥로 인해 멸망하였다. 碣石山은 지금의 河北省 昌黎縣 북쪽에 있다.《史記 卷6 秦始皇本紀》

105) 南至湘山 : 張守節에 따르면, 湘山은 곧 青草山으로, 청초산이 湘水 부근에 있어 이렇게 부른 것이다.《史記 卷6 秦始皇本紀 張守節正義》

106) 遂登會稽 : 시황 37년(기원전 210)의 일이다. 시황은 이때 회계산에 올라 禹王에게 제사하고 頌德碑를 세웠다. 회계산은 지금의 浙江省 紹興市 남쪽에 있다.《史記 卷6 秦始皇本紀》

107) 沙丘崩 : 시황 37년(기원전 210) 7월의 일이다. '沙丘'는 지금의 河北省 鉅鹿縣 동북쪽에 있는 지명이다. 시황은 沙丘宮 平臺에서 50세로 붕어하였다.《史記 卷6 秦始皇本紀 裴駰集解》

13-5-가2[108)]

漢武帝가 **卽位**하여 **尤敬鬼神之祀**하더시니 **李少君**이 **以祠竈**(조)**卻老方**으로 **見上**[109)]이어늘 **上**이 **尊之**러시니 **少君**이 **常**[110)]**自謂七十**이로되 **能使物卻老**라하고 **善爲巧發奇中**하여 **言 上**이 **祠竈**면 **皆可致物**①**而丹砂**를 **可化爲黃金**이니 **成**이어든 **以爲飮食器則益壽而海中蓬萊僊**[111)]**者**를 **迺可見之**라 **以封禪**[112)]**則不死**하리니 **黃帝**가 **是也**라하여늘 **於是**에 **天子**가 **始親祠竈**하시고 **遣方士**하여 **入海求蓬萊而事化丹砂諸藥爲黃金矣**러라 **久**[113)]**之**요 **少君**이 **病死**커늘 **天子**가 **以爲化去不死**라하여 **使人受其方**[114)]**而海上燕・齊怪迂之方士**가 **多言神事矣**러라

---

108)《前漢書》卷25上〈郊祀志〉와《資治通鑑》卷22〈漢紀14 武帝〉征和 4년(기원전 89) 조에 보인다. 저본의 내용은 대부분〈郊祀志〉를 축약한 것이다.

109) 李少……見上 : 漢 武帝 元光 2년(기원전 133) 10월의 일이다. 李少君은《神仙傳》에 따르면 자는 雲翼으로, 齊나라 臨淄 사람이다. 어려서부터 신선술을 좋아하여 泰山에 들어가 辟穀하며 도를 닦는 중에 병에 걸렸는데, 신선 安期生을 만나 병을 고치고 안기생에게 수십 년간 신선술을 배웠다. 뒤에 안기생이 600년 뒤에 다시 오겠다는 말을 하고 승천하자 안기생이 떠날 때 준 神丹・鑪火 등을 가지고 세상에 나와 6國을 돌아다니며 관리가 되기도 하고 의원이 되어 사람들의 병을 고치기도 하며 지내다가 한 무제 때에 와서 무제의 부름을 받게 된 것이다. 이때 이소군은 深澤侯의 舍人으로 나이와 경력을 숨기고서 방술을 가지고 제후왕들에게 유세하고 다녔는데, 귀신을 부리고 죽지 않는다는 소문이 나서 당시 사람들이 그에게 몰려들어 앞다투어 섬겼다고 한다. '深澤侯'는 高祖의 공신 중 趙將夕의 봉호로, 王先謙에 따르면 景帝 3년(기원전 154)에 그 작위를 계승한 손자 趙修를 가리킨다.《神仙傳 李少君》《漢書補注 郊祀志5上》

110) 常 : 사고본에는 '嘗'으로 되어 있다.

111) 僊 : 대전본에는 '仙'으로 되어 있다.

112) 封禪 : 天地에 지내는 제사를 이른다. 泰山에서 흙을 쌓아 단을 만들고 하늘에 제사하여 하늘의 공에 보답하는 것을 '封', 태산 아래 梁父(보)山과 같은 작은 산에서 땅을 정리하고 땅에 제사하여 땅의 공에 보답하는 것을 '禪'이라고 한다.《史記 卷28 封禪書 張守節正義》

113) 矣久 : 대전본에는 小字로 誤刻되어 있다.

114) 少君……其方 :《神仙傳》에 따르면 이소군은 漢 武帝 元封 6년(기원전 105) 9월에 병이 나자 무제에게 다음날 떠날 것이라는 표문을 올렸다. 그날 밤 무제는 繡衣使者가 용을 타고 부절을 들고서 구름 속에서 내려와 太一神이 소군을 부른다는 꿈을 꾸자 이튿날 이소군에게 직접 가서 살피고 좌우 신하들에게 이소군의 方書를 받도록 하였다. 채 다 받기도 전에 이소군이 죽자 무제는 눈물을 흘리며 이소군은 죽은 것이 아니라고 하였다 한다.《신선전》

① 致物 : 物, 謂鬼神[115].
'物'은 귀신을 이른다.

漢 武帝가 즉위하여 귀신에게 지내는 제사를 더욱 공경히 행하였는데, 李少君이 부뚜막 신에게 제사하여 늙지 않는 방술을 가지고 무제를 알현하자 무제가 이를 높이 여겼다. 이소군은 늘 스스로 말하기를 자신은 70세지만 귀신을 부려서 늙지 않도록 할 수 있다고 하였으며, 기미를 보아 교묘하게 맞추는 데 뛰어났다. 무제에게 말하기를,

"황상께서 부뚜막 신에게 제사하면 귀신을 오게 할 수 있어서 丹砂를 황금으로 변하게 할 수 있습니다. 황금이 되거든 이 황금을 가지고 먹고 마시는 그릇을 만들면 수명을 늘릴 수 있어서 바다에 있는 봉래의 신선을 볼 수 있습니다. 이로써 封禪을 행하면 죽지 않을 수 있을 것이니, 黃帝가 바로 이렇게 했던 분입니다." 라고 하였다.

그리하여 무제가 비로소 직접 부뚜막 신에게 제사하고 方士를 보내 바다에 가서 봉래산을 찾고 단사와 여러 가지 약제를 황금으로 만드는 일에 종사하도록 하였다.

오랜 세월이 지난 뒤에 이소군이 병으로 죽자, 무제는 이소군이 신선이 되어 떠난 것이지 죽은 것이 아니라고 생각하여 사람을 시켜 그 방술을 전수받도록 하였다. 이에 바닷가 일대 燕・齊 지역의 괴상하고 오활한 方士들 가운데 신의 일을 말하는 자가 많게 되었다.

明年에 齊人少翁이 以方見上이어늘 拜爲文成將軍하여 以客禮禮之[116]하니 文成이 言 上이 卽欲與神通인대 宮室被服을 非象神이면 神不至라하여늘 迺作畫雲氣車하고 又作甘泉宮[117]하여 中爲臺室하고 畫天・地・泰一[118]諸鬼神而置

의 내용은 이소군이 죽은 뒤에 방술을 전수받아 오도록 했다는 저본의 내용과 선후 관계가 조금 다르다.《神仙傳 李少君》

115) 神 : 대전본에는 '物'로 되어 있다.

116) 齊人……禮之 : 漢 武帝 元狩 4년(기원전 119)의 일이다.

117) 甘泉宮 : 咸陽 南宮으로, 지금의 陝西省 淳化縣 서북쪽 甘泉山 위에 있다.

118) 天地泰一 : 천자가 3년에 한 번 소・양・돼지의 세 희생을 갖추어 제사한 세 神이다. 司馬貞에 따르면, 天一과 泰一은 北極神의 다른 이름이다. '泰一'은 '太一'이라고도 한다.《史記

祭具하여 以致天神하더니 居歲餘에 其方이 益衰하여 神不至하니 迺爲帛書以飯牛하고 陽不知하여 言 此牛腹中에 有奇書[119]라하여늘 殺視得書하니 天子가 識其手[①120]하시고 於是에 誅文成하고 隱之하시다 其後에 又作柏梁·銅柱承露僊[121]人掌之屬[122]하다

① 識其手 : 謂[123]所書手[124]迹[125].
'其手'는 그가 쓴 필적을 이른다.

이듬해(기원전 119)에 齊人 少翁이 방술을 가지고 무제를 알현하자, 무제는 그를 文成將軍에 임명하고 빈객을 대하는 禮로 예우하였다. 문성장군 소옹이 말하였다.

"황상께서 이왕 신과 통하고자 하신다면 궁실의 被服을 신의 형상으로 하지 않으면 신이 이르지 않을 것입니다."

이에 雲氣를 그린 수레를 만들었다. 또 甘泉宮을 지었는데, 그 가운데를 제단으로 만들고서 天一·地一·泰一 등 여러 신들을 그리고 祭具를 두어 天神을 오

卷28 封禪書 司馬貞索隱》

119) 書 : 王念孫에 따르면, 후세 사람들이 잘못 덧붙인 글자라고 한다. 즉 소옹은 소의 뱃속에 글이 있다고 말하면 남에게 그것이 거짓이란 걸 들킬까 하여 단지 '괴상한 것〔奇〕'이 있을 것이라고만 말했다는 것이다. 그리고 그 근거로 景祐本《前漢書》나《史記》〈封禪書〉·〈孝武本紀〉에는 모두 이 '書'자가 없다는 것을 예로 들었다.《漢書補注 郊祀志5上》

120) 手 :《史記》卷28〈封禪書〉에는 이 뒤에 '書'자가 있는데, 王先謙은 이를 옳다고 보았다.《漢書補注 郊祀志5上》

121) 僊 : 대전본에는 '仙'으로 되어 있다.

122) 作柏……之屬 : 漢 武帝 元鼎 2년(기원전 115) 봄의 일이다. '柏梁'은 臺榭 이름으로, 香柏으로 만들었다고 하여 붙인 이름이다. 長安城 안 北闕 내에 있었다고 한다. '承露'는 承露盤으로 구리로 만들었으며, 높이는 20丈, 둘레는 7명이 에워싸야 할 정도로 컸다고 한다. '銅柱'는 이 승로반을 받치는 기둥이다. 무제는 손에 이 승로반을 들고 甘露를 받는 신선을 建章宮에 구리로 만들어 세웠다.《史記 卷12 孝武本紀 司馬貞索隱》《前漢書 卷6 武帝紀 顔師古注》

123) 謂 : 사고본에는 이 앞에 '手'가 있다.

124) 手 : 대전본에는 '事'로 되어 있다.

125) 迹 : 사고본에는 '跡也'로 되어 있다.

게 하였다.

그 후 1년 남짓 되었을 때 문성장군의 방술이 갈수록 쇠하여 신이 오지 않자, 문성장군은 마침내 비단에 글을 써서 소에게 먹인 뒤 짐짓 모르는 척하고 말하였다.

"이 소의 뱃속에 기이한 글이 들어 있을 것입니다."

그리하여 소를 잡고 살펴보자 글이 나왔는데, 무제가 그 필적을 알아보았다. 이에 문성장군을 주살하고 이 일을 비밀에 부쳤다.

그 뒤에 무제는 또 栢梁臺와 구리 기둥으로 된 承露僊人掌과 같은 것들을 만들었다.

欒大[126)]**者**는 **故與文成同師**라 **求見言方**이어늘 **天子**가 **旣誅文成**하고 **後悔其方不盡**이러시니 **及見欒大**하얀 **大說**(열)하시니 **大**가 **爲人**이 **多方略**하고 **敢爲大言**하여 **言 臣之師**가 **曰 黃金**을 **可成**이요 **不死之藥**을 **可得**이요 **僊**[127)]**人**을 **可致**라하여늘 **迺拜爲五利將軍**하여 **居月餘**에 **得四印**[128)]하고 **以衛長公主**[129)]**妻之**하시니 **大**가 **見**[130)]**數月**에 **貴震天下而海上燕・齊之間**이 **莫不搤掔**(액견)[①]하여 **自言有禁方能神僊矣**[131)]러라

① 搤掔 : 搤, 與扼同. 掔, 與腕同.
'搤'은 '扼(휘두르다)'과 같다. '掔'은 '腕(팔)'과 같다.

欒大는 예전에 文成將軍 少翁과 같은 스승에게 수학하였다. 난대가 알현을 청하며 방술을 말하자, 무제는 문성장군을 죽인 뒤 그 방술을 다 쓰지 못했다고 하

126) 欒大 : 漢 高祖의 공신 丁禮의 증손 樂成侯 丁義가 천거한 方士로, 이보다 앞서 무제의 아우 膠東康王 劉寄를 섬겼다.

127) 僊 : 대전본에는 '仙'으로 되어 있다.

128) 得四印 : 무제는 난대에게 五利將軍 외에도 天士將軍・地士將軍・大通將軍에 임명하였다.

129) 衛長公主 : 무제와 衛皇后 사이에 낳은 장녀로, 戾太子 劉據(기원전 128~기원전 91)의 누나이다.

130) 見 : 사고본에는 이 뒤에 '寵'이 있다.

131) 欒大……僊矣 : 漢 武帝 元鼎 4년(기원전 113) 2월의 일이다.

여 후회하고 있던 터에 마침 난대를 만나자 크게 기뻐하였다. 난대는 인물이 계책이 많고 과감하게 허풍을 칠 수 있었다. 난대가 무제에게 말하였다.

"신의 스승이 말하기를, 황금을 만들 수 있고 불사약을 얻을 수 있으며 신선을 오게 할 수 있다고 하였습니다."

이에 그를 五利將軍에 임명하였다. 그리하여 한 달 남짓 지난 뒤에는 4개의 인장을 주게 되었고 또 衛長公主를 아내로 주었다. 난대가 무제를 알현한 지 불과 몇 달 만에 그 존귀함이 천하를 진동시키자, 바닷가 燕·齊 지역에서는 팔을 휘두르며 자신에게 신선이 될 수 있는 비방이 있다고 말하지 않는 자가 없게 되었다.

齊人公孫卿이 **又言 黃帝鑄鼎荊山**[132)]**成**에 **有龍**이 **垂胡頿**(염)[133)]하여 **下迎黃帝**하니 **後世**가 **因名其處曰鼎湖**라하니이다 **於是**에 **天子**가 **曰 嗟乎**라 **誠得如黃帝**인댄 **吾**가 **視去妻子**를 **如脫屣**(사)**耳**[134)]라하더시다 **五利使**[135)]하여 **不敢入海而之泰山祠**어늘 **上**이 **使人隨驗**하니 **實無所見**이로되 **五利**가 **妄言見其師**라하고 **其方**이 **盡多不讎**①어늘 **上**이 **迺誅五利**[136)]하시다

① 盡多不讎 : 不讎, 無驗也.
'不讎'는 효험이 없다는 뜻이다.

齊人 公孫卿이 또 말하였다.

"黃帝가 荊山에서 鼎을 주조했는데, 鼎이 완성되자 용 한 마리가 턱살과 수염을 늘어뜨리고 내려와서 황제를 맞이하였습니다. 이로 인해 후세 사람들이 그곳을 '鼎湖'라고 이름 붙였습니다."

이에 무제가 말하였다.

---

132) 荊山 : 산 이름으로, 지금의 河南省 靈寶縣에 있다.

133) 頿 : 사고본에는 '髥'으로 되어 있다.

134) 齊人……屣耳 : 漢 武帝 元鼎 4년(기원전 113)의 일이다.

135) 使 : 사고본에는 없다.

136) 誅五利 : 漢 武帝 元鼎 5년(기원전 112)의 일이다. 이 일로 난대는 腰斬刑에 처해졌고, 난대를 추천했던 樂成侯 丁義는 棄市刑에 처해졌다.《資治通鑑 卷20 漢紀12 武帝 中之下 元鼎 5年》

"아, 참으로 黃帝와 같이 될 수 있다면 내가 처자를 헌신짝처럼 버릴 수 있다."

오리장군 난대가 무제의 使者로 떠나 감히 바다에 가지 못하고 泰山에 가서 제사를 드렸다. 무제가 사람을 시켜 뒤따라가 알아보게 하니 실제로는 만나는 이가 없었는데도 오리장군이 자기 스승을 만났다고 거짓말을 하고 또 그 방술이 다하여 대부분 효험이 없자, 무제가 마침내 오리장군을 주살하였다.

其冬[137)]에 **公孫卿**이 **候神河南**할새 **言見僊**[138)] **人迹緱**(구)**氏城**[139)] **上**이라하여늘 **天子**가 **親幸緱氏**하사 **視迹**하시고 **問卿**하사대 **得無效文成・五利乎**아 **卿**이 **曰 僊**[140)] **者**가 **非有求人主**라 **人主者**가 **求之**니 **其道**가 **非寬暇**[141)]면 **神不來**니 **言神事**가 **如迂誕**이나 **積以歲**면 **乃可致**니이다 **於是**에 **郡國**이 **各除道**하고 **繕治宮館・名山神祠**하니 **所以望幸矣**라

그해 겨울 公孫卿이 河南郡에서 신을 기다릴 때 緱氏城 위에서 신선의 발자국을 보았다고 말하자, 무제가 직접 구씨성에 거둥하여 그 자취를 보고 공손경에게 물었다.

"文成將軍과 五利將軍처럼 기망하는 일은 없겠는가?"

공손경이 대답하였다.

"신선이 임금을 찾는 것이 아니라 임금이 신선을 찾는 것이니, 그 방법은 넉넉히 시간을 두지 않으면 신은 오지 않을 것입니다. 신을 말하는 일이 오활하고 허탄한 것 같으시겠지만 여러 해가 쌓이면 신을 오게 할 수 있습니다."

그리하여 郡國들이 저마다 길을 닦고 宮館과 명산의 신을 모시는 사당을 정비

---

137) 其冬 : 《資治通鑑》에는 漢 武帝 元鼎 6년(기원전 111)의 일로 기록되어 있다. 王先謙 역시 〈武帝紀〉를 근거로 '其冬'은 '明年冬'이 되어야 하며 '其'자는 오류라고 하였다. 《資治通鑑 卷20 漢紀12 武帝 中之下 元鼎 6年》《漢書補注 郊祀志5上》

138) 僊 : 대전본에는 '仙'으로 되어 있다.

139) 緱氏城 : 緱氏縣에 있던 성으로, 지금 河南省 偃師縣 남쪽에 있다. 緱氏縣은 춘추시대 滑나라의 도읍지 費로, 緱는 西周시대 周公의 8번째 아들이 분봉받았던 읍이다.

140) 僊 : 대전본에는 '仙'으로 되어 있다.

141) 暇 : 사고본에는 '假'로 되어 있다.

하니, 무제가 행차하기를 바란 것이었다.

後에 上이 東巡海上하사 行禮祠八神[142]하시니 齊人之上疏言神怪奇方者가 以萬數러라 迺益發船하여 令言海中神山者數千人으로 求蓬萊神人[143]하시고 還至奉高①[144]하사 封泰山[145]하시니 無風雨而方士가 更言蓬萊諸神을 若將可得이라하니 於是에 上이 欣然庶幾遇之하사 復東至海上하사 望焉하시고 復遣方士하여 求神人采藥이 以千數[146]러라

① 奉高 : 太山邑名.
'奉高'는 태산의 읍 이름이다.

뒤에 武帝가 동쪽으로 바닷가를 순수해서 禮를 행하여 여덟 신에게 제사하자, 齊人 중에 疏를 올려 신이하고 기이한 방술을 말하는 자가 만으로 헤아릴 정도였다. 이에 배를 더욱 내어서 바다에 神山이 있다고 말하는 자들 수천 명으로 하여금 蓬萊山의 神人을 찾도록 하였다. 돌아오는 길에 奉高에 이르러 泰山에서 封禪하자 비바람을 만나지 않게 되었다. 方士들이 또 봉래산의 신들을 볼 수 있을 것 같다고 하자, 이에 무제가 기뻐하며 혹여 신을 만날까 하여 다시 동쪽으로 가서 바닷가에 이르러 멀리 바라보았다. 다시 方士들을 보내 神人을 찾고 靈藥을 구하도록 한 사람들이 천으로 헤아리게 되었다.

公孫卿이 言 僊[147]人을 可見이언마는 上往常遽라 以故不見이니 今陛下가 可爲館을 如緱氏城①하여 置脯·棗하면 神人을 宜可致요 且僊[148]人이 好樓居라하여늘 於是에 上이 令長安에 作飛廉·桂館②하고 甘泉에 作益壽·延壽館하여 使卿으로

142) 八神 : 天主, 地主, 兵主, 陰主, 陽主, 月主, 日主, 四時主 등 여덟 신을 이른다.
143) 後上……神人 : 漢 武帝 元封 원년(기원전 110) 봄의 일이다.
144) 奉高 : 縣 이름으로, 治所는 지금의 山東省 泰安市 동쪽에 있었다.
145) 還至……泰山 : 漢 武帝 元封 원년(기원전 110) 4월의 일이다.
146) 復遣……千數 : 漢 武帝 元封 2년(기원전 109) 정월의 일이다.
147) 僊 : 대전본에는 '仙'으로 되어 있다.
148) 僊 : 대전본에는 '仙'으로 되어 있다.

持節設具而候神人하고 **迺作通天臺**[149)]하여 **置祠具其下**하여 **將招來神仙**[150)]**之屬**[151)]이러라 **後五年**에 **一祠**[152)]**泰山**하시고 **十二歲**에 **徧於五嶽四瀆**[153)]이러시니 **方士之候神·入海求蓬萊者**가 **終無驗**이로되 **公孫卿**이 **猶以大人之迹**으로 **爲解**한대 **天子**가 **羈**(기)[154)]**縻不絶**하여 **幾遇其眞**[③155)]이러시다

① 如緱氏城 : 依其制度.
그 제도를 따르는 것이다.

② 飛廉桂館 : 二館名.
'飛廉'과 '桂'는 두 館의 이름이다.

③ 幾遇其眞 : 幾, 與冀同.
'幾'는 '冀(바라다)'와 같다.

公孫卿이 말하였다.

"신선을 볼 수는 있지만 폐하께서 항상 급히 가시기 때문에 만나지 못하시는 것입니다. 이제 폐하께서 緱氏城처럼 館을 짓고 脯와 대추를 차려놓으면 신선을 의당 오게 할 수 있을 것입니다. 뿐만 아니라 신선은 누각에 사는 것을 좋아합니다."

이에 무제가 영을 내려 長安에 飛廉館과 桂館을 짓고 甘泉宮에 益壽館과 延壽館을 짓도록 하였다. 그리고 공손경으로 하여금 부절을 가지고 祭物을 준비하여 신선을 맞이하도록 하였다. 그리하여 通天臺를 짓고 그 아래에 제물로 바칠 물품들을 두고서 이것으로 신선 등을 부르고자 하였다.

---

149) 通天臺 : 甘泉宮 안에 있는 臺 이름이다. 《史記》〈封禪書〉에는 '通天莖臺'로 되어 있는데, 王先謙은 '莖'자를 衍文으로 보았다. 《漢舊儀》에 따르면 대의 높이는 30丈으로, 長安과 200리 떨어져 있어서 대 위에서 장안을 바라볼 수 있었다고 한다. 《漢書補注 郊祀志5上》

150) 仙 : 사고본에는 '僊'으로 되어 있다.

151) 公孫……之屬 : 漢 武帝 元封 2년(기원전 109)의 일이다.

152) 祠 : 사고본에는 '祀'로 되어 있다.

153) 五嶽四瀆 : 《前漢書》에 따르면 五嶽은 東嶽 泰山, 中嶽 泰室(嵩山), 南嶽 灊山(衡山), 西嶽 華山, 北嶽 常山(恒山)을 이르며, 四瀆은 黃河, 長江, 淮水, 濟水를 이른다. 《前漢書 卷25下 郊祀志》

154) 羈 : 대전본·사고본에는 '羈'로 되어 있다.

155) 後五……其眞 : 漢 武帝 征和 4년(기원전 89)의 일이다.

5년 뒤에 泰山에 가서 한 번 제사하고 이후 12년 동안 五嶽과 四瀆에 두루 제사하였다. 신선을 기다리고 바다에 가서 봉래산을 찾는 方士들이 끝내 아무런 소식이 없었는데도 공손경이 여전히 대인의 발자국으로 이것을 설명하자, 무제는 이에 미련을 두고 방사들을 끊지 않고서 진짜 신선을 만날 수 있기를 기대하였다.

太始四年[156]에 **上**이 **耕于鉅定**[157]하시고 **還幸泰山**하사 **修封禪**하시며 **祀明堂**[158]하시고 **見群臣**하사 **乃曰 朕**이 **卽位以來**로 **所爲狂悖**하여 **使天下勞苦**호니 **不可追悔**로다 **自今**으로 **事有害百姓**하며 **糜**[159]**費天下者**를 **悉罷之**하라 **田千秋**[160]가 **曰 方士言神仙**[161]**者**가 **甚衆而無顯功**하니 **請皆罷斥遣之**하소서 **上曰 大鴻臚**(려)[162]**言**이 **是也**라하시고 **於是**에 **悉罷諸方士候神人者**하시다 **是後**에 **上**이 **每對群臣**에 **自歎鄕**(향)**時愚惑**하여 **爲方士所欺**호니 **天下**에 **豈有仙**[163]**人**이리오 **盡妖妄耳**라 **節食服藥**이면 **差可少病而已**[164]라하시니라

---

156) 太始四年 : 《전한서》와 《자치통감》에는 모두 征和 4년(기원전 89)의 일로 되어 있다. 저본의 내용은 오류로 보인다. 《前漢書 卷6 武帝紀 征和 4年》《資治通鑑 卷22 漢紀14 武帝 下之下 征和 4年》

157) 耕于鉅定 : '定'이 사고본에는 '鹿'으로 되어 있다. '鉅定'은 縣 이름으로, 治所는 지금의 山東省 廣饒縣 북쪽에 있었다. 漢나라 때는 籍田의 제도가 아직 확립되지 않아 일정한 장소가 없었다. 唐나라 때 와서 近郊 1,000畝에서 九推를 행하였고, 宋나라 때는 수십 步 또는 12畦를 갈아 정해진 수가 없었으며, 明나라 때 와서 적전의 제도가 완비되었다. 漢나라는 文帝 2년 정월 15일 정해일에 적전을 시작하였다. 《前漢書 卷4 文帝紀 2年》《春明夢餘錄 先農壇》

158) 明堂 : 천자가 政敎를 밝히고 제사를 지내는 禮堂이다.

159) 糜 : 대전본에는 '縻'로 되어 있다.

160) 田千秋 : 12-18-나(按) '武帝……千秋' 주석 참조.

161) 仙 : 사고본에는 '僊'으로 되어 있다.

162) 大鴻臚 : 관직 이름으로, 漢 武帝 太初 원년(기원전 104)에 이전의 이름인 大行令을 바꾼 것이다. 제후나 이민족의 임금이 來朝하면 그에 대한 迎送・접대・조회・封授・경축 등의 禮를 관장하였다.

163) 仙 : 사고본에는 '僊'으로 되어 있다.

164) 太始……而已 : 《전한서》에는 보이지 않고 《자치통감》에 보인다. 《資治通鑑 卷22 漢紀14

太始 4년(기원전 93)에 武帝가 鉅定에서 밭을 갈고 다시 泰山에 거둥하여 封禪을 행하고 明堂에서 제사한 뒤에 신하들을 보고 말하였다.

"짐이 즉위한 뒤로 소행이 광패하여 천하의 백성들을 괴롭게 하였으니 뒤늦게 후회한들 무슨 소용이 있겠는가. 지금부터 백성들에게 해를 끼치고 천하의 재화를 낭비시키는 일들은 모두 중지하도록 하라."

田千秋가 말하였다.

"方士들 중에 신선을 말하는 자들이 매우 많지만 드러난 공이 없으니 모두 파면하여 쫓아내소서."

무제가 말하였다.

"大鴻臚의 말이 옳다."

이에 신선을 기다리는 방사들을 모두 쫓아냈다. 그 뒤로 무제는 신하들을 대할 때마다 스스로 탄식하였다.

"지난날 내가 미혹되어 방사들에게 속았다. 천하에 어찌 신선이 있겠는가. 모두 요망한 말일 뿐이다. 음식을 조절하고 약을 먹으면 혹 병을 조금 덜 수 있을 뿐이다."

13-5-나(按)

臣은 按 神仙[165]之說이 自戰國始하니 燕・齊之君이 嘗求之不驗矣而秦皇帝가 復求之하고 秦皇帝가 求之不驗矣而漢孝武가 復求之하시니 以孝武之高明英傑而長生不死之欲이 一動乎中에 遂爲方士의 所愚惑하여 猶玩嬰兒於股掌之上하니 豈不異哉리오 晩更巫蠱之變[166]하여 壯心摧落에 悔志始萌하여 乃知平日所爲가 無非狂悖而以方士로 爲妖妄이라하여 盡斥罷之하시니 是時에 年幾七十矣요 海內已虛耗矣라 乃始自咎其非가 不亦晩乎잇가 然迷而能復이 猶賢於始皇之終不悟云이니이다

【臣按】 신선에 관한 이야기는 전국시대 때부터 시작되었습니다. 燕나라와 齊나

武帝 下之下 征和 4年》

165) 仙 : 사고본에는 '僊'으로 되어 있다.

166) 巫蠱之變 : 漢 武帝 征和 2年(기원전 91)에 일어난 巫蠱의 獄을 이른다. 13-3-나(按) '晩年……爲之' 주석 참조.

라의 임금이 일찍이 신선을 찾았다가 찾지 못했는데 秦 始皇이 다시 찾았고, 진 시황이 찾다가 찾지 못했는데 漢 武帝가 다시 신선을 찾았습니다. 무제의 고명함과 영걸함으로도 장생불사할 욕심이 한번 안에서 동하자 마침내 方士들에게 미혹되어 〈방사들이 무제를〉 마치 손에서 아이를 가지고 놀 듯하였으니, 어찌 이상한 일이 아니겠습니까.

말년에 巫蠱의 변고를 겪어 장대한 마음이 꺾이자 후회하는 마음이 비로소 싹터 마침내 평소 했던 일들이 광패하지 않은 것이 없다는 것을 깨닫고 방사들을 요망하다고 하여 모두 배척하여 쫓아냈으니, 이때 무제의 나이는 70에 가까웠고 천하는 이미 피폐해진 상태였습니다. 그제야 비로소 자신의 잘못을 자책한 것은 또한 늦은 것이 아니겠습니까. 그러나 미혹되었다가 다시 정신을 차린 것은 그래도 끝내 깨닫지 못했던 秦 始皇보다는 나은 것입니다.

13-6-가[167)]

成帝[168)]末年에 頗好鬼神하시니 上書言方術者가 皆得待詔[169)]어늘 谷永[170)]이 說上曰 臣은 聞明於天地之性이면 不可惑以神怪요 知萬物之情이면 不可罔以非類니 諸背仁義之正道하며 不遵五經之法言而盛稱奇怪鬼神하여 廣祭祀之方하여 求報無福之祠하며 及言世有僊[171)]人服食不終之藥者는 皆姦人이

167)《前漢書》卷25〈郊祀志〉에 보인다. 다만 해당 인용문은 자구상의 생략이 있다.

168) 成帝 : 기원전 52~기원전 7(재위 기원전 33~기원전 7). 西漢의 제11대 황제 劉驁이다. 자는 太孫으로, 元帝의 장남이다. 재위 중에 사치와 주색을 일삼고 歌姬 趙飛燕을 총애하여 황후로 삼았다. 외척 王鳳 등이 정권을 농단하여 정국이 어지러웠으며 鹽·鐵의 전매로 이익을 독점하고 昌陵의 건설에 국고를 탕진하여 민중 봉기를 초래하였다.

169) 待詔 : 漢代 徵士 가운데 아직 正官를 받지 못한 자는 모두 公車에서 詔命을 기다렸고 그 중 특별한 경우에는 金馬門에서 조명을 기다려 고문에 대비했는데, 후에 이를 官名으로 삼았다. 唐나라에서는 翰林待詔를 두어 표문과 상소에 대한 비답을 작성하고 문장을 짓는 일을 맡았다. 후에 翰林供奉으로 개칭되었다. 明·淸代에는 翰林院의 屬官으로 종9품 待詔를 두었다.

170) 谷永 : ?~기원전 9. 자는 子雲으로, 西漢 長安 사람이다. 成帝 때 光祿大夫·大司農 등을 역임하였다. 경학에 정통하였다. 여러 차례 對策을 올려 成帝가 주색에 탐닉하는 데 대해 직간하였다.

惑衆하여 **挾左道・懷詐僞**하여 **以欺罔世主**니 **聽其言**컨대 **洋洋滿耳**하여 **若將可遇**로되 **求之**엔 **盪盪如係風捕景**(영)하여 **終不可得**이니 **是以**로 **明王**이 **距而不聽**하시며 **聖人**이 **絶而不語**하시나니 **唯陛下**는 **距絶此類**하사 **毋令姦人**으로 **有以窺朝者**케하소서 **上**이 **善其言**하시다

成帝가 末年에 鬼神을 매우 좋아하니 글을 올려 方術을 말하는 자가 모두 待詔의 관직을 받았는데, 谷永이 성제에게 다음과 같이 설득하였다.

"신이 들으니, 천지의 본성에 대해 밝으면 귀신과 기괴한 일로 미혹시키지 못하고 萬物의 실상에 대해 알면 다른 종류로써 속일 수 없다고 하였습니다. 仁義의 正道를 등지며 五經의 法言을 따르지 않으며 기괴한 일과 鬼神을 많이 말하여 祭祀를 지내는 방소를 넓혀서 복이 없는 제사의 보답을 구하며 급기야는 세상에 선인이 있고 먹으면 죽지 않는 약이 있다고 말하는 것은 모두 간사한 사람이 뭇사람을 미혹하여 邪道를 이용하여 속일 생각을 품고서 당시의 군주를 기망하는 것입니다. 그들의 말을 들어보면 온갖 감언이설로 귀를 채워 장차 선인을 만날 수 있을 듯하지만 막상 선인을 찾을 때에는 뜬구름을 잡는 것처럼 실상이 없어 끝내 찾을 수 없습니다. 이 때문에 영명한 군주는 거리를 두고 듣지 않았으며 聖人은 끊어버리고 말하지 않았으니 오직 폐하께옵서는 이러한 부류를 멀리하고 끊어버려 간사한 사람이 조정의 권세를 훔칠 기회를 갖지 못하도록 하소서."

성제가 그의 말을 옳게 여겼다.

13-6-나(按)

臣은 按 谷永此疏가 足以盡方士欺詭之情矣라 使武帝時에 有爲斯言者면 或可以開帝意之惑乎인저 然則永所謂天地之性・萬物之情者는 何也오 曰 天地가 雖大하며 萬物이 雖多나 其所不能違者는 陰陽而已라 故春夏가 不能常春夏而有秋冬焉하며 旦晝가 不能常旦晝而有莫(모)[172]夜焉하니 闔闢之循環과 往來之更代는 此가 天地之性也요

171) 僊 : 대전본에는 '仙'으로 되어 있다.
172) 莫 : 사고본에는 '暮'로 되어 있다.

榮必易之以悴하며 盛必繼之以衰하며 有終則有始하며 有殺則有生者는 萬物之情也라 天地는 以體言이라 故曰性이요 萬物은 以用言이라 故曰情이니 人在天地間이 是亦一物耳어늘 而爲神僊[173]之學者則曰吾能長生而不死라하나니 有是理乎아 善乎라 揚雄[174]之說也여 或이 問 人言仙[175]者가 有諸아 曰 吾聞宓(복)羲[176]・神農은 歿[177]하시고 黃帝・堯・舜은 殂落而死하시고 文王은 畢①이시고 孔子魯城之北②이시니 獨子는 愛其死乎아 非人之所及也[178]로다하니 合永與雄之說則知長生之爲虛誕也가 明矣而後來者가 猶甘心而不悟하나니 哀哉로소이다

① 文王畢 : 畢, 地名, 文王所葬.
'畢'은 地名이니, 文王이 묻힌 곳이다.

② 孔子魯城之北 : 孔子葬處.
孔子가 묻힌 곳이다.

【臣按】谷永의 이 상소가 족히 方士가 속이는 정상을 남김없이 밝혔습니다. 만일 武帝의 시대에 이러한 말을 하는 사람이 있었다면 어쩌면 의혹된 무제의 마음을 계도할 수 있었을 것입니다. 그렇다면 곡영이 이른바 天地의 본성과 萬物의 실상이라는 것은 무엇이겠습니까? 天地가 비록 크고 萬物이 비록 많기는 하지만 그것이 어길 수 없는 것은 陰陽뿐입니다. 그러므로 봄과 여름이 항구하게 봄과 여름을 이어가지 못하고 가을과 겨울이 있으며, 아침과 낮이 항구하게 아침과 낮을 이어가지 못하고 저녁과 밤이 있으니 闔闢의 순환과 往來의 교체가 天地의 性이고, 꽃이 피면 반드시 시듦으로 뒤바뀌며 왕성하면 반드시 쇠락함이 뒤이으며 끝이 있으면 시작이 있으며 죽임이 있으면 낳음이 있는 것은 萬物의 情입니다. 天地는 본체로 말하기 때문에 '性'이라고 하고, 萬物은 작용으로 말하기 때문에 '情'이라고 합니다. 천지 사이에 있는 사람이 이 또한 한 물건일 뿐인데, 신선에

173) 僊 : 대전본에는 '仙'으로 되어 있다.

174) 揚雄 : 기원전 53~18. 자는 子雲으로, 成都 사람이다. 嚴平君에게 배웠으며, 成帝 때 黃門郞이 되었다. 젊어서부터 詩賦로 이름났으나, 중년 이후로는 경학 연구에 잠심했다. 저서에 《太玄經》・《法言》 등이 있다.

175) 仙 : 사고본에는 '僊'으로 되어 있다.

176) 羲 : 대전본・사고본에는 '犧'로 되어 있다.

177) 歿 : 사고본에는 '沒'로 되어 있다.

178) 或問……及也 : 《法言》 卷9 〈君子〉에 보인다. 생략된 부분이 있다.

관해 연구하는 학술을 하는 자들이 나는 장생불사할 수 있다고 말하는데 그럴 리가 있겠습니까.

이에 대한 揚雄의 說이 옳습니다. 어떤 이가 묻기를 "사람들이 말하는 신선이란 것이 있는가?"라고 하자, 양웅이 대답하기를 "내가 들으니 宓羲와 神農은 죽었고〔歿〕 黃帝와 堯임금과 舜임금은 수명을 다하여 죽었으며〔殂落而死〕 文王은 畢에 묻혔고 孔子는 魯城의 북편에 묻혔으니 유독 그대가 자신의 죽음을 안타깝게 여기는가? 사람의 힘으로 할 수 있는 것이 아니다."라고 하였으니, 곡영과 양웅의 설을 합쳐보면 불로장생이 근거 없는 거짓임을 알 것이 분명한데도, 후세 사람들이 오히려 마음에 흔쾌히 받아들이고 깨닫지 못하니 안타깝습니다.

13-7-가[179)]

漢光武가 **信讖**(참)하여 **多以決定嫌疑**하시니 **議郞桓**[180)]**譚**[181)]이 **上疏曰 凡人情**이 **忽於見事而貴於異聞**하나니 **觀先王之所記述**컨대 **咸以仁義・正道**로 **爲本**이라 **非有奇怪虛誕之事**하니 **今諸巧慧小才伎數之人**이 **增益圖書**하야 **矯稱讖記**①하여 **以欺惑貪邪**로 **詿誤人主**하나니 **焉可不抑遠之哉**리오 **宜垂**[182)]**明聽發聖意**하사 **屛群小之曲說**하시고 **述五經之正義**니이다 **帝**가 **不悅**하시다 **其後**에 **有詔**하여 **會議靈臺**[183)]**所處**러니 **帝**가 **曰 吾欲讖決之**하노니 **何如**오 **譚**이 **嘿**[184)]**然良久曰 臣不讀讖**호이다 **帝**가 **問其故**하신대 **譚**이 **復極言讖之非經**하니 **帝**가 **大怒曰 桓**[185)]**譚**이

179) 《後漢書》 卷58 〈桓馮列傳 桓譚〉에 보인다. 해당 인용문은 자구상의 생략이 있다.

180) 桓 : 대전본에는 '亘'으로 되어 있으나, 宋代의 피휘이다.

181) 桓譚 : 기원전 24?~56. 자는 君山으로, 沛國 相 사람이다. 古文經學을 좋아해 劉歆・揚雄에게 배웠으며 특히 《春秋左氏傳》을 높이 평가했다. 그의 사상은 후대 王充・范縝 등에게 전해졌다. 저술로 《新論》이 있었으나 일실되었고 〈形神〉 1편만 《弘明集》에 전한다.

182) 垂 : 대전본에는 '乖'로 되어 있다.

183) 靈臺 : 영대는 天氣의 요망함과 상서로움을 관찰하는 樓臺이다. 《後漢書》 卷44 〈光武帝紀〉에 따르면 광무제는 中元 1년(56) 靈臺・明堂・辟雍을 짓기 시작하고 천하에 도참설을 선포하였다.

184) 嘿 : 사고본에는 '默'으로 되어 있다.

185) 桓 : 대전본에는 '亘'으로 되어 있으나, 宋代의 피휘이다.

非聖無法이라하시고 **將下斬之**러니 **良久乃解**[186]하시다

① 增益……讖記 : 圖書, 謂讖緯・符命之類.
'圖書'는 讖緯와 符命의 따위를 이른다.

漢 光武帝가 圖讖에 나온 말을 믿어 이를 가지고 의혹이 있어 분변하기 어려운 일을 결정하는 경우가 많았다. 議郎 桓譚이 上疏를 올려 다음과 같이 아뢰었다.

"무릇 人情은 보이는 일을 경시하고 기이한 일을 중시합니다. 先王이 기술한 것을 보면 모두 仁義와 正道를 근본으로 삼아서 기이하고 허탄한 일이 있지 않았습니다. 지금 잔재주를 가지고 방술을 부리는 사람들이 도서를 늘려서 讖記라고 사칭하여 속임수와 현혹, 탐욕과 간사함으로 임금을 잘못에 빠뜨리니 어찌 이들을 억누르고 멀리하지 않아서야 되겠습니까. 폐하께서는 밝게 들으시고 성명한 의지를 드러내시어 소인들의 옳지 않은 주장을 물리치시고 五經의 올바른 의리를 밝혀야만 할 것입니다."

광무제가 기뻐하지 않았다. 그 후에 詔命을 내려 靈臺를 지을 장소에 대해 모여서 논의하도록 했는데, 광무제가 말하였다.

"내가 도참에 나온 말에 따라 이를 결정하고자 하는데 어떠한가?"

환담이 한참동안 말없이 있다가 다음과 같이 말하였다.

"신은 도참서를 읽지 않았습니다."

광무제가 그 이유를 묻자, 환담이 다시 도참서는 경전이 아니라는 점을 들어 극력 말하자, 광무제가 크게 노하여 말하였다.

"환담이 임금을 비난하고 국법을 무시하였다."

그를 장차 회부하여 참수하려고 했는데, 한참 지난 뒤에 비로소 풀어주었다.

13-7-나(按)

臣은 **按 光武之中興**에 **其先**에 **有以赤伏符**[187]로 **來上者**①어늘 **帝**가 **於是**에 **篤信之**하사

186) 桓譚……乃解 : 《後漢書》 卷44 〈光武帝紀〉에 따르면 환담이 사죄하며 머리를 찧어 피가 흘렀고, 한참이 지난 뒤에야 비로소 풀려나와 六安郡의 丞으로 좌천되었는데, 부임하는 도중에 죽었다.

187) 赤伏符 : 讖文을 말한다. 符는 미래의 일을 예언하여 기록한 것이고, 赤伏은 그 이름이다.

始以之命三公[188)]하시고 又以之定郊祀[189)]하시고 終以之斷封禪[190)]焉하시니 不知六經者는 先王之格言而讖緯者는 末世之邪說이라 張衡[191)]이 以爲起於哀・平之間[192)]이라하니 蓋得之矣로다 新莽之居攝也에 假稱符命하여 以惑衆聽하여 因以行其

漢나라는 火를 숭상했고 적색은 火의 색이며 伏은 감추고 있다는 뜻이므로, 火德으로 일어난 劉氏의 漢나라가 부흥한다는 의미를 지니고 있다. 光武帝가 長安에 있을 때 同舍生 彊華가 關中에서 적복부를 받들고 왔는데 거기에 "劉秀가 군사를 일으켜 무도한 자를 토벌하니, 四夷가 구름처럼 모여들어 용이 들판에서 싸우는데 四七의 때에 火德을 지닌 사람이 주인이 되리라.〔劉秀發兵捕不道 四夷雲集龍鬪野 四七之際火爲主〕"라는 글귀가 적혀 있었다. '四七之際'에 대한 해석은 분분하다. 첫째, 漢 高祖로부터 광무제의 거병하기까지의 기간이 228년이라는 설이다. 둘째, 거병 당시 광무제의 나이가 28세라는 설이다. 셋째, 광무제의 장수 28명을 말한다는 설 등이 있다. 당시 광무제가 河北을 거의 평정하여 수하의 장수들이 천자에 등극할 것을 요청했으나 듣지 않다가 적복부를 얻고 난 후에 그 내용을 신뢰하여 鄗(호)邑의 남쪽에서 즉위하였다.

188) 命三公 : 광무제는 建武 원년(25)에 王梁을 대사공에 제수하였다. 이는 赤伏符에 "왕량이 衛를 주재하여 현무가 된다.〔王梁主衛 作玄武〕"라는 말이 있었기 때문이다. 본래 왕량은 蓋延・吳漢과 함께 군사를 거느리고 남쪽으로 가서 광무제를 廣阿에서 만나 偏將軍이 되었다. 이후 邯鄲을 함락하고 關內侯가 되었으며, 河北 지방을 평정하여 野王 令이 되었다. 野王은 衛나라의 땅이고 玄武는 水神의 이름으로 司空은 水土를 관장하는 벼슬이었기 때문에 왕량을 대사공에 제수한 것이다.《後漢書 卷22 王梁傳》

189) 定郊祀 :《後漢書》卷36〈鄭興傳〉에 보인다. 郊祀는 郊外에서 天地에 지내는 제사이다. 광무제는 郊祀의 일을 도참설에 따라 결단하고자 한다고 鄭興에게 말하였는데, 정흥이 도참서를 배우지 않았기 때문에 도참을 하지 않는다고 대답하였다.

190) 斷封禪 :《後漢書》卷17〈祭祀志 上〉에 따르면, 建武 30년 2월에 신하들이 봉선을 올릴 것을 주청하자, 이를 거절하였다. 建武中元 원년(56)에 會昌符의 "赤劉의 9에 岱宗에 會命한다.〔赤劉之九 會命岱宗〕"라는 내용을 보고 張純 등의 주청을 받아들여 태산에 올라 봉선을 행하였다. '赤劉之九'는 광무제가 高祖의 9대손이기 때문에 언급한 것이다.

191) 張衡 : 72~139. 자는 平子로, 河南 南陽 사람이다. 학문적 소양이 폭넓고 다재다능하였다. 郎中・尙書侍郎・太史令・侍中・河間相을 지냈으며, 安帝・順帝 때 天文臺長을 역임했다. 天文에 뛰어났으며 渾天說의 대표적 이론가이다. 水運渾天儀와 地震計인 候風地動儀를 발명했고, 이외에도 指南車・記里鼓車 등을 고안해냈다. 저술로는〈算罔論〉・〈地形圖〉・〈二京賦〉・〈四愁詩〉등이 있다. 광무제가 도참설을 믿고 顯宗과 肅宗이 이를 조술하여 사람들이 다투어 도참을 익히고 妖言을 덧붙이자, 도참은 근거 없는 허무맹랑한 것으로 聖人의 法言이 아니라는 상소를 올렸다.

192) 起於哀平之間 :《後漢書》卷89〈張衡列傳〉에 보이는데, "도참은 애제와 평제의 때에 이루

簒竊之謀어늘 光武가 誅新復漢하시니 宜削滅其書하여 以絶禍本이 可也어늘 乃以赤伏之驗으로 崇信而表章之하시니 夫異端小數가 豈無或驗이리오 要非六經之法言이며 先王之正道라 故劉歆이 見之而改名[193)]하고 公孫述이 因之而僭畔[194)]하니 是徒足以啓[195)]亂臣賊子之心而已라 果[196)]何益於世敎哉리오 自光武가 好之而東都儒者가 鮮不傳習하여 至引之以釋經하니 謬妄이 爲甚이어늘 後之爲正義者가 復祖焉이라 故先朝名臣歐陽脩가 乞詔儒臣하여 悉取九經之疏하여 刪去讖緯之文이라하니 以其害道故也라 聖明之君이 有志於扶持正道者가 誠取脩言하여 施行之則所益이 多矣리이다

① 有以……上者 : 赤伏符者, 圖讖之名.
'赤伏符'는 圖讖書의 이름이다.

【臣按】光武帝가 한나라를 中興시킬 때 이보다 앞서 赤伏符를 가지고 와서 바친 자가 있었는데, 광무제가 이에 그 내용을 독실하게 믿어 처음에 이에 따라 三公을 임명했고 또 이에 따라 郊祀를 정했고 끝으로 이에 따라 봉선을 결정하

어졌다.〔圖讖成於哀平之際也〕"라고 하였다.

193) 劉歆……改名 : 劉歆(기원전 53?~기원전 23)은 西漢 말의 관료이자 학자이다. 자는 子駿으로, 沛縣 사람이며, 劉向의 아들이다. 成帝 때 黃門郎이 되어 부친 유향과 함께 많은 서적들을 교정하고 도서를 분류하여 목록서인 《七略》를 저술하였다. 王莽이 집권하자 中壘校尉·京兆尹 등을 지내고 紅休侯에 봉해졌다. 왕망이 稱帝한 뒤로는 國師가 되어 嘉新公에 봉해졌다. 나중에 王莽을 죽이려다가 음모가 발각되자 자살했다. 建平 원년(기원전 6)에 河圖赤伏符의 "劉秀가 군사를 일으켜 무도한 자를 토벌하니, 四夷가 구름처럼 모여들어 용이 들판에서 싸우는데 四七의 때에 火德을 지닌 사람이 주인이 되리라.〔劉秀發兵捕不道 四夷雲集龍鬪野 四七之際火爲主〕"라는 내용을 보고 이름을 秀, 자를 穎叔으로 고쳤다.

194) 公孫……僭畔 : 公孫述(?~기원전 36)은 자가 子陽으로, 西漢 扶風 茂陵 사람이다. 처음에 王莽을 섬겨 導江卒正을 지냈다. 更始 2년(24)에 綿竹에서 綠林軍을 공격하여 저지하고 자립하여 蜀王이 되었다. 蜀과 巴를 평정하고, 다음 해 天子의 지위에 올라 국호를 成家라 했다. 그는 일찍이 符命을 얻었다고 하면서 여러 차례 광무제에게 서한을 보내 회유하였다. 또 자신의 손바닥에 '公孫帝'라고 써놓고 짐짓 상서로운 징표라고 주장하였다. 후에 吳漢과 臧宮에게 패하고 부상으로 인하여 죽었다.

195) 啓 : 대전본·사고본에는 '起'로 되어 있다.

196) 果 : 사고본에는 '更'으로 되어 있다.

였으니 六經은 先王의 格言이고 讖緯는 末世의 邪說이라는 것을 알지 못했던 것입니다. 張衡이 圖讖은 哀帝와 平帝의 연간에 일어났다고 하였는데 그의 말이 옳습니다.

新나라 王莽이 섭정할 때 符命를 가탁하여 뭇사람들의 이목을 현혹시켜 이를 계기로 자신의 찬탈하려는 계획을 실행하였습니다. 그런데 광무제가 新나라를 誅伐하고 한나라를 부흥시키니 그 참위서를 없애서 화의 근원을 끊어버리는 것이 옳았음에도 도리어 赤伏符가 잘 들어맞는다는 이유로 신봉하고 드러내 밝혔습니다. 저 異端 가운데 몇몇이 어찌 간혹 들어맞는 것이 없겠습니까. 결코 六經의 法言이 아니며 先王의 正道가 아니기 때문에 劉歆이 이를 보고 이름을 고친 것이며 公孫述이 이를 이용하여 참람되게 반역한 것이니 이는 亂臣賊子의 마음을 열어주기에 충분할 뿐입니다. 과연 世教에 무슨 보탬이 되었습니까.

광무제가 도참을 좋아하면서부터 東漢의 儒者치고 도참을 傳習하지 않는 경우가 드물어서 이를 인용하여 경전을 해석하는 데에까지 이르렀으니 황당무계함이 심한데, 후대의 正義를 지은 이가 다시 이를 祖述하였습니다. 그러므로 先朝의 명신인 歐陽脩가 儒臣에게 九經의 注疏를 모조리 가져다가 讖緯의 내용을 삭제하도록 명할 것을 청하였으니, 도참이 도를 해치기 때문입니다. 正道를 부지하는 데 뜻을 둔 聖明한 군주가 참으로 구양수의 말을 취하여 시행한다면 보탬이 되는 것이 많을 것입니다.

13-8-가[197)]

初明帝①[198)]가 **聞西域有神**하니 **其名曰佛**[199)]이라 **因遣使之天竺**하여 **求其道**하여

---

197)《資治通鑑》卷45〈漢紀37 明帝 下〉永平 8년(65) 조에 보인다.

198) 明帝 : 28~75(재위 57~75). 東漢의 2대 황제 劉莊이다. 초명은 陽, 묘호는 顯宗이다. 光武帝의 4남으로, 43년(建武 19)에 태자가 되었다. 유학을 좋아하여《春秋》와《尙書》에 정통하였으며, 부친을 계승하여 禮教主義를 확립하였다. 법령에 능한 관리를 등용하여 법을 엄격하게 적용하였다. 대외적으로는 흉노를 정벌하고 서역과 통교하는 등 적극적이었으며, 67년(永平 10)에는 불교를 수용하여 전파하게 하였다.

199) 其名曰佛 :《漢紀》에 따르면, 佛은 漢語로 '깨우치다〔覺〕'라는 뜻인데, 장차 중생들을 깨우치고자 함을 이른다고 하였다. 覺은 일체의 지혜를 깨닫는 것으로, 뒤에 情이 있는 사람들을 開悟하고 覺醒하기를 마치 꿈을 깨는 것과 같이 하였으므로 佛이라고 하였다.

得其書及沙門[200]以來[201]하니 其書가 大抵以虛無爲宗하고 貴慈悲不殺하여 以爲人死에 精神이 不滅하여 隨復受形호대 生時所行善惡이 皆有報應이라 故所貴는 修鍊精神하여 以至爲佛이라하여 善爲宏闊勝大之言하여 以勸誘愚俗하고 精於其道者를 號曰沙門이라하니 於是에 中國이 始傳其術하여 圖其形像而王公貴人에 獨楚王英이 最先好之하더라

① 明帝：顯宗也.
'明帝'는 顯宗이다.

당초에 漢 明帝는 西域에 神이 있는데 그 이름이 부처〔佛〕라는 말을 들었다. 이로 말미암아 사신을 보내 天竺에 가서 그 道를 구하여 그 서적을 얻어 沙門과 함께 오니, 그 글의 내용은 대체로 虛無를 宗旨로 삼고 자비와 살생하지 않는 것을 귀하게 여겼다. 사람이 죽었을 때에 정신은 사멸하지 않아 따라서 다시 형체를 받아 태어나는데, 살아 있을 때 행한 善惡이 모두 보응이 있기 때문에 귀하게 여기

200) 沙門：불교의 승려를 뜻하는 梵語를 譯音한 것으로 '娑門'·'桑門'·'喪門' 등으로도 표기된다. 일설에는 吐火羅語(투카라어)의 음역이라고도 한다. 唐나라는 勤息이라 하고, 鳩摩羅什은 勤行이라고 번역하였다. 본래 인도의 바라문교의 출가자를 통칭하는 말이었으나 불교가 성행하면서 불교의 승려만을 지칭하는 말이 되었다. 晉나라 袁宏의 《後漢紀》〈明帝紀 下〉에 따르면 "사문은 漢語로 '息心'이니, 생각을 쉬고 욕심을 제거하여 無爲로 돌아가는 것이다.〔沙門者 漢言息心 蓋息意去欲而歸於無爲也〕"라고 하였다.

201) 初明……以來：西漢 武帝 元狩 연간에 霍去病을 파견하여 흉노를 토벌할 때 불상을 얻었는데, 무제가 神으로 여겨 甘泉宮에 보관하되 제사는 지내지 않고 분향과 예배만 했다. 張騫이 서역의 大夏에 사신으로 갔다 와서 그 옆에 身毒國(天竺)이 있다는 사실을 전하여 처음으로 불교에 대해 알려졌고, 哀帝 元壽 원년(기원전 2)에 박사 제자 秦景憲이 大月氏(대월지)의 사신 伊存에게 불경을 구전으로 전수받았으나 중국에서는 이를 믿지 않았다. 그 후에 明帝가 金人이 정수리에서 흰 빛을 발하며 殿庭으로 날아오는 꿈을 꾸고 신하들에게 물었더니 傅毅가 부처라고 대답하였다. 이에 황제가 中郎 蔡愔(음)과 박사 제자 秦景 등 12인을 천축국에 사신으로 파견하여 부처의 형상을 그려 오게 하였다. 처음은 사문 迦葉摩騰(Kāśyapamātanga)·竺法蘭(Dharmaratna)과 함께 낙양으로 돌아왔다. 채음이 돌아올 때 白馬에 《佛說四十二章經》과 釋迦의 立像을 싣고 오자, 명제가 화공을 시켜 불상을 그려 淸涼臺와 顯陵·節陵 위에 두고 불경은 蘭臺의 石室에 보관하도록 했다. 후에 洛陽의 雍關 서쪽에 白馬寺를 지어 불경을 보관하였고 사문 가섭마등과 축법란이 모두 이 절에서 죽었다. 《魏書 卷114 釋老志10》

는 것은 정신을 수련하여 부처가 되는 데 이르는 것이라고 하였다. 그리하여 몹시 넓고 큰 말을 잘하여 어리석은 세속을 꾀었으며 佛道에 정통한 사람을 沙門이라고 불렀다. 이에 中國에 처음으로 佛氏의 법술이 전해져서 부처의 형상을 그렸는데, 王公과 貴人 중에 유독 楚王 劉英이 가장 먼저 이를 좋아하였다.

13-8-나(按)

臣은 按 此는 佛法入中國之始也라 是時所得者 佛經四十二章[202]은 緘之蘭臺石室而已요 所得之像은 繪之淸涼臺・顯・節陵而已요 楚王英이 雖好之하나 然不過潔齋[203]・修祀而已라 英이 尋以罪誅하니 不聞福利之報로소이다 其後에 靈帝가 始立祠於宮中하고 魏・晉以後에 其法이 寖盛而五胡[204]之君이 若石勒之於佛圖澄[205]과 苻[206]堅之於沙門道安[207]과 姚興之於鳩摩羅什에 往往尊以師禮[208]하고 元魏孝文은 號爲賢主로되 亦幸其寺하여 修齋聽講[209]하니 自是로 至于蕭梁하여 其盛이 極矣而其源則自

202) 佛經四十二章 : 《佛說四十二章經》을 말한다. 후한 명제 때 中郞 蔡愔 등을 서역에 파견하여 얻어왔다는 42장의 불경으로, 1권이다. 迦葉摩騰(kāśyapamātaṅga)과 竺法蘭(dharmarakṣa)이 共譯하였다. 중국 역사상 최초로 번역된 불경으로 대장경의 제17번째 책이다. 초기 불교의 기본적인 敎義를 간요하게 설명하되, 沙門의 證果, 善惡의 諸業, 人命無常 등 여러 의리를 설명하는 데 중점을 두었다.

203) 潔齋 : 심신을 청정하게 하고 음식의 섭취와 행위를 절제하여 술과 고기, 향신료를 금식하고 淫事를 중단하는 등의 일이다.

204) 胡 : 사고본에는 '季'로 되어 있다.

205) 石勒……圖澄 : 佛圖澄은 天竺 사람으로 불교의 승려이다. 일찍이 石勒의 정벌을 따라갔다. 그가 한 微言이 매사에 적중하자, 석륵이 깊이 공경하고 중히 여겨 大和尙이라고 불렀다.

206) 苻 : 저본에는 '符'로 되어 있으나 대전본・사고본에 근거하여 바로잡았다.

207) 苻堅……道安 : 道安은 晉나라의 승려로 寧康(373~375) 초에 石勒의 난을 피하여 襄陽에 갔다가 檀溪寺를 세웠다. 太元 연간에 苻堅이 양양을 취하여 도안을 얻고 기뻐하며 말하기를, "내가 10만의 군사로 양양을 취해 한 사람 반을 얻었다. 安公(道安)이 한 사람이고 習鑿齒가 그 반이다."라고 하였다.

208) 姚興……師禮 : 鳩摩羅什(Kumārajīva)은 天竺人으로, 高僧이다. 後秦의 姚興이 後涼을 멸망시킨 뒤 涼州에서 구마라집을 초빙하여 國師의 예로 대우하였다.

209) 元魏……聽講 : 孝文帝(467~499, 재위 471~499)는 北魏의 제7대 황제이다. 성은 拓跋, 이름은 宏이며, 묘호는 高祖로, 顯祖 獻文帝의 아들이다. 律令을 개정하고 洛陽으로 천도하여 대대적인 漢化政策을 취하였다. 불교에 심취하여 승려 僧淵・道登을 스승으로 대우하였

永平始하니 非明帝之責이요 而誰哉리잇고

【臣按】 이것은 佛法이 중국에 들어온 시초입니다. 이때에 얻어온 것으로《佛說四十二章經》은 蘭臺의 石室에 봉함해 두고, 얻어온 불상은 淸涼臺·顯陵·節陵에 그려놓았을 뿐이고 楚王 劉英이 비록 좋아하기는 하였지만 潔齋하고 제사를 지낼 뿐이었습니다. 유영은 얼마 뒤 죄를 지어 주살되었으니 福과 이익의 보응을 받았다는 것을 듣지 못하였습니다.

그 후에 靈帝가 처음으로 궁중에 祠堂을 세웠고, 魏·晉 이후에는 불법이 점차 성해져서 五胡의 군주로, 이를테면 後趙의 石勒이 佛圖澄에게, 前秦의 苻堅이 沙門 道安에게, 姚興이 鳩摩羅什에게 때때로 스승의 예로써 존숭하였고, 元魏의 孝文帝는 현명한 군주로 불렸지만 또한 그 절에 행차하여 修齋하고 설법을 들었으니 이로부터 蕭梁에 이르기까지 불법의 성함이 극에 달하였습니다. 그러나 그 근원은 永平 연간(58~75)으로부터 시작되었으니 明帝의 책임이 아니라면 누구의 책임이겠습니까.

13-9-가1[210)]

魏正始中에 **尙書何晏**[211)]이 **好老莊書**하여 **與夏侯玄**[212)] **·荀粲**[213)] **·王弼**[214)]**之**

다. 僧淵은 속성이 趙氏이며 潁川 사람으로, 北魏의 司空 趙儼의 후손이다. 白塔寺에 머물렀는데 효문제는 太和 19년(495) 백탑사에 직접 행차하기도 하였다. 道登은 僧淵의 제자로, 《涅槃經》과 《法華經》 등에 정통하여 효문제의 존중을 받았다. 修齋는 승려나 도사를 모아 재계하고 음식을 공양하는 종교적 의식이다.

210) 《資治通鑑》 卷75 〈魏紀7 邵陵厲公 中〉 嘉平 원년(249) 조에 보인다.

211) 何晏 : 190~249. 삼국시대 魏나라의 玄學家이다. 13-4-나(按) '何晏' 주석 참조.

212) 夏侯玄 : 삼국시대 魏나라의 관료이다. 자는 太初이다. 沛國 譙縣 사람이다. 夏侯尙의 아들이며 曹爽의 고종 사촌이다. 약관에 散騎黃門侍郞이 되었고, 齊王 曹芳을 보좌하여 散騎常侍·中護軍 등을 지냈다. 또 征西將軍으로 雍涼州諸軍事가 되었다. 조상이 실각하고 司馬懿가 집권한 뒤에 大鴻臚·太常 등을 역임하였다. 中書令 李豐·光祿大夫 張緝 등과 함께 司馬師를 제거하고 정권을 曹氏에게 되돌릴 것을 꾀했으나 누설되어 살해당했다. 正始 연간의 명사로, 名理를 잘 말했고 何晏·王弼 등과 함께 玄學을 창도했다. 작품으로는 〈時事議〉·〈樂毅論〉·〈皇胤賦〉 등이 있다.

213) 荀粲 : ?~?. 자는 奉倩이다. 삼국시대 魏나라 潁川 潁陰 사람이다. 荀彧의 아들이다. 老莊의 설을 좋아하였다. 부인이 미인이었는데, 열병에 걸려 죽자 너무 애통해하다가 죽었다.

徒로 **競爲清談**[215]하여 **祖尙虛無**하여 **謂六經爲聖人之糟粕**[216]이라하니 **由是**로 **天下士大夫**가 **慕效**하여 **遂成風流**하니 **不可復制**러라①

① 魏正……復制 : 正始, 魏主曹芳年號. 是時, 司馬懿專國. 晏蓋曹爽[217]之黨.
'正始'는 魏主 曹芳의 연호이다. 이 당시에 司馬懿가 국정을 專斷하였다. 何晏은 曹爽의 黨與이다.

魏나라 正始 연간(240~248)에 尙書 何晏이 老莊의 글을 좋아하여 夏侯玄·荀粲·王弼의 무리와 함께 앞을 다투어 淸談을 하여 虛無를 숭상해서 "六經은 聖人의 찌꺼기이다."라고 하였다. 이로 말미암아 천하의 사대부가 흠모하고 본받아서 마침내 풍속을 이루니 다시 제재할 수 없었다.

13-9-가2[218]

景元中①에 **中散大夫嵇**(혜)**康**[219]이 **好言老莊**하여 **與阮籍**[220]·**籍**의 **兄子咸**[221]·

---

214) 王弼 : 226~249. 삼국시대 魏나라의 經學家이자 玄學家이다. 13-4-나(按) '王弼' 주석 참조.

215) 淸談 : 魏晉 시기 老莊學의 영향을 받아 虛無를 숭상하고 玄理에 대한 空論을 일삼던 풍조를 말한다. 玄談이라고도 한다. 주로 有無와 本末에 대한 分辨에 집중하였고, 노장의 학설을 이용하여 유가의 經義를 해석하기도 하였다. 삼국시대 魏나라의 何晏·夏侯玄·王弼 등에서 시작되어 晉나라 王衍 등에 이르러 더욱 성대해졌고, 南朝의 蕭齊·蕭梁에 이르기까지 이어졌다.

216) 六經……糟粕 : 齊 桓公이 당상에서 聖人의 글을 읽고 있었는데 輪扁이 글을 쓴 聖人이 살아 있는지를 묻고서 이미 죽었다면 환공이 읽고 있는 것은 "옛사람의 찌꺼기일 뿐이다.〔古人之糟魄已夫〕"라고 하였다. 이어서 그 이유에 대해 성인이 터득한 오묘한 진리는 말로는 전할 수 없는 것이므로 "옛사람이 말로는 전할 수 없는 것과 함께 죽었을 것이다.〔古之人與其不可傳也 死矣〕"라고 설명하였다. 《莊子 天道》

217) 曹爽 : 삼국시대 魏나라의 정치가로, 자는 昭伯이다. 沛國 譙縣 사람이다. 大將軍 曹眞의 아들이다. 魏나라 明帝 曹叡 때 散騎侍郎을 거쳐 城門校尉에 올랐다. 散騎常侍를 겸하고 武衛將軍으로 轉職되었다. 明帝의 顧命을 받아 司馬懿와 함께 齊王 曹芳을 옹립하고 보좌하였다. 大將軍·中外諸軍事에 올라 병권을 장악하고 何晏·鄧颺(양) 등을 黨與로 삼아 조정을 장악하였다. 사마의를 지나치게 견제하다가 정변을 촉발시켜 실각하고 멸족당했다.

218) 《資治通鑑》 卷78 〈魏紀10 元皇帝 下〉 景元 3년(262) 조에 보인다.

219) 嵇康 : 223~262?. 죽림칠현의 한 사람이다. 자는 叔夜이다. 譙郡 銍縣 사람이다. 曹操의

山濤[222]**·向**(상)**秀**[223]**·王戎**[224]**·劉伶**[225]으로 **相友善**하니 **號竹林七賢**이라 **皆崇尙虛無**하며 **輕蔑禮法**하여 **縱酒昏酣**하여 **遺落世事**하고 **籍**은 **居喪飮酒**를 **無異平日**하니 **當時士大夫**가 **爭慕效之**하여 **謂之放達**②[226]이라하더라

① 景元中 : 常道鄉公[227]年號.

증손녀인 魏나라 長樂亭主의 남편이다. 正始 연간에 郎中이 되었다가 中散大夫로 승진하여 '嵇中散'으로 일컬어진다. 나중에 은둔하여 출사하지 않았고, 阮籍 등과 교유했다. 부정을 용납하지 않았고, 老莊學을 숭상하였다. 친구인 呂安이 무고를 당하자 이를 변론하다가 鍾會의 음모로 司馬昭에 의해 살해당했다. 문장에 뛰어나 〈養生論〉·〈與山巨源絶交書〉·〈聲無哀樂論〉 등의 작품을 남겼고 4언시에 뛰어나 阮籍과 함께 이름이 높았다. 저서에 《高士傳》·《嵇康集》 등이 있다.

220) 阮籍 : 210~263. 삼국시대 魏나라의 시인이며 竹林七賢의 한 사람이다. 13-4-나(按) '阮籍' 주석 참조.

221) 籍兄子咸 : ?~?. 죽림칠현의 한 사람이다. 자는 仲容이며, 西晉 陳留 尉氏 사람으로, 阮籍의 조카이다. 관직이 散騎常侍에 이르렀다. 音律에 정통하여 일찍이 中書監 荀勖이 새로 鐘律을 만들 때 문제를 지적하다가 그의 미움을 사서 始平相으로 좌천되었다. 나중에 문제가 확인되자 복귀되었다. 嵇康 등과 죽림에 들어가 자유로운 생활을 즐겼다.

222) 山濤 : 205~283. 죽림칠현의 한 사람이다. 자는 巨源으로, 西晉 河內 懷縣 사람이다. 어렸을 때부터 器量이 남달랐고, 성품이 호방하여 老莊의 학술을 즐겼다. 나이 40에 비로소 郡主簿가 되었으나 은둔 생활을 고집한 嵇康에게 절교를 당했다. 司馬懿와 曹爽의 대립이 일어나자 은거하였고, 司馬師가 집권하자 郎中에 올랐다. 尙書 吏部郎과 相國 左長史를 지냈다. 晉武帝 때 大鴻臚가 되었고, 新沓伯에 봉해졌다. 나중에 尙書僕射가 되었다. 인물을 뽑아 작품들을 품평하여 당시 '山公啓事'로 일컬어졌다. 관직은 司徒에 이르렀다. 시호는 康이다.

223) 向秀 : 227?~272. 죽림칠현의 한 사람이다. 자는 子期이다. 西晉 河內 懷縣 사람이다. 黃門侍郎·散騎常侍 등을 역임하였다. 玄學에 뛰어났고 嵇康·呂安 등과 교유하였다. 혜강이 죽임을 당하자 〈思舊賦〉를 지어 애도하였다. 저서로는 《莊子隱解》·《周易注》 등이 있다.

224) 王戎 : 234~305. 죽림칠현의 한 사람이다. 13-4-나(按) '王戎' 주석 참조.

225) 劉伶 : 221?~300. 죽림칠현의 한 사람이다. 13-4-나(按) '劉伶' 주석 참조.

226) 放達 : 청정하고 호방하고 활달하여 禮俗에 구애받지 않는 것을 말한다. 일설에는 거리낌없이 마음대로 하며 활달한 것이라고 하였다.

227) 常道鄉公 : 삼국시대 魏나라의 마지막 황제 元帝 曹奐(246~302, 재위 260~265)이다. 初諱는 璜이고, 자는 景明이다. 沛國 譙縣 사람이다. 본래 曹操의 손자인 燕王 曹宇의 아들로, 安次縣常道鄉公에 봉해졌다. 高貴鄉公 曹髦(모)의 뒤를 이어 옹립되었다. 재위 중에 정권은 司馬昭에 의해 장악되어 실권이 없었다. 사마소가 죽자 그의 아들 司馬炎에게 선양한

'景元'은 常道鄕公의 연호이다.

② 景元……放達 : 未幾魏禪于晉.

얼마 되지 않아 魏나라가 晉나라에 제위를 선양하였다.

景元 연간(260~264)에 中散大夫 嵇康은 老莊의 학설을 말하기 좋아하여 阮籍과 완적 兄의 아들인 阮咸·山濤·向秀·王戎·劉伶과 서로 벗하여 친하게 지내니 竹林七賢이라고 불렸다. 모두 虛無를 숭상하며 예법을 경멸하여 마음껏 술을 마시고 대취하여 세상일에 개의치 않았다. 완적은 상중에 있으면서 술 마시기를 평소와 다름없이 하였으니, 당시의 사대부들이 앞을 다투어 흠모하고 본받아 그를 '放達'이라고 하였다.

13-9-가3[228)]

晉武帝太康中에 **王戎**이 **爲司徒**요 **王衍**[229)]이 **爲尙書令**이요 **樂廣**[230)]이 **爲河南尹**하여 **皆善淸談**하여 **宅心事外**하니 **朝野**가 **爭慕效之**하고 **衍**이 **與弟澄**[231)]으로 **好**

뒤 陳留王에 봉해졌다.

228)《資治通鑑》卷82〈晉紀4 惠帝 上之上〉元康 7년(297) 조에 보인다.

229) 王衍 : 256~311. 자는 夷甫로, 西晉 琅琊 臨沂 사람이다. 王戎의 從弟이다. 玄言을 잘하고 老莊의 학술에 대한 담론을 좋아하였다. 義理가 일정하지 않아 상황에 따라 잘 바꿨기에 사람들에게 '口中雌黃'이라 일컬어졌다. 처음에 太子舍人이 되었다가 黃門侍郎에 올랐다. 처음 八王의 난이 일어나 趙王 司馬倫이 賈后를 살해하고 그를 가후의 戚黨이라고 하여 구금하자, 거짓으로 미친 척하여 목숨을 구했다. 이후 尙書令·司空·太尉 등의 顯職을 두루 역임하였으나, 經國에는 관심을 두지 않고 오직 保身에만 급급했다. 司馬越이 太傅軍司로 삼았는데, 懷帝 永嘉 5년(311) 사마월이 죽자 石勒에게 사로잡혔다. 그에게 稱帝할 것을 권하면서 목숨을 구걸하였으나 살해되었다.

230) 樂廣 : ?~304. 자는 彦輔이다. 삼국시대 魏나라의 南陽 淯陽 사람이다. 淸言을 잘해 위나라의 征西將軍 夏侯玄의 총애를 받았다. 名敎를 숭상하여 당시의 放誕한 풍속을 비난하였다. 당시 王衍과 함께 명성이 높았다. 王戎의 천거로 秀才가 되었다. 이후 侍中·河南尹을 거쳐, 尙書令이 되었다. 사위인 成都王 司馬穎이 長沙王 司馬乂와 알력이 생기자 사마의의 의심을 받았는데, 이를 근심하다 죽었다.

231) 弟澄 : 269~312. 자는 平子로, 당시에 阿平으로 불렸다. 西晉 瑯邪 臨沂 사람이다. 王衍의 동생이다. 成都王 司馬穎의 從事中郎으로 있을 때 孟玖가 陸機 형제를 음해하자 맹구를 죽일 것을 성도왕에게 권했다. 惠帝 말에 荊州刺史에 제수되었는데, 주색에 빠져 정무를 돌

題品人物하며 澄及阮咸·謝鯤[232)]·畢卓[233)]等이 皆以任放爲達하여 醉狂裸體를 不以爲非하더라 初에 何晏等이 祖述老莊하여 立論以爲天地萬物이 皆以無爲本이니 無也者는 開物成務[234)]하여 無往不存者也라한대 衍等이 愛重之하니 由是로 士大夫가 皆尙浮誕하여 廢職業이어늘 裴頠(위)가 著崇有論하여 以釋其蔽하나 然習俗이 已成이라 亦不能救①러라

① 晉武……能救：未幾，惠帝立，晉室大亂，劉聰[235)]·石勒[236)]遂據中原.

보지 않았고, 巴蜀의 流民들을 마구 학살하여 杜弢(도)의 난을 초래하였다. 나중에 軍諮祭酒가 되어 豫章을 지나다가 王敦을 만났는데, 왕돈에 의해 살해당했다.

232) 謝鯤 : 281~323. 자는 幼輿로, 陳郡 陽夏 사람이다. 魏晉시대 세족인 謝氏의 일족으로, 謝安의 백부이다. 《老子》와 《易經》을 즐겨 읽었고 玄學을 숭상하였다. 성품이 활달하여 소소한 예의에 얽매이지 않았다. 王衍·嵇紹 등에게 재능을 인정받았고, 畢卓·王尼·阮放·羊曼·桓彝·阮孚·胡毋輔之 등과 함께 '江左八達'로 불렸다. 永昌 원년(322) 王敦이 '淸君側'을 명분으로 거병할 때 그의 長史로 있으면서 이를 만류하였다. 이후 왕돈에 의해 豫章太守가 되었으나 중용되지 않았다. 저서로 《謝鯤集》이 있다.

233) 畢卓 : ?~?. 자는 茂世이다. 東晉 新蔡 鮦陽 사람이다. 元帝 太興 말에 吏部郎이 되었으나 술을 즐겨 직무를 돌보지 않았다. 溫嶠의 平南長史가 되었다. 謝鯤·阮放 등과 교유하여 머리카락을 흩트리고 웃통을 벗은 채 문을 걸어 잠그고 며칠씩 내리 술을 마시곤 했다고 한다.

234) 開物成務 : 《周易》〈繫辭傳 上〉 제11장에 "易은 만물의 이치를 드러내 밝혀 세상의 일을 성취시키고 천하의 도를 포괄하니 易은 이와 같은 것일 뿐이다.〔夫易 開物成務 冒天下之道 如斯而已者也〕"라고 하였다. 주희는 《周易本義》에서 '開物成務'에 대해 "사람으로 하여금 卜筮를 통해 길흉을 알아서 사업을 이루게 하는 것을 이른다.〔謂使人卜筮 以知吉凶而成事業〕"라고 풀이하였다.

235) 劉聰 : 위진남북조 시대 漢나라의 제3대 황제(재위 310~318)이다. 자는 玄明이다. 匈奴 劉淵의 4남이다. 鹿蠡王을 지내고 부친 유연을 보좌하여 大司馬大單于가 되었다. 晉 懷帝 永嘉 4년(310)에 유연이 죽고 형 劉和가 즉위하자, 그를 죽이고 즉위하였다. 이어서 劉曜 등을 파견하여 낙양을 함락시키고 晉 懷帝를 죽였다. 晉 愍帝가 長安에서 즉위하자 역시 장안을 함락시키고 포로로 잡았다.

236) 石勒 : 後趙의 초대 황제(재위 319~333)로, 시호는 明帝, 묘호는 高祖이다. 자는 世龍이고, 上黨 武鄕 사람이다. 羯族이다. 20살 무렵 서진 병사에게 잡혀 山東에 노예로 팔렸다가 群盜의 수령이 되었다. 흉노의 劉淵이 漢나라를 건국하자 장군으로 임명되고, 永嘉 원년(307)에 산동과 河南의 경영을 맡았다. 晉나라 장군 王浚을 격멸하고 즉위하여 趙나라를 세웠다. 光初 11년(328)에 前趙의 劉曜를 洛陽에서 격파하여 전조를 멸망시킨 뒤 華北 일

얼마 안 되어 晉 惠帝가 즉위하였는데, 晉室이 크게 혼란해져서 劉聰과 石勒이 마침내 中原을 차지하였다.

晉 武帝 太康 연간(280~289)에 王戎이 司徒가 되고 王衍이 尙書令이 되고 樂廣이 河南尹이 되어 모두 淸談에 뛰어나 세상사 밖에 마음을 두니 朝野의 사람들이 앞다투어 흠모하고 본받았다. 王衍은 동생 王澄과 인물을 품평하기 좋아하였다. 王澄과 阮咸·謝鯤·畢卓 등이 모두 제멋대로 행동하는 것을 통달하다고 여겨 술에 취해 미쳐서 벌거벗는 것을 잘못이라고 여기지 않았다.

당초에 何晏 등이 老莊의 학설을 祖述하여 입론하기를 "천지 만물이 모두 無를 근본으로 하니 無라는 것은 만물의 이치를 드러내 밝혀 세상의 일을 성취시켜서 어디를 가든지 없는 곳이 없다."라고 하였다. 王衍 등이 그를 사랑하고 중히 여기니, 이로 말미암아 사대부들이 모두 허황된 것을 숭상하여 제 할 일을 폐기하자, 裴頠가 〈崇有論〉을 지어 그 폐단을 밝혔다. 그러나 풍조가 이미 굳어졌기 때문에 또한 바로잡을 수 없었다.

13-9-가4[237)]

元帝渡江初에 **王導**[238)]가 **爲政**이러니 **陳頵**(군)이 **遺導書曰 中華**[239)]**所以傾覆**[240)] **者**는 **正以莊老之俗**이 **傾惑朝廷**하여 **養望者**를 **爲弘雅**하고 **政事者**를 **爲俗人**이라 **今宜改張然後**에사 **中興**을 **可冀**라호대 **導**가 **不能從**하다

晉 元帝가 長江을 건너 建康으로 천도한 초기에 王導가 집정했는데, 陳頵이 왕

대에 세력을 떨쳤다. 나중에 佛僧 佛圖澄에 귀의했다.

237) 《資治通鑑》 卷87 〈晉紀9 懷帝 中〉 永嘉 5년(311) 12월 조에 보인다.

238) 王導 : 276~339. 자는 茂弘으로, 瑯琊 臨沂 사람이다. 위진시대의 세족인 낭야 왕씨이다. 西晉 말에 琅邪王 司馬睿(뒤의 元帝)의 安東司馬가 되어 建康으로 移鎭을 건의하였다. 뒤에 흉노 등에 洛陽이 함락되자, 화북과 강남의 세족을 결집하여 사마예를 옹립하여 東晉의 건립에 공헌하였다. 이후 司徒·太傅를 거쳐 始興郡公에 봉해지는 등 元帝·明帝·成帝의 三朝에 걸쳐 재상을 지냈다. 成帝가 즉위하자 庾亮과 함께 보필했다. 咸和 2년(327) 蘇峻의 반란이 일어나자 입궁하여 成帝를 侍衛하였다. 시호는 文獻이다.

239) 中華 : 사고본에는 '國家'로 되어 있다.

240) 覆 : 대전본에는 '蔽'로 되어 있다.

도에게 편지를 보내 다음과 같이 말하였다.

"中原이 전복된 원인은 바로 老莊의 풍조가 조정을 미혹시켜 은둔하여 虛名을 키우는 자를 고아한 사람이라고 여기고 출사하여 정사에 참여하는 자를 속된 사람이라고 여겼기 때문입니다. 이제 이런 풍조를 개혁한 뒤에야 중흥을 기대할 수 있을 것입니다."

그러나 王導가 이를 따르지 못하였다.

13-9-가5[241)]

庾亮[242)]이 鎭武昌하여 辟殷浩[243)]爲記室하니 浩與褚裒[244)]·杜乂[245)246)]로 皆以

---

241) 《資治通鑑》 卷95 〈晉紀17 成帝 中之上〉 咸和 9년(334) 4월 조에 보인다.

242) 庾亮 : 289~340. 자는 元規이다. 東晉 潁川 鄢陵 사람이다. 누이가 明帝의 황후이다. 司馬睿(元帝)의 벽소를 받아 西曹掾이 되었다. 華軼 토벌에 참여하여 都亭侯에 봉해졌다. 元帝가 즉위한 뒤에 中書郎에 제수되고 東宮에게 侍講했다. 明帝가 즉위하자 中書監이 되었다. 王敦의 반란을 평정하는 데 공을 세웠으나 봉호를 받지 않고 護軍將軍으로 옮겼다. 明帝 太寧 말에 王導 등과 함께 成帝를 옹립하고 中書令이 되어 정권을 장악하였다. 蘇峻과 祖約 등을 의심하였는데, 成帝 咸和 2년(327)에 소준과 조약 등이 반란을 일으키자 溫嶠 등과 함께 陶侃을 盟主로 추대하여 난을 평정했다. 함화 4년(329) 소준의 난을 자책하여 자원하여 蕪湖로 出征했다. 이어서 郭默의 반란을 토벌하였다. 함화 9년(334) 도간이 죽자 征西將軍이 되어 江州·荊州 등 여섯 개 州의 諸軍事를 총괄하고 武昌에 진주하면서 병권을 장악했다.

243) 殷浩 : ?~356. 자는 淵源이다. 東晉 陳郡 長平 사람이다. 玄言에 뛰어나 약관 무렵부터 명성을 날려 桓溫과 이름을 나란히 하였다. 庾亮이 記室參軍으로 벽소하였으나 응하지 않았다. 당시 桓溫을 견제하려던 會稽王 司馬昱의 벽소에 응하여 穆帝 永和 2년(346)에 출사하여 建武將軍 揚州刺史가 되었고, 이후 환온과 대립하였다. 영화 5년(349) 石虎가 죽고 後趙가 크게 어지러워지자, 中軍將軍 揚豫徐兗青州 諸軍事가 되어 北伐에 나섰으나 실패하여 강등되어 폐서인되었다.

244) 褚裒 : 303~349. 東晉의 대신이다. 자는 季野이다. 河南 陽翟 사람이다. 康帝의 妃인 康獻皇后의 부친이다. 어려서부터 簡貴한 풍도가 있어 杜乂와 이름을 나란히 하였다. 西陽王掾으로 벽소되어 吳王 文學을 역임하였다. 蕭峻의 난이 일어나자 거기장군 郗鑒의 참군이 되어 종군하였고 난이 평정되자 都鄕亭侯에 봉해졌다. 이후 司徒從事中郎·給事黃門侍郎·豫章太守 등을 역임하였다. 康帝가 즉위한 뒤에 建威將軍 江州刺史에 제수되어 半州에 진주하였고, 左將軍 兗州刺史 假節로 金城에 진주하였고, 穆帝 즉위 후에는 衛將軍 徐兗州刺史 假節로 京口에 진주하였다.

識度清遠·善談老易으로 **擅名江東而浩**가 **尤爲風流所宗**이러라

庾亮이 武昌에 鎭駐하여 殷浩를 불러서 記室參軍으로 삼았다. 은호는 褚裒·杜乂와 더불어 모두 식견과 도량이 고상하고 원대하며《老子》와《周易》에 대한 담론을 잘하여 江東에 이름을 날렸는데, 은호가 특히 청담을 일삼는 사람들이 추숭하는 대상이 되었다.

13-9-가6[247)]

孝武帝時에 **豫章太守范甯**[248)]이 **嘗謂王弼·何晏之罪**가 **深於桀·紂**라하여늘 **或**이 **以爲貶之太過**라한대 **甯**이 **曰 王·何**는 **蔑棄典文**하며 **幽淪仁義**하여 **游辭浮說**로 **波蕩後生**하여 **使搢紳之徒**로 **翻然改轍**하여 **以至禮壞樂崩**하여 **中原傾覆**하여 **遺風餘俗**이 **至今爲患**하고 **桀·紂**는 **縱暴一時**하나 **適足以喪身覆國**하여 **爲後世戒**라 **豈能廻百姓之視聽哉**리오 **故吾以爲一世之禍**는 **輕**하고 **歷代之患**은 **重**하며 **自喪之惡**은 **小**하고 **迷衆之罪**는 **大也**라하노라

東晉의 孝武帝 때 豫章太守 范甯이 일찍이 "王弼과 何晏의 죄는 桀王과 紂王보다 무겁다."라고 하였다. 어떤 이가 그들에 대한 폄하가 너무 지나치다고 하자 범녕이 말하였다.

"왕필과 하안은 經典을 멸시하고 仁義를 湮滅시켰으며, 불분명하고 근거 없는 말로 후세 사람들을 미혹시켜 搢紳의 무리가 갑작스레 갈 길을 바꾸도록 해서 예악이 붕괴되어 중원이 전복되는 지경에까지 이르게 하여 남은 풍조가 지금까지도

245) 乂 : 대전본에는 '義'로 되어 있다.

246) 杜乂 : ?~?. 자는 弘理이다. 鎭南將軍 杜預의 손자이며 東晉 成帝의 妃인 成恭皇后의 부친이다. 성품이 和純하고 용모가 뛰어나 江左에 명성을 떨쳤다. 요절하여 咸康 初에 金紫光祿大夫에 추증되었다. 시호는 穆이다.

247)《資治通鑑》卷101〈晉紀23 穆帝 下〉升平 5년(361) 9월 조에 보인다.

248) 范甯 : 339~401. 자는 武子이다. 南陽 順陽 사람이다. 晉나라 徐兗州刺史 范汪의 아들이자, 范曄의 조부이다. 부친인 범왕이 당시의 권세가인 桓溫의 미움을 받아 폐서인이 되었다. 이로 인해 환온의 생전에는 관직에 나아가지 못하였다. 寧康 元年(373) 환온이 죽자, 餘杭縣令에 제수되었다. 이후 臨淮太守·中書侍郎·豫章太守 등을 역임하였다.

근심이 되고 있다. 桀王과 紂王은 한때에 방종하고 포학하기는 하였지만 단지 자신을 망치고 나라를 전복시켜 후세의 鑑戒가 될 뿐이었다. 어찌 백성이 보고 듣는 것을 바꿀 수 있었겠는가. 그러므로 내가 한 시대에 미치는 화는 가볍고 여러 대에 걸치는 근심은 무거우며 스스로를 망치는 악은 작고 뭇사람을 미혹시키는 죄는 크다고 한 것이다."

13-9-가7[249)]

梁簡文帝가 **爲太子時**에 **講老子於華林園**[250)]이러니 **詹事**[251)]**何敬容**[252)]이 **歎曰 西晉**이 **尙淸虛**하여 **使中原**[253)]으로 **淪於**[254)]**胡・羯**[255)]하니 **今東宮**이 **復爾**하시니

249) 《資治通鑑》 卷161 〈梁紀17 武帝〉 太淸 2년(548) 정월 조에 보인다. 《西山讀書記》에 따르면 眞德秀는 侍中 太子詹事 何敬容이 梁 武帝가 불교를 좋아하고 태자인 簡文帝가 老莊에 관심을 가지자 이를 우려하여 撰史學士 吳孜에게 한 말이라고 설명하였다.

250) 華林園 : 남조 시기 宋・齊・梁 등의 역대 군주가 연회를 열던 宮園이다. 그 옛터는 지금의 南京市 鷄鳴山 남쪽의 옛 臺城 안에 있다. 본래 삼국시대 吳나라 때 建業에 만들어졌는데, 建康이 東晉의 수도가 되면서 建康宮의 일원으로 편입되었다. 南宋 때까지도 잔존하였다. 《資治通鑑》에는 화림원이 玄圃로 되어 있다. 이 역시 남조 시기 建康의 宮園으로 때때로 講經하는 장소로 이용되었다. 北魏 酈道元의 《水經注》 卷1 〈河水〉에 따르면 "崑崙山은 세 층차로 되어 있는데 맨 아래는 樊桐으로 일명 板松이라고 하며 두 번째는 玄圃로 일명 閬風이라고 하며 세 번째는 層城으로 天庭이라고 하니 이곳이 天帝의 거처이다.〔崑崙之山三級 下曰樊桐 一名板松 二曰玄圃 一名閬風 三曰層城 一名天庭 是爲太帝之居〕"라고 하였다. 胡三省은 南朝의 蕭齊 이래로 東宮에 玄圃가 있었는데, 위계상 동궁은 황제의 거처 다음에 해당하므로 玄圃를 세운 것이라고 설명하였다. 《資治通鑑 卷161 梁紀17 武帝 胡三省注》

251) 詹事 : 《漢書》 卷19 〈百官公卿表 上〉의 顔師古 注에 "應劭가 '詹은 공급하다라는 뜻이다.'라고 하였는데, 詹事는 바로 給事・執事이다."라고 하였다. 秦代에 설치되었다. 주로 太子宮의 사무를 관장하였다. 西漢 때에는 長信詹事와 太子詹事를 두어 각각 皇后宮과 태자궁의 사무를 맡았고 속관으로는 丞・太子率更・家令丞・中長秋 등을 두었다. 長信詹事는 점차 大長秋로 개칭되고 태자첨사는 東漢 때 혁파되었다. 이후 魏晉 시대에 태자첨사가 다시 설치되었는데, 東宮의 사무를 관장하였다.

252) 何敬容 : ?~549. 南朝 梁나라의 관료・문학가이다. 자는 國禮로, 廬江 사람이다. 약관에 齊 武帝의 딸인 長城公主의 배필이 되어 부마도위에 제수되었다. 이후 太子舍人・散騎常侍・侍中・吏部尙書・太子詹事・吳郡太守 등을 역임하였다.

253) 中原 : 사고본에는 '宮廟'로 되어 있다.

江南은 其爲戎乎①인저

① 梁簡……戎乎 : 未幾, 侯景[256]作亂, 武帝[257]餓殂[258], 簡文弑殞.
얼마 지나지 않아 侯景이 난을 일으켜, 武帝는 굶어 죽고 簡文帝는 시해를 당했다.

梁 簡文帝가 태자였을 때 華林園에서 《老子》를 강하였는데, 詹事 何敬容이 탄식하여 말했다.

"西晉이 淸靜과 虛無를 숭상하여 中原을 흉노와 羯族에게 빼앗겼다. 지금 동궁이 이를 반복하니 江南은 장차 戎族의 땅이 되겠구나."

13-9-나(按)

臣은 按 淸談之弊가 起於曹魏而終於蕭梁하니 其始는 蓋宗老・莊氏요 其末은 則有欲爲老・莊氏之役而不可得者하니 彼徒見老氏謂有生於無[259]也라 故何晏・王弼之

254) 於 : 사고본에는 '爲'로 되어 있다.

255) 胡羯 : 사고본에는 '丘墟'로 되어 있으나, 淸代의 피휘이다.

256) 侯景 : 503~552. 자는 萬景이다. 後魏의 懷朔鎭 사람이다. 힘이 장사였으며 騎射에 능했다. 北鎭의 戍兵으로 邊將 爾朱榮을 섬겨 軍功으로 定州刺史가 되었다. 재상 高歡이 爾朱氏를 주살할 때 귀순하였다. 얼마 뒤 병사 10만을 거느리고 東魏河南道大行臺가 되어 하남 지방을 장악했다. 후원자인 고환이 죽자 太淸 1년에 梁나라에 투항하여 하남왕에 봉해졌다. 太淸 2년(548)에 반란을 일으켜 建康을 공격하여 臺城을 함락시키고 梁 武帝를 유폐시켜 굶어 죽게 만들었다. 이어 簡文帝를 옹립했다가 얼마 뒤 폐위시키고 豫章王 蕭棟을 옹립하였다. 大寶 2년(551) 간문제를 죽이고 소동을 폐위한 뒤 자립하여 국호를 漢, 연호를 太始라고 하였다. 나중에 王僧辯의 공격을 받아 도주하다가 피살되었다.

257) 武帝 : 南朝 梁나라의 초대 황제 蕭衍(464~549, 재위 502~549)이다. 자는 叔達, 묘호는 高祖이다. 南蘭陵 사람이다. 南朝 齊나라에서 雍州刺史를 지냈다. 永元 2년(500) 폭정을 일삼던 황제 東昏侯를 타도하고자 거병하여 建康을 함락시키고 和帝를 옹립하였다. 뒤이어 禪讓을 받아 梁나라를 건국하였다. 즉위 초에는 儒學을 일으키는 등 괄목할 만한 정치를 폈으나, 말년에는 불교를 지나치게 신봉하여 사찰을 대대적으로 건축하고 3번이나 同泰寺에 몸을 바쳤다. 548년 東魏에서 투항해 온 侯景이 난을 일으켜 수도 建康이 함락되고, 武帝 자신은 유폐되어 굶어 죽었다. 저서로는 《周易講疏》・《中庸講疏》・《尙書大義》・《孝經義疏》 등이 있으나 일실되었다.

258) 殂 : 사고본에는 '死'로 되어 있다.

259) 有生於無 : 《老子》 제40장에 보인다. "천하의 만물은 有에서 생겨나며 有는 無에서 생겨난

徒가 設爲玄虛之論하여 視事物之有形者를 皆爲芻狗[260)]하여 是非成壞를 一不足介意라하여 於是에 臣不必忠하며 子不必孝하며 禮法을 不必事하며 威儀를 不必修요 惟空曠無心하여 不爲事物染着[261)]者라사 乃爲知道라하니 固非先王之敎之所許而於老氏本指에 亦莫之究焉이라

【臣按】 淸談의 폐단이 曹魏에서 시작되어 蕭梁에서 끝났습니다. 처음에는 老子와 莊子로 宗主를 삼았고, 종국에는 老子와 莊子를 위해 일하고자 하였으나 할 수 없었던 자가 있었으니 저들은 老氏가 "有는 無에서 생겨난다.〔有生於無〕"라고 한 것만 본 것입니다. 그러므로 何晏과 王弼의 무리가 玄虛의 이론을 만들어서 형체가 있는 사물을 모두 芻狗처럼 여겨 옳음과 그름, 생성과 사멸을 조금도 개의할 만한 것이 못 된다고 여겼습니다. 그리하여 신하는 반드시 충성할 필요가 없으며 자식은 반드시 효도할 필요가 없으며 예법을 반드시 일삼을 필요가 없으며 威儀를 반드시 강구할 필요가 없고, 오직 공허하고 얽매이는 마음이 없어 사물에 물들지 않는 자만이 곧 도를 아는 것이라고 하였으니, 참으로 선왕의 가르침에서 허여하는 것도 아니며 老氏의 本旨에서도 찾아볼 수 없는 것입니다.

蓋老氏는 謂天下之物이 生於有而有가 生於無라하니 是[262)]는 始無而今有也어늘 何晏輩는 乃悉歸之於無하니 是豈老氏本指邪리오 自吾儒言之컨대 形而上者는 理也요 形而下者는 物也라 有是理故有是物하고 有是物則具是理하니 二者가 未嘗相離也라 方其未有物也에 若可謂無矣而理已具焉하니 其得謂之無邪아 老氏之論이 既失之而爲淸談者가 又失之尤者也라

老氏는 "천하의 사물이 有에서 생겨나는데, 有는 無에서 생겨난다."라고 하였습

다.〔天下萬物生於有 有生於無〕"라고 하였다.

260) 視事……芻狗 : 《老子》 제5장에 "천지는 어질지 않아 만물을 芻狗와 같이 여기고, 성인은 어질지 않아서 백성을 추구와 같이 여긴다.〔天地不仁 以萬物爲芻狗 聖人不仁 以百姓爲芻狗〕"라고 하였다. 芻狗는 고대에 제사를 지낼 때 짚을 이용하여 개 모양으로 만든 것으로, 제사가 끝나면 그 소용이 다하여 버려지는데, 이를 두고 《莊子》 〈天運〉에서는 "걸어 다니는 사람들이 그 머리와 등줄기를 밟고 풀을 베어 불을 피우는 사람들이 가져다 불을 땐다.〔行者踐其首脊 蘇者取而爨之而已〕"라고 묘사하였다.

261) 着 : 사고본에는 '著'로 되어 있다.

262) 是 : 사고본에는 '非'로 되어 있다.

니다. 이는 처음에는 없었다가 지금은 생겼다는 것인데 何晏 등은 마침내 만물을 모조리 無로 귀착시켰으니, 이것이 어찌 老氏의 本旨이겠습니까. 우리 儒家의 입장에서 말하면, 형이상의 것은 이치이고 형이하의 것은 사물입니다. 이 이치가 있기 때문에 이 사물이 있는 것이고 이 사물이 있으면 이 이치가 갖추어져 있으니, 이치와 사물 이 두 가지는 애당초 서로 떨어진 적이 없었습니다. 아직 사물이 있기 전에 '無'라고 말할 수 있을 듯하지만 이치가 이미 여기에 갖추어져 있으니 그것을 '無'라고 말할 수 있겠습니까. 老氏의 설이 이미 잘못된 것인데, 청담을 하는 자들이 또 더욱 잘못된 것입니다.

若吾儒之道則不然하니 天之生物이 無一之非實이요 理之在人이 亦無一之非實하니 故立心을 以實意爲主하며 修身을 以實踐爲貴하며 講學를 以實見爲是하며 行事를 以實用爲功이 此가 堯・舜・周・孔相傳之正法也라

우리 儒家의 道는 그렇지 않습니다. 하늘이 만물을 내는 것은 하나라도 진실하지 않은 것이 없고, 사람에게 있는 이치 또한 하나라도 진실하지 않은 것이 없습니다. 그러므로 마음을 세우는 것은 실제로 의지를 두는 것을 위주로 하며, 자신을 수양하는 것은 실제로 시행하는 것을 귀하게 여기며, 학문을 講磨하는 것은 실제로 보이는 것을 옳은 것으로 여기며, 일을 행하는 것은 실제로 쓰는 것을 공효로 여깁니다. 이것은 堯임금・舜임금・周公・孔子가 서로 전수한 올바른 법입니다.

自何晏・戎・衍으로 以至殷[263]浩히 雖皆高談空妙하나 然於世之名寵權利에 未嘗不深留其情하니 晏은 圖台鼎하고 戎은 執牙籌[264]하고 衍은 營三窟하고 浩는 達空函[265]하여 卑猥貪吝이 更甚庸俗하니 不知晏輩가 其以名寵權利로 爲有邪아 爲無邪아 夫旣酷嗜

263) 殷 : 대전본에는 '商'으로 되어 있으나, 宋代의 피휘이다.

264) 戎執牙籌 : 牙籌는 象牙로 만든 주판이다. 晉나라 때 죽림칠현의 한 사람인 王戎은 한때 재물 모으기를 좋아하여 상아로 만든 주판을 손에 쥐고 밤낮으로 돈을 계산했다고 한다. 《世說新語 儉嗇》

265) 浩達空函 : 東晉 때 殷浩가 豫章太守로 부임하면서 建康 사람들로부터 1백 여 통에 달하는 편지 전달을 부탁받았다. 그러나 은호는 그 편지들을 전달하지 않고 石頭라는 곳에 이르렀을 때 모두 물에 버렸다고 한다. 《世說新語 任誕》

而深求之하니 是必以爲有矣라 夫何世間萬有를 一切皆無라호대 獨此가 乃眞有邪아 其視老氏之無爲・無欲이 超然萬物之表와 莊生이 於千金之聘・三公之位에 若浼焉者컨대 果何如邪오 此所謂欲爲老・莊氏之役而不可得者也라

何晏・王戎・王衍에서부터 殷浩까지 이 모두가 비록 공허하고 오묘한 이치를 고상하게 담론하였지만 세상의 명성・총애・권세・이익에 그 마음을 깊이 두지 않은 적이 없습니다. 하안은 삼공의 지위를 도모하였고, 왕융은 상아로 만든 주판을 잡고서 재물을 모았고, 왕연은 영화를 누리면서도 화를 피할 궁리를 했고, 은호는 빈 서찰을 보냈습니다. 그리하여 비루하고 추잡하고 탐욕스럽고 인색한 마음이 보통 사람보다도 더욱 심하였으니, 하안의 무리가 명성・총애・권세・이익을 '有'라고 여긴 것인지, '無'라고 여긴 것인지 모르겠습니다. 이미 그토록 좋아하여 깊이 추구하였으니 이는 틀림없이 '有'라고 여긴 것입니다. 어찌 세상의 만물을 전부 無라고 하면서도 유독 이것만은 참으로 '有'라고 한단 말입니까. 그들을 초연히 만물의 밖을 벗어난 老氏의 無爲와 無欲, 千金의 예물과 三公의 지위로 불렀을 때 자신을 더럽힐 것처럼 여겼던 莊子와 비교해보면 과연 어떻습니까. 이것은 이른바 '老子와 莊子를 위해 일하고자 하였으나 할 수 없었던 자'입니다.

其始에 以之自利其身하고 其終에 以之貽害於國하니 故桓[266]溫이 以爲神州가 陸沉하여 百年丘墟하니 王夷甫諸人이 不得不任其責①[267]이라하며 而陶弘[268]景之詩에 有曰 平叔任散誕②하고 夷甫坐談空하여 不悟昭陽殿이 化作單(선)于宮이라하며 而何敬容이 亦有江南爲戎之歎하니 蓋自晉及梁히 其亂亡이 如出一轍하니 皆學老・莊氏而失之罪나 推[269]原其本컨대 是亦老・莊之罪也라 然則有天下者가 懲魏・晉・蕭梁之禍하여 其可不以堯・舜・周・孔之道로 爲師哉잇가

① 王夷……其責 : 夷甫, 衍字.
'夷甫'은 王衍의 字이다.

266) 桓 : 대전본에는 '亘'으로 되어 있으나, 宋代의 피휘이다.
267) 神州……其責 : 《晉書》 卷98 〈桓溫傳〉에 보인다.
268) 弘 : 저본에는 '洪'으로 되어 있으나 사고본에 근거하여 '弘'으로 바로잡았다. 宋代의 피휘이다.
269) 推 : 대전본에는 '惟'로 되어 있다.

② 有曰……散誕 : 平叔, 晏字
'平叔'은 何晏의 字이다.

처음에는 이를 가지고 자신의 몸을 스스로 이롭게 하였고 끝에는 이를 가지고 나라에 해를 끼쳤습니다. 그러므로 桓溫이 "중원이 상실되어 백년의 기업이 폐허가 되었으니 王夷甫 등이 그 책임을 지지 않을 수 없다."라고 하였으며, 陶弘景의 〈題所居壁〉시에 "平叔은 허탄한 말을 지껄이고 夷甫는 공허한 이야기만 일삼아 昭陽殿이 선우의 궁전으로 변하는 것을 깨닫지 못하였네."라고 하였으며, 何敬容 역시 강남이 戎族의 땅이 될 것이라는 탄식을 하였습니다. 晉나라로부터 梁나라에 이르기까지 그 혼란과 패망이 마치 같은 궤도에서 나온 듯하니 모두 老莊의 학설을 배우면서 잘못된 죄입니다. 그러나 그 근본을 따져보면, 이 역시 老莊의 죄입니다. 그렇다면 천하를 소유한 자가 魏·晉·蕭梁의 화를 감계로 삼아 堯임금·舜임금·周公·孔子의 道로 스승을 삼지 않을 수 있겠습니까.

13-10-가1[270)]

後魏世祖[271)]時에 道士寇謙之[272)]가 自言 嘗遇老子호니 授以辟穀·輕身之

---

270) 《資治通鑑》 卷119 〈宋紀1 營陽王〉 景平 원년(423) 정월에 보인다.

271) 後魏世祖 : 北魏의 제3대 황제 拓跋燾(408~452, 재위 423~452)이다. 시호는 太武帝, 묘호는 世祖이다. 明元帝의 장남이다. 柔然을 격파하고 夏와 北燕을 멸망시켜 화북 통일을 달성했다. 감숙 일대를 확보하여 西域에까지 영향력을 발휘하였다. 太平眞國 11년(450) 100만 대군을 이끌고 남정에 나서 송나라 군을 격파하고 瓜步까지 진출하여 劉宋의 몰락을 재촉하였다. 불교에 대한 탄압정책을 시행하여, 태평진국 7년(446)에 사찰과 탑파와 불상 등을 파괴하고 승려를 묻어죽였는데, 중국 역사상 三武一宗의 四大法難 가운데 하나로 불린다. 承平 원년(452) 환관 宗愛에게 피살되었다.

272) 寇謙之 : ?~448. 北魏의 도사이다. 자는 輔眞이다. 河北 上谷 사람이다. 張魯의 도술을 배우고 신선 成公興을 따라 嵩山에서 10년 동안 수행하였다. 414년 太上老君에게서 天師의 位를 받고 《雲中音誦新科之誡》와 服氣導引의 비법을 전수받았으며, 423년에는 노자의 현손이라고 하는 李譜文에게 《圖籙眞經》과 銷鍊·金丹·雲英·八石·玉漿의 비법을 전수받아, 북위의 太武帝에게 바쳤다. 재상 崔浩의 주선으로 太武帝의 신임을 얻어 平城의 동·서에 天師道場을 세우고 각 州鎭에 도교 사원을 건립하도록 하였다. 스스로를 太平眞君이라 일컬으며 불교를 금지하고 도교를 국교로 만들었다.

術하고 又遇神人李君호니 授以圖籙眞經하여 使之輔佐北方太平眞君하고 出天宮靜輪之法하니 其中數篇은 李君手筆也라하고 謙之가 獻於魏主하니 朝野가 多未信호대 崔浩[273)]가 獨師事之[①]하여 上書證明其事曰 聖主가 受命에 必有天應이라 河圖·洛書가 皆寄言於蟲獸之文하니 未若今日에 神人接對하여 手筆粲然하여 辭旨深妙하니 自古無比라하여늘 魏主가 遂信之하여 顯揚新法하여 宣布天下하니라

① 崔浩獨師事之：崔浩, 魏大臣也.
'崔浩'는 北魏의 大臣이다.

北魏의 世祖 때 道士 寇謙之가 스스로 말하기를, 일찍이 老子를 만났는데 辟穀·輕身의 술법을 전수해주었고 또 神人 李君을 만났는데《圖籙眞經》을 전수해주고서 자신에게 北方의 太平眞君을 보좌하도록 하였으며 天宮靜輪의 술법을 내어주었는데《圖籙眞經》중의 몇 편은 李君이 손수 쓴 것이라고 하였다. 구겸지가 세조에게 헌상하니 朝野가 대부분 믿지 않았는데 崔浩가 홀로 그를 스승으로 섬기고서 글을 올려 구겸지의 일을 다음과 같이 증명하였다.

"聖主가 천명을 받을 때에는 반드시 하늘의 감응이 있습니다. 〈河圖〉와 〈洛書〉는 모두 짐승의 무늬에 기탁하여 말한 것입니다. 오늘날 神人이 마주 대하여 직접 쓴 필적이 찬란히 빛나 말의 취지가 매우 깊고 신묘한 것만 못하니 예로부터 여기에 비할 것이 없습니다."

---

273) 崔浩：381~450. 초명은 桃簡이고, 자는 伯淵이다. 淸河 東武 사람이다. 經史百家에 두루 통달했으며, 천문과 曆學에 조예가 깊었다. 약관의 나이에 直郞에 임명되었고, 明元帝 초에 博士祭酒에 제수되어 황제에게 경서를 가르치면서 軍國大事에 참여했다. 太武帝 始光 연간(424~427)에 東郡公에 올라 太常卿으로《五寅元曆》을 제정하고 道士 寇謙之를 천거하여 崇道抑佛을 추진하였다. 이후 夏와 柔然을 격파하고 화북 통일을 달성하는 데 큰 공을 세워 侍中에 올랐다. 撫軍大將軍을 거쳐 司徒에 임명되었다. 五等封爵을 회복하고 북방 사족 세력의 발전을 추진하여 鮮卑 귀족과의 충돌을 야기했다. 太平眞君 10년(449) 國史 편찬을 주도하여 國史에 북위 선조의 악행을 폭로하고 비석에 새겨 건립한 일로 자신을 비롯하여 인척관계에 있던 范陽 盧氏, 太原 郭氏 등 화북의 명문귀족 128명이 주살되었다. 일찍이《孝經》·《論語》·《詩經》·《尙書》·《春秋》·《禮記》·《周易》을 주해하였고 동생 崔覽 등과《國書》를 지었다.

세조가 마침내 이를 믿고서 새로운 법술을 顯揚하여 천하에 선포하였다.

13-10-가2[274)]

寇謙之가 **奏作靜輪宮**호대 **必令其高**가 **不聞雞犬**하여 **以上接天神**이라하여늘 **崔浩**가 **勸魏主從之**하니 **功費萬計**로되 **經年不成**이어늘 **太子晃**[275)276)]이 **諫曰 天人道殊**하며 **卑高分定**[277)]이라 **不可相接**이 **理在必然**이니 **今虛耗民力**하여 **將安用之**리오 **必不得已**인대 **請因東山**[278)]**萬仞之高**면 **庶爲功**이 **差易**라한대 **魏主**가 **不從**[①]하다

① 寇謙……不從 : 未幾, 崔浩以事坐誅, 魏主燾亦爲其臣所弑.
얼마 안 되어 崔浩는 일에 연루되어 주살되었고, 魏主 拓拔燾도 자신의 신하에게 시해되었다.

寇謙之가 靜輪宮을 짓되 반드시 그 높이가 닭이 울고 개가 짖는 소리가 들리지 않도록 하여 위로 天神과 접하도록 해야 한다고 주청하였는데, 崔浩가 魏主에게 이를 따르도록 권하였다. 그리하여 공사 비용이 1만을 헤아렸지만 1년이 지나도록 완성되지 않자, 太子 拓拔晃이 다음과 같이 간언하였다.

"천도와 인도는 다르며 낮은 것과 높은 것의 분수가 정해져 있기 때문에 서로 만날 수 없는 것은 이치상 반드시 그렇게 될 수밖에 없습니다. 이제 헛되이 民力을 낭비시켜서 장차 어디에 쓰려고 하십니까? 반드시 중단할 수 없다면 청컨대 1만 길 높이의 東山을 이용하여 지으면 功役이 조금은 수월할 것입니다."

---

274) 《資治通鑑》 卷124 〈宋紀6 文帝 中之中〉 元嘉 19년(442) 정월 조에 보인다.

275) 晃 : 저본에는 '光'으로 되어 있으나, 대전본과 사고본에 근거하여 '晃'으로 바로잡았다. 朝鮮의 피휘이다.

276) 太子晃 : 428~451. 시호는 景穆帝, 묘호는 恭宗이다. 北魏 太武帝의 장남으로, 鮮卑族이다. 太武帝 延和 원년(432)에 황태자에 봉해졌다. 태무제가 涼州를 정벌할 때 監國이 되어 農桑을 권면하고 음주와 잡희 등을 금지하였다. 태무제의 河西 정벌과 柔然 토벌에 종군하였다. 經史의 大義에 정통했고 軍國大事에 대한 진언을 많이 수용하였다. 요절하여 아들 拓跋濬이 즉위한 뒤에 황제로 추존되었다.

277) 分定 : 사고본에는 '定分'으로 되어 있다.

278) 東山 : 胡三省의 《資治通鑑音注》에 따르면 平城에 있는 산 이름이다.

세조는 따르지 않았다.

13-10-나(按)

臣은 按 魏燾는 夷狄[279)]之君이라 其爲異敎所惑을 不足責也어니와 崔浩는 名爲硏精經術하고 不喜老·佛이로되 而乃怵於一道士之言하여 以詭[280)]妄爲可信하니 是又出於老佛之下矣라

【臣按】北魏의 拓拔燾는 夷狄의 군주이기에 이단의 학설에 미혹된 것을 나무랄 수 없지만 崔浩는 명색이 經術을 정밀히 연구하고 老氏와 佛氏를 좋아하지 않는다고 했는데 마침내 한 도사의 말에 미혹되어 터무니없는 말을 믿을 만한 것으로 여겼으니 이는 더더욱 老氏와 佛氏보다 못한 것입니다.

先儒胡寅[281)]이 嘗論之曰 浩가 言河圖·洛書가 寄言於蟲[282)]獸之文이라하니 夫圖書之顯은 乃天地之理가 自然發見하여 如垂象然하니 非有寄言者也라 又言神人接對하여 手書粲然하여 辭旨深妙라하니 此가 又理之所必無者也라 神無聲色貌象하니 曷爲其能書耶리오 至於信謙之之說하여 作宮以上接天神하니 尤爲愚誕이로소이다 夫天은 非若地之有形也라 自地而上이 無非天者니 日月星辰之繫乎天이 非若草木山川之麗(리)乎地也라 著明森列하여 躔度行止가 皆氣機自運하여 莫使之然而然者라 無所託也니 若其有託則是는 以形相屬이니 一麗乎形이면 能不壞乎아 神也者는 妙萬物而爲言[283)]이니 謂造化之跡이 盈虛消息而不可測者[284)]也라 或者가 惑於荒幻之言하여 乃謂或聆其音

279) 夷狄 : 사고본에는 '昏暴'로 되어 있다.

280) 詭 : 대전본·사고본에는 '譏'으로 되어 있다.

281) 胡寅 : 1098~1156. 자는 明仲이고, 호는 致堂이다. 北宋의 建寧 崇安 사람이다. 胡安國의 조카이며, 祭酒 楊時를 사사했다. 徽宗 宣和 3년(1121)에 進士가 되었다. 이후 校書郎·起居郎·中書舍人 등을 역임하였다. 金나라와의 화의에 극력 반대하여 금나라에 사신을 파견하는 것을 저지하다가 知嚴州事로 좌천되었다. 秦檜가 집권할 때 그를 몹시 꺼렸다. 조정을 비방하고 폄하했다는 이유로 파직되어 新州에 안치되었다가 진회가 죽은 뒤에 복직되었다. 관직은 禮部侍郎 兼直學士院에 이르렀다. 저서로는 《論語詳說》·《讀史管見》·《斐然集》 등이 있다. 시호는 文忠이다.

282) 蟲 : 대전본·사고본에는 '鳥'로 되어 있다.

283) 神也……爲言 : 《周易》 〈說卦傳〉 제6장에 보인다.

旨하며 或覩其儀觀하며 或受其詔告符契라하나니 寧有是哉리오하니

先儒인 胡寅이 일찍이 이에 대해 다음과 같이 논평하였습니다.

"최호가 '〈河圖〉와 〈洛書〉는 모두 짐승의 무늬에 기탁하여 말한 것이다.'라고 하였으니 저 〈河圖〉와 〈洛書〉의 출현은 바로 天地의 이치가 자연히 발현하여 마치 象을 드리운 듯하니 기탁하여 말한 것이 아니다. 또 '신과 인간이 직접 대면하여 손수 쓴 필적이 명백하여 말의 취지가 매우 오묘하다.'라고 하였다. 이는 또 이치상 절대로 있을 수 없는 일이다. 신은 소리도 빛깔도 모습도 형상도 없으니 어찌 글을 쓸 수 있겠는가. 심지어 구겸지의 말을 믿고서 靜輪宮을 지어 위로 天神을 접한다고 하니 더욱 어리석고 허무맹랑하다.

저 하늘은 땅처럼 형상이 있는 것이 아니라 땅 위에 있는 것이 하늘 아닌 것이 없으니 日月과 星辰이 하늘에 매어 있는 것은 草木과 山川이 땅에 붙어 있는 것과 같지 않다. 밝게 배열되어 천체가 운행하는 것이 모두 천지의 기능이 저절로 운행되어 그렇게 하도록 하지 않아도 저절로 그렇게 되는 것이어서 의탁한 바가 없다. 만약 의탁한 바가 있다면 이는 형체에다가 서로 매어놓는 것이니 한번 형체에 매어져 있으면 소멸되지 않을 수 있겠는가. 神이라는 것은 만물을 신묘하게 함을 말한 것이니 造化의 자취가 차고 비고 없어지고 그쳐서 헤아릴 수 없음을 이른 것이다. 어떤 이가 허황된 말에 현혹되어 마침내 말하기를 그 音旨를 들었다고도 하며 그 위의를 보았다고도 하며 계시와 부절을 받았다고도 말한다. 어찌 이럴 리가 있겠는가."

臣은 謂 胡寅之論이 善矣라 然則人主之事天은 果何道乎오 詩曰 上帝臨女하시니 無貳爾心[285]이라하고 又曰 無貳無虞어다 上帝臨女라[286]하니 夫無貳者는 一也니 主一者는 敬而能一者는 誠也라 湯之所以事天曰 顧諟明命[287]爾요 文王之所以事天曰 翼翼小心[288]爾니 夫豈求之外哉리오 人主가 知此則土木을 不必崇이며 儀物을 不必侈요 凜[289]

284) 者 : 대전본 · 사고본에는 없다.

285) 上帝……爾心 : 《詩經》〈大雅 大明〉에 보인다.

286) 無貳……臨女 : 《詩經》〈魯頌 閟宮〉에 보인다.

287) 顧諟明命 : 《書經》〈商書 太甲 上〉에 보인다. "선왕이 이 하늘의 밝은 명을 돌아보신다.〔先王顧諟天之明命〕"라고 하였다. 《大學》 傳 1章에도 보인다.

288) 翼翼小心 : 《詩經》〈大雅 大明〉에 보인다. "이 文王이 삼가하고 조심하여 밝게 上帝를 받들

然自持하여 常若對越則不待聆音旨·睹[290]儀觀·受符契而游衍出王[291]이 無非與神明周旋者矣리이다

신은 다음과 같이 생각합니다. 胡寅의 의론은 훌륭합니다. 그렇다면 임금이 하늘을 섬기는 것은 과연 무슨 도입니까? 《詩經》에 이르기를 "상제가 그대를 굽어보고 계시니, 그대 두 마음을 품지 말지어다.〔上帝臨女 無貳爾心〕"라고 하였고, 또 이르기를 "두 마음을 품지 말고 근심하지 말지어다. 상제가 그대를 굽어보고 계시니라.〔無貳無虞 上帝臨女〕"라고 하였습니다.

'두 마음을 품지 말라〔無貳〕'는 것은 하나이니 專一함을 위주로 하는 것은 敬이고 능히 전일할 수 있는 것은 誠입니다. 湯王이 하늘을 섬긴 것은 '이 밝은 명을 돌아본 것〔顧諟明命〕'뿐이고, 文王이 하늘을 섬긴 것은 '공경하고 삼가신 것〔翼翼小心〕'뿐이니, 어찌 밖에서 구하겠습니까. 임금이 이를 안다면 토목공사를 굳이 크게 벌이지 않으며 儀物을 굳이 사치스럽게 하지 않을 것입니다. 위엄 있게 스스로를 단속하여 항상 천지신명을 마주한 것처럼 할 것이니, 音旨를 듣고 위의를 보고 부절을 받기를 기다리지 않아도 놀고 즐기며 나가고 들어오는 것이 神明과 더불어 주선하지 않는 것이 없을 것입니다.

13-11-가1[292]

梁武帝[293]中大通元年九月에 幸同泰寺[294]하여 設四部無遮大會[295]하고 釋御

고 많은 복을 누리실 것을 생각하셨다.〔維此文王 小心翼翼 昭事上帝 聿懷多福〕"라고 하였다.

289) 凜 : 사고본에는 '懍'으로 되어 있다.

290) 睹 : 대전본·사고본에는 '覩'로 되어 있다.

291) 游衍出王 : 《詩經》〈大雅 板〉에 보인다. "하늘이 밝으시어 너의 나가고 들어옴에 미치시며, 하늘이 밝으시어 너의 놀고 즐김에 미치시느니라.〔昊天曰明 及爾出王 昊天曰旦 及爾游衍〕"라고 하였다.

292) 《資治通鑑》 卷153 〈梁紀9 武帝9〉 中大通 원년(529) 조에 보인다.

293) 梁武帝 : 13-9-가7의 원주 ① '梁簡……戎乎'의 주석 '武帝' 참조.

294) 同泰寺 : 梁나라 최대의 황실 사찰로, 武帝 普通 2년(521)에 착공하여 大通 원년(527)에 완공되었다. 당시에 建康城의 宮城인 臺城 북쪽에 있었는데, 현재 江蘇省 江寧의 동북쪽에 해당한다. 무제는 여기를 자주 오고 가기 위하여 궁성 북쪽에 大通門이라는 문을 새로 만들기까지 하였다. 양나라가 망하고 陳나라가 건국되자 동태사는 마침내 폐허가 되었다. 《佛光

服하고 **持法衣**하여 **行淸靜大捨**[296]러니 **群臣**이 **以錢一億萬**으로 **祈白三寶**[297]하여 **奉贖皇帝菩薩**하니[298] **僧衆**이 **默許**어늘[299] **乃還內**하니라

梁 武帝 中大通 원년(529) 9월에 무제가 同泰寺에 거둥하여 四部無遮大會를 설행하였다. 그리고는 御服을 벗고 法衣를 가지고서 청정한 大捨를 행하였는데, 신하들이 1억만 錢으로 三寶에 기도하여 황제보살(무제)을 받들어 환속시키니, 승려들이 암묵적으로 허락하자 무제가 마침내 대내로 돌아왔다.

大辭典 同泰寺》《소현숙, 梁 武帝와 同泰寺, 佛敎學報 54輯, 2010, 155~156쪽》

295) 四部無遮大會 : 四部大會・四部無碍法會라고도 한다. 四部는 四部衆을 가리키며 四部大衆이라고도 하는데, 불교의 교단을 구성하는 네 부류의 사람을 말한다. 첫 번째는 比丘로, 출가하여 具足戒를 받은 남자 승려이며, 두 번째는 比丘尼로, 출가하여 구족계를 받은 여자 승려이다. 세 번째는 優婆塞(우바새)로, 출가하지 않은 남자 신도이며, 네 번째는 優婆夷(우바이)로, 출가하지 않은 여자 신도이다. 無遮는 불교도의 상하 귀천이 평등하다는 뜻이다. 무차대회는 無遮會라고도 하는데, 僧俗을 가리지 않고 누구나 참여하여 공양을 하고 재물을 보시하며, 설법을 듣고 서로 질문하며 배우는 모임이다. 《南朝五史辭典 四部無遮大會》《시공불교사전 무차대회, 사부중》《潘桂明, 中國的佛教, 北京 : 中國國際廣播出版社, 2011, 39쪽》

296) 淸靜大捨 : 《南史》・《資治通鑑》 등에 따르면 淸淨大捨를 가리킨다. 大捨는 中捨・下捨와 함께 三捨의 하나로, 內外의 心身을 일시에 모두 버린다는 뜻이다. 고영길에 따르면, 여기에서 양 무제가 행했던 捨身은 부처의 은혜에 보답하고자 捨身布施의 法門을 익히는 것으로, 어느 날을 택하여 청정한 도량에 자리를 잡고서 많은 승려들에게 재물을 보시하고 출가 형태의 팔관재계 등의 계율을 受持하면서 수행의 공덕을 증진시키는 것이었다. 즉 양 무제의 사신 방식은 바로 布施齋戒修行이었다. 《南史 卷7 梁本紀中》《讀書紀數略 卷42 人部》《고영길, 梁 武帝의 政敎結合思想硏究, 동국대학교 석사학위논문, 2007, 24~27쪽》

297) 三寶 : 부처인 佛寶, 부처의 가르침인 法寶, 그 가르침에 따라 수행하는 사람들의 집단인 僧寶를 가리킨다. 《시공불교사전 삼보》

298) 奉贖皇帝菩薩하니 : 저본에는 '奉贖皇帝하니 菩薩'로 되어 있으나, 中華書局에서 출간한 標點本 《資治通鑑》에 근거하여 바로잡았다. 《南史》에 "신하들이 1억만 전으로 황제 보살의 大捨를 받들어 환속시키자, 승려들이 암묵적으로 허락하였다.〔群臣以錢一億萬奉贖皇帝菩薩大捨 僧衆默許〕"라는 내용이 보이며, 《魏書》에 "蕭衍의 신하가 表나 글을 올릴 때에도 소연을 '황제 보살'이라고 호칭하였다.〔其臣下奏表上書 亦稱衍爲皇帝菩薩〕"라는 내용이 보인다. 《南史 卷7 梁本紀 中》《魏書 卷98 島夷蕭衍傳》《資治通鑑, 北京 : 中華書局, 1997, 4769쪽》

299) 어늘 : 509본에는 없다.

13-11-가2[300]

上이 自天監中으로 用釋氏法하여 長齋[301]斷肉하고 日止一食호대 惟菜羹糲飯而已러라 多造塔하니 公私가 費損하더라 時에 王侯子弟가 多驕淫不法이러니 上이 年老하여 厭於萬機[302]하고 又專精佛戒하여 每斷重罪則終日不懌[303]하고 或謀反逆事覺에 亦泣而宥之하니 由是로 王侯가 益橫하여 或白晝에 殺人於都街하고 或暮夜에 公行剽掠하며 有罪亡命하여 匿於王家호대 有司가 不敢搜捕하더니 上이 深知其弊而溺於慈愛하여 不能禁也러라

양 무제가 天監 연간(502~519)부터 釋氏의 법을 준용하여, 長齋하며 고기를 끊고 하루에 한 끼만 먹되 오로지 나물국과 거친 밥뿐이었다. 탑을 많이 조성하니 공적으로나 사적으로나 재정이 소모되었다.

이 당시에 王侯의 자제들 가운데 교만하고 음란하여 不法을 저지른 이가 많았다. 그런데 무제가 연로하여 國政에 싫증을 느끼고 또 오로지 불가의 계율에만 정진하여 重刑으로 판결할 때마다 온종일 기뻐하지 않았으며, 간혹 반역을 도모했다가 일이 발각되었을 경우에도 눈물을 흘리며 용서하였다. 이로 말미암아 王侯들이 더욱 횡행하여 대낮에 도성 길거리에서 사람을 죽이기도 하고 저녁이나 밤중에 공공연히 약탈을 자행하기도 하였다. 그리고 죄를 지은 이가 도망하여 王家에 숨었는데도 담당 관리가 감히 수색하여 잡아들이지 못했는데, 무제가 그 폐단을 깊이 알면서도 慈愛에 빠져 금지하지 못하였다.

13-11-가3[304]

中大同元年三月庚戌에 上이 幸同泰寺하여 遂停寺省[305]하여 講三慧經[306]이러니

300) 《資治通鑑》 卷159 〈梁紀15 武帝15〉 大同 11년(545) 조에 보인다.

301) 長齋 : 佛教徒가 장기간 동안 하루에 한 끼만 먹고 午時 이후에는 아무것도 먹지 않는 것을 말하는데, 후대에는 대부분 장기간 素食을 하는 것을 가리킨다. 《佛光大事典 長齋》《漢語大詞典 長齋》

302) 機 : 사고본에는 '幾'로 되어 있다.

303) 懌 : 저본・512본에는 '豫'로 되어 있고 509본에는 글자가 없으나, 대전본・사고본에 근거하여 바로잡았다. '懌'은 조선 中宗의 휘이다.

夏四月丙戌에 **解講**하다 **是夜**에 **同泰寺浮圖**가 **災**어늘 **上曰 此**가 **魔也**라 **宜廣爲法事**라하고 **乃下詔曰 道高魔盛**이요 **行善障生**이라 **當窮玆土木**하여 **倍增往日**이라하고 **遂起十二層浮圖**러니 **將成**에 **値侯景**[307]**亂而止**①하니라

① 値侯景亂而止 : 明年侯景擧河[308]南來歸,[309] 又明年景反, 陷臺城[310], 上以餓殂.[311]
이듬해(547) 侯景이 河南을 점거하여 양나라로 來附하였는데, 또 이듬해(548) 후경이 반란을 일으켜 臺城을 함락시키자 양 무제는 그로 인하여 굶어 죽었다.

中大同 원년(546) 3월 경술일(8일)에 양 무제가 同泰寺에 거둥하여 마침내 사찰 내의 便省에 머무르면서 《三慧經》을 강하였는데, 여름 4월 병술일(14일)에 강론을 파하였다. 이날 밤 동태사의 탑에 화재가 발생하자, 양 무제가 말하였다.

"이것은 魔이니, 널리 佛事를 행해야 한다."

이에 다음과 같은 조서를 내렸다.

"도가 높으면 마가 성하고, 행실이 선하면 장애가 생기는 법이다. 이 땅의 토목을 모두 투입하여 지난날보다 탑을 갑절로 늘려야 할 것이다."

그리고 마침내 12층탑을 착공하였는데, 완성을 앞두고 侯景의 난을 만나 중단

---

304) 《資治通鑑》 卷159 〈梁紀15 武帝15〉 中大同 원년(546) 조에 보인다.

305) 省 : 동태사 경내에 있는 便省을 말한다. 양 무제는 이곳을 방으로 삼아 기거하였다. 《南史 卷7 梁本紀 中》《資治通鑑補 卷159 梁紀15》

306) 三慧經 : 세 가지 지혜가 중요하다는 부처의 가르침을 적은 경전으로, 총 1卷이다. 세 가지 지혜는 불법을 믿고 찾고 행하는 것을 뜻한다.

307) 侯景 : 13-9-가7의 원주 ① '梁簡……戎乎'의 주석 '侯景' 참조.

308) 河 : 대전본에는 '向'으로 되어 있다.

309) 明年……來歸 : 후경은 東魏의 정권을 장악한 高歡의 부하로 있으면서 河南을 10여 년 동안 다스렸는데 고환의 아들인 高澄과 사이가 나빴다. 고환이 죽자 마침내 하남을 점거하고 반란을 일으켰다. 그리고 양 무제에게 來附하자, 양 무제는 후경을 받아들여 大將軍으로 삼고 河南王으로 봉하였다. 《資治通鑑 卷159 梁紀15 武帝15 中大同 1年, 卷160 梁紀16 武帝16 太淸 1年》

310) 臺城 : 東晉과 南朝 때 궁궐이 있던 성으로 둘레는 8里에 달했으며, 建康宮 혹은 宮城이라고도 하였다. 현재 江蘇省 南京에 그 터가 있다. 《南朝五史辭典 臺城》

311) 明年……餓殂 : 후경이 반란을 일으켜 梁나라의 궁성인 臺城을 포위한 것은 太淸 2년(548)인데, 이듬해에 함락되었다. 양 무제는 후경에 의해 연금되어 있다가 죽고 말았다. 《資治通鑑 卷161 梁紀17 武帝17 太淸 2年, 卷162 梁紀18 武帝18 太淸 3年》

되었다.

13-11-나(按)

臣은 按 魏・晉以後에 人主之事佛이 未有如梁武之盛[312]者也라 夫以萬乘之尊而自捨其身하여 爲佛之廝(시)役하니 其可謂卑佞之極矣요 殫(탄)國府藏하고 朘(최)民膏血하여 以營[313]塔廟하니 又可謂尊奉之極矣요 以蔬茹麵食而易宗廟之牲牢하여 恐其有累冥道也하며 織官文錦에 有爲人類・禽獸之形者를 亦禁之하여 恐其裁翦에 有乖仁恕也하며 臣下가 雖謀[314]反逆하나 赦而不誅하며 剽盜가 肆行호대 亦弗忍禁하니 凡以推廣佛戒也라

【臣按】魏・晉 이래로 임금 가운데 부처를 섬기는 것이 양 무제처럼 융숭했던 이는 있지 않았습니다. 대저 만승천자의 존귀함을 가지고도 스스로 자신을 버리고서 부처의 종이 되었으니 비굴하게 아첨하는 것의 극치라고 할 수 있으며, 국고를 다 쏟아 붓고 백성의 고혈을 쥐어짜서 탑을 건축하였으니 또 높이 받드는 것의 극치라고 할 수 있습니다. 그리고 저승길에 누가 될까 두려워하여 채소와 麵食으로 종묘의 희생을 대체하였으며, 仁恕에 어긋남이 있을까 두려워하여 무늬를 넣어 짠 비단 관복을 마름질할 때 사람이나 짐승의 형상을 넣는 것도 금지하였으며, 신하가 반역을 도모했는데도 용서하고 주살하지 않았으며, 강도가 횡행하는데도 차마 금하지 못했으니, 이는 모두 불가의 계율을 미루어 확대했기 때문입니다.

蓋嘗論之호니[315] 使仙而可求則漢武[316]가 得之矣요 佛而可求則梁武가 得之矣로되 以二君而無得焉則知其不可求而得也가 明矣라 縱求而得之나 戎夷[317]荒幻之教가 不可以治華[318]夏며 山林枯槁之行이 不可以治國家어든 況不可求邪아 漢武가 貪仙而

312) 盛 : 대전본・사고본에는 '至'로 되어 있다.
313) 營 : 사고본에는 '資'로 되어 있다.
314) 之恐……雖謀 : 대전본・사고본에는 없다.
315) 호니 : 509본에는 '하니'로 되어 있다.
316) 漢武 : 한 무제의 사례는 13-5-가2 참조.
317) 戎夷 : 사고본에는 '虛無'로 되어 있다.

終致虛耗之禍하고 梁武가 佞佛而卒召危[319]亡之厄則貪・佞之無補也가 又明矣로다 且其舍身事佛이 豈非厭塵囂(효)而樂空寂乎리오 使其能若迦維之嫡嗣가 視王[320]位를 如弊[321]屣(사)하여 褰裳而去之[322]하면 庶乎爲眞學佛者①어늘 而帝也가 旣以簒弑로 取人之國하고 又以攻伐로 侵人之境[323]하며 及其老也에 雖慈孝가 如太子統[324]이나 一涉疑似에 忌之而至死[325]하니 貪戀이 如此라 又豈眞能捨者乎리오

① 使其……佛者：釋迦者, 迦維國王之嫡嗣,[326] 舍王位而入山學佛[327].

---

318) 華 : 사고본에는 '諸'로 되어 있다.

319) 危 : 대전본・사고본에는 '亂'으로 되어 있다.

320) 王 : 대전본에는 '至'로 되어 있다.

321) 弊 : 사고본에는 '敝'로 되어 있다.

322) 褰裳而去之 : 왕위를 양위한다는 뜻으로, 순임금이 禹에게 임금의 일을 대리하라 명하고 부른 노래에 "精華가 이미 다했으니, 裳을 걷고 떠나리라.〔精華已竭 褰裳去之〕"라는 내용이 보인다.《竹書紀年 卷上》

323) 又以……之境 : 양 무제의 재위기간 내내 양나라와 北魏 사이에는 전쟁이 지속되었는데, 양나라가 북위를 공격하여 여러 차례 영토를 점령하기도 하였다. 天監 5년(506)에는 宿預・小峴・合肥 등을 쳐서 함락시켰으며, 천감 14년(515)에는 西硤石을 습격하여 점령하였고, 普通 5년(524)에는 睢陵・東莞(관) 등을, 보통 7년(526)에는 壽陽을 항복시키고 穰城을 점거하였다.

324) 太子統 : 昭明太子 蕭統(501~531)을 가리킨다. 자는 德施, 小字는 維摩로, 南蘭陵 사람이다. 梁 武帝의 장자로, 天監 원년(502)에 태자가 되었다. 어릴 때부터 총명하고 문장에 능했으며 불교를 신봉하였는데, 병으로 요절하였다.《文選》을 편찬하였으며, 문집에《昭明太子集》이 있다.

325) 雖慈……至死 : 昭明太子 蕭統이 冠禮를 치르고 나서부터 양 무제가 조정의 정사를 살피도록 시켰는데, 매사에 신중하고 근면하게 처신하였다. 병을 얻었을 때에도 병세를 묻는 무제에게 걱정을 끼칠까 염려하여 매번 직접 편지를 썼다. 소통은 결국 中大通 3년(531) 4월에 병사하였다.《資治通鑑 卷155 梁紀11 武帝11 中大通 3年》

326) 釋迦……嫡嗣 : 釋迦는 釋迦牟尼를 가리키며, 석가족의 聖者・賢人이라는 뜻이다. 이름은 싯다르타로, 불교의 교조이다. 아버지는 淨飯王이며, 어머니는 마야왕비이다. 29세에 출가하여 6년간의 고행 끝에 35세에 菩提樹 아래에서 깨달음을 얻었다. 이후 45년 간 설법을 하며 돌아다니다 80세에 입멸하였다. 迦維는 迦維羅衛의 약칭으로, 迦毘羅婆蘇都・迦毘羅・迦毘羅衛 등과 같다. 가비라바소도, 즉 迦維는 고대 인도의 釋迦族이 세운 국가로, 여기서 迦維國王은 싯다르타의 아버지인 정반왕을 가리킨다.《佛學大辭典 迦維》《불교사전 가비라바소도》《시공불교사전 석가모니, 가유라위, 가비라파소도》

'釋迦'는 迦維國王의 嫡統 후사로, 왕위를 버리고 출가하여 불법을 배웠다.

일찍이 논해보건대, 만약 신선을 구해서 될 수 있는 것이라면 漢 武帝가 그렇게 되었을 것이고, 부처를 구해서 될 수 있는 것이라면 양 무제가 그렇게 되었을 것입니다. 그러나 두 임금의 집념으로도 그렇게 할 수 없었으니, 신선이나 부처는 구해서 될 수 없다는 것을 확실히 알게 됩니다.

비록 구하여 될 수 있었다 하더라도 夷狄의 허무맹랑한 가르침으로는 華夏를 다스릴 수 없으며 山僧들의 무미건조한 행실로는 나라를 다스릴 수 없는데, 하물며 구할 수 없는 것에 있어서이겠습니까. 한 무제가 신선이 되기를 탐하였으나, 마침내 재물과 民力을 허비한 화만을 초래하였고, 양 무제가 부처에게 아첨하였으나 나라가 망하는 재앙만 초래하였으니, 그렇다면 신선이 되기를 탐하고 부처에게 아첨하는 것은 아무런 도움이 없다는 것이 또 분명합니다. 게다가 捨身을 하여 부처를 섬기는 것이 어찌 속세의 소란을 싫어하고 공허와 적멸을 즐긴 것이 아니겠습니까. 만약 迦維國王의 적통 후사(석가모니)가 왕위를 헌신짝처럼 보고서 버리고 떠났던 것과 같이 할 수 있다면 진심으로 부처를 배우는 자에 가까울 것입니다.

그런데 양 무제가 이미 찬탈과 시역으로 남의 나라를 빼앗았고, 또 침공과 정벌로 남의 국경을 침범하였으며, 노년에 이르러서는 태자 蕭統처럼 인자하고 효성스러운 아들에 대해서도 한번 의심이 들자 그를 꺼려 죽음에 이르게 하였습니다. 탐욕과 미련이 이와 같았으니, 또 어찌 진정으로 捨身을 할 수 있었겠습니까.

釋服入道가 旣可徼浮屠[328]之福이요 奉金贖還이 又不失天子之貴니 是는 名雖佞佛而實以誑(광)佛也라 且其織文之非實을 猶不忍戕(장)之호대 彼蚩蚩(치치)之氓(맹)性命이 豈鳥獸比而連年征伐하여 所殺이 不可勝計요 浮山築堰[329]하여 浸灌敵境하여 擧數十

327) 舍王……學佛 : 싯다르타가 출가하였다고 전해지는 때는 기록마다 차이가 있는데, 《過去現在因果經》에는 19세라고 하였고, 《佛祖通紀》에는 25세라고 하였다. 싯다르타는 태자 시절에 출가를 생각하였으나, 나라에 후사가 없으면 안 된다는 부왕의 반대에 부딪쳐 뜻을 이루지 못하였다. 그 후 아내 야쇼다라가 아들 라훌라를 잉태하자, 과거의 부처를 배우겠노라고 외치고 출가하였다. 《過去現在因果經 卷2》《佛祖通紀 卷2》

328) 屠 : 대전본・사고본에는 '圖'로 되어 있다.

329) 浮山築堰 : 天監 13년(514) 北魏에서 투항해 온 王足의 건의에 따라 양 무제는 北魏의 壽

萬衆而魚鼈之하여 曾不少衄(휼)하니 是는 名雖小仁而實則大不仁也라

御服을 벗고 佛道에 입문한 것은 이미 부처의 복을 바란 것이요, 금전을 바쳐 贖還한 것은 또 천자의 존귀함을 잃지 않은 것이니, 이것은 명목상으로는 비록 부처에게 아첨하는 것이지만 실제로는 부처를 속인 것입니다. 그리고 저 어리석은 백성의 생명이 어떻게 금수에 비견되겠습니까마는, 실제 사람이나 짐승이 아닌 비단의 무늬조차 차마 자르지 못했음에도 해마다 계속 정벌하여 죽인 사람들이 이루 다 헤아릴 수 없었습니다. 그리고 浮山에 둑을 쌓아 그 물로 적의 영토를 잠기게 하려고 하여 수십만의 사람들을 모두 어육으로 만들면서도 조금도 가엾게 여기지 않았으니, 이것은 명목상으로는 작은 仁이지만 실제로는 크게 不仁한 것입니다.

且國所與立은 惟綱與常이어늘 帝於諸子에 皆任以藩維而無禮義之訓이라 故正德[330)]이 以梟獍[331)]之資로 始舍父而奔敵國하고 終引賊以覆宗祊(팽)[①]하며 若綸[332)]·若繹[333)]이

陽城을 잠기게 할 목적으로 浮山에서부터 淮水에 둑을 쌓게 하였는데, 이것이 浮山堰으로 淮堰이라고도 한다. 이듬해인 천감 14년(515) 4월에 완성되었으나 무너져서 다시 보수하여 천감 15년(516) 4월에 완공하였다. 길이는 9里, 밑 너비는 140丈, 윗 너비는 45장, 높이는 20장에 달하였으며, 둑 위에는 병영이 늘어서 있었다. 이해 9월에 폭우로 둑이 무너져 사망자가 10여 만이나 되었다. 浮山은 현재 安徽省 明光 북쪽에 있다.《資治通鑑 卷147 梁紀3 武帝3 天監13年, 卷148 梁紀4 武帝4 天監14年·15年》《南朝五史辭典 浮山, 浮山堰, 浮山之役》

330) 正德 : 蕭正德(?~549)을 가리킨다. 자는 公和로, 南蘭陵 사람이다. 臨川王 蕭宏의 셋째 아들이다. 양 무제가 아들이 없을 때 그의 양자가 되었다가, 양 무제가 즉위하고 소명태자가 태어나자 西豐侯가 되었다. 이에 앙심을 품고 北魏로 달아났는데, 후에 귀국하여 中大通 4년(532)에 臨賀郡王에 봉해졌다. 548년 侯景이 난을 일으켰을 때 양 무제의 명으로 建康을 수비하고 있었는데, 도리어 후경과 결탁하여 그를 지원하였다. 후경이 양 무제를 포위했을 때 후경에 의해 황제로 옹립되었으나, 549년 臺城이 함락되자 후경에 의해 폐위되어 侍中·大司馬가 되었다. 이에 후경과 사이가 벌어져 후경을 공격하려 하다가 후경에게 피살되었다.

331) 獍 : 대전본에는 '鏡'으로 되어 있으나, 오자이다.

332) 綸 : 邵陵王 蕭綸(519~551)을 가리킨다. 자는 世調, 小字는 六眞으로, 南蘭陵 사람이다. 梁 武帝의 여섯 번째 아들로, 소릉왕에 봉해진 뒤 寧遠將軍·江州刺史·南兗州刺史·揚州刺史 등을 역임하였다. 교만하여 불법을 자행하고 백성들을 괴롭히다가 폐서인되었는데, 얼

或揔雄師하며 或鎭上游호대 當君父在難하여 不聞有灑(쇄)血投袂(메)之意②요 方且[334] 弟兄이 相仇하며 叔姪이 交兵하여 極人倫之惡③하니 此는 無他라 帝之所學者가 釋氏也라 釋氏가 以天倫爲假合이라 故臣不君其君하며 子不父其父하니 三四十年之間에 風俗이 淪胥하며 綱常이 掃地하니 宜其致此極也로다 使其以堯・舜・三王爲師而不雜以[335]方外[336]之敎하여 必本仁義하며 必尙禮法하며 必明政刑하면 顧安有是哉리잇고

① 且國……宗祊：武帝未生太子統時，養臨川王宏[337]子正德爲子．及統生，正德還本封西豐侯，意怏怏，遂奔魏．已而逃歸，復其封爵．後進王臨賀．侯景反[338]，正德首以內應導之以犯闕． 又與景約克城之日毋得全[339]兩宮． 兩宮， 謂帝及太子綱[340]也．

양 무제는 태자 蕭統이 태어나지 않았을 때 臨川王 蕭宏의 아들 蕭正德을 키워

마 뒤에 다시 복권되었다. 太淸 2년(548) 侯景의 난 때 征討大都督으로 후경을 공격하였으나 패전하여 京口로 달아났다가, 다시 전열을 정비하여 후경을 재차 토벌하려고 하였다. 그러나 蕭繹이 이를 꺼려하여 王僧辯을 보내 압박하자, 소륜은 汝南으로 도주하였다. 후에 西魏의 군대에 패하여 성이 함락되자 피살되었다. 시호는 携이다.

333) 繹 : 元帝 蕭繹(508~554, 재위 552~554)을 가리킨다. 자는 世誠으로, 南蘭陵 사람이다. 梁 武帝의 일곱 번째 아들로, 湘東王에 봉해지고 鎭西將軍과 荊州刺史가 되었다. 552년 3월 王僧辯에게 군대를 주어 建康을 공격하여 황제를 자칭한 侯景을 토벌하였다. 그해에 폐허가 되다시피 한 건강을 버리고 江陵에서 황제에 즉위하였다. 그러나 소역이 즉위하기 직전, 동생 蕭紀가 蜀에서 황제를 자칭하여 골육상쟁이 벌어지자, 그 혼란을 틈타 南征에 나선 西魏가 554년 강릉을 공략하는 바람에 사로잡혀 죽임을 당하였다.

334) 且 : 대전본・사고본에는 '其'로 되어 있다.

335) 以 : 대전본・사고본에는 '於'로 되어 있다.

336) 外 : 대전본에는 '寸'으로 되어 있다.

337) 臨川王宏 : 蕭宏(473~526)을 가리킨다. 자는 宣達로, 南蘭陵 사람이다. 梁 武帝의 동생으로, 天監 원년(502)에 臨川郡王으로 봉해지고, 揚州刺史・太尉 등을 지냈다. 성품이 탐욕스럽고 여색을 밝혔으나, 정치적인 야심은 없었다. 시호는 靖惠이다.

338) 反 : 대전본에는 '叉'로 되어 있으나, 오자이다.

339) 全 : 대전본에는 '至'로 되어 있다.

340) 太子綱 : 簡文帝 蕭綱(503~551, 재위 549~551)을 가리킨다. 梁나라 2대 황제로, 묘호는 太宗이다. 자는 六通・世纘으로, 양 무제의 셋째 아들이자 昭明太子 蕭統의 동생이다. 소명태자 사후에 태자가 되었다가, 侯景이 난을 일으켜 太淸 3년(549) 무제가 죽자 후경에 의해 황제로 옹립되었다. 그러나 얼마 뒤에 후경에게 시해되었다. 저서에 《毛詩國風義》・《禮大義》 등이 있다.

양자로 삼았다. 그런데 소통이 태어나자 소정덕은 본가로 돌려보내져 西豐侯에 봉해졌다. 이에 소정덕은 앙심을 품고 마침내 北魏로 망명하였다. 얼마 뒤에 북위에서 도망쳐 양나라로 돌아와서 원래의 봉작을 회복하였다. 후에 進封되어 臨賀王이 되었다. 侯景이 반란을 일으키자 소정덕이 앞장서서 내응하는 자로서 후경을 인도하여 犯闕을 하였다. 또 성을 함락하는 날에 兩宮을 살려두지 않기로 후경과 약속하였다. '양궁'은 무제와 태자 蕭綱을 말한다.

② 若綸……之意 : 邵陵王綸督諸軍討侯景, 不力戰.[341] 湘東王繹鎭江陵, 不時遣援, 致景陷都城.
邵陵王 蕭綸은 여러 군대를 지휘하여 후경을 토벌하면서 힘써 싸우지 않았다. 湘東王 蕭繹은 江陵에 주둔하고 있었는데, 제때 구원병을 보내지 않아 후경이 도성을 함락하게 만들었다.

③ 方其……之惡 : 武陵王紀[342]與繹相攻, 繹殺紀. 又攻河東王譽[343]於湘[344]州, 攻岳陽王詧(찰)[345]於襄陽. 詧・譽皆湘東之姪也. 其後詧引魏兵, 殺繹於江陵.

341) 邵陵……力戰 : 侯景이 建康을 포위했던 太淸 3년(549)에 소륜은 군사를 이끌고 郢州의 武城에 주둔하고 있었는데, 원군을 기다린다는 핑계로 진군하지 않았다.《資治通鑑 卷162 梁紀18 武帝18 太淸 3年》

342) 紀 : 대전본에는 '綱'으로 되어 있으나, 오자이다. '紀'는 武陵帝 蕭紀(508~553)를 가리킨다. 자는 世詢・大智로, 梁 武帝의 여덟 번째 아들이다. 무릉왕에 봉해진 뒤 寧遠將軍과 揚益州刺史를 역임하였다. 侯景이 난을 일으켰으나 가서 구원하지 않았는데, 무제가 죽자 蜀에서 황제를 자칭했다. 그 후 후경을 토벌한다는 명분으로 군사를 이끌고 동쪽으로 가서 荊陝을 포위하려고 했다. 西陵峽에 이르러 江陵의 여러 군대와 대치했다. 당시 元帝 蕭繹이 이미 즉위하여 西魏에 원조를 요청하자, 서위가 군대를 보내 촉을 공격하였다. 소기는 강릉에 닿기도 전에 후방이 이미 무너져 패전하고 원제에게 죽임을 당했다.

343) 河東王譽 : 蕭譽(?~550)를 가리킨다. 자는 重孫으로, 昭明太子 蕭統의 차남이다. 普通 2년(521) 枝江縣公이 되었다가 中大通 3년(531)에 河東郡王으로 봉해졌다. 그 후 寧遠將軍・侍中・輕車將軍 등을 역임하고 南中郎將・湘州刺史가 되었다. 얼마 후 후경의 난이 발발하자 수도 建康을 구원하기 위하여 출병했다가 臺城이 함락된 뒤 회군하라는 가짜 조서를 받고 湘州로 돌아왔다. 이때 蕭繹이 周弘直을 보내 군량을 독촉했으나 소예가 따르지 않았는데, 이에 크게 노한 소역이 王僧辯을 보내 공격하자, 패전하여 피살되었다.

344) 湘 : 대전본에는 '相'으로 되어 있으나, 오자이다.

345) 岳陽王詧 : 後梁의 황제 蕭詧(519~562, 재위 555~562)을 가리킨다. 시호는 宣, 묘호는 中宗이다. 자는 理孫으로, 昭明太子 蕭統의 셋째 아들이다. 普通 6년(525)에 曲江縣公이 되었으며, 中大通 3년(531)에는 岳陽郡王으로 봉해지고, 中大同 원년(546)에는 雍州刺史가 되었다. 太淸 3년(549) 형인 湘州刺史 河東王 蕭譽가 湘東王 蕭繹에게 공격을 받자, 군대를

武陵王 蕭紀와 蕭繹이 서로 공격하여 소역이 소기를 죽였다. 소역은 또 河東王 蕭譽를 湘州에서 공격하고 岳陽王 蕭詧을 襄陽에서 공격하였다. 소찰과 소예는 모두 湘東王 소역의 조카이다. 그 후에 소찰이 北魏의 군대를 끌어들여 江陵에서 소역을 죽였다.

게다가 나라가 설 수 있는 것은 오로지 기강과 倫常 때문인데, 무제는 자식들에게 모두 변방의 요충지를 맡기면서도 禮義의 가르침이 없었습니다. 그러므로 蕭正德이 梟獍과 같은 기질을 가지고서 처음에는 아비를 버리고 적국으로 망명하였으며, 종국에는 역적을 끌어들여 종사를 전복하였습니다. 그리고 蕭綸과 蕭繹의 경우, 소륜은 정예병을 거느리고 있었고 소역은 長江 상류에 주둔하고 있었으나, 君父(양 무제)가 환난에 처했을 때 피를 뿌리고 소매를 떨치며 奮戰할 생각이 있었다는 말은 듣지 못하였습니다. 게다가 형제가 서로를 원수로 삼고 숙질간에 교전을 하여 인륜에 있어 패악의 극치를 달렸으니, 이는 다름이 아니라 양 무제가 배웠던 것이 釋氏였기 때문입니다.

석씨가 天倫을 假合(일시적인 화합)이라고 하였기 때문에 신하가 자신의 임금을 임금으로 여기지 않았으며 자식이 자신의 부모를 부모로 여기지 않았던 것입니다. 그러니 3, 40년 동안에 풍속이 땅에 떨어지고 綱常이 자취를 감추었으니 이렇게 극단적인 상황이 초래된 것도 당연합니다. 만약 그가 堯임금·舜임금·三代의 聖王을 스승으로 삼고 方外의 가르침을 섞지 않고서 仁義에 근본을 두고 예법을 숭상하며 政刑을 밝힐 것을 기필하였다면, 어찌 이러한 일이 있었겠습니까.

13-12-가[346]

唐代宗이 始未甚重佛이러니 宰相元載[347]·王縉[348)349]이 皆好佛호대 縉이 尤

이끌고 소역의 본거지인 江陵을 공격하였으나 패전하였다. 후에 西魏에 附庸國이 되기를 청하였는데, 서위가 元帝 소역을 죽이고 소찰을 황제로 세웠다.

346)《資治通鑑》卷224 〈唐紀40 代宗 中之上〉 大曆 2년(767) 조에 보인다.

347) 元載 : ?~777. 당나라 때의 관료이다. 자는 公輔로, 鳳翔 岐山 사람이다. 玄宗 때에 邠州 新平尉, 肅宗 때에 戶曹侍郎, 江淮轉運使, 同中書門下平章事가 되었다. 代宗 때에는 中書侍郎·判天下元帥行軍司馬 등을 역임하였다. 내시들과 어울리면서 황제의 뜻을 염탐해 비위를 잘 맞추었는데, 大曆 5년(770)에는 대종과 공모하여 환관 魚朝恩을 주살하였다. 권력을

甚이러라 上이 嘗問 佛言報應[350]이 果有之邪아 載等이 對曰 國家運祚靈長이 非宿植福業이면 何以致之리오 福業이 已定이면 雖時有小災나 終不能爲害하나니 所以安・史가 皆有子禍[351]하고 懷恩이 出門病死[352]하고 二虜[353]가 不戰而退[354]하니 此皆非人力所及이라 豈得言無報應也리잇고 上이 由是로 深信之하사

쥐고 불법을 자행하며 충신들을 배척하고 공공연하게 뇌물도 받았다. 계속 악행을 자행하다가 사람들의 고발을 접수한 황제에게 자살을 명받았다.

348) 縉 : 대전본에는 '縉'로 되어 있으나, 오자이다.

349) 王縉 : 700~781. 당나라 때의 관료이다. 자는 夏卿으로, 河中 사람이며, 詩佛 王維(699~761)의 동생이다. 玄宗 때에 侍御史, 武部員外郎을 지냈으며, 安史의 난 때에는 李光弼을 도와 太原을 지킨 공으로 憲部侍郎이 되었다. 代宗 때에는 黃門侍郎, 同中書門下平章事, 河南副元帥 등을 지냈다. 왕유와 함께 불교를 믿어 육식은 하지 않았으나, 성격이 탐욕스러워 뇌물을 받았다. 元載가 죄를 지어 죽은 후에 원재에게 아부했다 하여 括州刺史로 폄적되었다.

350) 報應 : 베푼 것이 있으면 반드시 보답이 있고 감동시킨 것이 있으면 반드시 응하는 게 있다는 말로, 현재 복을 얻든 화를 얻든 모두 보응이 된다. 이를테면, 방생이나 보시 등과 같은 善業을 행하는 것은 善因을 심는 것이기 때문에 善報를 초래하게 되고, 살생이나 절도 등과 같은 惡業을 행하는 것은 바로 惡因을 심는 것이기 때문에 惡報를 초래하게 되는 것이다.《佛光大辭典 報應》

351) 安史皆有子禍 : 安祿山(?~757)은 애첩 段氏의 소생 安慶恩을 후사로 삼으려 하였는데, 맏아들 安慶緖(?~759)가 환관 李豬兒를 보내 안경은을 암살하게 하고 大燕皇帝가 되었다. 그 후 唐 肅宗 乾元 2년(759)에 史思明(?~761)이 안경서를 살해하고 대연황제가 되었는데, 맏아들 史朝義을 죽이고 작은 아들 史朝淸을 후사로 삼으려 하였다. 그러던 차에 사조의의 부장인 駱悅이 사사명을 살해하자 사조의가 즉위하였다.《資治通鑑 卷219 唐紀35 肅宗 中之上 至德 2年, 卷221 唐紀37 肅宗 下之上 乾元 2年, 卷222 唐紀38 肅宗 下之下 上元 2年》

352) 懷恩出門病死 : 懷恩은 僕固懷恩(?~765)을 가리킨다. 僕骨部의 수령으로, 755년 安史의 난이 일어나자 부족을 이끌고 郭子儀를 도와 당나라를 위하여 싸웠다. 代宗 때에는 中書令・朔方節度使 등을 역임하였으나 모반의 혐의를 받자, 廣德 2년(764)에 반란을 일으켰다. 그러나 휘하의 군사들이 곽자의에게 귀의하는 등 전세가 불리해지자 回紇・吐蕃 등을 끌어들여 다시 당나라와 맞섰다. 그런데 이듬해 갑작스러운 병에 걸려 돌아가다가 鳴沙에서 사망하였다.

353) 虜 : 사고본에는 '寇'로 되어 있다.

354) 二虜不戰而退 : 二虜는 回紇과 吐蕃을 가리키는데, 廣德 2년(764)에 僕固懷恩이 당나라에

常於禁中에 飯僧[355]百餘人하고 有寇가 至則令僧으로 講仁王經[356]하여 以禳(양)之하고 寇去則厚加賞賜하니 良田美利가 多歸僧寺하더라 載等이 侍上에 多談佛事하니 政刑이 日紊矣러라

唐 代宗이 처음에는 그다지 부처를 중히 여기지 않았다. 宰相 元載와 王縉이 모두 부처를 좋아하였는데, 왕진이 더 심하였다. 대종이 한번은 다음과 같이 물었다.

"부처가 말하는 報應이 과연 있는가?"

원재 등이 대답하였다.

"국가의 운이 오랜 세월 유지될 수 있었던 것은, 이전부터 福業을 심어놓지 않았으면 어떻게 이렇게까지 왔겠습니까. 복업이 정해지고 나면 이따금 작은 재앙이 생기더라도 마침내 해악이 되지 못하는 법입니다. 그래서 安祿山과 史思明은 모두 아들에게 화를 당하였고 僕固懷恩은 타지에서 병들어 죽었으며 두 夷狄이 제대로 싸워보지도 않고 물러났으니, 이는 인력으로 할 수 없는 것입니다. 어찌 보응이 없다고 말할 수 있겠습니까."

대종이 이로 말미암아 불교를 깊이 신봉하여 늘 궁중에서 백여 명에게 飯僧을 하였다. 그리고 외적이 쳐들어오면 승려들을 시켜《仁王經》을 강하게 하여 재앙을 물리치게 하고, 외적이 물러가면 상을 후하게 내려주니 좋은 전토와 많은 이익이 대부분 사찰에 귀속되었다. 원재 등이 대종을 모실 때 佛事를 많이 이야기하니 政刑이 날로 문란해졌다.

반기를 들면서 이들을 끌어들였다. 그런데 이듬해 복고회은이 급사하자, 이들이 우두머리 자리를 다투어 내분이 생겼다. 곽자의가 이를 틈타 反間計로 회흘을 설득하고 회흘과 함께 토번을 공격해 승리를 거두었다.

355) 飯僧 : 齋僧이라고도 하는데, 승려들에게 음식을 공양하는 것을 말한다.《佛光大事典 齋僧》

356) 仁王經 :《仁王般若波羅蜜經》을 가리키는데, 부처가 16개 大國의 왕들에게 나라를 지키고 보호하는 방법에 대해 설명한 경이다. 이 경은 鳩摩羅什(344~413)이 번역하였는데, 異譯으로는 唐나라 때 不空(705~774)이 번역한《仁王護國般若波羅蜜經》이 있다.《시공불교사전 인왕반야바라밀경, 인왕호국반야바라밀경》

13-12-나(按)

臣은 按 代宗이 以報應으로 爲問하니 使其時에 有儒者가 在相位하면 必以福善禍淫[357]・虧盈益謙[358]之理로 反復啓告하여 使人主로 凜[359]然知天道之不可誣而自强於修德이어늘 載等이 曾微一語及此하고 乃以宿植福業으로 爲言而謂國祚靈長이 皆佛之力이라하니 毋乃厚誣天道乎아 夫唐之所以歷年者는 以太宗濟世安民之功이 不可掩也而所以多難者는 以其得天下也가 不純乎仁義하여 綱常・禮法이 所在有慚德[360]焉이며 繼世之君이 克己勵善者가 少하고 恣情悖理者가 多也라

【臣按】 대종이 報應을 가지고 질문을 하였으니, 만약 그 당시에 儒者가 재상 지위에 있었다면, 반드시 福善禍淫과 虧盈益謙의 원리를 반복해서 이야기하여 임금으로 하여금 天道는 속일 수 없다는 것을 준엄하게 알게 하고 스스로 덕을 닦는 데 힘쓰도록 했을 것입니다. 그런데 원재 등이 여기에 대해서는 한마디도 하지 않고 도리어 福業을 이전부터 심어놓아야 한다고 말하고서, 국가의 운이 오랜 세월 유지될 수 있었던 것은 모두 부처의 힘이라고 하였으니, 천도를 크게 속인 것이 아니겠습니까.

대저 당나라가 오랜 세월 유지될 수 있었던 이유는 太宗이 세상을 구제하고 백성을 편안하게 한 공효를 숨길 수 없었기 때문이고, 환난이 많았던 이유는 그가 천하를 얻은 것이 仁義로 보았을 때 순수하지 못하여 綱常과 예법으로 보았을 때 慚德이 있었기 때문이며, 대를 이은 군주들 가운데 사욕을 이기고 선에 힘쓴 자는 드물고 기분 내키는 대로 방종하여 이치를 어긴 자는 많았기 때문입니다.

---

357) 福善禍淫 : 天道는 선한 자에게 복을 내리고 음일한 자에게 재앙이 내린다는 말로, 《書經》〈湯誥〉에 보인다.

358) 虧盈益謙 : 天道는 가득 찬 것을 덜어내고 겸손한 것을 보태준다는 말로, 《周易》〈謙卦 彖傳〉에 보인다.

359) 凜 : 사고본에는 '懍'으로 되어 있다.

360) 慚德 : 부끄러운 덕이라는 뜻으로, 唐 太宗은 부자・형제 사이에 부끄러운 덕이 많았다. 예를 들면 隋나라 말엽에 아버지 李淵이, 거사하자는 자기의 의견을 받아들이지 않자 晉陽宮人을 이용하여 위협하였고, 형인 李建成과 아우 李元吉을 죽였으며, 그 후 李元吉의 妃를 후궁으로 맞아들였다. 그리고 자신의 아들인 태자 李承乾을 폐하여 죽게 하고 아홉째 아들 晉王 李治를 태자로 삼았다. 《新唐書 卷1 高祖本紀, 卷2 太宗本紀》

天有顯道하여 厥類惟彰[361)]이라하니 此之謂矣어늘 載等이 舍天道而談佛果[362)]하니 是는 謂灾祥之降이 不在天而在佛也요 爲治之道가 不在修德而在於奉佛也라 代宗이 惟其不學이라 故載等이 得以惑之하니이다 且夫安・史之禍는 由太眞[363)]이 蠱於內하고 楊・李가 賊於外하여 醞釀而成之也요 而所以能平之者는 由子儀[364)]・光弼[365)]諸人이 盡忠帝室하여 驅而攘之也요 其所以皆有子禍者는 祿山・思明이 以臣叛君이라 故慶緖・朝義가 以子弑父하니 此가 天道之所以類應者也요 回紇・吐蕃이 不戰自退則又子儀가 挺身見虜[366)]하여 設謀反間之力[367)]이니 推迹本末컨대 皆由人事而載等이 乃曰

361) 天有……惟彰 :《書經》〈泰誓 下〉에 보인다. 이 말은 周 武王이 紂王의 죄를 성토한 말 가운데 보인다.

362) 佛果 : 수행으로 이른 부처의 경지, 깨달음의 경지를 말한다.《시공불교사전 불과》

363) 太眞 : 楊貴妃(719~756)이다. 태진은 玄宗에 의해 잠시 道士가 되었을 때 붙여진 道號이다. 小字는 玉環으로, 蒲州 永樂 사람이다. 蜀州 司戶參軍 楊玄琰의 딸로, 처음에는 玄宗의 아들 壽王 李瑁의 妃가 되었으나, 그 미색에 반한 현종이 이모에게서 갈라놓고 도사로 삼았다. 그 뒤 天寶 4년(745) 貴妃에 봉해졌다. 그 후 일족인 楊國忠이 국정을 장악했는데, 천보 14년(755)에 安祿山이 난을 일으키자 현종과 함께 도주하였다. 馬嵬驛에서 군사들이 소요를 일으켜 양국충을 죽이고 양귀비의 목숨을 요구하자, 이에 못 이긴 현종의 명으로 자결하였다.

364) 子儀 : 郭子儀(697~781)를 가리킨다. 華州 鄭縣 사람으로, 무예로 천거되어 天德軍使 兼 九原太守가 되었다. 玄宗 때 朔方節度使로서 안록산의 반군을 토벌하여 河北의 10여 郡을 회복하였으며 史思明을 격파하였다. 肅宗이 즉위하자 關內河東副元帥가 되어 回紇 군대와 연합하여 長安과 洛陽을 수복하였다. 이 공으로 中書令이 되고, 후에는 汾陽郡王으로 봉해졌다. 代宗 때 僕固懷恩이 회흘・토번을 끌어들여 반란을 일으켰을 때, 騎兵 몇 명만을 데리고 회흘로 가서 그들을 설득하여 당나라와 함께 토번을 공격하도록 하였다. 德宗이 즉위하자 尙父로 불렸으며, 汾陽王에 봉해져 郭汾陽이라고도 한다. 시호는 忠武이다.

365) 光弼 : 李光弼(708~764)을 가리킨다. 營州 柳城 사람으로, 契丹 추장의 아들이었다. 당나라에서 左衛親府左郎將으로 벼슬을 시작하였는데, 肅宗이 즉위하자 戶部尙書, 同中書門下平章事에 제수되었다. 전술과 군대 통솔에 능하여 郭子儀와 함께 安史의 난을 평정하였으며, 代宗 때 臨淮郡王에 봉해졌다. 廣德 원년(763) 吐蕃이 침입했을 때 대종이 陝州로 피난갔음에도 끝내 지체하여 어가를 수행하지 못했던 일을 부끄러워하다가 병사하였다. 시호는 武穆이며, 太保에 추증되었다.

366) 虜 : 사고본에는 '寇'로 되어 있다.

367) 回紇……之力 : 복고회은이 끌어들였던 회흘과 토번이 연합하여 代宗 永泰 원년(765) 涇陽을 포위하였다. 이때 복고회은의 급사 소식을 듣고 회흘과 토번 사이에 내분이 생겼는데,

此非人力所及이라하니 其欺且誣가 顧[368)]不甚哉아

"하늘은 분명한 도리가 있어 그 무리가 밝다.〔天有顯道 厥類惟彰〕"라고 하였으니, 이러한 경우를 두고 한 말입니다. 그런데 원재 등이 天道를 제쳐두고 佛果를 말하였으니, 이는 재앙과 상서를 내리는 것이 하늘에 달려 있지 않고 부처에게 달려 있으며 치세를 이룩하는 방법이 덕을 닦는 데 달려 있는 것이 아니라 부처를 받드는 데 달려 있다고 한 것입니다. 대종이 오로지 학문을 하지 않았기 때문에 원재 등이 대종을 미혹시킬 수 있었습니다.

게다가 저 안녹산과 사사명이 일으킨 화란은, 안으로 太眞(楊貴妃)이 玄宗을 고혹시키고 밖으로 楊國忠과 李林甫가 현종을 망쳐놓아 그 화란이 빚어지도록 했기 때문입니다. 그리고 그 화란을 평정할 수 있었던 까닭은 郭子儀와 李光弼 등 여러 사람이 황실에 충성을 다하여 그들을 내몰아 물리쳤기 때문이며, 안녹산과 사사명이 모두 자식에게 살해되는 재앙을 당했던 까닭은 그들이 신하로서 임금에게 반역했기 때문에 安慶緖와 史朝義가 자식으로서 아비를 시해한 것이니, 이러한 것이 天道가 무리〔類〕에 따라 응하는 것입니다.

그리고 回紇과 吐蕃이 제대로 싸워보지도 않고 스스로 물러난 것은 또 곽자의가 자신을 내던져 포로가 되어 반간계를 쓴 덕입니다. 본말을 따져보면 모두 사람의 행위에서 말미암은 결과인데 원재 등이 "이는 인력으로 할 수 있는 일이 아닙니다."라고 하였으니, 기만하고 속인 것이 어찌 심하지 않겠습니까.

方是時에 子儀가 以屢立大功으로 爲大閹魚朝恩[369)]의 所忌어늘 載等이 以御敵으로 歸

이를 안 곽자의가 먼저 牙將 李光瓚 등을 회흘 측으로 보내 함께 토번을 공격하자고 설득하였다. 원래 회흘은 곽자의가 죽은 줄로 알고 있었기 때문에 처음에는 이 제의를 거절했는데, 곽자의가 직접 몇 명의 기병만 데리고 회흘의 군영으로 가서 회흘 군을 이끄는 藥葛羅를 설득하여 맹약을 맺었다. 그리고 白元光을 시켜 정병을 이끌고 회흘과 함께 靈臺縣에서 토번을 공격하여 대승을 거두었다.《資治通鑑 卷223 唐紀39 代宗 上之下 永泰 元年》

368) 顧 : 대전본·사고본에는 '固'로 되어 있다.

369) 魚朝恩 : 722~770. 瀘州 瀘川 사람으로, 唐 玄宗 때 입궐하여 환관이 되었다. 肅宗 至德 연간(756~759)에 開府儀同三司가 되었으며, 代宗이 吐藩의 난을 피해 陝州로 파천할 때 군대를 이끌고 어가를 맞이하였다. 이후로 교만해져 국정을 농락하면서 재상 元載와 사이가 나빠졌는데, 결국 원재의 계책으로 周皓에 의해 絞殺당했다.

之佛力하니 旣足以排子儀요 又足以媚朝恩이니 姦邪情狀이 豈不灼然이리오마는 而代宗이 弗之察也하여 寇至則飯僧講經하여 以禳之하고 寇退則厚加賞賚(뢰)[370]하여 移爪牙之功하여 歸髡耏(곤내)之輩하니 其不激將士之怒而速危亡之厄은 直幸而已爾라 其後에 我朝가 擧兵南伐하시니 孱(잔)主李煜(욱)[371]이 亦祖是轍하여 梵唄[372]가 未終而城堞이 不守矣니 吁라 是豈不足爲千載之戒哉리잇고

이 당시에 곽자의는 자주 큰 공을 세운 것 때문에 대권을 장악한 환관 魚朝恩의 시기를 받았는데, 원재 등이 적을 물리친 것을 부처의 힘으로 돌렸습니다. 그리하여 곽자의를 배격하기에 충분했고 또 어조은에게 아첨하기에 충분했으니 간사한 情狀이 너무도 분명했습니다. 그런데도 대종이 이를 살피지 못하고 외적이 쳐들어오면 飯僧을 하고 講經을 하게 함으로써 재앙을 물리치게 하고, 외적이 물러가면 상을 후하게 얹어 장수들의 공을 가져다 중들에게 주었으니, 대종이 장졸들의 분노를 폭발시켜 멸망의 화를 재촉하지 않았던 것은 그저 요행일 따름입니다.

그 후에 우리 宋나라가 군사를 일으켜 남쪽을 정벌하니, 나약한 임금 李煜이 또한 이 전철을 그대로 밟아 梵唄가 끝나기도 전에 南唐의 도성이 함락되었습니다. 아, 이것이야말로 어찌 두고두고 경계로 삼기에 충분하지 않겠습니까.

13-13-가[373]

唐憲宗이 與宰相으로 語及神仙이러시니 李藩[374]이 對曰 秦皇·漢武學仙之

370) 賚 : 대전본에는 '賫'로 되어 있다.

371) 李煜 : 937~978(재위 961~975). 南唐의 後主이다. 초명은 從嘉, 자는 重光, 호는 鍾隱으로, 中主 李璟의 여섯 번째 아들이다. 처음에는 吳王에 봉해졌다가 建隆 2년(961)에 태자가 되었다. 즉위하자 宋나라의 正朔을 받들면서 江南國主로 불렸다. 음률에 정통하고 詞에 능하여 예술적인 자질은 있었으나, 정치적으로는 무능하였다. 결국 975년 송나라가 남당의 수도 金陵을 함락시켰을 때 송나라의 포로가 되었다. 훗날 宋 太宗에게 살해당하였다. 그가 지었던 詞는 아버지 이경의 작품과 함께 《南唐二主詞》로 편집되었다.

372) 梵唄 : 불교 경전의 글귀나 偈頌에 곡을 붙여 부처의 공덕을 기리는 讚歌를 말한다. 《시공 불교사전 범패》

373) 李藩이 헌종에게 간한 것은 《資治通鑑》 卷238 〈唐紀54 憲宗 上之下〉 元和 5년(810) 8월조에 보이며, 헌종이 柳泌을 자사에 임명하고 나서 장생약을 먹고 붕어하기까지의 전말은 권240 〈唐紀56 憲宗 中之下〉 원화 13년(818) 조, 권241 〈唐紀57 憲宗 下〉 원화 14년

效가 **具載前史**하고 **太宗**이 **服天竺僧長年藥**하사 **致疾**[375]하시니 **此**가 **古今明戒也**라 **陛下**가 **春秋**가 **鼎盛**하사 **勵志太平**하시니 **宜拒絶方士之說**이라 **苟道盛德充**하여 **人安國理**하면 **何憂無堯・舜之壽乎**①리잇고

① 唐憲……壽乎 : 時元和五六年間.
이때는 元和 5년(810)에서 6년(811) 무렵이었다.

唐 憲宗이 宰相과 함께 대화하다가 신선 이야기가 나왔는데, 李藩이 대답하였다. "진 시황과 한 무제가 신선술을 배운 결과는 이전의 역사책에 모두 기록되어 있고, 太宗께서는 天竺에서 온 승려가 준 長生藥을 복용하고서 병에 걸리셨으니, 이는 고금의 분명한 警戒입니다. 폐하께서는 춘추가 한창이시어 태평치세를 이룩하는 데 온 마음을 쏟고 계시니, 方士의 말은 거절하셔야 합니다. 진실로 도가 성대하고 덕이 가득하여 백성이 편안하고 나라가 잘 다스려진다면, 어찌 요임금과 순임금처럼 장수를 누리지 못할까 걱정하실 게 있겠습니까."

元和十三年에 **以山人柳泌**(필)[376]로 **爲台州**[377]**刺史**하다 **上**이 **好神仙**하사 **詔天**

---

(819) 조, 권241 〈唐紀57 憲宗 下〉 원화 15년(820) 조에 보인다.

374) 李藩 : 754~811. 자는 叔翰으로, 趙郡 사람이다. 給事中・門下侍郎・同平章事 등을 역임하였다. 성품이 충성스러워 간언하지 않는 일이 없었기 때문에 황제가 중히 여겼다. 사후에 戶部尙書로 추증되었다.

375) 太宗……致疾 : 貞觀 연간(627~649) 말엽에 王玄策이 天竺을 평정하고 나서 방사인 那羅邇娑婆寐를 데려왔는데, 이 방사는 스스로 장생하는 방법을 안다고 하였다. 이 말을 믿은 태종이 그에게 장생약을 조제하게 하여 복용하였으나 효험은커녕 중병이 들어 명의조차 치료할 방도를 몰랐다. 의논하는 사람들은 나라이사바매를 공개 처형해야 한다고 주장하였으나, 夷狄들에게 비웃음을 살까 두려워 중지하였다.《資治通鑑 卷200 唐紀16 高宗 上之下 顯慶 2年, 卷201 唐紀17 高宗 中之上 總章 元年》

376) 柳泌 : ?~820. 唐나라 때의 方士이다. 본래의 성은 楊이며, 본명은 仁力으로, 헌종 元和 연간에 皇甫鎛과 李道古의 추천으로 궁중을 드나들었다. 元和 13년(818)에 台州刺史로 임명되어 장생약을 찾았으나 구하지 못하고 산속으로 도주하였다가 京師로 압송되었다. 이윽고 待詔翰林이 되어 헌종에게 약을 헌상하였다. 헌종이 이 약을 먹고 포악해져 환관에게 살해되었는데, 穆宗이 즉위한 뒤에 유필은 京兆府에 부쳐져 杖殺되었다.

377) 台州 : 唐 高祖 武德 5년(622) 海州를 고쳐 설치한 것으로 治所는 臨海縣이었으며, 현재

下求方士러시니 **皇甫鎛**(박)[378]이 **薦泌**이 **能合長生藥**[379]이라한대 **泌**이 **言 天台**[380]에 **多靈藥**하니 **誠得爲彼長吏**[381]하면 **庶幾可求**라한대 **上**이 **以命泌**하시니 **諫官**이 **論奏**하여 **以爲人主**가 **喜方士**나 **未有使之臨民者**라한대 **上**이 **曰 煩一州之力而能爲人主致長生**이면 **臣子**가 **亦何愛焉**이리오 **由是**로 **群臣**이 **莫敢言**하더라

元和 13년(818)에 方士 柳泌을 台州刺史로 임명하였다. 헌종이 신선을 좋아하여 천하에 조서를 내려 방사를 찾았는데, 장생약을 잘 조제한다며 皇甫鎛이 유필을 추천하였다. 그러자 유필이 말하였다.

"天台山에 靈藥이 많으니, 만약 그곳의 長官이 될 수 있다면 아마도 찾을 수 있을 것 같습니다."

헌종이 유필을 태주자사에 임명하니, 諫官이 다음과 같이 논하여 아뢰었다.

"임금이 방사를 좋아해도 방사로 하여금 백성을 다스리게 한 적은 없었습니다."

그러자 헌종이 말하였다.

"州 하나의 백성을 고생시켜 임금을 장생하게 만들 수 있다면, 신하가 또한 무엇을 아까워하겠는가."

그 뒤로는 신하들 가운데 감히 거론하는 자가 없었다.

泌이 **至台州**하여 **驅吏民采藥**하니 **歲餘**에 **無所得**하여 **逃入山中**이러니 **浙東觀察使**가 **捕送京師**어늘 **皇甫鎛等**이 **保護之**하니 **上**이 **復使待詔翰林**[382]하시고 **服其**

浙江省의 臨海市・台州市・天台縣・仙居縣・寧海縣・象山縣・三門縣・溫嶺縣 등지를 관할하였다. 《中國歷史地名大辭典 台州》

378) 皇甫鎛 : ?~?. 涇州 臨涇 사람으로, 德宗 貞元 연간에 進士가 되어 戶部侍郎을 역임하였다. 憲宗이 蔡를 정벌하려고 할 때 황제의 비위를 맞추기 위해 백성들의 고혈을 짜서 군대를 지원한 공으로 同門下平章事가 되었으나 원성이 자자하였다. 穆宗이 즉위하자 崖州司戶參軍으로 폄적되었다.

379) 生藥 : 대전본에는 小字로 誤刻되어 있다.

380) 天台 : 天台山을 가리킨다. 당시 台州에 속해 있었으며, 현재 浙江省 天台縣 북쪽에 있다. 《中國歷史地名大辭典 天台山》

381) 長吏 : 長官과 같은 말로, 상급 관원이나 주요 직책을 맡은 관원을 가리킨다. 여기에서는 刺史를 가리킨다. 《漢語稱謂大詞典 長吏, 長官》

藥하시니 **日加躁渴**이러시니 **起居舍人裴潾**(린)[383]이 **上言 藥以愈疾**이니 **非朝夕常餌之物**이라 **況金石**이 **酷烈有毒**하고 **又益以火氣**하니 **殆非五藏**의 **所能勝也**라 **古者**에 **君**이 **飮藥**이어시든 **臣先嘗之**[384]하니 **乞令獻**[385]**藥者**로 **先餌一年則眞僞**를 **可辨矣**리이다 **上**이 **怒**하사 **貶潾爲江陵令**하시다 **上**이 **服金丹**하사 **多躁怒**하시니 **左右宦官**이 **往往獲罪**하여 **有死者**하니 **人人**이 **自危**하더라 **十五年正月**에 **暴崩**하시니 **人**이 **謂內侍陳弘志**[386]**弑逆**이라하니라

유필이 태주에 부임하여 아전들과 백성을 내몰아 약을 채집하도록 하였다. 그런데 1년이 넘도록 아무 소득이 없어서 달아나 산속으로 숨었는데, 浙東觀察使가 그를 체포하여 京師로 압송하였다. 황보박 등이 유필을 두둔하자, 헌종이 다시 그를 待詔翰林으로 임명하였다. 그리고 유필이 조제한 약을 복용하자 燥渴症이 날로 더해졌다. 起居舍人 裴潾이 다음과 같이 상언하였다.

"약은 질병을 치유하는 것이니 조석으로 常服하는 물건이 아닙니다. 더구나 金石은 몹시 강렬하여 독이 있는 데다가 여기에 火氣까지 더하니, 아마도 오장이 견딜 수 있는 게 아닌 듯합니다. 옛날에는 임금이 약을 복용할 때 신하가 먼저 맛

---

382) 待詔翰林 : 待詔는 황제의 부름을 받아 수시로 대기하면서 顧問에 대비하는 사람을 가리켰다. 후에는 음률이나 本草 등과 같이 특정한 장기를 가진 사람도 대조가 되었는데, 당나라 때에 오면서 文辭나 經學, 또는 의술이나 占卜에 능한 사람들도 翰林院에 소속되어 있으면서 대조가 되기도 하였다. 待詔翰林은 翰林待詔라고도 한다. 《中國歷史大辭典 待詔》《兩唐書辭典 待詔翰林, 翰林待詔》

383) 裴潾 : ?~838. 絳州 聞喜 사람으로, 門蔭을 통해 출사하여 左補闕·起居舍人 등을 지냈다. 憲宗이 方士를 좋아하는 것을 두고 간하다가 江陵令으로 폄적되었는데, 穆宗이 즉위하자 도로 불러들였다. 이후 刑部郎中·給事中·兵部侍郎 등을 역임하였다. 시호는 敬이다.

384) 古者……嘗之 : 《禮記》〈曲禮 下〉에 "임금이 병이 들어 약을 마실 때에는 신하가 먼저 맛을 보며, 어버이가 병이 들어 약을 마실 때에는 자식이 먼저 맛을 본다.〔君有疾 飮藥 臣先嘗之 親有疾 飮藥 子先嘗之〕"라는 내용이 보인다.

385) 獻 : 사고본에는 '餌'로 되어 있다.

386) 陳弘志 : ?~835. 당 헌종 때의 환관으로, 《新唐書》에 따르면 元和 15년(820) 정월 27일에 환관 王守澄과 공모하여 中和殿에서 헌종을 암살한 뒤 대외적으로는 헌종이 갑작스럽게 붕어하였다고 공포했다 한다. 후에 穆宗을 옹립하였으며, 文宗 때 山南東道 監軍으로 있던 중 李訓에 의해 살해되었다. 《新唐書 卷208 王守澄傳》《資治通鑑 唐紀61 文宗 中 太和 9年》

을 보았으니, 약을 바치는 자에게 먼저 1년간 먹어보게 하면, 장생약의 진위를 알 수 있을 것입니다."

헌종이 노하여 배린을 江陵令으로 폄적시켰다. 헌종이 金丹을 복용하여 조급해져서 성을 자주 내는 바람에 측근의 환관들이 자주 죄를 받아 사형에 처해지는 자들이 나오니 사람마다 스스로 두려워하였다.

원화 15년(820) 정월에 헌종이 갑자기 붕어하였다. 사람들은 내시 陳弘志가 헌종을 弑逆한 것이라고들 하였다.

13-13-나(按)

臣은 按 李藩之對와 裴潾之諫이 皆忠言至論也어늘 憲宗이 一不之察而卒服金丹하여 以殞其身하니 自古人主가 爲藥所誤者가 多矣언마는 臣이 獨擧憲宗者는 以其英明之主가 不應惑而惑이라 故深惜之也하노이다 自是而後로 以藥致疾者가 又三君[387]이니 敬宗[388]은 昏童이라 無足議者어니와 武[389]·宣[390]은 皆英主로되 亦復爲之하여 覆轍相尋而不知鑑하니 毋乃惑之甚·蔽之甚乎잇가

【臣按】 李藩의 대답과 裴潾의 간언이 모두 충언이자 正論이었는데, 헌종이 전혀

387) 以其……三君 : 사고본에는 '英主也'로 되어 있다.

388) 敬宗 : 809~826(재위 824~826). 당나라 13대 황제 李湛으로, 시호는 睿武昭愍孝皇帝이다. 12대 황제인 穆宗의 장자로, 목종 長慶 2년(822)에 태자가 되었다. 즉위한 뒤 소인배를 가까이하고 정치에 태만하였다가 결국에는 환관 劉克明에게 시해당하였다.

389) 武 : 武宗(814~846, 재위 840~846)을 가리킨다. 당나라 15대 황제 李炎으로, 시호는 至道昭肅孝皇帝이다. 초휘는 瀍(전)으로, 穆宗의 다섯 번째 아들이자 14대 황제 文宗의 아우이다. 문종이 병들자 환관 仇士良 등이 조서를 고쳐 태자를 폐하고 무종을 皇太弟로 삼았다. 즉위한 뒤 李德裕·李紳 등을 재상으로 등용하고 牛僧孺·李宗閔 등을 멀리 폄적하였다. 會昌 5년(845)에는 사찰을 없앨 것을 명하고 승려 수십만 명을 환속시키는 등 불교를 탄압하였다. 그러나 신선을 좋아하여 金丹을 복용하다가 죽었다.

390) 宣 : 宣宗(810~859, 재위 847~859)을 가리킨다. 당나라 16대 황제 李忱으로, 초휘는 怡이다. 11대 황제인 憲宗의 열세 번째 아들이다. 武宗 會昌 6년(846) 환관 馬元贄 등에 의해 皇太叔이 되었으며, 즉위한 후에는 李德裕의 당파를 축출하고 牛僧孺의 당파를 기용하였다. 그리고 재상 令狐綯와 환관들을 주살할 계획을 세웠으나 성공하지 못했다. 후에 長生藥을 복용하다가 죽었다. 시호는 聖武獻文孝皇帝이다.

살피지 않고 끝내 금단을 복용하여 죽음을 자초하였습니다. 예로부터 임금이 약에 의해 잘못되는 경우가 많았는데 신이 유독 헌종을 거론한 것은, 그가 영명한 임금으로서 미혹되지 않았어야 했는데도 미혹되었기 때문에 매우 안타깝게 여겨서입니다.

이 이후에 약 때문에 질병에 걸린 임금이 또 세 사람이었습니다. 唐 敬宗은 어리석은 아이인지라 나무랄 것도 없지만, 武宗과 宣宗은 모두 영명한 임금이었는데도 또한 그러한 일을 하여 전철을 다시 밟고 경계할 줄 몰랐으니, 매우 미혹되고 어두운 것이 아니겠습니까.

13-14-가[391)]

元和十四年에 **迎佛骨至京師**하다 **先是功德使**[392)]가 **上言 鳳翔寺塔**[393)]에 **有佛指骨**하니 **相傳三十年一開**니 **開則歲豐人安**이라하니 **來年**에 **應開**니 **請迎之**하소서 **上**이 **從其言**하시다 **至是**하여 **佛骨**이 **至京師**어늘 **留禁中三日**하여 **歷送諸寺**하니 **王公·士民**이 **瞻奉捨施**를 **如恐弗及**이러니

元和 14년(819)에 헌종이 부처의 뼈를 맞이하여 京師로 오도록 하였다. 이에 앞서 功德使가 상언하기를,

"鳳翔府에 있는 절의 탑에 부처의 손가락뼈가 있습니다. 전해 내려오기를, 30년

---

391)《資治通鑑》卷240〈唐紀56 憲宗 中之下〉元和 14년(819) 조에 보인다. 헌종은 이때 환관 杜英奇에게 鳳翔府 法門寺로 가서 부처의 손가락뼈를 맞아오게 하였는데, 이때 韓愈가 이를 비판하며 올린 表文을〈論佛骨表〉라고도 한다. 이 표문은 불교를 비판한 저명한 저술의 하나로 손꼽히는데, 본문에서는《資治通鑑》에서 축약한 내용을 인용하여 통행본〈논불골표〉와 다른 부분들이 많다.

392) 功德使 : 唐 德宗 때 둔 관직으로, 승려를 관리하고 사찰을 건축하는 일을 관장하였다. 헌종 元和 2년(807)부터는 남녀 道士에 대한 일까지 공덕사에 예속시킴으로써 불교와 도교에 대한 관리를 맡게 되었다.《中國官制大辭典 功德使》

393) 鳳翔寺塔 : 長安 서쪽 鳳翔府에 있는 法門寺의 護國眞身塔을 가리킨다. 일찍이 唐 高宗도 조서를 내려 여기에 봉안된 부처의 손가락뼈를 영접하여 洛陽의 궁중으로 와서 공양을 하게 하였으며, 肅宗과 德宗 때에도 조서를 내려 이 뼈를 궁중에 들이고 禮敬하게 하였다.《佛祖統紀 卷54 鳳翔佛骨》

마다 한 번씩 공개하는데 공개하면 그해에는 풍년이 들고 백성이 편안해진다고 합니다. 내년에 공개될 것이니, 그 뼈를 영접하소서."

하니, 헌종이 그 말을 따랐다. 이때에 이르러 부처의 뼈가 경사에 도착하자 궁중에 사흘 동안 머물러둔 뒤에 여러 사찰에 차례로 보내니, 王公과 士民들이 우러러 떠받들고 재물을 시주하기를 마치 못 미칠 것처럼 하였다.

刑部侍郎韓愈가 **上表諫曰 佛者**는 **夷狄之一法耳**라 **自黃帝至禹·湯·文·武**가 **皆享**[394]**壽考**하시며 **百姓**이 **安樂**하니 **當是時**하여 **未有佛也**러니 **漢明帝時**에 **始有佛法**하니 **其後**에 **亂亡**이 **相繼**하여 **運祚**가 **不長**하고 **宋·齊·梁·陳·元魏已下**가 **事佛漸**[395]**謹**호대 **年代**가 **尤促**[396]하고 **唯梁武**가 **在位四十八年**에 **前後三捨身**[397]호대 **竟爲侯景**의 **所逼**하여 **餓死臺城**[398]하니 **事佛求福**이라가 **乃更得禍**하니 **由此觀之**컨대 **佛不足信**을 **亦可知矣**로소이다

---

394) 享 : 대전본에는 '饗'으로 되어 있다.

395) 漸 : 대전본에는 '慚'으로 되어 있다.

396) 宋齊……尤促 : 南朝 宋나라는 역대 황제가 8명에 歷年이 60년이었고, 齊나라는 역대 황제가 7명에 역년이 24년, 梁나라는 역대 황제가 4명에 역년이 56년, 陳나라는 역대 황제가 5명에 역년이 33년, 北魏(元魏)는 東魏와 西魏까지 통틀어 역대 황제가 14명에 역년이 149년이었다.

397) 三捨身 : 梁 武帝의 사신은 3번 또는 4번 있었다. 潘桂明에 따르면, 양 무제가 同泰寺에 捨身을 한 것은 총 4번이다. 첫 번째는 大通 원년(527)의 일로, 동태사에서 4일 동안 있었다가 환궁한 뒤 大赦令을 내렸다. 두 번째는 中大通 원년(529)의 일로, 동태사에서 13일 동안 있었는데 신하들이 1억만 전을 내어 양 무제를 속환시켰다. 13-11-가1 참조. 세 번째는 中大同 원년(546)의 일로, 동태사에서 37일 동안 있었는데 이때에도 신하들이 거금을 들여 양 무제를 속환시켰다. 네 번째는 太淸 원년(547)의 일로, 동태사에 39일 동안 출가해 있었는데, 신하들이 또 1억만 전을 내어 속환시켰다. 蘇鉉淑에 따르면, 중대동 원년(546) 때 행해졌던 사신이 《梁書》에 捨身으로 명기되지 않았다는 점을 들면서 이것을 사신으로 보느냐에 따라 3번 또는 4번이 결정된다고 하였다. 《潘桂明, 中國的佛教, 北京 : 中國國際廣播出版社, 2011, 39쪽》《蘇鉉淑, 양 무제의 불교정책, 한국고대사탐구 Vol.2, 한국고대사탐구학회, 2009, 149쪽》

398) 唯梁……臺城 : 13-11-가1 참조.

그러자 刑部侍郎 韓愈가 表文을 올려 다음과 같이 간하였다.

"佛法은 夷狄의 한 법일 뿐입니다. 黃帝로부터 禹王·湯王·文王·武王에 이르기까지 모두 장수를 누렸으며 백성이 편안하고 즐거웠는데 이 당시에는 아직 부처도 없었습니다. 漢 明帝 때에 처음으로 佛法이 있게 되었는데 그 후에 혼란과 멸망이 계속되어 국가의 운이 장구하게 이어지지 못하였습니다. 宋·齊·梁·陳·元魏(北魏) 이후에는 부처 섬기기를 점점 경건하게 하였지만 歷年은 더욱 짧아졌습니다. 그리고 양 무제만은 재위 48년 동안에 전후로 세 번 捨身을 하여 불가에 귀의하였는데 마침내 侯景의 핍박을 받아 臺城에서 굶어 죽었으니 부처를 섬겨 복을 구하려다가 도리어 화를 입은 것입니다. 이것으로 보면 부처는 믿을 것이 못 된다는 점을 또한 알 수 있습니다.

佛은 本夷狄之人이라 與中國으로 言語不通하며 衣服殊製하고 不知君臣之義·父子之情하니 假如其身이 尙在하여 來朝京師라도 陛下가 容而接之가 不過宣政[399]一見하시며 禮賓[400]一設하시며 賜衣一襲하사 衛而出之하여 不令惑衆也어든 況其身死已久하니 枯朽之骨을 豈宜以[401]入宮禁이리오 乞付有司하여 投諸水火하여 永絶禍本하소서 上이 大怒하사 將加極刑이러시니[402] 宰相裴度[403]·崔群[404]이 言 愈가 雖狂이나 發於忠懇하니 宜寬容하여 以開言路니이다 乃貶潮

399) 宣政 : 宣政殿을 가리킨다. 長安 大明宮에 딸린 便殿의 하나였다. 《兩唐書辭典 宣政殿》

400) 禮賓 : 禮賓院을 가리키며, 鴻臚寺에 소속된 관서이다. 元和 9년(814) 6월 長興里 북쪽에 예빈원을 설치하여 四夷의 사신을 접대하게 하였다. 《舊唐書 卷15 憲宗本紀》《兩唐書辭典 禮賓院》

401) 以 : 사고본에는 '令'으로 되어 있다.

402) 將加極刑이러시니 : 저본에는 '將加極이러시니 刑'으로 되어 있으나, 문맥을 살펴 바로잡았다.

403) 裴度 : 765~839. 자는 中立으로, 河東 聞喜 사람이다. 德宗 貞元 5년(789) 진사에 급제하여 憲宗 때에는 司封員外郞, 中書舍人, 御史中丞을 지냈으며, 藩鎭의 철폐를 주장하였다. 元和 10년(815)에는 中書侍郎과 同中書門下平章事가 되었으며, 얼마 뒤 군대를 이끌고 吳元濟를 사로잡은 공으로 晉國公에 봉해졌다. 穆宗 때에도 중용되었으며 文宗에는 山南東道節度使를 지냈는데, 벼슬은 中書令까지 올랐다. 치사한 후에는 東都로 돌아와 綠野堂이라는 별장을 짓고 白樂天·劉禹錫 등과 풍류를 즐겼다. 시호는 文忠이다.

州[405)]刺史하다[406)]

부처는 본래 이적의 사람이므로, 중국과 언어는 통하지 않고 의복은 양식이 다르며 군신간의 의리와 부자간의 情理를 모릅니다. 가령 부처 본인이 아직까지 살아 있어 경사로 와서 朝見을 온다 하더라도, 폐하께서는 의용을 갖추고 그를 접견하실 때 宣政殿에서 한 번 접견하시고 禮賓院에서 한 번 연향을 베푸시며 옷 1벌을 하사하여 그를 호위해서 내보내 대중을 미혹시키지 않도록 하시는 것 이상은 하지 않는 것입니다. 하물며 그 육신이 죽은 지 이미 오래되었으니, 마르고 썩은 뼈를 어찌 궁중으로 들여서야 되겠습니까. 담당 관원에게 내려보내 물이나 불에 던져 화근을 영원히 끊으소서."

헌종이 대로하여 한유를 극형에 처하려고 하였는데, 재상 裴度와 崔群이 말하였다.

"한유가 비록 狂妄하지만 충성스럽고 간절한 마음에서 말씀드린 것이니, 관용을 베푸시어 언로를 열어야 합니다."

마침내 한유를 潮州刺史로 폄적시켰다.

13-14-나(按)

臣은 按 後世人主之事佛者가 大抵徼福田利益之報하니 所謂以利心而爲之者也라 故韓愈之諫이 歷陳古先帝王之時에 未有佛而壽考하고 後之人主가 事佛而夭促하니 可謂深切著明者矣어늘 而憲宗이 弗之悟也하니 方是時에 旣餌金丹하고 又迎佛骨하여 求仙媚佛하여 二者가 交擧호대 曾未朞年而其效가 乃爾하니 福報가 果安在耶오 臣이 故倂著之하여 以爲人主溺意仙・佛者之戒하노이다

---

404) 崔群 : 772~832. 자는 敦詩로, 貝州 武城 사람이며, 韓愈의 친구이다. 德宗 貞元 8년(792) 진사에 급제하여 秘書省校書郎이 되었으며, 헌종 때에는 右補闕・翰林學士・中書舍人・中書侍郎 등을 거쳐 同中書門下平章事가 되었다. 문종 때에는 檢校左僕射에 오르고 吏部尙書를 겸하였다. 사후에 司空으로 증직되었다.

405) 州 : 대전본・사고본에는 '陽'으로 되어 있다. 潮州는 당 현종 天寶 연간(742~756)에 潮陽郡으로 개칭된 적이 있었던 것으로 미루어, 조양은 조주의 이칭으로 보인다. 《中國歷史地名大辭典 潮州》

406) 하다 : 509본에는 '하시다'로 되어 있다.

【臣按】 후대의 임금 중에 부처를 섬겼던 이들은 대체로 복과 이익을 받기를 바라니, 이른바 이익을 추구하는 마음을 가지고 섬긴 것입니다. 그러므로 한유의 간언에서, 옛날 역대 성왕 시절에는 부처가 없었어도 장수를 누렸고 후대의 임금은 부처를 섬겼어도 단명하였다는 사실을 낱낱이 개진하였으니, 매우 절실하고 분명하다고 할 수 있는데도 헌종이 이를 깨닫지 못하였습니다. 이 당시에 헌종은 이미 金丹을 복용하고 또 부처의 뼈를 영접해서, 신선이 되기를 구하고 부처에게 아첨하여 두 가지가 병행되었습니다. 그런데 1년도 안 되어 그 결과가 이와 같았으니, 복을 받는다는 것이 과연 어디 있단 말입니까. 신이 이 때문에 함께 수록하여 임금으로서 신선이나 부처에 빠지는 자에 대한 경계로 삼습니다.

13-15-가[407]

愈가 又嘗著原道篇하니 略曰 凡吾所謂道德云者는 合仁與義言之也니 天下之公言也요 老子所謂道德云者는 去仁與義言之也니 一人之私言也라 又曰 古之爲民者는 四①러니 今之爲民者는 六②이라 農之家가 一而食粟之家가 六이요 工之家가 一而用器之家가 六이요 賈(고)之家가 一而資焉之家가 六이니 奈之何民不窮且盜也리오 又曰 古之所謂正心・誠意者는 將以有爲也러니 今也에 欲治其心而外天下國家[408]하여 滅其天常하여 子焉而不父其父하며 臣焉而不君其君하며 民焉而不事其事하니라 又曰 孔子之作春秋也에 諸侯가 用夷禮則夷之하시고 夷而進於中國則中國之러시니 今也에 擧夷狄之法하여 而加之先王之敎之上하니 幾何其不胥而[409]爲夷也리오

① 古之爲民者四 : 士・農・工・賈.
士・農・工・商이다.
② 今之爲民者六 : 四民之外, 又有釋・老[410].

---

407) 韓愈의 〈原道〉에 보이는데, 정확한 창작 시기는 미상이다. 이 글은 〈原性〉・〈原毁〉・〈原人〉・〈原鬼〉와 함께 '五原'으로 일컬어지는데, 대개는 儒學思想을 闡揚하는 내용이다. 인용된 〈원도〉 본문에서는 일부 字句들이 간간이 생략되었다.

408) 天下國家 : 대전본에는 '國家天下者'로 되어 있다.

409) 而 : 사고본에는 없다.

四民(사・농・공・상) 이외에도 佛教徒와 道教徒가 있다.

한유가 또 일찍이 〈原道〉 편을 지었는데, 대략 다음과 같은 내용이 있다.

"우리 儒家가 말하는 '도덕'이라는 것은 仁과 義를 합하여 말한 것이니 천하의 공변된 말이고, 老子가 말한 '도덕'이라는 것은 인과 의를 버리고 말한 것이니 개인의 사사로운 말이다."

또 다음과 같은 내용이 있다.

"옛날의 백성은 네 부류였는데 지금의 백성은 여섯 부류이다. 농업에 종사하는 계층은 하나인데 곡식을 먹는 계층은 여섯이며, 공업에 종사하는 계층은 하나인데 기물을 사용하는 계층은 여섯이며, 상업에 종사하는 계층은 하나인데 그 도움을 받는 계층은 여섯이니, 어찌 백성들이 궁핍하지 않겠으며 도적질을 하지 않겠는가."

또 다음과 같은 내용이 있다.

"옛날의 이른바 '마음을 바르게 하는 것〔正心〕'과 '생각을 성실하게 하는 것〔誠意〕'은 장차 큰일을 하려는 것이다. 그런데 지금은 그 마음을 다스리고자 하면서도 천하와 국가를 도외시하고 천륜을 멸절하여 자식으로서 자신의 부모를 부모로 여기지 않으며, 신하로서 자신의 임금을 임금으로 여기지 않으며, 백성으로서 자신의 일에 종사하지 않는다."

또 다음과 같은 내용이 있다.

"공자가 《春秋》를 지을 때, 제후이면서도 夷狄의 禮를 따르면 이적으로 대하였고, 이적이면서도 중국의 예를 따르면 중국으로 대하였다. 그런데 지금은 이적의 법을 들어 先王의 가르침 위에 두고 있으니, 어찌 서로 이적이 되지 않겠는가."

又曰 夫所謂先王之教者는 何也요 博愛之謂仁이요 行而宜之之謂義요 由是而之焉之謂道요 足乎己無待於外之謂德이니 其文은 詩・書・易・春秋요 其法은 禮・樂・刑・政이요 其民은 士・農・工・賈(고)요 其位는 君臣・父子・師友・賓主・昆弟・夫婦요 其服은 絲麻요 其居는 宮室이요 其食은 粟

410) 老 : 509본에는 '者'로 되어 있으나, 오자이다.

米・蔬果[411]・魚肉이니 其爲道가 易明而爲教가 易行也라 是故以之爲己則順而祥하고 以之爲人則愛而公하고 以之爲心則和而平하고 以之爲天下國家에 無所處而不當하니 是故生則得其情하고 死則盡其常하여 郊焉而天神이 假(격)하며 廟焉而人鬼가 饗[412]하나니 曰 斯道[413]는 何道也오 曰 斯吾所謂道也라 非向所謂老與佛之道也니 堯以是[414]傳之舜하시고 舜以是傳之禹하시고 禹以是傳之湯하시고 湯以是傳之文・武・周公하시고 文・武・周公이 傳之孔子하시고 孔子가 傳之孟軻[415]하시니 軻之死에 不得其傳焉하니 荀與揚也는 擇焉而不精하며 語焉而不詳하니라

또 다음과 같은 내용이 있다.

"이른바 '선왕의 가르침'은 무엇인가? 널리 사랑하는 것을 '仁'이라고 하고, 행하여 마땅하게 하는 것을 '義'라고 하며, 이 인과 의를 따라서 가는 것을 '道'라고 하고, 자기에게 충족하여 외물에 기댈 필요가 없는 것을 '德'이라고 한다. 그 글은 《詩經》・《書經》・《周易》・《春秋》이며, 그 법은 禮・樂・刑・政이며, 그 백성은 사・농・공・상이며, 그 인간관계는 君臣・父子・師友・賓主・兄弟・夫婦이며, 그 옷은 명주나 삼으로 만든 것이며, 그 주거 공간은 宮室이며, 그 음식은 穀食・果菜・魚肉이니, 그 도는 알기 쉽고 그 가르침은 행하기 쉽다.

이 때문에 이러한 것으로 자신을 다스리면 順하면서도 상서롭고, 이러한 것으로 남을 다스리면 사랑하면서도 공변되며, 이러한 것으로 마음을 다스리면 조화

411) 蔬果 : 대전본・사고본에는 '果蔬'로 되어 있다.

412) 饗 : 대전본・사고본에는 '享'으로 되어 있다.

413) 道 : 사고본에는 이 뒤에 '也'가 있다.

414) 是 : 진덕수는 '以是傳之'의 '是'를 요임금에서 맹자에 이르기까지 유가에서 천명되었던 '中', '仁', '忠恕', '中'・'誠', '仁義' 등으로 보았는데, 淸나라 茅星來의 《近思錄集注》에서는 '是'가 '仁義'와 '禮樂刑政'을 가리킨 것이라고 하였다. 《近思錄集注 卷14》

415) 孟軻 : 여기에서 맹자의 이름인 軻를 직접 부른 것은 당나라 때 맹자의 위상과 관련이 있다. 당나라 초기에는 맹자가 孔廟에 배향되지도 못했고 伯이나 侯로 봉작되지도 않았으며, 學官에 과목으로 채택되지도 않았다. 중기까지도 그 지위는 순자보다 못했는데, 中唐에서 晩唐 때에 이르러 한유를 비롯하여 楊綰(관)・皮日休 등이 맹자를 推尊하였다. 《周淑萍, 兩宋孟學硏究, 北京 : 人民出版社, 2007, 41~42쪽》

로우면서도 고르게 되고, 이러한 것으로 천하와 국가를 다스리면 어떠한 상황에 처하든 합당하지 않은 바가 없을 것이다. 이 때문에 살아서는 그 實情에 맞고 죽어서는 그 常道를 다하여 郊祭를 지내면 天神이 강림하며 廟에서 제사를 지내면 귀신이 흠향하는 것이다.

그렇다면 이 道는 무슨 도인가? 이것은 '우리 유가가 말하는 도'이지, 앞에서 말한 老子와 佛氏의 도가 아니다. 堯임금이 이를 舜임금에게 전수하고, 순임금은 이를 禹王에게 전수하고, 우왕은 湯王에게 전수하고, 탕왕은 이를 文王・武王・周公에게 전수하고, 문왕・무왕・주공은 孔子에게 전수하고, 공자는 孟軻에게 전수하니, 맹가가 죽자 그 전수가 이루어지지 못했다. 荀況(荀子)과 揚雄은 유학의 道를 선택하기는 하였으나 정밀하지 않았으며, 설명은 하였으나 상세하지 않았다."

13-15-나(按)

臣은 按 韓愈之書가 深排釋・老하니 可謂有功於衛道者라 故剟其略하여 著于篇하노이다 然愈所謂堯傳之舜・舜傳之禹・至于孟子沒而不得其傳者는 亦言其槪耳[416]요 而所以相傳者則未之詳也하니 然則所以相傳者는 果何道邪오 曰 堯・舜・禹・湯之中[417]과 孔子・顏子之仁[418]과 曾子之忠恕[419]와 子思之中・之誠[420]과 孟子之仁義[421]가 此所謂相傳之道也라 知吾聖賢相傳之正則彼異端之失을 可不辯而明矣라

【臣按】 한유의 글에서 불교와 도교를 깊이 배척하였으니, 유학의 道를 보위하는 데 공을 세웠다고 할 수 있습니다. 그러므로 그 대략을 발췌하여 이 책에 수록해 놓았습니다. 그러나 한유가 이른바 "요임금이 순임금에게 전수하고, 순임금이 우왕에게 전수하고, 맹자가 죽자 그 전수가 이루어지지 못했다."라는 것은 또한 그 개략적인 것만 말했을 뿐 서로 전수한 내용은 자세하게 설명하지 않았습니다. 그

416) 耳 : 대전본・사고본에는 없다.
417) 堯舜禹湯之中 : 요임금・순임금・우왕의 中은 11-1-가1 참조. 탕왕의 中은 11-1-가2 참조.
418) 孔子顏子之仁 : 11-3-가 참조.
419) 曾子之忠恕 : 11-4-가 참조.
420) 子思之中之誠 : 자사의 中은 11-5-가1, 11-5-가2 참조. 誠은 12-1-가 참조.
421) 孟子之仁義 : 12-7-가 참조.

렇다면 서로 전수한 내용은 과연 무슨 道이겠습니까?

요임금・순임금・우왕・탕왕의 '中'과 孔子・顔子의 '仁'과 曾子의 '忠恕'와 子思의 '中'・'誠'과 맹자의 '仁義'가 이른바 서로 전수한 도입니다. 우리 유가의 성현들이 서로 전수한 내용이 바르다는 것을 안다면, 저 이단의 그릇됨을 변론하지 않고도 분명히 알 수 있습니다.

然此數者之中에 曰中・曰仁・曰誠이 皆道之全體니 是三者가 果一乎아 果二乎아 臣이 嘗論之호니 中也者는 以其天理之正而無所偏倚也요 仁也者는 以其天理之公而不蔽於私欲也요 誠也者는 以其天理之實而不雜以僞妄也니 雖所[422]從言者가 不同而其道則一而已爾라 虞書에 言中而不及仁하고 論語에 言仁而不及誠하니 夫豈偏於一哉리오 中則無不仁이요 仁則無不誠矣라 彼高而溺於空虛하며 卑而陷於功利者가 焉有所謂中이며 慘覈刻薄者가 焉有所謂仁이며 欺詭(궤)譎(휼)誕者가 焉有所謂誠이리오 以此揆彼컨대 所謂夷夏之分이며 霄壤之隔也[423]라 人主가 於二者之辨[424]에 其可不明也哉잇가

그러나 이 몇 가지 가운데 中・仁・誠은 모두 道의 全體이니, 이 세 가지는 과연 하나이겠습니까? 둘이겠습니까? 신이 논해보건대, '중'이라는 것은 바른 천리로서 치우친 데가 없는 것이고, '인'이라는 것은 공변된 천리로서 사욕에 가려지지 않은 것이며, '성'이라는 것은 참된 천리로서 거짓이 섞이지 않은 것이니, 비록 설명하는 관점은 달라도 그 도는 하나일 뿐입니다.

《書經》〈虞書〉에서 '중'은 말했으나 '인'은 언급하지 않았고 《論語》에서 '인'은 말했으나 '성'은 언급하지 않았으니, 그것이 어찌 한 가지에 치우쳐서이겠습니까. '중'하면 '인'하지 않음이 없고, '인'하면 '성'하지 않음이 없기 때문입니다. 저 고원하여 공허에 빠져 있고 비루하여 功利에 매몰되어 있는 것에 어찌 이른바 '중'이 있겠으며, 잔혹하고 각박한 것에 어찌 이른바 '인'이 있겠으며, 기만하고 허탄한 것에 어찌 이른바 '성'이 있겠습니까. 이것으로 저것을 헤아려보건대, 이른바 '이적과 華夏의 구분〔夷夏之分〕'이며 '천양지차〔霄壤之隔〕'입니다. 임금이 두 가지의 분별에 대해 밝지 않아서야 되겠습니까.

---

422) 所 : 대전본에는 '欲'으로 되어 있다.
423) 以此……隔也 : 사고본에는 없다.
424) 辨 : 대전본・사고본에는 '辯'으로 되어 있다.

以上은 論異端學術之差하니라

이상은 이단 학술의 오류에 대하여 논한 것이다.

附錄

《大學衍義》對校表

《大學衍義》對校表

위치	원문	奎中 507	대전본	사고본	확정	비고
7-1-가(원주)	(姦惡也)	姦惡也	없음	姦惡也	姦惡也	
7-1-가(원주)	瞽(瞍)	瞍	叟	瞍	瞍	이하 같다
7-1-가(원주)	瞽(瞍)	瞍	叟	瞍	瞍	
7-1-나(按)	以(謂)甑之炊也	謂	謂	爲	謂	
7-2-가(원주)	舜微時所耕(之地)	之地	없음	없음	之地	
7-2-가	(載事也)	없음	載事也	載事也	載事也	
7-2-가(원주)	(慄)戰栗也	慄	栗	慄	慄	대전본 : 오류
7-3-가	天下之爲(父)子者	父	人	父	父	
7-3-나(按)	嗚呼	嗚呼	烏乎	嗚呼	嗚呼	
7-4-가	于父母則吾不知(也)	也	矣	也	也	
7-4-가	(公明高曰是 非爾所知也)	公明高曰是 非爾所知也	없음	公明高曰是 非爾所知也	公明高曰是 非爾所知也	대전본 : 오류
7-4-가	(妻帝)之二女	妻帝	帝妻	妻帝	妻帝	
7-4-가(원주)	(無)愁之貌	無	无	無	無	
7-5-가	保(佑)命之	佑	祐	祐	佑	
7-5-나(按)	風(霜)	霜	霜	雷	霜	
7-5-나(按)	以見大德者(之)必受命	之	없음	없음	之	
7-6-가	纘(大)王王季文王之緖	大	大	太	大	이하 같다
7-6-가	成文武之(德)	德	禮	德	德	
7-6-가	追王(大)王王季	大	大	太	大	
7-6-가(원주)	(大)王	大	大	太	大	
7-6-가(원주)	言一(着)戎衣以伐紂	着	着	著	着	
7-6-가(원주)	若周赤(刀)天球之屬	刀	刃	刀	刀	
7-6-나(按)	自(大)王實始翦商	大	大	太	大	

위치	원문	奎中 507	대전본	사고본	확정	비고
7-6-나(按)	追王(大)王王季	大	大	太	大	
7-7-가(원주)	如今小(吏)直日	吏	史	吏	吏	
7-7-가	必在視寒煖之(節)	節	節	中	節	
7-7-가(원주)	猶(瘳)也	瘳	廖	瘳	瘳	
7-7-나(按)	以爲世子之記(焉)	焉	焉	없음	焉	
7-8-가	莫親於父(子)	子	子	母	子	
7-8-가	親被堅(執)銳	執	없음	執	執	
7-8-가	淮南王梁王趙王(楚)王	楚	梁	楚	楚	대전본 : 오류
7-8-가1(원주)	(無)利入於家	無	毎	無	無	
7-8-가2	唐太宗(貞)觀三年	貞	正	貞	貞	대전본 : 오류
7-8-가2	(頡)利可汗	頡	突	突	突	
7-8-가2	朕(嘗)痛心	嘗	常	嘗	嘗	
7-8-가2	命置酒淩煙(閣)	閣	閣	閣	閣	
7-8-나	哆(　)然以功業自矜	없음	없음	音侈又昌者 反(小字)	없음	
7-8-나	借助(於虜)	於虜	於虜	突厥	於虜	
7-9-나(按)	乾(曜)等	曜	曜	曜	曜	
7-9-나(按)	乾曜(說)	說	說	等	說	
7-9-나(按)	毎爲諂(媚)	媚	首	媚	媚	
7-9-나(按)	以(逢)迎之	逢	逢	逢	逢	
7-9-나(按)	固已(末)矣	末	未	末	末	
7-10-가1	且欲立奇功以固(寵)	寵	寵	寵	寵	
7-10-가1	陳(玄)禮高力士	玄	玄	元	玄	사고본 : 피휘 (淸 聖祖 康熙帝 愛新覺羅 玄燁)
7-10-가1	且興慶(　)垣墉	없음	宮	宮	없음	
7-10-가1	非至(尊)所宜居	尊	尊	親	尊	
7-10-가1	號(泣)叩頭	泣	哭	哭	泣	
7-10-가1	至(玄)武門	玄	睿	睿	玄	

위치	원문	奎中 507	대전본	사고본	확정	비고
7-10-가1	陳(玄)禮等及舊宮人	玄	玄	元	玄	사고본 : 피휘 (淸 聖祖 康熙帝 愛新覺羅 玄燁)
7-10-가1	以(寧)社稷	寧	安	安	寧	
7-10-가1	陳(玄)禮	玄	玄	元	玄	사고본 : 파휘 (淸 聖祖 康熙帝 愛新覺羅 玄燁)
7-10-가1	日以不(豫)	豫	懌	懌	豫	
7-10-가2	與張后(同)謀	同	同	共	同	
7-10-가2	(計)亦如陛下之念公主也	計	計	없음	計	
7-10-나(按)	所謂宗廟再安二聖重(懽)者也	懽	懽	歡	懽	
7-10-나(按)	以天子之貴而不能(庇)其父	庇	芘	芘	庇	
7-10-나(按)	(儻)能勵(純乾)之德	儻/純乾	倘/乾純	倘/乾純	儻/純乾	
7-10-나(按)	肅宗之不能力(卻)脅(遷)之請者	卻/遷	卻/없음	却/遷	卻/遷	
7-결어	論天理人倫之正(二)	二	二	三	二	사고본 : 오류
7-결어	(帝王事親之孝)(小字)	(帝王事親之孝)(小字)	(帝王事親之孝)(小字)	없음	(帝王事親之孝)(小字)	
8-1-가	(完)廩捐階	完	宇	完	完	대전본 : 피휘 (南宋 欽宗 趙桓)
8-1-가	瞽(瞍)	瞍	叟	瞍	瞍	이하 같다
8-1-가	二(嫂)	嫂	姬	嫂	嫂	
8-1-가(원주)	(揜)蓋也	揜	掩	揜	揜	
8-1-가(원주)	象不知舜已出( )	없음	故	故	없음	
8-2-가	在(他)人則誅之	他	它	他	他	
8-2-가(원주)	此萬章(問)	問	問	言	問	
8-2-나(按)	故(使之)不得	使之	使之(小字)	使之	使之	대전본 : 誤刻
8-3-가(원주)	以國(遜)王季者也	遜	遜	讓	遜	
8-3-가(원주)	(太)伯見王季之生	太	太	泰	太	

위치	원문	奎中 507	대전본	사고본	확정	비고
8-3-나(按)	王季之友(太)伯也	太	太	泰	太	
8-3-나(按)	蓋(因其)心之本然	因其	因其	其因	因其	
8-3-나(按)	非以其(遜)已而後	遜	遜	讓	遜	
8-3-나(按)	使(太)伯未嘗有(遜)國	太/遜	太/遜	泰/讓	太/遜	
8-3-나(按)	固產祥隤(祉)之基也	祉	阯	祉	祉	
8-4-가	(二)章曰	二	一	二	二	대전본 : 오류
8-4-가	兄弟鬩于(墻)	墻	墻	牆	墻	
8-4-가	外禦其(務)	務	侮	務	務	
8-4-가(원주)	管(蔡)挾武庚以叛	蔡	蔡	叔	蔡	
8-4-가(원주)	花鄂相承(甚)力	甚	其	甚	甚	
8-4-나(按)	使(它)人處此	它	他	他	它	
8-4-나(按)	(唯)恐疎棄之不亟	唯	唯	惟	唯	
8-4-나(按)	雖忿鬩於門(墻)之內	墻	墻	牆	墻	
8-5-가	敦(　)彼行葦	없음	없음	音團 (小字)	없음	
8-5-가	牛羊勿踐(履)	履	없음	履	履	
8-5-가(원주)	(勿戒止辭)	勿戒止辭	勿戒止辭	없음	勿戒止辭	
8-5-가(원주)	葉初(生)柔澤貌	生	也	生	生	
8-5-나(按)	(泥泥然하니)	泥泥하니 然	-	-	泥泥然하니	현토 수정
8-6-가(원주)	騂騂(調利)也	調/利	調/利	調/和	調/利	
8-6-가(원주)	傚(倣)也	倣	放	倣	倣	
8-6-나(按)	民亦皆(傚)之矣	傚	倣	傚	傚	
8-7-가1	(周平王)東遷之君	周平王	平王周	平王周	周平王	
8-7-가2	豈無(它)人不如我同父	它	他	他	它	
8-7-가2	胡不(佽)焉	佽	佽	佽	佽	대전본 : 오류
8-7-가2	豈無(它)人不如我同姓	它	他	他	它	
8-7-가2(원주)	杕(特)生貌	特	持	特	特	대전본 : 오류
8-7-가2(원주)	湑(湑閏)澤也	湑閏	湑潤	胥上聲言潤	湑閏	

위치	원문	奎中 507	대전본	사고본	확정	비고
8-7-가2(원주)	踽(踽)無所親也	踽	踽	巨上聲言	踽	
8-7-가2(원주)	佽(　)助也	없음	없음	音次	없음	
8-7-나(按)	以(它)人爲父兄	它	他	他	它	
8-7-나(按)	愛(它)人者也	它	他	他	它	
8-7-나(按)	故(詩人諷之曰)	詩人諷之曰	詩人諷之曰	言	詩人諷之曰	
8-7-나(按)	何不求(它)人相佽助乎	它	他	他	它	
8-8-가	(佗)邑(惟)命	它/惟	他/惟	他/唯	它/惟	
8-8-가	蔓草猶不可(除)	除	圖	除	除	
8-8-가(원주)	斃(殞)也	殞	殞	隕	殞	
8-8-가	不義不(暱)	暱	暱	暱	暱	
8-8-가(원주)	國人生(它)心	它	他	他	它	
8-8-가(원주)	前兩屬(者)	者	邑	邑	者	
8-8-가(원주)	(暱)親也	暱	暱	暱	暱	
8-8-가	(公伐諸鄢大叔出奔共書曰鄭伯克段于鄢)	公伐諸鄢大叔出奔共書曰鄭伯克段于鄢	없음	公伐諸鄢大叔出奔共書曰鄭伯克段于鄢	公伐諸鄢大叔出奔共書曰鄭伯克段于鄢	
8-8-가	貶之(也)	也	也	曰	也	
8-8-가(원주)	(車)曰乘	車	車	軍	車	사고본 : 오류
8-8-가(원주)	步卒七十(二)人	車	三	車	車	대전본 : 오류
8-8-가(원주)	(亦邑名)	亦邑名	謂孔子書於春秋也	亦邑名	亦邑名	
8-8-가(원주)	(共亦邑名)	共亦邑名	없음	共亦邑名	共亦邑名	
8-8-가(원주)	(謂孔子書於春秋也)	謂孔子書於春秋也	없음	謂孔子書於春秋也	謂孔子書於春秋也	
8-8-나(按)	(臣按)先儒胡安國	臣按	없음	없음	臣按	
8-8-나(按)	出車(二)百乘	二	三	二	二	
8-8-나(按)	以(至)於亂然後	至	至	致	至	
8-8-나(按)	況以(惡養)天倫	惡養	惡養(小字)	惡養	惡養	대전본 : 誤刻
8-8-나(按)	(示)天下爲公	示	于	示	示	

위치	원문	奎中 507	대전본	사고본	확정	비고
8-8-나(按)	公子(互)爭	互	五	互	互	
8-9-가	漢(孝文)初卽位	孝文	孝文	文帝	孝文	
8-9-가	常謂上(大)兄	大	大	太	大	
8-9-가	迺使使召(長)	長	長	없음	長	
8-9-가	臣嬰等(議)	議	議	曰	議	
8-9-가	且淮南(王)爲人剛	王	없음	王	王	
8-9-가	(今)暴摧折之	今	令	今	今	
8-9-가	(今)復之	今	令	今	今	
8-9-가	吾不(從)公言	從	從	用	從	
8-9-가	置守(冢)三十家	冢	家	塚	冢	
8-9-가(원주)	鯀及(共)工皆堯同姓	共	其	共	共	대전본 : 오류
8-9-나(按)	置守(冢)家	冢	家	冢	冢	
8-9-나(按)	不得爲無過(也)	也	矣	矣	也	
8-9-나(按)	童牛之牿(　)	없음	없음	音谷 (小注)	없음	
8-9-나(按)	是(陷)長於惡也	陷	陷	諂	陷	
8-9-나(按)	(侈)王其諸子	侈	接	輒	侈	
8-9-나(按)	(漢之列侯食其租稅而已其力不能爲亂)	漢之列侯食其租稅而已其力不能爲亂	漢之列侯食其租稅而已其力不能爲亂(小字)	漢之列侯食其租稅而已其力不能爲亂(小字)	漢之列侯食其租稅而已其力不能爲亂	
8-9-나(按)	(王則地大民其權可以爲亂)	王則地大民其權可以爲亂	王則地大民其權可以爲亂(小字)	王則地大民其權可以爲亂(小字)	王則地大民其權可以爲亂	
8-9-나(按)	擅仇人(足)以危漢之資	足	足	없음	足	
8-10-가	(皆太宗弟也)	皆太宗弟也	皆太宗弟也 (小字)	皆太宗弟也 (小字)	皆太宗弟也	
8-10-나(按)	雖不幸(迫)於利害	迫	迫	怵	迫	
8-10-나(按)	瞻(　)瞻於諸王之别	없음	없음	音春 (小注)	없음	
8-11-가	與兄弟同(寑)	寑	寢	寢	寑	

위치	원문	奎中 507	대전본	사고본	확정	비고
8-11-가	與諸(王)更處其中	王	子	王	王	
8-11-가(원주)	成器遂(力)辭儲位	力	方	力	力	
8-11-나(按)	(臣按)范祖禹曰	臣按	없음	臣按	臣按	
8-11-나(按)	是(皆)不能充其類也	皆	皆	則	皆	
8-결어	論天理人倫之正( )	없음	三	四	없음	대전본 : 옳음
9-1-가1	(誰)爲大	誰	誰	孰	誰	
9-1-가1	捨敬是遺親(也)	也	없음	也	也	
9-1-가1	(弗敬不正 愛與敬 其政之本與)	弗敬…… 本與	없음	弗敬不正	弗敬…… 本與	
9-1-가1	冕而親迎 不已重乎( ) 孔子愀然作色	없음	冕祭服也 故疑其重	없음	없음	대전본 : 小字
9-1-가1	君은 何謂已重乎(잇고)	잇고	-	-	잇고	509본 : 잇가
9-1-가1	君何謂已重(乎)	乎	乎	焉	乎	통행본《禮記》 : 焉
9-1-가1	君은 何謂已重乎(잇고)	잇고	-	-	잇고	509본 : 잇가
9-1-가1	萬物이 興焉(하나니이다)	하나니 이다	-	-	하나니 이다	509본 · 512본 : 하나니
9-3-가	輿(說)輻	說	說	脫	說	
9-3-나(按)	若唐(高)宗	高	太	高	高	대전본 : 오자
9-3-나(按)	可(以)爲(永)鑑也已	以/永	不/永	以/永	以/永	대전본 : 永은 오자임
9-4-나(按)	(徇)情肆欲	徇	徇	狥	徇	
9-5-가1	(記郊特牲)	記郊特牲	昏義/ 禮記 篇名	記郊特牲	記郊特牲	대전본 : '禮記篇名'은 小字로 되어 있음. '昏義'는 오류임
9-1~5-결어	以上 論天理人倫之正(三)	三	四	五	三	저본 : 옳음
9-1~5-결어	(夫婦之別)	夫婦之別	夫婦之別	없음	夫婦之別	
9-6-나(按)	所謂唯(予)言而莫予違也	予	予	其	予	
9-7-가	惟時惟幾라(하시고)	하시고	-	-	하시고	509본 : 하고
9-7-가(원주)	稽(首) 首至地	首	自	首	首	

위치	원문	奎中 507	대전본	사고본	확정	비고
9-7-가(원주)	載(成)也	成	成	始	成	
9-7-나(按)	見於(詠歌)	詠歌	歌詠	詠歌	詠歌	
9-7-나(按)	守之不謹則定者(壞)	壞	壞	壞	壞	대전본 : 오자
9-7-나(按)	若夫君行臣職 則(叢)脞矣	蘘	叢	叢	叢	저본 : 오자
9-8-가(원주)	而(汝)也	汝	洪	汝	汝	대전본 : 오자
9-8-나(按)	如天冠地(屨)之不可易	屨	屨	履	屨	
9-8-나(按)	臣而福威則盜上(之)柄矣	之	之	없음	之	
9-8-나(按)	(其)臣民 尤而效之	其	없음	없음	其	
9-8-나(按)	或謂吳楚(嘗)僭天子	嘗	嘗	없음	嘗	
9-8-나(按)	逆乎道 (卽)凶也	卽	則	則	卽	
9-8-나(按)	洪範九疇를 箕子가 受之大禹(하시고) 大禹가 受之於天(하시니) 片言隻辭가 莫非天理니	하시고/ 하시니	–	–	하시고/ 하시니	509본 : 모두 없음
9-9-가	(蘀)兮	籜	籜	蘀	蘀	통행본《詩經》 : '蘀'/본문 내에서 모든 '籜'은 '蘀'으로 고침
9-9-가	君弱臣(强)	强	强	彊	强	
9-10-나(按)	仲得(顓)之	顓	顓	專	顓	
9-10-나(按)	魯之權在季氏而有(子)家羈	子	于	子	子	대전본 : 오자
9-10-나(按)	祭仲得(廢)立之權	廢	發	廢	廢	대전본 : 오자
9-11-가	天上有道則庶人不(議)	議	義	議	議	대전본 : 오자
9-11-나(按)	孔子(斯)言	斯	之	之	斯	
9-11-나(按)	天無二日 (國無二王) 尊無二上	國無二王	國無二王	없음	國無二王	
9-11-나(按)	諸侯不(敢)干焉	敢	能	能	敢	
9-11-나(按)	名分(陵)夷	陵	陵	凌	陵	
9-11-나(按)	天子(而)下以至家臣	而	而	之	而	
9-11-나(按)	(諸王五胡) 兵難相尋	諸王五胡	諸王五胡	天下多故	諸王五胡	

위치	원문	奎中 507	대전본	사고본	확정	비고
9-13-가	(子曰)	子曰	子曰	孔子對曰	子曰	통행본《論語》: '孔子對曰'
9-13-나(按)	非相爲(僞)也	僞	賜	僞	僞	
9-14-가	有故而(去)	去	去	出	去	통행본《孟子》: '去'
9-14-나(按)	退人若將(墜)諸淵	墜	隊	墜	墜	
9-14-나(按)	猶幸王之一(寤)而追己也	寤	寤	悟	寤	
9-15-가(원주)	苹 今(蔞)蒿也	蔞	藾	蘋	蔞	
9-15-가(원주)	(瑟笙) 燕樂也	瑟笙	瑟笙	笙瑟	瑟笙	
9-15-가(원주)	吹(簧)之時 鼓笙中之簧	簧	笙	笙	簧	
9-15-나(按)	婚姻不備 則(貞)女不行	貞	正	正	貞	대전본・사고본: 피휘(宋 仁宗 趙禎 淸 世宗 愛新覺羅胤禛)
9-18-나(按)	(其)眡後世	其	其	없음	其	
9-19-나(按)	鄕黨亦有君視臣疾之(文)曰	文	又	文	文	
9-19-나(按)	獻公聞(之)死	之	之	其	之	
9-19-나(按)	太宗(亦)賢矣哉	亦	之	亦	亦	
9-19-나(按)	至御(坐)側乃下	坐	坐	座	坐	
9-19-나(按)	加(劇)則憂悴	劇	劇	極	劇	
9-19-나(按)	(病)篤 上自臨視	病	疾	病	病	
9-19-나(按)(원주)	魏(徵)寢疾	徵	證	徵	徵	대전본: 오자
9-19-나(按)(원주)	上夢(徵)若生平	徵	證	徵	徵	대전본: 오자
9-19-나(按)(원주)	及旦而奏(徵)薨	徵	證	徵	徵	대전본: 오자
9-20-가	此善(諭)也	諭	諭	喩	諭	
9-20-가	況(於)貴臣之近主乎	於	없음	없음	於	
9-20-가	廉恥(節禮)	節禮	節禮	禮節	節禮	
9-20-가	雖(或)有過	或	없음	없음	或	

위치	원문	奎中 507	대전본	사고본	확정	비고
9-20-가	(如遇官徒 彼將官徒自爲也)	如遇官徒彼將官徒自爲也	없음	없음	如遇官徒彼將官徒自爲也	
9-20-가	集(　)詬無節	없음	없음	音纈正作𡢃	없음	사고본 : 小字
9-20-가	主上 有敗則因而挻(　)之矣	없음	없음	扇 平聲	없음	사고본 : 小字
9-20-가(원주)	音(鈍)	鈍	銃	鈍	鈍	대전본 : 오자
9-20-가	猶未斥然正以譁(　)之也	없음	없음	音呼	없음	사고본 : 小字
9-20-가	故群臣自憙(　)	없음	없음	音喜 去聲	없음	사고본 : 小字
9-20-가	守(圉扞)敵之臣	圉扞	圄扞	圉捍	圉扞	
9-20-가	誠死城郭(封疆)	封疆	없음	없음	封疆	
9-20-가	(比)物此志也	比	此	此	比	
9-20-나(按)	上下之情 (日)以乖隔	日	없음	日	日	
9-15~20-결어	以上論天理人倫之正(四)	四	四	六	四	
9-15~20-결어	(君使臣之禮)	君使臣之禮	君使臣之禮	없음	君使臣之禮	
10-3-나(按)	(是)乃所以(爲)愛君也	是/爲	是/없음	없음/爲	是/爲	
10-4-가	昔者 辭以(病)	病	疾	病	病	통행본《孟子》: '病'
10-4-가(원주)	東郭氏(齊)大夫	齊	魯	齊	齊	
10-5-가	責難於君謂之(恭)	恭	恭	忠	恭	통행본《孟子》: '恭'
10-5-나(范)	范(祖)禹曰	祖	仲	祖	祖	대전본 : 오류
10-6-가(원주)	格 (至)也	至	至	正	至	
10-6-나(按)	後復(有)其人	有	有	用	有	통행본《孟子集註》: '用'
10-6-나(按)	深得孟子本(指)	指	旨	指	指	
10-7-나(按)	心(存)於仁	存	有	存	存	
10-8-가	子猶馳(至)造焉	至	至	而	至	통행본《春秋左氏傳》: '而'
10-8-가	宰夫和之(　) 以洩其過	없음	없음	濟其不及	없음	통행본《春秋左氏傳》: '濟其不及' 있음

위치	원문	奎中 507	대전본	사고본	확정	비고
10-8-가	旣戒(旣)平	旣	且	旣	旣	통행본《詩經》:'旣'
10-8-가	君所(曰)可	曰	曰	謂	曰	통행본《春秋左氏傳》:'謂'
10-8-가	君所(曰)否	曰	曰	謂	曰	통행본《春秋左氏傳》:'謂'
10-8-가(원주)	言用(六)物煮魚肉以爲食也	六	大	六	六	
10-8-가(원주)	(言洩去其味之過者)	言洩去其味之過者	言洩去其味之過者	없음	言洩去其味之過者	
10-8-나(按)	古(昔)盛時	昔	者	昔	昔	
10-9-가	內多(欲)而外施仁義	欲	慾	欲	欲	
10-9-가	(奈)何欲效唐虞之治乎	奈	柰	奈	奈	
10-9-가	(柰)辱朝廷何	柰	柰	奈	柰	
10-9-가(원주)	嚴助亦時近(臣)	臣	官	官	臣	
10-결어	以上論天理人倫之正(四)	四	四	七	四	사고본 : 오자
10-결어	(臣事君之忠)	臣事君之忠	臣事君之忠	없음	臣事君之忠	
10-10-가(원주)	(此)一語	此	比	此	此	대전본 : 오자
10-10-나(按)	不見有君臣相(臨)之分故也	臨	臨	陵	臨	
10-11-가	不(挾)長	挾	狹	挾	挾	통행본《孟子》:'挾'
10-11-가	不可以有(挾)也	挾	狹	挾	挾	통행본《孟子》:'挾'
10-11-가(원주)	挾 謂(恃)也	恃	持	持	恃	
10-11-가(원주)	長 謂年(也)	也	長	也	也	
10-11-가	弗與(共)天位也	共	其	共	共	통행본《孟子》:'共'
10-11-가	(弗與治天職也)	弗與治天職也	없음	弗與治天職也	弗與治天職也	
10-11-가(원주)	謂其(止)如是( )	止/없음	正/也	止/없음	止/없음	
10-11-나(按)	(以)堯之聖	以	則	以	以	
10-12-가1	爲其賢也 ( )吾未聞欲見賢	없음	없음	則	없음	통행본《孟子》

위치	원문	奎中 507	대전본	사고본	확정	비고
	而召之也					: '則' 있음
10-13-가	不足(與)有爲也	與	以	與	與	통행본《孟子》: '與'
10-13-가1(원주)	己之所從受(學)者	學	學	敎	學	
10-13-가2(원주)	故(無)北面	無	五	無	無	대전본 : 오자
10-결어	以上論天理人倫之正(五)	五	五	八	五	사고본 : 오자
10-결어	(朋友之交)	朋友之交	朋友之交	없음	朋友之交	
11-2-가	不罹于(咎)	咎	極	咎	咎	
11-2-나1(朱)	姑亦無問其(它)	它	它	他	它	
11-2-나1(朱)	因復認中爲含(胡)苟且不分善惡之意	胡	胡	糊	胡	
11-3-나6(程)	(學者)	學者	學者	後之學聖人者	學者	통행본《論語集註》: '後之學聖人者'
11-3-나6(程)	(　)視箴	없음	없음	其	없음	통행본《論語集註》: '其'
11-3-나6(程)	制之於(外)	外	內	外	外	통행본《論語集註》: '外'
11-3-나6(程)	以安其(內)	內	外	內	內	통행본《論語集註》: '內'
11-3-나6(程)	(　)聽箴	없음	없음	其	없음	통행본《論語集註》: '其'
11-3-나6(程)	(　)言箴	없음	없음	其	없음	통행본《論語集註》: '其'
11-3-나6(程)	(　)動箴	없음	없음	其	없음	통행본《論語集註》: '其'
11-3-나6(程)	(　)此章問答	없음	없음	愚按	없음	통행본《論語集註》: '愚按'
11-3-나10(朱)	(著)焉	著	着	著	著	
11-3-나10(朱)	(曰)惻隱羞惡辭(讓)是非而惻隱之心	曰/讓	曰/遜	없음/讓	曰/讓	대전본 : 피휘(北宋 神宗 父 趙允讓)
11-3-나10(朱)	或不能(無)害夫仁	無	爲	無	無	
11-3-나10(朱)	(　)克之而又克之	없음	克之	克之	없음	

위치	원문	奎中 507	대전본	사고본	확정	비고
11-3-나10(朱)	以至於一(旦)豁然	朝	旦	旦	旦	저본 : 피휘 (朝鮮 太祖 李旦)
11-3-나10(朱)	默而(識)之	識	識	成	識	
11-4-가(원주)	竭盡無餘之(詞)	詞	詞	辭	詞	
11-4-나1(朱)	但未知其體之一(爾)	爾	爾	耳	爾	
11-4-나1(朱)	推己(之謂)恕	之謂	之謂	謂之	之謂	
11-4-나2(程)	各正性命恕(也)	也	也	曰	也	
11-4-나2(程)	中庸所(謂)違道不遠	謂	以	謂	謂	
11-4-나2(程)	亦勿施(諸)人	諸	諸	於	諸	
11-4-나2(程)	又(就)下教人	就	掠	就	就	
11-4-나4(按)	是(豈惟)學者所當知哉	豈惟	重爲	豈惟	豈惟	
11-5-나2(朱)	專以(無)過不及爲說	無	없음	無	無	
11-5-가2	中(　)者	없음	없음	也	없음	통행본《中庸》 :'也'
11-5-가2	和(　)者	없음	없음	也	없음	통행본《中庸》 :'也'
11-5-나3(朱)	發而(　)中節	없음	없음	皆	없음	
11-5-나3(朱)	自(愼)獨而精之	愼	謹	愼	愼	대전본 : 피휘 (南宋 孝宗 趙昚)
11-5-나3(朱)	本(吾)一體	吾	同	吾	吾	
11-5-나3(朱)	(此)學問之極功	此	없음	此	此	
11-5-나4(朱)	所以戒(愼)恐懼者	愼	謹	愼	愼	대전본 : 피휘 (南宋 孝宗 趙昚)
11-5-나4(朱)	所以(謹)其善惡之幾者	謹	謹	愼	謹	
11-5-나4(朱)	天地於(此乎位矣)	此乎位矣	之心亦正矣	此乎位矣	此乎位矣	
11-5-나5(按)	己所獨知人所未知之時而致(謹)者	謹	謹	愼	謹	
11-5-나5(按)	以此遏人(欲)	欲	知	欲	欲	
11-5-나5(按)	諸福(之)物	之	百	之	之	
11-6-나2(朱)	故能戒(謹)不睹	謹	謹	愼	謹	

위치	원문	奎中 507	대전본	사고본	확정	비고
11-6-나3(程)	(特)以手足胼胝	特	若	特	特	
11-6-나4(程)	(中矣居陋巷……不如此矣)	-	(小字)	-	-	대전본 : 誤刻
11-6-나5(楊)	(知)一尺之物	知	知	如	知	
11-6-나6(按)	(它)卦亦然	它	它	他	它	
11-6-나6(按)	論吾道源流之正(　)	없음	없음	一 (小字)	없음	
12-1-나1(朱)	博學審問(愼)思	愼	謹	愼	愼	대전본 : 피휘 (南宋 孝宗 趙昚)
12-1-나3(或)	(惟)天理爲至實	惟	惟	唯	惟	
12-1-나3(或)	是(其)大小	其	則	則	其	509본 : 則
12-1-나3(或)	(常)人之心	常	常	中	常	
12-1-나3(或)	亦必戒(愼)恐懼而	愼	謹	愼	愼	대전본 : 피휘 (南宋 孝宗 趙昚) 509본 · 512본 : 謹
12-2-가	(明則誠矣誠則明矣)	明則誠矣誠 則明矣	明則誠矣誠 則明矣	誠則明矣 明則誠矣	明則誠矣誠 則明矣	
12-3-가	(盡其性能盡其性則能盡人 之性能盡人之性則)	동일	小字雙行	동일	동일	대전본 : 부분적 으로 改刻한 것임
12-3-가	可(　)與天地參矣	없음	없음	以	없음	
12-3-나1(朱)	積中而(形)外	形	形	發	形	
12-3-나1(朱)	故惟聖(人)	人	없음	人	人	
12-3-나1(朱)	形著動變之(效)	效	效	功	效	
12-3-나1(朱)	積而至於(能)化	能	能	없음	能	
12-3-나1(朱)	(初)不異於聖人也	初	初	亦	初	
12-3-나4(呂)	欽若(昊)天	昊	吴	昊	昊	대전본 : 오자
12-3-나4(呂)	行其所無(事)	事	可	事	事	
12-3-나5(按)	卽前章博學審問(愼)思	愼	謹	愼	愼	대전본 : 피휘 (南宋 孝宗 趙昚)
12-3-나5(按)	皆致曲之事(也)	也	也	없음	也	
12-4-나1(朱)	自始至終(히)	히	-	-	히	509본 · 512본 : 이

위치	원문	奎中 507	대전본	사고본	확정	비고
12-4-나1(朱)	(自)其實有是心之初	自	없음	없음	自	
12-4-나1(朱)	(如)曰三月不違	如	故	如	如	
12-4-나1(朱)	卽(其)事之終始也	其	其	없음	其	
12-4-나1(朱)	卽其(事)之終始也	事	事	物	事	
12-5-나(按)	天下共由之路(也)	也	也	없음	也	
12-5-나(按)	然(其知不)足以及之	其知不	其知	非知	其知不	
12-5-나(按)	父之當慈(也)	也	없음	없음	也	
12-5-나(按)	所以行之者( )三	없음	없음	一	없음	
12-7-나(按)	梁惠( )一章臣	없음	없음	王	없음	
12-10-나(按)	(習)於爲此	習	忍	習	習	
12-11-나(按)	能(卽)是心而推之	卽	卽	有	卽	
12-11-나(按)	遂(流於)不善	동일	小字雙行	동일	동일	대전본 : 誤刻
12-11-나(按)	如百(步)之走則	步	里	步	步	
12-11-나(按)	而五十(步)則	步	里	步	步	
12-11-나(按)	若倂五十(步)	步	里	步	步	
12-11-나(按)	月攘一雞則知恥(之)	之	없음	之	之	
12-12-가	生則(惡)可已也	惡	烏	惡	惡	
12-12-가	惡可已(也)則	也	也	없음	也	
12-12-나(按)	其能(識)此味乎	識	知	識	識	
12-14-나(按)	故仁愛之(心)無不徧	心	仁	施	心	
12-15-나(張)	夫(妻)義長幼序	妻	妻	婦	妻	
12-15-나(張)	咈理而(徇)欲	徇	徇	狥	徇	
12-15-나(張)	且不自保況其(它)乎	它	它	他	它	
12-17-가	詩(曰)誰能執熱	曰	曰	云	曰	
12-17-가(원주)	敏(達)也	達	速	速	達	
12-18-나(按)	武帝垂(耄)而	耄	麾	老	耄	
12-18-나(按)	此豈武帝德宗(之)所及	之	之	없음	之	

위치	원문	奎中 507	대전본	사고본	확정	비고
12-19-가	爲叢敺(雀)者鸇也	雀	雀	爵	雀	
12-20-가(원주)	爲齊所(虜)也	虜	虜	擄	虜	
12-20-나(按)	梁惠( )以土地之故	없음	없음	王	없음	
12-20-나(按)	蓋梁惠( )貪得	없음	없음	王	없음	
12-결어	以上論吾道源流之正( )	없음	없음	二	없음	
13-1-나(按)	孔子(此)言	此	此	之	此	
13-2-가	(是)率獸而食人也	是	是	此	是	
13-2-가	楊墨之(道)不(息)	道/息	害/熄	道/息	道/息	
13-2-가	(予)豈好辯哉	予	予	없음	予	
13-2-가	(故曰)能言距楊墨者	故曰	故曰	故曰	故曰	통행본《孟子》: '故曰' 없음
13-2-나(按)	以司馬遷所記自(騶)衍	騶	騶	鄒	騶	
13-2-나(按)	昧乎(理)之一	理	理	本	理	
13-2-나(按)	(孔子之道不明則)	孔子之道不明則	則	而	孔子之道不明則	
13-2-나(按)	其(捄)天下之患	捄	捄	救	捄	
13-3-가	邪(辟)之說	辟	闢	辟	辟	
13-3-나(按)	以(辯)舌(捭)闔時君	辯/捭	辯/棹	辨/捭	辯/捭	
13-3-나(按)	(晁)錯亦皆明申韓	晁	晁	鼂	晁	
13-4-나(按)	爲天(地)根	地	下	地	地	
13-4-나(按)	此養生之言(也)	也	也	없음	也	
13-4-나(按)	忠信之薄而亂之(首)	首	者	首	首	
13-4-나(按)	神(仙)方藥之所自出也	仙	仙	僊	仙	
13-4-나(按)	此猶(毉)師之宗神農	毉	毉	醫	毉	
13-4-나(按)	神(仙)刑名兵家之罪	仙	仙	僊	仙	
13-4-나(按)	儒術何(與)焉	與	爲	與	與	
13-4-나(按)	臣不得以不(辨)	辨	辯	辯	辨	
13-5-가1	諸(僊)人及不死之藥	僊	仙	僊	僊	

위치	원문	奎中 507	대전본	사고본	확정	비고
13-5-가1	皆以風(雨)爲解曰	雨	雨	없음	雨	
13-5-가2	少君(常)自謂七十	常	常	嘗	常	
13-5-가2	海中蓬萊(僊)者	僊	仙	僊	僊	
13-5-가2	爲黃金(矣久)之	矣久	矣久	矣久	矣久	대전본 : 小字로 誤刻
13-5-가2(원주)	物謂鬼(神)	神	物	神	神	
13-5-가2	此牛腹中有奇(書)	書	書	書	書	통행본《史記》 : '書' 없음
13-5-가2	天子識其手( )	없음	없음	없음	없음	《史記》에는 이 뒤에 '書'가 있음
13-5-가2	銅柱承露(僊)人掌之屬	僊	仙	僊	僊	
13-5-가2(원주)	( )謂所書(手迹)	없음/手迹	없음/事迹	手/手跡也	없음/手迹	
13-5-가2	(僊)人可致	僊	仙	僊	僊	
13-5-가2	大見( )數月貴震天下	없음	없음	寵	없음	
13-5-가2	有龍垂胡(頿)	頿	頿	髯	頿	
13-5-가2	五利(使)不敢入海	使	使	없음	使	
13-5-가2	見(僊)人迹緱氏城上	僊	仙	僊	僊	
13-5-가2	(僊)者非有求人主	僊	仙	僊	僊	
13-5-가2	其道非寬(暇)	暇	暇	假	暇	
13-5-가2	(僊)人可見	僊	仙	僊	僊	
13-5-가2	且(僊)人好樓居	僊	仙	僊	僊	
13-5-가2	將招來神(仙)之屬	仙	仙	僊	仙	
13-5-가2	後五年一(祠)泰山	祠	祠	祀	祠	
13-5-가2	天子(羈)縻不絶	羈	覊	覊	羈	
13-5-가2	上耕于鉅(定)	定	定	鹿	定	
13-5-가2	(縻)費天下者	縻	縻	縻	縻	
13-5-가2	方士言神(仙)者甚衆	仙	仙	僊	仙	
13-5-가2	天下豈有(仙)人	仙	仙	僊	仙	
13-5-나(按)	神(仙)之說自戰國始	仙	仙	僊	仙	

위치	원문	奎中 507	대전본	사고본	확정	비고
13-6-가	及言世有(僊)人服食不終之藥者	僊	仙	僊	僊	
13-6-나(按)	不能常旦晝而有(莫)夜焉	莫	莫	暮	莫	
13-6-나(按)	爲神(僊)之學者	僊	仙	僊	僊	
13-6-나(按)	人言(仙)者	仙	仙	僊	仙	
13-6-나(按)	宓(羲)神農歿	羲	犧	犧	羲	
13-6-나(按)	宓羲神農(歿)	歿	歿	沒	歿	
13-7-가	議郎(桓)譚	桓	亘	桓	桓	대전본 : 피휘 (宋 欽宗 趙桓)
13-7-가	宜(垂)明聽發聖意	垂	乖	垂	垂	
13-7-가	譚(嘿)然良久曰	嘿	嘿	默	嘿	
13-7-가	(桓)譚非聖無法	桓	亘	桓	桓	대전본 : 피휘 (宋 欽宗 趙桓)
13-7-나(按)	是徒足以(啓)亂臣賊子之心而已	啓	起	起	啓	
13-7-나(按)	(果)何益於世教哉	果	果	更	果	
13-8-나(按)	五(胡)之君	胡	胡	季	胡	사고본 : 피휘(淸)
13-8-가(按)	(苻)堅之於沙門道安	符	苻	苻	苻	인명
13-9-가4	(中華)所以傾覆者	中華	中華	國家	中華	
13-9-가4	中華所以傾(覆)者	覆	蔽	覆	覆	
13-9-가4	浩與褚裒杜(乂)	乂	義	乂	乂	
13-9-가7	使(中原)淪於胡羯	中原	中原	宮廟	中原	
13-9-가7	使中原淪(於)胡羯	於	於	爲	於	
13-9-가7	使中原淪於(胡羯)	胡羯	胡羯	丘墟	胡羯	사고본 : 피휘(淸)
13-9-가7	武帝餓(殂)	殂	殂	死	殂	
13-9-나(按)	不爲事物染(着)者	着	着	著	着	
13-9-나(按)	(是)始無而今有也	是	是	非	是	
13-9-나(按)	以至(殷)浩	殷	商	殷	殷	대전본 : 피휘 (宋 宣祖 趙弘殷)
13-9-나(按)	(桓)溫以爲神州陸沉	桓	亘	桓	桓	대전본 : 피휘

위치	원문	奎中 507	대전본	사고본	확정	비고
						(宋 欽宗 趙桓)
13-9-나(按)	陶(弘)景之詩	洪	洪	弘	弘	저본·대전본 : 피휘 (宋 宣祖 趙弘殷)
13-9-나(按)	(推)原其本	推	惟	推	推	
13-10-가2	太子(晃)	光	晃	晃	晃	저본 : 피휘 (朝鮮 睿宗 李晄)
13-10-가2	卑高(分定)	分定	分定	定分	分定	
13-10-나(按)	魏燾(夷狄)之君	夷狄	夷狄	昏暴	夷狄	사고본 : 피휘(淸)
13-10-나(按)	以(詭)妄爲可信	詭	譏	譏	詭	
13-10-나(按)	寄言於(蟲)獸之文	蟲	鳥	鳥	蟲	
13-10-나(按)	盈虛消息而不可測(者)也	者	없음	없음	者	
13-10-나(按)	(凜)然自持	凜	凜	懍	凜	
13-10-나(按)	不待聆音旨(睹)儀觀受符契	睹	覩	覩	睹	
13-11-가1	僧衆이 默許(어늘)	어늘	-	-	어늘	509본 : 없음
13-11-가2	厭於萬(機)	機	機	幾	機	
13-11-가2	每斷重罪則終日不(懌)	豫	懌	懌	懌	저본 : 피휘 (朝鮮 中宗 李懌)
13-11-가3(원주)	明年侯景擧(河)南來歸	河	向	河	河	
13-11-나(按)	未有如梁武之(盛)者也	盛	至	至	盛	
13-11-나(按)	以(營)塔廟	營	營	資	營	
13-11-나(按)	織官文錦 有爲人類·禽獸之形者 亦禁(之 恐其裁翦有乖仁恕也 臣下 雖謀)反逆	之 恐其……雖謀	없음	없음	之 恐其……雖謀	
13-11-나(按)	蓋嘗論之(호니)	호니	-	-	호니	509본 : 하니
13-11-나(按)	(戎夷)荒幻之敎	戎夷	戎夷	虛無	戎夷	사고본 : 피휘(淸)
13-11-나(按)	不可以治(華)夏	華	華	諸	華	
13-11-나(按)	卒召(危)亡之厄	危	亂	亂	危	
13-11-나(按)	視(王)位 如(弊)屣	王/弊	至/弊	王/敝	王/弊	
13-11-나(按)	旣可徼浮(屠)之福	屠	圖	圖	屠	

위치	원문	奎中 507	대전본	사고본	확정	비고
13-11-나(按)	故正德以梟(獍)之資	獍	鏡	獍	獍	대전본 : 오자
13-11-나(按)	方(且)弟兄	且	其	其	且	
13-11-나(按)	不離(以)方(外)之敎	以/外	於/寸	於/外	以/外	
13-11-나(按) (원주)	侯景(反)	反	叉	反	反	대전본 : 오자
13-11-나(按) (원주)	毋得(全)兩宮	全	至	全	全	
13-11-나(按) (원주)	武陵王(紀)與繹相攻	紀	綱	紀	紀	대전본 : 오자
13-11-나(按) (원주)	又攻河東王譽於(湘)州	湘	相	湘	湘	대전본 : 오자
13-12-가	宰相元載・王(縉)	縉	縉	縉	縉	대전본 : 오자
13-12-가	二(虜)不戰而退	虜	虜	寇	虜	
13-12-나(按)	(凜)然知天道之不可誣	凜	凜	懍	凜	
13-12-나(按)	挺身見(虜)	虜	虜	寇	虜	
13-12-나(按)	其欺且誣 (顧)不甚哉	顧	固	固	顧	
13-12-나(按)	寇退則厚加賞(賚)	賚	賫	賚	賚	
13-13-가	皇甫鎛薦泌能合長(生藥)	生藥	生藥	生藥	生藥	대전본 : 小字로 誤刻
13-13-가	乞令(獻)藥者	獻	獻	餌	獻	
13-13-나(按)	臣獨擧憲宗者(以其英明之主 不應惑而惑 故深惜之也 自是而後 以藥致疾者 又三君)	以其 …… 三君	以其 …… 三君	英主也	以其 …… 三君	
13-14-가	自黃帝至禹・湯・文・武 皆(享)壽考	享	饗	享	享	
13-14-가	宋・齊・梁・陳・元魏已下 事佛(漸)謹	漸	慚	漸	漸	
13-14-가	枯朽之骨 豈宜(以)入宮禁	以	以	令	以	
13-14-가	潮(州)刺史	州	陽	陽	州	潮陽은 潮州의 異稱인 듯
13-14-가	乃貶潮州刺史(하다)	하다	-	-	하다	509본 : 하시다
13-15-가	今也 欲治其心而外(天下國家)	天下國家	國家天下者	天下國家	天下國家	

위치	원문	奎中 507	대전본	사고본	확정	비고
13-15-가	幾何其不胥(而)爲夷也	而	而	없음	而	
13-15-가(원주)	四民之外 又有釋(老)	老	老	老	老	509본 : 者, 오자
13-15-가	其食 粟米(蔬果)魚肉	蔬果	果蔬	果蔬	蔬果	
13-15-가	廟焉而人鬼(饗)	饗	享	享	饗	
13-15-가	斯道(　)何道也	없음	없음	也	없음	
13-15-나(按)	亦言其槪(耳)	耳	없음	없음	耳	
13-15-나(按)	雖(所)從言者 不同	所	欲	所	所	
13-15-나(按)	(以此揆彼 所謂夷夏之分 霄壤之隔也)	以此 …… 隔也	以此 …… 隔也	없음	以此 …… 隔也	
13-15-나(按)	人主於二者之(辨)	辨	辯	辯	辨	

譯註者 略歷

辛承云

京畿 楊平 出生
文學博士
成均館大學校 동아시아학술원장 겸 대동문화연구원장 역임
成均館大學校 文科大學 文獻情報學科(書誌學)·한문고전번역협동과정 석·박사 통합과정 敎授(現)

論文 및 譯書
〈成宗朝의 文士養成과 文集編刊〉〈儒教社會의 出版文化〉 등 多數
譯書《國譯弘齋全書 18》(〈群書標記〉)《禮記集說大全 1》《思政殿訓義 資治通鑑綱目 1》
共譯《國譯眉叟記言 2》《國譯惺所覆瓿藁 2, 3》《國譯靑莊館全書 5, 8, 12》《國譯宋子大全 11》《國譯五洲衍文長箋散稿 16, 17, 18》《退溪全書 5》《大學衍義 1》《思政殿訓義 資治通鑑綱目 2》 등 多數

李霜芽

民族文化推進會(현 한국고전번역원) 부설 國譯硏修院 常任硏究部 卒業
成均館大學校 한문고전번역협동과정 석사과정 문학석사
成均館大學校 한문고전번역협동과정 박사과정 문학박사
成均館大學校 대동문화연구원 책임연구원(現)

論文 및 譯書
〈茶山 丁若鏞의 『家禮酌儀』 譯註〉〈茶山 丁若鏞의 『祭禮考定』 譯註〉
譯書《無名子集 7, 8, 15, 16》
共譯《記言 1》《日省錄》(영조, 정조)《校勘學槪論》《注釋學槪論 1, 2》

張喜成

韓國古典飜譯院 고전번역연수과정 I 卒業
成均館大學校 한문고전번역협동과정 석·박사통합과정 수료
韓國古典飜譯院 文集飜譯室 研究企劃

論文 및 譯書
共譯《校勘學槪論》

趙埈暭

成均館 翰林院 修了
成均館大學校 한문고전번역협동과정 석·박사통합과정 수료
韓國古典飜譯院 번역위원

論文 및 譯書
〈『東儒四書解集評』의 寫本과 그 가치〉
共譯《校勘學槪論》

東洋古典譯註叢書 76

譯註 大學衍義 2　　　　정가 30,000원

2014년 12월 30일 초판 발행
2016년 2월 29일 초판 2쇄

責任飜譯 辛承云
共同飜譯 李霜芽 張喜成 趙埈皞
編　　輯 古典國譯編輯委員會
發 行 人 李啓晃
發 行 處 社團法人 傳統文化硏究會

서울시 종로구 삼일대로 428 낙원빌딩 411호
전화 : (02)762-8401 전송 : (02)747-0083
전자우편 : juntong@juntong.or.kr
홈페이지 : juntong.or.kr
사이버書堂 : cyberseodang.or.kr
온라인서점 : book.cyberseodang.or.kr

등 록 : 1989. 7. 3. 제1-936호

인쇄처 : 한국법령정보주식회사(02-462-3860)
총 판 : 한국출판협동조합(070-7119-1750)

ISBN 979-11-5794-078-3 94150
978-89-85395-71-7(세트)

※ 이 책은 2014년도 교육부 고전문헌 국역지원사업 지원비에 의해 초판(비매품) 간행.